Ulrich Herbert
Geschichte der Ausländerpolitik in Deutschland

ULRICH HERBERT

Geschichte der Ausländerpolitik in Deutschland

Saisonarbeiter, Zwangsarbeiter, Gastarbeiter, Flüchtlinge

VERLAG C.H.BECK MÜNCHEN

Die Deutsche Bibliothek – CIP-Einheitsaufnahme

Herbert, Ulrich: Geschichte der Ausländerpolitik in Deutschland :
Saisonarbeiter, Zwangsarbeiter, Gastarbeiter, Flüchtlinge /
Ulrich Herbert. – München : Beck, 2001
ISBN 3-406-47477-2

ISBN 3 406 47477 2

© Verlag C.H. Beck oHG, München 2001
Satz: Stahringer, Ebsdorfergrund
Druck und Bindung: Franz Spiegel Buch GmbH, Ulm
Gedruckt auf säurefreiem, alterungsbeständigem Papier
(hergestellt aus chlorfrei gebleichtem Zellstoff)
Printed in Germany

www.beck.de

INHALT

EINLEITUNG 9

I. «LEUTEMANGEL» UND «ÜBERFREMDUNGSGEFAHR». AUSLÄNDER IM DEUTSCHEN KAISERREICH: 1880 BIS 1914 13

1. «Auslandspolen» in der deutschen Landwirtschaft 14
   1.1. Polnische Saisonarbeiter und preußische «Abwehrpolitik» . 14
   1.2. Reglementierung der «Ausländerzufuhr» 21
   1.3. Die Debatte um die »Überfremdungsgefahr» 26
   1.4. Zentralisierung und Kontrolle: die Verstaatlichung der Ausländeranwerbung 32
   1.5. Arbeits- und Lebensbedingungen der ausländischen Landarbeiter 37
2. Ausländische Arbeiter in der Industrie 45
   2.1. «Vorteile» und «Nachteile» der Ausländerbeschäftigung . . 45
   2.2. Quantitative Entwicklung und Struktur 52
   2.3. «Arbeiterschicht zweiten Grades»: Bergbau-, Bau- und Ziegelindustrie 55
   2.4. «Internationalismus» oder «Schutz der deutschen Arbeit» – Arbeiterbewegung und ausländische Arbeiter 65
   2.5. «Bewahrung der deutschen Eigenart»: das Reichs- und Staatsangehörigkeitsgesetz von 1913 68
3. Die «Ruhrpolen» 74
   3.1. Integration oder nationale Subkultur 74
   3.2. Polenfeindlichkeit und Diskriminierung 77
   3.3. Das polnische Sozialmilieu 79

II. ARBEITSMARKT UND ZWANGSARBEIT: 1914 BIS 1939 . . 85

1. Vom Saisonarbeiter zum Zwangsarbeiter: 1914 bis 1918 86
   1.1. Der Arbeitseinsatz von Kriegsgefangenen 88
   1.2. Vom Rückkehrzwang zum Rückkehrverbot 91
   1.3. Rekrutierung ostjüdischer Arbeiter 99
   1.4. Deportationen aus Belgien 103
   1.5. Die Dynamik der Zwangsarbeit 109
2. Verrechtlichung des Arbeitsmarktes: 1918 bis 1933 118
3. Der Weg zum nationalsozialistischen «Ausländereinsatz»: 1933 bis 1939 124

III. ARBEIT ALS BEUTE. DAS NATIONALSOZIALISTISCHE
ZWANGSARBEITSSYSTEM: 1939 BIS 1945 129

1. Nationalsozialistische «Fremdarbeiterpolitik» 130
   1.1. Experimentierfeld Polen 130
   1.2. Der «Russeneinsatz» 136
   1.3. Politischer Kurswechsel 143
2. Kriegswirtschaft und Ideologie: die Praxis der Zwangsarbeit . . 150
   2.1. Extensive Ausbeutung 150
   2.2. Die Hierarchie des Rassismus 154
   2.3. Vorrang der Arbeitsleistung oder Primat der Ideologie? . . 160
   2.4. Opposition und Widerstand 163
3. KZ-Häftlinge und Juden als Zwangsarbeiter 167
   3.1. Arbeitszwang 167
   3.2. Primat des Arbeitseinsatzes 168
   3.3. Letzte Kriegsphase 177
   3.4. Vom Zwangsarbeiter zur «Displaced Person» 181
4. Kurzfristige und langfristige Folgen des Zwangsarbeitereinsatzes . 184

IV. AUSLÄNDER IN DER WACHSTUMSGESELLSCHAFT:
1945 BIS 1973 191

1. Vertriebenenintegration und Ausländerbeschäftigung 192
2. Ausländerpolitik in der Wirtschaftswunderphase 202
   2.1. Prophylaktische Ausländerpolitik 202
   2.2. Ausländer als Flexibilitätsreserve 206
   2.3. Die Rezession von 1967 216
   2.4. Von der Massenanwerbung zum Anwerbestop 223

V. VON DER AUSLÄNDERBESCHÄFTIGUNG ZUR
EINWANDERUNGSPOLITIK: 1973 BIS 22 231

1. Vom «Gastarbeiterproblem» zur «Einwandererfrage» 232
   1.1. Folgeprobleme und Lösungsversuche 232
   1.2. Vom Aktionismus zur Ratlosigkeit: sozialliberale Ausländer-
        politik 244
   1.3. «Kein Einwanderungsland»: die Ausländerpolitik
        der Regierung Kohl 249
2. Von der Arbeitskräftewanderung zur Flüchtlingsmigration . . . 263
   2.1. Die Zuwanderung von Asylbewerbern und die Entstehung
        der Asyldebatte 263

2.2. *Zuwanderung aus Osteuropa* 273
2.3. *Die Novellierung des Ausländerrechts* 278
3. Ausländerpolitik im wiedervereinigten Deutschland 286
   3.1. *Struktur und Probleme der ausländischen Bevölkerung* . . . 286
   3.2. *Ausländerpolitik nach der Wiedervereinigung:*
      die Asylkampagne 296
   3.3. *«Asylpolitik im Rauch der Brandsätze»* 308
   3.4. *Asylrechtsänderung und migrationspolitischer Kompromiß* . 315
   3.5. *Für und gegen ein Einwanderungsgesetz* 322

SCHLUSS 335

ANHANG 347

   1. Anmerkungen 349

   2. Literatur 399

   3. Abkürzungen 431

   4. Verzeichnis der Tabellen 435

   5. Register 437

EINLEITUNG

Seit fast drei Jahrzehnten bestimmt die Debatte um die Ausländerpolitik die innenpolitische Auseinandersetzung in Deutschland wie kein anderes Thema. Sie wird mit großer und immer wieder zunehmender Schärfe geführt und ist durch drei Faktoren gekennzeichnet:
 – durch die Fiktion der Voraussetzungslosigkeit: Betrachtet man die Diskussion der sogenannten «Ausländerfrage» in längerer Perspektive, so fällt auf, daß sie seit den 70er Jahren alle vier, fünf Jahre in immer neuen Verwandlungen aufs neue entbrennt und jedesmal so tut, als seien plötzlich ganz neue Probleme aufgetaucht. Tatsächlich aber wird die Debatte um den Zuzug von Ausländern in Deutschland seit etwa 120 Jahren unter den im wesentlichen gleichen Fragestellungen und mit den gleichen Frontlinien geführt.
 – durch ideologisch-moralischen Fundamentalismus: Auf der einen Seite wird die massenhafte Zuwanderung als Bedrohung der – je nach Sprachgebrauch – kulturellen, ethnischen oder völkischen Identität der Deutschen bekämpft, was in einem Land, das es als Nationalstaat erst seit 130 Jahren gibt und dessen Teile sich zuvor gegenseitig als «Ausland» deklariert hatten, besonders eigentümlich wirkt. Auf der anderen Seite werden alle Versuche der Begrenzung, Verringerung oder auch nur Steuerung der Zuwanderung als Ende des liberalen Rechtsstaats gebrandmarkt, die unbegrenzte Zuwanderung von Ausländern als moralisch gebotene Pflicht angesichts der Not in den Armutsregionen der Welt angesehen und die daraus erwachsenden Konflikte im Lande als bloß ideologische Verirrungen verstanden, denen durch moralische Appelle zu begegnen sei.
 – durch die Fiktion der «Lösbarkeit»: Sowohl Befürworter einer radikalen Zuwanderungssperre als auch Verfechter einer radikalen Grenzöffnung suggerieren, auf diese Weise seien bestehende Konflikte und Probleme (womöglich schnell) lösbar. Daß es in der Praxis vielmehr um Abmilderung und Steuerung, um pragmatische und mittelfristige Korrekturversuche der Auswirkungen einer globalen und die Einwirkungsmöglichkeiten eines Einzelstaates bei weitem übersteigenden Entwicklung geht, wird übersehen oder unterschlagen. Bei solchen ideologischen und moralischen Zuspitzungen hilft bisweilen ein nüchterner Blick in die historische Entwicklung dieser Problematik, weil auf diese Weise langfristige Trends und kurzzeitige Entwicklungen bestimmt und sowohl die Handlungsspielräume als auch die weiterwirkenden Traditionen erkannt werden können.
 Zwar ist die Ausländerpolitik seit Anfang der 70er Jahre zu einem der bevorzugten Gegenstände sozialwissenschaftlicher Analysen geworden, allerdings folgten diese Arbeiten selbst in zum Teil frappierender Weise den jeweils vorherrschenden Ansätzen der Ausländerpolitik.[1] Auch erwies sich,

daß die Entwicklung von der Arbeitsmigration zur Einwanderung von vielfältigen Lernprozessen begleitet wird, die sowohl bei den verschiedenen Gruppen unter den Ausländern ebenso wie unter den Einheimischen durchaus unterschiedlich schnell verlaufen. Gerade die Migrationsgeschichte der Bundesrepublik ist ein Beleg dafür, daß es zum Teil jahrzehntelanger Gewöhnungs- und wechselseitiger Anpassungsprozesse bedarf, um Zuwanderungsprozesse zu verkraften und zu akzeptieren.

Seit den 8oer Jahren allerdings sind mehrere Untersuchungen erschienen, die diese Fragen auch in historischer Perspektive und zum Teil im Vergleich betrachten. Dabei entsteht aber zuweilen das Problem, daß sehr komplexe soziale, wirtschaftliche und kulturelle Vorgänge auf den ihnen zugrundeliegenden «Wanderungs»-Vorgang reduziert werden, um überhaupt Vergleichbarkeit herstellen zu können. Auf diese Weise werden die erheblichen und für die Betroffenen oft so folgenreichen Unterschiede in der Art und Weise des Umgangs mit den Ausländern in den einzelnen Ländern und zu verschiedenen Zeiten ebenso wie die Erfahrungen der an diesen Vorgängen direkt Beteiligten zu vernachlässigenswerten Varianten erklärt. Ohne die Auseinandersetzung mit den kollektiven Erfahrungen, die eine Gesellschaft in der Vergangenheit mit der Zuwanderung von Ausländern gemacht hat, und den Traditionen, die sich dabei herausgebildet haben, ist aber die Art und Weise des Umgangs mit Ausländern in der Gegenwart nicht zu verstehen.

Das gilt auch für das Verständnis der Vergangenheit: Die Menschen, die während des Ersten Weltkrieges die schrittweise Entrechtung der polnischen Zivilarbeiter in Deutschland erlebten, hatten die Debatten über die «antipolnische Abwehrpolitik» und die «schleichende Polonisierung» der vorausgegangenen Jahrzehnte noch im Ohr. Für die deutsche Bevölkerung, die die Zwangsarbeit von Millionen ausländischer Arbeitskräfte in Deutschland nach 1939 hinnahm, war die Erinnerung an die Kriegs- und Zivilgefangenen zwischen 1914 und 1918 noch frisch, und bei der Formulierung der Ausländerpolitik nach 1955 und im Umgang der Deutschen mit den Gastarbeitern waren die Erfahrungen mit den Zwangsarbeitern zehn Jahre zuvor noch präsent. Die Untersuchung der aktuellen Probleme bei der Ausländerbeschäftigung wird also immer auf die jeweils bereits vorhandenen Erfahrungen der Gesellschaft mit Ausländern stoßen. Es sind diese Erfahrungen und ihre Verarbeitung, die für die politischen Entscheidungen ebenso wie für das Verhalten der Bevölkerung handlungsleitend sind. Diese Erfahrungen und Traditionen aber wirken umso stärker, je weniger sie als solche begriffen werden und sich so einer kollektiven Verarbeitung nicht stellen.

Es soll also hier darum gehen, die einzelnen Etappen in der Geschichte der Ausländerpolitik in Deutschland nicht nur als verschiedene Vergangenheiten zu begreifen, die in ihrer politischen, sozialen und wirtschaftlichen Struktur zu untersuchen sind, sondern auch als Vorgeschichte der jeweils folgenden Gegenwart. Eine historische Betrachtung der Ausländerpolitik dient aber nicht oder nicht in erster Linie dazu, «aus der Geschichte zu lernen», das heißt, durch überzeitliche Vergleiche oder Übertragung gegenwärtige Verhältnisse beschreiben oder zukünftige Entwicklungen prognostizieren zu wollen. Zwar bietet eben diese Geschichte einen zum Teil überraschend großen Fundus ähnlich gelagerter Problemkonstellationen, sei es, was die wirtschaftlichen Aspekte, die sozialen Auswirkungen oder die politischen Entscheidungen bei der Ausländerbeschäftigung angeht. Aber immer wird man hier auf die sehr unterschiedlichen historischen Bedingungen verweisen müssen: Die Beschäftigung von polnischen Saisonarbeitern in der noch patriarchalisch strukturierten Landwirtschaft im Osten des Deutschen Kaiserreichs läßt sich mit der Situation der Türken bei Opel in Rüsselsheim höchstens sehr abstrakt vergleichen, und der «Arbeitseinsatz» eines sowjetischen «Ostarbeiters» im Jahre 1943 ist mit dem Leben eines italienischen Pizzabäckers in der Bundesrepublik im Jahre 1983 ebensowenig in direkten Zusammenhang zu bringen wie mit dem Aufenthalt eines kurdischen Asylbewerbers im Jahre 1995.

Ebenso wenig wird es gelingen, aus der historischen Betrachtung heraus Prognosen für die Zukunft zu entwickeln, die mehr als generelle Trends umfassen. Selbst wenn man versucht, einige mögliche Entwicklungsrichtungen in der Zukunft aus der Betrachtung der Geschichte der Ausländerpolitik herauszuarbeiten, so liegen doch darin nicht der Wert und die vorrangige Bedeutung der historischen Auseinandersetzung mit einem aktuellen politischen Problem. Hier geht es vielmehr darum, die gegenwärtige, komplexe Problematik der Ausländerpolitik in der Bundesrepublik durch die Analyse ihrer historischen Entwicklung zu erklären und zu verstehen. Denn die spezifische Struktur eines Phänomens der Gegenwart erscheint, wenn es nicht als historisches, als gewordenes begriffen wird, voraussetzungslos und selbstverständlich – als müsse es natürlicherweise so sein, wie es ist. Das verstellt den Blick für Alternativen.

Nun mag der Untertitel dieser Untersuchung, «Saisonarbeiter – Zwangsarbeiter – Gastarbeiter – Flüchtlinge», den Eindruck entstehen lassen, als werde hier eine bruchlose, lediglich durch Formenwandel gekennzeichnete «Kontinuität» der Ausländerpolitik postuliert. Aber der Begriff «Kontinuität» ist zumal in Deutschland mittlerweile eine so abgegriffene Vokabel, daß ihr Bedeutungsgehalt kaum mehr erkennbar ist. Von einer von tiefgreifenden Veränderungen freien Entwicklung auszugehen ist dabei in diesem Zusammenhang offensichtlich aber ebenso abwegig wie eine Separation der einzelnen, nach politischen Daten voneinander getrennten Phasen. Es wird also vielmehr im einzelnen zu klären sein, in welchem je spezifischen Mischungsverhältnis Bruch und Kontinuität der Entwicklung zueinander stehen, welche Kontinuitätslinien sich fortsetzen und welche unterbrochen werden.

In dem hier vorliegenden Überblick stütze ich mich auf einige Veröffentlichungen, die sich in je eigener Weise mit der Geschichte der Ausländerpolitik in Deutschland beschäftigen. Dies gilt zunächst für meine eigene, 1986 erschienene Studie «Geschichte der Ausländerbeschäftigung».[2] Aus ihr heraus ist das hier vorliegende Buch weitgehend gearbeitet. In einzelnen Kapiteln wurden Text und Anmerkungen nur aktualisiert und überarbeitet. Andere Kapitel wurden zu größeren Teilen neu geschrieben, die Entwicklung seit 1973 wurde insgesamt neu erarbeitet.

Im Verlaufe der Entstehungszeit dieses Buches habe ich zudem mit meiner Kollegin Karin Hunn an einer größeren Studie über die «Beschäftigung, soziale Sicherung und soziale Integration von Ausländern» gearbeitet, die in dem vom Bundesarbeitsministerium und dem Bundesarchiv herausgegebenen Werk «Geschichte der deutschen Sozialpolitik nach 1945» erscheinen wird.[3] Die dabei gewonnenen Einsichten sind auch diesem Buch zugute gekommen.

Schließlich muß ich hier auf die Arbeiten des Pioniers der historischen Migrationsforschung in Deutschland, Klaus J. Bade, verweisen – seinen älteren Überblick «Vom Auswanderungsland zum Einwanderungsland?» ebenso wie die von ihm herausgegebenen Sammelbände und Bücher neueren Datums, insbesondere über die Migrationsgeschichte Europas und die Entwicklung der vergangenen 30 Jahre.[4] Wenn ich an manchen Punkten womöglich auch andere Akzente setze als er, so soll doch deutlich werden, wie sehr auch diese Studie von Bades eingehenden und vielfältigen Untersuchungen profitiert hat.

Die Arbeit ist strikt chronologisch angelegt und versucht jeweils, die Determinanten der Ausländerpolitik in den wirtschaftlichen, sozialen und ideologischen Bereichen herauszuarbeiten und zugleich die Auswirkungen für die Betroffenen zu skizzieren. Am Beginn der einzelnen Kapitel wird in den Anmerkungen jeweils auf die zugrundeliegende und weiterführende Literatur verwiesen; im übrigen sind die Anmerkungen weitgehend auf Zitatnachweise beschränkt.

Ich bedanke mich bei all denen, die bei der Entstehung dieses Buches geholfen haben, insbesondere Ursula Böhme, Patrick Griesser, Christina von Hodenberg, Dieter Holzer, Peter Itzen, Esther Kempe, Sirku Plöttner, Wilma Strothenke, Marit Teerling sowie vor allem Jens Brinkmann. Besonderen Dank schulde ich Karin Hunn, deren Sachverstand und Hilfsbereitschaft für mich unentbehrlich waren.

Freiburg, im Dezember 2000   Ulrich Herbert

I.

«LEUTEMANGEL» UND «ÜBERFREMDUNGSGEFAHR».
AUSLÄNDER IM DEUTSCHEN KAISERREICH:
1880 BIS 1914

I.
«Auslandspolen» in der deutschen Landwirtschaft

1.1. Polnische Saisonarbeiter und preußische «Abwehrpolitik»

Die Landwirtschaft der preußischen Ostgebiete war in wirtschaftlicher, politischer und sozialer Hinsicht immer das Rückgrat des im 19. Jahrhundert so rapide erstarkenden Preußen gewesen. Als sie in der Zeit nach der preußisch-deutschen Reichsgründung von 1871 jedoch verstärkt die ausländische Konkurrenz, vor allem der Agrarproduktion der USA, zu spüren bekam, wurde deutlich, daß die «ostelbische» Landwirtschaft wenig leistungsfähig, ineffektiv organisiert und in den Produktionsformen rückständig war. Der billige Weizen aus Amerika ließ den preußischen Weizenpreis von 221 (1880) auf 157 (1886) Mark/t sinken, und das deutsche Agrarpreisniveau von 1870 wurde erst 1912 wieder erreicht. Eine langandauernde Strukturkrise der Landwirtschaft war die Folge, die zwar politisch durch eine künstliche Hochhaltung der deutschen Agrarpreise mittels hoher Schutzzölle gegen amerikanische Agrarimporte abgemildert wurde. Die Sozialisierung der Erzeugerverluste auf Kosten der Verbraucher brachte gleichwohl aber eine Destabilisierung der Lage vor allem der abhängig beschäftigten Landbevölkerung in den ostelbischen Agrargebieten mit sich.[1]

Hinzu kam, daß sich die Reichsbevölkerung sehr rasch und in steigenden Wachstumsraten vergrößerte – zwischen 1873 und 1895 allein um 25 % von 41,6 Mio. auf 52 Mio.[2] Die deutsche Landwirtschaft aber konnte aufgrund ihrer strukturellen Defizite keine zusätzlichen Arbeitsplätze schaffen, sondern mußte zur Verminderung der Lohnkosten vielmehr rationalisieren und die Zahl der Beschäftigten vermindern.

Agrarkrise und Bevölkerungsdruck führten daher in verstärktem Maße zur Abwanderung der Landbevölkerung. Die «Landflucht» wurde im letzten Drittel des 19. Jahrhunderts zu einem auffälligen und die Zeitgenossen sehr beunruhigenden Phänomen, wobei man allerdings zwischen zwei sehr verschiedenen Formen der Abwanderung unterscheiden muß. Bis Anfang der 90er Jahre stand die überseeische Auswanderung, vor allem in die USA, im Zentrum des Wanderungsgeschehens, wobei das Ausmaß der Auswanderung eng mit der konjunkturellen Entwicklung verknüpft und somit starken Schwankungen ausgesetzt war. Während zwischen 1846/47 und 1857/59 fast 1,3 Mio. Deutsche auswanderten, waren es in den Jahren nach dem Gründerkrach 1873 sehr viel weniger. Ihren Höhepunkt erreichte die Auswanderwelle zwischen 1880 und 1893 mit fast 1,8 Mio. Auswanderern, 92 % davon gingen in die USA.[3]

1. «Auslandspolen» in der deutschen Landwirtschaft

Neben die überseeische Auswanderung trat seit den 80er Jahren mehr und mehr die Abwanderung der ostelbischen Landarbeiterbevölkerung in die industrialisierten Regionen des preußischen Westens, vor allem ins Ruhrgebiet; ausgelöst durch die intensive Anwerbung von Arbeitern aus dem preußischen Nordosten für die neuentstehenden und rasant wachsenden Großindustrien und erleichtert durch die Verbilligung der Massentransporte von Arbeitskräften auf dem Schienenweg.[4]

Beides – überseeische Auswanderung und Ost-West-Fernwanderung – führte dazu, daß sich die Lage auf dem landwirtschaftlichen Arbeitsmarkt in Deutschland in relativ kurzer Zeit erheblich veränderte. Hatte 1849 eine landwirtschaftliche Kommission in einem Bericht über «Die ländliche Arbeiterfrage» noch festgestellt, daß nahezu in allen preußischen Agrarregionen Mangel an Arbeitsgelegenheit bestand,[5] so wurde bereits Anfang der 70er Jahre über die Knappheit an landwirtschaftlichen Arbeitskräften geklagt.[6]

Nachdem im Gefolge der «Gründerkrise» der 70er Jahre die Probleme mit Landflucht und Arbeitermangel stark zurückgegangen waren, verstärkten sich seit den 80er Jahren die Beschwerden der landwirtschaftlichen Interessengruppen über die zunehmend feststellbare «Leutenot».[7] Um diesem Mangel an landwirtschaftlichen Arbeitskräften abzuhelfen, gingen seit den frühen 80er Jahren viele ostdeutsche Gutsbesitzer vor allem in den grenznahen Gebieten dazu über, Arbeitskräfte aus den von Rußland und Österreich okkupierten Teilen des ehemaligen Polen anzuwerben und auf ihren Gütern zu beschäftigen. Für die landwirtschaftlichen Arbeitgeber war dies eine ebenso naheliegende wie einfache Lösung ihres Arbeiterproblems. Sie kollidierten damit aber mit einem der brisantesten Aspekte preußisch-deutscher Nationalitätenpolitik und stießen auf erheblichen Widerstand bei den für die «Festigung des Deutschtums» und die «Zurückdrängung des slawischen Einflusses» vor allem in den preußischen Ostprovinzen engagierten Interessengruppen und Regierungsstellen. Mit dem Hereinholen der ersten Kolonnen vor allem russisch-polnischer Landarbeiter ins Deutsche Reich begann auch der Konflikt zwischen wirtschaftlichen und politischen Interessen, der seitdem jede Diskussion um die Beschäftigung ausländischer Arbeiter in Deutschland begleiten und bestimmen sollte. Schon die im von Preußen okkupierten Teil des ehemaligen polnischen Königreichs, also auf dem Gebiet des Deutschen Reiches, als preußische Staatsbürger lebenden Polen waren erheblichen Bedrängungen von seiten der Regierung ausgesetzt, die zum einen aus der Furcht der deutschen Behörden vor der polnischen Agitation gegen die Dreiteilung ihres Heimatlandes erwuchsen und die zum anderen «nachhaltig von den Ideen eines west-östlichen Kulturgefälles und germanisierender Überlegenheit gegenüber den Slawen beeinflußt» waren.[8]

Denn riefen die Abwanderungen preußisch-polnischer Arbeiter ins Ruhrgebiet bereits das Gespenst einer «Polonisierung des Westens» auf den

Plan, kam nun durch die Zuwanderung von Polen aus Rußland und Österreich das Gespenst einer «Polonisierung des Ostens» hinzu.[9] In der deutschen Presse wurde Mitte der 80er Jahre laut darüber geklagt, «daß eine Polonisierung von Landstrichen stattfinde, die bereits für germanische Sitte, Kultur und Sprache gewonnen waren. Aus Rußland ergieße sich ein polnischer Einwanderungsstrom in unsere östlichen Provinzen, welcher immer größere Dimensionen annimmt, je unbehaglicher sich die Polen in Rußland fühlen. Dadurch werde das polnische Element fortwährend verstärkt. Gerade die aus Rußland einwandernden Polen bringen einen hohen Grad von Unzufriedenheit, von Sehnsucht nach der Befreiung Polens aus der russischen Knechtschaft mit herüber und schüren hier den Funken, der sonst wohl unter der Asche verglimmen würde. Das alles dränge uns doch die Frage auf, ob es nicht im Interesse der Selbsterhaltung notwendig ist, dem weiteren Umsichgreifen des Polentums und der nationalpolitischen Idee feste Riegel vorzuschieben.»[10]

Bereits in den 80er Jahren entstand dabei auch jene Argumentation, die die Auswanderung Deutscher nach Übersee mit den Zuwanderungen aus dem östlichen Ausland in unmittelbaren Zusammenhang brachte und die ein Jahrzehnt später im Mittelpunkt der öffentlichen Diskussion um die Zuwanderung von Auslandspolen stehen sollte. So schrieb die *Posener Zeitung* 1885: «Stellen doch gerade die östlichen Provinzen ein großes Kontingent der deutschen Auswanderer! Ist das nicht ein Beweis dafür, daß unsere eigenen Reichsgenossen durch Fremde aus der Heimat vertrieben werden?»[11]

Auf der anderen Seite war die Größenordnung der Beschäftigung ausländisch-polnischer Arbeitskräfte mit einigen zehntausend Zuwanderern aber noch zu gering, um ernsthaft solche Verdrängungsängste begründen zu können. So gab es denn auch Stimmen, die derartige Argumentationen heftig kritisierten. Die *Schlesische Volkszeitung* etwa schrieb dazu im Frühjahr 1885: «Haben sich denn die Slaven lawinenartig über Preußen und Deutschlands Grenzen ergossen, so daß das mächtige Preußen und das geeinte Deutsche Reich in seinen Fundamenten erschüttert ist? Diese wenigen tausend harmlosen Leute, die nach Preußen kommen, um ihr Brot zu verdienen, können doch unmöglich die Sicherheit Preußens gefährden ... eine tatsächliche Bedrohung unseres Staates durch eine Handvoll Überläufer ist so absurd, daß davon ernsthaft wohl überhaupt nicht die Rede sein kann.»[12]

Während aber die landwirtschaftlichen und – in Schlesien – auch industriellen Unternehmen, die ausländische Polen beschäftigten und als deren Sprachrohr die *Schlesische Volkszeitung* hier auftrat, an der Beschäftigung der «billigen und willigen» Polen sehr interessiert waren, zumal die «Leutenot» Mitte der 80er Jahre weiter zunahm, setzte die preußische Regierung im Frühjahr 1885 harte Maßnahmen gegen die weitere Zuwanderung ausländisch-polnischer Arbeiter durch. «Für die Gestattung des Übertritts insbesondere aus Russisch-Polen pflegt allerdings auf das Bedürfnis der Landwirtschaft nach billigen Arbeitskräften hingewiesen zu werden», erklärte der preußische Kultusminister Gossler im Februar 1885.[13] Auf der anderen Seite, so Bismarck an den preußischen Innenminister einige Tage später, «könnten wir doch nicht zugeben, daß das Arbeiterbedürfnis der Grenzkreise schwerer ins Gewicht falle als die staatlichen und politischen Gefahren, welche die Polonisierung eines großen Teils der preußischen Bevölkerung in sich schließt. Wir halten es bei aller Anerkennung der Landwirtschaft als des wichtigsten aller Gewerbe doch für ein geringeres Übel, daß einzelne Gebiete Mangel an Arbeitskräften haben, als daß der Staat und seine Zukunft leiden.»[14]

Nach dieser Maxime wurden seit März 1885 entsprechende Vorschriften zur Verminderung der Zuwanderung von Auslandspolen erlassen: Alle nichtnaturalisierten Polen in den vier preußischen Ostprovinzen, insgesamt etwa 40 000 Menschen, wurden ausgewiesen, darunter etwa ein Drittel Juden. Antipolnische «Abwehrpolitik» und antisemitische Vorbehalte verstärkten sich hierbei gegenseitig. Eine neuerliche Zuwanderung war untersagt, mit preußischen Frauen verheiratete Polen waren samt ihrer Familie gleichermaßen auszuweisen.[15] Diese Massenausweisungen riefen eine erhebliche öffentliche Kritik hervor; in der Reichstagsdebatte um die Verordnungen 1886 mußte Bismarck sogar eine schwere parlamentarische Niederlage einstecken.[16] Vor allem die großagrarischen Interessenvertreter waren es, die warnend auf die negativen Folgen der Ausweisungen hinwiesen: «In den Gutsbezirken wurden von den Befehlen ein Sechstel bis ein Drittel der Arbeiterfamilien betroffen, in einer nicht kleinen Anzahl von Gütern bis zwei Drittel und darüber; ein Ersatz wäre vorerst und vielleicht in Jahr und Tag nicht möglich gewesen. Einzelne Besitzer sandten in der ersten Bestürzung Boten aus, um preußische Arbeiterfamilien von Martini ab aus größeren Entfernungen zu gewinnen. Auch die Dorfgemeinden wären dezimiert worden. Da die meisten Überläufer hier geheiratet haben, so war die Befürchtung nicht ungerechtfertigt, daß Frauen und Kinder den Guts- und Gemeindebezirken zur Last fallen würden. Die Regierung hatte sich offenbar die Folgen nicht klargemacht.»[17] Gleichwohl blieben die Proteste gegen Bismarcks Ausweisungspolitik zunächst auf den politischen Bereich beschränkt. Zwar widersprach die Ausweisung der Polen den Wünschen der ostdeutschen Landwirtschaft, aber sie beeinträchtigte wirtschaftliche Interessen noch nicht in einem solchen Maße, daß etwa die ostdeutschen Großagrarier Bismarck hier die Gefolgschaft verweigert hätten – zu gering war noch die zahlenmäßige Bedeutung der Beschäftigung von ausländischen Polen, zu frisch auch die Erinnerung an den Arbeitskräfteüberschuß noch wenige Jahre zuvor, als daß es hier um 1886 bereits zu grundlegenden Auseinandersetzungen gekommen wäre.

Aber gerade in der Phase der Gültigkeit der Ausweisungsverordnungen (1885 bis 1891) änderte sich dies – hervorgerufen durch forcierten Strukturwandel in weiten Bereichen der Landwirtschaft als Antwort auf die seit den frühen 70er Jahren zutage getretenen Defizite im Agrarsektor. Der wichtigste Faktor war dabei die Intensivierung der Anbaumethoden, vor allem die starke Zunahme der Hackfruchtkulturen – und hier in erster Linie des Zuckerrübenanbaus, der zu dieser Zeit profitabler war als der reine Getreideanbau, zudem staatlich subventioniert wurde und durch Fruchtwechsel deutliche Erhöhungen der Bodenerträge gestattete. Zwischen 1878 (176 000 ha) und 1893 (395 000 ha) verdoppelte sich die Rübenanbaufläche für die Zuckergewinnung, in der Provinz Posen verdreifachte sie sich zwischen 1893 und 1913 noch einmal.[18] Diese Entwicklung, die mit – allerdings langsameren – Rationalisierungsprozessen in anderen Anbaubereichen einherging, hatte für den ländlichen Arbeitsmarkt und generell die Agrarverfassung durchgreifende Auswirkungen:

– Zuckerrübenanbau war arbeitsintensiv, und der Anteil der Handarbeit war dabei sehr hoch, so daß der Arbeitskräftebedarf der Landwirtschaft wuchs. Dies wurde noch dadurch verstärkt, daß die Technisierung der landwirtschaftlichen Produktion auch bei den großen Gütern nur sehr langsam vonstatten ging – Folge auch der chronisch knappen Kapitaldecke der Großagrarier, die oft hoffnungslos verschuldet waren.

– Der allmähliche Übergang zu intensiverer Bewirtschaftung, vor allem der verstärkte Rübenanbau, hatte eine extreme Saisonalisierung des Arbeitskräftebedarfs zur Folge: Der Arbeitskräftebedarf in dem arbeitsreichsten im Verhältnis zum arbeitsärmsten Monat verhielt sich in den Rübenwirtschaften wie 4:1, beim Getreideanbau nur 1,6:1. In den Monaten der Hochsaison waren Arbeitskräfte also äußerst knapp, dementsprechend wurden für diese Zeit infolge von langen Arbeitszeiten und hohen Akkordsätzen relativ hohe Löhne gezahlt. In den Wintermonaten hingegen benötigten die landwirtschaftlichen Unternehmer nur wenige Arbeitskräfte für Arbeiten auf dem Hof. In der Folge bildeten sich auf den großen Gütern immer deutlicher «zwei Kategorien von Arbeitskräften» heraus: «1. ständige Arbeitskräfte zur dauernden Instandhaltung des Wirtschaftsbetriebes. Sie repräsentieren die obere Schicht der ländlichen Arbeitskräfte; ihr sind die wichtigsten, Sachkenntnis, Verantwortlichkeitsgefühl und Pflichttreue erfordernden Arbeiten wie Gespannführung, Viehpflege, Maschinenführung usw. anvertraut ... 2. nichtständige, aus der Fremde zuwandernde Arbeitskräfte, für die durch den Rübenbau so gesteigerte Arbeit während der Saison. Ihre Aufgabe ist die eintönige und unindividuelle Pflege der Hackkultur, die, von der sonst in der landwirtschaftlichen Arbeit so stark betonten und ihren Hauptreiz bildenden Persönlichkeitsnote ausgeschlossen, Massenarbeit im eigentlichsten Sinne des Wortes wurde.»[19] In der Folge entstand ein immer größer werdendes Heer von landwirtschaftlichen Saisonarbeitern; eine Entwicklung, die zuerst in der Provinz Sachsen üblich wurde (was den Saisonarbeitern den Namen «Sachsengänger» eintrug) und sich seit den 80er Jahren auf den gesamten landwirtschaftlichen Nordosten Preußens ausdehnte.[20]

1. «Auslandspolen» in der deutschen Landwirtschaft

– Das Vordringen der Saisonarbeiter zog die weitere Erschütterung der Grundlagen der ländlichen Sozialverfassung nach sich. An die Stelle der halbfeudalen, patriarchalisch-autoritär strukturierten Interessengemeinschaften zwischen Gutsherren und halbselbständigen Kleinbauern trat die agrarkapitalistische Beziehung zwischen landwirtschaftlichem Großunternehmer und dem «freien» Saisonarbeiter als «nurmehr über den Lohnvertrag gebundenen abhängigen Produzenten mit Konsumentenhaltung, Arbeitermentalität und wachsendem Arbeiterbewußtsein».[21]

Der sich in der zweiten Hälfte der 80er Jahre beschleunigende Verfall der überkommenen gutswirtschaftlichen Ordnung im preußischen Nordosten untergrub also nicht nur die partielle Interessengemeinschaft, die die Gutsbesitzer mit abhängigen Insten und Landarbeitern traditionellerweise verbunden hatte, er bedrohte auch die Existenzgrundlage derjenigen Gruppen der Landbevölkerung, die auf regelmäßige und ganzjährige Arbeit und Verdienstmöglichkeit angewiesen waren und sich, sei es, weil sie zu alt, sei es, weil sie familiär gebunden waren, auf das riskante Abenteuer der Saisonarbeit mit halbjährlichem Wechsel von Spitzenlohn und Arbeitslosigkeit nicht einlassen konnten und wollten. Die Folge war eine weitere Zunahme der Abwanderung aus den Ostgebieten und damit des Arbeitermangels. Auf der anderen Seite entsprach die soziale Lage der meist jüngeren, zu hoher Mobilität und Flexibilität bereiten Saisonarbeiter aber einer Zwitterstellung: nicht mehr in das spätfeudale Ordnungsgefüge der Gutswirtschaft mit den daraus erwachsenen Abhängigkeiten und Sicherheiten eingebunden, sondern «freier Lohnarbeiter» – ohne aber die im industrialisierten Westen schon bestehenden arbeits- und sozialrechtlichen Errungenschaften der Industriearbeiterschaft wahrnehmen zu können; erst nach der Revolution 1918/19 wurden die Landarbeiter den Industriearbeitern gleichgestellt.

Ein Klassenbewußtsein wie beim städtischen Industrieproletariat bildete sich bei den proletarisierten Landarbeitern Ostdeutschlands erst sehr viel später und auch dann nur in Ansätzen heraus, so daß ihnen auch zur Verbesserung ihrer sozialen Lage keine kollektiven Kampfformen wie gewerkschaftliche Organisationen und Streiks zur Verfügung standen. Einmal aber von der Bindung an die gutswirtschaftliche Ordnung gelöst, bedeutete die Abwanderung in die Industrien des Westens einen realistischen und naheliegenden Ausweg aus der perspektivlosen Situation im Osten; denn die Industrie bot nicht nur bessere Löhne, sondern auch ganzjährige Beschäftigung, und zudem bestand hier die Möglichkeit, durch Koalitions- und Streikrecht die Lage der einzelnen kollektiv zu verbessern.[22]

Die Ausbreitung kapitalistisch organisierter landwirtschaftlicher Großbetriebe mit erhöhtem Bedarf an «freien» Saisonarbeitern, die in keinem anderen als dem rein lohnbezogenen Verhältnis zum landwirtschaftlichen Arbeitgeber standen, sowie auf der anderen Seite die rapide Zunahme der Abwanderung deutscher und preußisch-polnischer Landbevölkerung in die Industriezentren des Westens: diese Konstellation verstärkte die «Leute-

not» im Osten dramatisch und verwies mit Macht auf das Reservoir der
ausländisch-polnischen Arbeiterschaft, die durch die Verordnungen von
1885 aus nationalpolitischen Erwägungen ausgewiesen und an erneuter Zuwanderung gehindert worden war.

Für die Ende der 8oer Jahre erneut auftretenden Diskussionen über die
Wiederzulassung der ausländisch-polnischen Saisonarbeiter war aber nicht
nur die zunehmende «Leutenot» als Folge des Strukturwandels in der Landwirtschaft des preußischen Nordostens ausschlaggebend, sondern auch die
wirtschaftlichen und sozialen Verhältnisse in den angrenzenden Gebieten
Russisch-Polens und Galiziens.[23] Relativer Bevölkerungsüberschuß, ein wachsendes Heer landloser Proletarier, denkbar niedrige Löhne und Lebenshaltung bei einer durch noch stark vorindustrielle Lebensformen und Sozialbeziehungen und extensive Produktionsformen bestimmten sowie extrem auf
Großgrundbesitz basierenden Landwirtschaft kennzeichneten zusammengefaßt diese an den preußischen Osten angrenzenden Gebiete und setzten das
in Preußen so ausgeprägte soziale West-Ost-Gefälle nach Osten hin weiter
fort. Hier gab es eine schier unerschöpfliche Reserve an Arbeitskräften für
die ostdeutschen Großgrundbesitzer, die immer stärker über Arbeitskräftemangel klagten und dabei vor allem nach Saisonarbeitern verlangten.

Und tatsächlich wurde gegen Ende der 8oer Jahre der Ruf nach Wiederzulassung ausländisch-polnischer Arbeiter in der ostdeutschen Landwirtschaft sowie in der schlesischen Industrie wieder lauter und weitete sich
nachgerade zu einer regelrechten Kampagne der landwirtschaftlichen Interessenorganisationen für die Aufhebung des Zuwanderungsverbots aus.
Denn seit die erhöhte Nachfrage nach Arbeitskräften nicht mehr mit dem
Zustrom ausländischer Wanderarbeiter ausgeglichen werden konnte, hatten sich auch in der ostdeutschen Landwirtschaft die Marktkräfte zu regen
begonnen. Einheimische Arbeitskraft wurde stärker nachgefragt als angeboten und also teurer, was den Lohnkostenanteil in der Landwirtschaft erhöhte. Zunächst wurden die noch extensiv produzierenden Großgüter von
den höhere Löhne zahlenden Betrieben, die auf Intensivierung und auf Saisonalisierung umgestellt hatten, bedrängt, die sich dann selbst wiederum
durch den Lohndruck der Industrie zu Lohnerhöhungen gezwungen sahen,
um ihre Arbeiter zu halten. «Die intensiv wirtschaftenden Landwirte der
östlichen Provinzen ruinieren daher bei ferner ausbleibendem Zuzug russisch-polnischer Arbeiter und bei fernerem Zunehmen der Sachsengängerei
mit ihren lockenden hohen Geldlöhnen zunächst die ... extensiv wirtschaftenden Landsleute und würden demnächst durch die Unfähigkeit, ihre
Geldlöhne bis zur Höhe der im Westen üblichen Löhne steigern zu können,
selbst ruiniert werden», erklärten die Oberpräsidenten von Danzig und
Posen im Herbst 1890.[24] Die Beschäftigung polnischer Arbeiter aber würde
diesen Lohndruck durch das dadurch entstehende potentielle Überangebot
an Arbeitskraft senken. Diese Argumentation der ostdeutschen Großagrarier faßte der Regierungspräsident von Oppeln im Herbst 1890 treffend zu-

sammen: «Alle diese Verhältnisse führen mit zwingender Notwendigkeit dazu, darauf bedacht zu nehmen, daß der Landwirtschaft wieder billigere Arbeitskräfte zugeführt werden ... Es bleibt nichts übrig, als die gesperrten Grenzen wieder zu öffnen und den russisch-polnischen sowie den galizischen Arbeitern wieder Zutritt zu gewähren, welche bei ihrer Anspruchslosigkeit und ihrem Fleiß der Landwirtschaft eine wesentlich nachhaltige Hilfe zu gewähren im Stande sind.»[25] Im März 1890 richtete dann der Zentralverein ostpreußischer Landwirte ein Gesuch an Reichskanzler Caprivi mit der Bitte, «es hochgeneigt gestatten zu wollen, daß russische Arbeiter vorübergehend in Preußen in einer für den landwirtschaftlichen Betrieb auskömmlichen Zeit beschäftigt werden dürfen».[26]

1.2. Reglementierung der «Ausländerzufuhr»

Die nationalpolitischen Vorbehalte gegen eine Wiederzulassung der Auslandspolen aber bestanden auf seiten der Regierung nach wie vor, vor allem beim preußischen Kulturminister von Gossler, der noch schärfere Kontrollmaßnahmen gegen die Zuwanderung russisch-polnischer Arbeitskräfte nach Preußen befürwortete.[27] Infolgedessen kamen in der Öffentlichkeit Überlegungen auf, ob nicht statt der «volkspolitisch» so gefährlichen Polen andere Arbeitskräfte herangezogen werden könnten, die gleichermaßen billig und anspruchslos, aber schon durch ihre offenbare Fremdartigkeit nicht in der Lage waren, sich der deutschen Bevölkerung zu assimilieren und so deren «kulturelles Niveau» zu gefährden. Daraus entstand eine ziemlich skurrile Debatte um die «Einfuhr von chinesischen Kulis» für die Arbeit in der ostdeutschen Landwirtschaft.[28] Tatsächlich diente die Forderung nach «Kulis» wohl aber in erster Linie dazu, Druck auf die preußische Regierung auszuüben, das Zuwanderungsverbot von Polen aufzuheben und die «patriotischen» Bedenken gegenüber wirtschaftlichen Erfordernissen zurückzustellen. Diese «patriotische» Argumentation antizipierend – und um selbst nicht als «unpatriotisch» zu gelten –, forderten die ostdeutschen Großagrarier denn auch keine vollständige Öffnung des preußischen Arbeitsmarktes für ausländisch-polnische Arbeitskräfte, sondern eine lediglich saisonale Zuwanderungserlaubnis mit strenger staatlicher Reglementierung. So äußerte etwa der westpreußische Zentralverein in einem Schreiben an Bismarck vom Februar 1890 die «einmütigste, dringendste Bitte», «unter den der königlichen Staatsregierung notwendig erscheinenden Kautelen während der Sommermonate die Öffnung der östlichen Grenze für ländliche Arbeiter aus Russisch-Polen gestatten zu wollen».[29]

Gleichzeitig wurde darauf hingewiesen, daß unter den jetzigen Bedingungen der illegale Zufluß russisch-polnischer Arbeiter kaum kontrollierbar sei. Der preußischen Regierung lagen zahlreiche Berichte vor, nach denen im Osten des Reiches Polen aus Rußland «massenweise» illegal einwanderten und von den Gutsbesitzern beschäftigt wurden, die ebenso wie «selbst Gemeinde-, Guts- und Amtsvorsteher» lieber bestraft würden, als auf die billigen Arbeiter zu verzichten.[30] Der Druck der ostdeutschen Großagrarier war im Sommer 1890 so groß geworden, daß sich die Regierung Caprivi gezwungen sah, den Interessen der staatstragenden Gutsbesitzerklasse entgegenzukommen – ohne andererseits die «nationalpolitischen» Bestrebungen gegen eine «Polonisierung» Preußens zu vernachlässigen. Es mußte also zum einen gewährleistet werden, daß das Reservoir an Arbeitskräften aus Russisch-Polen und Galizien zur Saisonarbeit auf den ostdeutschen Gütern wieder zur Verfügung stand, zum anderen mußte aber deren Seßhaftmachung ebenso verhindert werden wie ihre Weiterwanderung in die Industrie des preußischen Westens, weil dies das Syndrom aus Abwanderung, Lohndruck und «Leutenot» noch verschärft hätte und weil die Zusammenführung von «Inlandspolen» und «Auslandspolen» in den Zechen und Fabriken etwa des Ruhrgebiets als erhebliche nationale Gefahr angesehen wurde.[31] Drittens schließlich mußten saisonale Zu- und Abwanderung von den Behörden genauer kontrolliert werden – schon um die vorher genannten Zielsetzungen gewährleisten zu können, aber auch, um die Zufuhr an ausländisch-polnischen Arbeitern dem Bedarf der ostdeutschen Landwirtschaft entsprechend dosieren zu können.

Mit Erlassen vom November und Dezember 1890 entstand dann jener Kompromiß, der diese verschiedenen Interessenlagen vereinheitlichen sollte:[32] Danach wurden – zunächst versuchsweise für drei Jahre – polnische Arbeiter aus Rußland und Galizien in den landwirtschaftlichen und industriellen Betrieben der preußischen Ostprovinzen zugelassen. Allerdings galt das nur für Unverheiratete, um die Seßhaftmachung von Familien zu verhindern. Vor allem aber war diese Zulassung auf die Zeit vom 1. April bis zum 15. November beschränkt (später wurden die Zulassungszeiten etwas verlängert). Durch diese Einführung einer «Karenzzeit», wonach die polnischen Arbeitskräfte Preußen nach Ende der Arbeitssaison im Winter zu verlassen hatten, wurde der antipolnischen «Abwehrpolitik» im deutschen Osten Rechnung getragen. Die jährliche Zwangsrückführung der polnischen Arbeiter, so wurde im preußischen Innenministerium ausdrücklich festgestellt, sei «das einzige Mittel, den ausländischen Arbeitern und auch der heimischen Bevölkerung immer wieder zum Bewußtsein zu bringen, daß sie nur geduldete Fremdlinge seien und ihre dauerhafte Seßbarmachung ausgeschlossen sei. Dadurch allein könne es vermieden werden, daß die ausländisch-polnischen Arbeiter zu einer Eheschließung mit einer deutschen Staatsangehörigen und Gründung einer Familie schritten, die natürlich dann der Ausweisung ebenso anheimfalle wie der Ehegatte und Vater».[33] Darüber hinaus half aber diese rechtliche Fixierung der Saisonarbeit auch, die Lohnkosten der landwirtschaftlichen Arbeitgeber erheblich zu senken und die Anpassung der Beschäftigungszahlen an den jeweiligen Arbeiterbedarf des einzelnen Unternehmers abzusichern. Im April 1891 wurden diese Bestimmungen in spezifizierter Weise auf die übrigen preußischen

1. «Auslandspolen» in der deutschen Landwirtschaft

Gebiete ausgedehnt: Danach durften Auslandspolen in den mittleren und Westprovinzen nur in der Landwirtschaft beschäftigt werden, vor allem um ein Zusammentreffen von ausländisch- und inländisch-polnischen Industriearbeitern zu verhindern. In der Folge der Wiederzulassung von polnischen Arbeitskräften nahm ihre Zahl vornehmlich in den vier preußischen Ostprovinzen rasch zu – schon 1892 wurden hier 21 367 ausländisch-polnische Saisonarbeiter gezählt.[34]

Tab. 1: *Ausländer im Deutschen Reich, 1871 bis 1910*[35]

Staaten	1871	1880	1885	1890	1895	1900	1905	1910
Österreich-Ungarn	75 702	117 997	156 762	201 542	222 952	390 964	525 821	667 159
Rußland	14 535	15 097	26 402	17 107	26 559	46 967	106 639	137 697
Italien	4019	7115	9430	15 570	22 693	69 738	98 165	104 204
Schweiz	24 518	28 241	34 904	40 027	44 875	55 494	62 932	68 257
Frankreich	4671	17 273	24 241	19 659	19 619	20 478	20 584	19 140
Luxemburg	4828	7674	9310	11 189	11 755	13 260	14 169	14 356
Belgien	5097	4561	6638	7312	8947	12 122	12 421	13 455
Niederlande	22 042	17 598	27 191	37 055	50 743	88 085	100 997	144 175
Dänemark	15 163	25 047	33 134	35 924	28 146	26 565	29 231	26 233
Schweden		8483	10 943	10 924	8937	9622	8932	9675
Norwegen	12 345	1416	1727	2012	2154	2715	2921	3334
Großbrit. u. Irland	10 105	10 465	13 959	14 713	15 290	16 130	17 253	18 319
Übriges Europa	1177	1414	2139	2322	3316	5011	7114	10 044
Vereinigte Staaten	10 698	9046	12 685	14 074	15 788	17 419	17 184	17 572
Sonstige fremde Staaten	1855	4630	3327	3824	4416	4167	4197	6253
Reichsausländer überhaupt	206 755	276 057	372 792	433 254	486 190	778 737	1 028 560	1 259 873
1871 = 100	100	133	180	209	235	376	497	609
in % der Gesamtbevölkerung	0,5	0,6	0,8	0,9	0,9	1,4	1,7	1,9

Tab. 2: *Ausländische Beschäftigte in Landwirtschaft, Industrie und Handel (12. Juni 1907)*[36]

Von den Reichsausländern waren geboren in:

Zahl der überhaupt Erwerbstätigen	Davon geboren in einem außerdeutschen Staate Zahl / % aller Ausländer	% der Erwerbstätigen	Rußland (in Europa und Asien)	Österreich-Ungarn einschließlich Liechtenstein, Bosnien und Herzegowina	Schweiz	Italien	Frankreich	Luxemburg	Belgien	Niederlande	Dänemark	Schweden	Norwegen	Großbritannien
A Landwirtschaft, Gärtnerei und Tierzucht, Forstwirtschaft und Fischerei														
9883257	294893 (33,4%)	2,98	156847	98155	9634	971	3401	1541	968	14272	4332	1213	49	269
B Industrie, einschließlich Bergbau und Baugewerbe														
11256254	500953 (56,7%)	4,48	45439	243454	17144	124031	7263	3643	4539	34851	6255	2820	739	1946
C Handel und Verkehr, einschließlich Gast- und Schankwirtschaft														
3477626	86469 (9,8%)	2,48	10040	38784	4778	4554	3088	1089	1263	7657	2459	2204	849	3369
Zusammen:														
24617137	882315	3,58	212326	380393	31556	129556	13752	6273	6770	56780	13046	6237	1637	5584
in % aller Ausländer	100		24	43,1	3,6	14,7	1,5	0,7	0,8	6,4	1,5	0,7	0,2	0,6

1. «Auslandspolen» in der deutschen Landwirtschaft 25

Zwischen 1871 und 1910 stieg die Zahl der Ausländer im Deutschen Reich von etwa 206 000 bei der Reichsgründung (0,5 % der Gesamtbevölkerung) auf 1,259 Mio. im Jahre 1910 (1,9 %). Allerdings ist, was die Genauigkeit dieser Zahlen angeht, Vorsicht geboten; denn erstens geben sie jeweils den Stand vom 1. Dezember eines jeden Jahres an, so daß ein Teil der rückkehrpflichtigen Saisonarbeiter nicht mehr enthalten ist. Zum anderen sind die statistischen Grundlagen gerade im 19. Jahrhundert, soweit sie Ausländer betreffen, noch recht unsicher. Jedoch kann man mit einiger Bestimmtheit verschiedene Trends festhalten: Etwa die Hälfte aller Ausländer stammte während des gesamten Zeitraumes aus Österreich-Ungarn; auffällig stark nahm während dieser Zeit die Zahl der aus Rußland, Italien und den Niederlanden stammenden Ausländer zu – 1910 stellten diese vier Nationalitätengruppen 83 % der nichtdeutschen Bevölkerung. Die Volks- und Berufszählung von 1907 gibt die Möglichkeit, die Zahlen der ausländischen Beschäftigten näher aufzuschlüsseln.

Mehr als die Hälfte aller beschäftigten Ausländer in Deutschland arbeitete zu dieser Zeit in der Industrie, ein Drittel in der Landwirtschaft. Zwei Drittel der ausländischen Arbeitskräfte stammte aus Rußland und Österreich-Ungarn. Nur 29 % der ausländischen Arbeiter aus Rußland, Italien und Österreich-Ungarn aber waren in einer «gelernten» Stellung beschäftigt – gegenüber 54 % bei den Deutschen. Wie sehr sich die durch die Karenzzeitbestimmung erzwungene Zwangsrotation der ausländisch-polnischen Arbeiter auf die jährlichen Zu- und Abwanderungen auswirkte, zeigt eine letzte Statistik in diesem Zusammenhang.

1906 machten die ständig in Preußen lebenden Auslandspolen ganze 7 % der jährlichen polnischen Zuwanderung aus, bei den nichtpolnischen Aus-

Tab. 3: Ausländische Arbeiter in Preußen 1906, 1910, 1913[37]

Jahr	Ausländer insgesamt			Davon Polen
	Landwirtschaft	Industrie	zusammen	
1906				
Zugang	236 068	369 271	605 339	210 692
Abgang	203 030	183 584	386 614	194 939
Bestand	33 038	185 687	218 725	15 754
1910				
Zugang	338 313	451 876	790 189	253 935
Abgang	293 258	205 519	498 777	249 908
Bestand	45 055	246 357	291 412	4 027
1913				
Zugang	364 633	551 371	916 004	270 496
Abgang	309 551	245 983	555 494	267 283
Bestand	55 122	305 388	360 510	3 213

ländern hingegen 53 %; 9 von 10 Auslandspolen verließen regelmäßig im Spätherbst das preußische Gebiet, um im Frühjahr zurückzukehren und sich erneut als Saisonarbeiter auf den Gutshöfen vor allem des preußischen Ostens bis zum nächsten Herbst zu verdingen.

1.3. Die Debatte um die »Überfremdungsgefahr«

Mehr als die Hälfte der ausländischen Arbeiter war also in der Industrie beschäftigt, etwa ein Drittel in der Landwirtschaft. Und doch konzentrierte sich nach Wiederzulassung der Polen die politische Debatte um die Ausländerbeschäftigung in Deutschland vorwiegend auf den Agrarsektor, vor allem deshalb, weil hier in erster Linie die als nationalpolitisch für so gefährlich gehaltenen Polen beschäftigt waren und den Germanisierungsbestrebungen in den annektierten polnischen Gebieten dadurch entgegengearbeitet zu werden schien. Trotz der einschränkenden Bestimmungen des Rückkehrzwangs und der Beschäftigungsbeschränkung auf Ledige stellte die Wiederzulassung der Auslandspolen doch einen Verstoß gegen die antipolnische Nationalitätenpolitik der preußischen Regierung dar und wurde von den nicht unmittelbar an die Interessen der Großagrarier gebundenen Konservativen und Nationalliberalen auch so empfunden; so entwickelte sich der Streit um die polnischen Saisonarbeiter bis zum Kriegsbeginn 1914 zu einem Dauerbrenner der preußisch-deutschen Innenpolitik, bei dem sich wirtschaftliche Interessen und nationalpolitische Prinzipien in wechselnden Argumentationslinien einander gegenüberstanden.[38] Ausgangspunkt der Kritik an der Zulassung ausländisch-polnischer Arbeiter war dabei die Beobachtung der stark zunehmenden Abwanderung deutscher und inländisch-polnischer Landarbeiter in die Industrieregionen des preußischen Westens, die als unmittelbare Folge der Zuwanderung von Auslandspolen interpretiert und als Beleg für die «Überfremdung» des preußischen Ostens angesehen wurde. Am präzisesten ist diese Auffassung bei Max Weber in seinen großen Analysen über die ländliche Arbeitsverfassung formuliert, die er 1892 und 1893 auf der Basis einer Enquete des Vereins für Sozialpolitik über die wirtschaftliche und soziale Entwicklung im preußischen Nordosten verfaßte.[39]

In Webers Interpretation der Ergebnisse der Landarbeiter-Enquete mischten sich Elemente sozialwissenschaftlicher Analyse mit durchaus nationalistischen Überzeugungen.

Zum einen beschreibt er den gesamten Aus-, Ab- und Zuwanderungsprozeß in Ostdeutschland als Folge des ökonomischen und sozialen Strukturwandels der ostelbischen Landwirtschaft; in diesem Punkt ist Webers Analyse auch aus heutiger sozialhistorischer Sicht unüberholt. Darüber hinaus postuliert er einen unmittelbaren, kausalen Zusammenhang zwischen der Zuwanderung von Auslandspolen und der Abwanderung der

Einheimischen, der mit dem Begriff «Verdrängungstheorie» zusammengefaßt werden kann: Nicht die Aus- und Abwanderung preußischer Staatsbürger und die damit verbundene «Leutenot» auf den Großgütern hätten die stärkere Heranziehung polnischer Saisonarbeiter zur Folge, sondern umgekehrt seien es die Auslandspolen, die aufgrund ihrer niedrigeren «Kulturstufe», Anspruchslosigkeit und Billigkeit den deutschen Landarbeitern von den Arbeitgebern vorgezogen würden und jene dadurch nach Westen abdrängten.[40] Diese These Webers, die Auslandspolen verdrängten die Deutschen aus den ostpreußischen Bezirken, fand weite Verbreitung und wurde in der Folgezeit von Weber-Adepten beständig verschärft.[41] So schrieb etwa Knoke 1911 in ausdrücklichem Bezug auf die Landarbeiter-Enquete: «Die deutschen Landarbeiter sind vollständig schutzlos dem Ansturm der Ausländer preisgegeben ... In der östlichen Landwirtschaft z. B. sind, wie die Enquete des Vereins für Sozialpolitik nachgewiesen hat, die ansässigen Arbeiter vielfach zur Hälfte durch Wanderarbeiter ersetzt worden, die unverheirateten Leute wanderten infolgedessen zu den Städten ab ... Die Ausländer, besonders die Russisch-Polen, haben die Übermacht gewonnen, während das Stärkeverhältnis der Inländer inklusive der Deutsch-Polen beinahe auf die Hälfte herabgesunken ist. Die aus der östlichen Landwirtschaft durch die Massen der Ausländer verdrängten Landarbeiter gehen zur Industrie des Westens über oder zu Kanal-, Wege- und Eisenbahnbauten, wo sie dann im Verein mit den Ausländern wieder einen Druck auf die dortigen ansässigen deutschen Arbeiter ausüben. Den deutschen Arbeitern entsteht aus der Zulassung der Fremden nicht allein eine wirtschaftliche Gefahr, sondern auch eine Bedrohung des Lebens und der Gesundheit infolge der unhygienischen Lebensgewohnheiten und der Betriebsunkenntnis der Ausländer ... M. E. sind die Wanderungen für Deutschland höchst verderblich, und ich halte es für die Pflicht aller beteiligten Kreise, auf Abhilfe zu dringen, mit aller Kraft und Energie die Wanderarbeit zu bekämpfen und, wenn möglich, ganz zu beseitigen.»[42]

Diese nationalistische Argumentation setzte sich auch über die Zeit des Ersten Weltkrieges hinweg fort und wurde später nachgerade zu einem der Grundelemente rechtsradikaler Agitation gegen die «Überfremdung» Deutschlands vor allem durch Polen. Tatsächlich aber ist aus historischer Perspektive die «Verdrängungstheorie» nicht haltbar. Sie beruhte außer auf nationalistischen und sozialdarwinistischen Überzeugungen vor allem auf der Unterschätzung des wirtschaftlichen und sozialen Strukturwandels der preußisch-deutschen Gesellschaft im Gefolge der Industrialisierung als grundlegende und unumkehrbare Entwicklung. Die Zuwanderung ausländisch-polnischer Saisonarbeiter war dabei ein Element innerhalb dieses Strukturwandels, das sich als Folge des Zerfalls der alten gutsherrlichen Ordnung auf diesen wiederum beschleunigend auswirkte, wie Klaus J. Bade zusammenfassend betont: «Die kontinentale Zuwanderung tendierte auf dem landwirtschaftlichen Arbeitsmarkt des nordöstlichen Aus- und Abwanderungsraums dahin, die Ursachen weiterzutreiben, deren Folge sie war, weil sie die Schubkraft jener strukturellen Faktoren verstärkte, die entscheidend waren für die Soziogenese latenter Wanderungsbereitschaft und wanderungsbestimmender Kollektivmotivationen bei der einheimischen Landarbeiterschaft: Die Saisonalisierung der Lohnkosten und der Betriebsrechnung verschärfte die Saisonalisierung von Arbeitsmarkt und Erwerbsangebot, die in Wechselwirkung stand mit Intensivierung der Bodenkultur, Rationalisierung der Produktionsorganisation und Verfall der gutswirtschaftlichen Arbeits- und Sozialordnung.»[43]

Damit in engem Zusammenhang steht die von Weber angesprochene und gleichfalls in der zeitgenössischen Öffentlichkeit verbreitete These vom Druck der ausländischen Arbeiter auf das deutsche Lohngefüge. Da die Auslandspolen auf niedrigerer Kulturstufe stünden und also bedürfnisloser seien als Deutsche, so wurde argumentiert, seien sie mit geringeren Löhnen zufriedenzustellen, was die deutschen und preußisch-polnischen Landarbeiter vor die Alternative stelle, sich entweder ebenfalls mit niedrigeren Löhnen zufriedenzugeben oder in die Industrie des Westens abzuwandern. Darüber wurde aus verschiedenen Lagern mit unterschiedlichen Intentionen heftig geklagt: Die deutschen Gewerkschaften und die Sozialdemokratie kritisierten die Benutzung der Ausländer durch die Großagrarier und Fabrikanten als Lohndrücker und forderten gleichen Lohn für alle Arbeitskräfte unabhängig von der Nationalität.[44] Aus nationalistischer Sicht wurde die «Lohndruck»-These in Verbindung gebracht mit der «Verdrängungstheorie»: Durch die ausländische Konkurrenz zu niedrigeren Löhnen gezwungen, wanderten die einheimischen Arbeiter nach Westen ab und beförderten dabei die weitere «Polonisierung» des Ostens. Ein Blick auf entsprechende Lohnstatistiken aber zeigt, daß das anfänglich nach der Wiederzulassung von Auslandspolen 1891 sich herstellende Lohngefälle zwischen einheimischen und ausländischen Arbeitskräften nach einigen Jahren nach oben ausgeglichen wurde.[45] Es wurde sogar darüber geklagt, daß die ausländischen Saisonarbeiter zuweilen mehr verdienten als das einheimische Gesinde.[46] Die Hereinnahme von anspruchslosen polnischen Landarbeitern wirkte jedoch insofern lohndrückend, als dadurch das Lohngefüge bei den schlecht bezahlten Landarbeitern stabilisiert wurde; ohne zusätzliche Arbeitskräfte hätten angesichts des «Leutemangels» die Löhne sonst steigen müssen. Vorteile entstanden den Bauern und Gutsbesitzern durch die Beschäftigung von Polen aber auch noch in anderen Bereichen, weil, wie Knoke feststellte, «die Wanderarbeiter dem Unternehmer für das ganze Jahr berechnet in jedem Falle weit geringere Kosten verursachten als die ansässigen heimischen Arbeiter. Die große Arbeiterschar der Polen, Ruthenen usw. auf den großen Gütern bewältigt die landwirtschaftlichen Sommerarbeiten in verhältnismäßig kurzer Zeit.»[47] Im Winter hingegen konnten die anfallenden Arbeiten von wenigen Knechten und Gutstagelöhnern erledigt werden.

Auch der weitgehende Wegfall der bei einheimischen Arbeitern fälligen Sozialleistungen war hier ein positiv zu Buche schlagender Faktor. Mit den ausländischen Wanderarbeitern, führte ein österreichischer Delegierter bei einer Fachtagung 1910 aus, stünden dem Deutschen Reich Arbeitskräfte zur Verfügung, «welche es bei Unfällen mit einer dreijährigen Rente abfindet, gegen Invalidität und auch Alter gar nicht oder nur ungenügend im Krankheitsfalle zu versichern braucht».[48] Hinzu kam noch der hohe Anteil an beschäftigten Frauen und Kindern unter den auslandspolnischen Zuwanderern, die erheblich billiger waren als Männer. Da sie aber nicht im Familienverband, sondern einzeln angeworben wurden, fielen die leistungshemmenden Faktoren, wie sie bei einheimischen Arbeiterinnen, die außer der Landarbeit auch noch die Hausarbeit zu verrichten hatten, als Begründung für ihre schlechte Bezahlung dienten, hier weg – ausländische Frauen waren bei den Großlandwirten und Fabrikanten einzelner Gewerbe (z. B. bei Ziegeleien) begehrte Arbeitskräfte, die besser als deutsche Frauen, aber bedeutend schlechter als ausländische und deutsche Männer bezahlt wurden.[49]

Die zunehmende Beschäftigung von Auslandspolen – vor allem in der ostdeutschen Großlandwirtschaft in saisonalem Geldakkord – beschleunigte die Saisonalisierung des landwirtschaftlichen Arbeitsmarktes insgesamt – für die auf regelmäßige Lohnzahlungen und dauerhafte Arbeitsplätze angewiesene einheimische Landbevölkerung führte das trotz z. T. steigender Löhne aufs ganze Jahr berechnet zu Lohnverfall.

Die Forderung «des absoluten Ausschlusses der russisch-polnischen Arbeiter aus dem deutschen Osten», die Weber aufgestellt hatte und die von der politischen Rechten mit dem Schlagwort «Deutschland den Deutschen» in zugespitzter Weise aufgegriffen worden war, traf in der für nationalistische Kraftmeierei sehr empfänglichen Gesellschaft des späten Kaiserreichs auf Zustimmung weit über die Kreise der Alldeutschen und Kolonialbegeisterten hinaus; selbst Sozialdemokraten wie Franz Laufkötter polemisierten in den *Sozialistischen Monatsheften* gegen die «Überschwenglichkeiten eines Internationalen, der jeden Ausländer, und sei es der schmierigste Chinese oder der unkultivierteste Botukude, in schwärmerischer Begeisterung an sein Herz drückt».[50] In bürgerlichen wie in konservativ-agrarischen Kreisen der deutschen Gesellschaft war dabei vor allem die Furcht vor «volkstumspolitischen Gefahren» infolge der Ausländerzuwanderung weit verbreitet. Auf dem sechsten Arbeitsnachweiskongreß in Breslau 1910 faßte der Leipziger Professor Stieda in seinem Einführungsvortrag diese Befürchtungen so zusammen: «Es mag chauvinistisch klingen ‹Deutschland den Deutschen›. Aber es soll nicht chauvinistisch sein, und es steckt in diesen Worten eine Wahrheit, deren Verkennung sich bitter rächen wird, falls die Zuwanderung in dem gleichen Tempo weitergeht. Lassen wir ausländische Arbeiter in demselben Maße nach dem Belieben der Unternehmer zu, so gehen wir ernsten Gefahren entgegen. Denn die Vermischung mit all diesen fremden Elementen kann für die Reinheit der germanischen Stämme nur verhängnisvoll sein. Möge die Vorsehung Deutschland davor bewahren, seine eigenen Landeskinder zu Gunsten fremder Staatsangehöriger verkümmern zu sehen!»[51]

Die Bandbreite der eine Zuwanderung von Ausländern ablehnenden Stimmen reichte von solchen Positionen bis hin zu wilden Eruptionen von Fremdenfeindlichkeit und Rassismus – nicht nur gegenüber den Polen, sondern auch gegenüber anderen Ausländergruppen. So kommentierte etwa die *Rheinisch-Westfälische Zeitung* einen Mordprozeß gegen drei Kroaten in Bonn im Oktober 1907 und wies dabei «auf die Gefahren der Heranziehung von Arbeitern von ausländischen, sittlich und in krimineller Hinsicht tiefstehenden Nationen und Rassen» hin. Anhand der in Bonn verhandelten Vorfälle werde deutlich, «daß die Überschwemmung unserer deutschen Lande mit Ausländern minderwertigen Charakters in den besonders betroffenen Gebieten zu einem Grade allgemeiner Unsicherheit geführt hat, der sich mit dem Wesen eines Kulturstaates nicht verträgt, ... die ungebändigte Roheit, die ungesittete Verworfenheit und die zügellose Leidenschaft dieser Sendlinge fremder Völkerschaften werden überall da, wo sie mit den sittlich zweifelhaften Elementen des eigenen Volkes zusammentreffen, jeden Rest einer guten Eigenschaft bei diesen verderben und die Gefahr einer allgemeinen Verwilderung vergrößern ... Die Revolverhelden und Messerstecher befinden sich in erster Linie unter den Italienern, und die wahren Strolche und Mordgesellen befinden sich dann unter jenen Gesellen, die, oft unter der Flagge als Österreicher segelnd, aus Galizien, Kroatien und anderen an der Schwelle des Balkans liegenden Landstrichen stammen und ihre in Jahrhunderten erworbenen konservierten Totschlägerinstinkte nun nach Westfalen und an den Rhein einschleppen ... Es ist Zeit, ernstlich für Abhilfe zu sorgen. Wir müssen solche Elemente unserem Volkskörper fernhalten und da, wo sie sind, ausmerzen.»[52]

Es gibt wenig Anhaltspunkte dafür, wie verbreitet solche Positionen über die extrem nationalistischen Kreise des «Alldeutschen Verbands» hinaus in der Bevölkerung waren. Sicher ist – das zeigt die Häufigkeit der manchmal wie stereotype Einleitungsformeln wirkenden Warnungen vor der «Überschwemmung durch Ausländer» in der Publizistik und der zeitgenössischen Literatur –, daß die «patriotischen» Bedenken gegen die Zulassung ausländischer Arbeiter weithin – bis hin zum rechten Flügel der Sozialdemokraten – geteilt wurden.[53]

Den verschiedenen Ausprägungen der «nationalen» Argumente gegen die Ausländerzulassung aber widersprachen vor allem wirtschaftliche Interessen. «Gegen zwingende wirtschaftliche Bedürfnisse komme man mit polizeilichen Maßregeln nicht auf», hatte es schon in der Sitzung im Preußischen Staatsministerium am 11. November 1890 geheißen, in der die Wiederzulassung der Polen beraten worden war.[54] Und der erwähnte Leipziger Professor Stieda faßte die Vorteile der Ausländerbeschäftigung für die Arbeitgeber so zusammen: «Sie bevorzugen die Ausländer, weil sie mit ihnen leichter fertigwerden, ihnen längere Arbeitszeiten, mehrfach auch niedrigere Löhne zumuten können. Die Ausländer sind zufriedener und gefügiger als die deutschen Arbeitskameraden. Kriegen sie je einmal Lust, sich ebenfalls an Arbeitseinstellungen, die jene in Szene setzen, zu beteiligen, so werden sie als lästige Ausländer über die Grenze abgeschoben. Ein preußischer Gutsbesitzer (von Below-Saleske) hat das gelegentlich eines Vereinstages der Pommerschen Landwirtschaftskammer (29. Novbr. 1906) mit anerkennenswerter Offenheit ausgesprochen: ‹Daß mancher›, sagte er, ‹zur Zeit lieber mit Russen, Polen oder Galiziern arbeitet als mit heimischen Arbeitern, weiß ich wohl und kann es bis zu einem gewissen Grade auch verstehen. Im Sommer flotte Arbeit, mit allem beizeiten fertig, Mieten und Scheunen noch flugs ausgedroschen und dann fort mit der Gesellschaft. Im Winter braucht man dann nur Leute zum Viehfüttern und Dungausfahren, hat keine Scherereien mit Leuteland, Deputat, Wohnungen usw.› ... Auch ist für die Landwirtschaft, obwohl hohe Vermittlungsgebühren gezahlt werden müssen und die Löhne kaum geringer sind, die Verwendung von Ausländern schließlich deshalb doch das billigste System, weil alle Schul-, Kirchen- und Armenlasten gegenüber den Ausländern in Wegfall kommen. Die Gesamtkosten eines deutschen Schnitters wurden in Mecklenburg auf 527 M. oder 2 M. 68 Pfg. pro Arbeitstag berechnet, für einen Polen berechnet sich der Betrag auf 485 M. oder 2 M. 49 Pfg. pro Tag. Für Frauen auf 460 M. oder 2 M. 24 Pfg.»[55]

Außer den wirtschaftlichen Vorteilen wurden auch arbeitspädagogische Aspekte ins Feld geführt. Die vermehrte Zulassung von Polen könne nämlich dem übertriebenen Anspruchsdenken der einheimischen Arbeiterschaft Einhalt gebieten: «Wer die Leute kennt», berichtete der Abgeordnete Szmula vor dem preußischen Abgeordnetenhaus im Mai 1899, «den niedrigen geistigen Standpunkt, auf dem sie sich befinden, die Hälfte von ihnen kann kaum lesen und schreiben, die Leute denken an nichts anderes als an ihre Arbeit, ihren Verdienst, es sind die ordentlichsten Leute der Welt, die unseren Leuten absolut als Vorbild dienen könnten», und ein Zentrumsabgeordneter erklärte auf der gleichen Sitzung über die «Leutenot», «daß das einzig wirklich große Mittel ist, daß, nachdem überhaupt der Umfang der Not feststeht, auch einer gewissen Vermehrung der Bevölkerung durch Einwanderung vom Osten her Platz gegeben wird. Es würde das gleichkommen der Schaffung eines anspruchsloseren Arbeiterstandes, und ich glaube, daß das von eminenter Wichtigkeit ist.»[56]

1.4. Zentralisierung und Kontrolle: die Verstaatlichung der Ausländeranwerbung

Dieser «Schaffung eines anspruchslosen Arbeiterstandes» aber standen einige Entwicklungen in der Praxis der Polenbeschäftigung entgegen, die für die Großgrundbesitzer Anlaß zu heftigen Beschwerden waren. Wenn sie sich auch mit Händen und Füßen gegen jede Einschränkung der Zufuhr von Ausländern wehrten, so plädierten sie doch für erhebliche Verschärfungen bei den arbeits- und polizeirechtlichen Bestimmungen für die Auslandspolen. Anlaß dafür war vor allem die Häufung des sogenannten «Kontraktbruchs». Denn so wie die Abwanderung nach Westen für viele einheimische Landarbeiter die individuelle Reaktion auf die Verschlechterung ihrer Lebensverhältnisse darstellte, so war das Verlassen der Arbeitsstelle für inländische und ausländische Saisonarbeiter der am häufigsten gewählte Weg des Protests gegen schlechte Arbeits- und Lebensbedingungen, gegen Nichteinhaltung von beim Kontraktabschluß gemachten Versprechungen oder gegen erniedrigende Behandlung.[57] Da es ein Koalitions- und Streikrecht für die Landarbeiter nur formal, faktisch aber nicht gab und die Versuche der organisierten Arbeiterbewegung, unter den Landarbeitern Fuß zu fassen, bei den ausländischen Arbeitskräften noch weniger Erfolge zeitigten als bei den einheimischen, waren das Verlassen des Arbeitgebers und die Arbeitsaufnahme bei einem anderen die naheliegendste und erfolgversprechendste Möglichkeit für die polnischen Saisonarbeiter, ihre soziale Lage auf individuelle Weise zu verbessern. Von zeitgenössischen Autoren wurde das Ausmaß des «Vertragsbruchs» in Pommern in den Jahren 1906 bis 1907 bei russisch-polnischen Arbeitern mit 13,5 bis 15,4 %, bei galizisch-polnischen mit 20 bis 23,5 % beziffert; insgesamt lag die Rate der Kontraktbrüchigen unter den deutschen und ausländischen Wanderarbeitern jährlich bei etwa 10 %.[58]

Schon seit langem war der Kontraktbruch eine verbreitete Form der sozialen Auseinandersetzungen zwischen Gutsbesitzer und Landarbeiter gewesen. Kaerger etwa berichtete 1890 von Fällen der «Inscenierung eines förmlichen Streiks und eines darauf folgenden Massenabzuges» bei den einheimischen «Sachsengängern»: «Dann miethen sich die Leute einfach einen oder mehrere Wagen und ziehen mit Sack und Pack am hellerlichten Tage aus dem Hofe fort. Solche Streiks auf dem Lande sind gar nicht so selten, wie man vielleicht in den Städten, wo man stets nur von gewerblichen Arbeitseinstellungen sprechen wird, zu glauben geneigt ist.»[59] Als seit den 90er Jahren die polnischen Saisonarbeiter verstärkt in die ostdeutschen Höfe einrückten, verbreitete sich auch unter ihnen diese Form des ländlichen Klassenkampfes – oft die einzige Möglichkeit, die ihnen zur Verfügung stand, um sich gegen schlechte Arbeitsbedingungen zu wehren. Bei Würdigung der Ursachen des Kontraktbruches gestand selbst das preußische Landwirtschaftsministerium in einem Memorandum ein, «daß der

Kontraktbruch von den ausländischen Arbeitern ziemlich allgemein als die gegebene Selbsthilfe und das einzige Auskunftsmittel gegen schlechte Behandlung und Verkürzung seitens der Arbeitgeber angesehen und als ultima ratio auch von den besseren Elementen von vornherein in Aussicht genommen wird, wenn sie sich für einen ihnen ganz fremden Arbeitgeber anwerben lassen».[60] Und auch Knoke betonte, «daß sich die Arbeiter oft infolge der schlechten Behandlung auf den Gütern geradezu genötigt sehen, ihre Arbeitsstelle zu verlassen. Große Schuld an dem Kontraktbruch der Arbeiter tragen ... die Agenten oder Vorarbeiter. Die Arbeitgeber selbst erleichtern ihren Arbeitern noch den Kontraktbruch, indem sie die anderswo entlaufenen und kontraktbrüchigen Arbeiter skrupellos annehmen und beschäftigen.»[61]

Seit Ende der 90er Jahre forderten die großagrarischen Interessenvertreter mit Vehemenz staatliche Maßnahmen zur Verminderung der Kontraktbrüchigen. Zwar versuchten viele Arbeitgeber, auf eigene Faust die Freizügigkeit der Wanderarbeiter zu beschneiden («Zu diesem Zwecke lassen sich die Meister die Pässe und das Reisegepäck von den Arbeitern ausliefern. Die verdienten Arbeitslöhne der ersten Monate oder sogar der ganzen Campagne werden als Kaution z.T. innebehalten»[62]), ihre Vorstellungen gingen aber weiter in Richtung auf ein umfassendes staatliches Kontroll- und Überwachungssystem, das die Freizügigkeit der Ausländer unterband und den Kontraktbruch kriminalisierte.[63] «Der Kontraktbruch der ausländischen Arbeiter hat dieses Jahr derartig zugenommen, daß es für den Arbeitgeber unmöglich geworden ist, unter den jetzt bestehenden gesetzlichen Bestimmungen weiterhin mit diesen Leuten durchzukommen», erklärte etwa der Deutsche Landwirtschaftsrat im Jahre 1907 kategorisch, «es ist dieserhalb unbedingt notwendig, daß Schritte getan werden, die diesem Unfuge ein Ende bereiten.»[64] Dazu war aber vor allem eine Vereinheitlichung des Anwerbesystems vonnöten, denn die ungeregelten Zustände bei den Werbungen führten nicht nur zu völliger Unübersichtlichkeit der ausländischen Zuwanderungen, sondern wurden auch als eine der wesentlichen Ursachen für die Unzufriedenheit und den Kontraktbruch der Ausländer angesehen.

In der althergebrachten Form der Arbeiteranwerbung hatte der meist polnische «Vorschnitter» eines landwirtschaftlichen Großbetriebes in Österreich oder Rußland Arbeiter für seinen Gutsherrn vor Saisonbeginn geworben und zum Arbeitsort begleitet. Als seit den 90er Jahren der gesteigerte Arbeiterbedarf auf diese Weise nicht mehr allein befriedigt werden konnte, entstand in den preußisch-polnischen Grenzgebieten ein gewerblicher Arbeiter- und Kontrakthandel: das als «Handel mit Menschenfleisch» und «unerträglicher Krebsschaden» in der Öffentlichkeit bald heftig kritisierte «Agentenunwesen».

In einer Interpellation der polnischen Abgeordneten im österreichischen Abgeordnetenhaus vom 14. April 1910 wurden die Zustände bei den Anwerbungen geschildert: «Jenseits der preußischen Grenze in Neuberun langen nun zahlreiche Arbeiter unter der Führung der genannten Agenten oder Subagenten an und werden hier meist vollständig im Stich gelassen. Aller Mittel entblößt, ohne Kenntnis der Amtssprache und außerstande, sich irgendwelcher Rechtsmittel zu bedienen, gelangen diese Menschen in die Gewalt anderer Agenten und werden von ihnen förmlich auf einen Markt geschafft, der die niedrigsten Merkmale eines wahren Menschenmarktes trägt. Die Arbeiter werden nach ihrer physischen Kraft und Ausdauerfähigkeit geprüft, die stärksten und ausdauerndsten werden von den in Neuberun erscheinenden Landwirten oder Vermittlern verdingt, jedoch keineswegs zu einem Preise, welchem der vorgespiegelte nahekommt, der Rest wird ganz ratlos auf dem Markte zurückgelassen.»[65]

Mit Annoncen wie «20000 Galizier, Männer, Mädchen, Burschen für Feld, Ziegelei, Fabrik, auf Stunden-, Tage- oder Monatslohn, auch Akkord, kann unter sehr günstigen Bedingungen stellen. Evtl. übernehme auch die Garantie für Nichtfortlaufen der Leute bis Schluß der Arbeit, wenn Aufseher durch mich gestellt werden kann. Auf Wunsch sende sofort Vertragsformulare»[66] boten die in Preußen etwa 7000 gewerbsmäßigen Arbeitervermittler ihre Ware an. Diese Werber verdienten doppelt: Die Arbeiter mußten zwischen einer und zehn Mark, die Arbeitgeber zwischen fünf und dreißig Mark für die Vermittlung bezahlen; für galizische Arbeiter betrug der Vermittlungspreis im Jahre 1900 zwölf bis fünfzehn Mark.[67] Es kam auch vor, daß Agenten ausländische Arbeiter vermittelten, die Gebühr vom Arbeitgeber einkassierten, die Arbeiter zum Kontraktbruch verleiteten, um sie bei einem anderen Arbeitgeber erneut gegen Gebühren zu vermitteln.[68] Gegen diese gewerbsmäßigen Agenten organisierten die landwirtschaftlichen Arbeitgeber ein eigenes Anwerbungssystem über die «Arbeitsnachweise» der regionalen Landwirtschaftskammern, mit dem Ziel, die hohen Vermittlungsgebühren der wilden Werber zu umgehen, die Anreisekosten der Arbeiter durch Eisenbahntransport zu senken und den «Kontraktbruch» zu bekämpfen.[69] In der Folgezeit entstanden dadurch in den Anwerbegebieten regelrechte Fehden zwischen den freien Werbern und den Agenten der Landwirtschaftskammern und zuweilen auch unter den Vertretern der einzelnen regionalen Kammern selbst, so daß auch hier auf schleunige Abhilfe gedrängt wurde.[70] Der Druck auf nachhaltige Veränderungen bei der Zulassung von Auslandspolen kam nunmehr von drei Seiten: von den «patriotischen Kreisen», die, wenn denn nicht die Ausweisung der Polen, so doch die strikte Berücksichtigung der «nationalpolitischen Belange» bei ihrer Beschäftigung forderten; von den landwirtschaftlichen Arbeitgebern, die vom Staat wirksame Maßnahmen gegen den Kontraktbruch und die wilden Werber verlangten; und vom preußischen Staat selbst, der an einer Entwirrung der unübersichtlichen und dem behördlichen Zugriff weitgehend entzogenen Zuwanderungen aus dem Osten interessiert war, sowohl um die Zuwanderungszahlen regulieren zu können als auch um die polizeiliche

1. «Auslandspolen» in der deutschen Landwirtschaft 35

Überwachung der Ausländer sicherzustellen. So entstand bis 1907 ein Maßnahmenbündel, das den staatlichen Einfluß auf das Zuwanderungswesen durchsetzte und zusammen mit der Karenzzeit-Bestimmung die umfassende Reglementierung der Arbeits- und Lebensverhältnisse der Auslandspolen sicherstellte.[71]

Anknüpfend an die von Ostmarkenverein und Alldeutschem Verband 1903 gegründete, aber an dem Wettbewerb mit den Privatagenten gescheiterte «Centralstelle zur Beschaffung Deutscher Ansiedler und Feldarbeiter», entstand zunächst 1905 die «Deutsche Feldarbeiter-Centralstelle», eine privat organisierte, aber unter Kuratel des preußischen Landwirtschaftsministeriums stehende Koordinationsstelle, die «mit der Zeit die gesamte Anwerbung ausländischer Landarbeiter in ihrer Hand vereinigen und allen Wettbewerb gewerbsmäßiger Stellenvermittler und Privatagenten ... aus diesem Gebiete völlig verdrängen sollte». Darüber hinaus aber sollte «die Zusammenfassung der Werbetätigkeit mit der Zeit die Möglichkeit gewähren, namentlich bei weiterem Anwachsen des Arbeiterbedarfs anstelle der bisher überwiegenden russisch-polnischen und galizischen Arbeiter national ungefährlichere Elemente heranzuziehen und so das Bedürfnis der Landwirtschaft nach Ausländerarbeit und das durch Selbsterhaltung diktierte Verlangen des Staates nach Abwehr ... antinationaler Einwanderung tunlichst zu versöhnen».[72] Mit dieser ökonomischen und politischen Zielsetzung entsprach die Feldarbeiter-Centrale zwar den Wünschen des Landwirtschaftsministeriums, konnte sich aber zunächst gegen die privaten Arbeitervermittler und die Werber der Landwirtschaftskammern nicht durchsetzen.

Erst mit Einführung des «Inlandslegitimierungszwangs»[73] wurde der Anspruch der Feldarbeiter-Centrale auf das Anwerbemonopol gefestigt, wenn auch noch bei weitem nicht durchgesetzt. Dieser ab 1908 gültige Legitimationszwang war als Kompromiß das Resultat der jahrelangen kontroversen Diskussion um die Zuwanderung polnischer Saisonarbeiter. Die darin enthaltenen Vorschriften zur Erfassung und Kontrolle der ausländischen Arbeiter entsprachen weitgehend den Forderungen, wie sie von den großagrarischen Interessenvertretern seit der Wiederzulassung von ausländisch-polnischen Wanderarbeitern nach 1890/91 erhoben worden waren. Sie galten aber auch für die in der Industrie beschäftigten Ausländer. In einer Besprechung von Vertretern des Innenministeriums mit Beauftragten der westdeutschen Industrie im Dezember 1907 in Essen hatten auch die Industrievertreter «gegen die Einführung einer Zwangslegitimation für ausländische Arbeiter nicht nur keine Bedenken, sondern hielten sie sogar für wünschenswert».[74]

In einer rückblickenden Übersicht von 1920 sind die Einzelbestimmungen der Legitimationspflicht für Ausländer zusammengefaßt dargestellt: «Das Wesen der Inlandslegitimation besteht darin, daß alle im Inlande beschäftigten ausländischen Arbeiter mit deutschen Inlandspapieren in Form von Legitimationskarten versehen sein müssen, die unter Angabe der Nationale und Personale des Arbeiters auf den Namen des Arbeitgebers ausgestellt und beim rechtmäßigen Wechsel des Arbeitsverhältnisses auf den neuen Arbeitgeber umzuschreiben sind. Liegt Kontraktbruch eines Arbeiters vor, so kann eine Umschreibung nicht stattfinden. Arbeiter, die ohne ordnungsmäßige Legitimationskarte in Arbeit treten wollen oder in Arbeit getreten sind und keine Karte nach den Bestimmungen erlangen können, werden ausgewiesen und zurückbefördert. Durch ein über sämtliche ausgestellten Legitimationskarten geführtes alphabetisches Kartenregister wird verhindert, daß Arbeitern, die bereits eine Legitimationskarte erhalten und sich ihrer unrechtmäßig entledigt haben, eine zweite Karte ausgestellt wird … Zur Ausstellung der Legitimationskarten sind die Polizeibehörden unter Mitwirkung der deutschen Arbeiterzentrale berufen. Sie erfolgt in den Legitimierungsämtern der Arbeiterzentrale.»[75] Aufgrund dieser Bestimmungen entwickelte sich folgende Praxis: Der an einem der 39 Grenzämter der durch die Übertragung des Legitimierungsmonopols 1907 zu einer quasiamtlichen Einrichtung aufgewerteten und 1911 umbenannten «Deutschen Arbeiterzentrale» (DAZ) ankommende ausländische Arbeiter erhielt dort gegen Gebühr eine nach Nationalitäten verschiedenfarbige Identitätskarte mit seinem eigenen und dem Namen des Unternehmers, den er meist noch gar nicht kannte und an den er für die Jahressaison damit gebunden war. Die Arbeitskarte war bei Arbeitsantritt dem Unternehmer auszuhändigen, ein Wechsel des Arbeitsverhältnisses war nur mit dessen Einwilligung möglich. «Mangelnder Arbeitseifer» galt als «Kontraktbruch» und führte zur Kündigung und Ausweisung, ebenso wie Wechsel des Arbeitsverhältnisses ohne Zustimmung des Arbeitgebers. Die Polizei war aufgrund des Doppelexemplars der Legitimationskarte in der Lage, nach «Kontraktbrüchigen» wirkungsvoll zu fahnden – wer ohne Legitimationskarte aufgegriffen wurde, konnte nur kontraktbrüchig oder illegal eingereist sein.

Den ausländisch-polnischen Landarbeitern waren dadurch die Vorteile des Schutzes des patriarchalischen und halbfeudalen Abhängigkeitsverhältnisses in der traditionellen Gutswirtschaft genommen, ohne daß sie andererseits als «freie» Arbeiter ihre Arbeitskraft meistbietend auf dem Arbeitsmarkt verkaufen konnten. Insgesamt stellte der Legitimationszwang ein Sonderrecht für ausländische Arbeiter dar, das zusammen mit der Karenzzeit gleichermaßen als Regulationsschleuse für die Nachfrage nach ausländischen Arbeitskräften wie als Disziplinierungsmittel diente. Das hier entstandene sonderrechtliche Regulations- und Kontrollsystem war in den darauffolgenden Jahren relativ erfolgreich, zumal es der preußischen Regierung nach und nach gelang, auch die Mehrzahl der übrigen deutschen Staaten – nicht aber die süddeutschen – zu einer weitgehenden Übernahme der preußischen Ausländervorschriften zu bewegen.[76] Auf der anderen Seite wird man aber das Maß der effektiven Durchsetzung dieser Maßnahmen in der Praxis der Ausländerbeschäftigung nicht überbewerten dürfen. Die

Zahl der «illegalen», d. h. nicht legitimierten ausländischen Arbeiter blieb bis 1914 hoch, ebenso wie die der verbotswidrig in der Industrie der preußischen Mittel- und Westprovinzen arbeitenden Auslandspolen oder der über die Winterzeit hinweg weiter eingesetzten Landarbeiter. Der Direktor der Deutschen Feldarbeiter-Centrale schätzte 1907 die Zahl der «Illegalen» auf etwa 20 % der legitimierten Ausländer.[77]

Das preußische Modell der «regulierten Ausländerzufuhr» ist aber insofern von auch langfristiger Bedeutung, als sich darauf eine Tradition der institutionalisierten Diskriminierung von ausländischen Arbeitern gründete, bei der Staatsangehörigkeit und sozialer Status zu Kriterien repressiver staatlicher Reglementierung wurden: Der Legitimationszwang für Ausländer beschränkte sich auf die Arbeiter unter ihnen; Beamte und Angestellte blieben davon ausgenommen. Die Karenzzeit hingegen betraf ausschließlich auslandspolnische Arbeiter aus Rußland und Österreich-Ungarn, während deutsche Wanderarbeiter ebenso wie die Angehörigen aller anderen Nationen auch in den Wintermonaten weiterbeschäftigt werden durften. Dadurch entstand ein gestaffeltes System der rechtlichen und sozialen Hierarchisierung sowohl zwischen deutschen und ausländischen Arbeitern wie auch unter den Ausländern selbst.

Gegen diese Bestimmungen liefen vor allem die Vertreter der deutschen Arbeiterbewegung Sturm. «Damit ist die völlige Rechtlosmachung der ausländischen Wanderarbeiter besiegelt», schrieb das *Correspondenzblatt* im Jahre 1908 dazu. «Jedes Koalitionsrechts bar, ausgeschlossen vom Vereins- und Versammlungsrecht, nur so lange auf dem deutschen Boden geduldet, als sie den Unternehmern willig und billig ihre Hände liehen, hatten diese Arbeiter wenigstens noch ein gewisses Recht auf Freizügigkeit. Durch die preußische Verfügung ist ihnen dieses Recht geraubt, und sie sind zu einem Dasein rechtloser Lohnsklaven verurteilt.»[78] Die Gewerkschafter und Sozialdemokraten erkannten in der Möglichkeit für den landwirtschaftlichen Arbeitgeber, den polnischen Arbeiter etwa bei Lohnstreitigkeiten zum «Kontraktbrecher» zu erklären und ausweisen zu lassen, einen Angriff auf die Arbeitsfreiheit und das Koalitionsrecht insgesamt – daher war ihr Protest so energisch und leidenschaftlich. Er blieb aber wirkungslos, trotz zahlreicher Resolutionen und Reichstagsbeschlüsse. Legitimationszwang und Karenzzeit blieben bis 1918 die Grundpfeiler der preußisch-deutschen Ausländerpolitik.

1.5. Arbeits- und Lebensbedingungen der ausländischen Landarbeiter

Die soziale Lage der ausländischen Wanderarbeiter in der ostdeutschen Landwirtschaft war bereits zeitgenössisch Gegenstand heftiger Kritik nicht nur von seiten der Sozialdemokratie, sondern auch bei bürgerlichen Autoren, die die Arbeits- und Lebensbedingungen der Auslandspolen in zahlreichen Veröffentlichungen als menschenunwürdig beschrieben.[79] Besonders heftig wurden in der Presse und in zahllosen Beiträgen auf Kongressen landwirtschaftlicher Organisationen und kirchlicher Wohlfahrtsverbände die bereits angesprochenen Methoden bei der Anwerbung der polnischen Landarbeiter in ihren Heimatgebieten in Rußland und Österreich-Ungarn kritisiert. «Was da mit den Arbeitern in Rudnik, Nisko oder Tarnobrzeg angestellt wird», empörte sich auf einer Konferenz des Caritasverbandes im September 1912 ein oberschlesischer Pfarrer, «ist geradezu haarsträubend und höchstens mit den früheren afrikanischen Sklavenjagden zu vergleichen. Besonders schimpflich ist, daß an diesen Jagden als Zutreiber Zoll- und Bahnbeamte teilnehmen und den Agenten helfen, die armen Arbeiter einzufangen.»[80] Solche Werbemethoden hörten freilich mit der Zentralisierung der Anwerbung bei der Feldarbeiter-Centralstelle nicht auf. Geregelt wurde damit ja lediglich die bürokratische Erfassung beim Grenzantritt der Ausländer. Die Formen der Arbeiterrekrutierung in den benachbarten Ländern blieben weiterhin den Werbern und Agenten überlassen,[81] die häufig mit den Vorarbeitern und «Schleppern» der einzelnen Gutswirtschaften eng zusammenarbeiteten. Der erwähnte oberschlesische Pfarrer hielt in seinem Konferenzbeitrag 1912 diese «Vermittlung durch Vorarbeiter und Schlepper, die man eigentlich nur mit dem Namen Zutreiber richtig bezeichnen kann», für das größte Übel. «Es sind das Leute, die ihre Arbeitsgenossen gegen einen Judaslohn dem Agenten sowie Vermittlungsbureaus zutreiben und sie zur Unterschreibung der ihnen vorgelegten Verträge überreden. Solche Zutreiber dürften jetzt unter den Arbeitern gegen 3000 sein.»[82] Diese Beauftragten des Gutsbesitzers – als «Inspektoren», «Vorschnitter», «Kolonnenführer» oder «Aufseher» die direkten Befehlsgeber der polnischen Arbeiter auf dem Hofe – hatten oft weitgehende Befugnisse gegenüber ihren ausländischen Arbeitern. Von ihnen hing das Wohl und Wehe der Saisonarbeiter meist in erster Linie ab. Sie handelten den Arbeitsvertrag aus, verteilten die Arbeit, bestimmten die Arbeitszeit und zahlten den Lohn aus. Um ein Entweichen der polnischen Arbeiter zu verhindern, erhielten jene nach gebräuchlicher Übung am Ende der Woche vom Aufseher nur einen Teil des Lohnes, den Rest behielt er als «Kaution» ein, die erst nach ordnungsgemäßer Beendigung des Arbeitsvertrages den Arbeitern übergeben werden sollte; wurden sie vorher «kontraktbrüchig», verfiel die Kaution. Es war nun die weitverbreitete Praxis unter den Aufsehern, durch Provokationen und besonders schlechte Behandlung dafür zu sorgen, daß die Ausländer gegen Ende der Vertragszeit «aufsässig» oder «kontraktbrüchig» wurden, woraufhin sie in kürzester Zeit von der Polizeibehörde festgesetzt und dann ausgewiesen wurden, wodurch die Kaution dem Aufseher blieb. Die Abhängigkeit der Ausländer von ihrem Aufseher eröffnete diesem zahlreiche weitere Verdienstmöglichkeiten, ohne daß sich die Arbeiter gegen die Übervorteilung wehren konnten; 1906 beschrieb Trczinski dieses Regiment der hier «Unternehmer» genannten Aufseher auf den großen Gütern Ostdeutschlands: «Diese übernehmen auf Gütern mit großem Rübenanbau die Bearbeitung sowie Ausrodung der Rüben und auch Teile der Getreideernte. Der Gutsbesitzer zahlt dem Unternehmer pro Morgen Rüben bis Mk. 24,00. Diese aber gewähren dem Arbeiter meistens nur Tagelohn. Sei es aber, daß sie Tagelohn oder Akkordlohn, der natürlich niedriger ist, als sie selbst erhalten, den Arbeitern gewähren, ihr Hauptverdienst ist der Verkauf verschiedener Eß-, Rauch- wie Trinkwaren. Branntwein sollten sie nicht verkaufen, indes tun sie es doch. Was der Arbeiter während der Woche verdient hat, das gibt er am Sonntag bei Musik und Tanz wieder dem Unternehmer zurück. Dasselbe ist auch zu sagen, wenn in manchen Kasernen Vögte oder Vorarbeiter einquartiert werden und es ihnen erlaubt wird, einen Laden zu unterhalten. Die Arbeiter werden zu Ausgaben verlockt; auch sind sie von dem Aufseher bei der Arbeit abhängig, und so sehen sie sich gezwungen, Ausgaben zu machen, um nicht schlecht behandelt zu werden.»[83] – «Wehe dem Arbeiter, der auf andere Weise es sich billiger kauft; bei der Arbeit wird er es fühlen», hieß es dazu auf dem Caritaskongreß 1912.[84]

Die Löhne der polnischen Saisonarbeiter waren abhängig von verschiedenen Faktoren und daher recht unterschiedlich. Bis in die 90er Jahre wurden die ausländisch-polnischen Arbeiter offenbar in der Regel schlechter bezahlt als deutsche Wanderarbeiter, wenn auch mit erheblichen regionalen Unterschieden. Seit Anfang des Jahrhunderts aber näherten sich die Löhne deutscher und ausländischer Wanderarbeiter an, vor allem dort, wo seit längerer Zeit Ausländer beschäftigt wurden und der Landarbeitermangel besonders groß war. Hingegen wurden Arbeiter aus neuen Anwerbegebieten, wie etwa seit Mitte der 90er Jahre Westgalizier oder zehn Jahre später Ruthenen, wiederum zunächst schlechter bezahlt, bis sich nach einiger Zeit die lohnangleichenden Tendenzen auch hier auswirkten.[85] Dabei sind die regional verschiedenen Mischformen von Geld- und Naturallohn hier nicht berücksichtigt, ebenso wenig die sich mehr und mehr ausweitenden Akkordlohnsätze, durch die die Ausländer zuweilen vergleichsweise hohe Löhne erhalten konnten. «Verdienst, wie hier in Deutschland finden sie nicht in ihrer Heimat», berichtete der Pfarrer Lipski in Dresden darüber. «Die Ursache von Klagen und Kontraktbrüchen ist deshalb nicht so oft die Niedrigkeit der Löhne, sondern Nichtinnehaltung des Kontraktes seitens des Arbeitgebers und inhumane Behandlung.»[86]

Diese Mißstände waren jedoch nicht allein auf nationalistisch begründete Polenfeindlichkeit zurückzuführen, sondern lagen eher in der Struktur des Beschäftigungsverhältnisses der polnischen Saisonarbeiter begründet. Um überhaupt Arbeiter zu bekommen, wurden den Polen relativ hohe Löhne versprochen und bei der Anwerbung vereinbart. Am Ende der Saison aber erhielten die Polen dann oft viel weniger. Da es eine organisierte Interessenvertretung der Zuwanderer nicht gab, die Polen zudem meist kein Deutsch konnten und Beschwerden oder Lohnforderungen als «Unbotmäßigkeit» zur Entlassung und Abschiebung führen konnten, gab es gegen diese systematischen Übervorteilungen durch die landwirtschaftlichen Arbeitgeber kein hemmendes Gegengewicht. Darüber hinaus versuchten viele Gutsbesitzer, die für ausländische Saisonarbeiter zusätzlich anfallenden Kosten wie Vermittlungsgebühren und Ausgaben für An- und Rückreise durch Einsparungen bei den Unterkünften, der Verpflegung und den Arbeitszeitregelungen wieder hereinzuholen. In einer Stellungnahme zu den Ursachen des «Kontraktbruchs» zählte der Kommandeur der mecklenburgisch-schwerinschen Landesgendarmerie, von Wettzien, die häufigsten Mißstände bei der Beschäftigung von ausländischen Arbeitern auf: «a) Es sind den Arbeitern körperliche Mißhandlungen durch den Dienstherrn oder dessen Beamten, wozu in erster Linie auch Vorschnitter zu rechnen sind, zugefügt worden. b) Es ist der Lohn nicht oder nicht rechtzeitig gezahlt worden, oder es sind davon willkürliche, nicht vertragsmäßige Abzüge gemacht. c) Die gelieferten Nahrungsmittel (Kartoffeln) und die Wohnungen sind in hohem Grade minderwertig. d) Es werden von den Arbeitern andere Arbeiten oder Mehrarbeit verlangt, als vertragsmäßig ausbedungen oder ihnen bei der Anwerbung als solche bezeichnet sind. e) Die Arbeitsverträge sind den Arbeitern nicht genügend bekannt. f) Die Vorschnitter betrügen die Leute bei der Lohnauszahlung, insbesondere durch die teilweise Auszahlung des Lohns in Waren.»[87] Besonders die Wohnprobleme wurden immer wieder als besonders skandalös hervorgehoben. Trczinski schrieb dazu: «Am schlimmsten wohnen die Wanderarbeiter, wenn keine Kate frei ist, andererseits eine besondere sogen. Kaserne für Wanderarbeiter nicht errichtet ist. Sie werden dann entweder in Heu- und Strohböden, in Pferde- und Viehställen oder in irgendwelchen Wirtschaftsgebäuden untergebracht. Wenn die Arbeiter in nicht einmal vom Vieh bewohnten Häusern wohnen, so leiden sie, auch wenn diese Häuser noch so massiv sind, schrecklich unter der Kälte.»[88] Dabei waren solche Zustände gerade bei konservativen und kirchlichen Kritikern vor allem deswegen Gegenstand der Empörung, weil durch das Fehlen von getrennten Schlafräumen für Männer und Frauen der Unsittlichkeit Vorschub geleistet wurde[89] – für Karl Kautsky Anlaß zu einer schneidenden Polemik gegen die herrschende Heuchelei und Doppelmoral: «Nicht im ‹Zukunftsstaat›, nein im Gegenwartsstaat, dort wo die christlich-germanische Zucht und Ehrbarkeit noch völlig unangetastet ist vom sozialdemokratischen Gift, dort, wo unsere Edelsten und Besten am ungehemmtesten schalten und walten, dort finden wir die Karnickelwirtschaft, von den Verteidigern der Familie und Ehe selbst produziert, indem sie zur Minderung der Produktionskosten von Schnaps und Zucker ihr menschliches Arbeitsvieh ohne Unterschied des Alters und Geschlechts in den Viehställen zusammenpferchen.»[90] Über die Mißstände bei den Unterkünften der polnischen Landarbeiter, die langen Arbeitszeiten, die Übervorteilungen und falschen Versprechungen hinaus nahmen aber den Berichten vor allem kirchlicher Stellen zufolge auch die Fälle von Mißhandlungen zu. Der Fürstbischof von Breslau übersandte 1913 dem preußischen Kultusministerium eine Liste mit Berichten über Ausschreitungen, in der seitenlang Vorfälle wie diese aufgezählt wurden:

«Eckersdorf Kr. Namslau: Der Inspektor schlug den Arbeiter Alex Kolysma ziemlich schwer mit der Reitpeitsche über den Kopf, Nacken und Hals, weil er einige Minuten zu spät zur Arbeit kam.»

«Wiesau, Kr. Glogau: Der Inspektor schlug den Arbeiter Strycharz mit der Reitpeitsche, weil ihm der Pflug umgefallen ist; auch wollte er über ihn hinwegreiten. Nachher besuchte er den Arbeiter in der Stube mit dem Schaffer, warf den Arbeiter aufs Bett und schlug ihn mit der Reitpeitsche derart über den Kopf und Rücken, daß der Arbeiter laut ärztlichem Attest sechs Tage arbeitsunfähig war.»

«Niederschwedeldorf, Kr. Glatz: Der Inspektor schlug den Arbeiter Josef Biala mit dem Stock, weil er vor einem großen Gewitter in die Stube flüchtete. Die Verletzungen: Linkes Handgelenk 2 cm geschwollen, am rechten Oberschenkel Striemen mit getrocknetem Blut unterlaufen, 3 Tage arbeitsunfähig.»[91]

Wie häufig solche Mißhandlungen waren, vor allem im Vergleich zu deutschen Wanderarbeitern, läßt sich nicht angeben. Die auslandspolnischen Saisonarbeiter aber waren durch die Drohung mit der Ausweisung stärker als ihre deutschen Arbeitskollegen an einer Behauptung ihrer Interessen gehindert und dem Gutsbesitzer und seinem Vorschnitter weitgehend ausgeliefert. Die ausgeprägte antipolnische Propaganda der einflußreichen konservativen Verbände wie Ostmarkenverein und Alldeutscher Verband, die vor allem unter den Behördenvertretern zahlreiche Anhänger besaßen, schuf ein Klima, in dem die schlechte Behandlung und auch Mißhandlungen der Polen nicht als etwas sonderlich Bemerkenswertes angesehen wurden – abgesichert durch die repressiven Sondervorschriften des Staates gegenüber den Polen war hier ein weites Feld für Willkür entstanden, dem die polnischen Arbeiter an aktiver Gegenwehr nicht viel entgegensetzen konnten. «Widerstand» im engeren Sinne war von ihnen kaum zu erwarten. Zwar sind einige aufmüpfige Flugblätter polnischer Arbeiter bekannt, aber der polnische Historiker Kazimierz Wajda betont wohl zu Recht die Seltenheit solcher Vorfälle und beschreibt das Verhalten der polnischen Arbeiter als allenfalls «elementaren und unorganisierten Widerstand».[92]

Am häufigsten äußerte sich diese Form von Aufbegehren darin, daß die Arbeiter den Hof vorzeitig verließen und woanders Arbeit suchten. Diese Möglichkeit bestand – ausweislich der hohen Zahlen «illegal» beschäftigter Auslandspolen – auch nach Einführung des Legitimationszwangs in relativ hohem Maße, denn einem Gutsherrn oder Fabrikbesitzer, der dringend Leute brauchte, war ein ausländischer Arbeiter auch recht, wenn dieser keine Papiere hatte. Außerdem entwickelten die ausländischen Saisonarbeiter wirksame Methoden, um die behördliche Kontrolle zu umgehen. Hatte ein Arbeiter seine Arbeitsstelle verlassen und war so «kontraktbrüchig» geworden, so ließ er sich häufig beim nächsten Büro der Feldarbeiterzentrale erneut, diesmal unter anderem Namen, anwerben und begab sich mit neuer Legitimationskarte zu einem anderen Unternehmer, während er unter dem ersten Namen gesucht wurde.[93] Oder er besorgte sich gefälschte Papiere: «Man kann sagen, daß jetzt in Deutschland fast jeder (ausländisch-polnische, U. H.) Arbeiter wenigstens doppelte Arbeitspapiere hat», wurde auf dem Kongreß des Caritas-Verbandes 1912 geklagt, «die er sich von kundigen Arbeitern für teures Geld (bis 5 Mk.) besorgt oder selbst gefälscht hat».[94] Der «Kontraktbruch» entwickelte sich auf diese Weise zu einem Massenphänomen – eine logische Konsequenz des Versuchs der umfassenden Reglementierung, vor allem der Einschränkung der Freizügigkeit der polnischen Arbeiter. Solange aber die Unternehmer auf dem Lande die Ausländer zu für sie besonders günstigen Bedingungen beschäftigen wollten, mußte diese künstliche Teilung des Arbeitsmarkts durch gesetzliche und polizeiliche Maßnahmen abgesichert werden. Die Kriminalisierung des sonst bei allen Arbeitern üblich gewesenen Verhaltens, bei schlechten Arbeitsbedingungen den Arbeitgeber zu wechseln, brachte zwangsläufig ein neues Massendelikt hervor, das die möglichst lückenlose Überwachung der Ausländer und einen umfangreichen Kontrollapparat erforderte. Die Alternativen dazu wären entweder die Schließung der Grenzen oder die Vereinheitlichung der Arbeits- und Aufenthaltsbedingungen deutscher und ausländischer Arbeiter gewesen – beides aber widersprach den Interessen der landwirtschaftlichen Unternehmer. So lief, anhaltend gute Konjunktur vorausgesetzt, die weitere Tendenz auf stetige Ausweitung und Verschärfung der Erfassungs- und Kontrollmaßnahmen gegenüber den Ausländern hinaus.

Dies bezeichnet aber nur Tendenzen und Trends, die sich aus den beschriebenen Verhältnissen und der Logik der gesetzlichen Vorschriften ablesen lassen. Man wird in diesem Zusammenhang berücksichtigen müssen, daß auch die Lebensbedingungen der einheimischen Landarbeiter von äußerst niedrigem Lebensstandard, von Ausbeutung und Abhängigkeit geprägt waren und die Lage der Arbeiter auf den großen Gütern auch von der rechtlichen Qualifizierung ihres Arbeitsverhältnisses her denkbar schlecht war.[95] Darüber hinaus war die oft klägliche Lage der auslandspolnischen Wanderarbeiter durchaus nicht überall gleich. Dafür waren nicht nur die Bemühungen verschiedener politischer und behördlicher Stellen verantwortlich, sondern – neben individuellen Motiven einzelner Gutsbesitzer – auch die noch lange weiterreichenden Traditionen der patriarchalischen Gutsverfassung, die zwar durch die neuen lohnbestimmten Arbeitsbeziehungen abgelöst wurden, gleichwohl das Arbeitsklima auf vielen Gütern noch nachhaltig beeinflußten. Denn so rapide sich wirtschaftliche, soziale und technische Veränderungen in der deutschen Landwirtschaft in diesem Zeitraum durchsetzten, die Wandlungen in der Mentalität und Sozialkultur vollzogen sich durchaus nicht in gleichem Rhythmus. Nur mit dieser Einschränkung lassen sich deshalb an der Geschichte der auslandspolnischen landwirtschaftlichen Saisonarbeiter vor 1914 einige markante Aspekte hervorheben, die auch mittel- und langfristig von Bedeutung waren und deshalb Aufmerksamkeit verdienen. Das gilt in erster Linie für die Durchsetzung eines Sonderrechts für Ausländer durch Karenzzeit und Inlandslegitimationszwang, das nicht nur die Arbeits- und Lebensbedingungen der ausländischen Arbeiter verschlechterte, sondern auch die Möglichkeiten einer allmählichen Verbesserung verhinderte, sei es durch die Stärkung der Stellung auf dem Arbeitsmarkt aufgrund erhöhter Nachfrage nach Arbeitskräften, sei es durch Abwanderung in die Industrie, sei es durch langsamere Akkulturation und Integration.

Wirtschaftlich war die Ausländerbeschäftigung vor allem Ausdruck des Strukturwandels des Deutschen Reiches vom Agrar- zum Industriestaat. Die Zufuhr von ausländischen Arbeitskräften konnte dabei die Landwirtschaft vor der direkten Lohnkonkurrenz zur Industrie noch längere Zeit bewahren, weil das Westwanderungsverbot den industriellen Arbeitsmarkt für Auslandspolen weitgehend verschloß. Gleichzeitig aber beschleunigte die Ausländerbeschäftigung die Saisonalisierung des landwirtschaftlichen Arbeitsmarktes und trug so zur Erosion der traditionalen, spätfeudalen Bindungen der Gutswirtschaft bei. Darüber hinaus bot die nachfrageorientierte Ausländerzufuhr durch die gesetzlichen Regulationsmechanismen die Möglichkeit, die Auswirkungen konjunktureller Schwankungen auf den Arbeiterbedarf weich aufzufangen und so der Marktentwicklung zu folgen, ohne die lohntreibenden Wirkungen des Mißverhältnisses zwischen Nachfrage und Angebot von Arbeitskraft in Kauf nehmen zu müssen.

Politisch zeigte sich, daß bei der Ausländerbeschäftigung wirtschaftliche und ideologische Optionen der gesellschaftlichen Führungsgruppen des Kaiserreichs durchaus zueinander im Widerspruch standen und tiefgreifende und grundsätzliche Auseinandersetzungen nach sich zogen. Die Agitation für die Polenzuwanderung aus wirtschaftlichen Gründen und die Agitation gegen die Polenzuwanderung aus Angst vor «Überfremdung» und «Verdrängung» prallten über Jahrzehnte hinweg heftig aufeinander und führten zu oft nur mühsam austarierten Kompromissen.

Was die Auswirkungen auf die deutsche Landbevölkerung betrifft, so stellte sich in vielen Fällen eine Konkurrenz zwischen Ausländern und deutschen Arbeitern her, die vor allem in der indirekten lohndrückenden Wirkung der Ausländerbeschäftigung ihre Ursache hatte. Andererseits förderte die Ausländerbeschäftigung für einen Teil der in der Landwirtschaft verbleibenden männlichen deutschen Arbeitskräfte den beruflichen und sozialen Aufstieg, sei es als Vorarbeiter oder auch nur als ganzjährig beschäftigter Gutsknecht. Wichtig auch für das langfristige Verhältnis gegenüber den Polen aber war, daß ihre Unterprivilegierung und rechtliche Diskriminierung verbunden wurde mit persönlicher Abqualifizierung als Angehörige eines Volkes, das in den verschiedenen Schattierungen des Antipolonismus als «rückständig», «kulturell niedrig stehend» oder «rassisch weniger wertvoll» angesehen wurde. Die antipolnische Propaganda, verbunden mit sozialer und rechtlicher Diskriminierung der polnischen Landarbeiter, verstärkte so einen weitverbreiteten Antipolonismus, der in mancher Hinsicht bereits rassistische Züge trug.

2.

Ausländische Arbeiter in der Industrie

2.1. «Vorteile» und «Nachteile» der Ausländerbeschäftigung

Als im Herbst 1890 die Beschäftigung ausländisch-polnischer Arbeitskräfte von der preußischen Regierung wieder zugelassen wurde, standen dabei die Interessen der Landwirtschaft, vor allem der ostelbischen Gutsbesitzer, die über erheblichen Arbeitermangel klagten, im Vordergrund. Auch die aus «nationalpolitischen» Erwägungen angeordnete Rückkehrpflicht der Auslandspolen in den Wintermonaten entsprach dem Arbeitsrhythmus in der Landwirtschaft, insbesondere dort, wo sich Hackfruchtanbau und Ausdehnung der Saisonarbeit bereits durchgesetzt hatten. Die Beschäftigung von auslandspolnischen Arbeitern in der Industrie war für die preußischen Westprovinzen hingegen explizit ausgeschlossen worden, und in den Ostprovinzen, vor allem im oberschlesischen Industriegebiet, wo polnische Arbeiter zugelassen waren, wirkten die Karenzzeitbestimmungen hinderlich. Ausschlaggebend waren dabei der Schutz der Landwirtschaft vor der industriellen Lohnkonkurrenz gewesen, aber auch «nationalpolitische» Gründe: Eine Zulassung von polnischen Arbeitern aus Rußland und Galizien in den Industrieregionen der mittleren und westlichen Provinzen, vor allem dem Ruhrgebiet, hätte nicht nur den polnisch sprechenden Bevölkerungsteil und damit die allseits beschworene Gefahr der «Polonisierung» dieser Gebiete weiter vergrößert, sondern auch eine Unterscheidung zwischen preußischen und ausländischen Polen im Hinblick auf rechtliche Stellung und Behandlung sehr erschwert – ein Problem, das während des Ersten Weltkrieges dann tatsächlich entstand und seine eigene Dynamik entfaltete.[96]

Diese Einschränkungen und Verbote der industriellen Ausländerbeschäftigung wurden allerdings erst seit der zweiten Hälfte der 90er Jahre bedeutsam. Bis dahin spielten ausländische Arbeitskräfte in der Industrie insgesamt nur eine untergeordnete Rolle. Erst im Gefolge der anhaltend guten Konjunkturentwicklung änderte sich dies. Verschiedene Industriezweige begannen in zunehmendem Maße nun auch Arbeitskräfte aus dem benachbarten Ausland zu beschäftigen, und die Verstöße gegen Karenzzeit und Beschäftigungsverbot häuften sich. Es begann ein zäher und bis 1914 dauernder Kleinkrieg zwischen Industrie und preußischer Regierung, die nicht bereit war, die sich ausbreitende illegale Ausländerbeschäftigung hinzunehmen, und damit drohte, daß «unter Umständen erhebliche Nachteile für die beteiligten Industriellen entstehen» würden, wenn weiterhin, wie etwa in Dortmund im Jahre 1898, «unter den Augen der Behörden Arbeiter aus Rußland in industriellen Betrieben schon seit längerer Zeit beschäftigt» würden.⁹⁷ Solche Drohungen zogen jedoch keine wirksamen Änderungen nach sich. Auch im Jahre 1906 mußte das preußische Innenministerium noch feststellen, «daß in den westlichen Provinzen, den bestehenden Bestimmungen zuwider, erhebliche Mengen ausländisch-polnischer Arbeiter in Bergwerken und industriellen Betrieben beschäftigt sind und daß die Wiederabschiebung der ausländischen Polen am Jahresschlusse nicht überall zur Durchführung gelangt», sondern diese «trotz der bestehenden Aufenthaltsbeschränkung stillschweigend jahrelang ununterbrochen in inländischen land- und forstwirtschaftlichen Betrieben beschäftigt und behördlicherseits geduldet worden sind».⁹⁸ Die Vertreter der Industrie reagierten auf die behördlichen Verbote und die Drohungen, illegal beschäftigte Ausländer auszuweisen, mit Protesten und Eingaben. Der Verband Deutscher Leinenindustrieller etwa drohte im April 1898 dem preußischen Handelsminister ganz massiv damit, «in noch höherem Grade als bisher dem Osten der Monarchie Arbeitskräfte zu entziehen und der dortigen Landwirtschaft die Arbeitslöhne zu verteuern», wenn dafür im Westen nicht wenigstens «teilweise Ersatz in ausländischen Arbeitern» zu bekommen sei.⁹⁹ Der Verein Deutscher Juteindustrieller wies im gleichen Jahr darauf hin, daß «insgesamt 2500 Arbeiter und Arbeiterinnen russischer Staatsangehörigkeit von den deutschen Jutefabriken beschäftigt werden ... Die meisten fremden Arbeiter befinden sich in den größeren Fabriken und machen bei diesen 22, 25, ja sogar 30% der gesamten Arbeiterschaft aus», und es sei nicht zweifelhaft, «daß eine Entziehung dieser fremden Arbeiter eine Stillegung der Werke unbedingt zur Folge haben würde».¹⁰⁰ Dennoch blieb die preußische Regierung weiter bei ihrer ablehnenden Haltung, wenngleich sie in relativ hohem Maße Ausnahmegenehmigungen erteilte.¹⁰¹ Aber im Regelfall versuchten die Behörden, das Beschäftigungsverbot für Auslandspolen in der Praxis auch durchzusetzen, und griffen dabei nicht selten auch zu Razzien und Abschiebungen der verbotswidrig beschäftigten Ausländer.¹⁰²

Im Gegensatz zur Situation in der ostelbischen Landwirtschaft, wo die Beschäftigung ausländischer Saisonarbeiter von einer breiten Diskussion in der Wissenschaft und in der Öffentlichkeit begleitet war, erregten die Interessenkonflikte um die industrielle Ausländerbeschäftigung jedoch kaum öffentliche Aufmerksamkeit. Vor allem in der Montanindustrie in Schlesien und an der Ruhr war die Verwendung von ausländischen Staatsangehörigen unter all den deutschen, preußisch-polnischen und masurischen Zuwanderern aus dem Osten als Besonderheit auch schwer auszumachen. Aber gerade wegen der «nationalen» und politischen Gefahren, die in den Augen der Behörden durch die Zusammenballung von fremdsprachigen und des Hanges zum Aufruhr stets verdächtigen Zuwanderern aus dem Osten in den westlichen Industriebezirken drohten, blieb die preußische Administration in der Frage der Beschäftigung von auslandspolnischen Arbeitern in der Industrie des Westens hart.

Die von den Behörden als Gründe für diese starre Haltung angeführten

«Nachteile der Ausländerbeschäftigung» in der Industrie hat der spätere erste Präsident der Reichsanstalt für Arbeitsvermittlung, Friedrich Syrup, in einem Aufsatz vom Sommer 1918 zusammengefaßt, in dem er die bis dahin gemachten Erfahrungen mit den Ausländern in der Industrie im Hinblick auf weitere Perspektiven untersuchte: «Daß ein derartiger Zustrom ausländischer Arbeiter, wie er vorstehend festgelegt wurde, für den deutschen Volkskörper, in den er sich ergießt, große nationale Gefahren birgt, bedarf keines näheren Beweises. Die Zuwanderung der Ausländer erfolgt größtenteils aus Ländern von geringerer Entwicklungshöhe als Deutschland. In diesen Auswanderungsländern werden zudem bisher die wirtschaftlich und kulturell am niedrigsten stehenden Bevölkerungskreise in Bewegung gesetzt und zur Wanderung nach Deutschland veranlaßt ... Der sittliche Stand der Arbeiterbevölkerung wird ferner unstreitig herabgedrückt, und die Neigung zu Streit und groben Ausschreitungen werden von den tiefstehenden Ausländern begünstigt. Als Folge der Sprachunkunde und der mangelnden Kenntnis des Industriebetriebes tritt eine Erhöhung der Unfall- und Gesundheitsgefahr nicht nur für die Ausländer selbst, sondern auch für die deutschen Mitarbeiter auf, wie die Erfahrungen des Unfallschutzes und der Gewerbehygiene vielfach bestätigen. Mangelnde Sauberkeit und sonstige unhygienische Lebensweise bringen, sofern die Ausländer nicht in besonderen Wohnungen untergebracht sind, weitere gesundheitliche Gefahren für die Industriebevölkerung mit sich ... Als weiterer volkswirtschaftlicher Nachteil ist der Abfluß der von den Ausländern gemachten Ersparnisse in die Auswanderungsländer zu nennen.» Schließlich sei zu berücksichtigen, «daß die Arbeits- und Lohnbedingungen der einheimischen Arbeiter durch die Ausländer verschlechtert würden. Die Möglichkeit dieser Einwirkung der ausländischen Arbeiter besteht durchaus. Der Ausländer ist anspruchsloser als der deutsche Arbeiter, lebt billiger und kann dadurch auch seine Arbeitskraft billiger anbieten. Dabei braucht seine Gesamtentlöhnung nicht niedriger zu sein als die des deutschen Arbeiters. Er kann jedoch bei gleicher Entlöhnung der Gefahr ausgesetzt sein, daß von ihm ungewöhnlich lange Arbeitszeiten, Nacht- und Sonntagsarbeit verlangt werden. Die dadurch erzielte Verbilligung der Produktionskosten wirkt ihrerseits lohndrückend.»[103]

Die hier von Syrup zuletzt genannten «Nachteile der Ausländerbeschäftigung» bezogen sich nicht allein auf die ausländisch-polnischen, sondern auf alle ausländischen Arbeiter, während die «nationalen Gefahren» für den deutschen «Volkskörper» in erster Linie auf die Polen, oft aber auch Südosteuropäer wie die österreichischen Kroaten abzielten. Aber gerade der «lohndrückende» Effekt der Ausländerbeschäftigung gegenüber der einheimischen Arbeiterschaft, den Syrup hier analog zu den Berichten etwa der preußischen Gewerbeaufsichtsbeamten als «Nachteil» beschrieb, war aus Sicht der industriellen Arbeitgeber einer der wesentlichen Vorzüge der Heranziehung von Ausländern, vor allem wenn diese solche Arbeiten übernahmen, die den deutschen Arbeitern zu schmutzig, zu gefährlich oder zu eintönig waren. In Zeiten angespannter Arbeitsmarktlage hätte dies zu steigenden Löhnen führen müssen, wenn man nicht auf Ausländer zurückgreifen konnte, die, weil sie aus Ländern mit niedrigerer industrieller Entwicklungsstufe kamen, die Arbeitsbedingungen auch zu den angebotenen Löhnen akzeptierten und so die unteren Lohnstufen stabilisierten. «Es läßt sich nicht verkennen», wurde dazu in der Versammlung der deutschen Arbeitgeberverbände am 27. Juni 1908 in Berlin erklärt, «daß unsere Arbeiterschaft allmählich zu einer höheren Kulturstufe und höherem wirtschaftlichem Niveau sich aufgeschwungen hat und es dann in gewisser Weise wünschenswert erscheinen mag, für die niederen Arbeiten anspruchslose ausländische Arbeiter heranzuziehen.»[104] Auch Stieda hob beim Arbeitsnachweis-Kongreß in Breslau 1910 hervor, «daß die Fremden anstrengende, oft schmutzige, widerliche Arbeiten verrichteten, die von einer verweichlichten oder bequem gewordenen Arbeiterschaft oder von solchen, die dank ihrem politischen Selbstbewußtsein andere Ideale im Busen hegen, nicht gerne übernommen werden. Die Fremden würden alsdann nicht wie eigentliche Konkurrenten, sondern wie Vertreter einer Arbeiterschicht zweiten Grades erscheinen, wie etwa die Neger in den nordamerikanischen Oststaaten, die Chinesen in Kalifornien und Australien, die Kulis im Britischwestindien, die Japaner in Hawaii.»[105]

Dieser Aspekt wurde auch von Syrup, allen Nachteilen des Drucks auf die Löhne der Deutschen zum Trotz, als wichtigste positive Erfahrung mit der industriellen Ausländerbeschäftigung hervorgehoben: Die ausländischen Tagelöhner seien eher bereit als die «auf höherer Kulturstufe stehenden deutschen Arbeiter», schwere körperliche Arbeit zu übernehmen; damit verbunden seien «zumeist eine ermüdende Eintönigkeit ohne irgendwelche geistige Anspannung, ein abstoßender Schmutz und ein Zusammenkommen unvermeidlicher, unhygienischer Arbeitsbedingungen ... Das Abstoßen dieser Arbeiten auf die Ausländer bedeutet keine Entartung, sondern eine in hygienischer Beziehung erwünschte Förderung der Volkskraft.» Von daher sei für die Zukunft zu empfehlen, ausländische Arbeiter «gerade mit den niedrigsten, keine Vorbildung erfordernden und am geringsten entlohnten Arbeiten zu beschäftigen, denn dadurch besteht für die einheimische Arbeiterschaft gleichzeitig der beachtenswerte Vorteil, daß hier der Aufstieg von der gewöhnlichen, niedrig entlohnten Tagelöhnerarbeit zu der qualifizierten und gut entlohnten Facharbeit wesentlich erleichtert wird».[106]

Damit war eine Spaltung des Arbeitsmarktes und der Arbeiterschaft im Visier: Analog zu den Verhältnissen etwa in den USA kam eine Teilung nach nationalen oder «rassischen» Kriterien in den Blick, wonach die unbeliebten und schlechtbezahlten Arbeiten von Ausländern, vorwiegend von solchen aus dem Osten und Südosten Europas, verrichtet würden, während die einheimische Arbeiterschaft in besser bezahlte und höher qualifizierte

Tätigkeiten aufrücken konnte. Zudem bekäme die Industrie mit einer solchen Teilung des Arbeitsmarktes ein flexibles konjunkturelles Ausgleichsinstrument in die Hand. «Beschränke man die Industrie auf inländische Arbeiter, so würde bei einem Rückgang der Industrie eine größere Anzahl von Arbeitern brotlos und vermehrte dadurch die unzufriedenen Elemente. Dagegen könne man ausländische Arbeiter in solchem Falle ohne weiteres abstoßen», hatte schon 1895 das Handelsministerium bei Beratungen der Regierung über das Ausländerproblem betont. Und auf dem Breslauer Arbeitsnachweis-Kongreß 1910 hob der Vertreter der Industrie, Bonikowsky, diesen Aspekt besonders hervor: «Die Möglichkeit für die deutsche Industrie, ausländische Arbeiter heranzuziehen, wird besonders wertvoll in den Zeiten der Hochkonjunktur, wenn es gilt, den sprunghaft gesteigerten Bedarf des heimischen wie des ausländischen Marktes zu befriedigen ... Andererseits ist die Industrie bei dem Abflauen der Konjunktur und einer Erleichterung des Arbeitsmarktes in der Lage, zunächst die ausländischen Arbeiter abzustoßen, die somit für die einheimischen Arbeiter sozusagen als Konjunktur-Puffer, als Sicherheitsventil für deren kontinuierliche Beschäftigung dienen.»[107] Dies galt insbesondere für befristete Arbeitsvorhaben, etwa beim Bau von Talsperren, Chausseen und Kanälen. Hier wurden ausländische Arbeiter in großer Zahl, oft nahezu ausschließlich, verwendet und von der preußischen Regierung auch die Beschäftigung von Auslandspolen gestattet.[108] Nach dem Ende der Bauzeit konnten die ausländischen Arbeiter ohne weitere sozialpolitische Komplikationen entlassen werden, und erst mit Beginn des nächsten Projekts mußten die Baufirmen wieder Arbeitskräfte einstellen. Darüber hinaus waren aber Abschiebungen von Ausländern aus konjunkturellen Gründen bei der gesamten Industrie ein häufig angewandtes Mittel des Konjunkturausgleichs, wie etwa die Jahresberichte der Gewerbeaufsichtsbeamten immer wieder berichteten.[109] Bei diesen Abschiebungen standen wirtschaftliche Gründe und nationalpolitische Demagogie oft nahe beieinander; in Zeiten schlechter Konjunktur wurden Ausweisungen von ausländischen Arbeitern nicht selten mit «patriotischen» Motiven kaschiert oder durch gegen die Ausländer gerichtete Polemik vorbereitet. Im Zusammenhang mit dem schon angesprochenen Bonner Kroatenprozeß 1908 z. B. und den damit einhergehenden heftigen Angriffen gegen die ausländischen Arbeiter insgesamt verwies das *Correspondenzblatt* der Gewerkschaften auf die infolge der Wirtschaftskrise dieses Jahres zunehmenden Entlassungen und Abschiebungen von Ausländern: «Die Ausländer, meist auf Kosten der Unternehmer in Werkswohnungen untergebracht, wurden als unbequem und teuer empfunden, und Polizei und Unternehmertum reichten sich in holder Eintracht die Hand, um die mit großen Versprechungen herangelockten Arbeiter wieder loszuwerden. Zu Hunderten wurden sie entlassen, vielfach mit dem Hinweis der Presse auf die großen nationalen Gefahren, die der Kroatenprozeß in Bonn enthüllt habe, und da die auf die Straße gesetzten Massen natürlich nicht mehr so leicht neue Arbeit erhielten, wurden sie ausgewiesen. Der Patriotismus der Unternehmer schlug die kräftigsten Töne an – weil man diese Leute nicht mehr brauchte.»[110]

Viele industrielle Unternehmer verstanden darüber hinaus die Beschäftigung von Ausländern aber auch als indirekten Protest gegen die Einschränkung der unternehmerischen Befugnisse gegenüber deutschen Arbeitskräften durch die Sozialgesetze der Reichsregierung und den Einfluß der organisierten Arbeiterschaft auf die Arbeitsverhältnisse. Die Notwendigkeit der Ausländerbeschäftigung sei das Resultat der Beschränkungen durch die Sozialgesetzgebung, klagte auch Bonikowsky auf dem Breslauer Arbeitsnachweis-Kongreß 1910 und verwies dabei besonders auf «die Einführung des 10-stündigen Maximalarbeitstages und das Verbot der Nachtarbeit für weibliche Arbeiter, die Beschränkung der Beschäftigung jugendlicher Arbeiter unter 16 Jahren im Bergbau und den Hüttenbetrieben, das Verbot der Beschäftigung von weiblichen Arbeitern in den Kokereien und im Bergbau auch über Tage bei der Förderung».[111] Und die *Deutsche Industrie-Zeitung* führte 1909 die Beschäftigung von Ausländern im Bergbau zurück auf die «Weigerung der heimischen organisierten Arbeiterschaft, im Fall dringenden Bedarfes Überzeitarbeit zu leisten».[112]

Bei ausländischen Arbeitskräften hingegen nahm man es vor allem mit den Bestimmungen des Jugendschutzes, der Arbeitszeit und der Unfallverhütung weniger genau, zumal die Ausländer in der Regel nicht gewerkschaftlich organisiert waren und ein Aufbegehren gegen schlechte Arbeitsbedingungen mit Entlassung und Abschiebung bedroht war. «Vielfach herrscht hier bei Arbeitgebern die Ansicht, daß man ausländischen Arbeiterinnen gegenüber die gesetzlichen Bestimmungen nicht zu beachten brauche», berichteten die Gewerbeaufsichtsbeamten in Posen 1911.[113] Dort aber, wo die Einhaltung der Bestimmungen der Gewerbeordnung von den Behörden auch bei Ausländern schärfer kontrolliert wurde, verloren die Unternehmer schnell ihr Interesse an den Ausländern. Die Ausländerbeschäftigung nehme ab, beobachtete die bayerische Gewerbeaufsicht schon 1903, was «mit der gesetzlichen Verkürzung der Arbeitszeit in gewissen Industriezweigen zusammenhängt, in welchen seither namentlich Italiener unter Einhaltung der bei ihnen üblichen längeren Arbeitszeit beschäftigt wurden».[114]

Teilung des Arbeitsmarktes, Stabilisierung der unteren Lohngruppen, Unterlaufen der sozialgesetzlichen Bestimmungen, Herausbildung einer industriellen Reservearmee als «Konjunkturpuffer» – das waren in den Augen der industriellen Arbeitgeber die Vorteile der Ausländerbeschäftigung, die die Nachteile bei weitem überwogen. Es stehe außer Zweifel, resümierte Syrup seinen vergleichenden Überblick, «daß die deutsche Volkswirtschaft aus der Arbeitskraft der im besten Alter stehenden Ausländer einen hohen Gewinn zieht, wobei das Auswanderungsland die Aufzuchtkosten bis zur Erwerbstätigkeit der Arbeiter übernommen hat». Seine Forderung für die Zukunft lautete daher, «die Erschwerungen der Ausländerarbeit in der Industrie zu beseitigen und die Regelung der Ausländerarbeit den tatsächlichen Bedingungen anzupassen».[115]

Daß es trotz der recht massiven Einflußnahme der industriellen Verbände und der aufgezählten «Vorteile für die Volkswirtschaft» bei den «Erschwerungen» der industriellen Ausländerbeschäftigung blieb, macht deutlich, wie stark sich ideologische Positionen und die Hervorhebung der Interessen der Großlandwirtschaft allem Drängen der Industrieverbände zum Trotz weiterhin durchzusetzen vermochten. Gleichwohl versuchte die Industrie, die Beschränkungen bei der Ausländerbeschäftigung auf verschiedenen Wegen zu umgehen – zum einen durch die bereits angesprochene, bis Kriegsbeginn zunehmende illegale Beschäftigung von Auslandspolen, vor allem jedoch durch die Heranziehung anderer, nichtpolnischer Ausländergruppen, möglichst aber solcher, deren «kulturelles Niveau» und damit deren Ansprüche nicht höher waren als die der russischen und österreichischen Polen. Dies traf insbesondere auf die Ruthenen zu, die vorwiegend für die Landwirtschaft im Osten Deutschlands seit Anfang des Jahrhunderts in verstärktem Maße angeworben wurden. Um der Gefahr der «Polonisierung» dieser Gebiete zu entgehen und «nationalverdächtige Elemente durch unverdächtige zu ersetzen», wurden ruthenische Arbeiter seit 1905 formell von der «Karenzzeit» freigestellt, und auch das Beschäftigungsverbot für die Industrie in den mittleren und westlichen Provinzen Preußens galt für sie nicht.[116] Die Konflikte zwischen der polnisch sprechenden, römisch-katholischen Mehrheit und der ruthenischen, griechisch-orthodoxen Minderheit in Galizien, über die etwa vom Ostmarkenverein ausführlich berichtet wurde, sollten in Deutschland genutzt werden, um eine Annäherung polnischer und ruthenischer Arbeiter zu erschweren; gleichzeitig sollte die vermehrte Beschäftigung von Ruthenen «als geeignetes Kampf- und Zurückdrängungsmittel» gegenüber den Polen dienen.[117] Durch die unbeschränkten Beschäftigungsmöglichkeiten und den «niedrigen Kulturstand» der Ruthenen waren sie auch für die Industrie interessant, wenngleich die Bestimmungen hier nicht einheitlich und teilweise widersprüchlich waren.[118] Ihre Beschäftigung in der Industrie beschränkte sich aber im wesentlichen auf Schlesien; für die Unternehmen in mittleren und westlichen Provinzen war es hingegen viel schwieriger, an ruthenische Arbeiter zu gelangen. Das lag nicht zuletzt daran, daß durch das Legitimationsmonopol der Feldarbeiterzentrale die Industrie hinter den Wünschen der Landwirtschaft zurückstehen mußte. Während die schlesischen Unternehmer auf die Anwerbung von Arbeitern im benachbarten Galizien direkten Einfluß nehmen konnten, war die westliche Industrie auf die Arbeiterzentrale angewiesen. So klagten die Arbeitgeberverbände 1908 darüber, daß hier «eine Beeinflussung der zuwandernden ausländischen Arbeiter in dem Sinne stattfinden könnte, nicht zur Industrie zu gehen, sondern zur Landwirtschaft», die als «der mächtigste Konkurrent in der Beschaffung der Arbeitskräfte, den die Industrie in der Feldarbeiter-Zentrale habe, in dieser Weise ein Monopol erhalte».[119] So blieb das Ausmaß der Beschäftigung ruthenischer ebenso wie ausländisch-polnischer Arbeitskräfte in der Industrie der westlichen Provinzen bis Kriegsbeginn weit hinter den Wünschen der Unternehmer zurück; statt der besonders billigen Polen und Ruthenen mußten sie verstärkt auf deutschstämmige Österreicher, auf Holländer und vor allem auf Italiener zurückgreifen.

2.2. Quantitative Entwicklung und Struktur

In Tabelle 2 war bereits eine Übersicht über die quantitative Entwicklung der Ausländerbeschäftigung gegeben worden. In Preußen hatte die Zahl der ausländischen Industriearbeiter von 1906 bis 1914 um etwa 150000 zugenommen. 1907 waren hier zwei Drittel aller ausländischen Arbeiter in der Industrie beschäftigt, im gesamten Reichsgebiet waren es mehr als 50%. Die Tabellen 4 bis 6 schlüsseln diese Zahlen für das Jahr 1907 nach Staatsangehörigkeit, Nationalität, Branchen und sozialer Stellung etwas genauer auf.

Die Tabelle 4 zeigt zum einen, wie stark sich Karenzzeit und Beschäftigungseinschränkungen in Preußen auf die Praxis der industriellen Ausländerbeschäftigung auswirkten: Lediglich 11% der Auslandspolen in Preußen arbeiteten in Industriebetrieben, vorwiegend in Schlesien, während umgekehrt zwar 57% aller ausländischen Industriearbeiter in Preußen auf Westfalen und die Rheinprovinz entfielen, aber nur 11% der Polen. Die größten Ausländergruppen in der Industrie stellten vielmehr die Italiener (24%), die deutschsprachigen Österreicher (18%) und die Holländer (16%).

Tab. 4: Ausländische Arbeiter nach Nationalität und Staatsangehörigkeit in Industrie und Landwirtschaft, 1907[120]

Nationalität	Schlesien		Rheinprovinz u. Westfalen		Preußen insgesamt	
	Ind.	Lw.	Ind.	Lw.	Ind.	Lw.
Insgesamt	74291	47453	269815	35604	474653	258354
Polen (russ./österr.)	24873	39294	5807	6088	53542	183955
Ruthenen	18057	2250	1363	256	24185	11792
Tschechen	4117	885	11128	252	27017	2066
dt. Österr.	20215	4131	33929	1534	87395	8988
Italiener	2804	25	92846	352	115159	583
Holländer	18	1	71504	22749	75463	23913
Belgier	24	1	6627	687	7123	712

2. Ausländische Arbeiter in der Industrie

Tab. 5: Ausländische Erwerbstätige nach Herkunftsland und Wirtschaftsbereichen, Deutsches Reich, 1907[121]

1 Wirtschafts- bereich	2 Erwerbs- tätige insgesamt	3 davon geb. in außer- deutschen Staaten	% von Angaben in Spalte 2	Davon geboren in Ruß- land	% von Angaben in Spalte 3	Davon geboren in Öster- reich	% von Angaben in Spalte 3	Davon geboren in Italien	% von Angaben in Spalte 3	Davon geboren in Nieder- lande	% von Angaben in Spalte 3
Landwirtschaft	9 883 257	294 893	3,0	156 847	53,2	90 295	30,6	971	0,3	14 272	4,8
Bergbau und Hüttenwesen	963 278	78 259	8,1	5 763	7,4	33 790	43,1	23 072	29,5	7 199	9,2
Steine u. Erden	714 520	71 930	10,0	9 007	12,5	24 907	34,7	30 946	43,0	2 408	3,3
Metall- verarbeitung	1 186 090	27 507	2,3	2 380	8,6	14 877	54,1	1 526	5,5	2 237	8,1
Maschinen- industrie	907 048	27 118	3,0	2 867	10,6	13 756	50,7	1 218	4,5	1 693	6,2
Chemie	158 776	53 79	3,4	753	14,0	2 194	40,1	643	12,0	499	9,3
Textil	1 057 243	52 247	4,9	2 210	4,2	33 157	63,5	4 516	8,6	5 006	9,6
Baugewerbe	1 906 897	131 792	6,9	12 603	9,6	41 319	31,3	58 710	44,5	8 415	6,4
Industrie insg.	11 256 254	500 953	4,4	45 439	9,0	226 571	45,2	124 031	24,7	34 851	7,0
Gesamt- wirtschaft	26 327 362	924 946	3,5	219 029	23,7	367 711	39,7	131 316	14,2	58 848	6,4

In Tabelle 5 ist nun die Verteilung der einzelnen Ausländergruppen auf die verschiedenen Wirtschaftszweige und Industriebranchen für das Jahr 1907 aufgeführt; leider differenzierte die diesen Zahlen zugrundeliegende Volks- und Berufszählung von 1907 nicht nach Nationalität, sondern nach Staatsangehörigkeit, so daß die auslandspolnischen Arbeiter hier nicht gesondert aufgeführt sind.

Deutlich hebt sich die unterschiedliche Verteilung der ausländischen Arbeitskräfte in den verschiedenen wirtschaftlichen Zweigen ab: Steine und Erden (vor allem Steinbrüche, Ziegeleien u.ä.), Bergbau/Hüttenwesen und Baugewerbe sind hier die wichtigsten Bereiche, in denen auch die meisten Angehörigen der vier großen Ausländergruppen beschäftigt waren: Baugewerbe (28% aller Russen, 18% der Österreicher, 47% der Italiener und 24% der Holländer), Steine/Erden (20%, 11%, 25%, 7%) und Bergbau/Hüttenwesen (13%, 15%, 19%, 21%).[122] Nur die Textilindustrie war daneben bei Holländern (14%) und Österreichern (15%) noch von Bedeutung. Der typische ausländische Industriearbeiter des Jahres 1907 war also etwa der auf dem Bau beschäftigte Italiener, der österreichische (oder galizisch/polnische) Bergarbeiter oder auch der Ziegeleiarbeiter aus Italien, Österreich oder Rußland.

Nimmt man nun abschließend noch die Stellung im Beruf hinzu, so vervollständigt sich das Bild:

Tab. 6: Ausländische Arbeitskräfte nach Herkunft, Wirtschaftszweigen und Stellung im Beruf, Deutsches Reich 1907[123]

Von je 100 Arbeitern waren in ungelernter Stellung beschäftigt

	Deutsche	*Russen*	*Österreicher*	*Italiener*	*Ausländer insg.*
Bergbau/Hüttenwesen	53	78	51	80	64
Steine/Erden	70	89	69	86	79
Metallverarbeitung	22	16	18	52	21
Textil	53	46	56	80	58
Bau	37	90	60	69	67
Industrie insgesamt	40	71	46	76	57

Diese Zahlen machen deutlich, daß es in der Tat ein erhebliches soziales Gefälle – wenn man das recht grobe, aber einzig zugängliche Kriterium der «ungelernten Stellung» dazu als Grundlage akzeptiert – zwischen deutschen und ausländischen Industriearbeitern gab – aber auch zwischen den verschiedenen Ausländergruppen selbst. Insgesamt war die Zahl der Ungelernten unter den Ausländern um 42% höher als bei den Deutschen – im Baugewerbe sogar um 81%, wobei die Österreicher gegenüber Italienern und Russen deutlich im Vorteil lagen und nur auf dem Bau, wo der Anteil galizisch-polnischer Arbeiter besonders hoch lag, deutlich schlechter gestellt waren als die Deutschen.

Dort also, wo der Ausländeranteil überproportional hoch lag, war die soziale Stellung der Ausländer am niedrigsten. In der metallverarbeitenden Industrie hingegen, wo nur wenige Ausländer beschäftigt waren, gab es durchschnittlich sogar mehr ausländische als deutsche Facharbeiter; hier beschränkte sich die Ausländerbeschäftigung offenbar vor allem auf Spezialisten.[124]

Zusammengefaßt: Arbeiter aus Italien und Rußland (sowie vermutlich die österreichischen Polen) waren in der Regel als ungelernte Arbeiter auf dem Bau, in Steinbrüchen und Ziegeleien sowie im Bergbau und Hüttenwesen beschäftigt, also gerade jenen Branchen, in denen der Anteil wenig qualifizierter, körperlich schwerer, schmutziger und gefährlicher Tätigkeiten besonders hoch war. Die in der politischen Debatte von den industriellen Interessenvertretern hervorgehobenen «Vorteile» der Ausländerbeschäftigung durch die verstärkte Besetzung «niederer» Tätigkeiten durch ausländische Arbeiter haben sich also in der Praxis effektiv niedergeschlagen.

Dies läßt sich auch für die Verwendung der Ausländer als «Konjunkturpuffer» in Zahlen nachweisen: Zwischen 1895 und 1914 stieg die Zahl der ausländischen Industriearbeiter in Preußen ständig an – mit einer Ausnahme: Während der Wirtschaftskrise von 1907/09 ging sie um 5,2 % zurück, um zwischen 1909 und 1913 erneut um 22 % zu steigen.[125]

2.3. «Arbeiterschicht zweiten Grades»: Bergbau-, Bau- und Ziegelindustrie

Die Übersicht über die Branchenverteilung der industriellen Ausländerbeschäftigung hat gezeigt, daß hier vor allem Baugewerbe, Bergbau und Hüttenbetriebe sowie Steinbrüche und Ziegeleien betroffen waren; für diese Wirtschaftszweige ist es auch möglich, Näheres über die Arbeits- und Lebensbedingungen der ausländischen Arbeiter auszusagen.

Einleitend sei hier aus dem Jahresbericht der badischen Gewerbeaufsichtsbeamten von 1911 zitiert, in dem die «Besonderheiten» der Ausländer, hier vor allem der «romanischen und slavischen Arbeiter», beschrieben werden, wenngleich die distanziert-ängstliche und verunsicherte Wahrnehmung der Fremden durch die berichterstattenden Beamten noch durch den Text schimmert: «Zumeist suchen sie nicht dauernden Lebensunterhalt in der deutschen Industrie; sie haben vielmehr die Absicht, nur eine bestimmte Reihe von Jahren bei uns zu arbeiten, Geld zu verdienen, Geld zu sparen, um dann in ihre Heimat zurückzukehren und mit den Überschüssen, soweit solche nicht vom Lebensunterhalt der in der Heimat verbliebenen Familien verwendet worden sind, irgendetwas zu beginnen ... In gewissen Zeitabständen, gewöhnlich im Winter, besuchen die Ausgewanderten ihre Heimat; mit Vorliebe wählen sie daher Betriebe, die von der Witterung abhängig sind, wie Bauhandwerk, Steinbrüche, Ziegeleien, und schließen häufig von vornherein ihren Arbeitsvertrag auf die Dauer einer Kampagne ab ... Zwar im fremden Lande lebend, bleiben die Ausländer mit ihrem Denken und Fühlen, mit ihrer ganzen Lebensweise in der Heimat, streng abgeschlossen von jedem, der kein Landsmann ist ... Polen und Italiener, auch wenn sie schon seit mehreren Jahren in Deutschland arbeiten, eignen sich kaum die notwendigsten deutschen Worte an ... Der Begriff der Reinlichkeit ist und bleibt bei den romanischen und namentlich bei den slavischen Arbeitern nach unseren Begriffen unterentwickelt; die Wascheinrichtungen der Betriebe erfreuen sich zumeist keiner besonderen Beliebtheit; diese Darbietungen werden nur selten regelmäßig benutzt. Da sie nicht unter Volksschulzwang aufgewachsen sind, können die meisten höchstens ihren eigenen Namen schreiben, und auch dies geht schwer genug. An allen sozialen Einrichtungen gehen sie meist achtlos vorüber ... Die ganze Aufmerksamkeit ist auf Geldverdienen gerichtet ... Mit dem Verdienste verfahren sie so sparsam als möglich; sie gönnen sich kein Vergnügen, das Geld kostet.»[126]

Die ausländischen Industriearbeiter waren kaum in das Alltagsleben der deutschen Arbeiterschaft einbezogen, geschweige denn integriert; ihre meist kurzen Aufenthaltszeiten in Deutschland, die Konzentration auf wenige Branchen, die Sprachbarrieren, vor allem die meist gesonderte Unterbringung in Massenquartieren sowie der immer wieder berichtete häufige Stellenwechsel hatten eine weitgehende Separation zur Folge, die durch den sehr geringen Anteil von in deutschen Gewerkschaften organisierten Ausländern noch verstärkt wurde. Diese Separation war von seiten der Behörden ja sehr erwünscht, war sie doch die Voraussetzung dafür, daß Ausländer in Deutschland weder seßhaft wurden noch in der deutschen Gesellschaft aufgingen; zudem war ihnen die Beschäftigung auf «niederen» Arbeitsplätzen auch nur zuzumuten, wenn durch regelmäßige Rückkehr in ihre Heimat und enge, abgeschlossene Gemeinschaft in Deutschland die sozialen Verhältnisse in ihrem Herkunftsland für sie der Maßstab der Beurteilung ihrer Lage blieben und nicht die mittlerweile auch in der einheimischen Arbeiterschaft erreichten Standards in Deutschland. Hier kam eines der strukturellen Kennzeichen der Ausländerbeschäftigung zum Vorschein, das aber den Behörden und Unternehmern erst langsam als solches bewußt wurde, daß nämlich mit der Länge des Aufenthalts im Einwanderungsland die Standards des Heimatlandes verblaßten und immer mehr die Lage der deutschen Arbeiterschaft zur Vergleichsmarge auch der eigenen Situation wurde.[127] Orientierten sich die Ausländer aber an den sozialen Standards in Deutschland, fielen die wirtschaftlichen Vorteile ihrer Beschäftigung für die Unternehmer tendenziell weg. Eben dieser Tendenz wirkten gegenüber den Auslandspolen die Karenzzeitbestimmungen in Preußen und den Ländern analoge

Regelungen in anderen Ländern entgegen. Solange aber der Aufenthalt in Deutschland von den ausländischen Arbeitern selbst als vorübergehend empfunden wurde, standen die Bestrebungen der Behörden und Unternehmer und die Wünsche der Ausländer an vielen Punkten nicht im Gegensatz zueinander. Daß die Ausländer im Winter zu ihren Familien zurückkehren wollten, entsprach so den wirtschaftlichen Interessen der Arbeitgeber und den politischen Absichten der Behörden; ihr Wunsch, in möglichst kurzer Zeit möglichst viel Geld zu verdienen, ließ die ausländischen Arbeiter sozialpolitische Bestimmungen wie Arbeitszeitverordnungen, Verbot der Kinderarbeit, auch Unfallschutzmaßnahmen als eher hinderlich betrachten. Schon deshalb waren sie für deutsche Gewerkschaften kaum erreichbar.

Im Kohlebergbau war der Anteil der Ausländer an den Zechenbelegschaften von 2,72 % im Jahre 1893 auf 9 % 1908 gestiegen, wobei es sich auch im Ruhrgebiet vor allem um Arbeiter aus Österreich-Ungarn und bei diesen vorwiegend um Polen handelte. Im Ruhrgebiet stellten die knapp 32000 Ausländer neben 130000 Zuwanderern aus den östlichen Provinzen Preußens zusammen mehr als die Hälfte der Gesamtbelegschaften.[128] In anderen Revieren war dieses Verhältnis noch ausgeprägter; im Bergrevier Diedenhofen (Elsaß-Lothringen) waren 1908 55 % der Belegschaftsmitglieder Ausländer, die meisten von ihnen Italiener.[129]

Im Bergbau waren zwei Drittel der Ausländer (bei Italienern und Russen 80 %) als ungelernte Arbeiter beschäftigt – in erster Linie als Gesteinshauer, Schlepper und Füller. Bei der eigentlichen Kohlenförderung arbeiteten sie nur selten, vor allem weil hier die Anlernzeiten länger und während dieser Zeit die Löhne niedriger waren.[130] Die von den Ausländern übernommene Arbeit war bei deutschen Bergleuten recht unbeliebt; das Gesteinshauen war zwar eine qualifizierte und recht gut bezahlte Tätigkeit, sie galt aber auch als besonders gefährlich, während das Schleppen und Füllen schlechter bezahlt wurden. «Infolge der Einstellung von Ausländern», bemerkte Syrup zur Situation im Bergbau, «war es möglich, die geeigneten einheimischen Arbeiter in großer Zahl in die besser bezahlten Arbeitsposten einrücken zu lassen. Ein Verzicht auf die Beschäftigung ausländischer Arbeiter wäre daher auch im Interesse der einheimischen Arbeiter und besonders der tüchtigeren Leute unter ihnen durchaus unerwünscht. Es würde zur Folge haben, daß ein beträchtlicher Teil der einheimischen, gut bezahlten Häuer als minderbesoldete Schlepper beschäftigt werden müßte. Dieser Fall trat sowieso alljährlich während der Karenzzeit der polnischen Arbeiter auf, während der die jüngeren Häuer zu Schlepperdiensten herangezogen werden müßten. Diese Notwendigkeit wurde vielfach von den Leuten als Herabsetzung empfunden und gab zum Wechsel der Arbeitsstätte Anlaß».[131]

Die Löhne der ausländischen Bergarbeiter entsprachen in der Regel denjenigen ihrer auf gleichen Arbeitsplätzen eingesetzten deutschen Kollegen. Ihre beruflichen Aufstiegsmöglichkeiten, etwa zum Hauer, waren hingegen sehr gering.

Ähnlich lagen die Verhältnisse in den Hüttenbetrieben – der Anteil der ungelernten ausländischen Arbeiter unter den Ausländern lag hier sogar noch höher. Bei «Feuerarbeiten», also etwa als Schmelzer am Hochofen, wurden Ausländer fast nie beschäftigt – auch hierfür waren in erster Linie die relativ langen Anlernzeiten ausschlaggebend. In der Regel verrichteten sie Transport und Bestückungsarbeiten sowie die besonders schmutzigen und staubigen Tätigkeiten. In Syrups Untersuchung wurde dies näher spezifiziert: «So erfolgte beispielsweise die Abfuhr der Asche und Schlacke aus den sogenannten Hüttenröschen fast ausschließlich durch Ausländer. Als weitere übliche Tätigkeiten der Ausländer in der Hüttenindustrie seien genannt das Ausladen der ankommenden Erze, des Koks und der Zuschläge für den Hochofen, das Möllern und Begichten, das Abfahren des Eisens und der Schlacke, das Beschicken der Koksöfen, das Löschen und Abfahren des Kokses, das Chargieren der Stahlöfen und alle sonstigen Platzarbeiten der Eisenhütten. Auch in den besonders gesundheitsgefährlichen Zink- und Bleihütten fanden sich viele Ausländer. In einer oberschlesischen Bleihütte war z.B. ein Viertel der hygienisch bedenklichen Arbeitsplätze mit Ausländern besetzt, die sich infolge mangelnder Reinlichkeit und ungenügender Ernährung für die Bleikrankheiten besonders empfänglich erwiesen.»[132]

Über die hohen Unfallziffern und Erkrankungen der ausländischen Hüttenarbeiter berichteten die Gewerbeaufsichtsämter relativ häufig. So entfielen etwa zwei Drittel aller Bleierkrankungen auf einer Bleihütte im Regierungsbezirk Oppeln im Jahre 1911 auf die dort beschäftigten Ruthenen, die knapp 25 % der Belegschaft ausmachten.[133] Die besseren Verdienstmöglichkeiten in den gesundheitsgefährlichen Bereichen waren es, die für die ausländischen Arbeiter den Anreiz für die Übernahme solcher Tätigkeiten boten. Für die Unternehmer hatte dies – außer der Tatsache, daß Deutsche für solche Arbeiten nur schwer zu gewinnen waren – den Vorteil, nicht oder nur selten für Krankenfolgekosten aufkommen zu müssen, weil die Ausländer im Winter in der Regel in ihre Heimat zurückkehrten; wobei es manchmal sogar noch Beschwerden über die «Unsitte» ausländischer Bleihüttenarbeiter gab, «vor ihrer Rückkehr in die Heimat sich krank zu melden und sich im Lazarett ordentlich verpflegen zu lassen».[134]

Was die Arbeitszeiten betraf, übernahmen Ausländer offenbar ausgesprochen gern Überschichten und Sonntagsarbeit und kamen darin den Interessen der Industriebesitzer entgegen. Über die Italiener berichtete Britschgi-Schimmer, daß sie sich «des Mehrverdienstes wegen zur Sonntagsarbeit direkt herandrängen»,[135] und die Gewerbeaufsicht Elsaß-Lothringen schrieb im Jahresbericht 1909 über die ausländischen Hüttenarbeiter: «Wo ihnen die Möglichkeit zur lohnenden Überarbeit durch irgend welche Maßnahmen genommen ist, wandern sie ab und suchen bessere Verdienstmöglichkeiten auf. Die Folge ist, daß diese Arbeiter sich um Schutzbestimmungen irgendwelcher Art durchaus nicht kümmern.»[136]

2. Ausländische Arbeiter in der Industrie

Jeder vierte ausländische Industriearbeiter war 1907 im Baugewerbe beschäftigt, bei den Italienern nahezu jeder zweite. Nun war es vor allem in Süddeutschland seit langen Zeiten üblich gewesen, für Bauvorhaben italienische Spezialisten heranzuziehen, besonders Steinmetze und die berühmten «Terrazai», die venetischen Fußboden- und Mosaikleger.[137] Solche gutbezahlten Facharbeiter wurden aber mit Beginn der modernen Ausländerbeschäftigung immer mehr zur Ausnahme; seit den 90er Jahren beschäftigten die deutschen Bauunternehmen in zunehmendem Maße ausländische Hilfsarbeiter, die für die Zeit eines Bauvorhabens angestellt wurden und die einheimischen Wanderarbeiter mehr und mehr ablösten. Gerade bei öffentlichen Großbauten waren Ausländer in großer Zahl beschäftigt, so etwa beim Bau des Reichstagsgebäudes in Berlin, des Leipziger Reichsgerichts, der Berliner Untergrundbahn, des Kaiser-Wilhelm-Kanals – und vor allem beim Eisenbahnbau. «Wo immer in Deutschland an einer Eisenbahnlinie gebaut wird, kann man sicher sein, Italiener in großen Mengen zu finden», schrieb 1911 Giesela Meichels-Lindner in einer Untersuchung über die Lage der italienischen Arbeiter in Deutschland.[138]

Ähnlich wie im Hüttenwesen waren auch hier die Arbeitszeiten der Ausländer in der Regel länger als die der Deutschen, was häufig zu Reibereien zwischen deutschen und ausländischen Bauarbeitern führte. In Köln kam es darüber 1905 sogar zu einem Streik der deutschen Beschäftigten einer Baufirma, die forderten, daß die Italiener nicht länger elf und mehr Stunden täglich arbeiten dürften, sondern sich wie die Deutschen an die vorgeschriebene maximale Arbeitszeit von 9 1/2 Stunden zu halten hätten.[139] Die Tätigkeiten der 1907 zu zwei Dritteln ungelernten ausländischen Bauarbeiter bestanden vor allem bei den Großbaustellen meist aus einfachsten, aber körperlich anstrengenden Arbeiten: «Sie wurden insbesondere zu der Bewegung von Erdmassen herangezogen», bemerkte Syrup dazu, «zum Graben und Ausheben des gewachsenen Bodens, zum Verladen der Erdmassen in die Eisenbahn- oder Handwagen, zum Entladen, Ausschütten, zum Einebnen, Gleisverlegen usw. Die Arbeiten müssen durchweg im Freien ausgeführt werden, ohne Schutz gegen die Witterungseinflüsse. Auch sonst sind die hygienischen Bedenken gegen diese Arbeiten so schwerwiegend, daß die Beschäftigung von Frauen für einen großen Teil dieser Arbeiten seit wenigen Jahren gesetzlich verboten ist.»[140] Es gab offenbar aber zahlreiche Fälle, in denen diese Bestimmungen bei Ausländern nicht eingehalten wurden, so daß etwa auch polnische Frauen zu Erdarbeiten beim Eisenbahnbau herangezogen wurden.[141]

Die Lage der ausländischen Bauarbeiter war häufig ausgesprochen schlecht; dafür waren neben der Arbeit selbst auch die Art der Unterbringung sowie die besonderen Vertragsbedingungen verantwortlich. Insbesondere bei Wanderbaustellen waren die Unterkünfte der Ausländer «meist sehr notdürftig», wie Syrup es vorsichtig ausdrückte, während die Gewerbeaufsichtsämter sehr drastisch über die «groben Mißstände» bei der Unterbringung der ausländischen Bauarbeiter berichteten, welche nachts oft kaum ein Dach über dem Kopf besaßen.[142] Das zweite Problem bestand darin, daß vor allem italienische Arbeiter häufig in ihrer Heimat von Landsleuten, den sogenannten Capi, angeworben wurden, die sie dann nach Deutschland brachten und dort an einen Bauunternehmer verliehen. Die Arbeiter erhielten auf diese Weise ihren Lohn von dem Capo – meist viel weniger, als jener von dem deutschen Unternehmer bekam.[143] Diese Art der Leiharbeit und die daraus resultierenden Ungerechtigkeiten und Betrügereien, wie sie in ganz ähnlicher Form bereits bei den «Vorschnittern» der polnischen Saisonarbeiter in der ostdeutschen Landwirtschaft festgestellt worden waren,[144] breiteten sich im Baugewerbe seit den 90er Jahren in stärkerem Maße aus, waren noch häufiger aber bei Ziegeleibetrieben zu finden, wo sie geradezu als Kennzeichen der Ausländerbeschäftigung bezeichnet werden können.

Die Lage der ausländischen Arbeiter in der Ziegelindustrie hat in der Öffentlichkeit des wilhelminischen Kaiserreiches viel Aufmerksamkeit gefunden – vor allem deshalb, weil in dieser Branche Kinderarbeit und überlange Arbeitszeiten, betrügerische Arbeiterhändler, miserable Unterkünfte, besonders schwere Arbeit und niedrige Löhne zusammenfielen mit einer überdurchschnittlich hohen Ausländerquote; die Verhältnisse in der Ziegelindustrie ragten so als Relikt frühkapitalistischer Ausbeutungsverhältnisse in die Gesellschaft der Hochindustrialisierung hinein und wirkten wie eine Illustration zu den Thesen der sozialistischen Arbeiterbewegung. Ziegeleien und Steinbruchindustrie, die 1907 zusammen etwa 650 000 Arbeiter beschäftigten – davon ca. 10% Ausländer –, gehörten in dieser Zeit zu den Branchen mit den rückständigsten Produktions- und Organisationsformen.[145] Klein- und Mittelbetriebe herrschten vor, geringer Maschineneinsatz, außerordentlich schwere körperliche Arbeit und eine strikte Saisonalisierung bestimmten die Arbeitsbedingungen – die Kampagne beschränkte sich auf die sechs bis sieben Monate der warmen Jahreshälfte. Traditionellerweise waren hier bis um die Jahrhundertwende vorwiegend deutsche Wanderarbeiter aus den lippischen Gebieten beschäftigt gewesen; seit den 90er Jahren aber stieg die Zahl der ausländischen Ziegler.[146] Denn durch die besseren Verdienstmöglichkeiten in anderen Industrien gaben sich die einheimischen Arbeiter mit den niedrigen Löhnen in den Ziegeleien nicht mehr zufrieden und wanderten ab; durch die vermehrte Heranziehung ausländischer Arbeiter versuchten Unternehmer, das niedrige Lohnniveau in ihren Betrieben zu stabilisieren. Waren 1890 etwa 10 000 Ausländer im Bereich Steine und Erden beschäftigt, so stieg ihre Zahl bis 1907 auf 72 000, vorwiegend Italiener und Österreicher.[147]

In der Regel warb der einzelne Ziegeleibesitzer nicht auf eigene Faust Arbeiter an, sondern schloß, vor allem bei Italienern, einen Vertrag mit einem «Zwischenmeister» oder «Akkordanten», der seinerseits im Ausland Arbeitskräfte zusammenholte und auf eigene Rechnung beschäftigte. Dieses

System führte zu ungehemmter Übervorteilung der ausländischen Ziegeleiarbeiter und war auch einer der Gründe für ihre miserable soziale Lage. Der deutsche Unternehmer konnte auf diese Weise billige Arbeitskräfte erhalten, ohne sich um Anwerbung, Transport, Unterbringung und Verpflegung kümmern zu müssen. Der – meist selbst ausländische – Akkordant aber konnte seinen Verdienst dadurch steigern, daß er die Löhne der angeworbenen Ziegler so niedrig wie möglich hielt, die Ausgaben für Wohnung und Nahrung auf ein Minimum beschränkte und andererseits dafür sorgte, daß ihm die Arbeiter nicht wegliefen – etwa, indem er ihnen die Pässe wegnahm oder auch ihre Habseligkeiten «verwaltete».[148] Häufig aber passierte es, daß sich der Akkordant kurz vor Ende der Saison mitsamt den Löhnen für die Ziegler aus dem Staube machte und die Arbeiter nun vollständig mittellos dastanden.[149]

Die Arbeit in den Ziegeleien war so organisiert, daß die erwachsenen Arbeiter den Ton per Hand in die Formen zu drücken hatten, während Hilfsarbeiter die Formen bereitstellten und zum Brennen in den Ofen trugen. Ein zeitgenössischer italienischer Beobachter hat diese Arbeitsweise anschaulich beschrieben: «Die Arbeiter, welche der größten Anstrengung unterworfen sind, sind die Handformer, deren Arbeit, den Tonklumpen hochzuheben und in die Form zu drücken, eine große Muskelkraft in Armen und Brust erfordert. Bei der Abschließung des Lohnvertrags verpflichten sich diese Arbeiter, täglich eine bestimmte Anzahl von Ziegeln, welche zwischen 5000 und 6000 schwankt und manchmal sogar bis auf 7000 steigt, zu produzieren. Diese Ziffer repräsentiert eine furchtbar erschöpfende Arbeit. Jeder Ziegelformer hat eine Arbeitsbank zu seiner Verfügung nebst einer kleinen Kiste für den Sand, der auf das Rohmaterial gestreut wird; zwei Formen und ein Messingdraht bilden seine gesamten Arbeitswerkzeuge. Ihm helfen zwei Mulis, wie im Berufsjargon die beiden Knaben zwischen 10 und 15 Jahren genannt werden, denen es obliegt, die gefüllte Form aufzuheben, den Ziegel hinauszunehmen, ihn auf den Trockenplatz zu schaffen, die Form zur Bank zurückzubringen, sie mit Sand zu bestreuen und dem Former zu reichen.»[150] Durch die Verwendung von Kindern zu Handlangerdiensten konnten Ziegeleibesitzer wie Akkordanten die Lohnkosten weiter senken; zwar war die Heranziehung von Jugendlichen und von Frauen zu solchen Tätigkeiten gesetzlich untersagt, bei den Ausländern aber wurde die Befolgung der Schutzbestimmung selten oder gar nicht kontrolliert. Die Lage der ausländischen Kinder in den Ziegeleibetrieben hatte schon früh zu Protesten in der deutschen Öffentlichkeit sowie von seiten der betroffenen Regierungen geführt; bereits 1895 hatte sich die belgische Regierung bei den deutschen Behörden darüber beschwert, «daß Kinder und jugendliche Arbeiter aus Belgien in deutschen Ziegeleien ungebührlich überanstrengt und verwahrlost würden».[151] Zu wirksamen Änderungen kam es bis Kriegsbeginn jedoch nicht; aus der Oberpfalz etwa berichtete das dortige Gewerbeaufsichtsamt noch 1907, daß dort in Ziegeleien und

Steinbrüchen Kinder unter 13 Jahren beschäftigt würden, denn «die geringen Geldstrafen wurden in vielen Fällen durch die Heranziehung der wesentlich billigeren jugendlichen Arbeitskraft schon in einem Tage eingebracht».[152]

Unabhängig vom Alter der ausländischen Ziegler lagen die Arbeitszeiten deutlich über denen der deutschen Arbeiter und erreichten nicht selten 70 Stunden in der Woche; es komme vor, berichtete das italienische Konsulat in München im Jahre 1901, «daß die italienischen Akkordanten Kinder von 12 bis 15 Jahren von 3 Uhr morgens bis 9 oder 10 Uhr abends und auch am Sonntag arbeiten lassen». Bei den am Brennofen Beschäftigten wurden Arbeitszeiten bis zu 18 Stunden festgestellt.[153] Auch hier aber fielen die Bestrebungen der Akkordanten und Unternehmer mit denen der ausländischen Ziegler oft zusammen; gerade die italienischen Ziegler waren Arbeitszeitbeschränkungen nicht gewöhnt und wollten im Gegenteil so lange wie möglich arbeiten, um mehr zu verdienen. Häufig war dabei aber auch die Angst davor maßgebend, die Arbeit zu verlieren, wenn man die vom Akkordanten vorgeschriebenen Arbeitszeiten nicht befolgte, oder schlichte Unkenntnis, weil die Arbeiter weder Deutsch verstanden noch von irgendjemandem über ihre Rechte aufgeklärt wurden. Da der «Akkordant» auch für Kost und Logis sorgte, gab es hier weitere Einsparungsmöglichkeiten. «Die vom Akkordanten gebotene Beköstigung besteht ausschließlich aus Polenta (ein aus Maismehl hergestelltes italienisches Nationalgericht) und Käse», beschrieb Britschgi-Schimmer die Ernährung der Ziegeleiarbeiter, «zum Frühstück, Mittagessen und Abendbrot stets die gleiche, trockene Nahrung. Meist wird die Polenta vom Akkordanten selbst zubereitet ... In der Regel ist dies die einzige Nahrung für die Dauer der ganzen Saison.»[154]

Die Unterbringung geschah meist in Baracken, oft mußte aber auch ein Strohsack in der Fabrik reichen. «Unsere Arbeiter schlafen oft in eigens zu diesem Zweck erbauten Holzhütten, auf Stroh. Es sind gelegentlich Fälle konstatiert worden, in denen dieses während der Saison niemals gewechselt wurde und in dem durch die Spalten der Hütten eindringenden Wasser verfaulte», hieß es in dem Bericht des italienischen Konsulats.[155] Daß derartige Arbeits- und Lebensbedingungen sich über lange Jahre nicht verbesserten, war auch eine Folge der hohen Arbeiterfluktuation: Solange die Ausländer nicht länger als ein halbes Jahr an einer Arbeitsstelle blieben und dazu noch während der Kampagne häufiger wechselten, bestand bei ihnen weder Interesse noch Möglichkeit, die Verhältnisse am Ort zu verbessern. Dies galt anders herum auch für die Arbeitgeber: «Kostspielige Einrichtungen wie z.B. Arbeiterwohnungen liegen durchaus nicht in ihrem Interesse, denn im Winter werden sie nicht benutzt, und außerdem findet unter ihren Bewohnern ein ständiger Wechsel statt», hieß es dazu in einer 1909 erschienenen Untersuchung der Entwicklung der Ziegelindustrie.[156] Je länger ausländische Ziegelarbeiter aber in Deutschland beschäftigt wurden, desto stärker wurde ihnen selbst die Diskrepanz zwischen ihren Arbeits- und Lebensver-

2. Ausländische Arbeiter in der Industrie 63

hältnissen und denen der deutschen Arbeiter bewußt. Im Herbst 1909 bekam Ina Britschgi-Schimmer bei ihrer Untersuchung von Ziegeleibesitzern zu hören, «daß die Italiener anspruchsvoller würden und anfingen, Schwierigkeiten zu machen».[157] So gingen die Unternehmer seit der Mitte des Jahrzehnts verstärkt dazu über, an Stelle der Italiener auslandspolnische und ruthenische Arbeiter in den Ziegeleien zu beschäftigen, die, wie das badische Gewerbeaufsichtsamt 1912 beobachtete, «einzeln im fremden Lande nahezu hilflos und praktisch nicht fähig (seien), über die Gestaltung ihres Arbeitsverhältnisses mitzubestimmen. Sie sind aus diesen Gründen billiger wie die Italiener».[158]

So mehrten sich seit dieser Zeit in Preußen die Anträge der Ziegelfabriken auf Beschäftigung von Auslandspolen. Deutsche und ausländische Arbeiter wanderten in andere Industrien ab, klagte 1911 ein Ziegeleibesitzer im Rheinland, weil dort bessere Löhne gezahlt würden, die «wir für die verhältnismäßig leichte Arbeit in unserem Betriebe nicht zahlen» könnten. Namentlich «Italiener, Kroaten usw. gehen mit Vorliebe zu Tiefbauunternehmen» und seien für Ziegeleien zu teuer geworden. «Für Ziegeleibetriebe aber eignen sich die galizischen Arbeiter (Ruthenen) sehr gut, wenigstens haben wir durchweg gute Erfahrungen mit denselben gemacht.»[159] In Brühl bei Köln wollte ein Ziegeleiunternehmer im Frühjahr 1914 seine «20 italienischen Jungens» wieder loswerden, weil sie faul seien und sich krankstellten, und bat die Behörden um Genehmigung zur «Heranziehung von 60 galizischen jugendlichen Arbeitern».[160] Polnische und ruthenische Arbeiter bekamen deutlich niedrigere Löhne als die Italiener und rückten so langsam auf die schlechtesten der vorher von den italienischen Zieglern besetzten Arbeitsplätze. In den Augen der deutschen Behörden war gerade dies ein Beweis der «in der Rasse begründeten» unterschiedlichen Kulturstufen der verschiedenen Völker: «Wo man billige Arbeitskräfte nötig zu haben glaubt, verdrängt der Pole den Italiener», stellte das badische Gewerbeaufsichtsamt fest, denn «dem Polen» sei «Beschäftigung, die ein Mindestmaß an Denkarbeit verlangt, am liebsten. Seiner Kulturstufe entsprechend besitzt er Eigenheiten, die kindlichen Unarten gleichkommen. Er drückt sich gern vor der Arbeit, muß immer geschoben und beaufsichtigt werden.»[161]

Auf diese Weise schloß sich der Argumentationskreis: Weil die Polen aus einem industriell weniger entwickelten Land kamen bzw. auf einer «niedrigeren Kulturstufe» standen als die Italiener, wurden sie bevorzugt für besonders einfache (und schlecht bezahlte) Arbeiten herangezogen. Daß sie besonders einfache Tätigkeiten verrichteten, zeigte den Behörden wiederum, wie niedrig ihre Kulturstufe war.

Nun kann man diese Phänomene auch in der Weise untersuchen, daß man die strukturellen Aspekte, die «Funktionsgesetze» der Ausländerbeschäftigung in kapitalistischen Ländern anhand der hier beschriebenen Verhältnisse hervorhebt: die allgemeine Tendenz zur Übernahme der sozialen Standards des Einwanderungslandes durch die ausländischen Arbeiter bei mehrjährigen Aufenthalten; die Substitution durch Ausländergruppen mit starker Bindung an die Standards der Heimatländer; die Absicherung der privatkapitalistischen Interessen an der Nichtintegration der Ausländer durch den Staatsapparat – etwa durch den Rotationszwang.

Dabei werden jedoch die beschriebenen Entwicklungen auf die ihnen zugrundeliegenden, gleichsam statischen strukturellen Elemente eines Systems reduziert, eine idealtypische, vorgegebene Größe, nach der Logik oder Abweichungen der im einzelnen untersuchten Verhältnisse zu messen und zu bewerten sind. Aber weder waren Ergebnis und Perspektiven der Versuche mit der Ausländerbeschäftigung für die beteiligten Behörden und Unternehmer abzusehen, noch liefen behördliche Maßnahmen und wirtschaftliche Interessen der Unternehmer parallel – erinnert sei nur an die Beschäftigungsbeschränkung für Polen in der Industrie. Die Auseinandersetzungen zwischen den verschiedenen Beteiligten bei der Herausbildung der Ausländerbeschäftigung in Deutschland lassen sich aber als ein Lernprozeß verstehen, dessen Ausgang ihnen durchaus ungewiß war – schließlich gab es keine oder kaum vergleichbare Erfahrungen, auf die man sich in den ersten Jahren und Jahrzehnten der Ausländerbeschäftigung stützen konnte; und die oft mühsamen Kompromißbildungen, sich widersprechenden Erlasse und Verstöße gegen die Vorschriften waren Ausdruck des Suchens nach vorteilhaften Lösungen in einem weithin unerforschten Terrain. Die Organisation und gesetzliche Formierung der Ausländerbeschäftigung geschah auf diese Weise nach dem Prinzip des «trial and error», wobei wirtschaftliche, politische, ideologische und soziale Faktoren in einem komplizierten und den sich verändernden Bedingungen jeweils folgenden Prozeß des Interessenausgleichs austariert wurden.

Die Praxis der industriellen Ausländerbeschäftigung hatte bis 1914 die theoretischen Postulate und Wünsche der Behörden und der Unternehmen in einer Reihe von Punkten bestätigt: Es war tatsächlich möglich, Ausländer bis zu einem gewissen Grad als konjunkturelles Ausgleichsinstrument zu benutzen. Ebenso konnten das Lohnniveau in den unteren Lohngruppen durch Ausländerbeschäftigung stabilisiert und veraltete Produktionsstrukturen in einzelnen Branchen konserviert werden – und zwar mit Methoden, die auf die erreichten Standards in der deutschen Sozialgesetzgebung keine Rücksicht zu nehmen brauchten. Schließlich war es auch möglich, durch die Teilung des Arbeitsmarktes den sozialen Aufstieg einheimischer Arbeiter, wenn auch in recht bescheidenem Umfang, zu forcieren.

Auf der anderen Seite zeigten die praktischen Erfahrungen, daß eine längere, ununterbrochene Beschäftigung bei den ausländischen Arbeitern tendenziell zur Übernahme der Anspruchshöhe der einheimischen Arbeiterschaft führte, daß aber Zwangsrotation und hohe Fluktuation zur Beschränkung der Ausländerbeschäftigung auf Arbeitsplätze mit niedrigen Anforderungen und kurzer Anlernzeit zwangen und zudem einen ganz erheblichen Verwaltungsaufwand und Kontrollapparat erforderten. Außerdem zog die Bevorzugung von Arbeitergruppen mit niedrigen Ansprüchen zunehmend die Beschäftigung gerade solcher ausländischer Arbeiter nach sich, die aus «nationalpolitischen» und «rassischen» Gründen als besondere kulturelle und biologische Gefahr für die deutsche Gesellschaft angesehen wurden. Syrup, der diese Erfahrungen am Ende des Krieges zusammenfaßte, gründete seine insgesamt positive Einschätzung auf die Voraussetzung, daß die Separation der ausländischen Arbeiter von der deutschen Gesellschaft durch entsprechende gesetzliche Maßnahmen perpetuiert werden konnte – daß also die Teilung des Arbeitsmarktes und die Beschränkung der Ausländerbeschäftigung auf die untersten Lohngruppen durch staatlichen Druck erzwungen wurden. Genau diese Teilung aber stand im Mittelpunkt der Kritik der Arbeiterbewegung an der preußisch-deutschen Ausländerpolitik.

2.4. «Internationalismus» oder «Schutz der deutschen Arbeit»? Arbeiterbewegung und ausländische Arbeiter

Für die Gewerkschaften und die SPD stellte die massenhafte Beschäftigung von Ausländern eine politische Herausforderung dar, mit der sie sich schwertaten und die zu Konflikten zwischen theoretischen Postulaten und praktischen Erfahrungen führte.[162] Die Frage der Auswanderungen und der Beschäftigung ausländischer Arbeiter in entwickelteren Industrieländern war bei den Internationalen Sozialistenkongressen schon früh debattiert worden. Hier entwickelten sich zwei Linien: Auf der einen Seite traten die Vertreter eines konsequenten Internationalismus gegen jede Form von Zulassungsbeschränkungen und Sondergesetzen gegenüber ausländischen Arbeitern ein; auf der anderen Seite betonten Delegierte vor allem aus Industrieländern die Rolle der Ausländer als Lohndrücker und Streikbrecher und forderten dagegen Schutzmaßnahmen für die einheimische Arbeiterschaft.[163] Auf dem Stuttgarter Kongreß 1907 wurde diese Debatte durch eine mit Mehrheitsbeschluß gefaßte Resolution beendet, in der wirtschaftliche oder politische Ausnahmeregelungen gegenüber ausländischen Arbeitern als «fruchtlos und ihrem Wesen nach reaktionär» bezeichnet sowie jede Beschränkung der Freizügigkeit und der Ausschluß fremder Nationalitäten und Rassen abgelehnt wurden. Zugleich wurden wirksame Maßnahmen gegen den «Lohndrückerimport» gefordert, wie das Verbot der Aus- und Einwanderung derjenigen ausländischen Arbeiter, die durch Kontrakte an der freien Verfügung ihrer Arbeitskraft und ihrer Löhne gehindert waren.[164] Auch auf den Parteitagen der Sozialdemokratie und im *Correspondenzblatt* der Gewerkschaften wurde diese Position weithin vertreten.[165] Bei der Mitgliedschaft der Gewerkschaften aus Branchen mit hohen Ausländeranteilen sah das Bild jedoch anders aus. Denn in der Tat gab es gerade in den unteren Lohnbereichen, wo viele Ausländer beschäftigt waren, teilweise heftige Konkurrenzen zwischen deutschen und ausländischen Arbeitern; immer wieder – vor allem in Baubetrieben – kam es vor, daß einheimische Arbeiter von den Unternehmern entlassen und durch Ausländer ersetzt wurden. Auch daß Ausländer als Streikbrecher benutzt wurden, wurde häufig berichtet, so im Jahre 1899 im Regierungsbezirk Merseburg, wo einheimische Bauarbeiter drei Monate lang in den Ausstand traten: «Der Unternehmer zog italienische Arbeiter heran, und die einheimischen Arbeiter, soweit sie die Stadt nicht inzwischen verlassen hatten, nahmen schließlich die Arbeit wieder auf, ohne die erstrebte Lohnerhöhung erreicht zu haben», berichtete die Gewerbeaufsicht.[166] Im Jahre 1902 traten die deutschen Arbeiter eines Steinbruchs im Bezirk Oppeln in den Streik: «Die zahlreichen im Bruche tätigen Galizier ließen sich die Lohnherabsetzung ruhig gefallen. Aus dem ganzen Verhalten des Unternehmers leuchtete die Absicht hervor, durch die Ausländer den Lohn herabzudrücken.»[167] In Kiel kam es 1902 zu einem «allgemeinen Ausstand der Maurer und Zimmerleute», der fast vier Monate dauerte und dennoch erfolglos war: «Die Unternehmer hatten die vom Gewerbegericht, dem Oberbürgermeister und anderen einflußreichen Personen angebotene Vermittlung abgelehnt. Es war ihnen gelungen, ausländische und auswärtige Handwerker heranzuziehen. Ausschreitungen gegen Arbeitswillige und Arbeitgeber sind mehrfach vorgekommen.»[168]

Wie sich solche Vorfälle aus der Sichtweise der als Streikbrecher benutzten Ausländer darstellten, ist von einem katholischen Geistlichen, der die Heranziehung von Italienern bei einem Bauarbeiterstreik in Remscheid miterlebte, überliefert: «Mein Gott, dieser Streikbruch! Die Leute werden von gewissenlosen Agenten zusammengeholt, man verspricht ihnen gute Löhne und verschweigt den Streik oder die Sperre. Hat man sie an Ort und Stelle, dann redet man ihnen zu, die deutschen Arbeiter wollten ihnen was, sie dürften sich bei Gefahr, der Lynchjustiz zu verfallen, nicht herauswagen, umstellt sie sorglichst mit Polizeiposten und schließt sie in ihrer Ignoranz hermetisch gegen jedes Wort der Aufklärung ab.»[169]

Durch solche Erfahrungen war die kritische, ja ablehnende Haltung vieler deutscher Arbeiter gegenüber den Ausländern motiviert; dies schlug sich auch in den Debatten innerhalb der Arbeiterbewegung nieder. Die Minderheitsresolution auf dem Stuttgarter Sozialistenkongreß 1907 etwa hob die Notwendigkeit des Schutzes gegen die Lohndrücker aus dem Ausland hervor: «In Erwägung, daß Arbeiter rückständiger Rassen (wie Chinesen, Neger usw.) oft von Kapitalisten importiert werden, um die eingeborenen Arbeiter durch billiges Arbeitsangebot niederzuhalten, und daß diese, die ein williges Ausbeutungsobjekt bilden, in einer nur mühsam verdeckten Sklaverei lebten, erklärt der Kongreß, daß die Sozialdemokratie die Anwendung dieses Mittels, das dazu dient, die Organisationen der Arbeiter zu vernichten und dadurch den Fortschritt und die eventuelle Verwirklichung des Sozialismus aufzuhalten, mit allen ihren Kräften zu bekämpfen hat.»[170]

Vor allem in der Bauarbeitergewerkschaft kam es zu heftigen Auseinandersetzungen um die ausländische Konkurrenz, besonders um die «Bevorzugung der Italiener», wobei, wie es in den *Sozialistischen Monatsheften* hieß, «der lang zurückgehaltene Groll gegen die alte und unfruchtbare Methode der Ausländer-, insbesondere der Italienerbehandlung, zum Ausdruck kam. Es wurde gefordert, daß man diese Methode endlich aufgebe und den unorganisierten Ausländern rücksichtslos entgegentrete. Im übrigen wurde den Gewerkschaften eine rein deutsche Arbeiterpolitik empfohlen. Vor allem müßten die Interessen der *deutschen* Arbeiter gewahrt werden.»[171]

Das waren andere Töne als in den Berichten der Presse und Beschlüssen der Parteitage. Die Kluft zwischen Basis und Führung der Arbeiterbewegung war hier im Grunde nur zu schließen, wenn es gelang, die ausländischen Arbeiter in die deutsche Arbeiterbewegung einzubeziehen – hier aber waren die Gewerkschaften nur wenig erfolgreich. Nun war der Organisationsgrad der Landarbeiter auch bei Deutschen sehr niedrig,[172] so daß gegenüber den ausländischen Saisonarbeitern auf dem Lande eine nennenswerte Aktivität der Gewerkschaften nicht feststellbar war, wenngleich die Bemühungen der sozialdemokratischen Reichstagsfraktion um eine Verbesserung der sozialen und rechtlichen Lage vor allem der auslandspolnischen Landarbeiter sehr ausgeprägt waren.[173] Aber der direkte Einfluß auf die polnischen Arbeiter blieb gering; und auch die Auflage der Gewerkschaftszeitung für auslandspolnische Arbeiter, *Oswiata* («Aufklärung»), war niedrig – 1913 lag sie bei 8689 und erreichte damit kaum 3% der auslandspolnischen Arbeiter im Reich; sie war zudem in erster Linie für die Industriearbeiter bestimmt.[174]

Gegenüber den italienischen Arbeitern waren die Bemühungen der Gewerkschaften erfolgreicher.[175] Auf Initiative des hier besonders betroffenen Maurerverbandes gaben die Freien Gewerkschaften seit 1898 eine Zeitung in italienischer Sprache heraus, den *Operaio Italiano*, dessen Auflage 1906 bereits bei 15 800 Exemplaren lag.[176] Über dieses Blatt gelang es auch, einen nicht unerheblichen Teil der italienischen Arbeiter direkt anzusprechen; gleichzeitig schlossen einzelne Branchengewerkschaften Kooperationsvereinbarungen mit den entsprechenden italienischen Organisationen ab.[177] Dennoch blieb die Zahl der organisierten italienischen Arbeiter in Deutschland gering – 1912 lag sie bei etwa 7000.[178]

Nun war dies vor allem Ausdruck des von den meisten Ausländern als vorübergehend empfundenen Arbeitsaufenthalts in Deutschland. Sich mit den deutschen Gewerkschaften einzulassen, deutete hingegen auf einen Einstellungswandel bei denjenigen Arbeitern hin, die sich nach längerem Aufenthalt bereits an den Standards der einheimischen Arbeiter orientierten. Wer sich gewerkschaftlich betätigte, setzte sich für kollektive Verbesserungen auf mittlere und längere Sicht ein – die meisten Ausländer aber planten nicht weiter als bis zum Ende des Jahres. «Die Masse der Indifferenten ist noch groß», bemerkte das *Correspondenzblatt* im Juli 1908 dazu, «riesig ist die Zahl der Leute, die zwar keine direkten Streikbrecher sind, aber dennoch nicht weniger schädlich wirken, weil sie nicht organisiert und stets bereit sind, unter den tariflichen Bedingungen zu arbeiten».[179]

2.5. «Bewahrung der deutschen Eigenart»: das Reichs- und Staatsangehörigkeitsgesetz von 1913

Daneben entwickelte sich aber bereits früh ein weiteres Feld der Auseinandersetzung über den Status der Ausländer – die Diskussion um Einbürgerung und Staatsangehörigkeitsrecht. Das seit 1871 gültige Staatsbürgerrecht in Deutschland orientierte sich am preußischen Untertanengesetz von 1842. Gegen die Bindung des Untertanen an das Territorium ging dieses vom Recht auf Staatsbürgerschaft durch Geburt aus – ein ursprünglich modernes, weil die feudalen Herrschaftsbeziehungen ablösendes, individuelles Prinzip. Daraus entwickelte sich jedoch seit dem Beginn der wirtschaftlich motivierten Wanderungsbewegungen und vor allem seit der Zuwanderung osteuropäischer Arbeiter ins Deutsche Reich ein Prinzip der Abweisung von Ausländern, das auf die Exklusivität der blutlichen Abstammung aufbaute. Ausländer konnten selbst dann nicht die deutsche Staatsbürgerschaft erhalten, wenn sie in Deutschland geboren worden waren und seit Jahren oder Jahrzehnten hier unbescholten lebten und arbeiteten.[180]

Die Praxis der Einbürgerung wurde zu einem Teil der Abwehrpolitik insbesondere gegen polnische und jüdische Einwanderungswillige. Dabei war gegenüber den – nichtjüdischen – Polen die Widersprüchlichkeit der deutschen Politik schwer zu übersehen. Denn einerseits waren die deutschen Behörden ja bestrebt, die in den polnischen Bezirken Preußens lebenden Polen zu assimilieren und zu «depolonisieren». Andererseits wollte man mit womöglich noch größerer Nachdrücklichkeit verhindern, daß die aus den russischen oder österreichischen Teilen Polens stammenden polnischen Arbeiter hier eingebürgert werden könnten. In noch stärkerem Maße galt dies gegenüber den Juden; die Einbürgerungsquoten von Juden lagen durchweg deutlich niedriger als die anderer Antragsteller. Allerdings wurde dies vorwiegend nicht explizit auch so begründet. Erst seit den 90er Jahren wurden antisemitische Vorbehalte in behördlichen Verlautbarungen auch ausgesprochen, so etwa in einem Erlaß des preußischen Innenministeriums vom Februar 1912: «Die grundsätzliche Nichtaufnahme von ausländischen Juden erfolgt nicht wegen ihres Glaubensbekenntnisses, sondern wegen ihrer Abstammung und Rasseeigenschaften. Diese werden durch die – aus geschäftlichen Interessen angestrebte – Taufe nicht behoben.»[181]

Allerdings gab es auch dem Prinzip des «ius sanguinis» widersprechende Positionen – nicht allein in den preußischen Teilen Polens, sondern auch in Elsaß-Lothringen. Denn hier ging es darum, die von Franzosen abstammenden und Französisch sprechenden Bevölkerungsteile kraft der Zugehörigkeit des Territoriums zum Deutschen Reich auch als Deutsche wahrzunehmen und entsprechende Einbürgerungen nicht nur möglich zu machen, sondern nachgerade zu fördern.[182] So sprachen sich bei einer Umfrage des preußischen Innenministeriums im Herbst 1893 die Oberpräsidenten der Westprovinzen deutlich für die Einführung des Territorialprinzips aus, um eine automatische Einbürgerung der elsässischen und lothringischen Bevölkerung jenseits von Abstammung und nationaler Orientierung zu ermöglichen. In den östlichen Bezirken hingegen besaß die dort lebende nationalpolnische Bevölkerung bereits die preußische Staatsbürgerschaft, und das Interesse der Behörden richtete sich darauf, die Einbürgerung der aus Rußland und Österreich stammenden polnischen Arbeiter gerade zu verhindern. Bei den Einbürgerungswilligen hier, so hob der Oberpräsident Schlesiens hervor, handele es sich vorrangig um «fremde Elemente», um Angehörige «jüdischer, polnischer und russischer Familien». Anträgen auf Einbürgerung würde hier nur selten stattgegeben, ergänzte der Oberpräsident Ostpreußens, da «die Naturalisation dieser Leute – meist jüdisch-polnischer Nationalität – für die diesseitigen Staatsinteressen nicht wünschenswert» sei.[183] Diese Argumente gaben gegenüber denen aus Elsaß-Lothringen den Ausschlag. Im Westen beantragten vor allem «wohlhabende oder nutzbringendem Erwerb nachgehende Leute» die Einbürgerung, faßte der preußische Innenminister die Sachlage zusammen, im Osten hingegen «fast ausschließlich polnisch-russisches, galizisches und darunter wieder vornehmlich jüdisches Proletariat». Das Prinzip der Abstammung als Grundlage der Staatsbürgerschaft sei daher beizubehalten.[184]

Mit der Verschärfung der Debatte um die ausländischen Arbeiter und die «Überfremdungsgefahr» aber wurde nun auch die Staatsangehörigkeitsfrage zunehmend zum Gegenstand nationalpolitischer Agitation. Bereits auf seinem ersten Kongreß im Juni 1894 verabschiedete der Alldeutsche Verband eine Entschließung, wonach Ausländern die Einbürgerung zu erschweren, im Ausland lebenden Deutschen aber zu erleichtern sei. Ein entsprechender Antrag wurde kurz darauf im Reichstag eingebracht. In der Begründung wurde von dem nationalliberalen Abgeordneten Hasse betont, daß Deutschland eine Einwanderung und Einbürgerung von Ausländern gar nicht benötige, sie sei vielmehr schädlich, weil das junge Deutsche Reich in seinem Ziel der Schaffung einer homogenen Nation durch «Sprachen- und Rassenfremde» behindert werde.[185] Diese Initiative wurde von einem zur gleichen Zeit eingebrachten Antrag im Reichstag begleitet, wonach «Israeliten» die Einwanderung grundsätzlich nicht zu gestatten sei; und die Antisemitenparteien überboten diesen Antrag noch durch das Begehren, alle ausländischen jüdischen Gewerbetreibenden auszuweisen.[186] Antisemitische Tendenzen und die gegen die ausländischen Arbeiter gerichtete Kampagne gegen die «Überfremdungsgefahr» überschnitten sich hier, und die Debatte um Einbürgerung und Staatsangehörigkeit blieb von nun an mit der Diskussion um Juden und Antisemitismus eng verbunden.

Drei Jahre später erneuerten die Alldeutschen ihren Vorstoß mit einem Gesetzentwurf, der die Forderungen von 1895 wiederholte.[187] Die interne und öffentliche Diskussion um diese Fragen hielt bis 1908 an, als sich die Reichsregierung schließlich entschloß, das Staatsangehörigkeitsrecht zu novellieren. In den Vorentwürfen der Regierung wurde dabei die angestrebte Linie schnell deutlich: Die Einbürgerung von Auslandsdeutschen sollte erleichtert werden – das bezog sich zum einen auf Rußlanddeutsche, die etwa im Baltikum lebten, zum anderen auf Auswanderer, die etwa in die USA gegangen waren und nun zurückkehren wollten. Der neue Innenminister Bethmann Hollweg machte in bezug auf die Einbürgerung von Ausländern hingegen früh deutlich, daß explizite Verschärfungen zu vermeiden seien – schon um den Eindruck etwaiger antisemitischer Tendenzen zu vermeiden. Die bisherigen Bestimmungen reichten vielmehr völlig aus.[188] Der 1912 schließlich vorgelegte Gesetzentwurf ging dementsprechend auf diese Fragen nur sehr am Rande ein. Eine Einbürgerung war nur möglich, wenn keiner der Bundesstaaten dagegen Einspruch erhob; schon dies verhinderte, daß in Bundesstaaten mit liberaleren Prinzipien als denjenigen Preußens sich andere Einbürgerungspraktiken etablierten. Zudem war eine Einbürgerung abzulehnen, wenn dadurch das «Wohl des Reiches oder eines Bundesstaats» gefährdet werden könnte – eine Generalklausel, die als Grundlage für die Ermessensentscheidungen der Behörden diente, konnten dadurch doch, wie das Innenministerium formulierte, «beispielsweise stammesfremde Elemente aus dem Osten, wie Polen und Tschechen, oder nicht auf unserer Kulturstufe stehende Juden» ohne öffentliche Aufmerksamkeit erregende explizite Gesetzesvorschriften von einer Einbürgerung ferngehalten werden.[189]

In den Debatten über diesen Entwurf, der schließlich ohne substantielle Änderungen verabschiedet wurde, wurde die spezifische Verbindung aus sozialen und volkstumspolitischen Zielsetzungen, die mit diesem Gesetz verfolgt wurden, ebenso deutlich wie die Bestrebung der Sozialdemokratie, ein Einbürgerungsgesetz zu schaffen, das den ausländischen Arbeitern bei entsprechenden Voraussetzungen einen Rechtsanspruch auf Einbürgerung verlieh – eine Forderung, die in dem nationalistisch erhitzten Klima ein Jahr vor Kriegsbeginn noch utopischer klang als zehn Jahre zuvor.

Die politischen Zielsetzungen des Gesetzentwurfs wurden denn auch von Konservativen und Nationalliberalen unverblümt ausgesprochen: «Wir freuen uns, daß in dem Gesetz der Grundsatz des ius sanguinis rein durchgeführt worden ist, daß also in der Hauptsache die Abstammung, das Blut das Entscheidende für den Erwerb der Staatsangehörigkeit ist. Diese Bestimmung dient hervorragend dazu, den völkischen Charakter und die deutsche Eigenart zu erhalten und zu bewahren», hieß es in einer Stellungnahme der Deutschkonservativen.[190] Ein Rechtsanspruch auf Einbürgerung sei daher völlig ausgeschlossen, zumal auch andere Länder derartiges nicht kennten, betonte auch der Vertreter des Innenministeriums, der unter dem Beifall der Rechten auf die nach Auffassung der Regierung wahren Motive der Einwanderungswilligen aus dem Osten verwies: «Der Zug der Nationen geht im großen und ganzen vom Osten nach dem Westen, und auf diesem Zuge der Nationen stoßen die Massen, die sich vom Osten aus in Bewegung setzen, erst auf das Deutsche Reich, auf das Deutsche Reich mit seinen geordneten wirtschaftlichen Zuständen, mit seiner hohen wirtschaftlichen Blüte, mit seinen freiheitlichen Institutionen, die beispielsweise jedem Ausländer, der hierher kommt, denselben Unterstützungsanspruch gewähren, den jeder Inländer hat, eine Vorschrift, die Sie in anderen Staaten durchaus nicht finden, mit seiner hochentwickelten Sozialpolitik, die wieder den Ausländer ebenso stellt wie den Inländer.» [191]

Der Staat müsse das Recht haben, selbst diejenigen auszusuchen, die er einbürgern will, hob der Vertreter der Nationalliberalen hervor. Dabei spiele die deutsche Eigenart eine besondere Rolle: «Ich will nicht den alten Ausdruck gebrauchen, daß wir von unseren Reichsangehörigen ein gewisses gleichmäßiges, völkisches Empfinden verlangen wollen ... Aber ein gewisses Mitempfinden, ein Verstehen der Volksseele, ein Hineinwachsen in alle die Verhältnisse, die die Entwicklung der Geschichte und die Zusammensetzung unseres Volkes mit sich bringt, müssen wir von jedem einzelnen Bewerber voraussetzen können, und wir müssen dem Staate das Recht lassen, daß er nach dieser Richtung hin prüft, ob diese Voraussetzungen auch wirklich zutreffen.» [192]

Allerdings kamen hier die Widersprüche in der preußisch-deutschen Ausländerpolitik bereits deutlich zum Vorschein. Denn während die einen hervorhoben, man habe überhaupt kein Interesse an der Einbürgerung von Ausländern, wiesen andere doch darauf hin, daß man ausländische Arbeiter auch auf fernere Sicht wohl brauchen werde: «Deutschland ist tatsächlich heute in großem Maße auf die Zuwanderung fremder Bevölkerungskräfte angewiesen», hob ein Abgeordneter der Fortschrittspartei hervor, «wir wissen das alle aus den Statistiken. Da müssen wir uns denn aber doch vor Augen halten, daß es nach Möglichkeit unsere Aufgabe sein muß, diese fremden, bei uns einwandernden und für unsere Arbeit und für unser Gewerbe unentbehrlichen Elemente auch bei uns nach Möglichkeit zu assimilieren.» [193]

Das Zentrum hingegen forderte, daß ein Einbürgerungsantrag nur dann akzeptiert werden solle, «wenn der Zuwachs, der dadurch geschaffen wird, ein Gewinn für Deutschland ist: ... einwandfreie, moralisch und wirtschaftlich tüchtige Leute, die durch Intelligenz oder Vermögen hervorragen».[194] Tatsächlich aber kämen ganz andere Leute: an Gewerkschaften nicht gewöhnte Arbeiter aus dem Osten und dem Balkan von einer «derart niedrigen Kulturstufe, daß ihnen sehr oft eine Pulle Schnaps lieber ist als die Ausübung des Solidaritätsgedankens». Die Einbürgerung solcher Leute aber führe auf längere Sicht zu «einer Majorisierung der deutschen Arbeiterbevölkerung durch diese kulturell tiefstehenden Arbeiter aus dem Osten» – zumal womöglich mit weiterer Zuwanderung zu rechnen sei. Sollten die

Einwanderungsmöglichkeiten nicht begrenzt werden, so würden die Arbeitgeber bald «aus dem fernen Osten die chinesischen Kulis zu untergeordneten Arbeiten, zu Erdarbeiten beispielsweise, geradezu haufenweise nach Deutschland schleppen». Sollte der sozialdemokratische Antrag, wonach Ausländern nach einer bestimmten Zeit ein Recht auf Einbürgerung verliehen werden solle, angenommen werden, dann wären diese Leute «zwei Jahre in Deutschland und müßten dann eingebürgert werden. In den Zeiten einer niedergehenden Konjunktur könnten diese Elemente ... aus Deutschland gar nicht mehr ausgewiesen werden.»[195]

Gegenüber solchen Positionen hatten die Sozialdemokraten einen schweren Stand. Karl Liebknecht, der als Rechtsanwalt mit Fällen von behördlicher Willkür gegen ausländische Arbeiter häufig befaßt war, beschrieb die Rechtlosigkeit der Ausländer besonders plastisch: «Für einen ausländischen Arbeiter, möge er angehören, welchem Staate er will, ist es ein Ding der Unmöglichkeit, in Deutschland naturalisiert zu werden ... Man braucht aber doch die ausländischen Arbeiter bei uns, man zieht sie künstlich herein, sie werden speziell nicht nur in der Industrie, sondern auch von den Hauptmatadoren jenes glühenden Nationalbewußtseins, den Herren, die in den Parteien der Rechten ihre Vertretung gefunden haben, in Massen nach Deutschland hineingezogen, ein Beweis dafür, daß man sie in Deutschland braucht ... Meine Herren, es liegt doch klar auf der Hand: Sie wollen die ausländischen Arbeiter in Deutschland, aber sie sollen in Deutschland Sklaven sein, sie sollen ausgebeutet werden ... Wenn aber die ausländischen Arbeiter gut genug dazu sind, daß sie in Deutschland ausgebeutet werden, dann sollten sie auch gut genug dazu sein, daß man sie in Deutschland naturalisiert.»[196]

Noch eindeutiger war die Ablehnung der Einwanderung von osteuropäischen Juden, obwohl die Regierungsvertreter erneut hervorhoben, «das Religionsbekenntnis als solches» sei bei der Einbürgerung nicht ausschlaggebend.[197] Was darunter in der Praxis verstanden wurde, erläuterte ein Abgeordneter der Wirtschaftlichen Vereinigung, der begrüßte, «daß die Aufnahme nicht von der Zugehörigkeit zu irgendeiner Religionsgemeinschaft abhängig gemacht werden soll. Das ist im modernen Sinne gedacht, und wir sind damit einverstanden. Es müssen andere Momente ausschlaggebend sein, z.B. die Rasse.»[198]

Der Vertreter des Zentrums schließlich faßte diese Argumentation in klassischer Weise zusammen: «Wir halten uns fern von Antisemitismus ... An unserer Haltung ist in dieser Hinsicht nichts zu deuten und nicht zu rütteln. Aber, meine Herren, das werden Sie doch begreifen, daß wir nicht haben wollen, daß nun eine massenhafte Naturalisation von galizischen Hausierern vorgenommen wird.»[199]

Das neue Reichs- und Staatsangehörigkeitsgesetz schrieb die bisherige Praxis fest und verstärkte die ihr zugrundeliegenden Prinzipien: Staatsbürger konnte werden, wer deutscher Abstammung war. Alle anderen besaßen keinen Rechtsanspruch darauf, auch nicht, wenn sie in Deutschland geboren wurden oder über lange Jahre oder Jahrzehnte hinweg hier unbescholten lebten und arbeiteten. Ein kompromißloses «ius sanguinis» ließ Ausnahmen nur in Sonderfällen zu. Die Praxis der Einbürgerung blieb ein weitgehend unkontrolliertes Betätigungsfeld der Behörden. Die dabei wirksam werdenden Motive entsprachen einer Melange aus Staatsräson und Nationalismus, Rassismus und wirtschaftlichen Interessen, Antisemitismus und sozialem Dünkel.

3.
Die «Ruhrpolen»

3.1. Integration oder nationale Subkultur

Während die preußischen Behörden eine «Naturalisation» ausländisch-polnischer Arbeiter also unbedingt zu verhindern trachteten, traf auf die im Folgenden zu behandelnde Gruppe gerade das Gegenteil zu. Die aus dem preußischen Teil Polens stammenden Menschen besaßen die preußisch-deutsche Staatsbürgerschaft, und es war das feste Bestreben der Behörden, daß aus ihnen möglichst bald und restlos «Deutsche würden».[200]

Die Ost-West-Binnenwanderung war zu Anfang als eines der charakteristischen Phänomene des Übergangs von der Agrar- zur Industriegesellschaft in Deutschland am Ende des 19. Jahrhunderts angesprochen worden – gleichermaßen Ausdruck des Zerfalls der patriarchalisch organisierten Agrarverfassung im deutschen Osten wie der rapiden Expansion der Industrie in den entstehenden Zentren der Industrialisierung, vor allem im Ruhrgebiet.

Der ebenso rapide Anstieg des Arbeitskräftebedarfs in der aufblühenden Schwerindustrie, vor allem im Bergbau, lenkte seit den 90er Jahren die Massenwanderung aus den Ostprovinzen von der Überseewanderung in die deutsche Binnenwanderung um: Bis zum Ersten Weltkrieg wanderten etwa 2 Mio. Menschen nach Berlin, Mitteldeutschland und ins Ruhrgebiet ab – etwa 20% von ihnen waren Polen, die im preußischen Teil Kongreß-Polens, vor allem in der Provinz Posen, gelebt hatten, deren Muttersprache und nationale Zugehörigkeit also polnisch, deren Staatsangehörigkeit aber preußisch-deutsch war.

Das bevorzugte Ziel der Westwanderung der ostdeutschen Bevölkerung wurde der Ruhrbergbau, wo die Nachfrage nach Arbeitskräften besonders groß war. Die gezielten Anwerbeaktionen der Zechenunternehmer von der Ruhr hatten zur Folge, daß in den Ruhrgebietsstädten bald erhebliche Teile der Bevölkerung aus den Ostgebieten stammten und ein ebenfalls erheblicher Teil davon polnischer Nationalität war: 1908 waren im Ruhrbergbau 71 774 preußisch-polnische und masurische Arbeiter beschäftigt – mehr als 20% der Gesamtbelegschaft. Insgesamt betrug die Zahl der «Inlands-Polen» im Ruhrgebiet vor dem Ersten Weltkrieg zwischen 300 000 und 350 000, die der Masuren etwa 150 000. Die Polen waren fast durchweg katholisch, die Masuren hingegen überwiegend evangelisch. Sie fühlten sich durchaus nicht als Polen, wurden aber in den Statistiken trotz konfessioneller, politischer und auch sprachlicher Unterschiede häufig den Polen zugerechnet.[201]

Zwei Phänomene fallen bei der regionalen Verteilung der polnischen Zuwanderer ins Auge: Zum einen lebte ein beträchtlicher Teil von ihnen in den eher ländlich strukturierten Randregionen des Reviers in unmittelbarer Nähe zu den Zechenbetrieben. Zum anderen verteilten sich die Zuwanderer vor allem in der ersten Wanderungsphase in landsmannschaftlicher Konzentration über das Ruhrgebiet – der Anteil der Oberschlesier war z.B. in Bottrop besonders groß, in Bochum und in Essen derjenige der Posener usw.[202]

Dieser Versuch, den landsmannschaftlichen und verwandtschaftlichen Kontakt nicht zu verlieren, verweist bereits auf die Schwierigkeit der Situation, in der sich die Einwanderer polnischer Herkunft nach ihrer Ankunft im Ruhrgebiet – mehr noch als die übrigen – befanden. Denn zu den Problemen, die alle Einwanderer hatten, die als besitzlose Landarbeiter oder Kleinbauern, angelockt von den oft volltönenden Versprechen der Werbeagenten der Zechenbesitzer, meist ohne Familie in die explosionsartig wachsende Bergbauindustrie und eine chaotisch anmutende Industriegesellschaft im Aufbau gebracht wurden,[203] kamen für die Polen zusätzlich erschwerende Faktoren: das Sprachproblem sowie die zumindest virulent spürbare Abneigung ihnen gegenüber bei Behörden, Betrieben und Teilen der einheimischen Bevölkerung. Dieser schwierigen Situation versuchten die polnischen Arbeiter durch enge und nach außen hin abgeschlossene Kontakte untereinander zu begegnen; ein Phänomen, wie wir es auch von Einwanderungsgruppen in anderen Ländern kennen.[204] Von Bedeutung war dabei, daß die meisten Ruhrpolen in den expandierenden Großzechen des nördlichen Ruhrgebiets beschäftigt waren. Da es hier keinen leistungsfähigen städtischen Wohnungsmarkt gab, lag die Zechenkolonie als bevorzugte Wohnform nahe, die wegen der relativ niedrigen Mieten und der Möglichkeit zu Gartenbau und Kleinviehhaltung für die polnischen Bergleute attraktiv war, während die Einheimischen wegen der durch die starke Bindung an die Zeche drohenden Freiheitsbeschränkung und Bevormundung durch die Unternehmer private Wohnungen bevorzugten.[205] Mit einigen Vorbehalten aufgrund der nicht ausreichend differenzierten Statistiken über das Wohnverhalten der einheimischen und der preußisch-polnischen Bevölkerung des Reviers kann man doch festhalten, daß die Konzentration der Polen auf ethnisch relativ homogen belebte Zechenkolonien die Abschließung von der deutschen Bevölkerung förderte und den Integrationsprozeß hemmte.

Diesem Trend zur Separation in den Wohnbezirken standen jedoch andere Entwicklungen entgegen. Ein großer Teil der im Sinne der Staatsangehörigkeit ausländischen Arbeiter hielt sich nur vorübergehend und oft nur während einiger Monate in Deutschland zur Arbeit auf und behielt enge Kontakte zur Heimat, was bei den auslandspolnischen Arbeitern in der Landwirtschaft und der ostdeutschen Industrie durch die Rückkehrpflicht während der Wintermonate von den Behörden sogar erzwungen wurde. Auch viele preußisch-polnische Zuwanderer verstanden ihren Aufenthalt im Westen zunächst als Zwischenstadium, um danach mit dem hier verdienten Geld in ihre Heimatgebiete zurückzukehren und dort ein besseres Leben führen zu können. Als preußische Staatsbürger besaßen sie aber den gleichen Rechtsstatus wie deutschsprachige Zuwanderer und waren an die Sonderbestimmungen für ihre Landsleute aus Rußland und Galizien nicht gebunden. Je länger sie im Ruhrgebiet blieben, desto stärker lockerte sich die Bindung an zu Hause, und der Rückkehrwunsch verblaßte allmählich – aus Wanderarbeitern wurden Einwanderer, die ihren Aufenthalt im Westen als dauerhafte Veränderung betrachteten. Damit aber richtete sich ihr Interesse ganz auf die Bewältigung und Verbesserung ihrer Situation in der neuen Umgebung – auch auf längere Sicht. Dies machte sich besonders am Arbeitsplatz bemerkbar. In der ersten Zeit nach ihrer Ankunft im Ruhrgebiet unterschied sich die Situation der Inlandspolen am Arbeitsplatz nicht von derjenigen der ausländischen Industriearbeiter: Sie verrichteten die «niederen» Arbeiten, in denen wenig Qualifikation und viel Körperkraft verlangt wurde, und erhielten von daher schlechte Löhne, was sie durch erhöhten Leistungswillen auszugleichen versuchten. Dies wiederum brachte sie in Konflikt mit den alteingesessenen deutschen Arbeitern, die die polnischen Neuankömmlinge nicht völlig zu Unrecht als Lohndrücker und gefährliche Konkurrenten ansahen – einer der Gründe, wie Christoph Kleßmann herausgearbeitet hat, «warum die Osteinwanderer als ‹Pollacken›, d.h. als sozial nicht integrierte, zivilisatorisch gering geachtete, aber gleichwohl auf einem Gebiet besondere Leistung erbringende Minderheit, zum Objekt der Vorurteilsbildung und Diskriminierungen wurden».[206]

Mit längerer Anwesenheitsdauer aber und mit der allmählichen Aufgabe des Rückkehrwunsches lehnten sich die ruhrpolnischen Bergleute stärker an die Haltung der deutschen Kollegen an, versuchten durch Anlernung in besser bezahlte Tätigkeiten unter Tage aufzurücken und gaben ihr Bemühen, in kurzer Zeit viel Geld zu verdienen, ohne sich um die mittelfristige Verbesserung ihrer Arbeitsbedingungen zu kümmern, mehr und mehr auf. Von Bedeutung war dafür auch das Gedingesystem, jene bergbauspezifische Form der Lohnfestsetzung im Gruppenakkord, durch die die Solidarität unter den Bergarbeitern stark gefördert wurde.[207] Dieses Solidaritätsgefühl unter den Bergleuten unabhängig von ihrer Nationalität aber ist ebenso als Faktor der allmählichen Integration der Ruhrpolen zu bewerten wie die relativ hohen Löhne, die im Bergbau gezahlt wurden und die ihnen einen ungleich höheren Lebensstandard ermöglichten, als dies in den Herkunftsgebieten möglich gewesen wäre, wohin sie deshalb also nichts mehr zurückziehen konnten. So war es insbesondere der Arbeitsbereich, der eine schrittweise Integration der Ruhrpolen in die Einwanderergesellschaft des Ruhrgebiets beförderte, während die Kontinuität enger landsmannschaftlicher Kontakte insbesondere in den Zechenkolonien als Ausdruck der gegenseitigen Hilfe und Stabilisierung angesichts einer fremden und durch Instabilität gekennzeichneten Umwelt verstanden werden kann. Von den wirtschaftlichen und sozialen Bedingungen her aber war eine allmähliche Assimilation der Polen an die Ruhrgebietsgesellschaft zu erwarten, zumal sie in einer Arbeiterbevölkerung, die sich zum überwiegenden Teil aus Einwanderern zusammensetzte, nur eine Minderheit unter vielen darstellten. Daß es dennoch zur Herausbildung einer sehr festen, abgeschlossenen und geradezu militant nationalpolnischen Subkultur auf breiter Basis und mit zäher Beharrungskraft kam, muß also andere Ursachen haben, die nicht unmittelbar mit den materiellen Verhältnissen, in denen die Ruhrpolen im Revier lebten, in Verbindung stehen.

3.2. Polenfeindlichkeit und Diskriminierung

Im Mai 1898 hielt ein Baron von Plattenberg auf der Jahresversammlung des «Ostmarkenvereins» eine Rede, in der er in scharfer Form auf die neuen Gefahren der Zurückdrängung des Deutschtums durch Polen hinwies – dabei ging er aber nicht, wie zu jener Zeit häufig und üblich, auf die Wanderarbeiterfrage in Ostelbien ein, sondern bezog sich auf das Ruhrgebiet: «Wenn jemand vor einigen Jahren auf diesem altgermanischen Gebiet von der polnischen Frage gesprochen hätte, hätte man ihn als einen Spaßvogel oder als verrückt betrachtet. Jetzt besteht dort eine polnische Frage – nicht minder als 100 000 Polen sind heute im rheinischwestfälischen Industriebezirk ansässig. Ihr ganzes Verhalten macht den Eindruck einer weniger gebildeten Rasse. Trotzdem werden erstaunlich schnell polnische Organisationen gegründet, als ob die Abkömmlinge ihre Agitatoren und Organisatoren mitgebracht oder als ob dieselben sie hierher geführt hätten. Die polnisch-katholischen Vereine, die in vielen Ortschaften des Kohlenbezirks entstanden sind, haben eine Mitgliedszahl, die, im Vergleich mit der übrigen Bevölkerung, als bedeutend angesehen werden muß ... Sie wollen also keine polnischen Preußen sein, sondern ihre polnische Nationalität pflegen.»[208] Der «Ostmarkenverein» vertrat seit den 90er Jahren eine aggressive antipolnische Politik in den polnischen Ostprovinzen, hatte auf «Umsiedlung» und «Ausweisung» gedrängt und war das Sammelbecken derjenigen, die auch gegenüber den polnischen Saisonarbeitern in der preußischen Landwirtschaft einen radikal nationalistischen Kurs verfochten.[209]

Seit Ende der 90er Jahre war die «polnische Frage» von den nach den Anfangsbuchstaben ihrer Gründer «Hakatisten» genannten Ostmark-Propagandisten nun auch im Ruhrgebiet als brennende Gefahr entdeckt worden; 1898 wurde in Dortmund eine Zweigstelle des Vereins gegründet. Der direkte politische Einfluß des «Hakatismus» im Ruhrgebiet darf sicherlich nicht überschätzt werden – der indirekte Einfluß vor allem über Teile der Presse und durch Sympathisanten im Behörden- und Polizeiapparat hingegen war beträchtlich. Von dieser Seite setzte nun etwa seit Ende der 90er Jahre eine scharfe Propaganda gegen die Ruhrpolen ein. Politisch war das

Revier dabei aber eher ein Nebenkriegsschauplatz, der gewissermaßen als Beweis für die allgegenwärtige Polengefahr herhalten mußte, um die Verschärfung des antipolnischen Kurses der Regierung in den preußischen Ostprovinzen zu erreichen.

Vor allem das Festhalten der polnischen Neueinwanderer an ihren alten Geselligkeitsformen auch in der neuen Umgebung war den Hakatisten ein Dorn im Auge. «Scharfe Überwachung der Agitation und Vereinsthätigkeit, Fernhaltung nationalpolnischer Geistlicher, Beschränkung des Gebrauchs der polnischen Sprache in öffentlichen Versammlungen, ausschließlich deutsche Schulbildung, das werden die Mittel sein, mit denen das Polenthum im Westen der Monarchie dem Einflusse der deutschfeindlichen Agitation entzogen und der Germanisierung zugeführt wird»[210] – so hatte der den Hakatisten nahestehende Oberpräsident von Westfalen, von Studt, in einer Denkschrift die Ziele seiner Politik gegenüber den Polen 1896 umschrieben. Die praktischen Schritte dorthin folgten nach und nach: 1899 wurde durch die Bergpolizeiverordnung die Beherrschung der deutschen Sprache zur Voraussetzung der Arbeitsaufnahme in den Kohlezechen erklärt, bei öffentlichen Veranstaltungen durften polnische Vereine nur die deutsche Sprache benutzen, polnische Schulen oder Schulklassen waren strikt verboten, der Wunsch der Ruhrpolen nach polnischen Geistlichen wurde abgeschlagen, 1909 wurde beim Polizeipräsidenten in Bochum die «Zentralstelle für Überwachung der Polenbewegung im Rheinisch-Westfälischen Industriegebiet» eröffnet, die von nun an die Ruhrpolen systematisch überwachte[211] – alles, um die Herausbildung oder Stärkung des polnischen Nationalgefühls unter den Ruhrpolen zu verhindern und statt dessen ihre «Germanisierung» zu beschleunigen, wie von Studt 1898 deutlich machte: «An dem Polen selbst wird damit ein gutes Werk vollzogen, denn es tritt an die Stelle eines minderwertigen, stark zu Excessen geneigten, namentlich auch in dem weiblichen Theile mit bedenklichen Eigenschaften ausgestatteten Elementes ein solches, dem die wirtschaftliche und sittliche Überlegenheit des Deutschtums in vollem Umfange zugute kommen kann.»[212] Diese antipolnische Politik und Propaganda bei Teilen der Behörden und der Presse wäre aber an sich noch wenig wirkungsvoll gewesen, wäre sie nicht gefördert und ergänzt worden von Abwehr und Vorbehalten auch bei der einheimischen Bevölkerung des Reviers gegen die polnischen Zuwanderer, wie Kleßmann hervorhebt: «Soziale Diskriminierung traf die Ruhrpolen vor allem als Konsequenz der Vorurteile der Bevölkerung. Das Schlagwort ‹Pollacken› wurde zum Inbegriff verschiedenster Negativvorstellungen und entwickelte bis heute eine außerordentlich zähe Tradition. Die ‹Zugelaufenen›, das ‹Gesocks›, ‹die aus dem Osten›, das ‹fremde Pack› – das waren einige der Schimpfworte aus dem Arsenal antipolnischer Stereotype, wie sie die Erinnerung älterer Bewohner der nordwestfälischen Gemeinde Datteln noch in den 50er Jahren nach einer empirischen Untersuchung festhielt.»

Politischer Druck und soziale Diskriminierung führten nun bei den Ruhrpolen aber nachgerade zum Gegenteil dessen, was dadurch von seiten der Behörden intendiert war. War in den ersten Jahren der Polenzuwanderung die Fortführung der landsmannschaftlichen Kontakte eher als Reaktion auf die Fremdheit der neuen Umgebung zu verstehen gewesen, die sich durch die fortschreitende Integration in die Arbeits- und Lebenswelt des Ruhrgebietes mit der Zeit verlor, aktualisierte die forcierte Polenfeindlichkeit bei Teilen von Behörden, Presse und Bevölkerung diese nationale Abkapselung der Polen von den Deutschen und ließ aus diesem Rückzug in die landsmannschaftlichen Bindungen jene weitgefächerte polnische Subkultur entstehen, von der eingangs die Rede war. Heinrich Braun (damals Pfarrer in Borbeck bei Essen und später langjähriger Sozialminister der Weimarer Republik für das Zentrum) faßte diesen Zusammenhang 1909 treffend zusammen: «Die nationalpolnische Bewegung im Westen Deutschlands ist nichts weiter als eine Reaktion gegen den Hakatismus im Osten. Dem, der die Entwicklung selbst miterlebt hat, ist das über allen Zweifel erhaben.»[213]

3.3. Das polnische Sozialmilieu

Die ersten polnischen Organisationen im Ruhrgebiet Anfang der 80er Jahre hatten diesen spezifischen Charakter nationalpolnischer Subkultur durchaus nicht gehabt, es waren eher religiös-gesellige Organisationen, die an das im Ruhrgebiet unter der Arbeiterschaft stark verbreitete Vereinswesen anknüpften, das in einer dynamischen und einschüchternden Umwelt den Einwanderern Zusammenhalt und persönliche Sicherheit geben sollte. Viele polnische Vereine behielten diesen Charakter auch bis in die Nachkriegszeit bei, wurden aber von den Überwachungsbehörden als Agitationszentren nationalpolnischer Bestrebungen ausgemacht und so immer stärker in eine defensive Haltung gedrängt. Je stärker der behördliche Druck, desto stärker der Rückzug der Polen ins eigene Milieu, desto aggressiver aber auch ihr gegen alle tatsächlichen und vermeintlichen «Germanisierungsbestrebungen» gerichteter nationalistischer Kurs.

Das läßt sich an einigen Beispielen aus dem Vereinswesen, der Presse und der Gewerkschaftsbewegung genauer betrachten.

1912 bestanden im Ruhrgebiet 875 polnische Vereine mit insgesamt 81 532 Mitgliedern – die meisten Polen waren dabei in den kirchlichen Arbeitervereinen und den Rosenkranz-Bruderschaften organisiert. Besonders beargwöhnt aber wurden die polnischen Turnvereine, die «Sokols»; mit etwa 7 000 Mitgliedern waren sie zwar bei weitem kleiner als die kirchlichen Verbände, aber für die Behörden der Inbegriff nationalpolnischer Bestrebungen – «das höchste, was polnische Demonstranten dem preußischen Staate an Unverfrorenheit zu bieten wagen», wie es in einer Publikation des

Alldeutschen Verbandes hieß. «Läßt man die Polen gewähren, so wird ein bis zur Unerträglichkeit gesteigerter Größenwahn dieser Zuzügler die Folge sein. Sie sehen in der Duldung ihres Treibens lediglich ein Zeichen der Schwäche der Deutschen, denen sie ungestraft Trotz bieten können. Der Pole muß die feste Hand spüren, sonst wird er übermütig.»[214]

Zwar waren die Turnfeste der Sokols tatsächlich wohl eher harmlose Veranstaltungen – in der Berichterstattung der Überwachungsbehörden wurden daraus aber «militärische Übungen»; und aus den Vereinsfeiern wurden so nationalpolnische Schulungsabende – mit dem Ergebnis, daß die Sokol-Feste verboten wurden. Ins nahe Holland abgedrängt, wurden nun aus den Turnertreffen tatsächlich nationale Manifestationen, in denen erbittert und polemisch gegen die preußische Unterdrückungspolitik zu Felde gezogen wurde.[215]

Die polnische Presse, vor allem den um 1890 entstandenen *Wiarus Polski*, kann man als Kern und Organisationszentrum der nationalpolnischen Bestrebungen im Ruhrgebiet bezeichnen. Aber auch diese auflagenstärkste ruhrpolnische Zeitung war ursprünglich vom katholischen Klerus mit dem Ziel gegründet worden, «die 25 000 bis 30 000 Polen vor der Pest des Sozialismus zu bewahren».[216] Tatsächlich brachte die Zeitung zunächst vor allem religiöse Artikel sowie praktische Lebenshilfen für die Neueinwanderer, ohne dabei nationalpolnische oder antideutsche Positionen auffällig hervorzuheben. Aber schon nach wenigen Jahren entwickelte sich hier gegen die antipolnische Politik der deutschen Behörden eine radikale nationalistische Linie, die überall Germanisierung und «Hakatismus» witterte.

Die polnische Gewerkschaft ZZP[217] schließlich war 1902 gegründet worden und nach dem Bergarbeiterstreik 1905 hinter dem sozialdemokratischen «Alten Verband» und dem «Christlichen Gewerkverein» die drittstärkste Bergarbeitergewerkschaft im Revier. Zwei Aspekte kennzeichnen die Hintergründe der Entstehung einer eigenen gewerkschaftlichen Vertretung der Polen: die z.T. stiefmütterliche Behandlung der Polen in den deutschen Gewerkschaften – obwohl es hier durchaus auch andere Bestrebungen gab – und die Notwendigkeit eines organisatorischen Auffangbeckens für die polnischen Neueinwanderer – hier leistete das ZZP unverzichtbare Arbeit und zählte bald 20 000 Mitglieder. In der gewerkschaftlichen Praxis, so etwa bei Streiks, arbeitete das ZZP durchaus mit den deutschen Gewerkschaften zusammen, anfangs nur mit den christlichen, dann mehr und mehr mit den sozialdemokratischen. In programmatischen, vor allem in nationalen Fragen aber blieb die polnische Gewerkschaft in scharfem Gegensatz zu den anderen Verbänden, verharrte in bissiger antideutscher Polemik und sah überall, selbst bei den deutschen Sozialisten, «Hakatismus».[218]

Die Übertragung des antipolnischen Nationalitätenkampfes aus den Ostprovinzen ins Ruhrgebiet schuf aus den vielen verstreuten und zusammenhanglos operierenden Gruppen der Ruhrpolen erst eine selbstbewußte Minderheit, indem sie die Gruppenloyalität stärkte und die Entstehung einer nationalen Subkultur beförderte, in die die Polen sich angesichts der politischen und sozialen Diskriminierung zurückzogen. Ein Überwachungsbericht von 1912 beschrieb diesen Prozeß zusammenfassend so: «Hier ist das Polentum in der Hauptsache auf die Defensive bedacht, trachtet es danach, die unausbleiblichen Einflüsse der deutschen Umgebung, der gesamten Lebensverhältnisse zu paralysieren, die unter dem Gewicht der Übermacht des Deutschtums unausbleibliche Abwendung zahlreicher Volksgenossen von den nationalpolnischen Bestrebungen und Ideen hintan zu halten. Und als erfolgverheißendes Mittel hierzu erscheint dem westdeutschen Polentum die Absonderung ... Sie tritt in Erscheinung in der enormen Zahl der polnischen Vereine, die den gesamten Industriebezirk wie ein engmaschiges Netz umfassen, in sämtliche Gebiete des politischen, wirtschaftlichen, geselligen Lebens eindringen und sogar das Familienleben beeinflussen.»[219]

Dieser Rückzug der Polen in die Defensive des Sozialmilieus und die scharfen politischen Auseinandersetzungen zwischen Hakatisten und ruhrpolnischen Organisationen begründeten sich zusammengefaßt also nicht in der wirtschaftlichen und sozialen Sondersituation fremdsprachiger Einwanderer im Ruhrgebiet, sondern waren aus politischen Motiven gewissermaßen von außen initiiert worden. Die Schärfe der antipolnischen Propaganda rührte dabei zu einem Teil aus der Übertragung der ideologisch hoch aufgeladenen Debatte um die «Polonisierung des Ostens» auf die Situation im Revier her, zum anderen war sie paradoxerweise Ausdruck der rechtlichen Gleichstellung der Inlands-Polen als preußische Staatsbürger. Denn wegen dieses Status' besaßen die Behörden ihnen gegenüber keine Handhabe, um unerwünschtes Verhalten zu sanktionieren. Weder konnten sie die Bildung von Organisationen, die Teilnahme an Streiks oder auch nur das Aufbegehren gegen schlechte Arbeits- und Lebensbedingungen durch die Drohung mit der Ausweisung verhindern, noch war es möglich, durch Rückwanderungszwang den Tendenzen zur Seßhaftigkeit entgegenzuwirken oder durch Legitimationszwang die Bewegungs- und Kontraktfreiheit der ruhrpolnischen Arbeiter so einzuschränken, wie dies gegenüber Ausländern und vor allem den Auslandspolen gegeben war. Der «nationalpolitische» Kampf gegen die «Polonisierung» mußte also viel stärker mit politischen als mit rechtlichen Mitteln geführt werden. Zum anderen wurde an diesen Auseinandersetzungen aber auch deutlich, daß die nationalistischen Positionen in der deutschen Rechten zumindest während der Vorkriegszeit nicht einheitlich waren und aller chauvinistischen Phraseologie zum Trotz auch noch kein entwickeltes rassistisches Konzept besaßen. Denn die Zielsetzung der Hakatisten gegenüber den Ruhrpolen war deren «Germanisierung», und gerade die Behauptung der nationalpolnischen Traditionen empfand die deutsche Rechte als Herausforderung. Von einer «Gefährdung der deutschen Volkskraft» durch das Eindringen «rassisch niederer, slavischer Elemente» hingegen war zu dieser Zeit noch nicht oder nur bei wenigen die Rede. Was von den Inlandspolen verlangt wurde, war eine Art nationaler Konversion, eine erzwungene Assimilation, die aber den Widerstand der Betroffenen gegen die erzwungene Aufgabe ihrer nationalen Identität erst herausforderte.

Zwanzig Jahre später hingegen wurde diese forcierte Integration der Ruhrpolen in die deutsche Gesellschaft von den Nationalsozialisten als Belastung der «rassischen Substanz» der Deutschen bewertet. So schrieb der Essener Sozialwissenschaftler Franke 1940 über den Einfluß der polnischen Volksgruppe auf die Bevölkerung des Ruhrgebiets: «Die wirklichen Charaktergrundlagen wie persönliche Unselbständigkeit, schwankendes Wesen, eine oft unnatürliche Lebhaftigkeit und eine besondere Reizbarkeit des Empfindens», die besonders «durch das ‹Massengefühl› in unangenehmster Weise zum Vorschein» kämen, hätten bei den Polen im Revier «ein anmaßendes und unverschämtes Auftreten» zur Folge und seien «ein Hemmblock für das öffentliche Leben, für die Kultur und die Moral im Revier» und die «Keimzelle für einen merklichen sittlichen Niedergang». Die Polen seien zudem mehrheitlich kriminell und am «Einschleppen und der Ausbreitung der hauptsächlichsten Infektionskrankheiten im Revier maßgeblich beteiligt». «Als Auswirkungen des lockeren sittlichen Lebens und der hohen Kriminalität» lägen «die polnischen Anteilsziffern an der Prostitution, an den schwachsinnigen Kindern und an den Hilfsschülern weit über ihrem normalen Anteil an der Gesamtbevölkerung». Außerdem verhindere die «sprichwörtliche Unsauberkeit der ersten Polen (‹Dreckige Polacken›) ... bei den zahlreichen Epidemien eine rechtzeitige Eindämmung der Seuchenherde», und überhaupt verdürben die Polen die Hochsprache im Revier, weil «der polnische Nachwuchs, besonders sein asozialer Teil», durch «rotwelsche und jiddische Ausdrücke» eine «farblose Mischmundart» geschaffen habe, die «Grundlage für die unzähligen ‹Katzmarek- und Stachuwitze›, in denen die deutschen Bergleute den Polen ebenso witzig wie treffend charakterisiert haben».[220] Eine solche Haltung war bei der antipolnischen Propaganda der Hakatisten weder bereits ganz ausgebildet noch deren unabänderliche Konsequenz. Sie war aber darin angelegt, weil der deutsche Antipolonismus soziale Diskriminierung mit nationalen Vorurteilen kombinierte und die Andersartigkeit der Polen im Ruhrgebiet, die kein Deutsch verstanden, sich in der städtischen Umgebung oft schwer zurechtfanden, auf niedrigem Bildungsniveau standen und ihren aus der bäuerlich geprägten Heimat mitgebrachten Traditionen anhingen, als Beweis nationaler – und dann: «rassischer» – Minderwertigkeit hernahm.

Die Flucht der Ruhrpolen vor den gegen sie gerichteten Diskriminierungen und propagandistischen Kampagnen in die Subkultur des Milieus konnte aber ihre allmähliche Integration in die Gesellschaft des Ruhrgebietes nur verlangsamen, nicht aufhalten. In den 20er Jahren kehrte ein Teil der Ruhrpolen in die Heimat zurück, andere wanderten im Gefolge der Bergbaukrise nach Frankreich weiter. Ende der 20er Jahre war die Zahl der

3. Die «Ruhrpolen»

Ruhrpolen auf ein Drittel des Vorkriegsstandes gesunken und einem verstärkten Assimilationsdruck ausgesetzt, der die polnischen Interessenorganisationen schnell bis zur Bedeutungslosigkeit schrumpfen ließ.[221] Die nationale Subkultur der Vorkriegszeit aber erwies sich nun nicht nur als Element der Absonderung, sondern als wichtiger Faktor in einem längerfristigen Integrationsprozeß der Ruhrpolen, wie Kleßmann resümierend hervorhebt: «Die paradoxe Funktion ihres Nationalismus ging – trotz aller vehementen Abgrenzungsbeschwörungen – keineswegs in der nationalen Separation auf, sondern war auch ein Stück Gewöhnung an eine vielfach feindlich eingestellte Umwelt. Erst nach der Einwanderung und Seßhaftwerdung wurde der ehemals unterwürfige und unpolitische Landarbeiter durch Diskriminierung und durch Einbeziehung in das ruhrpolnische Gemeinwesen (‹spoleczenstwo›) zum nationalbewußten Polen, der um seine Rechte kämpfte und seine soziale Stellung und Achtung verbessern sollte. Eine solche politische und soziale Bewußtseinsbildung brachte es zugleich mit sich, daß sich die Bindungen an die industrielle Umwelt im Westen Deutschlands verstärkten.»[222]

Die Gesamtinterpretation der Geschichte der Ruhrpolen hat in der letzten Zeit an manchen Stellen einen deutlich positiveren Zug erhalten, als dies noch vor einigen Jahren der Fall war. Die Aspekte der Unterdrückung und Diskriminierung, der Fremdenangst und Ablehnung sind in den Hintergrund getreten, und die «produktiven Ansätze einer multikulturellen Koexistenz und Symbiose» (Kleßmann) werden betont, am stärksten von Murphy, der die Geschichte der Ruhrpolen als gelungenen Versuch beschreibt, «eine deutsche Fassung der pluralistischen Gesellschaft zu schaffen», als «Erfolgsgeschichte von amerikanischen Ausmaßen».[223] Diese Interpretation hat ihre Berechtigung, wenn das Augenmerk auf der allmählichen Assimilation der zahlenmäßig stark verminderten Ruhrpolen seit Ende der 20er Jahre liegt und wenn – gegen eine Verengung der Geschichte der Polen im Revier auf eine Leidensgeschichte mit nationalen und religiösen Anachronismen – deren Leistungen und Selbstbewußtsein hervorgehoben werden sollen. Einer solchen Auffassung ist jedoch zum einen entgegenzuhalten, daß die Ruhrpolen eben preußische Staatsbürger waren. Im Vergleich mit der Lage der ausländisch-polnischen Arbeiter werden die ungleich günstigeren rechtlichen und auch politischen Voraussetzungen der ruhrpolnischen Minderheit deutlich, die sich durch eigene Organisationen gegenüber Anfeindungen zur Wehr setzen konnte und aufgrund ihres Inländerstatus' auch sozial in einer besseren Lage war. Auf der anderen Seite kann man die Diskriminierung der Ruhrpolen nicht trennen von der antipolnischen Haltung bei den Behörden und in Teilen der Bevölkerung, wie sie sich in der Behandlung der Auslandspolen niederschlug. Hier war bis in die 20er Jahre hinein ein Erfahrungsfeld für Behörden und Bevölkerung entstanden, das nationale Vorurteile und chauvinistischen Dünkel, politische Unterdrückung und soziale Diskriminierung der Polen nicht nur als

Propagandaformel, sondern als erlebte Praxis in sehr verschiedenen Lebenszusammenhängen bereithielt – welchen staatsbürgerlichen Status die einzelnen Polen auch immer besaßen.

Man wird also beide Aspekte berücksichtigen müssen: Ansätze zu einem gemischt-kulturellen Zusammenleben in der Einwanderergesellschaft des Ruhrgebiets, das für eine Übergangszeit Züge von einem fruchtbaren Nebeneinander zweier Nationalkulturen trug, dann aber an Bedeutung verlor, weil die allmähliche Integration der polnischen Minderheit in die deutsche Ruhrgebietsgesellschaft die Unterschiede verblassen ließ; daneben aber auch das Fortbestehen antipolnischer Ressentiments, die vor allem in den seit Mitte der 20er Jahre an Bedeutung zunehmenden rechtsradikalen Gruppen und Parteien Anhänger fanden und an lange Traditionen der Unterdrückung und Diskriminierung gerade von Polen in Deutschland anknüpften.

II.

ARBEITSMARKT UND ZWANGSARBEIT: 1914 BIS 1939

I.

Vom Saisonarbeiter zum Zwangsarbeiter: 1914 bis 1918

Wenige Tage nach dem Beginn des Ersten Weltkrieges wies das Preußische Kriegsministerium die Stellvertretenden Generalkommandos an, die auf dem Gebiet des Deutschen Reiches befindlichen Landarbeiter aus dem feindlichen Ausland – das betraf in erster Linie russisch-polnische Saisonarbeiter – an einer Rückkehr in ihre Heimatländer zu hindern und sie «soweit irgend möglich zur Einbringung der Ernte und zu anderen dringenden Arbeiten» heranzuziehen.[1]

Mit der Durchsetzung dieses Befehls und seiner Ausweitung auch auf die in der Industrie beschäftigten «feindlichen Ausländer»[2] im Oktober 1914 trat ein qualitativ neues Element in die Ausländerpolitik des Deutschen Reiches ein: Mehr als 300 000 russisch-polnische Arbeiter waren nunmehr gezwungen, auch gegen ihren Willen an ihren Arbeitsstellen in Deutschland zu verbleiben. Damit, schreibt der Kölner Historiker Friedrich Zunkel, gaben die deutschen Regierungsbehörden «eindeutig den wirtschaftlichen und militärischen Kriegsnotwendigkeiten den Vorrang vor den Rechten und Freiheiten der ausländischen Arbeiter, entschieden sie sich für eine autoritäre Behandlung und Lösung des Landarbeiterproblems».[3] Die marxistische Forschung hingegen sah in dieser Entscheidung für die Zwangsarbeit nur einen graduellen Wandel: «Diese Entscheidung war lange vor dem Kriege getroffen worden; es mußten jedoch in der Vorkriegszeit noch gewisse Grenzen hinsichtlich der Verschärfung der sowieso schon maßlosen und schamlosen Ausbeutung und Unterdrückung der Ausländer eingehalten werden, weil der Import ausländischer Arbeitskräfte noch nicht mittels außerökonomischem Zwang erfolgen konnte.»[4] Die Bestimmungen über die Karenzzeit und die Inlandslegitimierung hätten schon seit Ende des 19. Jahrhunderts «Zwangsarbeit» für die Betroffenen zur Folge gehabt, die behördlichen Anordnungen im August und Oktober 1914 lediglich einen Formenwandel vom «ökonomischen» zum «außerökonomischen Zwang» bedeutet.[5]

Will man aber den Begriff «Zwangsarbeit» nicht so weit ausdehnen und entwerten, daß jede Form der Arbeitsaufnahme aus sozialer Not als Zwangsarbeit im Sinne des Zwanges zur Reproduktion bezeichnet werden kann, so ist die juristische und soziale Lage der ausländischen Arbeiter in Deutschland vor 1914 damit nicht richtig gekennzeichnet. Denn unabhängig davon, daß in den Jahrzehnten der Vorkriegszeit auch die Löhne der Ausländer stiegen, daß es vielen Polen auch nach Einführung des Legitimationszwanges auf verschiedene Weise möglich war, den Arbeitgeber zu wechseln – den Arbeitern blieb die Möglichkeit, die Arbeitsstelle zu verlassen und in ihre Heimat zurückzukehren; ja, die Drohung mit der zwangsweisen Rückbeförderung war gerade das entscheidende Druck- und Disziplinierungsmittel gegenüber den Ausländern.

Ein weiterer Aspekt kommt hinzu: Die rechtlichen Einschränkungen, die Arbeits- und Lebensbedingungen und die Behandlung vor allem der polnischen Saisonarbeiter in der Landwirtschaft – der ausländischen Industriearbeiter in geringerem Maße – waren über mehr als 20 Jahre hinweg Gegenstand der öffentlichen Erörterung im Deutschen Reich gewesen; ein öffentlicher Skandal, der von Sozialdemokratie, Gewerkschaften, Kirchen, polnischen und freisinnigen Abgeordneten, der liberalen Presse bis hinein in den Regierungsapparat heftig angeprangert worden und darüber hinaus auch im Ausland auf erhebliche Aufmerksamkeit gestoßen war. Diese Reaktion einer kritischen Öffentlichkeit hat die Lage der ausländischen Arbeiter möglicherweise nicht verbessert, sie stellte aber ein gewisses Gegengewicht zu der Tendenz dar, ihre Arbeits- und Lebensbedingungen weiter zu verschlechtern.

Auf der anderen Seite ist auch Zunkels Resümee, die deutschen Behörden hätten sich im August 1914 «für eine autoritäre Behandlung und Lösung des Landarbeiterproblems» entschieden, problematisch – schon angesichts der sonderrechtlichen Bestimmungen und Behandlungsvorschriften gegenüber den polnischen Arbeitern vor dem Kriege, die man schwerlich als «nicht autoritär» bezeichnen kann. Bei der Frage, in welcher Weise und ab wann bei der Ausländerbeschäftigung während des Krieges von «Zwangsarbeit» zu sprechen ist, wird ja nicht ein Begriffswandel untersucht; es geht vielmehr darum, in welchen Schritten und mit welchen Begründungen, für welche Interessen und mit welchen Auswirkungen die deutschen Regierungsstellen und Behörden einige hunderttausend Ausländer dazu gezwungen haben, gegen ihren Willen in Deutschland zu bleiben und hier zu arbeiten.

Die Zwangsarbeit ausländischer Arbeiter während des Ersten Weltkrieges ist aber nicht allein für sich von Bedeutung – die Fragen nach Anknüpfungspunkten und Kontinuitätselementen zur Ausländerpolitik der Vorkriegszeit berühren vielmehr auch die Prädispositionen, die im Verhältnis der Verantwortlichen, aber auch der deutschen Gesellschaft insgesamt zu den Ausländern angelegt waren. Dies gilt auch in die andere Richtung: Die Erfahrungen, die während des Ersten Weltkrieges mit Ausländerbeschäftigung und Zwangsarbeit gemacht wurden, bildeten die Erfahrungsgrundlage für den nationalsozialistischen Ausländereinsatz im Zweiten Weltkrieg; damit aber eröffnet sich eine andere Perspektive, die die Ausländerpolitik während der Jahre 1914 bis 1918 im Hinblick auf hier entwickelte Vorbilder für das System der nationalsozialistischen Zwangsarbeiterbeschäftigung in ein kritisches Licht stellt.

1.1. Der Arbeitseinsatz von Kriegsgefangenen

Dem kriegführenden Deutschen Reich fielen zwischen 1914 und 1918 etwa 2,5 Mio. Kriegsgefangene in die Hände – angesichts des außerordentlichen Arbeitskräftemangels ein großes Reservoir von Arbeitskräften, wenngleich deren Beschäftigungsmöglichkeiten durch die Haager Konvention auf solche Bereiche eingeschränkt waren, die in keinem direkten Zusammenhang etwa zur Kriegsrüstung standen.[6] Gleichwohl war an die Verwendung von Kriegsgefangenen als Arbeitskräfte in der Privatindustrie vor Kriegsbeginn nicht gedacht worden; zum einen erwartete die deutsche Führung ja eher einen kurzen Feldzug als einen langen Krieg, der die aufwendige Organisation eines umfassenden Arbeitseinsatzes der Gefangenen nötig gemacht hätte. Zum anderen galt es, die zu erwartenden Auswirkungen der wirtschaftlichen Anpassungskrise in der Industrie bei Kriegsbeginn aufzufangen, die in der Tat die seit 1913 aufgetretenen rezessiven Tendenzen verstärkte und in den ersten Kriegsmonaten zu Produktionsrückgängen und Arbeitslosigkeit in einigen Industriebranchen führte, während in der Landwirtschaft wegen der Einziehungen zum Militär und gleichbleibender Nachfrage schon kurz nach Kriegsbeginn Arbeitskräftemangel herrschte.[7]

Die ersten Maßnahmen der Behörden zum Arbeitseinsatz der Kriegsgefangenen hatten daher auch primär keine wirtschaftlichen Motive: Die Zahl der gemachten Gefangenen war so groß, daß die Gefangenenlager bald völlig überfüllt waren und die deutschen Behörden vor erheblichen Problemen bei der Unterbringung, Verpflegung und Bewachung der Gefangenen standen. Nach einigen Versuchen, vor allem der Einrichtung von Fachwerkstätten in den Lagern, wurde seit Dezember 1914 damit begonnen, Gefangene bei privaten Unternehmern zu beschäftigen, die dann für Unterkunft und Verpflegung zu sorgen hatten.

In den Monaten nach dem für die deutsche Führung in dieser Schärfe unerwarteten militärischen Rückschlag bei der Marne-Schlacht Anfang September und der dadurch sichtbaren militärischen und wirtschaftlichen Ausweitung des Krieges aber stellte sich die Arbeiterfrage neu.[8] In der Folgezeit wurde die Beschäftigung von Kriegsgefangenen für immer weitere Bereiche zugelassen bzw. angeordnet: Seit etwa April 1915 wurden Gefangene verstärkt in Bergbau und Hüttenwesen, einige Monate später auch bei Erntearbeiten in der Landwirtschaft eingesetzt; seit Herbst 1915 begannen die Gefangenenzuweisungen in die Metall- und Schwerindustrie. Hinzu kam der Einsatz bei umfangreichen Kultivierungs- und Ödlandarbeiten.[9] Dabei wurden in der Industrie vorwiegend französische, belgische und italienische Gefangene eingesetzt, während Russen und Serben vor allem in der Landwirtschaft beschäftigt waren.

Tab. 7: Kriegsgefangene in deutschem Gewahrsam, 1914–1918[10]

Franzosen	535 411
Belgier	46 019
Engländer	185 329
Russen	1 434 529
Rumänen	147 986
Italiener	133 287
Serben	28 746
Sonstige	9 676
insgesamt	2 520 983

Von den 1 625 000 im August 1916 in deutschem Gewahrsam befindlichen Gefangenen waren eingesetzt:

in der Landwirtschaft	735 000	45 %
in der Industrie	331 000	20 %
bei gemeinnützigen Arbeiten	39 000	2 %
in den Etappengebieten	253 000	16 %
im Lagerdienst	91 000	6 %
Insgesamt beschäftigt	1 449 000	
nicht eingesetzt	176 000	11 %
Gesamtzahl	1 625 000	

Insbesondere im Bergbau war die Zahl der beschäftigten Kriegsgefangenen hoch, sie lag im Dezember 1916 bei 54 387, 14 % der Gesamtbelegschaften.[11] Bei den einzelnen Zechen war der Ausländeranteil oft noch höher; bei Prosper in Bottrop lag er 1918 bei 27 %; bei Auguste-Viktoria in Hüls bei 25 %, bei Westphalia in Dortmund bei 28 %.[12]

Unter den Gefangenen war die schwere Arbeit im Bergbau gefürchtet. «Es muß zugegeben werden», hieß es nach dem Kriege selbst in einer eher schönfärberischen Darstellung des Kriegsgefangenenwesens, «daß die schwere Arbeit in den Bergminen mit Recht bei den Gefangenen den größten Unwillen und herbe Bitterkeit erregte». Gleichwohl sei dies unvermeidlich gewesen, «wollte das deutsche Volk und mit ihm die Gefangenen selber im Winter nicht hungern und frieren».[13] Die volkswirtschaftliche Bedeutung des Kriegsgefangeneneinsatzes war außerordentlich. «Die systematische Verwendung der Arbeitskraft der Kriegsgefangenen im Verlaufe der Kriegsjahre war eine Lebensfrage für das deutsche Volk», hieß es dazu schon in einer frühen Darstellung vom November 1919.[14] Und der Völkerrechts-Untersuchungsausschuß des Reichstages urteilte nach dem Kriege: «Man konnte sich einen größeren Betrieb, sei es Landwirtschaft oder Industrie, ohne die Hilfe der Kriegsgefangenen schließlich nicht mehr denken ... Es wird wohl erst der späteren Zeit vorbehalten bleiben, voll die Arbeitsleistung zu würdigen, die durch die Ausnutzung der Kriegsgefangenenarbeit erreicht worden ist, und anzuerkennen, wie wesentlich ihre Arbeit dazu beigetragen hat, die Kriegswirtschaft aufrechtzuerhalten, trotz der Nachteile, die der Kriegsgefangenenarbeit doch immer anhängen, z.B. Unlust infolge der langen Kriegsdauer, körperliche Ungeeignetheit, Verpflegungsschwierigkeiten usw.»[15]

Drei Probleme waren es vor allem, die die massenhafte Beschäftigung von Gefangenen aufwarf – das größte war die Frage der Bewachung. Denn in dem Maße, in dem der Einsatz über die Beschäftigung von großen Kolonnen z.B. bei Erntearbeiten hinausging – anfänglich mit 15 % Bewachungspersonal! –, war eine dauernde Kontrolle der einzeln oder in kleinen Gruppen über die gewerblichen und landwirtschaftlichen Betriebe im Reich verstreuten Gefangenen kaum möglich, so daß die Fluchtzahlen relativ hoch lagen.[16] Das zweite Problem lag in der verhältnismäßig niedrigen Arbeitsleistung der kriegsgefangenen Arbeitskräfte, die z.T. auf «Unlust», für den Feind zu arbeiten, zurückzuführen war; mehr noch aber auf den Umstand, daß es bis Kriegsende nicht gelang, die Leistungsentlohnung, also Akkordarbeit, überall durchzusetzen, so daß für die Gefangenen auch wenig Anreiz bestand, durch erhöhte Leistungen den eigenen Verdienst zu steigern, zumal ihnen durchschnittlich nur etwa 25 % des verdienten Bruttolohnes ausgezahlt wurde – zumeist in «Schecks», also als Sondergeld, das nur im Lager Gültigkeit hatte.[17] Schließlich war drittens den deutschen Militärbehörden unklar, mit welchen Mitteln sie «Widerspenstigkeiten» und «Disziplinlosigkeit» ahnden konnten, um die Arbeitsleistung zu erhöhen. Zwar ist es in einer nicht geringen Zahl von Fällen zu Mißhandlungen der Gefangenen durch das Wachpersonal gekommen, aber die offenbar recht gut funktionierende Kontrolle durch das Internationale Rote Kreuz und die Vertretungskonsulate der Feindmächte sorgte dafür, daß sich solche Vorkommnisse in relativ engem Rahmen hielten und sich von den Verhältnissen in den Kriegsgefangenenlagern der anderen kriegführenden Mächte jedenfalls nicht auffällig unterschieden.

Dies gilt in eingeschränkter Weise auch für die Verpflegung der Gefangenen, die sich in der zweiten Hälfte des Krieges aufgrund der insgesamt problematischen Versorgungslage in Deutschland zwar deutlich verschlechterte, bei den Arbeitskommandos, und hier vor allem in der Landwirtschaft, aber deutlich besser war als in den Stammlagern, wo die Lebensmittelversorgung über Monate hinweg ganz unzureichend blieb. Insgesamt war die Beschäftigung von mehr als einer Million Kriegsgefangener in der deutschen Landwirtschaft und Industrie, z.T. und mit steigender Tendenz an qualifizierten Arbeitsplätzen, für das kriegführende Deutsche Reich ein erheblicher und an Bedeutung während des Kriegs zunehmender wirtschaftlicher Aktivposten. Die Beschäftigung von Gefangenen war aus den genannten Gründen zwar nicht problemlos, dennoch standen hier Aufwand und Ertrag aus deutscher Sicht in einem sehr positiven Verhältnis.

1.2. Vom Rückkehrzwang zum Rückkehrverbot

Demgegenüber stellte die Beschäftigung von zivilen ausländischen Arbeitskräften während des gesamten Krieges für Regierung und Behörden juristisch, politisch und praktisch ein kompliziertes Problem dar, so daß sich hier die Frage nach der Kosten-Nutzen-Relation auch nicht so eindeutig beantworten läßt wie bei den Kriegsgefangenen.

Bei Kriegsbeginn befanden sich etwa 1,2 Mio. ausländische Arbeiter in Deutschland, etwa 700 000 von ihnen waren in der Industrie, 500 000 in der Landwirtschaft beschäftigt.[18] Die Wehrpflichtigen aus dem verbündeten Österreich-Ungarn wurden mit Kriegsbeginn in ihre Heimat zurückgeschickt, und auch ein Teil der Arbeiter aus neutralen Ländern verließ Deutschland. Was hingegen mit den Arbeitern aus dem feindlichen Ausland zu geschehen habe, war in den ersten Kriegsmonaten nicht geklärt. Schon seit Ende des Jahres 1912 war von Vertretern der Landwirtschaft aus Angst davor, Rußland könne aufgrund der zunehmenden außenpolitischen Spannungen die russisch-polnischen Landarbeiter nicht mehr zur Arbeit nach Preußen außer Landes ziehen lassen, auf eine Aufhebung des Rückkehrzwanges während der Karenzzeit gedrängt worden.[19] In diesem Sinne sahen auch die in der Vorkriegszeit entwickelten Pläne der Mobilmachungskommissionen vor, die in Deutschland beschäftigten Arbeiter aus dem feindlichen Ausland, die im wehrfähigen Alter standen, bei Kriegsbeginn nicht auszuweisen, sondern einzubehalten und weiter zu beschäftigen.[20] Entsprechend lauteten die Anweisungen des Kriegsministeriums unmittelbar nach Kriegsbeginn; die wehrfähigen Arbeiter aus Rußland erhielten den Status von Zivilgefangenen, durften den Arbeitgeber nicht wechseln, den Ort nicht verlassen und nicht in ihre Heimat zurückkehren.[21] Die Überlegungen der Regierung zielten während der ersten Kriegswochen dahin, nur die im wehrfähigen Alter stehenden russisch-polnischen Landarbeiter an der Rückkehr zu hindern, alle anderen aber nach Beendigung der Hackfruchternte abzuschieben, es sei denn, sie würden von ihren Arbeitgebern auch über die Winterzeit weiter beschäftigt und schlossen einen entsprechenden Kontrakt ab.[22] Die ausländischen Industriearbeiter waren davon zunächst nicht betroffen; die Anpassungskrise bei Kriegsbeginn hatte hier in verschiedenen Sektoren sogar zu erheblicher Arbeitslosigkeit geführt, was verstärkte Entlassungen und Abschiebungen der Ausländer nach sich zog; die Zahl der legitimierten italienischen Arbeiter sank von etwa 65 000 (1913/14) auf knapp 13 000, die der österreichischen Industriearbeiter von 189 000 auf 80 000 für 1914/15 und 62 000 im darauffolgenden Jahr.[23] Die militärischen Rückschläge im Herbst 1914, die sich daraus ergebende Perspektive auf einen längeren Krieg und die Anschwellung der Rüstungskonjunktur führten aber in kurzer Zeit zu einer Änderung der Haltung der Behörden vor allem gegenüber den auslandspolnischen Arbeitern. Statt sie am ersten Dezember nach Hause abzuschieben, sollten nun auch die nicht wehrfähigen Arbeiter aus Rußland zurückgehalten werden, weil sonst «die Erfüllung der inneren Kriegsaufgaben, insbesondere der Aufrechterhaltung der landwirtschaftlichen Betriebe, in dem für die Volksernährung erforderlichem Umfange und die Versorgung der Kriegsindustrie mit den notwendigen Arbeitskräften nicht möglich erschien».[24] Am 12. Oktober empfahlen Innen- und Landwirtschaftsministerium per Erlaß, «tunlichst alle zur Zeit im Inland befindlichen russischen Saisonarbeiter auch über den Winter hierzubehalten»; zwei Tage später wurde das Rückkehrverbot auf die russisch-polnischen Industriearbeiter ausgedehnt. Am 7. November wurde explizit darauf hingewiesen, daß es keinen Rückkehrzwang für russisch-polnische Arbeiter mehr gäbe, und schon am 3. November hatte die Landwirtschaftskammer Rheinprovinz den Arbeitern aus Rußland bekanntgegeben: «Infolge des Krieges zwischen Deutschland und Rußland ist die Rückreise in die Heimat militärisch verboten. Ihr dürft die alte Arbeitsstelle selbständig nicht verlassen.»[25]

Nach der Umwandlung des Rückkehrzwangs in ein Rückkehrverbot wurde auch das Beschäftigungsverbot ausländisch-polnischer Arbeiter in der Industrie des Westens schrittweise zurückgenommen. Erste Lockerungen gestand der preußische Innenminister bereits im Dezember 1914 zu;[26] und als vor allem von seiten der Vertreter der rheinisch-westfälischen Industrie seit Anfang 1915 der Ruf nach ausländisch-polnischen Arbeitern laut wurde,[27] gestatteten die Behörden am 30. Januar 1915 die Beschäftigung von Zivilgefangenen in der gesamten preußischen Großindustrie. Bis zum Dezember 1915 wurde der Einsatz aller ausländisch-polnischen und ruthenischen Arbeiter – mit Ausnahme der bis dahin schon in der deutschen Landwirtschaft beschäftigten – für die gesamte Industrie erlaubt.[28]

Die Vorschriften für die Lebensführung der ausländischen Arbeiter – darin waren nun auch die zahlreichen noch in Deutschland befindlichen galizischen Polen eingeschlossen[29] – waren streng und verdeutlichten den Charakter ihres Aufenthalts im Reich. Die Generalkommandos erließen Befehle, wonach den Ausländern «jede Widersetzlichkeit gegen die nach Lage der Sache billigen Anordnungen ihrer Arbeits-, Quartier- oder Kostgeber, ihrer Vertreter oder der von ihnen bestellten Aufseher» sowie «die Niederlegung oder Verweigerung der Arbeit» bei Androhung von Haftstrafen verboten waren.[30] Auf der anderen Seite war sich die Regierung darüber im klaren, daß es gegenüber den nicht wehrfähigen feindlichen Ausländern keine tragfähige Rechtsgrundlage für das Rückkehrverbot gab. So hatte der Bund der Landwirte Ende 1914 vom preußischen Innenminister schärfere Maßnahmen gegenüber den russisch-polnischen Arbeitern gefordert, unter anderem eine auch formelle «Arbeitsverpflichtung für die genannten Arbeiter und Festsetzung der gebotenen Lohnsätze». Dagegen wandte das Ministerium ein, zumindest eine formale «Möglichkeit einer Heimkehr über neutrale Länder» müsse beibehalten werden – «aus völkerrechtlichen Rücksichten und um der Russischen Regierung jeden Vorwand zur Zurückhaltung von nichtwehrpflichtigen deutschen Staatsangehörigen in Rußland aus der Hand zu nehmen ... Irgendwelche praktische Bedeutung ist ihr bei der tatsächlichen Unerfüllbarkeit der Vorbedingungen nicht beizulegen.» Statt dessen sollten die Behörden und die Arbeitgeber Druck auf die Ausländer ausüben, damit diese die Verträge von sich aus verlängerten; dabei sollten die Polen nachdrücklich auf die «aus einer etwaigen Unterlassung für den Arbeiter entstehenden üblen Folgen hingewiesen» werden.[31] Sowohl gegenüber dem Reichstag als auch im Hinblick auf mögliche Reaktionen des Auslands waren schärfere gesetzliche Maßnahmen hier kaum möglich. «Noch nachdrücklicher, als es durch die bisher getroffenen Maßnahmen schon geschehen ist, staatlicherseits darauf einzuwirken, daß die russischen Saisonarbeiter auch im nächsten Sommer auf der bisherigen Arbeitsstelle verbleiben, erscheint zur Zeit nicht angängig», betonten im Januar 1914 das Innen- und das Landwirtschaftsministerium. «Insbesondere fehlt es an einer rechtlichen Grundlage, um sie unmittelbar zu einem Vertragsabschluß zu zwingen, wie es in den Eingaben gewünscht wird.»[32]

Diese rechtlichen Bedenken vor allzu offener Verordnung der Zwangsarbeit durch die Behörden setzten sich auch in den kommenden Jahren fort.[33] Solche Bemühungen, den Übergang zur Zwangsarbeit zu kaschieren, dienten jedoch in erster Linie der diplomatischen Kosmetik; über den Charakter der Arbeit der Polen war man sich in Berlin ebenso im klaren wie in den besetzten Gebieten; «Zwangsarbeit – so nannte der Volksmund in Polen allgemein die Schnitterarbeit in Deutschland.»[34]

Wie die Bereitschaft der polnischen Arbeiter zur Kontraktverlängerung auch über den Winter hinweg erreicht wurde, beschrieb etwa der Amtshauptmann von Meißen im Dezember 1914: «In einigen Fällen, z.B. Rittergut Biberstein, ist auch eine solche Erklärung nicht zu erzielen gewesen, dort mußte sogar die Inhaftierung der männlichen Arbeiter erfolgen, worauf sich dann die hauptsächlich widersetzlichen Weiber tatsächlich den Bestimmungen stillschweigend unterworfen haben.»[35] Die sächsische Landwirtschaftskammer schrieb dazu im Januar 1915: «Übrigens hat die Erfahrung gezeigt, daß an den Arbeitsstellen, wo von der Polizeibehörde bei Weigerung der Arbeiter, den neuen Vertrag zu unterschreiben, mit der größten Strenge vorgegangen wurde und vor allem die militärpflichtigen Russen auf der Stelle durch Gendarmerie abgeführt oder damit wenigstens ernsthaft bedroht wurden, die Weiterverpflichtung glatt vonstatten gegangen ist. Die Leute müssen unbedingt merken, daß Krieg ist und sie zu gehorchen haben.»[36]

Stärker noch als die landwirtschaftlichen Arbeitgeber drängten die industriellen Unternehmer und Interessenvertreter auf eine Zurückhaltung der Polen im Lande und auf weitere Verschärfungen der diesbezüglichen Bestimmungen. Die Nord-West-Gruppe des VdESI z.B. beschwerte sich im

Oktober 1915 über «zahlreiche Fälle von Unbotmäßigkeit» der Auslandspolen. «Ein solches Betragen der russischen Arbeiter legt uns nahe, die strengsten Maßregeln gegen sie zu empfehlen und in besonders krassen Fällen von Unbotmäßigkeit und Störung der öffentlichen Ordnung mit den schärfsten Mitteln, unter welchen wir auch den Arbeitszwang rechnen, vorzugehen.»[37] Die Handelskammer Bochum beschrieb die Ausländer als «arbeitsscheu und wanderlustig» und forderte vom Oberpräsidenten in Münster, die ausländischen Arbeiter zu zwingen, bei einem Unternehmer zu bleiben sowie «den Betrieben die Mittel zur Durchführung von Zwangsmaßregeln gegen unlustige und widerspenstige Arbeiter in die Hand zu geben».[38]

Die Bestimmungen gegenüber den polnischen Arbeitern wurden in der Folge beständig verschärft, auf regionaler Ebene allerdings in durchaus unterschiedlicher Weise: «Widerspenstige Polen», so das Stellvertretende Generalkommando Münster im November 1915, «die sich auch durch die sonst bewährten Mittel (Verschärfte Haft und dergl.) nicht zu ruhiger Arbeit und Wohlverhalten haben bewegen lassen», seien in «militärische Schutzhaft» zu nehmen; wobei später noch empfohlen wurde, «diese Haft durch teilweise Kost-, Licht- oder Bettentziehung zu verschärfen, bis die Verhafteten Folgsamkeit versprechen».[39] Polen sollten Gaststätten nicht betreten, sie unterlagen zwischen 21.00 Uhr und 5.00 Uhr einer Ausgangssperre;[40] Landräte wurden zur Verhängung des Arbeitszwanges ermächtigt, und die Strafandrohungen bei «Widerspenstigkeit» wurden ausgedehnt: «Drohende Internierung wird die widerstrebenden Arbeiter stets zur Beibehaltung der bisherigen Arbeitsstelle bzw. zum Abschluß neuer Arbeitsverträge mit dem bisherigen Arbeitgeber bewegen», berichtete der Landrat von Geilenkirchen Anfang 1916 dem Aachener Regierungspräsidenten über seine bisherigen Erfahrungen.[41]

Auf das Leben der polnischen Arbeiter hatten Rückkehr- und Ortswechselverbot, die Bindung an den Arbeitgeber und die stetig verschärften Strafandrohungen Auswirkungen auch insofern, als dadurch die individuelle Verbesserung der Arbeitsbedingungen durch Wechsel des Arbeitgebers ebenso verhindert werden sollte wie das Ansteigen der Löhne infolge des Arbeitermangels. Die erhöhte Nachfrage nach Arbeitskräften führte auf diese Weise nicht zu Lohnverbesserungen – der Zwangscharakter der Arbeit hatte vielmehr deutliche Verschlechterungen der sozialen Lage der Rußland-Polen zur Folge: «Sobald die Arbeitgeber merkten, daß die Arbeiter vollkommen wehrlos waren, daß sie ihre Arbeitsstelle nicht verlassen konnten», erklärte später ein Abgeordneter im Preußischen Landtag, «boten sie ihnen entweder gar keinen oder einen so geringen Lohn, daß die Leute davon nicht leben konnten.»[42] Die Reallöhne – an vielen Stellen auch die Nominallöhne – sanken; militärische Befehlshaber ordneten die Einbehaltung der Hälfte des Barlohnes an; viele Arbeitgeber bezahlten nur noch mit Lebensmitteln oder mit nach dem Kriege einlösbaren Gutscheinen. Zwar reagierten nach wie vor zahllose Arbeiter mit Kontraktbruch und

1. Vom Saisonarbeiter zum Zwangsarbeiter

Flucht auf die verschärfte Ausbeutung, mit den Militärbehörden war nun aber ein Exekutivapparat vorhanden, der eine umfassende Kontrolle und Repression gewährleistete und die Durchsetzung der Zwangsbestimmungen ermöglichte.[43]

Seit Anfang 1915 hatten von deutscher Seite verstärkte Bemühungen eingesetzt, in den besetzten Gebieten des Ostens, vor allem im Generalgouvernement Warschau, weitere Arbeitskräfte anzuwerben; dabei verschwammen zusehends die Grenzen zwischen zwangsweiser Deportation und «Freiwilligkeit» bei der Unterzeichnung von Arbeitskontrakten durch die Arbeiter.[44] Die militärischen Besatzungsbehörden waren in jedem Fall in der Lage, auf die Bevölkerung der okkupierten Gebiete, deren soziale Not sich durch Betriebsschließungen und wirtschaftliche Ausbeutung noch verschärft hatte, zusätzlichen Druck auszuüben, so daß die Arbeiterzentrale genügend hohe Anwerbezahlen verzeichnen konnte. Im Laufe des Jahres 1916 wurde dieser Druck durch die «Verordnung zur Bekämpfung der Arbeitsscheu» vom 4. Oktober noch erhöht, die die rechtliche Basis zur zwangsweisen Überführung nach Deutschland erweiterte, was die Anwerbezahlen erheblich vergrößerte.[45] Die verschärften Bestimmungen der «Arbeitsscheuverordnung», bemerkte der Polizeipräsident von Warschau, von Glasenapp, Ende Oktober 1916, hätten «bereits die gute Wirkung gehabt, daß die Anmeldung von Freiwilligen bei der Arbeiterzentrale in letzter Zeit stärker geworden ist als vorher. Solange diese gute Wirkung anhält und freiwillige Arbeitskräfte sich in genügender Zahl melden, wird von der Anwendung der in Aussicht genommenen Zwangsmaßregeln zur Durchführung des Arbeitszwanges in Warschau voraussichtlich abgesehen werden können.»[46]

Die Zahl der bis Kriegsende in Polen rekrutierten Arbeiter ist nicht exakt bestimmbar, die Deutsche Arbeiterzentrale hat nach eigenen Angaben etwa 240000 russisch-polnische Arbeiter nach Deutschland angeworben; insgesamt lag deren Zahl am Ende des Krieges zwischen 500000 und 600000.[47] Die aufgrund der «Arbeitsscheuverordnung» vom 4. Oktober 1916 einsetzenden Deportationen machten jedoch deutlich, daß die Behörden zu einer funktionierenden und vollständig auf Zwang beruhenden Aushebung und Verschickung nicht in der Lage waren. Weder wurden die gepreßten Arbeiter in Polen auf ihre Eignung und beruflichen Erfahrungen hin überprüft, so daß auch Alte, Kranke und Kinder mit nach Deutschland transportiert wurden, noch vermochten die deutschen Behörden ihre Rekrutierungsmaßnahmen auch konsequent durchzusetzen; wer z.B. genügend Geld besaß, konnte sich in der Regel loskaufen. Gleichzeitig aber wuchsen aufgrund solcher Maßnahmen Proteste und Empörung bei der Bevölkerung in den besetzten Gebieten Polens,[48] und die Proklamation des Königreiches Polen durch Deutschland und Österreich-Ungarn am 5. November 1916 wurde vor allem im Ausland in ihrer politischen Glaubwürdigkeit beeinträchtigt.[49] In dieser Weise, das wurde auch den deutschen Behörden im Osten klar, war die Anwerbepolitik in den besetzten Gebieten nicht sinnvoll weiterzuführen: «Innerpolitische Bedenken: Stellungnahme des Reichstages, dauernde Beschwerden. Stimmung im feindlichen und neutralen Ausland. Tatsächlich: Das Zwangssystem hat Fiasko gemacht ... Die Arbeitsleistung der Zwangsarbeiter ist minimal ... Unsere Organe reichen zur zwangsweisen Erfassung aller Leute nicht aus» – mit diesen Worten faßte auf einer Besprechung des Oberkommandos Ost am 17. Dezember 1917 ein Teilnehmer die Situation zusammen.[50] Sollte die Arbeiterwerbung in Polen weiterhin auf offener Gewalt beruhen, so wäre dazu eine umfassende Organisation mitsamt dem Einsatz aller zur Verfügung stehenden Machtmittel nötig gewesen. Dies aber hätte die Widerstände gegen die Politik der deutschen Besatzungsbehörden sowohl in der deutschen Öffentlichkeit als auch in Polen selbst und im neutralen Ausland verstärkt. Der Einsatz von Zwangsmitteln, das zeigte sich hier, mochte zwar auch zu einer Erhöhung der «freiwilligen» Meldungen führen, hatte aber zur Konsequenz, daß die zwangsweise rekrutierten Arbeitskräfte in Deutschland streng überwacht und kontrolliert werden mußten – eine Eigendynamik kam in Gang, die aus dem punktuellen Einsatz von Zwangsmaßnahmen zur Errichtung eines geschlossenen Zwangssystems drängte. Aus diesen Widersprüchen heraus folgte die uneinheitliche und schwankende Arbeitskräftepolitik gegenüber Polen. Einerseits zeigte sich, daß verschärfter Zwang und Druck auf die Bevölkerung und die nach Deutschland gebrachten Arbeitskräfte für die Behörden und Unternehmer unerwünschte Auswirkungen hatten: «Das haben die Beobachtungen im Laufe des letzten Jahres bewiesen, wo im Bereiche des II. Armeekorps, welches die Saisonarbeiter mit besonderer Strenge behandelt, fortwährend Entweichungen und stellenweise auch Exzesse vorgekommen sind», stellte der Posener Oberpräsident schon im Oktober 1915 fest.[51] Die Zahlen der flüchtigen polnischen Arbeitskräfte stiegen steil an, zwischen Oktober 1915 und November 1916 verließen 11 233 Polen ihre Arbeitsstelle, im darauffolgenden Jahr waren es bereits 24 390.[52] Wollten die Behörden die Beschäftigung polnischer Arbeiter in Deutschland effektivieren, ohne zur Zwangsarbeit im umfassenden Sinne überzugehen, mußten sie die Art der Anwerbung ändern und die Arbeitsbedingungen der Auslandspolen in Deutschland verbessern, so daß es für die Arbeiter einen Anreiz gab, nicht wegzulaufen. Andererseits war damit für die Unternehmer die Gefahr verbunden, daß sich dadurch die Marktkräfte wieder regten und angesichts des zunehmenden Arbeitskräftemangels die Löhne der Polen stiegen, was nicht zuletzt auch die Konkurrenz um Arbeitskräfte zwischen Industrie und Landwirtschaft erneut verschärft hätte.

Beide Positionen markieren die widersprüchlichen Interessenlagen der verschiedenen mit diesen Problemen beschäftigten Gruppen bei den landwirtschaftlichen Unternehmern, den zivilen und den militärischen Behörden.

Für das Kriegsministerium und das Reichsamt des Innern standen sicherheitspolitische Gesichtspunkte im Vordergrund: Eine Zunahme der Unruhen und der Fluchtbewegung der polnischen Arbeiter hätte die Gefahr einer weiteren innenpolitischen Schwächung der deutschen Regierung bedeuten können. Nicht unmittelbar mit dem Produktionsprozeß befaßt, argumentierten sie in ökonomischer Hinsicht eher mittelfristig: «Erster Grundsatz bleibt die Aufrechterhaltung der Kriegswirtschaft. Dazu ist Arbeitsfreude nötig.»[53]

Auch die deutschen Behörden im Generalgouvernement Warschau vertraten ab Herbst 1916 diesen Kurs, nachdem sie bis dahin Liberalisierungsversuche strikt abgelehnt hatten.[54] Für sie wirkten sich die Zwangsbestimmungen und die schlechten Arbeitsbedingungen der polnischen Arbeiter in Deutschland zunehmend negativ auf die Haltung der Bevölkerung in ihrem Einflußbereich aus. Nur bei Milderung der Bestimmungen und Verbesserungen der Lebenssituation bestand Aussicht auf eine Erhöhung der Anwerbezahlen und eine Beruhigung der aufgebrachten polnischen Bevölkerung in den besetzten Gebieten.

Dagegen beharrten die unmittelbar mit der landwirtschaftlichen Erzeugung befaßten Stellen auf der Beibehaltung der scharfen Bestimmungen und wandten sich auch gegen Versuche der Besserstellung der Ausländer in rechtlicher und sozialer Hinsicht. Kriegsernährungsamt, landwirtschaftliche Unternehmer und ihre Standesvertreter sowie die beteiligten Generalkommandos argumentierten kurzfristiger und unter dem Eindruck ihrer unmittelbaren Aufgabe. Eine mittelfristig angelegte, auf die Verbesserung der Arbeitsleistung der Ausländer spekulierende Politik der Zugeständnisse weckte bei ihnen die Befürchtung, «daß man in zu weitgehender Fürsorge für die Arbeiterklassen insbesondere nichtdeutscher Nationalität auf dem Lande Arbeitsverhältnisse schaffen könnte, welche es dem von uns vertretenen Berufe unmöglich machen, die für das deutsche Heer und Volk notwendigen Nahrungsmittel aufzubringen».[55]

Auf der administrativen Ebene setzte sich die mittelfristige Argumentation durch. Im Dezember 1916 wurden – auch im Hinblick auf die Proklamation des Polnischen Königreiches durch Deutschland und Österreich-Ungarn – die Möglichkeiten des Orts- und Arbeitswechsels für die polnischen Arbeiter erleichtert, Schlichtungsstellen einberufen und vor allem die Bestimmungen über Urlaubsheimfahrten gelockert.[56] Unter dem Eindruck der dennoch weiter zunehmenden Fluchten der Rußland-Polen wurden diese Regelungen im darauffolgenden Jahr noch erweitert. «Viele wanderten wegen der hohen Löhne zur Industrie, vielen gelang die Flucht in die Heimat. Nach den Berichten mehrerer stellvertretender Generalkommandos war ohne Urlaub mit einer Massenflucht aus dem Lande zu rechnen, eine freiwillige Verlängerung der Arbeitsverträge für das Jahr 1918 zweifelhaft», begründete der preußische Kriegsminister die neuen Bestimmungen.[57] Der Erlaß vom 15. Oktober 1917 trug diesen Befürchtungen Rechnung: Jedem polnischen Arbeiter sollte einmal jährlich Urlaub zur Heimreise gewährt werden; die Arbeits- und Lebensbedingungen sollten durch Fürsorgekommissionen überprüft und Mißstände abgestellt werden.[58] Ihre Bestimmungen blieben bis Kriegsende in Kraft, und die hohen Anwerbezahlen im okkupierten Polen scheinen auch für einen gewissen Erfolg in den Bemühungen der «liberalen» Fraktion bei den Behörden zu sprechen, den Arbeitseinsatz zu stabilisieren. Aber dennoch blieben die Fluchtzahlen konstant hoch, von den Urlaubsfahrten kehrte rund ein Viertel der Polen nicht mehr zurück, und von den mehr als 40 000 auslandspolnischen Arbeitern etwa in Pommern weigerte sich fast ein Viertel, die Arbeitsverträge für 1918 zu unterschreiben. In Mecklenburg/Schwerin flohen allein vom Januar bis September 1918 von den dort beschäftigten knapp 30 000 Arbeitern mehr als 2000; der Regierungspräsident von Merseburg berichtete darüber im Februar 1918: «Auch unter der in der Landwirtschaft tätigen russisch-polnischen Bevölkerung gärt es neuerdings. Sie verlangen wesentlich höhere Löhne, zeigen sich Vermittlungsvorschriften gegenüber abgeneigt und verharren auf unberechtigten Beschwerden und Klagen bei der Arbeitseinstellung. Es ist beobachtet worden, daß diese Aufsässigkeit dann besonders zutage tritt, wenn die Arbeiter z.B. bei den Gottesdiensten in größeren Trupps zusammengewesen sind, wobei Hetzer Gelegenheit zur Aufreizung gefunden haben.»[59] Die Ursache dafür lag vor allem darin, daß die verschiedenen Verbesserungen hinsichtlich der Freizügigkeit und der Lebensbedingungen den Charakter der Zwangsarbeit nicht beseitigt, sondern nur abgemildert hatten, vor allem aber mit einer Reihe von Einschränkungen bei der Durchführung versehen worden waren, die es den landwirtschaftlichen Unternehmen und den einzelnen Generalkommandos erlaubten, weitgehend nach eigenem Gutdünken zu verfahren. Darüber hinaus war bei der Größenordnung des Ausländereinsatzes in der Landwirtschaft eine wirksame behördliche Kontrolle schon organisatorisch kaum durchführbar; solange die Arbeiter nicht in die Lage versetzt wurden, die eigenen Interessen selbst zu vertreten, blieb die Frage nach Verbesserungen und Erleichterungen für die Ausländer vom guten Willen einzelner Gutsherren und Fabrikbesitzer abhängig. Es ist zudem auch mehr als zweifelhaft, ob die in Berlin von höchster Stelle erlassenen Bestimmungen überhaupt bis in die einzelnen Güter und Fabriken selbst gedrungen sind. Viel eher ist zu vermuten, daß sich durch die neuen Verfügungen in den Verhältnissen auf dem Lande selbst bis Kriegsende nur wenig änderte. Von den mehr als 500 000 polnischen Arbeitern ist insgesamt nur ein geringer Teil – 30 000 – in den Genuß eines Heimaturlaubs gekommen; zudem handelte es sich dabei vor allem um Arbeiter aus der Industrie.[60] Die Beschwerden über Lohneinhaltungen, über schlechte Behandlung und Übervorteilung durch die Vorschnitter wurden auch nach den Liberalisierungserlassen nicht weniger. Die lange Tradition der Zwangsbestimmungen und Ausbeutung hatte eine Eigendynamik entwickelt, die durch bloße Erlaßvorgaben nicht mehr zu stoppen war.

1. Vom Saisonarbeiter zum Zwangsarbeiter

1.3. Rekrutierung ostjüdischer Arbeiter

In der deutschen Industrie war die Abwanderung eines Großteils der bis dahin dort vorrangig beschäftigten Österreicher und Italiener in den ersten Kriegsmonaten wegen der zunächst aufgetretenen Arbeitslosigkeit durchaus willkommen gewesen und durch bevorzugte Entlassungen von Ausländern noch verstärkt worden. Als sich im Spätherbst 1914 infolge der anlaufenden Rüstungskonjunktur diese Situation änderte und erneut ein spürbarer Arbeitskräftemangel auftrat, wurde es für die Industrie schwierig, ausländische Arbeitskräfte zu halten; denn die Übernahme bereits in der Landwirtschaft beschäftigter polnischer Arbeiter war explizit ausgeschlossen worden. Sie hätte aufgrund der erheblich besseren Löhne in der Industrie eine Landflucht der Auslandspolen und die Verschärfung des «Leutemangels» zur Folge gehabt. Zwar wurde es im Verlaufe des Jahres 1915 gestattet, neu angeworbene Rußland-Polen in der gesamten Industrie zu beschäftigen. Aber auch bei den Neuanwerbungen in den besetzten Gebieten im Osten wurde die Landwirtschaft bevorzugt. So suchte die deutsche Industrie nach anderen Möglichkeiten, um ausländische Arbeiter zu bekommen. Dabei fiel das Augenmerk schon früh auf jüdische Arbeiter aus Russisch-Polen, unter denen der Anteil der Handwerker und Gelernten vergleichsweise hoch war.

In den 1880er Jahren hatte in Osteuropa die große Auswanderungsbewegung unter den dort lebenden Juden begonnen.[61] Willkür und Unterdrückung durch die zaristischen Behörden, Pogrome und aussichtslos schlechte wirtschaftliche Verhältnisse auf der einen, die Hoffnung auf eine bessere Zukunft im Amerika der Hochindustrialisierung sowie eine liberale Einwanderungspolitik der USA auf der anderen Seite veranlaßten in den 50 Jahren bis 1930 mehr als 3,5 Millionen Juden aus Osteuropa zur Auswanderung, meist in die Vereinigten Staaten. In der Regel führte der Weg der Auswanderer über die deutschen Überseehäfen; und diese Transitwanderung hatte in Preußen schon früh eine gegen die fremd und unheimlich anmutenden «Ostjuden» gerichtete Agitation antisemitischer Verbände sowie den Argwohn der preußischen Behörden heraufbeschworen. Solche Vorbehalte waren vor allem von der Befürchtung geleitet, der Transfer zu den Häfen sei nur ein Vorwand und würde zur Einwanderung eines Großteils jener «Schar strebsamer hosenverkaufender Jünglinge» führen, die, nach den Worten Heinrich Treitschkes aus dem Jahr 1880, «Jahr für Jahr aus der unerschöpflichen polnischen Wiege über die deutsche Ostgrenze» drängten.[62]

Tatsächlich aber erwiesen sich diese Befürchtungen als wenig stichhaltig. Von den etwa zwei Millionen bis 1914 zu den deutschen Auswanderungshäfen reisenden Ostjuden ließen sich nicht mehr als 80 000 in Deutschland nieder, von denen etwa 45–50 000 hier eine Beschäftigung als Arbeiter fanden.[63]

In dem von Deutschland besetzten Teil Russisch-Polens verschlechterten sich die Verhältnisse der jüdischen Bevölkerung nach Beginn des Krieges dramatisch. «Zahllose Existenzen sind damals zugrunde gegangen», berichtete der spätere Leiter der Deutschen Arbeiterzentrale in Warschau, Julius Berger. «Das jüdische Proletariat schwoll mit einem Male furchtbar an. Die Arbeitslosigkeit, die Erwerbslosigkeit wurde das Stigma des jüdischen Lebens.»[64] Die deutschen Besatzungsbehörden hatten jüdische Arbeiter schon seit Kriegsbeginn im Lande selbst zur Arbeit verpflichtet, sei es am Ort, sei es in Arbeiterbataillonen. Untergebracht in Gefangenenlagern, bei Arbeitsverweigerung mit schweren Strafen bedroht, reagierten die gepreßten Arbeiter mit Verweigerung, Flucht und Widersetzlichkeit. «Eure Zwangsarbeiterbataillone sind eine gute Art Sibirien mitten im Lande», schrieb Arnold Zweig über die deutsche Arbeitspolitik in Polen.[65]

In Deutschland waren nach Kriegsbeginn die aus Rußland stammenden Juden wie alle «feindlichen Ausländer» interniert worden; ein Teil von ihnen wurde später entlassen und zur Arbeit eingesetzt.[66] Die Neuanwerbung jüdischer Arbeiter aus dem Osten nach Deutschland war allerdings zunächst untersagt. Aber mit der Verschärfung der Arbeiterknappheit im Frühjahr 1915 trat hier eine Änderung ein. Wegen des großen Bedarfs an Rüstungsarbeitern gestattete der preußische Innenminister im Juli 1915 auch die Hereinholung «orthodox gerichteter» jüdischer Arbeiter aus den Gebieten Russisch-Polens.[67] Dies war jedoch an bestimmte Voraussetzungen gebunden: Um wilde Werber und Vermittler auszuschließen, sollten die Arbeiter ausschließlich von der DAZ in Kooperation mit jüdischen Organisationen und einstellungswilligen Arbeitgebern angeworben werden. In der Praxis aber stellte sich dies schon vor der «Arbeitsscheu»-Verordnung vom Oktober 1916 ganz anders dar – bereits im Sommer 1915 wurden die jüdischen Arbeiter vorwiegend zwangsweise requiriert. Die männliche jüdische Bevölkerung einer Ortschaft wurde auf den Marktplatz befohlen, von Wacheinheiten umstellt, zum Bahnhof gebracht und nach Deutschland abtransportiert. Eine Überprüfung nach Arbeitsfähigkeit und Berufsrichtung fand nicht statt. So war es kein Wunder, daß sich in Deutschland nach kurzer Zeit die Beschwerden häuften. «Russische Juden», vermerkten etwa die Generalkommandos, eigneten sich «wegen ihrer meist schwächlichen Körperbeschaffenheit ... zu schweren Arbeiten im allgemeinen nicht»; man möge hinfort doch «nur wirklich geeignetes Material» ins Reich bringen.[68] Die Juden, bemängelte auch das Innenministerium, gäben zu steter Klage Anlaß. Sie seien körperlich ungeeignet, benähmen sich aufsässig und hetzten ihre Mitarbeiter zur Unzufriedenheit auf.[69]

Die wirklichen Gründe für die «Unzuträglichkeiten, die sich aus der Anwerbung und Verwendung körperlich ungeeigneter, besonders jüdischer Arbeiter aus der Lodzer Gegend» ergeben hatten, waren aber andere, wie das preußische Handels- und Gewerbeministerium demgegenüber hervorhob; etwa die «Ausübung eines unverständigen Zwanges zur Verrichtung von

1. Vom Saisonarbeiter zum Zwangsarbeiter

untertäniger Arbeit».[70] Und der Regierungspräsident von Kassel ergänzte, die vielfachen Klagen über die jüdischen Arbeiter seien wohl nicht ganz unberechtigt und würden aufhören, wenn man darauf achte, daß diesen «eine menschenwürdige und gerechte Behandlung zu Teil wird und daß namentlich Tätlichkeiten streng vermieden würden. Die politische Zugehörigkeit zu einer feindlichen Macht oder das religiöse Bekenntnis darf den Ausländern nicht vorgehalten werden.»[71] Dennoch wurde wegen der Probleme mit den ostjüdischen Arbeitern deren weitere Anwerbung vorerst auf Facharbeiter beschränkt. Aber schon ein Dreivierteljahr später sorgte der beständig wachsende Arbeiterbedarf für eine Wiederzulassung auch ungelernter jüdischer Arbeiter, jedenfalls für Erdarbeiten beim Eisenbahnbau.[72]

Die Anwerbung ostjüdischer Arbeiter begann nun zunehmend widersprüchlicher zu werden. Auf der einen Seite nahm der Bedarf an Arbeitskräften in der deutschen Kriegswirtschaft beständig zu, und die Militärbehörden konstatierten, daß dabei insbesondere die Beschäftigung jüdischer Facharbeiter und Handwerker weiter an Bedeutung gewann.[73] Auf der anderen Seite war die Rekrutierung ostjüdischer Arbeiter mittlerweile zum Gegenstand einer sich seit Kriegsbeginn verschärfenden antisemitischen Agitation geworden. Die hier in Gang gebrachte Kampagne für eine «Grenzsperre für Ostjuden» war vor allem durch die Broschüre eines alldeutschen Politikers, Georg Fritz, stimuliert worden, der eine Einwanderungspolitik auf der Grundlage von Rassen- und Volkszugehörigkeit forderte: Einwanderung aus asiatischen und slawischen Ländern solle generell untersagt werden, insbesondere aber die von Ostjuden: «Allein es handelt sich hier bei der Ostjudenfrage nicht um die Aufnahme und Einschmelzung einiger Hundert oder Tausend, sondern um Millionen nicht nur armer, leiblich und sittlich verkümmerter Menschen, sondern Rassefremder, verjudeter Mongolen.»[74]

Solche Agitation fand unter Alldeutschen und weit darüber hinaus viel Zustimmung und beeinflußte auch die Arbeiterpolitik der Militärbehörden in zunehmendem Maße: «Die polnisch-jüdischen Arbeiter sollen in erster Linie in dem polnischen Gebiet Verwendung finden», empfahl daher das Kriegsministerium im Dezember 1916. Allerdings sollten jüdische Facharbeiter und Handwerker weiterhin und möglichst schnell nach Deutschland gebracht werden.[75] Aber erneut erwies sich der kriegswirtschaftliche Druck stärker als die antisemitischen Vorbehalte. Im September 1917 wurden auf Anweisung des Innenministeriums sogar alle noch bestehenden Zuzugssperren für ostjüdische Arbeiter aufgehoben, so daß auch ungelernte Arbeiter in die Bergwerke und Großbetriebe der deutschen Industriegebiete verschickt werden konnten. Dazu hatte auch die organisierte Interessenpolitik jüdischer Organisationen in Polen beigetragen, vor allem der Leiter der Warschauer DAZ-Stelle, Berger. Er beschrieb die schwierige wirtschaftliche Lage der ostjüdischen Bevölkerung so eindringlich, daß es ihm gelang, sowohl einstellungsbereite Arbeitgeber in Deutschland als auch die Zustimmung der deutschen Militärbehörden zur Ausweitung der Anwerbungen zu gewinnen. «Das Elend hier ist so unbeschreiblich, daß ein Mann, der in Deutschland selbst leben und außerdem noch wöchentlich 10–15 Mk. nach Hause schicken kann, mehrere Familien retten kann.»[76]

Nach der Aufhebung der Anwerbungsbegrenzungen begann im Herbst 1917 die Zahl der angeworbenen ostjüdischen Arbeiter deutlich zu steigen; wobei nun Freiwilligkeit dominierte, da durch die Bemühungen Bergers die Zusagen der anwerbenden Militärbehörden im Hinblick auf Arbeitsbedingungen, Lohn und Unterkunft den Arbeitern vertrauenswürdiger schienen und wohl auch waren. Insgesamt kamen im Verlaufe des Krieges etwa 30 000 ostjüdische Arbeiter nach Deutschland, etwa je zur Hälfte freiwillig bzw. unter Zwang. Am Ende des Krieges lebten daher etwa 100 000 Ostjuden in Deutschland, etwa 80 000 von ihnen als Arbeiter.[77]

Im letzten Kriegsjahr jedoch nahmen die Vorbehalte gegen die Ostjuden in Deutschland solche Ausmaße an, daß die Militärbehörden schließlich reagierten und die von den Alldeutschen seit langem vehement geforderte Grenzsperre gegen die ostjüdische Zuwanderung tatsächlich verfügten. So folgte denn auch die vom Innenministerium gegebene Begründung für die Zuzugssperre ganz den Mustern der politischen Agitation gegen die Ostjuden, deren Beschäftigung in Deutschland alle Erwartungen enttäuscht habe. Die Ostjuden hätten sich «im allgemeinen als arbeitsunwillig, unsauber, moralisch unzuverlässig, ihre Arbeitsleistung als unzureichend erwiesen». Die Anwerbung sei vielfach als Vorwand zur Einwanderung mißbraucht worden, viele seien kontraktbrüchig geworden, in die Großstädte abgewandert und stellten hier ein schwer überwachbares Unruhepotential dar. Vor allem aber gehe von den Ostjuden eine spezifische gesundheitliche Bedrohung aus: «Eine besondere Gefahr erwächst infolge ihrer nicht ausrottbaren Unsauberkeit der Gesamtbevölkerung in gesundheitlicher Beziehung. Zum größten Teil verlaust, sind die jüdisch-polnischen Arbeiter besonders geeignete Träger und Verbreiter von Fleckfieber und anderen ansteckenden Krankheiten.» Trotz der erfolgten Grenzsperre weiterhin zuwandernde ostjüdische Arbeiter seien daher abzuschieben; ebenso wie die «dauernd Arbeitsunwilligen, die wiederholt vertragsbrüchig geworden und solche, bei denen alle Versuche, sie als nutzbare Glieder in unsere Kriegswirtschaft einzuordnen, als gescheitert betrachtet werden müssen».[78]

Nun waren abfällige und unzufriedene Äußerungen über die Arbeiter aus Russisch-Polen ebenso wie über die aus Galizien insgesamt nichts Ungewöhnliches. Aber bei keiner anderen Arbeitergruppe wurde ein Anwerbestopp mit gesundheitlichen Gefahren und der «nicht ausrottbaren Unsauberkeit» begründet. Der Terminus von den Juden als Verbreitern von Seuchen, insbesondere Fleckfieber, sollte von nun an zum festen Bestandteil antisemitischer Agitation werden und insbesondere im Zweiten Weltkrieg häufig zur Legitimation für die Deportation, schließlich auch für die Ermordung der jüdischen Bevölkerung Osteuropas dienen.[79]

Mit dem Erlaß vom April 1918 endete die organisierte Anwerbung ostjüdischer Arbeiter nach Deutschland, wenngleich die unorganisierte und illegale Einwanderung sich bis zu einem gewissen Grad fortsetzte. Zugleich aber begannen die deutschen Militärbehörden bereits vor dem Waffenstillstand im November mit dem Rücktransport der ausländischen Arbeiter, der sich jedoch bei den russisch-polnischen Arbeitern aus logistischen Gründen als zuweilen schwierig, nach dem November 1918 als teilweise unmöglich erwies. Besonders problematisch war die Lage der ostjüdischen Arbeiter, in deren Heimat Pogrome tobten. Das Demobilmachungsamt erlaubte ihnen daher, vorläufig in Deutschland und auf ihren Arbeitsstellen zu verbleiben. Die Pogrome und die Machtübernahme der Bolschewiken, die wirtschaftlich schlechten Verhältnisse und schließlich der Krieg zwischen Polen und der Sowjetunion waren auch die wichtigsten Ursachen für die nach dem November 1918 bis Anfang 1920 anwachsende Zuwanderung von Ostjuden nach Deutschland, die allerdings quantitativ durch die gleichzeitige Abwanderung nach Amerika, zu einem geringeren Teil auch nach Osteuropa und in westeuropäische Nachbarstaaten, größtenteils wieder ausgeglichen wurde, so daß die Zahl der in Deutschland verbliebenen ostjüdischen Arbeiter im Jahre 1923 auf 55 000 geschätzt wurde, kaum 10 % der jüdischen Bevölkerung in Deutschland und 0,1 % der deutschen Gesamtbevölkerung. Aber dennoch wurden die Ostjuden zur Zielscheibe einer sich nach Kriegsende dramatisch verbreitenden und radikalisierenden antisemitischen Hetze der alten und neuen rechten Gruppen. Denn diese Juden waren nicht nur Juden, sondern zugleich auch Ausländer mit fremden Sitten und fremder Sprache – und Proletarier. Xenophobie, Rassismus und sozialer Dünkel fanden in den Ostjuden fortan die ständige Bestätigung aller Feindbilder, Verschwörungs- und Rachephantasien.[80]

1.4. Deportationen aus Belgien

Bei der Suche der deutschen Industrie nach weiteren Arbeitskräften kam aber neben Russisch-Polen auch Belgien in den Blick, denn angesichts der hohen Arbeitslosigkeit dort lag es vor allem für die westdeutschen Industriellen nahe, hier den steigenden Arbeitskräftebedarf ihrer Betriebe zu stillen. Durch die rigorosen Beschlagnahmeaktionen der deutschen Behörden, die schon im Winter 1914/15 Maschinen und Rohstoffe nach Deutschland gebracht hatten, und Betriebsschließungen durch belgische Unternehmer, die nicht für den Feind produzieren wollten, war fast eine halbe Million Belgier arbeitslos. Im Juli war auf Initiative des Vereins Deutscher Eisen- und Stahlindustrieller in Brüssel das Deutsche Industrieinstitut gegründet worden, dessen «Deutsches Industriebüro» in Belgien Arbeiter für die Großindustrie an Rhein und Ruhr warb.[81] In den ersten zwölf Monaten aber ging diese Werbung nur sehr schleppend vor sich; dies lag vor allem daran, daß die belgischen Arbeitslosen durch verschiedene nationale und internationale Hilfsorganisationen unterstützt wurden; eine drängende soziale Notsituation wie in Polen, die die Aufnahme der Arbeit in Deutschland als letzten Ausweg erscheinen ließ, bestand dadurch in Belgien nicht. Zudem hatten die deutschen Behörden vor der Anordnung von Zwangsmaßnahmen gegenüber Belgiern erhebliche Skrupel. Während für auslandspolnische Arbeiter die Beschäftigung in der Industrie seit dem 11. Mai 1915 freigegeben war und im November 1915 durch die Gleichstellung mit den in der Landwirtschaft arbeitenden Auslands-Polen die Freizügigkeit abgeschafft und damit ein Zwangssystem auch in den industriellen Betrieben installiert worden war,[82] schreckte man vor ähnlichen Maßnahmen gegenüber Belgien doch zurück. Zwar erließ der deutsche Generalgouverneur in Brüssel, von Bissing, schon im August 1915 eine Anordnung, der zufolge Unterstützungsempfänger, die «ohne hinreichenden Grund» ihnen angebotene Arbeit (auch in Deutschland) ablehnten, mit Gefängnisstrafe bedroht wurden – doch das war mehr eine Drohung, als daß es politisch oder organisatorisch auch hätte durchgeführt werden können.[83] Seit März 1916 aber waren verstärkte Anstrengungen zu beobachten, das belgische Arbeitskräftereservoir für die deutsche Industrie zu nutzen; es wurde gar von 400000 Belgiern gesprochen, die nach Deutschland gebracht werden sollten;[84] ein Plan, dem allerdings jede realistische organisatorische und politische Grundlage fehlte. Auch durch verschiedene verschärfende Erlasse der deutschen Behörden stiegen die Anwerbezahlen nicht im erhofften Maße; bis Oktober 1916 wurden insgesamt etwa 30000 belgische Arbeiter nach Deutschland vermittelt; 85 % von ihnen in die westdeutsche Industrie.[85] Im Sommer 1916 aber verstärkte sich der Druck der Schwerindustrie auf die Behörden, der Rüstungswirtschaft mehr ausländische Arbeiter zur Verfügung zu stellen. Mitte September fand im Kriegsministerium eine Konferenz mit den Spitzen der Rüstungsbetriebe zur Beratung des «Hindenburg-Programms» statt, auf der Carl Duisberg für die Chemieindustrie folgendes ausführte: «Ich komme jetzt gerade aus Belgien. Dort ist mir z.B. von dem Oberkommando 4 gesagt worden, man könne mir gleich 80000 Arbeiter beschaffen, aber nur, wenn sie zwangsweise nach Deutschland gebracht werden, sonst nicht. Dann müßten auch die belgischen Arbeiter rationiert werden, und es müßte dafür gesorgt werden, daß der belgische Arbeiter in Belgien nicht besser lebt als unser Arbeiter in Deutschland ... Öffnen Sie das große Menschenbassin Belgien! Wir haben aus Polen Tausende von Arbeitern herausgeholt, aber aus Belgien nicht einen einzigen bekommen, und die, die wir bekommen haben, sind weggelaufen, weil sie es in Belgien besser haben als bei uns ... Siebenmalhunderttausend Arbeitslose sind in Belgien, darunter eine Unmenge Facharbeiter. Ich habe schon vorhin gesagt, es muß dort ein Zwang ausgeübt werden, und es muß rationiert werden, damit die Arbeiter tatsächlich nicht besser leben als bei uns.» Und Walther Rathenau von der AEG forderte auf der gleichen Sitzung von Ludendorff «die Lösung des belgischen Arbeiterproblems, das ohne Rücksicht auf internationale Prestigefragen nur dadurch bewältigt werden kann, daß die dort verfügbaren 700 000 Arbeiter dem heimischen Markt zugeführt werden».[86] Ob aber, wie Duisberg forderte, «ein Zwang ausgeübt werden» müsse, war bei den Behörden umstritten. Der Brüsseler Generalgouverneur von Bissing sprach sich gegen Zwangsmaßnahmen aus, denn «da ein Mittel, widerwillige Arbeiter zu zwingen, in einem Kulturstaat bisher noch nicht gebräuchlich geworden ist, so werden diese widerwilligen Arbeiter, die auch gar keine Qualitätsarbeiter sein werden, nur unnötige Esser, aber kein Ersatz für die fehlenden Arbeiter in Deutschland sein. Jedenfalls kann ich die Verantwortung für die Folgen nicht übernehmen.» Neben der Ineffektivität betonte er den völkerrechtswidrigen Charakter von Zwangsdeportationen, ihre organisatorische Undurchführbarkeit und die negativen Auswirkungen auf die Haltung der neutralen Länder wie der deutschen Öffentlichkeit; allerdings erklärte er sich «grundsätzlich damit einverstanden, daß wir aus Belgien möglichst viele Arbeitskräfte herausziehen, und ich bin auch vollkommen bereit, durch einen weiteren Ausbau des bisherigen freiwilligen Werbesystems unter Anwendung amtlicher Druckmittel mein Möglichstes zu tun».[87] Nur eben den öffentlichen Zwang wollte er vermeiden. Gegen die Auffassung von Bissings stand vor allem die dritte OHL, die von den Industriellen weiterhin unter Druck gesetzt wurde.[88] Ihre Position bestand darin, daß ohne Ausländereinsatz in erheblichen Größenordnungen die wirtschaftliche Grundlage der Kriegsführung ernsthaft in Frage gestellt sei: «Etwaige völkerrechtliche Bedenken dürfen uns nicht hindern, sie müssen der unentrinnbaren Notwendigkeit weichen, jede in deutscher Gewalt befindliche Arbeitskraft der kriegswirtschaftlich produktivsten Verwendung zuzuführen.»[89] Schließlich gab ein Schreiben Bethmann Hollwegs den Ausschlag, der die Zwangsdeportation belgischer Arbeiter nach Deutschland dann für völkerrechtlich akzeptabel erklärte, wenn es sich um Arbeitslose handelte, die in Belgien keine Arbeitsstelle fanden, dadurch von öffentlichen Unterstützungen leben mußten, und wenn die Arbeit zudem nicht militärischen Zwecken diente.[90]

Damit war die Formel zur Umgehung des Völkerrechts gefunden, und am 26. November 1916 begannen Deportationen im großen Umfang. Alle männlichen Bewohner eines Ortes ab dem 17. Lebensjahr mußten sich versammeln, der Ortskommandant schied Herren höheren Standes sowie Gebrechliche aus und forderte die Restlichen auf, sich freiwillig zur Arbeit in Deutschland zu melden. Wer dieser Aufforderung nicht nachkam, wurde augenblicklich in einen bereitstehenden Güterzug verladen und nach Deutschland in eines der Internierungslager gebracht.[91] Durch die Zwangsdeportationen aus Belgien zwischen dem 26. Oktober 1916 und dem 10. Februar 1917 wurden etwa 61 000 Arbeiter nach Deutschland gebracht, hinzu kamen noch etwa 17 000, die sich bei diesen Aktionen «freiwillig» meldeten.[92]

Tab. 8: *Ausländische Arbeiter in Deutschland 1913/14 bis 1917/18 (nach dem Legitimationsaufkommen der Deutschen Arbeiterzentrale)*[100]

Herkunftsland/ Nationalität		Rußland	Österreich/ Ungarn	Italien	Niederlande und Belgien	Insgesamt
Jahr	Bereich					
1913/14	Landw.	286 413	135 868	45	9 633	436 736
	Ind.	35 565	188 991	64 992	46 245	346 122
	zus.	321 978	324 859	65 037	55 878	782 858
davon Polen						
	Landw.	269 000	58 244			
	Ind.	22 538	17 266			
	zus.	291 538	75 510			
Ruthenen						
	Landw.		68 236			
	Ind.		46 017			
	zus.		114 253			
1914/15	Landw.	275 972	49 797	21	7 916	337 752
	Ind.	75 938	80 798	12 935	42 349	222 762
	zus.	351 910	130 595	12 956	50 265	560 504
davon Polen						
	Landw.	246 572	20 011			
	Ind.	55 737	4 512			
	zus.	302 309	24 523			
Ruthenen						
	Landw.		26 090			
	Ind.		4 821			
	zus.		30 911			
1915/16	Landw.	311 658	26 581	41	6 208	348 817
	Ind.	133 913	61 990	11 399	50 009	270 487
	zus.	445 571	88 571	11 440	56 217	619 304
davon Polen						
	Landw.	276 500	8 841			
	Ind.	103 643	2 123			
	zus.	380 143	10 964			
Ruthenen						
	Landw.		14 228			
	Ind.		2 459			
	zus.		16 687			
1916/17	Landw.	326 683	19 304	49	5 533	355 483
	Ind.	147 676	52 371	10 591	88 602	313 138
	zus.	474 359	71 675	10 640	94 135	668 621

Herkunftsland/Nationalität	Rußland	Österreich/Ungarn	Italien	Niederlande und Belgien	Insgesamt
Jahr / Bereich					
davon Polen					
Landw.	278 469	6497			
Ind.	116 653	1621			
zus.	395 122	8118			
Ruthenen					
Landw.		9485			
Ind.		1675			
zus.		11 160			
1917/18 Landw.	348 386	14 262	128	5547	372 274
Ind.	154 073	54 688	13 556	104 630	343 496
zus.	502 459	68 950	13 684	110 177	715 770
davon Polen					
Landw.	291 080	4406			
Ind.	117 841	1120			
zus.	408 921	5526			
Ruthenen					
Landw.		6274			
Ind.		1276			
zus.		7550			

Insgesamt aber waren die Zwangsmaßnahmen organisatorisch und politisch ein Desaster. Unter den Deportierten befanden sich nicht nur Vollbeschäftigte und Jugendliche, sondern auch zahlreiche Behinderte und Kranke, so daß allein 13 150 Arbeitsunfähige zurückgeschickt werden mußten.[93] Von den bis Anfang 1917 etwa 56 000 Deportierten befanden sich im Februar noch 40 000 in den Sammellagern, 8000 waren vorübergehend zur Arbeit eingesetzt, und nur 8500 hatten mittlerweile «freiwillig» Arbeitsverträge unterschrieben.[94] Die Behörden versuchten massiv, die Belgier in den Lagern unter Druck zu setzen, um sie zum Abschluß von Arbeitsverträgen zu bewegen. In einer Besprechung der zuständigen Ressorts am 17. Oktober 1917 wurde festgelegt: «Durch geeignete Maßnahmen ist dahinzuwirken, daß die zur Zwangsarbeit herangezogenen Arbeiter sich nachträglich zur Übernahme der freiwilligen Arbeit entschließen.»[95] In den daraufhin erlassenen «Grundsätzen zur Heranziehung arbeitsscheuer Belgier zu Arbeiten in Deutschland» wurde dies konkretisiert: «Durch straffe Zucht und nachdrückliche Heranziehung zu den notwendigen inneren Arbeiten auf der Verteilungsstelle muß die Vorbedingung dafür geschaffen werden, daß die Belgier jede Gelegenheit gutbezahlter Arbeit außerhalb der Verteilungsstelle als eine erwünschte Verbesserung ihrer Lage begrüßen.»[96] Jedenfalls konnte von den ursprünglich zugesagten Deportationszahlen von wöchentlich (!) 20000 keine Rede sein. Hingegen waren die politischen Folgen für das Ansehen des Deutschen Reiches sehr unangenehm; vor allem die zahlreichen Proteste neutraler Länder, wie Spaniens, der Schweiz, Holland, dem Vatikan und den USA, festigten das Bild vom deutschen Militarismus in der internationalen Öffentlichkeit und trugen nicht unwesentlich zur weiteren diplomatischen Isolierung Deutschlands bei. Inwieweit die Zwangsmaßnahmen auch wirtschaftlich ein Fehlschlag waren, ist schwer zu bestimmen. Die Belgier galten als unwillige Arbeiter, und manche Unternehmen lehnten es gar ab, sie zu beschäftigen. Immerhin hatte die Anwendung von Zwang – ähnlich wie dies auch im «Generalgouvernement» zu beobachten war – zu einem erheblichen Anstieg der «freiwilligen Meldungen» belgischer Arbeiter geführt. Die Mehrzahl der Arbeiter aber blieb in den Lagern, bis der Druck der deutschen Öffentlichkeit auf die deutschen Regierungsstellen so groß geworden war, daß im Februar 1917 die gesamte Aktion abgebrochen wurde. Insbesondere die Noten der neutralen Länder und «die aus politischen Gründen in hohem Grad unerwünschte Fortsetzung der Reichstagsverhandlung über Mißstände der Lage jener Arbeiter», wie Bethmann Hollweg es formulierte, setzten die Reichsregierung unter Druck.[97] Die Strategie zur Beschaffung belgischer Arbeiter wurde umgestellt – die Lebensbedingungen in Belgien wurden verschlechtert, die materiellen Anreize zur Aufnahme von Arbeit in Deutschland erhöht. Schon im März 1917 wurden alle belgischen Betriebe, die nicht für die deutsche Kriegswirtschaft produzierten, stillgelegt; gleichzeitig sollte die Attraktivität der Arbeitsaufnahme in Deutschland durch Zahlung von Handgeldern und Unterstützungen für die Familienangehörigen erheblich gesteigert werden. Schließlich wurde im Mai 1917 die formelle Gleichstellung von Belgiern und Deutschen hinsichtlich der Arbeits- und Lebensbedingungen bestimmt.[98] Diese Kombination aus ökonomischem Druck und sozial attraktivem Angebot, die bis Kriegsende aufrechterhalten wurde, hatte einigen Erfolg; die Anwerbezahlen schnellten hoch – wenngleich der Anteil der Belgier an der Gesamtzahl der in Deutschland zur Arbeit eingesetzten Ausländer doch sehr begrenzt blieb. Von der Beendigung der Zwangsdeportationen im Februar 1917 bis zum Sommer 1918 wurden fast 100000 Neuanwerbungen belgischer Arbeiter gezählt; bei Kriegsende waren etwa 130000 Belgier in Deutschland beschäftigt (Tab. 8).[99]

1.5. Die Dynamik der Zwangsarbeit

Die Zwangsarbeitspolitik der deutschen Regierung gegenüber belgischen Arbeitern hatte schon nach wenigen Monaten Konkurs gemacht. Ausschlaggebend dafür waren neben den organisatorischen Problemen vor allem die Proteste aus dem In- und Ausland gewesen. Die deutsche Politik gegenüber den polnischen Arbeitern stand hingegen sehr viel weniger im Rampenlicht, zumindest was das Ausland anbetraf; dabei war die Lage der Polen in Deutschland prekär – nicht erst seit der Verschärfung der Zwangsanwerbungen im Oktober 1916, sondern schon seitdem die Bestimmungen über Rückkehr- und Ortswechselverbot in die Praxis durchschlugen.

Bereits im November 1915 wiesen die Militärbehörden warnend auf die zahlreichen Klagen über schlechte Behandlung hin, auch sei mehrfach festgestellt worden, daß die Löhne der Polen deutlich unter denen der Deutschen lägen.[101] Die am häufigsten auftretenden Mißstände faßte der Reichstagsabgeordnete Trampczynski im November 1916 gegenüber dem preußischen Innenministerium so zusammen: Mißhandlungen durch Arbeitgeber, Betriebs- und Polizeibeamte; menschenunwürdige Wohnungen; schlechte Kost; Ausnutzung der Wehrlosigkeit der Arbeiter u.a. zum Herabdrücken des Lohnes; Abzüge für verschiedene Versicherungskassen, obwohl diese Kassen den Arbeitern bei Unfällen oder Krankheit nichts zahlten; zu langer Instanzenweg bei Anträgen auf Stellenwechsel usw.; Festhalten in Gefangenenlagern bei Konflikten mit Arbeitgebern.[102] Solche Beschwerdelisten sind allerdings insofern nur bedingt aussagekräftig, als die «Mißstände» nicht in Bezug gesetzt werden können zur «normalen» Situation der Ausländer während des Krieges. Auch die Ausländerpolitik, die bisher vorwiegend auf der Ebene der administrativen Spitzen der Militär- und Zivilverwaltung untersucht wurde, sagt darüber nichts aus, sondern reflektiert den politischen Willen der beteiligten Behörden; inwieweit und in welcher Weise sich dieser in der Praxis der Beschäftigung ausländisch-polnischer Arbeiter niederschlug, soll daher abschließend an einem Fallbeispiel untersucht werden; im Mittelpunkt steht dabei die Industrie im westlichen Ruhrgebiet und in Sonderheit die Friedrich-Alfred-Hütte (FAH) der Firma Krupp in Rheinhausen.[103]

Im Sommer 1914 beschäftigte das Kruppsche Hüttenwerk Rheinhausen aufgrund von Ausnahmegenehmigungen der Behörden etwa 200 russisch-polnische Arbeiter, die im Oktober 1915 unter das Rückkehrverbot fielen. Seit dem Frühjahr 1915 bemühte sich das Unternehmen darum, eine größere Anzahl «weiterer russischer Zivilgefangener aus den Konzentrationslagern Barmen und Elberfeld» bei sich einzustellen, womit die Insassen der dortigen Internierungslager für wehrfähige russisch-polnische Arbeiter, die sich bei Kriegsbeginn in Deutschland aufgehalten hatten, gemeint waren.[104] Dies widersprach den zu dieser Zeit noch gültigen Bestimmungen, wonach diese Arbeiter in den preußischen Westprovinzen nicht arbeiten durften.

Mit der Begründung, «daß die Beschaffung von geeigneten Facharbeitern wegen der immer umfangreicheren Lieferungen für Heer und Marine für uns äußerst dringlich» sei, erreichte die Firma jedoch die Genehmigung des Arbeitseinsatzes von ausländischen Polen, weil, so die Behörden, «der Arbeitermangel immer größer wird und ... darin allmählich eine Gefahr für die Landesverteidigung entsteht».[105]

Mit der gleichen Begründung gelang es bis Ende des Jahres, durch Vermittlung der Deutschen Arbeiterzentrale noch weitere russische Arbeiter aus verschiedenen Internierungslagern zu erhalten, so daß deren Zahl bis Anfang 1916 auf etwa 1000 stieg.[106]

Die örtlichen Polizeistellen standen der dadurch eingeleiteten Entwicklung recht hilflos gegenüber, denn diese Arbeiter im Status von Zivilgefangenen mußten überwacht, ihre Flucht verhindert, ihr Lebenswandel kontrolliert werden – und so überrascht es nicht, daß die Polizeibehörden des Kreises Moers nicht aufhörten, über das unberechtigte Entweichen der ausländischen Arbeiter, über Glücksspiel, die Anwesenheit von «Krefelder Dirnen» und überhaupt unbotmäßiges Verhalten der Polen zu klagen: «Zu immer größeren Gesetzwidrigkeiten neigen die fremden Arbeiter; Hauptursache ist der übermäßige Genuß von alkoholischen Getränken», berichtete der zuständige Bürgermeister von Hochemmerich. «Es spielten sich fast allabendlich auf den Straßen Ausschreitungen und Schlägereien ab ..., außerdem nimmt die Zahl der widerspenstigen Arbeiter sowie der Arbeitsverweigerungen von Tag zu Tag zu, und es muß ständig eine große Anzahl solcher Arbeiter in Sicherheitshaft genommen werden. Das Verbot des Verlassens des Ortspolizeibezirks findet offenbar nur geringe Beachtung, und die Entweichungen treten massenweise auf. Meldungen des Arbeitgebers über unentschuldigtes Fernbleiben von der Arbeitsstelle laufen stets in großen Mengen ein, und die Zahl der Beschuldigten, gegen die das Strafverfahren eingeleitet werden mußte, beträgt mehrere hundert. Arbeitszwang muß sehr häufig durch längere Inhaftierung ausgeübt werden; er führt aber nicht immer zu einem Erfolg von längerer Dauer.»[107]

Daraufhin verlangten die örtlichen Behörden gegenüber dem Regierungspräsidenten und der Firmenleitung umfangreiche Sicherheitsvorkehrungen, ansonsten könnten sie der Weiterbeschäftigung der Rußland-Polen nicht mehr zustimmen; die darauf folgenden Verhandlungen zwischen der Firma und dem Landrat von Moers führten im Juni 1915 zu strengeren Verhaltensvorschriften für die Polen. Die Unternehmensleitung verpflichtete sich, «für die Unterbringung der Arbeiter ein Barackenlager im Anschluß an das Kriegsgefangenenlager in Hochemmerich herzustellen. Das Lager soll vollständig eingefriedet und abgeschlossen sein.» Zur Bewachung im Lager waren Kruppsche Bedienstete als Hilfspolizeibeamte vorgesehen, die «von der Firma mit Armbinde, Dienstmütze und Waffe ausgestattet» werden sollten; innerhalb des Betriebes sollten deutsche Werkmeister und Vorarbeiter diese Aufgabe übernehmen. Sogar eine einheitliche Kennzeichnung war

1. Vom Saisonarbeiter zum Zwangsarbeiter

vorgesehen: «Zur Erleichterung der polizeilichen Beaufsichtigung soll die Kleidung der russisch-polnischen Arbeiter mit einem besonderen Abzeichen (eingenähter Streifen in Jacke und Hose) versehen werden.» Darüber hinaus sah die Vereinbarung vor, den Polen den Besuch deutscher Gaststätten, das Verlassen des Gemeindebezirks, die Benutzung von öffentlichen Verkehrsmitteln und das Betreten von Bahnhöfen und Rheinbrücken zu verbieten sowie ihnen ein nächtliches Ausgehverbot aufzuerlegen.[108] Diese sehr weitgehenden Bestimmungen wurden dann allerdings auf dem Instanzenweg zunächst nicht genehmigt – sie verdeutlichen aber, daß auf den unteren Behördenebenen bereits zu diesem frühen Zeitpunkt über restriktive Behandlungsvorschriften für ausländisch-polnische Arbeiter nachgedacht wurde, als in den Erlassen der politischen und militärischen Führung noch über die völkerrechtliche Absicherung des Rückkehrverbots gehandelt wurde. Auch wenn man die Aktivitäten der scheinbar übereifrigen Beamten in Moers mit den in anderen Städten der Region zu dieser Zeit üblichen Formen des Umgangs mit den Polen vergleicht, wird deutlich, wie sehr sich die Praxis der Ausländerbeschäftigung von dem Eindruck unterscheidet, den man aus der Betrachtung der Ausländerpolitik der Regierung erhält.

In Düsseldorf etwa war es Brauch, den polnischen Arbeitern sämtliche Ausweispapiere abzunehmen, um das Verbot der Freizügigkeit durchzusetzen. Eine Kasernierung der russisch-polnischen Arbeiter, so der Düsseldorfer Landrat, sei «dringend erwünscht», denn: «Die Russen lassen sich nur zusammenhalten, wenn sie eine straffe Zucht über sich fühlen. Nach den Erfahrungen, die bisher mit den Russen gemacht sind, fühlen sich die Russen überhaupt nicht wohl, wenn sie sich nicht dauernd unter Überwachung wissen. Dringend notwendig ist für die Russen die Befugnis der Ortspolizeibehörde oder einer anderen Instanz, die Fälle von Unbotmäßigkeit mit Arrest zu bestrafen. Die Polizeiverwaltungen haben wiederholt Russen, welche die anderen Arbeiter aufhetzen wollten oder sich faul und widerspenstig zeigten, auf 24 oder 48 Stunden bei Wasser und Brot eingesperrt. Die Wirkung der Maßregel war überall die gleiche: Die Russen wurden willig und folgsam und hielten selbst Zucht und Ordnung. Ob die Polizeiverwaltungen zu derartigen Maßregeln berechtigt waren, ist mir zweifelhaft. Praktisch hat sich das Verfahren außerordentlich bewährt, und ich habe bisher auch keinen Widerspruch dagegen erhoben. Beschwerden über Freiheitsentziehungen sind bisher nicht an mich gekommen.»[109]

In diesem Bericht wird die Auseinanderentwicklung zwischen politischen Entscheidungen auf der Ebene der Reichsbehörden und den «praktischen Erfordernissen» der unmittelbar mit dem Einsatz der Polen beschäftigten Stellen präzise beschrieben. Angesichts der naheliegenden Zweckmäßigkeit gerät die juristische Berechtigung restriktiver polizeilicher Maßnahmen in den Hintergrund, wobei man, wenn es gegen die «Russen» geht, offenbar auf das stillschweigende Einverständnis der übergeordneten Behörden vertrauen kann.

Der aus solchen Behandlungsvorschriften resultierende mangelnde «Arbeitseifer» der ausländischen Arbeiter wurde von seiten der Behörden wiederum mit schärferen Maßnahmen bekämpft. Das bezog sich allerdings durchaus nicht nur auf die Polen, sondern betraf auch Arbeiter aus dem westlichen Ausland. Gerade bei Belgiern und Holländern, deren Arbeits- und Lebensbedingungen in Deutschland deutlich besser waren als die der Arbeiter aus dem Osten, wurde besonders häufig über mangelnden Arbeitseifer geklagt, woraus wiederum die örtlichen Behörden die Forderung nach härterem Durchgreifen ableiteten: «Es erscheint auch notwendig», schrieb der Essener Polizeipräsident an den Regierungspräsidenten in Düsseldorf, «daß die belgischen Arbeiter hinsichtlich des Arbeitszwanges und der sonstigen sicherheits- und ordnungspolizeilichen Bestimmungen den russischen gleichgestellt werden. Gerade unter ihnen befinden sich träge und unzuverlässige Elemente.» Neben verschärften polizeilichen Maßnahmen sollten hier allerdings auch deutsche Facharbeiter kontrollierend und leistungssteigernd auf die Ausländer einwirken: «Es ist manchmal sogar erwünscht, daß insbesondere bei den Facharbeitern, bei denen eine Trennung selten durchführbar ist, die einheimischen Arbeitsgenossen das Verhalten der Ausländer während der Arbeit kontrollieren.»[110]

Die hier geschilderten Maßnahmen zeigen, daß die unfreiwillige Anwesenheit der Ausländer eine behördliche Kettenreaktion auslöste, die deren Leben, vor allem das der russisch-polnischen Arbeiter, von der Regelung der Nachtruhe bis zum Verhältnis zu den deutschen Arbeitskollegen in ein starres Korsett von Vorschriften zu zwängen suchte, das jede selbständige Regelung der Arbeiter verhindern sollte. Aufschlußreich ist dabei die Begründung des Düsseldorfer Landrats für die Zwangsmaßnahmen: Die «Russen» fühlten sich sonst gar nicht wohl. Der vermeintliche Nationalcharakter der Slawen begründete in sich ein Ausnahmerecht, bei dem sich die sonst so gesetzestreuen Beamten auch nicht weiter um gesetzliche Vorschriften kümmern mußten.

Die Haltung der Behörden zu den polnischen Arbeitern wird auch durch ein Plakat offenbar, mit dem der Düsseldorfer Oberbürgermeister Zwangsarbeit für Arbeitsunwillige androhte und befahl, «gegen jeden Arbeiter aus dem russisch-polnischen Okkupationsgebiet, der sich weigert, Arbeiten, für die er angeworben worden ist, zu verrichten, den Arbeitszwang anzuwenden, und zwar auf der Arbeitsstelle, die von mir festgesetzt wird ... Ich warne hiermit jeden russischen Staatsangehörigen aus dem russisch-polnischen Okkupationsgebiet, ohne meine Erlaubnis die Arbeit niederzulegen, unpünktlich oder angetrunken zur Arbeit zu erscheinen», sonst drohe «Sicherheitshaft», «empfindliche Freiheitsstrafe» usw., denn immerhin habe «das deutsche Reich es Euch erlaubt, trotzdem Ihr Angehörige eines feindlichen Staates seid, die Vorzüge eines geordneten Staatswesens noch während des Krieges zu genießen». Aber daneben wurden den Arbeitern auch Rechte zugesichert, die ja durchaus nicht selbstverständlich waren: Sie soll-

1. Vom Saisonarbeiter zum Zwangsarbeiter

ten nicht kaserniert werden, durften auf Antrag ihre Familien nachholen, erhielten die gleichen Löhne wie deutsche Arbeiter, hatten Beschwerderecht und durften von den Vorgesetzten weder beleidigt noch mißhandelt werden.[111]

Trotz solcher Zusicherungen verschlechterten sich die Lebensbedingungen der auslandspolnischen Arbeiter in dieser Region. Im November 1915 wies das Stellvertretende Generalkommando Münster auf die zunehmenden Klagen über die schlechte Behandlung der Polen hin; vor allem häuften sich die Mißhandlungen, was die Arbeiter verbittere und arbeitsunwillig mache. Die Polen erhielten häufig den ihnen zustehenden Lohn nicht und würden offenbar schon bei Abschluß der Arbeitsverträge übervorteilt, «während bei den belgischen Arbeitern die Zahl der Klagen nicht annähernd so hoch ist wie bei den Russ.-Polen».[112] Dennoch wurden auch gegenüber den Belgiern in zunehmendem Maße Zwangsmittel angewendet. Belgische Arbeiter, die «mutwillig feiern und sich unbotmäßig benehmen», bestimmte das Stellvertretende Generalkommando im Dezember 1915, «werden nach bewährter Übung zweckmäßig in Haft genommen, bis sie sich wieder arbeitswillig zeigen».[113] Von Inhaftnahme bei Arbeitsunwilligkeit ist also bereits Ende 1915 als «bewährter Übung» die Rede, ein Jahr, bevor der Arbeitseinsatz in Belgien auch offiziell als «Zwangsarbeit» deklariert wurde.

So nimmt es nicht wunder, daß die ausländischen Arbeiter in steigendem Maße versuchten, sich diesen Zwangsmaßnahmen zu entziehen. Dies geschah z. T. dadurch, daß sie sich nach Ablauf ihres Arbeitsvertrages darum bemühten, eine bessere Arbeitsstelle zu bekommen. Dies war prinzipiell nicht verboten und führte sogar zu regelrechten Abwerbeversuchen der Industriebetriebe untereinander.[114] Vor allem aber nahmen die Fluchten der polnischen Arbeiter rapide zu. Von den 900 Polen, die im Juli 1916 bei der FAH in Rheinhausen beschäftigt waren, wurden mehr als 80 «als entwichen geführt, und täglich mußte bei 10 bis 15 Arbeitern der Arbeitszwang durchgeführt werden, wobei jedoch nur in wenigen Fällen, trotz der Anwendung der strengsten Sicherheitshaft, die hartnäckige Widerspenstigkeit gebrochen wurde. In einigen Fällen nahmen die Leute lieber keine Nahrung zu sich, als daß sie die Arbeit nochmal aufnahmen», berichtete die Polizei in Hochemmerich an den Moerser Landrat.[115]

Die Behörden sahen sich außerstande, die Auslandspolen vollständig zu kontrollieren. Da viele von ihnen aus dem deutsch-polnischen Grenzland stammten, sprachen sie meist gut Deutsch; dadurch, klagten die überforderten Polizeibeamten, «verschwinden sie vollständig im öffentlichen Verkehr und der übrigen Arbeiterschaft»; an manchen Tagen fehlten fast 100 von ihnen bei der Arbeit, sie benutzten die Bahn und versuchten, «mit Frauen und Mädchen anzubinden», sie tranken Alkohol in den Gaststätten, «blieben dann mehrere Tage der Arbeit fern, trieben sich herum»[116] – kurz, sie verhielten sich nicht anders als die meisten ihrer deutschen bzw. deutsch-polnischen Kollegen auch, denn «durch die vorwiegend hier vorhandene Industriebevölkerung mit einem außerordentlich starken Bevölkerungs- und Aufenthaltswechsel gestalten sich hier die Verhältnisse auf allen Gebieten in vollständig abnormer Art».[117]

Die Unterscheidung zwischen «inländischen Polen», die zwar ebenfalls von den Behörden mißtrauisch beäugt wurden, als preußische Staatsbürger aber denselben Rechtsvorschriften wie Deutsche unterlagen, und den ausländischen Polen, die als «Zivilgefangene» und «feindliche Ausländer» in ihrer Lebensweise so weitgehenden Restriktionen unterworfen waren, mußte also nach politischen – und das hieß in der Praxis: willkürlichen – Kriterien geschehen. Gerade die Tatsache, daß sich die polnischen Zivilgefangenen und rekrutierten Arbeiter weder äußerlich noch durch ihre Sprachkenntnisse von der übrigen Arbeiterbevölkerung abhoben, dennoch aber als «feindliche Ausländer» galten und strengen Regelungen unterworfen waren, brachte die Polizeibehörden in Schwierigkeiten. Eine einheitliche Kennzeichnung, wie bei Krupp anfangs erwogen, war nicht durchgeführt worden und eine strikte Kasernierung bis dahin nicht durchsetzbar gewesen, obwohl sie von den unteren Behörden immer wieder gefordert worden war; denn nur eine Unterbringung in umzäunter Lage hätte die Gewähr dafür geboten, die Ausländer vollständig überwachen zu können.

Im Sommer 1916 nahmen die Fluchtbewegungen noch einmal stark zu, allein im Juni und August wurden mehr als 100 russisch-polnische Arbeiter der FAH von Fluchthelfern gegen Bezahlung illegal über die holländische Grenze gebracht, was nach Meinung des Bürgermeisters in erster Linie auf die relative Bewegungsfreiheit der in Privatquartieren lebenden Ausländer zurückzuführen war.[118] Daraufhin kamen der Bürgermeister und die Firmenleitung des Hüttenwerks überein, erneut die Internierung der Polen zu beantragen. «Die Friedrich-Alfred-Hütte ist selbst zu der Überzeugung gekommen», schrieb der Bürgermeister im August 1916 an den Landrat, «daß der größte Teil der feindlichen Arbeiter unter diesen Umständen ihnen in bezug auf die Herstellung von Kriegsmaterial trotz der dringenden Notwendigkeit keine nennenswerten Arbeitskräfte mehr darstellen. Ihre Verwendung muß in diesem Betriebe, falls den aufgetretenen Übelständen nicht sofort wirksam entgegengetreten werden sollte, geradezu als schädlich bezeichnet werden. Die Friedrich-Alfred Hütte ist nach einer mündlichen Unterredung des Herrn Direktors Dorfs mit dem hiesigen Polizei-Kommissar gerne bereit, für die russischen Arbeiter ein Internierungslager zu errichten und der Behörde Gelegenheit zu einer vollständigen Kasernierung zu geben.»[119] In der später entworfenen Verordnung war die Unterbringung der Ausländer in Lagern dann auch vorgesehen, und das Bewohnen von Privatquartieren wurde untersagt.[120] Damit war ein weiterer Schritt getan. Die russisch-polnischen Arbeiter standen unter Sonderrecht, waren in Lagern untergebracht, unterlagen der Ausgangssperre und der Einschränkung der Freizügigkeit, wurden bei Arbeitsverweigerungen inhaftiert und waren häufig Mißhandlungen und Beleidigungen ausgesetzt.

Durch die Unterbringung in Lagern kamen Mängel in der Ernährung hinzu. Die Küchen der Ausländerlager wurden nämlich in der Regel von der Frau des jeweiligen Lagerverwalters unterhalten, und die Fälle von Korruption und «Durchstechereien» wurden so häufig, daß sich das Generalkommando in Münster, um die Ernährung der ausländischen Arbeiter sicherzustellen, veranlaßt sah, bis ins kleinste gehende Anweisungen über die Verpflegung zu geben.[121] Die mangelhafte Ernährung stellte in der letzten Kriegsphase aber weiterhin eines der größten Probleme der russisch-polnischen Arbeiter dar. Die «dünne Brühe», die sie im Lager erhielten, war immer wieder Anlaß zu Beschwerden und Auseinandersetzungen. Darüber hinaus hatte der Betrieb bei Unterbringung und Verpflegung der Ausländer in den Lagern Zugriffsmöglichkeiten und Gelegenheit, Arbeitsleistung und Verpflegung miteinander zu koppeln. In vielen Firmen wurden «Arbeitsverweigerer» mit Essensentzug bestraft, ein zwar verbotenes, aber offenbar wirksameres Verfahren als die laut Kriegsministerium hier angemessene Strafe, nämlich die Arbeiter «in Schutzhaft zu nehmen und zu diesem Zwecke in ein Gefangenenlager zu unbezahlter schwerer Arbeit zu überführen, bis sie ihren Widerstand aufgeben».[122]

Die Zwangsarbeit russisch-polnischer Arbeiter in Deutschland während des Ersten Weltkrieges ist von der Entwicklung der Ausländerbeschäftigung in den vorangegangenen Jahrzehnten nicht zu trennen, aber ebensowenig ist sie ihr gleichzusetzen. Das von den preußischen Behörden entwickelte Instrumentarium zur Regulierung der «Ausländerzufuhr» in Form von Karenzzeit und Legitimationszwang, das gleichermaßen zur Überwachung der Auslandspolen wie zur Stabilisierung ihrer im Vergleich zur deutschen Arbeiterschaft schlechten sozialen Stellung diente, hatte eine Tradition der Diskriminierung insbesondere der Polen begründet, was den Übergang zu Zwangsmaßnahmen bei Kriegsbeginn zwar als kriegsbedingte und dadurch gerechtfertigte Verschärfung, nicht aber als etwas prinzipiell Neues erscheinen ließ. Auch die Debatte um «Überfremdung» und «antipolnischen Abwehrkampf» war noch in frischer Erinnerung, und als aus den ungeliebten polnischen Arbeitern nun auch noch «feindliche Ausländer» wurden, sahen sich die Behörden ihnen gegenüber nur so weit an Rechtsbestimmungen gebunden, als gegenüber dem Ausland der Schein gewahrt werden mußte. Daß sich die Behandlung der Polen nach Kriegsbeginn noch verschlechterte, lag ebenso wie die Verschärfung der ausländerrechtlichen Bestimmungen durchaus in der Logik und Dynamik der Traditionen der Ausländerbeschäftigung der Vorkriegszeit.

Zwar wurden diese Verschärfungen vor allem von den Sozialdemokraten und den polnischen Reichstagsabgeordneten heftig kritisiert – was bei der Regierung mindestens zu einer gewissen Vorsicht bei weiteren Maßnahmen führte –, insgesamt aber wurde das Schicksal der ausländischen Arbeiter während des Krieges in der deutschen Öffentlichkeit, sieht man von der Phase der Zwangsrekrutierung belgischer Zivilarbeiter ab, weder von großer Aufmerksamkeit begleitet, noch hatte das Rückkehrverbot von 1914 einen Sturm der Empörung erregt. Das hatte zunächst mit dem Krieg selbst zu tun, der angesichts der offenbaren Ausnahmelage die Toleranzschwelle der deutschen Öffentlichkeit für Ungerechtigkeiten im zivilen Bereich rapide senkte: Wo die Fronten wöchentlich Tausende von Gefallenen meldeten, konnte das Rückkehrverbot gegenüber feindlichen Zivilisten keine Emotionen mehr erwecken. Hinzu kam, daß der Arbeitseinsatz von Hunderttausenden kriegsgefangener Ausländer in Deutschland die Grenzen zwischen zivilen und militärischen Arbeitskräften verschwimmen ließ; und in dem Maße, wie sich der Krieg ausweitete und verschärfte, vergrößerte sich in der deutschen Gesellschaft die Bereitschaft, auch solche Maßnahmen gegenüber den Auslandspolen zu akzeptieren, die zu Beginn des Krieges vielleicht noch auf heftige Proteste gestoßen wären. Auf der anderen Seite schuf der Übergang zur Zwangsarbeit für die Behörden auch eine Fülle neuer und z. T. unerwarteter Probleme und Erfahrungen. Es zeigte sich, daß die Beschäftigung von ausländischen Arbeitern gegen deren Willen nur mit einem enormen Aufwand durchführbar war und zur ständigen Verschärfung der Bestimmungen führte. Wollte man das Entweichen der Ausländer verhindern, waren dazu umfangreiche Überwachungsmaßnahmen notwendig; das aber beeinträchtigte deren Leistungsbereitschaft und -fähigkeit insbesondere beim Einsatz in der Industrie. Je höher der Anteil an qualifizierter Arbeit, desto schwieriger war eine qualifizierte Arbeitsleistung mit reinen Zwangsmitteln erreichbar.

Es stellte sich heraus, daß Zwangsarbeit jedenfalls für die industriellen Unternehmer eine relativ teure Angelegenheit war. Da den Ausländern zumindest nominell der gleiche Lohn bezahlt wurde wie den deutschen Arbeitern – schon um die Entlassung von Deutschen und deren Ersetzung durch Ausländer zu verhindern –, stiegen die Kosten durch Anwerbung, Transport, Erstellung von Unterkünften, Bewachungspersonal usw. erheblich an. Rechnet man niedrige Leistungen, häufige Fehlzeiten und die hohen Zahlen «Kontraktbrüchiger» hinzu, so war die Beschäftigung von Auslandspolen für die Industriebetriebe kein lohnendes Geschäft. Die Löhne der Ausländer hätten wesentlich niedriger liegen müssen, um den Einsatz rentabel zu machen; das aber hätte weitere umfangreiche organisatorische Maßnahmen nach sich ziehen müssen, sowohl um negative Auswirkungen auf das Lohngefüge insgesamt zu vermeiden, als auch um die zu erwartenden Kontraktbrüche und Fluchten der Ausländer zu verhindern.

Zweitens zeigte sich, daß die praktische Durchführung des Ausländereinsatzes durchaus nicht parallel zu den Entscheidungsprozessen in den militärischen und zivilen Leitungsgremien verlief. Während die Landes- und Reichsbehörden nach dem offensichtlichen Scheitern der Politik der Zwangsdeportationen stärker zu Mitteln des größeren Arbeitsanreizes und einer verbesserten Rechtssituation der ausländischen Arbeiter zurückkehrten, wurden die Bestimmungen der subalternen Stellen und der Betriebe um

1. Vom Saisonarbeiter zum Zwangsarbeiter

so schärfer, je länger der Krieg dauerte. Ein Mechanismus wurde freigesetzt, der, ausgehend von Ansätzen zur Diskriminierung einer Gruppe von Arbeitern, eine eigene Dynamik entwickelte und zur Radikalisierung der Maßnahmen drängte. Die Existenz eines Sonderrechts für eine bestimmte Gruppe setzte deren klare und eindeutige Definition und Erkennbarkeit voraus und führte in ihrer Konsequenz zur Kasernierung, wenn nicht zur äußeren Kennzeichnung; das Verbot der Freizügigkeit zog, sollte es denn effektiv durchgeführt werden, Stacheldraht und Überwachung nach sich; aus Einzelverordnungen entwickelte sich ein System der Reglementierung und Repression mit einer ihm innewohnenden Tendenz zur Perfektionierung. Die Entrechtung im Großen hatte zudem die Unterdrückung auch im Kleinen zur Folge; die ausländischen Arbeiter wurden dann auch vom Aufseher verprügelt, von der Köchin ums Essen und vom Vorarbeiter um den Lohn betrogen. Obwohl dies in oft strengem Gegensatz zu den Anordnungen und Erlassen der Verwaltungsspitzen stand, war es doch nur deren Konsequenz.

Zwangsarbeit setzt offenbar eine Art Eigendynamik frei, durch die einmal eingewöhnte Unterdrückungsmechanismen unten fortwähren und sich verschärfen, wenn sie aus der Perspektive der Initiatoren in den Entscheidungsgremien oben längst dysfunktional und administrativ korrigiert worden sind.

Die Beschäftigung von Kriegsgefangenen und ausländischen Zivilarbeitern während des Ersten Weltkrieges in Landwirtschaft und Industrie stellte der unter chronischem Arbeitermangel leidenden deutschen Kriegswirtschaft mehr als zwei Millionen Arbeitskräfte zur Verfügung und war insofern von erheblicher Bedeutung und nahezu unverzichtbar. Aber während der Kriegsgefangeneneinsatz relativ geringe organisatorische Probleme verursachte und insoweit durchaus effektiv war, waren die Erfahrungen mit der Verwendung von ausländischen Zwangsarbeitern weniger günstig: Die innenpolitische Opposition wurde dadurch ebenso gestärkt wie die außenpolitische Isolation und der Widerstand der Bevölkerung in den besetzten Gebieten gegen die deutschen Behörden. Zwangsarbeit, das hatte sich hier gezeigt, lohnte sich nur, wenn sie total und in großem Stile durchgeführt wurde; Voraussetzung dafür aber war, daß die deutsche Administration weder auf die Haltung der innenpolitischen Opposition, insbesondere auf die organisierte Arbeiterbewegung, Rücksicht zu nehmen hatte noch auf die Kritik aus dem Ausland, noch auf die Lage in den besetzten Gebieten – diese Voraussetzungen aber fehlten im wilhelminischen Kaiserreich auch unter der diktatorischen Führung Ludendorffs und Hindenburgs. Perspektivisch aber wurde deutlich, daß bei entsprechenden gesellschaftlichen Voraussetzungen die massenhafte Zwangsarbeit in kriegswirtschaftlichen Boom-Phasen durchaus als erfolgversprechende Möglichkeit und als Alternative zum freien Arbeitsmarkt herangezogen werden konnte. Und in der Tat waren es die Erfahrungen mit der Zwangsarbeit im Ersten Weltkrieg, auf die sich die Organisation des nationalsozialistischen Ausländereinsatzes während des Zweiten bezog.

2.

Verrechtlichung des Arbeitsmarktes: 1918 bis 1933

Aufgrund der ungenauen statistischen Grundlagen ist die exakte Zahl der ausländischen Zivilarbeiter und Kriegsgefangenen, die bei Kriegsende in Deutschland beschäftigt waren, nicht genau bezifferbar. Rechnet man zu den 715 770 im Legitimationsverfahren registrierten Ausländern noch etwa 200 000 nichtlegitimierte hinzu, so kommt man auf eine Schätzung von etwa einer Million ziviler Arbeiter, so daß zusammen mit den Gefangenen im Sommer 1918 mehr als zwei Millionen Ausländer auf dem Gebiet des Deutschen Reiches eingesetzt gewesen sein dürften. Nach dem Ende des Krieges war es für die deutschen Demobilmachungsbehörden angesichts der zurückströmenden deutschen Soldaten und der krisenhaften Auswirkungen der Umstellung der deutschen Wirtschaft von Kriegs- auf Friedensproduktion eine vordringliche Aufgabe, die Ausländer möglichst schnell in ihre Heimat zurückzuführen – was auch in relativ kurzer Zeit gelang. Bis 1924 war die Zahl der ausländischen Arbeiter in Deutschland gar auf 174 000 gesunken.[123] Paradoxerweise führte dies in der ostdeutschen Landwirtschaft aber zu einigen Problemen. Zwar sollten die bis dahin von Ausländern besetzten Arbeitsplätze von heimkehrenden deutschen Soldaten eingenommen werden, aber da die Nachkriegsarbeitslosigkeit vor allem in den Städten und in der Industrie ausgeprägt war, hätten die Behörden in größerem Ausmaß Umsetzungen deutscher Arbeitskräfte aus der Industrie in die Landwirtschaft durchführen müssen. Das aber war nicht nur organisatorisch schwierig, sondern stieß auch bei den Betroffenen auf wenig Gegenliebe – und hätte zudem auf dem Lande sowohl das Lohngefüge in Bewegung gebracht als auch zu einer Veränderung der Arbeits- und Lebensbedingungen führen müssen. «An einen Ersatz der slavischen Schnitter durch einheimische Arbeitslose sei nicht zu denken», betonten die landwirtschaftlichen Interessenvertreter, «da diese für die gewünschte Arbeit gänzlich ungeeignet seien, auch gar nicht die Absicht hätten, in größerer Zahl auf's Land zu gehen».[124] Auch die Unterbringung bringe Schwierigkeiten mit sich, «weil keine Werkswohnungen vorhanden waren und die Schnitterkasernen als Massenquartiere für deutsche Arbeiter nicht in Frage kamen».[125] So beharrte die ostdeutsche Landwirtschaft darauf, weiterhin Ausländer beschäftigen zu können, weil «ohne die polnischen Wanderarbeiter auf die (!) Güter Ostelbiens ein intensiver landwirtschaftlicher Betrieb nicht möglich sei».[126] Mit diesen Forderungen konnten sich die Landwirte weitgehend durchsetzen.

Für die Behörden der neuen Republik ergab sich daraus im Kontext der Demobilmachung eine doppelte Aufgabe: Einerseits mußte angesichts der erheblichen Arbeitslosigkeit in Deutschland eine erneute Heranziehung ausländischer Arbeiter in größerem Umfang möglichst verhindert werden, auf der anderen Seite zwang der Druck der landwirtschaftlichen Interessenverbände dazu, ein gewisses, wenn auch in der Größenordnung mit den bisherigen Verhältnissen nicht zu vergleichendes Kontingent an polnischen Landarbeitern für die Beschäftigung auf den ostdeutschen Gütern zuzulassen. Das Reichsamt für wirtschaftliche Demobilmachung hatte unmittelbar nach dem Krieg die Grenzen für zuwanderungswillige Ausländer gesperrt und die Zurückführungen der noch auf Reichsgebiet befindlichen, vorwiegend polnischen Arbeiter organisiert.[127] Zur gleichen Zeit aber genehmigte es die Beschäftigung von etwa 50000 polnischen Landarbeitern in Ostdeutschland. In der Nationalversammlung wurde am 10. März 1919 über diese Entscheidung berichtet: «Nach reiflicher Überlegung hat sich das Demobilmachungsamt, nachdem sich sämtliche landwirtschaftlichen Organisationen in derselben Richtung entschieden hatten, entschlossen, die etwa 50000 polnischen Landarbeiter hereinzulassen. Denn wenn man sie ... aus dem Wirtschaftsleben gerade in dieser brennenden Zeit ausschaltet, so ändert man die ganze Struktur der Landwirtschaft. Auch würde man die doppelte Zahl der inländischen Arbeiter für die gleiche Zahl nötig haben.» «Die polnische Frage ist eben», so meinte auch der Vertreter des Demobilmachungsamts, «lediglich eine Hackfruchtfrage».[128]

Mit dieser Entscheidung war es aber notwendig geworden, ein ebenso wirksames wie differenziertes Regelungsinstrumentarium zu entwickeln, das die «Ausländerzufuhr» auf das angesichts der wirtschaftlichen Notlage nur denkbare Minimum beschränkte, andererseits aber flexibel auf wechselnde konjunkturelle Entwicklungen reagieren konnte. Schließlich drittens wurde nun die Frage aktuell, nach welchen politischen Prinzipien die Ausländerzulassung in der Folgezeit organisiert werden sollte.

Innerhalb der deutschen Arbeiterbewegung hatten die Diskussionen über das Ausländerproblem noch während des Krieges zur Formulierung einer Reihe von Forderungen im Hinblick auf die Nachkriegszeit geführt, die man in vier Punkten zusammenfassen kann: Zum einen sollten Ausländer nur dann beschäftigt werden, wenn geeignete deutsche Arbeitskräfte in genügender Zahl nicht vorhanden seien. Ausländer sollten zweitens nur nach Tarifbedingungen entlohnt werden, um lohndrückende Auswirkungen zu verhindern. Drittens sollten das Aufenthaltsrecht und die Ausweisungskompetenz der Behörden nicht wie bisher weitgehend willkürlich, sondern gesetzlich und damit überprüfbar geregelt werden. Schließlich viertens sollte die Zulassung von Ausländern an die Entscheidung von paritätisch aus Unternehmern und Arbeitervertretern gebildeten Ausschüssen gebunden werden.[129]

Diese Postulate wurden in dem seit Kriegsende einsetzenden Prozeß der gesetzlichen Neuregelung der ausländerpolitischen Bestimmungen auch zur Grundlage genommen; wenngleich die Organisationsstruktur der vor 1914 und während des Krieges entwickelten Ausländerpolitik beibehalten wurde.[130]

Im März 1920 schlug die «Reichsarbeitsgemeinschaft land- und forstwirtschaftlicher Arbeitgeber- und Arbeitnehmervereinigungen» der Reichsregierung vor, in der Frage der Ausländerzulassung zukünftig drei Aspekte vorrangig zu beachten: Beschäftigung von Ausländern nur dann, wenn keine einheimischen Arbeiter zur Verfügung standen; gleiche Tarifbedingungen für Deutsche und Ausländer; Überprüfung der Ausländerzulassung durch paritätisch von Arbeitgebern und Arbeitnehmern besetzte Kommissionen.[131]

Auf dieser Basis wurde in den darauffolgenden Jahren die Organisation der Ausländerbeschäftigung geregelt. Schon durch die in der Zentralen Arbeitsgemeinschaft vereinbarte Tarifpflicht war «als Nebenprodukt» (Dohse) die tarifliche Gleichstellung der ausländischen Arbeiter festgeschrieben worden.[132] Damit war durch die sozialpolitischen Errungenschaften der Novemberrevolution gewissermaßen nebenbei eines der schwerwiegendsten Probleme bei der Beschäftigung von Ausländern – ihr Einsatz als Lohndrücker – im Sinne der Arbeiterschaft geregelt worden; ein wichtiger Schritt zu mehr sozialer Gerechtigkeit bei der Behandlung der Ausländer, der theoretisch bis 1939 Gültigkeit hatte. Selbst in den Begründungen für die Lohnabschläge bei polnischen und sowjetischen Arbeitern während des Zweiten Weltkrieges wurde paradoxerweise von der prinzipiell weiter gültigen lohnpolitischen Gleichstellung deutscher und ausländischer Arbeiter gesprochen.

Das Arbeitsnachweisgesetz von 1922 vereinheitlichte dann die bis dahin in Einzelvorschriften erlassenen Regelungen:[133] Die Beschäftigung von Ausländern wurde auf die Landwirtschaft konzentriert, der Zuzug zu Industriebetrieben hingegen erschwert. Wollte ein Arbeitgeber Ausländer einstellen, so mußten die regionalen – paritätisch besetzten – Arbeitsnachweise zunächst bestätigen, daß entsprechende einheimische Arbeiter nicht zur Verfügung standen. Die zentrale Regulierungskompetenz wurde dem 1920 gegründeten Reichsamt für Arbeitsvermittlung übertragen, die Anwerbung bei der Deutschen Arbeiterzentrale konzentriert. Gleichzeitig wurde aber die Arbeits- und Aufenthaltsgenehmigung für alle Ausländer, also nicht wie bisher nur für die Polen, auf zwölf Monate begrenzt, bei Landarbeitern galt in Übernahme der alten Karenzzeitbestimmungen die Genehmigung jeweils nur bis zum 15. Dezember. Für ausländische Landarbeiter, die seit 1913, und Industriearbeiter, die seit 1919 oder länger ohne Unterbrechung in Deutschland gearbeitet hatten, wurden «Befreiungsscheine» ausgestellt. Ihnen war auch weiterhin pauschal Arbeitserlaubnis erteilt. Darüber hinaus blieb in den einzelnen Staaten, außer den süddeutschen, der Legitimationszwang in Kraft. Durch den Erlaß des preußischen Innenministers über die «Ausweisung lästiger Ausländer» vom Januar 1923 wurde die Reglementierung abgeschlossen.[134] Bei der grundsätzlichen Neuordnung der gesamten Arbeitsverwaltung im Jahre 1927 – der Zusammenführung von Arbeitsvermittlung, Berufsberatung, Arbeitsbeschaffung und Arbeitslosen-

2. Verrechtlichung des Arbeitsmarktes

unterstützung unter das Dach der Reichsanstalt für Arbeitsvermittlung und Arbeitslosenversicherung[135] – wurden die die Ausländerbeschäftigung betreffenden Regelungen organisatorisch nur angepaßt, so daß nun die neue Reichsanstalt die entsprechenden Beschäftigungszahlen jährlich festlegte.

Mit diesen Vorschriften war nun ein Instrument geschaffen worden, durch das die Zulassung von ausländischen Arbeitskräften eng an die wirtschaftliche Lage in Deutschland angepaßt werden konnte. Die Funktion von Ausländern als konjunkturelle Reservearmee vor allem in der Landwirtschaft war durch die Fortdauer von Karenzzeit und Legitimationszwang festgeschrieben, die Möglichkeiten des Lohndruckes und des Einsatzes als Streikbrecher jedoch durch Tarifpflicht und paritätische Beteiligung stark beeinträchtigt. Der Landwirtschaft war der Zugriff auf polnische Arbeiter in gewissen Grenzen ermöglicht, die staatliche Einflußnahme auf die Ausländerbeschäftigung durchgesetzt.[136] Neu war aber vor allem, daß der Vorrang der einheimischen vor den ausländischen Arbeitern jetzt gesetzlich festgeschrieben war – der «Inländerprimat» ist seitdem eine der Grundlagen deutscher Ausländerpolitik bis in die Gegenwart hinein.

Die hier herausgebildete Verrechtlichung und Verstaatlichung der Organisation des Arbeitsmarktes während der Weimarer Republik war kein Spezifikum der Ausländergesetzgebung, sondern kennzeichnend für die Entwicklung der Arbeitsverwaltung und generell für behördliche Regelungsinstanzen insgesamt. Der Einfluß des Staates war hier aber besonders groß, weil er allein über Anwerbung und Abschiebung der ausländischen Arbeitskräfte entschied und somit über Kompetenzen verfügte, die die Entwicklung der Ausländerbeschäftigung in erster Linie von staatlicher Entscheidung abhängig machte. Dabei waren die in den Anfangsjahren der Republik entwickelten Regelungen stark von den politischen Machtverhältnissen dieser Zeit beeinflußt, deren sichtbarster Ausdruck die paritätische Besetzung der regionalen und zentralen Prüfungskommissionen war. Mit der Verlagerung des politischen Spektrums nach rechts in der zweiten Hälfte der Weimarer Zeit wurden diese Zugeständnisse aus der Ära des Klassenkompromisses der Nachkriegsjahre jedoch wieder zurückgenommen. Durch die von Syrup als Arbeitsminister Schleichers herausgegebene «Verordnung über ausländische Arbeitnehmer» vom 23. Januar 1933 wurden die paritätischen Kommissionen aufgelöst und ihre Aufgaben den Landesarbeitsämtern übertragen. Zudem wurden alle Vorgänge der Ausländerbeschäftigung, auch die Anwerbung und Vermittlung, bei den Arbeitsämtern zentralisiert.[137] Ein Jahr zuvor waren auch die ausländerpolizeilichen Regelungen neu gefaßt worden. Die Ausländerpolizeiverordnung vom 27. April 1932 verlagerte die Entscheidungsbefugnis bei Ausweisungen stärker auf die zentrale Ebene und definierte die Ausweisungsgründe genauer, was eine gewisse Verbesserung der Rechtsstellung der Ausländer mit sich brachte.[138] Beide Verordnungen hatten kurzfristig vor allem zum Ziel, angesichts der Massenarbeitslosigkeit die Zahl der ausländischen Arbeiter möglichst gering halten zu können und «einen wirksamen Schutz gegen die unerwünschte Zuwanderung von ausländischen Arbeitnehmern» durch das «Zusammenwirken der Polizeibehörden und der Arbeitsbehörden» zu bieten, wie die preußische Regierung 1932 betonte.[139]

1933 fanden die Nationalsozialisten ein gesetzgeberisches und verwaltungstechnisches Instrumentarium vor, das die Organisation der Ausländerbeschäftigung stark zentralisiert und die Steuerungsmechanismen effektiviert hatte. Der Primat inländischer Arbeitskräfte, den es in dieser scharfen und kodifizierten Form im Kaiserreich nicht gegeben hatte und der seit der Novemberrevolution durchgehendes Prinzip der Arbeitspolitik wurde, war gesetzgeberisch abgesichert worden. Das Ausländerpolizeirecht enthielt genügend dehnbare Grundbegriffe, um die Anwesenheit von ausländischen Arbeitskräften den wirtschaftlichen Zielen der Regierung ebenso wie ihren politischen und ideologischen Vorstellungen entsprechend regeln zu können. Die Arbeitsverwaltung war ausgebaut und ebenfalls zentralisiert und durch Aufenthalts- und Arbeitsgenehmigungspflicht in der Lage, die Anwerbung und die Beschäftigung von Ausländern weitgehend zu kontrollieren, wenn auch in den grenznahen Gebieten zu Polen und der Tschechoslowakei ein illegaler Grenzverkehr nie auszuschließen, allerdings auch nicht sehr bedeutend war.

Tab. 9: *Ausländische Arbeiter in Deutschland 1923 bis 1936 (in 1000)*[140]

Jahr	Landwirtschaft			nicht landw. Bereich			Gesamtwirtschaft		
	Legitim.	mit Befr.	insges.	Legitim.	mit Befr.	insges.	Legitim.	mit Befr.	insges.
1923	117	0,9	118	73	33	106	191	34	225
1924	107	2	109	14	50	64	121	52	174
1925	136	2	139	17	17	34	153	19	173
1926	124	10	134	11	72	83	135	82	218
1927	118	18	137	12	77	89	130	96	227
1928	124	21	145	11	79	90	135	100	236
1929	115	25	140	10	81	91	125	106	232
1930	100	32	132	9	78	87	109	110	219
1931	44	35	79	5	69	75	50	105	155
1932	5	37	43	4	61	65	9	98	108
1933	3	41	44	5	98	103	9	139	148
1934	5	46	51	7	116	123	12	162	175
1935	7	46	53	11	124	135	18	170	188
1936	14	49	64	19	145	165	34	194	229

Tab. 10: *Erwerbstätige Ausländer nach Herkunftsland, Wirtschaftszweigen und Stellung im Beruf, 1933*[141]

Nationalität	insgesamt	in % aller Ausländer	davon Landwirtschaft	davon Industrie
Insgesamt	366 402	100	74 153	166 958
darunter:				
Italien	11 331	3,1	550	7043
Niederlande	36 884	10	8647	19 252
Österreich	42 440	11,5	5182	19 862
Polen	69 293	18,9	23 984	21 238
Schweiz	19 228	5,2	6942	6993
Tschechoslowakei	95 429	26	8469	60 606

In der Verrechtlichung, Zentralisierung und Effektivierung der Organisation der Ausländerbeschäftigung liegt dann auch die Bedeutung der Entwicklung während der Weimarer Zeit – quantitativ war die Beschäftigung ausländischer Arbeiter in dieser Zeit von untergeordneter Bedeutung. 1928 war der Höchststand mit 236 000 ausländischen Beschäftigten erreicht, von denen 135 000 legitimiert und 100 000 mit Befreiungsscheinen versehen waren. 1932 waren es nurmehr 108 000, davon ganze 3000 landwirtschaftliche Saisonarbeiter. Nach der Volkszählung von 1933 war die Hälfte der 756 760 noch in Deutschland lebenden Ausländer erwerbstätig. 80 % von ihnen hatten Deutsch als Muttersprache angegeben. Die Ausländerbeschäftigung war bei Machtantritt der Nationalsozialisten ein quantitativ unbedeutendes Randphänomen, das sich vorwiegend auf seit langem in Deutschland arbeitende Industriearbeiter aus der Tschechoslowakei, Polen, Holland und Österreich erstreckte.

3.

Der Weg zum nationalsozialistischen «Ausländereinsatz»: 1933 bis 1939

Die Zuwanderung polnischer Arbeiter war während der Weltwirtschaftskrise nahezu vollständig zum Stillstand gekommen, was durch die Schließung der deutsch-polnischen Grenzen für Wanderarbeiter im Jahre 1932 noch unterstützt wurde. Seit 1936 aber stieg die Zahl der polnischen Arbeiter in Deutschland wieder – die Ausländerbeschäftigung erwies sich erneut als zuverlässiger Indikator für die Entwicklung der deutschen Volkswirtschaft.

Die rapide anschwellende Rüstungskonjunktur hatte binnen kurzem in strategischen Bereichen – Rohstoffe, Devisen, landwirtschaftliche Produktion und Arbeitskräfte – zu erheblichen Mangelerscheinungen geführt. Der Arbeitskräfteüberschuß der Krisenjahre wandelte sich in kurzer Zeit in Arbeitskräftemangel, vor allem, was landwirtschaftliche Arbeiter und Facharbeiter in der Industrie betraf.[142] Seitdem hatten in Ostdeutschland vor allem die «illegalen» Grenzübertritte polnischer Landarbeiter wieder zugenommen – wie seit etwa 50 Jahren immer, wenn die deutschen Landwirte wegen der verbesserten Wirtschaftslage zusätzliche Arbeitskräfte benötigt hatten. Daraufhin kam es auf Initiative der deutschen Regierung ab 1936 zu Verhandlungen mit der polnischen Regierung über die Zulassung einer jährlich neu festzulegenden Zahl polnischer Landarbeiter. 1937 wurde dieses Kontingent auf 10 000, 1938 auf 60 000, 1939 auf 90 000 Arbeiter festgelegt.[143]

Angesichts der sehr schwierigen Wirtschaftslage in Polen – Anfang der 30er Jahre waren bis zu 43 % aller Arbeitskräfte arbeitslos oder nicht voll beschäftigt[144] – war die Zahl der auf diese Weise in Deutschland zur Arbeit zugelassenen Landarbeiter aber erheblich geringer, als es arbeitslose und ausreisewillige Polen gab, die auf eine Arbeitsstelle im «Reich» hofften. Infolgedessen nahm der illegale Grenzübertritt weiter zu, zumal die deutschen Behörden die illegale Zuwanderung wohlwollend bis unterstützend behandelten.

Weder die Formen der Anwerbung und Zuwanderung noch die Arbeits- und Lebensverhältnisse der Polen in Deutschland hatten sich nach dem Machtantritt der Nationalsozialisten verändert. Die Untersuchung eines polnischen Soziologen von 1937 ergab das bekannte Bild: Die meisten Polen arbeiteten als Saisonarbeiter nur für die Dauer der Erntezeit in Deutschland. Zwei Drittel von ihnen waren Frauen; Löhne, Unterkunft und Verpflegung waren zwar nicht gut, entsprachen aber den seit Jahrzehnten üblichen Gepflogenheiten ebenso wie die außerordentlich langen

Arbeitszeiten.¹⁴⁵ Insgesamt waren die Verhältnisse für die polnischen Landarbeiter in Deutschland nach dem Urteil des polnischen Historikers Jacek Sobczak «fast die gleichen, wenigstens nicht schlimmer als die vor 1932».¹⁴⁶

Angesichts des Arbeitermangels in der deutschen Wirtschaft, der sich so zuspitzte, daß er die rüstungswirtschaftlichen Vorbereitungen auf den Krieg ernsthaft zu gefährden drohte, konnten hier einige zehntausend polnische Landarbeiter aber keine wirksame Abhilfe schaffen. Die deutsche Regierung schloß daher mit Italien und einigen anderen Staaten Abkommen über den «Arbeitskräfteaustausch» ab. Mitte 1939 beschäftigte die Landwirtschaft aufgrund solcher Abkommen rund 37 000 Italiener, 15 000 Jugoslawen, 12 000 Ungarn, 5000 Bulgaren und 4000 Holländer. Schon hier aber traten auf deutscher Seite erhebliche Bedenken gegen die verstärkte Beschäftigung von Ausländern zutage: Zum einen waren angesichts der angespannten Devisenlage des Reiches einer Ausweitung der Ausländerbeschäftigung erhebliche Grenzen gesetzt. Zweitens wurden nun auch jene Stimmen laut, die vor den «volkstumspolitischen Gefahren», vor «Überfremdung» und «Gefahr für die Blutreinheit des deutschen Volkes» warnten; und drittens wurden «sicherheitspolizeiliche» Bedenken angesichts der politischen Gefahren, die von den Ausländern ausgehen könnten, geltend gemacht.¹⁴⁷

Mit dem «Anschluß» Österreichs, vor allem aber der Annexion des Sudetenlandes und der Deklaration des «Protektorats Böhmen und Mähren» entstand auch im Hinblick auf den Arbeitsmarkt eine neue Situation. In Österreich gab es im Sommer 1938 etwa 400 000 Arbeitslose. Durch entsprechende Verordnungen bot sich für die deutsche Wirtschaft des «Altreichs» die Möglichkeit, im großen Stile zusätzliche Arbeiter zu bekommen, ohne daß dadurch devisenwirtschaftliche, ideologische, außenpolitische oder «sicherheitspolizeiliche» Probleme entstanden wären. Etwa 100 000 Arbeitskräfte, vorwiegend Landarbeiter und industrielle Facharbeiter, wurden daraufhin zur Arbeit in Deutschland verpflichtet.¹⁴⁸ Desgleichen in der Tschechoslowakei: Aus dem «Protektorat» wurden bis Kriegsausbruch etwa 100 000 Arbeiter für die Arbeit in Deutschland rekrutiert. Dies aber war ein qualitativer Sprung: Während Österreicher und Sudetendeutsche von den Behörden als Deutsche angesehen wurden, wurden im «Protektorat» zum ersten Male Ausländer ohne daraus entstehende Devisenprobleme ins «Reich» angeworben.¹⁴⁹ Für die deutschen Sicherheitsbehörden entstand damit aber gleichzeitig das Problem, wie die Tschechen, aber auch die Polen in der Folge zu kontrollieren und zu maßregeln seien. Hier wurde zunächst auf der Basis des alten Legitimationssystems die ausländerpolizeiliche «Erfassung» ausgebaut und zentralisiert. Neben der Registrierung der Ausländer bei den Arbeitsbehörden wurde im August 1938 in der Berliner Polizeizentrale eine Ausländerzentralkartei errichtet. Friedrich Syrup – Präsident der Reichsanstalt für Arbeitsvermittlung und mittlerweile auch

Staatssekretär im Arbeitsministerium sowie Leiter der Geschäftsgruppe Arbeitseinsatz im Vierjahresplan – hatte gerade auf die «Erfassung» sein Hauptaugenmerk gelegt: «Wir erfassen jeden Ausländer», bemerkte er 1937. «Sie können sich denken, daß wir mit dem Sicherheitsdienst und den Abwehrstellen im engsten Konnex arbeiten.»[150] Darüber hinaus wurde im August 1938 eine neue «Ausländerpolizei-Verordnung» (APVO) erlassen, die die Kriterien für die Aufenthaltswürdigkeit von Ausländern ausdehnte, so daß der Polizei die Abschiebung als leicht greifbares Druckmittel zur Verfügung stand.[151] Da dies in Zeiten des Arbeitermangels aber ein wenig sinnvolles Sanktionsinstrument war, wurden noch vor Kriegsbeginn, am 26. Juni 1939, für die Tschechen Sonderbestimmungen erlassen, wonach gegen diese bei «Arbeitsverweigerung», politischer Betätigung oder «sonstiger staatsfeindlicher Einstellungen» mit aller Schärfe vorzugehen und gegebenenfalls «Schutzhaft» zu beantragen sei.[152]

Damit war zwar eine unübersehbare Verschärfung der Vorschriften feststellbar, gleichwohl knüpften die APVO ebenso wie die Dekrete gegenüber den Tschechen an die bestehenden ausländerrechtlichen Bestimmungen an und erreichten nicht die Schärfe etwa der Verordnungen, wie sie zu Beginn des Ersten Weltkrieges erlassen worden waren.

Quantitativ aber blieb die Ausländerbeschäftigung vor Kriegsbeginn insgesamt in engen Grenzen. Angesichts der Größenordnung des Arbeitermangels in Deutschland, der Mitte 1939 auf etwa eine Million geschätzt wurde, war die Zahl von 375 000 ausländischen Arbeitern, die ein Jahr zuvor erreicht wurde, zu gering, um eine durchgreifende Entlastung darstellen zu können.[153] Zudem wurde die Beschäftigung von Ausländern in dem die wirtschaftliche Eigenständigkeit betonenden Nazideutschland nach wie vor als Verstoß gegen ideologische und politische Prinzipien angesehen, weil – wie Syrup formuliert hatte – «selbst in Zeiten guter Konjunktur ein solches ungehemmtes Eindringen ausländischer, besonders östlicher Arbeitskräfte in die deutsche Wirtschaft … aus staatspolitischen Gründen nicht geduldet werden kann, da dadurch in hohem Maße das deutsche Volkstum gefährdet ist».[154] Auch dürfe sich die nationale Wirtschaft nicht «von der Arbeit ausländischer, fremdstämmiger Arbeiter abhängig machen. Die Ausländer können nur eine vorübergehende Hilfe für Zeiten besonders angespannten Arbeitseinsatzes oder für Zeiten sein, in denen sich die Wirtschaft durch vermehrten Maschineneinsatz und dergleichen zu rationelleren Wirtschaftsmethoden durchbildet».[155]

Wie aber sollte dem nach den Erfahrungen des Ersten Weltkrieges mit einiger Wahrscheinlichkeit zu erwartenden weiteren Anstieg des Arbeitskräftemangels nach Eintritt in den seit 1936 unter Anspannung aller Kräfte vorbereiteten Krieg begegnet werden? Die Entwicklung der Ausländerbeschäftigung zwischen 1914 und 1918 wurde von den deutschen Rüstungs- und Mobilmachungsstäben sorgfältig analysiert. In einer 1941 veröffentlichten Studie hieß es dazu: «Obwohl man jedoch infolge des Arbeitermangels

3. Der Weg zum nationalsozialistischen «Ausländereinsatz» 127

besonders in der Landwirtschaft bei Kriegsbeginn auf die Anwerbung dieser Kräfte nicht verzichten konnte, war die Art ihrer Einschaltung in die Kriegsarbeit nicht allzu erfolgreich. Sie hätten einer getrennten Behandlung und Abschließung von den deutschen Arbeitern bedurft. Dies geschah nicht, so daß schließlich teilweise einschneidende Mißstände auftraten, was sich in der Zersetzung zeigte, welche diese ausländischen Arbeiter gegenüber vielen deutschen Staatsangehörigen auf politischem, sozialem und sittlichem Gebiet zu erreichen sich bemühten.» Demgegenüber wurde der Arbeitseinsatz von Kriegsgefangenen in der Landwirtschaft während des Ersten Weltkrieges als sehr erfolgreiches Unternehmen beschrieben, weil die Arbeitsleistungen der Gefangenen «beträchtlich waren und sie namentlich gegen Ende des Weltkrieges unentbehrlich für die deutsche Wirtschaft geworden waren».[156]

Dementsprechend früh begannen die Vorbereitungen für den Arbeitseinsatz der zu erwartenden Kriegsgefangenen. Seit Herbst 1937 wertete das Wirtschafts- und Rüstungsamt beim OKW die Erfahrungen des Ersten Weltkrieges hierzu aus. Die Beschäftigung von Kriegsgefangenen, so lautet das Fazit, habe für die deutsche Kriegswirtschaft positive Auswirkungen gehabt. Allerdings seien frühzeitigere und umfassendere Vorbereitungen notwendig. Außerdem sollte der Einsatz auf die Landwirtschaft beschränkt bleiben, denn «von einem Einsatz Kriegsgefangener in der Industrie soll auf Verlangen der Abt. Abwehr nach den Erfahrungen des Weltkrieges gänzlich Abstand genommen werden».[157] So waren die Vorbereitungen beim OKW für den Kriegsgefangeneneinsatz schon weit gediehen, als Göring die Beschäftigung von Gefangenen in der Landwirtschaft während des Krieges im Juni 1938 endgültig anordnete und die entsprechenden Vorkehrungen zu treffen befahl.[158]

Ausländische, auch polnische Zivilarbeiter in erheblichem Umfang während des Krieges nach Deutschland zu holen stieß bei den Planungen hingegen auf die schon erwähnten Einwände vor allem von seiten der Sicherheitsbehörden und der Partei, die besonders die «volkstumspolitischen» und «blutlichen» Gefahren hervorhoben. Zwar erließ der Innenminister, als das für 1939 vereinbarte Kontingent von 90 000 polnischen Arbeitern von der polnischen Regierung wegen der zunehmenden Spannungen in den deutsch-polnischen Beziehungen zurückbehalten wurde, die Anordnung, daß polnische Arbeitskräfte auch ohne Papiere nach Deutschland hineingelassen und von eigens eingerichteten Arbeitsämtern an der Grenze aufgefangen werden sollten.[159] Ein Masseneinsatz polnischer Zivilarbeiter in Deutschland während des Krieges war jedoch von den deutschen Behörden nicht vorgesehen worden.

III.

ARBEIT ALS BEUTE. DAS NATIONALSOZIALISTISCHE ZWANGSARBEITSSYSTEM: 1939 BIS 1945

1.

Nationalsozialistische «Fremdarbeiterpolitik»[1]

1.1. Experimentierfeld Polen

Den Vorkriegsplanungen entsprechend begann unmittelbar nach Kriegsbeginn die Überführung der polnischen Kriegsgefangenen nach Deutschland – schon im Oktober 1939 waren etwa 210 000 von ihnen zur Arbeit eingesetzt, die Zahl stieg bis Anfang 1940 auf knapp 300 000. 90 % von ihnen arbeiteten in der Landwirtschaft. Das trug zwar zur Entlastung der angespannten Arbeitsmarktlage bei, reichte aber zur Befriedigung des seit Kriegsbeginn durch vermehrte Einziehung deutscher Arbeiter zur Wehrmacht weiter gestiegenen Arbeitskräftebedarfs nicht aus.[2] Der Arbeitskräftemangel blieb alarmierend, und die deutsche Führung erließ im Herbst 1939 einschneidende Bestimmungen, wonach die Arbeitsbelastung der deutschen Bevölkerung, vor allem der Arbeiterschaft, deutlich vergrößert wurde – mit dem Erfolg, daß sich die Stimmung in der deutschen Bevölkerung nach den Meldungen der Spitzeldienste rapide verschlechterte. Die «Ruhe an der Heimatfront» aber war eine der wesentlichen Voraussetzungen für die Regimeführung, um den Krieg nach außen führen zu können. Schon Anfang 1940 wurden die meisten dieser Verordnungen wieder zurückgenommen oder abgeschwächt, insbesondere wurden die Regelungen der Arbeitszeit und des Urlaubs abgemildert.[3] Damit aber stellte sich die Arbeitskräftefrage umso schärfer.

Bereits seit 1936 war in der nationalsozialistischen Führungsspitze diskutiert worden, ob angesichts des Arbeitermangels nicht in verstärktem Maße Frauen zur Arbeit in der Landwirtschaft und der Industrie herangezogen werden sollten. Die Kriegswirtschaftsplaner, wie etwa der Chef des Wirtschafts- und Rüstungsamtes, Thomas, sprachen sich dafür aus: «Die Frau wird im Ernstfall im großen Umfange die Arbeit in den Fabriken leisten müssen. Sie muß also dafür vorbereitet werden. Auch hier müssen sich die sozialen Bestrebungen, die Frau aus dem Betriebe zu lösen, den militärischen Notwendigkeiten unterordnen … Fest steht, daß auf vielen Gebieten die Frau eine glänzende Facharbeiterin werden kann und auch bereits jetzt schon dementsprechende Arbeit tut.»[4] Eine Verstärkung der Frauenarbeit widersprach aber dem vom Nationalsozialismus propagierten Bild der Frau als Gebärerin und Mittelpunkt der Familie, zum anderen hätte dies angesichts der Konjunkturlage zu deutlichen Lohnerhöhungen für weibliche Arbeitskräfte führen müssen, was aus wirtschaftlichen und ideologischen Gründen ebenfalls nicht gewünscht werden konnte.[5] Auch die Erinnerungen an den Ersten Weltkrieg, wo die erhebliche Zunahme der rüstungsindu-

1. Nationalsozialistische «Fremdarbeiterpolitik» 131

striellen Frauenarbeit zu einer Verschärfung der sozialen Konflikte in Deutschland geführt hatten, ließen die Regimeführung vor einer Ausweitung der Frauenerwerbstätigkeit oder gar einer Dienstverpflichtung zurückschrecken. Da aber die männliche deutsche Arbeiterschaft bereits voll eingesetzt und über Gebühr beansprucht war, Rationalisierungsmaßnahmen erst mittelfristig Auswirkungen haben konnten und eine noch stärkere wirtschaftliche Umstrukturierung zu Ungunsten der Konsumgüterproduktion aus Angst vor sozialer Unruhe nicht gewagt wurde, andererseits jedoch von der Lösung des Arbeitskräfteproblems das gesamte Kriegsvorbereitungsprogramm abhing, war nur noch eine Möglichkeit offen, um an weitere Arbeitskräfte heranzukommen: die Beschäftigung von Ausländern.

So war die Entscheidung für den Einsatz von Ausländern und gegen den verstärkten Arbeitseinsatz deutscher Frauen das Ergebnis einer Güterabwägung. Beides, so argumentierten die Nationalsozialisten, habe Nachteile. Die Beschäftigung von Ausländern gerade in der Landwirtschaft, wo sie besonders dringlich gebraucht wurden, habe den Nachteil, «daß sie von dem Ideal wegführt, daß der deutsche Boden nur so lange dem deutschen Volke im echten Sinne des Wortes erhalten bleibt, als er auch von deutschstämmigen Menschen bewirtschaftet wird», wie der nationalsozialistische Arbeitswissenschaftler Willeke formulierte. Der Arbeitseinsatz der Frauen aber war noch weit unpopulärer, weil er die ohnehin gefährdete innenpolitische Balance des Regimes zu destabilisieren drohte und zudem sowohl der nationalsozialistischen Frauenideologie als auch der Überzeugung eines Großteils der Bevölkerung widersprach. Die Entscheidung für den Ausländereinsatz machte deutlich, so Willeke, «wie sehr man das Wertopfer einer vorübergehenden Einfremdung bestimmter Berufe eher zu bringen bereit ist als das Wertopfer einer Gefährdung der volksbiologischen Kraft des Deutschen Volkes durch stärkeren Einsatz der Frauen».[6]

Die Beschäftigung polnischer Landarbeiter hatte nach Kriegsbeginn zunächst in nur geringem Maße zugenommen. Deutsche Arbeitsverwaltungsbehörden waren bereits mit den einmarschierenden Wehrmachtseinheiten nach Polen gekommen. Ihre Aufgabe bestand darin, die Arbeitslosen zu erfassen und so für die Beschäftigung der für deutsche Zwecke angekurbelten polnischen Wirtschaft bereitzustellen.[7] Gleichzeitig warben sie polnische Landarbeiter für den Arbeitseinsatz in Deutschland an – jedoch blieben die Zahlen recht gering. Bis Ende des Jahres waren knapp 40 000 Polen ins «Reich» gebracht worden. Damit wurde insgesamt der Umfang erreicht, der bei den Kontingent-Vereinbarungen mit Polen für 1939 sowieso vorgesehen war.[8] Etwa im November aber setzte angesichts des Arbeitermangels innerhalb der Regimeführung eine Diskussion ein, an deren Ende die Entscheidung für den massenhaften Einsatz polnischer Zivilarbeiter stand. Göring wies bereits am 16. November die Arbeitsverwaltung an, «die Hereinnahme ziviler polnischer Arbeitskräfte, insbesondere polnischer Mädchen, in größtem Ausmaß zu betreiben. Ihr Einsatz und ihre Entlöhnung müssen zu Bedingungen erfolgen, die den deutschen Betrieben leistungsfähige Arbeitskräfte billigst zur Verfügung stellen.»⁹ Im Januar 1940 wurde der Masseneinsatz von Polen im «Reich» durch eine Anordnung des deutschen Generalgouverneurs in Polen konkret in Gang gesetzt: «Bereitstellung und Transport von mindestens 1 Million Land- und Industriearbeitern und -arbeiterinnen ins Reich – davon etwa 750 000 landwirtschaftliche Arbeitskräfte, von denen mindestens 50 % Frauen sein müssen zur Sicherstellung der landwirtschaftlichen Erzeugung im Reich und als Ersatz für im Reich fehlende Industriearbeiter».¹⁰

Solche Zahlen konnte man aber mit den traditionellen Methoden der Anwerbung von Saisonarbeitern nicht erreichen. Den deutschen Behörden war auch von vornherein klar, daß sie hier zu Druck und Zwang greifen mußten, um den Arbeiteranforderungen aus dem Reich entsprechen zu können. Grundlage der in den folgenden Monaten praktizierten Anwerbemethoden waren die bürokratische Erfassung der Arbeitslosen und ihre Verpflichtung zur Arbeitsaufnahme in Deutschland. Die Folgen ließen nicht lange auf sich warten: Viele Polen entzogen sich der Registrierung, flüchteten in die Wälder oder reagierten auf die Dienstverpflichtung nach Deutschland einfach nicht. Daraufhin wurden den einzelnen Distrikten und Gemeinden Gestellungskontingente auferlegt, für die Jahrgänge zwischen 1915 und 1925 wurde die Arbeitspflicht in Deutschland angeordnet, und überall im besetzten Polen kam es zu brutalen Einschüchterungs- und Zwangsmaßnahmen bis hin zu Umstellungen von Kinos und Schulen, zu Razzien in ganzen Stadtteilen und Städten, zu Repressalien gegen die Bevölkerung der Dörfer, deren dienstverpflichtete Bewohner geflüchtet waren.¹¹ Bis Ende Juli 1940 wurden so etwa 310 000 polnische Zivilarbeiter zur Arbeit nach Deutschland gebracht. Zusammen mit den Kriegsgefangenen, die im Sommer 1940 in den Status von «Zivilarbeitern» überführt und zur Arbeit in Deutschland verpflichtet wurden, arbeiteten zu dieser Zeit also etwa 700 000 Polen im Deutschen Reich.¹²

Mit der Entscheidung für den massenhaften Einsatz von Polen aber waren die Spannungen zwischen wirtschaftlichen und ideologischen Interessen der Regimeführung noch verschärft worden, denn die Entscheidung für den Ausländereinsatz war ein flagranter Verstoß gegen die weltanschaulichen Prinzipien des Nationalsozialismus. Vor allem in der Parteiführung und von seiten der SS wurde in scharfen Stellungnahmen auf die «Gefahren» der Beschäftigung von «Fremdvölkischen» im Reich hingewiesen und eine strenge Reglementierung des Lebens vor allem der Polen in Deutschland und eine Behandlung nach «rassischen» Gesichtspunkten gefordert. Seit Anfang 1940 begannen bei den zuständigen Arbeitsbehörden und im Reichssicherheitshauptamt der SS Verhandlungen über eine umfassende Reglementierung des polnischen Arbeiters. Dabei waren aufgrund der zur Verfügung stehenden Erfahrungen verschiedene Forderungen miteinander zu vereinbaren: Einerseits sollten die polnischen Arbeiter möglichst hohe

Leistungen erbringen, andererseits die Löhne möglichst niedrig sein, ohne jedoch wiederum Entlassungen der teureren deutschen Arbeitskräfte durch die Unternehmer nach sich zu ziehen. Die Polen sollten möglichst flexibel einsetzbar sein, andererseits aber von der deutschen Bevölkerung möglichst abgetrennt werden. Zudem mußte ihre besondere rechtliche Stellung irgendwie auch äußerlich kenntlich sein, um die Kosten für die Bewachung niedrig zu halten und das Entweichen zu verhindern. Schließlich sollte sich auch das Postulat von der «rassischen Unterlegenheit des Polentums» gegenüber den Deutschen in den Behandlungsvorschriften ausdrücken.

Am 8. März 1940 gab das Reichssicherheitshauptamt ein Erlaßpaket heraus, das diese unterschiedlichen Forderungen zu berücksichtigen versuchte.[13] Danach blieben die polnischen Zivilarbeiter in einem zivilrechtlichen Arbeitsverhältnis – auch die Kriegsgefangenen wurden bald darauf per «Führererlaß» in «Zivilarbeiter» verwandelt –, wurden allerdings besonderen Vorschriften unterworfen: Die Polen waren gezwungen, in Lagern zu wohnen, auf dem Lande aber mindestens in einer von den deutschen Arbeitskräften getrennten Unterkunft. Sie mußten ein deutlich sichtbares Zeichen («P») an der Kleidung tragen, jeder Kontakt mit Deutschen außer bei der Arbeit war ihnen verboten. Ihr Lohn richtete sich nach dem der Deutschen, war aber mit einer 15prozentigen «Sozialausgleichsabgabe» belegt, die an den Staat abzuführen war – so war die Arbeitskraft der Polen für das «Reich» insgesamt billiger, ohne daß man Entlassungen deutscher Arbeiter durch die landwirtschaftlichen Unternehmer förderte.[14] Darüber hinaus sollte den Polen nur die tatsächlich geleistete Arbeit – im Krankheitsfalle also gar nichts – bezahlt werden, es galten für sie die jeweils niedrigsten Tariflöhne, Zulagen durften ihnen nicht gezahlt werden. Effektiv, so das Kalkül der Ministerialbeamten, sollte den Polen gerade so viel bleiben, wie sie zur Reproduktion ihrer Arbeitskraft benötigten.[15]

Die Lebensverhältnisse der Polen in Deutschland wurden umfassend bis in Kleinigkeiten hinein geregelt. Es war ihnen verboten, etwa öffentliche Verkehrsmittel zu benutzen oder Badeanstalten zu besuchen, polnische Messen durften nicht abgehalten werden, den Arbeitgeber- oder den Ortsbezirk zu verlassen, war untersagt – und selbst die Benutzung von Fahrrädern wurde per Erlaß verboten. Besondere Aufmerksamkeit widmeten die deutschen Behörden der Arbeitsleistung der Polen und ihrem Kontakt zu deutschen Frauen. Bei «Arbeitsbummelei» drohte ihnen die Einweisung in eines der eigens für diesen Zweck errichteten Arbeitserziehungslager. Bei sexuellem Kontakt polnischer Männer mit deutschen Frauen drohte den Polen die öffentliche Hinrichtung, den deutschen Frauen die Diffamierung (Haareabschneiden und an den Pranger stellen).[16]

Trotz dieser weitreichenden Diskriminierungsmaßnahmen setzte sich das von der NS-Führung erstrebte Herr-und-Knecht-Verhältnis in der Praxis des «Poleneinsatzes» durchaus nicht überall und sofort durch. Zwar war es gegenüber den «Polenerlassen» weder in der Bevölkerung noch innerhalb der Bürokratie zu Protesten gekommen. Es war also, registrierte die Regimeführung, offenbar problemlos möglich, einer großen Gruppe von ausländischen Arbeitern erheblich schlechtere Arbeitsbedingungen und ein repressives Sonderrecht zuzumuten, ohne daß dies zu Aufregung und Empörung in der deutschen Öffentlichkeit führte, ja überhaupt als Besonderes und Erwähnenswertes wahrgenommen wurde. Auf der anderen Seite aber setzten sich vor allem im Osten die Traditionen der Saisonarbeiterbeschäftigung auch nach Kriegsbeginn weiter fort. Der innenpolitische Geheimdienst des Regimes, der SD, hatte dazu schon am 20. November 1939 gemeldet: «Obwohl bereits verschiedene Partei- und Staatsstellen Richtlinien über die Behandlung polnischer Kriegsgefangener herausgegeben haben, laufen noch immer täglich zahlreiche Meldungen über ein allzu freundliches Verhalten eines Teiles der Bevölkerung gegenüber polnischen Kriegsgefangenen ein ... Aus vielen Berichten geht hervor, daß besonders auf dem Lande der Abstand zwischen der bäuerlichen Bevölkerung und den polnischen Kriegsgefangenen nicht genügend gewahrt wird. So ist vielfach beobachtet worden, daß polnische Gefangene bei den Bauern, bei denen sie beschäftigt sind, mit in die Familie aufgenommen werden, die Bauern ihre Mägde und in einzelnen Fällen auch ihre Töchter mit polnischen Gefangenen zum Tanze gehen ließen. Aus kath. Gegenden wird gemeldet, daß polnische Gefangene vielfach in geschlossenen Trupps zur Kirche geführt würden oder gemeinsam mit den Bauern, denen sie zugeteilt wurden, am Gottesdienst teilnahmen.»[17]

Das System des Arbeitseinsatzes polnischer Arbeiter war zudem bis zum Sommer 1940 durchaus noch nicht lückenlos, die Lebens- und Arbeitsbedingungen der polnischen Arbeiter noch nicht einheitlich, in vielen Arbeitsstellen waren die Verhältnisse noch nicht anders als vor dem Krieg. Aber die Polenerlasse reglementierten nicht nur das Leben der Ausländer, sie griffen auch in das Verhältnis zwischen Deutschen und Polen ein. Die Ungleichheit wurde zementiert, der Status des «Herrenmenschen» erhielt Rechtsgrundlagen.

Der «Poleneinsatz» hatte sich aus Sicht der deutschen Behörden trotz aller Probleme schon nach einigen Monaten durchaus bewährt und stabilisiert. Die riesige Lücke an Arbeitskräften auf dem Lande bei Beginn des Krieges war ausgefüllt worden, die Organisation funktionierte wenigstens so weit, daß in kurzer Zeit Hunderttausende von Polen in der deutschen Landwirtschaft eingesetzt werden konnten, die Staatspolizei hatte den gesamten Vorgang fest im Griff. Sowohl in ökonomischer Hinsicht wie unter politischen Gesichtspunkten war hier ein Modell entstanden, das einen die deutsche Volkswirtschaft stark entlastenden Effekt hatte und gleichzeitig durch die straf- und arbeitsrechtlichen Erlasse den Vorstellungen der Nazis in weitem Maße entsprach, auch wenn der Poleneinsatz nach wie vor als lästiges Übel angesehen wurde, das nur als Reaktion auf offensichtliche, kriegsbedingte Notstände akzeptiert wurde. Solange er auf die Landwirtschaft beschränkt blieb, hielten sich jedoch die ideologischen Widerstände in Grenzen. Die Fiktion des baldigen Kriegsendes hatte zur Folge, daß über eine massenhafte Beschäftigung von Ausländern in der Industrie nicht weiter nachgedacht werden mußte.

Insgesamt wird deutlich, daß der Übergang von der Ausländerbeschäftigung in der Vorkriegszeit zum nationalsozialistischen «Ausländer-Einsatz» zwischen Herbst 1939 und Frühjahr 1940 durchaus fließend war. Die Bestimmungen vom März 1940 knüpften dabei in verschärfender Weise sowohl an die Traditionen der Polenbeschäftigung in der ostdeutschen Landwirtschaft in den vergangenen 60 Jahren an wie in besonderer Weise an die Vorschriften während des Ersten Weltkrieges. Frei von allen Rücksichtnahmen auf Protest aus dem Ausland – aus dem Inland sowieso – spitzte die nationalsozialistische Regimeführung mit den Erlassen vom 8. März schon früher feststellbare Tendenzen zur Entrechtung der Polen in radikaler Weise zu. Insofern steht der nationalsozialistische Ausländereinsatz in der Kontinuität der Ausländerbeschäftigung in Deutschland seit dem Ende des 19. Jahrhunderts. Auf der anderen Seite war der explizit rassistische Charakter der Polenerlasse, insbesondere die Bedrohung geschlechtlichen Verkehrs polnischer Männer mit deutschen Frauen mit der Todesstrafe, gegenüber der Entwicklung in der Vergangenheit ein neuer Faktor, der zwar auf lange eingeübten und weitverbreiteten Vorurteilen und rassistischem Dünkel gegenüber den Polen aufbauen konnte, in seinen Auswirkungen von der Praxis der Polenbeschäftigung in der Vorkriegszeit aber deutlich abgesetzt werden muß.

Bei der weiteren Entwicklung des «Ausländereinsatzes» orientierten sich die nationalsozialistischen Arbeitsbehörden an den Erfahrungen, die mit dem Einsatz der Polen seit Ende 1939 gemacht wurden. Hierbei hatte sich gezeigt, daß bei den im nationalsozialistischen Deutschen Reich zur Verfügung stehenden administrativen Möglichkeiten die Zwangsarbeit von Ausländern mindestens vorübergehend und auch in so großem Umfange eine passable Alternative zur stärkeren Arbeitsbelastung der eigenen Bevölkerung darstellen konnte, zumal es auch in der deutschen Bevölkerung keine ernsthaften Widerstände dagegen gegeben hatte. Die Beschäftigung von Millionen ausländischer Arbeitskräfte, die in Deutschland – wie die Polen – Zwangsarbeit verrichten mußten oder – wie die meisten Arbeiter aus dem Westen – zwar formal als freie Beschäftigte angeworben wurden, aber nach Ablauf des Arbeitsvertrages nicht oder nur unter erheblichen Schwierigkeiten wieder nach Hause zurückkehren konnten, konnte allerdings nur auf der Basis eines umfassenden Kontroll- und Repressionsapparates funktionieren, in den nicht nur Polizei und SS, sondern auch Zehntausende von Deutschen, sei es als Werkschutzmann oder Lagerführer, als Bürokraft, Küchenleiterin oder Ausländerbeauftragter beim Arbeitsamt, integriert waren.

Dies war aber nur die eine, bei einer auf Zwang und Unterdrückung beruhenden Beschäftigung von 3 Millionen Ausländern wohl auch unumgängliche Seite des «Fremdarbeitereinsatzes». Auf der anderen Seite war die deutsche Kriegswirtschaft zu dieser Zeit bereits in hohem Maße auf die Ausländerbeschäftigung angewiesen. In der Landwirtschaft hätte ihr Ausfall binnen kurzem zum Zusammenbruch der Produktion geführt. Allen ideologischen Einwänden zum Trotz gab es dazu auch auf längere Sicht keine Alternative. Eine weitere Erhöhung der Ausländerzahlen aber sollte nicht vorgenommen werden, um die Widersprüche zwischen ideologischem Postulat und realer Entwicklung an diesem Punkt nicht weiter zuzuspitzen.

1.2. Der «Russeneinsatz»

Nach den schnellen Siegen über Polen und Frankreich war die deutsche Führung von einem ebenso schnellen Sieg überzeugt, als Hitler im Sommer 1940 die Entscheidung für den Überfall auf die Sowjetunion traf. Diese feste Siegeszuversicht war auch der Grund dafür, daß an eine Beschäftigung sowjetischer Arbeitskräfte, Kriegsgefangener wie Zivilarbeiter, nicht gedacht und auch keine Vorkehrungen dafür getroffen wurden. Vielmehr wurden Pläne für Umsiedlungen von Millionen sowjetischer Menschen in den Norden der UdSSR entwickelt. «Viele 10 Millionen Menschen», faßte eine Expertengruppe in Mailand 1941 diese Planungen zusammen, «werden in diesem Gebiet überflüssig und werden sterben oder nach Sibirien auswandern müssen».[18] Aus dieser Grundhaltung heraus wurden auch die Planungen der Militärführung für die Behandlung der zu erwartenden sowjetischen Kriegsgefangenen durchgeführt. Obwohl mit mindestens 2 bis 3 Millionen Gefangenen gerechnet wurde, wurden weder Unterkunft noch Transport derart großer Gefangenenmassen organisiert, noch die Verpflegung. Christian Streit, der das Schicksal der sowjetischen Kriegsgefangenen untersucht hat, bemerkt dazu: «Daß deshalb ein großer Teil der Gefangenen wie auch der Zivilbevölkerung verhungern würde, konnte nach Kenntnis der Planungen des Wirtschaftsstabes Oldenburg im OKW und OKH nicht mehr im Zweifel stehen. Ein Interesse an der Erhaltung des Lebens dieser Gefangenen zur Ausbeutung ihrer Arbeitskraft in der deutschen Wirtschaft bestand zu diesem Zeitpunkt nicht.»[19] Der Arbeitseinsatz sowjetischer Gefangener im Reich war sogar ausdrücklich verboten, nur für die «unmittelbaren Bedürfnisse» der Truppe «war eine Beschäftigung der Gefangenen gestattet».[20] Die Folgen dieser Entscheidungen waren ungeheuer: Durch Hunger und Seuchen begann schon wenige Wochen nach Beginn des Krieges gegen die Sowjetunion ein Massensterben der sowjetischen Gefangenen: 60% der bis Ende des Jahres 1941 in deutsche Gefangenschaft geratenen 3 350 000 sowjetischen Gefangenen kamen ums Leben, 1,4 Millionen von ihnen bereits vor Anfang September 1941. Von den insgesamt 5,7 Millionen sowjetischen Kriegsgefangenen, die während des gesamten Krieges in deutsche Hände gerieten, kamen 3,3 Millionen ums Leben.[21]

Schon im August 1941, spätestens Mitte September aber zeichnete sich ab, daß die Erwartungen der deutschen Führung, den Krieg gegen die Sowjetunion bis Ende des Jahres 1941 siegreich abschließen zu können, falsch gewesen waren. Als der deutsche Vormarsch vor Moskau zum Stillstand kam, wurde allmählich klar, daß man sich statt auf einen weiteren «Blitzkrieg» auf einen längeren, einen Abnutzungskrieg würde einstellen müssen. Damit aber mußte auch das gesamte kriegswirtschaftliche Konzept umgestellt werden. Vor allem war mit einer baldigen Rückkehr der deutschen Soldaten der Ostfront an ihre Arbeitsplätze zu Hause nicht mehr zu rechnen, und der Arbeitskräftemangel nahm erneut, diesmal aber in noch größerem Umfang als 1939 und 1940, bedrohliche Ausmaße an. Eine halbe Million offener Stellen wurde allein in der Landwirtschaft gemeldet, 50 000 beim Bergbau, mehr als 300 000 im Metallbereich, 140 000 bei der Bauindustrie. Damit wurde offensichtlich, daß die deutsche Kriegswirtschaft ohne weitere ausländische Arbeitskräfte in großer Zahl nicht auskommen konnte.

Vor allem der Ruhrbergbau machte sich zum Vorreiter eines Einsatzes auch sowjetischer Arbeitskräfte im Reich, der hingegen von der Parteiführung und der SS weiterhin strikt abgelehnt wurde. Nach einem langen Entscheidungsstreit, bei dem der Inhalt und die Fronten der Auseinandersetzungen im wesentlichen den Debatten um den Poleneinsatz entsprachen, wurde von Hitler und Göring im Oktober und November 1941 der Einsatz von sowjetischen Kriegsgefangenen und Zivilarbeitern im Grundsatz genehmigt.[22] In den Ausführungsbestimmungen Görings vom 7. November 1941 wurde dabei kein Zweifel daran gelassen, welchen Charakter der «Russeneinsatz» in Zukunft haben werde: «Die deutschen Facharbeiter gehören in die Rüstung; Schippen und Steineklopfen ist nicht ihre Aufgabe, dafür ist der Russe da.» – «Keine Berührung mit deutscher Bevölkerung, vor allem keine Solidarität. Deutscher Arbeiter ist grundsätzlich Vorgesetzter der Russen.» – «Ernährung Sache des Vierjahresplanes. Schaffung eigener Kost (Katzen, Pferde usw.). Kleidung, Unterbringung, Verpflegung etwas besser als zu Hause, wo Leute zum Teil in Erdhöhlen wohnen.» – «Aufsicht: Wehrmachtsangehörige während der Arbeit, aber auch deutsche Arbeiter, die hilfspolizeiliche Funktionen wahrzunehmen haben.» – «Die Strafskala kennt zwischen Ernährungsbeschränkung und standrechtlicher Exekution im allgemeinen keine weiteren Stufen.» Görings Richtlinien sind insgesamt der zugespitzte Ausdruck des Kompromisses vom Herbst 1941: Arbeitseinsatz der Russen: Ja – dafür aber maximale Ausbeutung, denkbar schlechte Behandlung und Ernährung, Todesstrafe auch bei geringen Vergehen.

Nachdem die Grundsatzentscheidungen für den Einsatz sowjetischer Arbeitskräfte gefallen waren, gingen die beteiligten Stellen im Reich davon aus, daß angesichts der «riesigen Gefangenenmassen» im Osten das deutsche Arbeitskräfteproblem gelöst war. Tatsächlich aber stellte sich nun heraus, daß der größte Teil der Gefangenen in den Wehrmachtslagern im Osten bereits umgekommen und von den noch lebenden nur wenige noch transport- oder arbeitsfähig waren. Im Februar 1942 vermerkte der zuständige Ministerialbeamte Mansfeld dazu rückblickend: «Die gegenwärtigen Schwierigkeiten im Arbeitseinsatz wären nicht entstanden, wenn man sich rechtzeitig zu einem großzügigen Einsatz russischer Kriegsgefangener entschlossen hätte. Es standen 3,9 Millionen Russen zur Verfügung, davon sind nur noch 1,1 Millionen übrig. Die Zahl der gegenwärtig beschäftigten russischen Kriegsgefangenen (400 000) dürfte sich kaum erhöhen lassen.»[23] Statt des organisatorisch relativ einfachen Arbeitseinsatzes von Kriegsgefangenen mußte die deutsche Arbeitsverwaltung nun also zur Anwerbung sowjetischer Zivilarbeiter übergehen, was nicht nur organisatorisch aufwendig war, sondern auch ideologisch erhebliche Probleme mit sich brachte.

Im Frühjahr 1942 wurden daher Maßnahmen ergriffen, um den Einsatz von Ausländern, jetzt vor allem die Rekrutierung sowjetischer Zivilarbeiter, zu effektivieren und um analog zu den «Polenerlassen» vom März 1940 die den rassistischen Grundsätzen des NS-Regimes entsprechende Behandlung der sowjetischen Arbeitskräfte sicherzustellen.

Mit der Einrichtung der Funktion eines «Generalbevollmächtigten für den Arbeitseinsatz» (GBA) und ihrer Besetzung durch den Thüringer Gauleiter Fritz Sauckel wurde der gesamte Arbeitseinsatzbereich zentralisiert. Vor allem wurden hier die «Anwerbungs»-Kampagnen in den besetzten Ländern, der Einsatz und die Behandlung der Ausländer koordiniert. Im wesentlichen bestand Sauckels Aufgabe darin, in möglichst kurzer Zeit möglichst viele Ausländer nach Deutschland zu bringen und zudem durch eine ziemlich krude und pathetische Propaganda die «Erfolge» der nationalsozialistischen Ausländerpolitik zu verkaufen. Sein Einfluß auf ausländerpolitische Grundsatzentscheidungen hingegen war weniger bedeutend.[24]

Am 2. Februar 1942 erließ das RSHA die sogenannten «Ostarbeitererlasse».[25] «Ostarbeiter» war die nun auch offizielle Bezeichnung für die sowjetischen Zivilarbeiter, und die jetzt herausgegebenen Vorschriften entsprachen in ihren Grundsätzen denjenigen für die polnischen Arbeiter, gingen aber in einigen wichtigen Punkten noch darüber hinaus. Faßt man die Bestimmungen der «Ostarbeitererlasse» mitsamt den Ergänzungsbestimmungen zusammen, so ergibt sich folgendes Bild: Unterbringung in geschlossenen Wohnlagern, umzäunt, nach Geschlechtern getrennt. Gemeinsame Unterbringung von Ostarbeiterfamilien. Rücktransport von Arbeitsunfähigen, Kindern unter 15 Jahren und Schwangeren. Verbot der Freizügigkeit und des Verlassens der Lager außer zur Arbeit. «Freizeitbetreuung» durch die DAF. Ausflüge mit deutschem Begleitpersonal als Belohnung möglich. Arbeit möglichst in geschlossenen Gruppen. Verhinderung jedes «Solidaritätsgefühls» zwischen Deutschen und Russen. Bewachung durch Werkschutz, Bewachungsgewerbe und deutsche Arbeiter als Hilfswerkschutzmänner. Führung der Lager durch vom politischen Abwehrbeauftragten des Betriebes ernannte Lagerleiter. Bewachung weiblicher russischer Arbeitskräfte ebenfalls durch Männer. Striktes Kennzeichnungsgebot («Ost»). Einsatz von russischen V-Männern und Lagerältesten. Zweimal monatlich Möglichkeit zum Postverkehr. Verbot der seelsorgerischen Betreuung. Rücksichtsloses Durchgreifen – auch Waffengebrauch – bei Ungehorsam. Eigenes Strafsystem (Ordnungsstrafen wie Stubendienst, Zuteilung zum Straftrupp, Entziehung der warmen Tagesverpflegung bis zu drei Tagen, Arrest bis zu drei Tagen, Züchtigungserlaubnis für Lagerleiter; alle anderen Strafen nur durch Gestapo). Einweisung in Arbeitserziehungs- oder Konzentrationslager bei Arbeitsflucht. Todesstrafe bei Kapitalverbrechen, politischen Delikten und Geschlechtsverkehr mit Deutschen.

Über die rassistischen und «volkstumspolitischen» Befürchtungen bei einer massenhaften Beschäftigung von Russen in Deutschland hinaus kamen hier auch politische Einwände der Sicherheitsbehörden zum Tragen: die Angst, die «bolschewistischen» Ostarbeiter könnten auf die deutschen Arbeitskollegen politisch einwirken und so Solidarisierungen zwischen deutschen und sowjetischen Arbeitskräften herbeiführen. Dementsprechend wurde in den «Ostarbeitererlassen» und in den zahlreichen betrieblichen Ausführungsbestimmungen deutlich hervorgehoben, daß deutsche Arbeiter grundsätzlich als Vorgesetzte gegenüber den Russen aufzutreten hatten. Kontakte zwischen Deutschen und Russen hatten sich darüber hinaus auf die nötigsten dienstlichen Anweisungen zu beschränken, und auch die Begrenzung in der Beschäftigung auf Kolonneneinsatz diente diesem Ziel. Insgesamt sind die «Ostarbeitererlasse» als nahezu vollständige Umsetzung des rassistischen Prinzips der Unterteilung in «Herrenmenschen» und «Untermenschen» in die Praxis des Arbeitseinsatzes anzusehen. Eben dies hatte der Chef der Sicherheitspolizei und des SD, Heydrich, im Dezember 1941 auch unmißverständlich angekündigt: «Sind die zu berücksichtigenden wirtschaftlichen Gesichtspunkte ohne weiteres als aktuell anerkannt, so muß dem Versuch, die rassische und Volkstumsfrage für die Nachkriegszeit zurückzustellen, entschieden entgegengetreten werden, da Kriegsdauer unbestimmt und die Gefahr mit der Zeit wächst. Leider hat der Ausländereinsatz ohne jegliche Führung hinsichtlich Anwerbung, Einsatz und Behandlung und dergl. begonnen, so daß es immer schwerer werde, noch nachträglich steuernd einzugreifen. Der in Vorbereitung befindliche Russeneinsatz bietet jedoch diese Gelegenheit, und sie muß und wird der besonderen Gefahren wegen, die diese Völker darstellen, genutzt werden.»[26]

Bisher wurde, wenn es um die treibenden Kräfte für eine massenhafte Beschäftigung von ausländischen Arbeitskräften ging, in erster Linie von den Kriegswirtschaftsbehörden – der Vierjahresplan-Behörde, dem Landwirtschaftsministerium, dem Wirtschafts- und Rüstungsstab beim OKW oder auch der Arbeitsverwaltung – gesprochen. Welche Bedeutung aber kam in diesem Zusammenhang der Privatwirtschaft zu? Der Anteil der polnischen Kriegsgefangenen und Zivilarbeiter, die in den ersten Kriegsjahren in der

Industrie beschäftigt wurden, war sehr gering, und auch die französischen Kriegsgefangenen wurden mehrheitlich in der Landwirtschaft eingesetzt. Erste Versuche, Polen z.B. auch im Bergbau einzusetzen, waren hingegen von den betrieblichen Stellen als wenig erfolgreich beurteilt worden. Für die Industrie war entscheidend, daß Fachkräfte, die in erster Linie benötigt wurden, zunächst eine längere Anlernungsphase brauchten, bevor sie profitabel eingesetzt werden konnten. Da man aber jeweils mit einer relativ kurzen Dauer der «Feldzüge» rechnete, hoffte die Industrie, ihre zum Militärdienst eingezogenen deutschen Arbeiter bald wieder zurückzuerhalten, so daß die Nachfrage vor allem der Großbetriebe nach Ausländern in der «Blitzkrieg»-Phase vergleichsweise gering war, sieht man von einigen Branchen, wie vor allem dem Baubereich, ab.

Dies galt auch für die Zeit vor und einige Monate nach dem Überfall auf die Sowjetunion. Zwar gab es schon im Juli 1941 Stimmen, etwa aus der Ruhrindustrie, die bei den Behörden nach sowjetischen Arbeitskräften anfragten, dies blieben aber zunächst Einzelfälle. Das Gros der Betriebe wartete ab und hoffte, nach einem baldigen Sieg gegen die Sowjetunion schon im Winter wieder entlassene deutsche Soldaten als Arbeitskräfte einstellen zu können.[27] Als aber im Herbst deutlich wurde, daß damit nicht mehr zu rechnen war, und als durch Hitlers und Görings Grundsatzentscheidungen der Einsatz sowjetischer Arbeitskräfte genehmigt wurde, richtete sich auch die Industrie auf die Beschäftigung von russischen Zivilarbeitern und Kriegsgefangenen ein. Für den westdeutschen Bereich wurde diese Entscheidung in der Bezirksgruppe Nordwest der Wirtschaftsgruppe Eisen am 19. November 1941 getroffen. «Mit dem Russeneinsatz wird man sich allmählich befreunden müssen», hieß es dort. Angesichts der militärischen Lage sei deutlich geworden, «daß auf lange Sicht gesehen nur der richtig liege, der sich Russen verschaffe ... Da wir also an einem Russen-Einsatz nicht vorbeikommen werden, bleibt lediglich zu prüfen, ob nicht die Nordwestgruppe durch eine Gemeinschaftsaktion versuchen sollte, den Zeitpunkt dieses Austausches möglichst hinauszuschieben.»[28] Da dies aber als sinnlos angesehen wurde, wurde die Zustimmung zur Beschäftigung sowjetischer Arbeitskräfte in der Ruhrindustrie auf dieser Sitzung beschlossen.

Es wird deutlich, daß die Vertreter der Großindustrie nur widerstrebend von ihren Plänen für die Zeit nach dem schon gewonnen geglaubten Krieg abrückten und sich durch die Zustimmung zum «Russeneinsatz» auf die Perspektive eines langen Abnutzungskrieges einzustellen begannen. Ihr ursprüngliches Ziel war aber die Vorherrschaft der deutschen Industrie in Europa gewesen, nicht die massenhafte Anlernung und Beschäftigung von sowjetischen Arbeitern in den deutschen Betrieben.[29]

Seit dem Winter 1941 begannen nun in den von der Wehrmacht besetzten Teilen der Sowjetunion die «Anwerbungs-Kampagnen» – aber mit «Werben» hatte die Rekrutierungs- und Deportationspraxis der beteiligten deutschen Stellen der Arbeitsverwaltung, der Wehrmacht und der SS nichts mehr zu tun. Nach den Erfahrungen in Polen erließen die deutschen Behörden sogleich Bestimmungen, wonach durch Dienstverpflichtung und jahrgangsweise Aushebungen die den entsprechenden Bezirken auferlegten Kontingente an Arbeitskräften zu rekrutieren waren.

Die Rekrutierung der sogenannten Ostarbeiter fiel in den Aufgabenbereich der Wirtschaftsabteilungen der deutschen Zivilverwaltung und wurde von deutschen Arbeitseinsatzstäben mit Hilfe einheimischer und deutscher Polizeieinheiten durchgeführt. Wurde jedoch, was häufig der Fall war, die Gewinnung von Arbeitskräften mit sogenannten «Partisanenaktionen» verbunden, waren daran auch Wehrmachtseinheiten beteiligt. Insgesamt, so hat Christian Gerlach in seiner Studie über die deutsche Wirtschafts- und Vernichtungspolitik in Weißrußland herausgearbeitet, kann man sieben Methoden der Arbeitskräftegewinnung im Osten unterscheiden:[30]

1. Freiwillige Meldungen: Derartiges gab es vor allem in den ersten Wochen der deutschen Besatzung. Bereits im August 1941 berichten die deutschen Arbeitseinsatzstäbe, daß sich praktisch niemand mehr freiwillig zum Arbeitseinsatz nach Deutschland melde. Razzien und «Menschenjagden» wie die oben beschriebene Aktion wurden nun zur Regel.

2. Die Verteilung von Pflichtkontingenten: Bestimmte Regionen und Verwaltungen hatten in einer bestimmten Zeit dafür zu sorgen, daß eine definierte Zahl von Arbeitskräften zu stellen war – auf welche Weise diese Arbeitskräfte beschafft wurden, war freigestellt. Letztlich waren es die einheimischen Exekutivkräfte, welche die Rekrutierungen vorzunehmen hatten.

3. Die Dienstverpflichtung ganzer Jahrgänge zur Arbeit in Deutschland; dies wurde in Rußland aber erst seit 1943 in größerem Umfang durchgeführt. Dabei gingen die deutschen Behörden bald zur Rekrutierung immer jüngerer Zwangsarbeiter über; das Generalkommissariat Weißruthenien verpflichtete 1943 Mädchen zwischen 16 und 22 Jahren zum Reichseinsatz, 1944 sogar des Jahrgangs 1930, d.h. der 13- und 14-Jährigen. Von den 77 281 Arbeitskräften, die aus dem Bereich der Heeresgruppe Mitte zwischen Januar und Ende 1944 deportiert wurden, waren 5418 10 bis 14 Jahre alt und 5390 jünger als zehn.

4. Die Auskämmung von Industriebetrieben, Wehrmachtseinheiten und Agrarbetrieben.

5. Die gewaltsame Aushebung von Arbeitskräften bei den Großaktionen zur Partisanenbekämpfung.

6. Die sogenannte Auskämmung von Flüchtlingen und aus den 1943/44 von der Wehrmacht geräumten Gebieten Evakuierten.

7. Die gewaltsame «Rückführung» von Teilen oder der gesamten einheimischen Bevölkerung bei den Rückzügen der Wehrmacht, insbesondere seit 1942/43; ein Teil der Zurückgeführten wurde als Zwangsarbeiter nach Deutschland verschickt. So etwa wurden beim Zusammenbruch

der Heeresgruppe Mitte vor allem aus dem Bereich der 2. Armee größere Teile der Bevölkerung nach Westen evakuiert, allein im Raum Rhsew-Wjasma 130 000 Menschen, 41 % der Bevölkerung, bei der Räumung des Orelbogens 220 500 Menschen (22,2 %); bei der Operation «Panther» bis zur Linie Dnjepr-Düna 535 000 Menschen (22,5 %).

Wie die Rekrutierungsaktionen in der Praxis aussahen, geht z. B. aus einem Bericht einer deutschen Briefzensurstelle vom November 1942 hervor. Danach wurden «Männer und Frauen einschließlich Jugendlicher vom 15. Lebensjahr ab auf der Straße, von den Märkten und aus Dorffestlichkeiten herausgegriffen und fortgeschafft. Die Einwohner halten sich deshalb ängstlich verborgen und vermeiden jeden Aufenthalt in der Öffentlichkeit. Zu der Anwendung der Prügelstrafe ist nach den vorliegenden Briefen seit etwa Anfang Oktober das Niederbrennen der Gehöfte bzw. ganzer Dörfer als Vergeltung für die Nichtbefolgung der an die Gemeinden ergangenen Aufforderungen zur Bereitstellung von Arbeitskräften getreten. Die Durchführung dieser letzten Maßnahme wird aus einer ganzen Reihe von Ortschaften gemeldet.»[31]

Mit solchen Methoden gelang es den deutschen Behörden, in kurzer Zeit riesige Mengen von Arbeitskräften aus der Sowjetunion nach Deutschland zu verbringen: Von April bis Dezember 1942 wurden allein etwa 1,3 Millionen ziviler Arbeitskräfte nach Deutschland geholt – das sind wöchentlich etwa 40 000; je zur Hälfte Männer und Frauen. Das Durchschnittsalter der Deportierten lag bei etwa 20 Jahren, viele von ihnen waren aber erheblich jünger; auch 15- und 16jährige wurden ins Reich zur Arbeit gebracht. Darüber hinaus kamen 1942 noch etwa 450 000 sowjetische Kriegsgefangene zum Arbeitseinsatz ins Reich, so daß Ende des Jahres bereits mehr als 1,7 Millionen Zivilarbeiter und Kriegsgefangene aus der Sowjetunion in deutschen Betrieben beschäftigt waren. Davon wurde der größte Teil nunmehr in der Industrie eingesetzt, die seit der Umstellung auf einen langen Abnutzungskrieg im Winter 1941/42 unter dem Druck stetig hochgeschraubter Produktionsanforderungen stand.

Auch im Westen und in Polen verstärkten die deutschen Behörden die Anwerbe- und Rekrutierungsmaßnahmen und griffen nunmehr durch die Einführung einer Dienstpflicht auch in Frankreich verstärkt zu Zwangsmaßnahmen – mit der Folge, daß zum einen zwar die Einsatzzahlen westlicher Zivilarbeiter stiegen, zum anderen die Widerstandsbewegungen in den betroffenen Ländern an Stärke zunahmen. Über die Lage in Frankreich meldete der deutsche Geheimdienst im Sommer 1942, daß «infolge des Arbeitsdienstverpflichtungsgesetzes weitere Teile der indifferenten Masse der Bevölkerung ins gegnerische Lager» wechselten. «In manchen Kreisen stößt man heute geradezu auf eine Atmosphäre von erbitterter Ablehnung alles Deutschen ... Wenn sich das auch nun nicht in offener Ablehnung äußere, so ist doch die Gefahr unverkennbar, daß ein wesentlicher Teil der Bevölkerung für die Feindagitation noch empfänglicher geworden (ist) als bisher.»[32] Auch die Ausbreitung der Partisanengruppen in der Sowjetunion war sehr wesentlich auf die Deportationspolitik der deutschen Besatzungstruppen zurückzuführen.[33]

Tab. 11: *Sowjetische Zivilarbeiter und Kriegsgefangene in verschiedenen Wirtschaftszweigen, August 1944, in 1000*[34]

	Landw.	Bergbau	Metall	Chemie	Bau	Verkehr	insgesamt
Zivilarbeiter	723	93	752	85	78	158	2126
Kriegsgefangene	138	160	130	8	32	47	631
insgesamt	862	253	883	93	110	205	2758
in % aller sowj. Arbeitskräfte	28,5 %	8,3 %	29,2 %	3,7 %	3,6 %	6,8 %	100 %

1.3. Politischer Kurswechsel

Betrachtet man die Politik und die Praxis des Ausländereinsatzes im Verlaufe des Jahres 1942 im Zusammenhang, so wird deutlich, daß das Regime zwar erhebliche Anstrengungen unternahm, um immer neue Massentransporte mit Arbeitskräften vor allem aus der Sowjetunion nach Deutschland zu bringen, und daß auch die Organisation des Ausländereinsatzes effektiviert worden war. Auf der anderen Seite blieb aber der Primat des Rassismus vor allen wirtschaftlichen Erwägungen bestehen: Die Arbeits- und Lebensbedingungen der Ostarbeiter und sowjetischen Kriegsgefangenen waren denkbar schlecht, diejenigen der polnischen Arbeiter unterschieden sich davon nur wenig. Demgegenüber ging es den Arbeitskräften aus dem Westen zwar besser, ihre Situation war aber meist deutlich schlechter als die der Deutschen, so daß die etablierte Abstufung: Deutsche – Westarbeiter – Arbeitskräfte aus dem Osten in der Praxis überall sichtbar wurde und sich fortwährend stabilisierte. Die extensive Ausbeutung der Arbeiter aus dem Osten war die Folge der Vorstellung, daß es ein leichtes sei, immer weitere Millionen von ihnen ins Reich zu deportieren. So blieben auch ihre Arbeitsleistungen vergleichsweise niedrig und der Effekt für die nationalsozialistische Kriegswirtschaft erheblich geringer, als es die Einsatzzahlen suggerierten.

Mit der vernichtenden deutschen Niederlage in Stalingrad Anfang 1943 und der dadurch offenbar gewordenen Kriegswende trat hier jedoch eine Änderung ein. Zum ersten Mal wurde der Führung wie dem größten Teil der Bevölkerung in Deutschland bewußt, daß es von nun an nicht mehr darum ging, wann man den Krieg gewinnen würde, sondern darum, ihn nicht zu verlieren. Die verstärkten Ersatzforderungen der Ostarmeen hatten schon seit dem Spätherbst 1942 durch Einziehungen auch von Rüstungsarbeitern das Arbeitskräftedefizit in Deutschland wieder aktualisiert. Im ersten Halbjahr 1943 fehlten der deutschen Kriegswirtschaft etwa 1,5 Millionen Arbeitskräfte.[35] Mit den bisherigen Methoden der Verstärkung der Anwerbungen waren diese Lücken nicht zu stopfen. Zwar ging die Regimeführung nun doch dazu über, auch deutsche Frauen durch Dienstverpflichtung in stärkerem Maße als bisher zu Arbeiten in der Industrie einzusetzen – die Zahlen zeigen jedoch, daß auch dies nur in sehr begrenztem Umfang in der Praxis wirksam wurde.

Tab. 12. Weibliche Erwerbstätigkeit während des Krieges in Deutschland in Mio.[36]

Jahr (jew. 1. Mai)	Insgesamt	Beschäftigte deutsche Frauen in der gewerblichen Wirtschaft	in % aller Beschäftigten
1939	14,6	2,75	25,1
1940	14,4	2,66	26,5
1941	14,1	2,70	26,0
1942	14,4	2,60	26,0
1943	14,8	2,74	25,7
1944	14,8	2,70	25,0

Es war vielmehr unumgänglich, die Arbeitsleistungen der ausländischen, vor allem der sowjetischen Arbeitskräfte in Deutschland drastisch zu erhöhen – hier lagen die größten ungenutzten Potentiale. Das aber setzte eine entsprechende Verpflegung, eine bessere Behandlung und in gewissem Maße auch eine politische Aufwertung der «Ostarbeiter» voraus. In diese Richtung ging auch eine politische und propagandistische Initiative verschiedener Reichsbehörden unter der Führung des Propagandaministers Goebbels. Dabei ging man davon aus, daß Deutschland als «Schutzwall Europas» gegen den «Bolschewismus», nicht aber gegen das russische Volk Krieg führe – wodurch politische vor «rassische» Gesichtspunkte gesetzt wurden, eine Umkehrung der bis dahin propagierten Zielsetzung der Kriegsführung. Dementsprechend sollte die Parole «Europäische Arbeiter gegen den Bolschewismus» gemeinsame Interessen der in Deutschland beschäftigten Arbeiter aus den zahlreichen von der Wehrmacht besetzten Ländern und auch der sowjetischen Arbeitskräfte suggerieren.[37] Damit einher ging eine Kampagne zur Verbesserung der Arbeits- und Lebensbedingungen der Ostarbeiter, die zur rapiden Steigerung der Arbeitsleistungen führen sollte. Während Goebbels' «Europa»-Initiative auf die tatsächliche Außenpolitik des Regimes nur wenig Einfluß ausüben konnte, kam es in der Ausländerpolitik in der Folgezeit zu einigen Veränderungen gegenüber den sowjetischen Ar-

1. Nationalsozialistische «Fremdarbeiterpolitik» 145

Tab. 13: *Ausländische Arbeitskräfte in der deutschen Kriegswirtschaft 1939 bis 1944*[40]

		1939	1940	1941	1942	1943	1944
Ind- irt- haft	Deutsche	10 732 000	9 684 000	8 939 000	8 969 000	8 743 000	8 460 000
	Zivile Ausl.	118 000	412 000	769 000	1 170 000	1 561 000	1 767 000
	Kriegsgef.	–	249 000	642 000	759 000	609 000	635 000
	Alle Ausländer	118 000	661 000	1 411 000	1 929 000	2 230 000	2 402 000
	Ausl. in % aller Besch.	1,1 %	6,4 %	13,6 %	17,7 %	20,3 %	22,1 %
icht- and- irtsch.	Deutsche	28 382 000	25 207 000	24 273 000	22 568 000	21 324 000	20 144 000
	Zivile Ausl.	183 000	391 000	984 000	1 475 000	3 276 000	3 528 000
	Kriegsgef.	–	99 000	674 000	730 000	954 000	1 196 000
	Ausl. insg.	183 000	490 000	1 659 000	2 205 000	4 230 000	4 724 000
	Ausl. in % aller Besch.	0,6 %	1,9 %	6,4 %	8,9 %	16,5 %	18,9 %
esamt- irt- haft	Deutsche	39 114 000	34 891 000	33 212 000	31 537 000	30 067 000	28 604 000
	Zivile Ausl.	301 000	803 000	1 753 000	2 645 000	4 837 000	5 295 000
	Kriegsgef.	–	348 000	1 316 000	1 489 000	1 623 000	1 831 000
	Ausl. insg.	301 000	1 151 000	3 069 000	4 134 000	6 460 000	7 126 000
	Ausl. in % aller Besch.	0,8 %	3,2 %	8,5 %	11,6 %	17,7 %	19,9 %

beitskräften: So wurden die Ernährungssätze erhöht, umfangreiche Maßnahmen zur Anlernung in Gang gesetzt, gewisse Lockerungen beim Ausgang und bei den Einsatzmöglichkeiten in den Betrieben zugestanden.[38] Gleichzeitig blieben aber alle diskriminierenden Vorschriften der Sicherheitsbehörden in Kraft, und das Strafsystem wurde sogar noch weiter verschärft. Immerhin war damit den Betrieben die Möglichkeit geboten, ihre sowjetischen Arbeitskräfte effektiver einzusetzen, und in der Tat wußten seit Mitte 1943 fast alle Betriebe von steigenden Arbeitsleistungen zu berichten.

Im gleichen Zuge wurden die Rekrutierungen von Zivilarbeitern in ganz Europa durch immer brutalere Methoden noch ausgeweitet. Es gelang der Regimeführung tatsächlich, trotz der militärischen Rückschläge zwischen Anfang 1943 und Kriegsende noch einmal etwa 2,5 Millionen ausländischer Zivilarbeiter und Kriegsgefangener ins Reich zu bringen. Etwa 600 000 von ihnen waren Italiener – nach dem Sturz Mussolinis im Juli 1943 hatten die

Tab. 14: *Deutsche und ausländische Arbeitskräfte in ausgewählten Berufsgruppen, August 1944*[41]

Berufsgruppe	Beschäftigte insgesamt	davon ausl. Arbeitskräfte	Davon Zivilarbeiter	Kriegsgefangene	Ausländeranteil an den Gesamtbeschäftigten in %
Landwirtschaft	5 919 761	2 747 238	2 061 066	686 172	46,4
Bergbau	1 289 834	433 790	196 782	237 008	33,7
Metall	5 630 538	1 691 329	1 397 920	293 409	30,0
Chemie	886 843	252 068	206 741	45 327	28,4
Bau	1 440 769	478 057	349 079	128 978	32,3
Verkehr	1 452 646	378 027	277 579	100 448	26,0
Druck	235 616	9 668	8 788	880	4,1
Textil/Bekleidung	1 625 312	183 328	165 014	18 314	11,1
Handel/Banken	1 923 585	114 570	92 763	21 807	6,0
Verwaltung	1 488 176	49 085	39 286	9 799	3,3
Gesamtwirtschaft	28 853 794	7 651 970	5 721 883	1 930 087	26,5

deutschen Behörden die italienischen Soldaten, die sich weigerten, auf deutscher Seite weiterzukämpfen, in die Arbeitslager ins Reich verbracht und dort zur Arbeit eingesetzt. Die italienischen Militärinternierten – im Volksmund «IMIs» oder (nach dem neuen italienischen Regierungschef) «Badoglios» genannt – fanden sich dort neben den Arbeitern aus der Sowjetunion auf der untersten Stufe der rassistischen Hierarchie wieder und waren in besonderer Weise der Wut der Deutschen über den italienischen «Verrat» ausgesetzt.[39] Damit arbeiteten jetzt mehr als sieben Millionen ausländischer Menschen in Deutschland für die Deutschen – zum überwiegenden Teil gegen ihren Willen und unter Bedingungen, die sich infolge der sich abzeichnenden Niederlage Deutschlands, der zunehmenden Brutalität der Behörden (aber auch vieler deutscher Vorgesetzter und Kollegen) sowie der Zerstörung der deutschen Städte durch die Luftangriffe beständig verschlechterten.

In der Landwirtschaft war im August 1944 jeder zweite Beschäftigte ein Ausländer, im Bergbau, Bau- und Metallbereich etwa jeder dritte. Die Gesamtheit der ausländischen Arbeitskräfte verteilte sich im Sommer 1944 zu je etwa einem Drittel auf die Landwirtschaft, die Schwerindustrie und die restliche gewerbliche Wirtschaft. Das Übergewicht der Landwirtschaft, das den Ausländereinsatz bis Anfang 1942 geprägt hatte, war verschwunden. Zwei Drittel der Polen und der französischen Kriegsgefangenen waren nun

1. Nationalsozialistische «Fremdarbeiterpolitik»

in der Landwirtschaft beschäftigt, während die seit 1941 neu hinzugekommenen Arbeitskräfte vorwiegend in der gewerblichen Wirtschaft eingesetzt worden waren.

Von den 5,7 Millionen registrierten ausländischen Zivilarbeitern im August 1944 waren 1 924 912 Frauen, genau ein Drittel. Die Ausländerinnen allerdings kamen zum überwiegenden Teil (87 %) aus dem Osten (von den Männern 62 %). Je niedriger in der politischen und rassistischen Hierarchie der Nazis die einzelnen Ausländergruppen angesiedelt waren, desto höher war der Frauenanteil: von 3 % bei den mit Deutschland verbündeten Ungarn bis 51 % bei den Arbeitskräften aus der Sowjetunion.

Fazit: Zu Beginn des letzten Kriegsjahres war ein Viertel aller Beschäftigten in der deutschen Wirtschaft Ausländer, in der rüstungswichtigen Industrie und in der Landwirtschaft etwa ein Drittel. Der Arbeitseinsatz der Millionen «Fremdarbeiter» und Kriegsgefangenen während des Zweiten Weltkrieges hatte es dem nationalsozialistischen Deutschland erlaubt, den Krieg weiterzuführen, als seine eigenen Arbeitskraftressourcen längst aufgebraucht waren. Ohne Ausländer wäre für Deutschland dieser Krieg spätestens im Frühjahr 1942 verloren gewesen. Gleichzeitig erlaubte der Ausländereinsatz es der Regimeführung aber auch, die Versorgungslage der deutschen Bevölkerung bis in die letzte Kriegsphase auf hohem Niveau zu halten, was vor allem für die Loyalität der Bevölkerung gegenüber dem Regime von großer, ja ausschlaggebender Bedeutung war.

Tab. 15: Ausländische Zivilarbeiter und Kriegsgefangene nach Staatsangehörigkeit und Wirtschaftszweigen, August 1944[42]

Herkunftsland und Gruppe		Landw.	Bergbau	Metall	Chemie	Bau	Verkehr	insgesamt
Belgien	Insgesamt	28 652	5 146	95 872	14 029	20 906	12 576	253 648
	Zivilarbeiter	3 948	2 787	86 441	13 533	19 349	11 585	203 262
	Kriegsgefangene	24 704	2 629	9 431	496	1 557	991	50 386
	in % aller Belgier	11,2 %	2,0 %	37,8 %	5,5 %	8,2 %	4,9 %	100 %
Frankreich	Insgesamt	405 897	21 844	370 766	48 319	59 440	48 700	1 254 749
	Zivilarbeiter	54 590	7 780	292 800	39 417	36 237	34 905	654 782
	Kriegsgefangene	351 307	14 064	77 966	8 902	23 203	13 795	599 967
	in % aller Franzosen	32,3 %	1,7 %	29,5 %	3,9 %	4,7 %	3,9 %	100 %
Italien	Insgesamt	45 288	50 325	221 304	35 276	80 814	35 319	585 337
	Zivilarbeiter	15 372	6 641	41 316	10 791	35 271	5 507	158 099
	Kriegsgefangene	29 916	43 684	179 988	24 485	45 543	29 812	427 238
	in % aller Italiener	7,7 %	8,6 %	37,8 %	6,0 %	13,8 %	6,0 %	100 %
Niederlande	Zivilarbeiter	22 092	4 745	87 482	9 658	32 025	18 356	270 304
	in % aller Niederländer	8,2 %	1,8 %	32,4 %	3,5 %	11,9 %	6,8 %	100 %
Sowjetunion	Insgesamt	862 062	252 848	883 419	92 952	110 289	205 325	2 758 312
	Zivilarbeiter	723 646	92 950	752 714	84 974	77 991	158 024	2 126 753
	Kriegsgefangene	138 416	159 898	130 705	7 978	32 298	47 301	631 559
	in % aller Sowjetbürger	28,5 %	8,3 %	29,2 %	3,7 %	3,6 %	6,8 %	100 %

1. Nationalsozialistische «Fremdarbeiterpolitik»

Herkunftsland und Gruppe		Landw.	Bergbau	Metall	Chemie	Bau	Verkehr	insgesamt
Polen	Insgesamt	1 125 632	55 672	130 905	23 871	68 428	35 746	1 688 080
	Zivilarbeiter	1 105 719	55 005	128 556	22 911	67 601	35 484	1 659 764
	Kriegsgefangene	19 913	667	2 349	960	827	262	28 316
	in % aller Polen	66,7 %	3,3 %	7,5 %	1,4 %	4,1 %	2,1 %	100 %
«Protektorat»	Zivilarbeiter	10 289	13 413	80 349	10 192	44 870	18 566	280 273
	in % aller Angehörigen des «Protektorats»	3,7 %	4,8 %	28,7 %	3,6 %	16,0 %	6,6 %	100 %
Insges.		2 747 238	433 790	1 691 329	252 068	478 057	378 027	7 615 970
	Zivilarbeiter	2 061 066	196 782	1 397 920	206 741	349 079	277 579	5 721 883
	Kriegsgefangene	686 172	237 008	293 409	45 327	128 979	100 448	1 930 087
	in %	36,1 %	5,7 %	22,2 %	3,3 %	6,3 %	5,0 %	100 %

2.

Kriegswirtschaft und Ideologie: die Praxis der Zwangsarbeit

2.1. Extensive Ausbeutung

Die Arbeits- und Lebensbedingungen der sowjetischen Zivilarbeiter und Kriegsgefangenen waren durch die Richtlinien Görings vom November 1941, durch die «Ostarbeitererlasse» sowie durch entsprechende Vorschriften der Arbeits- und Ernährungsbehörden bis ins einzelne reglementiert. Infolge dieser Bestimmungen häuften sich schon kurze Zeit nach dem Eintreffen der ersten Transporte aus dem gesamten Reichsgebiet Meldungen, wonach die Ernährungslage der Ostarbeiter und der russischen Kriegsgefangenen katastrophal, die Unterbringung unzureichend und der durch eine zusätzliche Steuer («Ostarbeiterabgabe») eigens herabgesenkte Lohn der sowjetischen Zivilarbeiter so niedrig sei, daß er keinen Leistungsanreiz enthalte. Zahlreiche Betriebe beschwerten sich bei den zuständigen zivilen und militärischen Behörden, daß eine effektive Arbeitsleistung von den sowjetischen Arbeitern angesichts ihres Ernährungszustandes nicht mehr zu erwarten sei. Die Essener Firma Krupp zum Beispiel berichtete im April 1942: «Bei den zivilen russischen Arbeitern, die – mit wenigen Ausnahmen – in einem ausgezeichneten Gesundheitszustand hier ankamen, machen sich bereits ebenfalls die typischen Hungerödeme bemerkbar. Nach Ansicht unserer Betriebsärzte ist der körperliche Verfall ausschließlich auf die ungenügende Verpflegung zurückzuführen, wobei wir noch besonders darauf hinweisen, daß unsere Verpflegungssätze den amtlichen Vorschriften entsprechen. Von unseren russischen Kriegsgefangenen sind bereits über 30% infolge ungenügender Ernährung arbeitsunfähig und 12 schon im Lager gestorben.»[43]

Auch die Vorschrift, die sowjetischen Arbeitskräfte nur in Kolonnen einzusetzen, stand einer effektiven und für die Unternehmen lohnenden Beschäftigung im Wege: Zwar standen nun genügend Arbeitskräfte zur Verfügung, aber die tatsächliche Entlastung der unter Hochdruck produzierenden Betriebe durch die Beschäftigung der Russen war erheblich geringer als veranschlagt. Ihre Arbeitsleistungen lagen durchweg unter 70 Prozent, in vielen Fällen unter 50 Prozent im Vergleich zu deutschen Arbeitskräften, obwohl die Betriebe übereinstimmend berichteten, daß bei besserer Ernährung die Leistungen denjenigen der Deutschen durchaus nahekämen.

Ursache dieser aus wirtschaftlicher Sicht absurd wirkenden Entwicklung waren aber nicht nur die Erlasse und Verordnungen der Behörden. Ausschlaggebend war vielmehr auch eine Einstellung bei den zentralen und örtlichen Verantwortlichen in den Behörden und Betrieben, wonach «der Russe rassisch wertlos» und zu höheren und qualifizierteren Leistungen gar

2. Kriegswirtschaft und Ideologie

nicht in der Lage sei sowie die Ernährung der sowjetischen Arbeiter nur die Versorgung der deutschen Bevölkerung belasten würde. «Wenn der Eine nicht taugt, taugt der Andere. Die Bolschewisten seien seelenlose Menschen, wenn hunderttausende eingingen, kämen weitere Hunderttausend dran», erklärte z. B. ein Vertreter der DAF in Essen gegenüber einem Kruppschen Betriebsleiter, der darauf hingewiesen hatte, daß die ihm zugeteilten sowjetischen Arbeitskräfte dem Verhungern nahe und zur Arbeit gar nicht in der Lage seien.[44] Zwar gab es verschiedene Initiativen zur Verbesserung der Lage der Ostarbeiter und sowjetischen Kriegsgefangenen, außer der Lockerung der Kolonnenarbeit aber geschah bis zum Frühjahr 1943 nichts.

So war die Beschäftigung der ausländischen Arbeitskräfte in Deutschland gegen Ende des Jahres 1942 durch tiefgreifende Widersprüche gekennzeichnet. Eine Eindämmung oder gar Zurückentwicklung des Ausländereinsatzes, wie sie von der SS und Teilen der Partei gefordert wurde, war kriegswirtschaftlich völlig undenkbar. In dem Maße, in dem sich die militärische Lage des Reiches verschlechterte, war das Regime auf die Arbeitsleistung der Ausländer angewiesen, was nun aber eine leistungsorientierte Behandlung und stärkere Integration in das deutsche Alltags- und Arbeitsleben voraussetzte, wodurch die Gefahr entstand, daß die rassistischen Zerrbilder der deutschen Propaganda vom «russischen Untermenschen» zerfließen konnten. Sollte also die Arbeitsleistung der Ausländer, vor allem der sowjetischen Arbeitskräfte, gesteigert werden, wäre dadurch die nationalsozialistische Nachkriegsperspektive eines Europa beherrschenden deutschen Herrenvolkes berührt und der Sinn eines nationalsozialistischen Sieges in Frage gestellt worden.

Viele Unternehmen gerade der Metallindustrie, die an einem effektiven Einsatz der ihnen zugewiesenen Arbeitskräfte interessiert waren und sogar dazu übergingen, die russischen Arbeiter anzulernen, entwickelten in der Folgezeit eigene Behandlungsrichtlinien und gaben auch Zusatzverpflegung aus.[45] Die Erhaltung und Steigerung der Leistungsfähigkeit wurde in der Mehrzahl der Betriebe zum obersten Grundsatz im Ausländereinsatz, ein Vorhaben, das zunächst bei den Westarbeitern, dann zunehmend auch bei den sowjetischen Zivilarbeitern mit Erfolg durchgeführt wurde. Seit 1943 wurden diese Tendenzen auch von der politischen Führung unterstützt und durch gelockerte Behandlungsvorschriften sowie eine Kampagne zur Leistungssteigerung der Ostarbeiter durch verbesserte Anlehnung gefördert. Der Versuch, die Ausbeutung der Arbeitskraft gerade der Ostarbeiter zu optimieren, war für die Betriebe deswegen erfolgversprechend, weil sie auf sozialpolitische Hemmnisse bei der Beschäftigung – wie bei den deutschen, vor allem den weiblichen Arbeitskräften – keinerlei Rücksichten zu nehmen brauchten. Ostarbeiter und Ostarbeiterinnen wurden so zu begehrten, weil billigen und effektiven Arbeitskräften. Hatte sich vor allem die Industrie anfangs wegen der zahlreichen Einsatzbeschränkungen, der geringen Ernährungsrationen, des schlechten Gesundheitszustandes der Russen und wegen verbreiteter Abneigung gegen die sowjetischen Arbeiter in den Betriebsleitungen wie in den Belegschaften gegen den «Russeneinsatz» gewehrt, so forderten die Unternehmensleitungen, seit diese Hemmnisse weitgehend weggefallen waren, immer neue Kontingente an zusätzlichen Ostarbeitern. Auch in wirtschaftlicher Hinsicht wurde die Beschäftigung von Ausländern, auch von Ostarbeitern, in Deutschland nun durchaus lohnend und war auch als Nachkriegsperspektive denkbar geworden. Diese Einschätzung faßte im Juni 1943 einer der Direktoren der Fieseler-Werke in einer Ansprache so zusammen: «Der Deutsche hat sich mit dem Ausländereinsatz zum ersten Mal in einem riesigen Umfange die Tätigkeit von Hilfsvölkern zu Eigen und zu Nutze gemacht und daraus Lehren gezogen und Erfahrungen gesammelt. Es wird gut sein, schon während, spätestens nach dem Kriege, diesen ganzen Erfahrungsschatz an berufener Stelle zu sammeln.»[46]

Daß der Primat der Arbeitsleistung aber durchaus nicht überall durchgesetzt war, zeigt das Beispiel des Bergbaus. Hier waren die Arbeits- und Lebensbedingungen vor allem der sowjetischen Arbeitskräfte besonders schlecht und blieben es bis zum Ende des Krieges. Ende Dezember 1942 waren bereits 28 % der Belegschaften der Steinkohlezechen des Ruhrgebiets Ausländer, drei Viertel davon Ostarbeiter und Kriegsgefangene. Schon wenige Wochen nach ihrer Ankunft aber war der anfangs so gute Gesundheitszustand der dem Bergbau zugeteilten Zivilarbeiter in ähnlich lebensbedrohender Weise verschlechtert worden wie derjenige der Kriegsgefangenen. Bis zum Sommer 1942 war es bei den etwa 25 000 sowjetischen Arbeitern in den Zechen des Dortmunder Bezirks zu einem effektiven Einsatz noch gar nicht gekommen. Ein Dortmunder Bergrevierbeamter berichtete darüber: «Es kommt z.B. oft vor, daß russische Kriegsgefangene in der Grube nach kurzer Zeit zusammenbrechen und daß sie untertage völlig apathisch und mit der Bahre oder auf sonstige Art übertage gebracht werden müssen.»[47] Selbst Ende 1942 war noch etwa jeder sechste sowjetische Bergarbeiter nicht einsatzfähig, die Durchschnittsleistung der übrigen lag bei 37 % im Vergleich zu deutschen Arbeitern. Wer von den sowjetischen Kriegsgefangenen nicht arbeitsfähig war, wurde nach einiger Zeit in das Stammlager zurückgeschickt, wo viele von ihnen starben. Manche Zechen weigerten sich in der Folgezeit sogar, die ihnen zugewiesenen Gefangenen dorthin zurückzuschicken, «zumal dort nur ein kleiner Teil der Leute wieder zurückkommt», wie etwa vom Zechenverband Hibernia festgestellt wurde.[48]

Außer über schlechte Ernährung wurde immer wieder über Mißhandlungen geklagt. In einem Rundschreiben der Bergbau-Bezirksgruppe Ruhr hieß es dazu: «Wiederholt wird von seiten der Wehrmacht und der zivilen Dienstbehörden Beschwerde geführt, daß die Behandlung der russischen Kriegsgefangenen immer noch auf einigen Zechen zu wünschen übrig läßt, daß Schlagen, Mißhandlungen noch nicht abgestellt sind, daß über und unter Tage jede menschliche Behandlung fehlt. Dies läßt erkennen, daß gerechte Betreuung, überhaupt Interesse für die anvertrauten Kriegsgefangenen nicht vorhanden ist. Wie ist sonst ein täglicher Abgang durch Tod, Abtransport total abgemagerter Todeskandidaten, die bereits Monate eingesetzt sind, zu erklären?»[49] An solchen Mißhandlungen waren vor allem Vorarbeiter und Steiger beteiligt. Aber auch die Berichte über Ausschreitungen deutscher Bergleute gegenüber den Russen sind nicht eben selten.

Zwar versuchten die Zechenleitungen seit 1943 ebenfalls, die Arbeitsleistungen der sowjetischen Arbeiter zu steigern, allein der Erfolg blieb gering. Mangelnde Verpflegung, schlechter Gesundheitszustand, hohe Todesraten blieben kennzeichnend für den Ausländereinsatz im Ruhrbergbau. «So mußten z.B. aus einem Bergbaubetriebe in den letzten 3 Monaten 90 Sowj. Krgf. wegen Entkräftung in das Mannschaftsstammlager zurückgeführt werden. Ein Teil dieser Krgf. konnte nicht mehr gerettet werden», hieß es im Mai 1943 in einem Schreiben des Wehrkreiskommandos VI an das Dortmunder Oberbergamt.[50] Anfang 1944 waren im gesamten Bergbaubereich 181764 sowjetische Gefangene beschäftigt, allein im ersten Halbjahr dieses Jahres waren aber 32236 «Abgänge» zu verzeichnen. Was darunter zu verstehen war, zeigt eine Aufschlüsselung der Zahlen im oberschlesischen Bergbau für diesen Zeitraum. Von den insgesamt 10963 dort als «Abgänge» registrierten sowjetischen Kriegsgefangenen waren 7914 «wegen Krankheit ins Lager zurückgeführt», 1592 «wegen Krankheit in Lazarette überführt», 639 waren als «Todesfälle auf Arbeitskommandos» gemeldet, 818 als «Fluchten». Die Berichte über die schrecklichen Lebensverhältnisse der im Bergbau beschäftigten ausländischen, vor allem aber der sowjetischen Arbeiter waren sowohl den Unternehmensleitungen wie den Behörden wohlbekannt. So lagen etwa Berichte von Kommissionen der Schutzmachtvertreter des Internationalen Roten Kreuzes und der deutschen Begleitoffiziere über die Besuche bei Kriegsgefangenen-Arbeitskommandos im Bergbau vor. In einem Bericht vom Dezember 1944 waren die vorwiegenden Mißstände zusammengefaßt:

«1) Krgef. werden geschlagen.
2) Krgef. mußten bei Arbeit im Wasser ohne Gummistiefel arbeiten.
3) Krgef. fehlte die zweite Decke, noch Ende Oktober 1943.
4) Unterkünfte sind vielfach überbelegt, nicht ungezieferfrei, Nachtruhe nicht gesichert.
5) Krgef. kommen mit nassen Kleidern aus der Grube und fahren mit nassen Kleidern wieder ein, da keine Möglichkeit zum Trocknen in den Unterkünften.
6) Untersuchung auf Bergbaufähigkeit ist sehr oberflächlich. Ein Zivilarzt untersucht z.B. bis zu 200 Krgef. in der Stunde auf Bergbaufähigkeit.
7) Unverhältnismäßig hohe Unfallziffern. Vielfach fahren Schichten ein, ohne daß sich unter den Krgef. ein deutscher Fachmann befindet; Unfallverhütungsvorschriften hängen nur in deutscher Sprache aus.

8) Verpflegung quantitativ ausreichend, qualitativ dagegen häufig schlecht.
9) Kranke werden verspätet dem Arzt vorgeführt.
10) Kranke Kriegsgefangene, die noch schonungsbedürftig sind, werden vorzeitig wieder untertage eingesetzt.»[51]

Bei den betroffenen Bergbauunternehmen stießen solche Berichte häufig auf Unverständnis und Kritik. So schrieb die Betriebsleitung der Essener Steinkohle: «Bemerkenswert ist immer wieder der Eifer, mit welchem sich deutsche Behörden pp. um das Wohlergehen der Ausländer bemühen. Zur rechten Einstellung gegenüber solchen Bemühungen und Anweisungen verhilft stets die nüchterne eigene Überlegung, in welchem Ausmaß sich solche Stellen bisher um das Wohlergehen unserer deutschen Arbeiter bzw. Arbeiterinnen ebenso ernsthaft bemüht haben. Und den durchweg gut untergebrachten und gut verpflegten ausländischen Arbeitskräften, soweit diese auf den Anlagen des Unternehmens untergebracht sind, bzw. zum Arbeitseinsatz kamen, geht es in jeder Weise gut. Diese Geister können ihr Los in einer Zeit, in welcher das deutsche Volk um Sein oder Nichtsein kämpft, gut ertragen.»[52]

2.2. Die Hierarchie des Rassismus

Bei einer so großen Zahl ausländischer Zwangsarbeiter sind summarische Urteile über deren Lebensverhältnisse nicht möglich, vielmehr unterschied sich die Situation der verschiedenen Gruppen der «Fremdarbeiter» und Kriegsgefangenen beträchtlich voneinander – und zwar nach verschiedenen Kriterien.

Am präzisesten feststellbar sind dabei die Kriterien von «Rasse» und «Volkstumszugehörigkeit». Sowohl was die Lebensmittelrationen, die Ausstattung der Unterkünfte, die Arbeitszeiten und -löhne sowie die Beschäftigung an qualifizierten Arbeitsplätzen betraf, als auch in bezug auf die sicherheitspolizeilichen Bestimmungen – Strafsystem, Umgang mit Deutschen, Mißhandlungen etc. – waren die Westarbeiter schlechter als die Deutschen, aber deutlich besser als die Arbeiter aus dem Osten gestellt. Daraus entwickelte sich eine Hierarchie, bei der die französischen Zivilarbeiter vor denen aus anderen westlichen Ländern (Belgien, Niederlande) rangierten – darunter die Arbeitskräfte aus den zum Teil mit Deutschland verbündeten oder von ihm abhängigen südosteuropäischen Ländern (Ungarn, Rumänen, Slowenen, Griechen, Serben, Kroaten) – darunter die Arbeiter aus der Tschechoslowakei (dem sogenannten «Protektorat Böhmen und Mähren») – darunter die Polen, und ganz unten rangierten die Arbeiter aus der Sowjetunion sowie seit dem Sommer 1943 auch die italienischen Militärinternierten; wobei noch gewisse Abstufungen zwischen Ukrainern und Russen auf der einen, Zivilarbeitern und Kriegsgefangenen auf der anderen Seite feststellbar waren. Die während des letzten Kriegsjahres vermehrt in der Rüstungsindustrie beschäftigten KZ-Häftlinge sowie schließlich die jüdischen Zwangsarbeiter bildeten zudem noch eigene Kategorien unterhalb dieser rassistischen Stufenleiter, denen gegenüber sich beim Arbeitseinsatz eine auf Leistung orientierte Behandlung bis Kriegsende nicht durchsetzte. In der Praxis jedoch begannen sich die Unterschiede zwischen der Situation etwa der sowjetischen Arbeitskräfte und der KZ-Häftlinge im Chaos der letzten Kriegsphase in manchen Betrieben zu verwischen.

In der betrieblichen Praxis ließen sich diese durch eine unübersehbare Fülle von Erlassen durchreglementierten Abstufungen natürlich nicht in allen Einzelheiten auch durchsetzen. Aber in den Berichten der behördlichen und betrieblichen Stellen vor Ort wird doch immer wieder deutlich, wie sehr diese Hierarchie auch der Vorurteilsstruktur bei den Verantwortlichen in den Betrieben und Lagern sowie in weiten Teilen der Bevölkerung entsprach, so daß die Zugehörigkeit zu einem bestimmten «Volkstum» auch in starkem Maße bestimmte, wie es den einzelnen tatsächlich erging.

Neben die Einteilung nach Nationalität oder «Volkstum» trat die nach Geschlecht – was sich vor allem auf die Arbeiterinnen aus dem Osten auswirkte: Um die «blutlichen Gefahren», die für die Regimeführung aus dem Arbeitseinsatz von «Fremdvölkischen» drohten, abzuwehren, waren die Rekrutierungskommandos im Osten gehalten, jeweils zur Hälfte männliche und weibliche Arbeitskräfte anzuwerben. So waren von den Polen etwa ein Drittel, von den sowjetischen Zivilarbeitern etwas mehr als die Hälfte Frauen. Sie unterlagen in den Betrieben den gleichen Anforderungen wie die Männer, erhielten aber eine noch schlechtere Bezahlung und waren zudem den Nachstellungen durch deutsche Vorgesetzte und Lagerführer relativ schutzlos ausgesetzt – die Akten der Düsseldorfer Gestapo-Stelle zum Beispiel sind voll von Fällen, in denen deutsche Lagerleiter den im Durchschnitt etwa 20 Jahre alten Ostarbeiterinnen durch Ausnutzung ihrer Vorgesetztenfunktion oder einfach mit Gewalt sexuelle Kontakte abgenötigt hatten.[53]

Von Bedeutung für die Lebensverhältnisse der Ausländer war es aber auch, in welcher Branche und in welchen Betrieben sie beschäftigt, in welchen Lagern sie untergebracht und seit Ende 1942 vor allem, ob sie in einer Großstadt oder auf dem Lande eingesetzt waren. Das Beispiel Bergbau hatte bereits gezeigt, wie schrecklich die Bedingungen der dort vorwiegend beschäftigten Zivilarbeiter und Kriegsgefangenen aus dem Osten waren, während in der Metallindustrie zum Teil deutlich bessere Verhältnisse zu beobachten waren. Vor allem für die Lebensmittelversorgung war es von großem Vorteil, in der Landwirtschaft beschäftigt zu werden – das ging so weit, daß die Behörden die ausgemergelten, halbverhungerten sowjetischen Arbeitskräfte zur «Aufpäppelung» – das war der offizielle Begriff – für einige Zeit in die Landwirtschaft versetzten.[54]

Viele Ausländer versuchten aber gerade in den letzten beiden Kriegsjahren, auf eigene Faust dem Bergbau und anderen Branchen, etwa der Bauindustrie, zu entkommen und illegal bei einem Bauern Arbeit und Unterkunft zu finden.

Daß die Verhältnisse in einzelnen Lagern und Betrieben sich oft so eklatant voneinander unterschieden, verweist darauf, daß die Bestimmungen der Behörden trotz aller Reglementierungswut noch erheblichen Spielraum ließen und daß es hier ganz wesentlich auf das Verhalten der Verantwortlichen in den Fabriken und den Lagern ankam. Wer einen Meister oder Vorarbeiter erwischt hatte, der es zuließ, daß etwa den russischen Arbeitern ohne Genehmigung zusätzliche Lebensmittel verabreicht wurden, oder einen Lagerführer, der den Lagerinsassen die denkbar knappen Ruhepausen nicht durch zusätzliche Schikanen noch zerstörte oder sich an den außerordentlich verbreiteten Korruptionsgeschäften mit den den Ausländern zustehenden Lebensmitteln nicht beteiligte, dessen Aussichten, den «Arbeitseinsatz» in Deutschland ohne körperliche Dauerschäden zu überleben, waren erheblich größer als diejenigen eines «Fremdarbeiters», der den Schikanen und Mißhandlungen, der Korruption und dem Machtrausch der Verantwortlichen im Lager und im Betrieb schutzlos ausgeliefert war.

Das Verhalten der mit dem «Ausländereinsatz» beschäftigten Deutschen – und bei mehr als 7 Millionen Ausländern waren das viele zehntausend Menschen – gerät so immer stärker in den Vordergrund, je mehr man sich über die politische und Verwaltungsebene hinaus mit der Wirklichkeit der Ausländerbeschäftigung während des Zweiten Weltkrieges beschäftigt. Die deutsche Bevölkerung war hier nicht passiver Zuschauer – sie war als aktiver Faktor der nationalsozialistischen Politik eingeplant, und vom Verhalten der einzelnen Deutschen am Arbeitsplatz, im Lager oder in der Öffentlichkeit hing es ab, wie es den ausländischen Zwangsarbeitern tatsächlich erging.

Seit dem Einsetzen der alliierten Großangriffe auf deutsche Großstädte rückte für die ausländischen Arbeiter immer mehr in den Vordergrund, ob sie auf dem Land oder in den bombengefährdeten Großstädten lebten. Ostarbeiter, Polen und Kriegsgefangene durften die öffentlichen Luftschutzbunker nicht betreten, und in vielen Lagern waren nicht einmal Splitterschutzgräben vorhanden.[55] Für die ausländischen Arbeiter in den großen Städten begann eine Zeit der fortwährenden Angst, in manchen Städten kam es zu regelrechten Paniken der unzureichend gegen die Angriffe geschützten Ausländer. «Ein großer Teil der Fluchten sind Panikfluchten», stellte der Kommandant des Kriegsgefangenenlagers in Hemer fest. «So sind von einem großen Arb. Kdo. in dem gefährdeten Bezirk Dortmund-Ost allein 32 sowj. Kr. Gf. von den Arbeitsstellen geflohen, die bei ihren Vernehmungen nach der Wiederergreifung immer wieder die häufigen Bombardements als Fluchtgrund angaben.»[56] Da die Ausländerlager meist in den Innenstädten und nahe bei den Fabriken lagen, waren sie den Luftangriffen besonders stark ausgesetzt – da aber andererseits Aufräumungs- und Instandsetzungsarbeiten vorrangig an Betriebsanlagen und Wohngebieten der deutschen Bevölkerung und, wenn überhaupt, an den Ausländerlagern zuletzt vorgenommen wurden, verschlechterten sich die Lebensverhältnisse der Bewohner dieser Lager nach einem Angriff drastisch und oft für lange Zeit. Über die Verhältnisse in einem Lager für französische Kriegsgefangene in Essen nach einem Angriff berichteten die zuständigen Lagerärzte: «Das Lager ist belegt mit 640 französischen Kriegsgefangenen. Durch den Fliegerangriff am 27. April ds. Js. ist das Lager weitgehend zerstört; z. Zt. sind die Verhältnisse unhaltbar. Im Lager sind noch 315 Gefangene untergebracht, 170 von diesen aber nicht mehr in Baracken, sondern in einem Durchlaß der Eisenbahnstrecke Essen-Mülheim im Zuge der Grunertstraße. Dieser Durchlaß ist feucht und für die dauernde Unterbringung von Menschen nicht geeignet ... Für Revierkranke stehen zwei übereinanderstehende Holzbetten zur Verfügung. Im allgemeinen findet die ärztliche Behandlung im Freien statt.» Im September 1944 – ein halbes Jahr nach dem Angriff – meldete ein anderer Arzt über dasselbe Lager: «Das Kriegsgefangenenlager in der Nöggerathstraße befindet sich in einem schauderhaften Zustand. Die Leute wohnen in Aschenbehältern, Hundeställen, alten Backöfen und in selbstgefertigten Hütten. Die Verpflegung war nur gerade ausreichend.»[57]

Neben Nationalität, Geschlecht und den spezifischen Verhältnissen in einzelnen Branchen, Betrieben und Lagern kam also als weiterer Faktor, der über die Art der Lebensverhältnisse der Ausländer bestimmte, hinzu, ob die einzelnen in einem zerstörten oder unzerstörten Lager lebten, so daß die Bandbreite der Verhältnisse, in denen ausländische Arbeiter in Deutschland lebten, außerordentlich groß war.

Bei aller notwendigen Differenzierung muß man aber insgesamt feststellen, daß sich das Kriterium «Nationalität» bzw. «Rasse» am stärksten in den unterschiedlichen Lebensverhältnissen der ausländischen Arbeiter niederschlug. Die regelmäßigen Berichte der deutschen Briefzensurstellen geben darüber Auskunft. Danach erhielten die Arbeiter aus dem Westen Europas für die schwere Arbeit, die sie leisten mußten, zwar den gleichen Lohn wie die Deutschen, wurden aber häufig nicht entsprechend ihrer Qualifikation eingesetzt. Auch die Arbeitszeiten entsprachen weitgehend denjenigen der deutschen Arbeiter, und über die häufigen Überstunden und Sonntagsschichten beklagten sie sich ebenso wie ihre deutschen Kollegen. Häufiger Gegenstand von Beschwerden war die Qualität der Verpflegung in den Lager- und Betriebsküchen. Klagen wegen zu geringer Portionen tauchten seltener auf. Eine bitter beklagte Einschränkung war für die meisten «Westarbeiter» die schiere Unmöglichkeit, Urlaub zu erhalten, um nach Hause fahren zu können. Die deutschen Behörden hatten dies erschwert, schließlich sogar verboten, weil ein Teil der Urlauber nicht zurückgekehrt war.[58]

Die Situation der Arbeiter aus Westeuropa unterschied sich insgesamt von derjenigen der deutschen Arbeiter auch in materieller Hinsicht. Aber einschneidender waren wohl die Diskriminierungen und Demütigungen, über die häufig berichtet wurde. Erniedrigende Strafen (z.b. Prügel bei Urlaubsüberschreitung) und Schikanen führten ihnen vor Augen, daß sie nicht als willkommene «Gastarbeiter» in Deutschland waren, sondern – jedenfalls die meisten – als Angehörige besiegter Feindstaaten in einem von einer terroristischen Diktatur regierten Land. «Ich hoffe, daß es bald zu Ende ist», schrieb im Februar 1943 ein französischer Arbeiter nach Hause, «denn hier haben die Leute eine Gesinnung wie die Wilden ... Man beißt sich förmlich die Finger ab, weil man nichts sagen darf, man muß alles einstekken.»[59] Aber das war nur die eine Seite. Über auskömmliche, ja gute Beziehungen zwischen Deutschen und Franzosen wurde ebenfalls berichtet, auf dem Lande ebenso wie in den Lagern und Fabriken der Städte.

Nun standen die Zivilarbeiter aus dem Westen auf der obersten Stufe der rassistischen Hierarchie, der Platz der sowjetischen Kriegsgefangenen und Zivilarbeiter hingegen war ganz unten. Ihre Lebensverhältnisse waren deutlich schlechter als die der Polen und in der Regel unvergleichlich schlechter als die der Westarbeiter.[60] Überlange Arbeitszeiten, schlechte Ernährung, Bezahlung, Unterkunft und Kleidung, mangelnde ärztliche Behandlung, Stacheldraht, Diffamierungen, Mißhandlungen kennzeichneten ihre Situation als Zwangsarbeiter in Deutschland – darin waren sich selbst Berichterstatter der NS-Behörden einig, die die Lebensverhältnisse der Ostarbeiter und Kriegsgefangenen untersuchten, um nach Möglichkeiten der Leistungssteigerung zu suchen. So schrieb eine Kommission des Wirtschaftsstabes Ost über ihre Eindrücke bei einer Rundreise durch das Ruhrgebiet im November 1943: «In den bereisten Gauen wird aber ganz im allgemeinen, abgesehen von wenigen Musterbetrieben, der Ostarbeiter seinem Schicksal überlassen, weil man ihn lediglich als aus dem weiten Ostraum leicht (zu) ergänzendes Produktionsmittel betrachtet. Die Betriebsführer haben fast durchgängig keinerlei Verständnis für das Wesen der Ostarbeiterfrage und wollen auch kein Interesse daran nehmen. Infolgedessen lassen selbst die notwendigsten Dinge wie Essen und Unterkunft zu wünschen übrig, sind ungenügend, lieblos hergerichtet, schmutzig und zum Teil sogar über jedes Maß hinausgehend schlecht ... Aufschlußreich war aber die Bemerkung: Der Ostarbeiter sei sehr zäh. Er arbeite, bis er an dem Arbeitsplatz mit dem Gesicht in den Dreck falle und der Arzt nur noch den Totenschein ausstellen könne. ... Die Stimmung der Ostarbeiter war mit wenigen Ausnahmen, wo sie ausgesprochen gut genannt werden konnte, im allgemeinen eine unzufriedene bis zum Teil sogar katastrophale. So wird z.B. das Bild der Trostlosigkeit und Verelendung in dem Lager des Bochumer Vereins nie ausgelöscht werden können: ... Arbeiter furchtbar heruntergekommen, Stimmung katastrophal, Lager vernachlässigt und dreckig, Essen unzureichend. Prügel. Familien auseinandergerissen. Fluchtversuche sogar von Frauen. Essen als Prämie – erst Leistung, dann Betreuung. Keinerlei Verständnis bei Leitung.»[61]

2. Kriegswirtschaft und Ideologie

Im Sommer 1943 inspizierte ein Beamter des Auswärtigen Amtes auf eigene Faust einige Ostarbeiterlager in Berlin und berichtete darüber: «Trotz der den Ostarbeitern offiziell zustehenden Rationen ist einwandfrei festgestellt worden, daß die Ernährung in den Lagern folgendermaßen aussieht: Morgens einen halben Liter Kohlrübensuppe. Mittags im Betrieb, einen Liter Kohlrübensuppe. Abends einen Liter Kohlrübensuppe. Zusätzlich erhält der Ostarbeiter 300 g Brot täglich. Hinzu kommen wöchentlich 50 bis 75 g Margarine, 25 g Fleisch oder Fleischwaren, die je nach der Willkür der Lagerführer verteilt oder vorenthalten werden ... Große Mengen von Lebensmitteln werden verschoben. Diese den Ostarbeitern bestimmten Lebensmittel werden von den anderen ausländischen Arbeitern aufgekauft und an die Ostarbeiter für Wucherpreise verkauft ... Es sei hier noch erwähnt, daß der größte Teil der Arbeiterinnen die Entbindung mehr fürchten als den Tod. So mußte ich selbst sehen, wie Ostarbeiterinnen auf Betten ohne Matratze auf den Stahlfedern lagen und in diesem Zustande entbinden mußten ... Die größte Geißel der Lager aber bildet die Tuberkulose, die sich auch unter den Minderjährigen sehr stark ausbreitet. Im Rahmen der sanitären und gesundheitlichen Lage, in der sich die Ostarbeiter befinden, muß unterstrichen werden, daß es den deutschen und russischen Ärzten von den Betriebskrankenkassen verboten wird, irgendwelche Medikamente den Ostarbeitern zu verabfolgen. Die an Tuberkulose Erkrankten werden nicht einmal isoliert. Die Erkrankten werden mit Schlägen gezwungen, ihrer Arbeit nachzugehen, weil die Lagerbehörden die Zuständigkeit der behandelnden Ärzte anzweifeln. Es entzieht sich meiner Kenntnis, aus welchen Gründen die deutschen Stellen eine große Anzahl Kinder aus den besetzten Ostgebieten nach Deutschland ‹importierten›. Es steht jedoch fest, daß sich zahlreiche Kinder von 4 bis 15 Jahren in den Lagern befinden, und daß sie in Deutschland weder Eltern noch sonstige Verwandte besitzen. Daß diese Kinder für deutsche Kriegsziele wertlos sind, ist offensichtlich. Die Ernährungslage, der gesundheitliche Zustand und die materielle Not tragen sicherlich nicht dazu bei, die ‹Moral› des Ostarbeiters zu stärken. Er befindet sich in einer allgemeinen Apathie, in der er vom Leben nichts mehr erhofft. So werden z.B. Frauen mit genagelten Brettern ins Gesicht geschlagen. Männer und Frauen werden wegen des leichtesten Vergehens nach Ablage der Oberkleidung im Winter in betonierte kalte Kerker gesperrt und ohne Essen gelassen. Aus ‹hygienischen› Rücksichten werden Ostarbeiter im Winter auf dem Hof des Lagers aus Schläuchen mit kaltem Wasser begossen. Hungrige Ostarbeiter werden wegen einiger gestohlener Kartoffeln vor den versammelten Lagerinsassen auf die unmenschlichste Art und Weise hingerichtet.»[62]

2.3. Vorrang der Arbeitsleistung oder Primat der Ideologie?

Trotz derartiger Verhältnisse, die ausweislich der relativ breiten Berichterstattung durch deutsche Arbeitseinsatz-Behörden keine Ausnahme darstellten, gelang es den Nationalsozialisten, die Arbeitsleistungen auch für sowjetische Arbeitskräfte in den letzten beiden Kriegsjahren nicht unwesentlich zu steigern. Dafür waren verschiedene Faktoren ausschlaggebend: Die häufig festzustellende Bindung der Ernährung an die Höhe der Arbeitsleistung und die weitgehende Durchsetzung des Akkordsystems sind hier vor allem zu nennen; aber auch der stetige Ausbau der Kontroll- und Strafsysteme sowohl der Gestapo wie innerhalb der Betriebe der unternehmenseigenen Werkschutzleute und Rollkommandos. Darüber hinaus muß man dabei aber auch psychologische Momente berücksichtigen: Die Behauptung des Selbstwertgefühls und der persönlichen Identität durch «gute Arbeit» waren von einiger Bedeutung gerade für diejenigen, die der allseitigen Unterdrückung und Mißgunst nichts entgegenzusetzen hatten als ihre Arbeitsleistung. Dies galt in besonderer Weise für die Frauen. Gerade die im Durchschnitt sehr jungen Ostarbeiterinnen waren bei den industriellen Unternehmen seit 1943 sehr begehrte Arbeitskräfte, weil ihre Leistungen hoch, ihre Löhne aber besonders niedrig waren und für sie die Schutzbestimmungen der deutschen Sozialgesetze für Frauen nicht wirksam waren. Im Gegensatz zu ihren männlichen Kollegen galten sie aber auch als besonders leicht lenkbar. Angst vor Widerständigkeit hatten die deutschen Behörden bei ihnen nicht. Da sie zudem oft schutzlos den sexuellen Nachstellungen von Lagerleitern und anderen deutschen Vorgesetzten, aber auch von ihren Landsleuten ausgesetzt waren, unterlagen sie als sowjetische Zwangsarbeiter und als Frauen einer doppelten Unterdrückung.

Mit der Vorschrift, daß mindestens die Hälfte der nach Deutschland gebrachten Arbeitskräfte aus Polen und der Sowjetunion Frauen zu sein hatten, verfolgten die deutschen Behörden das Ziel, sexuelle Kontakte zwischen Deutschen und «Fremdvölkischen» zu verhindern. Die Folge aber war, daß die Zahl der in Deutschland geborenen Kinder von polnischen und sowjetischen Eltern stieg – vor allem für Parteikreise war dies ein ausgesprochener Skandal.

Waren anfangs schwangere Frauen aus Polen und der Sowjetunion noch in die Heimat zurückgeschickt worden, so hegten Arbeitsämter und Polizeistellen bald den Verdacht, daß die Schwangerschaften in der Absicht herbeigeführt worden seien, auf diese Weise Deutschland verlassen zu können. Daher wurden seit dem Frühjahr 1943 die Möglichkeiten der Abtreibung bei schwangeren Polinnen und Ostarbeiterinnen ausgeweitet. Viele untere Behörden aber befürworteten gegenüber diesen Frauen ein wesentlich brutaleres Vorgehen.[63] «Unter den aus dem Reich Zurückgekehrten befindet sich eine erhebliche Menge von schwangeren Frauen, die, da sie ihrer baldigen Niederkunft entgegensehen, aus dem Arbeitsverhältnis im Reich in ihre

2. Kriegswirtschaft und Ideologie

frühere Heimat entlassen wurden. Die Häufigkeit der Fälle läßt darauf schließen, daß dieser Zustand ein gewollter ist», wurde aus dem Generalgouvernement gemeldet und angeregt, diese Kinder den Polinnen abzunehmen: «Die Kinder guten Blutes könnten in Heimen untergebracht werden, während die anderen einer Sonderbehandlung zugeführt werden müßten. M.E. würde dadurch mit einem Schlage die Kinderfreudigkeit bei diesen Polinnen nachlassen.»[64] «Sonderbehandlung» war der Tarnbegriff der nationalsozialistischen Behörden für Hinrichtung – hier wurde also nichts anderes gefordert, als einen Teil der Kinder der Polinnen umzubringen und die «rassisch wertvollen» Kinder ihren Müttern wegzunehmen und in Heimen großzuziehen.

Daran anknüpfend vereinbarte Himmler mit dem GBA Ende 1942, ausländische Arbeiterinnen aus dem Osten bei Schwangerschaft nicht mehr abzuschieben. «Gutrassige Kinder» dieser Frauen sollten vielmehr in besonderen Heimen als Deutsche erzogen und «schlechtrassige» Kinder in Kindersammelstätten zusammengefaßt werden, wobei für diese Sammelstätten, wie Himmler ausdrücklich vermerkte, eine «hochtrabende Bezeichnung» einzuführen sei.[65] Am 27. Juni 1943 erging dann der daraus folgende Erlaß des RSHA, der eine konsequente Praktizierung rassebiologischer Grundsätze in diesen Fragen zum Inhalt hatte. Die Betreuungseinrichtungen für «schlechtrassige» Kinder von polnischen und sowjetischen Arbeiterinnen hießen nun «Ausländerkinder-Pflegestätten» und sollten mit ausländischem Personal belegt werden. Mit «gutrassigen» Kindern sollte anders verfahren werden: «Die Notwendigkeit, den Verlust deutschen Blutes an fremde Volkskörper zu verhindern, wird durch die Blutopfer des Krieges verstärkt. Es gilt daher, die Kinder von Ausländerinnen, die Träger z.T. deutschen und stammesgleichen Blutes sind und als wertvoll angesehen werden können, ... nach Möglichkeit dem Deutschtum zu erhalten und sie daher als deutsche Kinder zu erziehen», lautete die Begründung eines komplizierten Verfahrens der «rassischen Überprüfung». Fiel diese «positiv» aus, wurden die Kinder nach der Stillphase in besondere Pflegeheime eingewiesen und von den Müttern getrennt – bei Westarbeiterinnen nur mit Zustimmung der Mutter, bei Polinnen und Ostarbeiterinnen ohne Einwilligung. Außerdem sollten «rassisch besonders wertvolle werdende Mütter, die den Bedingungen des Lebensborns entsprachen, in SS-Mütterheimen aufzunehmen und ihre Kinder zu bevormunden» sein.[66]

In der Folgezeit wurden zahlreiche derartige «Ausländerkinder-Pflegestätten» eingerichtet, oft auch auf Veranlassung der Firmen, bei denen die ausländischen Mütter beschäftigt waren. So auch bei der Firma Krupp in Essen: Das Kinderheim «Buschmannshof» in Voerde bei Dinslaken wurde 1943 eröffnet, weil, wie der Kruppsche Oberlagerführer später erklärte, die Zahl der Ostarbeiterkinder weiter anstieg und die Platzverhältnisse im Kruppschen Krankenhaus in Essen nicht mehr ausreichten.[67] Deshalb wurden die Kinder in Voerde von einem Teil der russischen Mütter unter Leitung einer deutschen Frau betreut. Von den 120 Kindern aber, die dort untergebracht waren, starben zwischen Herbst und Winter 1944 mindestens 48 infolge einer Diphterieepidemie, die offensichtlich auch durch die schlechte Versorgung der Kinder mit Lebensmitteln hervorgerufen war. Bei Kriegsende wurde das Lager dann nach Thüringen evakuiert, ohne daß die Mütter davon Bescheid erhielten. Die Überlieferung dieser Vorfälle läßt eine gesicherte genauere Darstellung des Schicksals dieser Kinder nicht zu. Daß sie als «unnütze Esser», Menschen zweiter oder gar dritter Klasse behandelt wurden, deren Leben nicht viel galt, beweist auch ein zweiter Fall aus diesem Zusammenhang. Im Mai 1944 wurde in dem Dorf Velpke bei Helmstedt von seiten der NSDAP ebenfalls ein derartiges Kinderheim eröffnet, um dort die neugeborenen Kinder der im Kreis Helmstedt beschäftigten Ostarbeiterinnen unterzubringen, die ihnen, wenn möglich, mit Gewalt weggenommen wurden.[68] Leiterin des Heims war eine «volksdeutsche» Lehrerin, unterstützt von vier jungen Ostarbeiterinnen. Zwischen Mai und Dezember 1944 wurden dort 110 polnische und russische Kinder untergebracht, von denen 96 in diesem Zeitabschnitt starben – an Epidemien, Unterernährung und «allgemeiner Schwäche», obwohl sie bei guter Gesundheit und mit warmer Kleidung dort eingeliefert worden waren. Daß solche Verhältnisse nicht eben selten, sondern eher die Regel waren, macht das Schreiben eines SS-Gruppenführers Hilgenfeldt an Himmler deutlich. Hilgenfeldt hatte eines der Ostkinder-Heime besucht und schrieb dazu am 11. August 1943: «Die augenblickliche Behandlung der Kinder ist m. E. unmöglich. Es gibt hier nur ein Entweder – Oder. Entweder man will nicht, daß die Kinder am Leben bleiben, dann sollte man sie nicht langsam verhungern lassen und durch diese Methode noch viele Liter Milch der allgemeinen Ernährung entziehen; es gibt dann Formen, dies ohne Quälerei und schmerzlos zu machen. Oder man beabsichtigt, die Kinder aufzuziehen, um sie später als Arbeitskräfte verwenden zu können. Dann muß man sie aber auch so ernähren, daß sie einmal im Arbeitseinsatz vollwertig sind.»[69]

In diesen Aktivitäten der Partei und der SS in Zusammenarbeit mit betrieblichen Stellen gegenüber den «fremdvölkischen» Kindern und ihren Müttern wird die Kontinuität der radikalen Durchsetzung rassebiologischer Prinzipien gegenüber Ostarbeitern und Polen auch in den letzten beiden Kriegsjahren offenbar. Die Durchsetzung von Rasseprinzipien bei der Selektion von «gutrassigen» und «schlechtrassigen» Kleinkindern zeigt, daß das Regime den wirtschaftlichen Zwängen und dem Arbeitskräftemangel nur vorübergehend gehorchen wollte und die Optionen auf radikale Lösungen im Sinne der Rassedoktrin lediglich aufgeschoben hatte. Bei den für den Arbeitseinsatz nicht brauchbaren Säuglingen aber konnte schon jetzt nach den Methoden vorgegangen werden, die man den sowjetischen und polnischen Arbeitern nach siegreicher Beendigung des Krieges insgesamt zugedacht hatte.

Verschiebung der rassepolitischen Selektionspraxis auf nicht arbeitseinsatz-relevante Bereiche, Kontinuität des Sonderstrafsystems und der je nach Kriegsverlauf dosierten Repressionen einerseits – Initiativen zur «Liberalisierung» der Behandlungsvorschriften, vor allem zur Annäherung des Status von Ost- und Westarbeitern unter der Parole des «antibolschewistischen Abwehrkampfes Europas» andererseits: das waren die Grundzüge der nationalsozialistischen Ausländerpolitik in den letzten beiden Kriegsjahren.

2.4. Opposition und Widerstand[70]

Angesichts der unmenschlichen Praktiken der «Rasse»-Behörden des NS-Regimes und der Lebensverhältnisse, unter denen vor allem die Arbeiter aus dem Osten zu leiden hatten, liegt die Frage nahe, ob und inwieweit es den ausländischen Arbeitern gelingen konnte, sich dagegen zur Wehr zu setzen. In den ersten Kriegsjahren äußerten sich Opposition und Widerstand angesichts der Stärke und Schlagkraft der nationalsozialistischen Sicherheitsbehörden vorwiegend in verschiedenen Formen des Arbeitsentzugs: Fluchten, «Arbeitsbummelei», zum Teil auch Absprachen mit deutschen Arbeitskollegen, es «langsam angehen zu lassen» – meist individuelle und spontane Reaktionen auf unerträgliche Arbeits- und Lebensbedingungen.

In dem Maße aber, in dem die Differenz zwischen dem Anspruch der nationalsozialistischen Behörden auf totale Reglementierung und Kontrolle des Lebens der Ausländer und der sich einer vollständigen Kontrolle notwendig entziehenden Praxis des Einsatzes von Millionen ausländischer Arbeitskräfte immer größer wurde, entwickelte sich vor allem in den Ausländerlagern eine Art «informeller Substruktur» unter den «Fremdarbeitern» und Kriegsgefangenen – ein sich stetig ausweitender Bereich von Schwarzmarkt und Illegalität, von Arbeitsflucht und informeller Solidarität, aber auch von Gewalt und Unterdrückung: in manchem eher ein Spiegel- als ein Gegenbild zum nationalsozialistischen Unterdrückungssystem, aber oft genug die einzige Möglichkeit für viele ausländische Arbeiter zu überleben.

Die einzelnen Elemente geäußerter Widerständigkeit standen jedoch in keiner direkten Beziehung zueinander. Erst seit 1943 lassen sich diese einzelnen Phänomene stärker miteinander in Beziehung setzen, wobei damit eine ganze Skala von Verhaltensweisen bezeichnet ist: Am verbreitetsten waren Formen der individuellen Versorgung – Versuche, durch Tausch- und Schwarzhandel, Verkäufe kleiner, selbsthergestellter Gebrauchsgegenstände oder auch durch Lebensmitteldiebstähle die unzureichende Ernährung in den Lagern auf eigene Faust aufzubessern. Ausgangspunkt war dabei in vielen Fällen die überall festzustellende und sich in der letzten Kriegsphase rasch ausbreitende Korruption vor allem bei den Lagerführern und anderen

Deutschen, die mit der Lebensmittelversorgung der Ausländer zu tun hatten. Die unterschiedliche Versorgungslage der einzelnen Ausländergruppen trug ebenfalls dazu bei, daß der Schwarzhandel in den Lagern blühte. «Die schlechte Ernährung der Ostarbeiter trüge zur Entwicklung des Schwarzhandels wesentlich bei», wurde den Reichsbehörden im März 1944 berichtet, «da namentlich Franzosen und andere Personen aus dem Westen einen schwunghaften Brothandel mit den Ostarbeitern unterhielten. Das Pfund Brot werde an die Ostarbeiter durchschnittlich zum Preise RM 10 gehandelt.»[71] Bei den Westarbeitern hingegen wurden bevorzugt «Papiere gehandelt» – angesichts der Formularwut der Nazis kein ganz aussichtsloser Weg, sich so die Unterlagen für die Heimreise zu beschaffen; alles zusammen aber war Ausdruck einer Entwicklung, wonach die Erlasse der Reichsbehörden und die Wirklichkeit des Ausländereinsatzes in den Lagern und Betrieben sich zunehmend auseinanderentwickelten, was vielen Ausländern den Versuch ermöglichte, unterhalb der polizeilichen Reglementierungen und Kontrollen die eigenen Lebensverhältnisse zu verbessern.

Am stärksten fand diese Entwicklung aber Ausdruck in den während der letzten beiden Kriegsjahre rapide anschwellenden Fluchtzahlen der ausländischen Arbeiter.

Tab. 16: Fluchten von ausländischen Arbeitern 1943[72]

Februar 1943	20 353
März	27 179
April	27 172
Juni	30 000
Juli	38 000
August	45 000
Dezember	46 000
Monatsdurchschnitt	ca. 33 000

Nun wurde der größte Teil der «Geflüchteten» bald wieder aufgegriffen, auch deshalb, weil die Behörden jeden Ausländer, der nicht im Betrieb oder Lager erschien, als «geflüchtet» meldeten, auch wenn er nur für einige Zeit verschwunden war oder obdachlos in den Trümmern der durch einen Luftangriff zerstörten Innenstadt herumirrte. Aber vielen gelang es doch, entweder in ihr Heimatland zurückzukehren oder – in der Mehrzahl der Fälle – auf diese Weise das Lager, den Betrieb oder die Stadt zu wechseln. Auch die Arbeitsfluchten waren vorwiegend individuelle Aktionen vieler einzelner – aber sie hatten eine nicht unerhebliche Vergrößerung der Desorganisation des Ausländereinsatzes zur Folge. Die Fluchten waren zusammen mit den verschiedenen Arten von «Arbeitsbummelei» die wichtigsten und wirksamsten Formen der Widerständigkeit gegen die Deutschen. Sie entsprachen der politischen und sozialen Lage der «Fremdarbeiter» im Reich und verbanden relativ niedrige Risiken für die einzelnen mit vergleichsweise großer Effektivität.

Organisierter politischer Widerstand der Ausländer aber hatte so lange keine Aussicht auf Erfolg, wie die Stärke und Schlagkraft der Gestapo einerseits, die Loyalität der deutschen Bevölkerung zur Regimeführung andererseits so groß waren, wie dies bis etwa Frühjahr 1943 der Fall war. Erst seitdem gibt es – in Parallele zur Entwicklung des deutschen Widerstandes gegen den Nationalsozialismus[73] – erste Hinweise auf organisierte und explizit politische Widerstandstätigkeit unter den ausländischen und hier vor allem unter den sowjetischen Arbeitskräften.

Die deutschen Niederlagen im Osten im Winter 1942/43 waren das Signal für verschiedene Gruppen von sowjetischen Antifaschisten, nunmehr an den Aufbau regelrechter Widerstandsgruppen zu gehen. Die wichtigste von ihnen war die «Brüderliche Zusammenarbeit der Kriegsgefangenen» (BSW) – die größte und am besten organisierte Widerstandsbewegung von Ausländern überhaupt, die die Gestapo während des Krieges aufgedeckt hat.[74] Ausgehend von einer kleinen Gruppe im illegalen Kampf geschulter sowjetischer kriegsgefangener Offiziere, breitete sich die BSW bis zum Mai 1943 vor allem in Süddeutschland aus und verfügte in vielen Lagern für sowjetische Kriegsgefangene und Zivilarbeiter über Kontaktleute. Nach dem klassischen Typus illegaler Parteiorganisationen von oben gegründet, zentralistisch von Offizieren und politischen Kommissaren geführt und programmatisch linientreu, mit Statuten, Beitragszahlungen und Vertretersystem, zielte sie politisch auf den Massenaufstand der Ausländer, um das NS-Regime von innen zu stürzen. Ihre Praxis hingegen bestand vor allem aus Fluchthilfe und Ausübung von Druck auf deutsche Lagerleiter und Betriebsführer zur Verbesserung der Lebenssituation der Gefangenen und Zivilarbeiter. Ihre zentralistische Organisationsstruktur aber ermöglichte es den NS-Behörden schon im Frühjahr 1943, nachdem sie einmal eine Spur aufgenommen hatten, die gesamte Organisation in relativ kurzer Zeit aufzurollen und zu zerschlagen.

Dies war bei dezentral arbeitenden Gruppen viel schwieriger, vor allem wenn sie in die informelle Substruktur unter den Ausländern integriert waren. Solche Gruppen sind seit Anfang 1944 in zunehmendem Maße feststellbar. Der Sicherheitsdienst (SD) der SS meldete dazu im Frühjahr 1944: «Das Vordringen der sowjetischen Armeen, die Ereignisse in Italien und nicht zuletzt die Terrorangriffe auf deutsche Städte bewirken bei den im Reich befindlichen Ostarbeiter(innen) eine Stärkung ihres Selbstbewußtseins. Dieser sich immer mehr vollziehende Stimmungsumschwung erwecke bei den Ostarbeitern die Hoffnung auf eine baldige Rückkehr in ihre Heimat und löse in steigendem Maße Gedanken an einen aktiven Kampf gegen die Deutschen aus.»[75]

Seit dieser Zeit stellte die Gestapo in fast allen größeren Städten des Reichs organisierte Widerstandsgruppen vor allem unter den sowjetischen Arbeitern fest, deren Zahl zum Sommer hin stark anwuchs. Der Kern der Aktivitäten solcher Gruppen lag in erster Linie in der Vorbereitung und Hilfe zur Flucht, der Beschaffung illegaler Papiere, der Versorgung der Kranken, der Organisation von Lebensmitteln, der Unschädlichmachung von Spitzeln usw. Zwar wurde in vielen der von der Gestapo aufgefundenen Programme auch die Beschaffung von Waffen genannt; tatsächlich aber wurden bei diesen Organisationen und Komitees Waffen nicht gefunden – Indiz dafür, daß die Programmatik der Vorbereitung von Aufruhr und Aufständen eher ein Fernziel markierte, während im Frühjahr 1944 die Festigung und langsame Verbreiterung der Organisationen im Vordergrund standen.

Über die meisten dieser Organisationen wissen wir aber nur wenig: Die Berichte der Gestapo nach der Aufdeckung der Gruppen und der Verhaftung der Mitglieder sagen über den tatsächlichen Umfang der Tätigkeiten der Widerstandskämpfer nur selten etwas aus. Bemerkenswert aber ist, daß solche Zusammenschlüsse sowjetischer Arbeiter im gesamten Reichsgebiet zu verzeichnen sind. Insgesamt liegen für die Zeit von März bis September 1944 Berichte über derartige Widerstandsgruppen sowjetischer Kriegsgefangener und Zivilarbeiter aus 38 Städten vor, mit insgesamt mindestens 2700 Beteiligten bzw. Festgenommenen.[76]

Mißt man den Wirkungsgrad dieser Gruppen nicht am programmatischen Fernziel eines Massenaufstands, sondern an den bestehenden Bedingungen und Möglichkeiten, so ist die erhebliche Zunahme und Ausweitung der Widerstandstätigkeit der sowjetischen Arbeitskräfte im letzten Kriegsjahr unübersehbar, vor allem dort, wo er sich aus den unmittelbaren Lebens- und Arbeitsverhältnissen der ausländischen Arbeiter heraus entwickelte. Das bedeutete zwar eine Beschränkung auf kleinräumige Organisation und einen zumindest vorläufigen Verzicht auf überregionale Verflechtungen, sicherte aber stärker gegen frühzeitige Entdeckung und Zerschlagung. Die Verbindung zu deutschen Widerstandsgruppen, auf die die deutschen Sicherheitsorgane besonders argwöhnisch achteten, war zwar von vielen Gruppen beabsichtigt, ist aber nur in wenigen Fällen nachzuweisen. Insgesamt deuten Umfang und Verbreitung der Widerstandsaktivitäten unter den ausländischen, vor allem den sowjetischen Arbeitern im letzten Kriegsjahr darauf hin, daß in dieser Phase des Krieges hier das größte aktive Widerstandspotential gegen die nationalsozialistische Herrschaft in Deutschland überhaupt bestand. Für die deutschen Sicherheitsbehörden stellten diese Gruppen darüber hinaus insofern eine besondere Bedrohung dar, als zu Recht angenommen werden mußte, daß sie bei der Masse der «Fremdarbeiter» und Kriegsgefangenen auf ein erheblich größeres Maß an Sympathie oder Unterstützung rechnen konnten, als es bei den in der Bevölkerung weitgehend isolierten deutschen Widerstandsgruppen kommunistischer oder sozialdemokratischer Ausprägung der Fall war.

3.
KZ-Häftlinge und Juden als Zwangsarbeiter

3.1. *Arbeitszwang*

In den ersten Jahren der Diktatur war eine rüstungswirtschaftliche Bedeutung der Arbeit von KZ-Häftlingen von der SS nicht angestrebt worden.[77] Zwar wurden im Jahre 1938 SS-eigene Wirtschaftsunternehmen eingerichtet – vor allem Steinbrüche, Ziegeleien und Ausbesserungswerkstätten –, und nahezu alle Häftlinge wurden in irgendeiner Form zur Zwangsarbeit herangezogen. Der Charakter der Arbeit als Strafe, «Erziehung» oder «Rache» blieb aber auch hier erhalten und nahm gegenüber den in der politischen und rassischen Hierarchie der Nazis besonders tief stehenden Gruppen bereits vor 1939 und verstärkt danach die Form der Vernichtung an. Durch die Gründung von SS-eigenen Betrieben wie den «Deutschen Ausrüstungswerken» und den «Deutschen Erd- und Steinwerken» wurde zwar das Bestreben der SS sichtbar, die Konzentrationslager zunehmend auch als ökonomischen Faktor zu nutzen, in der Praxis aber blieb die wirtschaftliche Funktion der Zwangsarbeit der Häftlinge bis weit in die Kriegsjahre hinein den politischen Zielsetzungen der Lagerhaft untergeordnet.[78]

Gegenüber den Juden ist der Übergang zur systematischen Zwangsarbeit mit dem Beginn des Jahres 1939 feststellbar. In Deutschland wurden seither die Juden, die Arbeitslosenunterstützung beantragten, nach entsprechendem Erlaß der deutschen Arbeitsverwaltung im «Geschlossenen Arbeitseinsatz» als Hilfsarbeiter eingesetzt; bis zum Sommer 1939 wuchs die Zahl dieser – vorwiegend männlichen – jüdischen Zwangsarbeiter auf etwa 20000 an, die insbesondere bei Straßenbauarbeiten, bei Meliorations-, Kanal- und Talsperrenprojekten sowie auf Müllplätzen, nach Kriegsbeginn auch bei kurzfristigen Schneeräumungs- oder Ernteaktionen eingesetzt wurden. Im Laufe des Jahres 1940 wurde die Verpflichtung zur Zwangsarbeit auf alle arbeitsfähigen deutschen Juden – Frauen wie Männer – ausgedehnt, unabhängig vom Empfang der Arbeitslosenunterstützung. Von nun an erfolgte der Einsatz vorwiegend in der Industrie.[79]

Spätestens seit dem Frühjahr 1941 aber konkurrierten die Bestrebungen zur Zwangsarbeit der deutschen Juden in Rüstungsunternehmen im Reichsgebiet mit dem Ziel der deutschen Führung, die Juden aus Deutschland «in den Osten» zu deportieren.[80] Auch für die – im Sommer 1941 etwa 50000 – in Rüstungsbetrieben eingesetzten jüdischen Zwangsarbeiter boten die Arbeitsplätze, von denen viele als «rüstungswichtig» eingestuft worden waren, keinen sicheren Schutz vor der Deportation, sondern lediglich eine nach der rüstungswirtschaftlichen Bedeutung ihrer Tätigkeit gestaffelte Verzögerung. Bemerkenswert war in diesem Zusammenhang, daß die Deportationen auch von in kriegswichtigen Betrieben beschäftigten Juden mit Hinweisen begründet wurden, es stünden schließlich genug Polen bzw. Ukrainer als Ersatz zur Verfügung. Im Sommer 1943 gab es innerhalb Deutschlands – von wenigen Einzelfällen sowie den in die Illegalität Untergetauchten abgesehen – keine Juden und also auch keine jüdischen Zwangsarbeiter mehr.

Ähnlich, wenngleich in zum Teil anderer zeitlicher Staffelung, entwickelte sich der Zwangsarbeitseinsatz von Juden in den von Deutschland besetzten Ländern insbesondere Osteuropas. Im sogenannten «Generalgouvernement» wurde der jüdische Arbeitszwang bereits im Oktober 1939 verhängt.[81] Danach mußten alle männlichen Juden von 14 bis 60 Jahren Zwangsarbeit in dafür einzurichtenden Zwangsarbeitslagern leisten. Es war Aufgabe der «Judenräte», diese Arbeitskräfte entsprechend zu erfassen und einzuteilen. Einige Wochen später wurde der Arbeitszwang auch auf alle jüdischen Frauen im Alter von 14 bis 60 Jahren ausgedehnt.

Ursprünglich hatte die SS vorgesehen, alle Juden im «Generalgouvernement» in großen Zwangsarbeiterlagern zur Arbeit einzusetzen. Allerdings waren so viele Juden de facto in freien Arbeitsverhältnissen tätig, daß eine schlagartige Umstellung auf Lagerhaft schon organisatorisch kaum möglich erschien. Jedoch sollte der jüdische «Arbeitseinsatz» zunehmend in Ghettos konzentriert werden, deren Errichtung zu dieser Zeit noch nicht sehr weit vorangeschritten war.

Die Arbeitsverwaltung im «Generalgouvernement» legte bereits im Sommer 1940 fest, daß jüdische Arbeitskräfte im freien Einsatz höchstens 80% der üblichen Löhne erhalten sollten, die Polen für eine entsprechende Tätigkeit erhielten. Viele deutsche Unternehmen oder Institutionen entließen daraufhin ihre jüdischen Arbeitskräfte, denen sie zuvor oft geringere oder gar keine Löhne bezahlt hatten.

An eine Beschäftigung der seit dem Frühjahr 1942 nach Auschwitz deportierten Juden hingegen war zunächst nicht gedacht. «Alle durch die Dienststelle Eichmanns nach Auschwitz transportierten Juden», berichtete Höß nach dem Kriege, waren «ausnahmslos zu vernichten. Dies geschah auch bei den Juden aus dem Gebiet Oberschlesiens»[82] – ebenso wie in der Folgezeit in Treblinka, Belzec, Sobibor und Chelmno, die reine Vernichtungslager ohne zusätzliche Funktion als Arbeitslager waren.

3.2. *Primat des Arbeitseinsatzes*

Als aber Anfang 1942 deutlich wurde, daß mit den avisierten «Riesenzahlen» sowjetischer Kriegsgefangener nicht mehr zu rechnen war, schwenkte auch Himmler auf die Linie des Primats des Arbeitseinsatzes ein und befahl dem Inspekteur der Konzentrationslager am 25. Januar: «Nachdem russische

3. KZ-Häftlinge und Juden als Zwangsarbeiter 169

Kriegsgefangene in der nächsten Zeit nicht zu erwarten sind, werde ich von den Juden und Jüdinnen, die aus Deutschland ausgewandert werden (!), eine große Anzahl in die Lager schicken. Richten Sie sich darauf ein, in den nächsten vier Wochen 100 000 männliche Juden und bis zu 50 000 Jüdinnen in die KL aufzunehmen. Große wirtschaftliche Aufträge werden in den nächsten Wochen an die Konzentrationslager herantreten.»[83] Worin diese Aufträge bestanden und wie sie bearbeitet werden sollten, war zunächst Himmlers Geheimnis. Aber mit diesem Befehl setzte nunmehr jene Prozedur der Selektion «arbeitsfähiger» und «arbeitsunfähiger» Juden nach ihrer Ankunft in Auschwitz ein, die dazu beitrug, die Fiktion des Arbeitseinsatzes als Ziel aller Judenaktionen aufrechtzuerhalten, auch wenn die Zahl der als «arbeitsfähig» ausgewählten Juden im Durchschnitt zwischen 10 und 20 Prozent betrug und die anderen sofort nach ihrer Ankunft umgebracht wurden.[84] Ein großer Teil der Überlebenden wurde nach ihrer Ankunft bei den Aufbauarbeiten des Buna-Werkes der IG-Farben verwendet – die hier entwickelte Form der Zusammenarbeit mit der Industrie in den Ostgebieten gewann nun zunehmend an Bedeutung und sollte ausgeweitet werden. Die Arbeit im Buna-Werk entsprach tatsächlich den Vorstellungen von einer «natürlichen Verminderung» durch Arbeit, wie sie Heydrich wenige Tage zuvor auf der «Wannseekonferenz» dargelegt hatte. Von den insgesamt etwa 35 000 Häftlingen, die in Buna – meist jeweils nur für kurze Zeit – beschäftigt wurden, starben mindestens 25 000. Durchschnittlich waren etwa 10 000 Menschen beschäftigt. Die Lebenserwartung eines jüdischen Häftlings, der bei Buna arbeitete, lag bei etwa drei bis vier Monaten; in den dazugehörenden Kohlebergwerken bei etwa einem Monat.[85] Die hier zu verrichtenden Arbeiten bestanden zum überwiegenden Teil aus Bauhilfsarbeiten ohne Anlernphase. Die einzelnen Häftlinge waren leicht ersetzbar, entsprechend gering war das Interesse an der Erhaltung der Arbeitskraft des einzelnen.

Parallel zur Zentralisierung des Managements der Rüstungsindustrie und des Arbeitseinsatzes wurden nun auch beim Reichsführer SS organisatorische Umstellungen vorgenommen, um die Produktion für die Rüstung – und nicht nur wie bisher in der Bauwirtschaft, der Baustoffgewinnung und der Militärausrüstung – in den Konzentrationslagern zur vorrangigen Aufgabe zu machen. Am 1. Februar 1942 wurde die Wirtschafts- und Verwaltungstätigkeit der SS im Wirtschafts- und Verwaltungs-Hauptamt (WVHA) zentralisiert. Einen Monat später wurde darin auch die Inspektion der Konzentrationslager als Amtsgruppe D eingegliedert und am 16. März Oswald Pohl als Leiter des WVHA mit der einheitlichen und zentralen Leitung des Arbeitseinsatzes der KZ-Häftlinge betraut – fünf Tage vor der Ernennung Sauckels zum GBA und mit der deutlichen Absicht, die KZ-Häftlinge dem Zugriff des mit umfangreichen Kompetenzen ausgestatteten Sauckel zu entziehen.[86]

Noch am Tage seines Amtsantritts vereinbarte Pohl mit dem Ministerium Speer die zunächst versuchsweise Übernahme von Rüstungsfertigungen durch die Konzentrationslager mit zunächst insgesamt 25 000 Häftlingen, die vorerst an zwei Projekten in Buchenwald und Neuengamme erprobt werden sollte. Das Konzept, ganze Betriebsanlagen in die Konzentrationslager zu verlegen, stieß jedoch im Speer-Ministerium auf eine gewisse Reserve wegen der dahinter vermuteten Selbständigkeitsbestrebungen der SS im Rüstungssektor. Tatsächlich liefen diese Projekte auch nur sehr zögerlich an und gewannen nie größere Bedeutung. Gleichzeitig aber drängte Himmler nun unablässig auf den Vorrang der Rüstungsproduktion vor allem anderen. Tatsächlich waren jedoch weder die Konzentrationslager auf eine solche rapide Umstellung eingerichtet, noch reichte der wirtschaftliche Sachverstand im WVHA aus, um eine Rüstungsfertigung in großem Stile aus dem Boden zu stampfen.[87] Zudem waren die KZ-Wachmannschaften selbst aufgrund der jahrelang geübten Praxis, daß ein Menschenleben im KZ nichts galt, nur schwer auf den Vorrang des Arbeitseinsatzes umzustellen. Das WVHA machte jedoch mit einem Rundschreiben am 30. 4. 1942 allen KZ-Kommandanten den Arbeitseinsatz zur Hauptaufgabe: «Der Lagerkommandant allein ist verantwortlich für den Einsatz der Arbeitskräfte. Dieser Einsatz muß im wahren Sinne des Wortes erschöpfend sein.»[88] Das WVHA unterrichtete auch Himmler in diesem Sinne über «notwendige Maßnahmen, welche eine allmähliche Überführung der Konzentrationslager aus ihrer früheren einseitigen politischen Form in eine den wirtschaftlichen Aufgaben entsprechende Organisation erfordern».[89] Solche Aussagen standen aber in denkbar krassem Gegensatz zur Wirklichkeit: Zwischen 80 und 90 % der in den Vernichtungslagern eintreffenden Juden wurden sofort umgebracht. Von den etwa 95 000 registrierten KZ-Häftlingen des 2. Halbjahres 1942 starben 57 503, also mehr als 60 %. Der Wert der KZ-Rüstungsproduktion im Jahre 1942 lag durchschnittlich bei etwa 0,002 % der Gesamtfertigung. Für die gleiche Produktionsmenge bei der Karabinerfertigung benötigte ein Privatunternehmen nur 17 % der Arbeitskräfte wie der KZ-Betrieb in Buchenwald.[90]

Die Widersprüche zwischen der Propagierung des Arbeitseinsatzes und den wirklichen Verhältnissen können nicht größer gedacht werden. Für Auschwitz hat Höß diese Widersprüche in seinen Nachkriegsaufzeichnungen genau beschrieben: «Das RSHA erhob die schwersten Bedenken, als der RFSS auf Pohls Vorschlag die Aussortierung der Arbeitsfähigen befahl. Das RSHA war immer für die restlose Beseitigung aller Juden, sah in jedem neuen Arbeitslager, in jedem neuen Tausend Arbeitsfähiger die Gefahr der Befreiung, das am Lebenbleiben durch irgendwelche Umstände. Keine Dienststelle hatte wohl mehr Interesse am Steigen der Todesziffern der Juden als das RSHA, das Juden-Referat. Dagegen hatte Pohl den Auftrag des RFSS, möglichst viele Häftlinge zum Rüstungseinsatz zu bringen ... RSHA und WVHA waren also genau entgegengesetzter Auffassung. Doch Pohl schien stärker, denn hinter ihm stand der RFSS und verlangte immer dringender Häftlinge für die Rüstung, gezwungen durch seine Versprechungen dem Führer gegenüber. Auf der anderen Seite wollte aber auch der RFSS möglichst viele Juden vernichtet haben. Die KL standen zwischen RSHA und WVHA. Das RSHA lieferte Häftlinge ein mit dem Endziel der Vernichtung; ob sofort durch Exekutionen oder durch die Gaskammer oder ob etwas langsamer durch Seuchen (hervorgerufen durch die unhaltbar gewordenen Zustände in den KL, die man mit Absicht nicht beseitigen wollte), blieb sich gleich. Das WVHA wollte die Häftlinge erhalten für die Rüstung. Da aber Pohl sich durch die vom RFSS beständig höher geforderten Einsatzzahlen beirren ließ, leistete er dem Wollen des RSHA unbeabsichtigt Vorschub, indem durch sein Drängen nach Erfüllung des Geforderten unzählige Tausende von Häftlingen durch den Arbeitseinsatz sterben mußten, weil praktisch alle unbedingt notwendigen Lebensbedingungen für derartige Häftlingsmassen fehlten.»[91]

Mit der Umstellung auf den Primat des Arbeitseinsatzes verschärften sich aber auch die Widersprüche der Politik gegenüber den Juden im Reich ebenso wie in den besetzten Gebieten Polens und der Sowjetunion. Seit Beginn der systematischen «Endlösung» in Polen schien für die polnischen Juden eine Beschäftigung in einer der für die Wehrmacht oder andere deutsche Dienststellen tätigen Arbeitsstellen («shops») in den Ghettos der einzige Weg zur Rettung. Daß die jüdischen Arbeiter fürchten mußten, bei nicht genügenden Arbeitsleistungen deportiert und ermordet zu werden, machte sie als Arbeitskräfte für die Unternehmensleiter zunehmend attraktiver. Die Einteilung in rüstungswichtige und weniger wichtige Fertigungsstätten wurde für die jüdischen Zwangsarbeiter immer mehr zur Entscheidung über Leben und Tod.[92]

Schon im März 1942 wurde im Generalgouvernement mit der Auflösung der Ghettos und der Deportation der Ghettobewohner in die Vernichtungslager begonnen. Ein Teil von ihnen jedoch wurde in besondere, den SS- und Polizeiführern unterstehende Arbeitslager gebracht, wo sie bei Bauvorhaben und in der Rüstungsproduktion eingesetzt wurden. Zudem errichtete die SS in diesen Lagern eigene Wirtschaftsbetriebe, zum Teil aus den verlagerten Betriebsanlagen ehemals jüdischer Betriebe.[93] Durch diese Maßnahmen kam es zu erheblichen Konflikten vor allem mit der an der Erhaltung «ihrer» jüdischen Arbeitskräfte in den Ghettowerkstätten interessierten Wehrmacht. So wies der Arbeitsverwaltungschef des GG, Frauendorfer, immer wieder darauf hin, daß die «Umsiedlungen» der Juden tiefgreifende Auswirkungen auf die Produktion nach sich zögen und man «zur Zeit auf den jüdischen Arbeitseinsatz absolut angewiesen» sei, «das Land sei arbeitsmäßig erheblich abgeschöpft».[94] Ebenso intervenierten zahlreiche Wehrmachtsstellen. Die SS war jedoch nur dann bereit, den Rüstungsbetrieben die jüdischen Arbeitskräfte vorerst zu belassen, wenn die Juden als KZ-Häftlinge unter der Regie der SS den Betrieben zum Arbeitseinsatz überlassen worden waren.[95] Unter Bezug auf diese Vereinbarung ordnete Himmler am 19. Juli 1942 an, daß «die Umsiedlung der gesamten jüdischen

Bevölkerung des Generalgouvernements bis zum 31. Dezember 1942 durchgeführt und beendet ist».[96] Dies war das Todesurteil für die polnischen Juden. Daraufhin wurden Ghetto um Ghetto geräumt und die aufgebauten Produktionsstätten mit insgesamt etwa 50000 jüdischen Arbeitskräften stillgelegt. Himmler gestand lediglich zu, daß jüdische Facharbeiter erst «Zug um Zug» durch Polen zu ersetzen seien. Ansonsten gestattete er den Einsatz von Juden nur noch in wenigen großen KZ-Betrieben, «jedoch auch dort sollen eines Tages dem Wunsche des Führers entsprechend die Juden verschwinden».[97] Das OKW unterstützte die Weisung Himmlers. Danach waren sämtliche bei militärischen Dienststellen einzeln beschäftigte Juden sowie alle von der Wehrmacht eingerichteten Judenlager der SS zu übergeben.[98] Die SS ihrerseits gründete im März 1943 eine Dachgesellschaft, die «Ost-Industrie» («Osti»), um die verschiedenen einzelnen Arbeitslager mit Rüstungsproduktion zusammenzufassen.[99] Als diese Betriebe aber im Herbst 1943 gerade ihre Produktion einigermaßen geordnet aufgenommen hatten, wurden in einer «Aktion» vom 3. November 1943 ohne vorherige Unterrichtung der Lagerführer sämtliche in der «Osti» beschäftigten 17000 Juden aus den Fabriken herausgeholt – die «Osti» mußte aufgelöst, die Werke mußten stillgelegt werden, die jüdischen Arbeitskräfte wurden noch in den folgenden Tagen in der Nähe von Lublin erschossen.[100]

In den besetzten Gebieten der Sowjetunion war die Lage nicht anders. Hier hatte Heydrich schon im November 1941 geargwöhnt, daß dort die Juden als «unentbehrliche Arbeitskräfte» von der Wehrmacht reklamiert und so die Pläne zur «totalen Aussiedlung der Juden aus den von uns besetzten Gebieten» zunichte gemacht würden.[101] Nach der ersten Phase der Massenerschießungen im Sommer 1941 waren die überlebenden Juden in Arbeitskolonnen und Werkstätten zur Arbeit eingesetzt worden. Als Polizei und SS im Herbst mit der zweiten Mordwelle begannen, wurden Proteste gegen die «Unwirtschaftlichkeit» dieser Tötungen laut.[102] Selbst die Einsatzgruppe C unter Dr. Rasch, die bis dahin bereits über 70000 Juden umgebracht hatte, vermochte einen Sinn ihrer Tätigkeit in ökonomischer Hinsicht nicht zu sehen und berichtete am 17.9.1941: «Wird auf diese jüdische Arbeitskraft in vollem Umfang verzichtet, so ist ein wirtschaftlicher Wiederaufbau der ukrainischen Industrie sowie der Ausbau der städtischen Verwaltungszentren fast unmöglich. Es gibt nur eine Möglichkeit, die die deutsche Verwaltung im Generalgouvernement lange Zeit verkannt hat: Lösung der Judenfrage durch umfassenden Arbeitseinsatz der Juden.»[103] Der Reichskommissar für das Ostland, Lohse, fragte am 15. November im Ostministerium an, ob die dortigen Weisungen so aufzufassen seien, «daß alle Juden im Ostland liquidiert werden sollten? Soll dies ohne Rücksicht auf Alter und Geschlecht und wirtschaftliche Interessen (z.B. der Wehrmacht an Facharbeitern in Rüstungsbetrieben) geschehen?» Die Antwort des Ostministeriums: «Wirtschaftliche Belange sollen bei der Regelung des Problems grundsätzlich unberücksichtigt bleiben.»[104]

3. KZ-Häftlinge und Juden als Zwangsarbeiter 173

Einer der Wirtschaftsberater in der Ukraine, Seraphim, wies zur gleichen Zeit in ganz unmißverständlicher Form gegenüber der Rüstungsinspektion Ukraine auf die Folgen solcher Anordnungen hin: «Wenn wir die Juden totschießen, die Kriegsgefangenen umkommen lassen, die Großstadtbevölkerung zum erheblichen Teile dem Hungertode ausliefern, im kommenden Jahre auch einen Teil der Landbevölkerung durch Hunger verlieren werden, bleibt die Frage unbeantwortet: Wer denn hier eigentlich Wirtschaftswerte produzieren soll?»[105] Aber auch in der Folgezeit und nach der kriegswirtschaftlichen Umstellung seit Anfang 1942 wurde die Praxis der Liquidationen fortgesetzt.

Der Primat der Vernichtung setzte sich gegenüber wirtschaftlichen Gesichtspunkten in den östlich des Reiches gelegenen Gebieten beinahe vollständig durch. Die Fälle, in denen jüdische Arbeitskräfte über längere Zeit noch in der Produktion außerhalb der Konzentrationslager beschäftigt wurden, wurden im Verlauf des Jahres 1943 immer seltener. Sie beschränkten sich schließlich auf wenige tausend, schließlich einige hundert jüdische «Spezialarbeiter», die in «kriegswichtigen» Berliner Rüstungsbetrieben zusammengefaßt worden waren. Im Herbst 1943 wurden schließlich auch sie deportiert.[106]

Himmler und das WVHA drängten darauf, von Speer weitere Rüstungsfertigungen in den Konzentrationslagern des Reiches zugeteilt zu bekommen; Anfang September sagte Speer dies auch zu. In einer Besprechung am 15. September 1942 wurde vereinbart, «daß die in den Konzentrationslagern vorhandene Arbeitskraft nunmehr für Rüstungsaufgaben von Großformat eingesetzt werden müsse», wie Pohl an Himmler berichtete. Die SS sollte geschlossene, möglichst außerhalb der Städte liegende Rüstungsbetriebe übernehmen und komplett mit Häftlingen belegen. Das Erstaunlichste an dieser Übereinkunft aber war, daß dabei der Einsatz von ausländischen Juden vorgesehen war und somit das vorrangige Ziel, das Reich «judenfrei» zu machen, aufgegeben wurde. Das Interesse Himmlers, innerhalb des an politischem Einfluß rapide zunehmenden Rüstungssektors zu Bedeutung zu gelangen, ließ hier selbst zentrale politisch-ideologische Zielsetzungen zurücktreten. Zunächst sah man den «Einsatz von zunächst 50000 arbeitsfähigen Juden in geschlossenen vorhandenen Betrieben» vor. «Die für diesen Zweck notwendigen Arbeitskräfte werden wir in erster Linie in Auschwitz aus der Ost-Wanderung abschöpfen», notierte Pohl über das Gespräch mit Speer in nur mühsam verhülltem Zynismus. «Die für die Ostwanderung bestimmten arbeitsfähigen Juden werden also ihre Reise unterbrechen und Rüstungsarbeiten leisten müssen.»[107] Daraufhin wurden von den Hauptausschüssen Munition und Waffen des Rüstungsministeriums Rundschreiben an alle größeren Betriebe gesandt mit der Frage, welche Fabriken mit Juden belegt werden könnten.[108]

Nach Aussage Speers aber war die Reaktion der Industrie, die den Einfluß der SS auf die Privatunternehmen fürchtete,[109] ebenso der zuständigen

Wehrmachtsbehörden und nicht zuletzt die seines Leiters des Rüstungsamtes, Saur, so ablehnend, daß Speer kurz darauf, in der «Führerbesprechung» vom 20. bis 22. September 1942, bei Hitler auf eine andere Lösung drängte: Von nun an stellte die SS ihre KZ-Häftlinge der Industrie leihweise zur Verfügung, und die Industrie integrierte die Häftlinge in den bestehenden Produktionsprozeß ihrer Unternehmen.[110]

Hitler war jedoch mit dem Vorschlag, Juden im Reich einzusetzen, durchaus nicht einverstanden, «jetzt, wo wir die Juden gerade losgeworden sind. Im Gegenteil, sehen Sie, daß schleunigst die noch in der Arbeit befindlichen Juden in Berlin ersetzt werden. Goebbels hat sich über diesen Skandal schon mehrfach heftig bei mir beschwert.» Entscheidend für die Zustimmung Hitlers war dann, daß der Generalbevollmächtigte für den Arbeitseinsatz Sauckel auf der Sitzung zusagte, statt der von Himmler dafür vorgesehenen 50 000 Juden zivile Zwangsarbeiter aus den besetzten Gebieten zu besorgen. Diese Entscheidung vom 22. 9. 1942 zog in der Tat bedeutsame Folgen in vieler Hinsicht nach sich: Zum einen wurde hier das Prinzip der Ausleihe von KZ-Häftlingen an die Privatindustrie festgeschrieben, das von nun an den Arbeitseinsatz der KZ-Häftlinge bestimmen sollte. Zum zweiten wurde erneut die Ersatzfunktion der «Fremdarbeiter» für jüdische Arbeitskräfte bestätigt. Zum dritten bedeutete dieser Führerbefehl das Todesurteil für die noch im Reich in der Rüstung beschäftigten Juden. Schon am 30. 9. 1942 bemerkte Goebbels in seinem Tagebuch: «Der Führer gibt noch einmal seiner Entschlossenheit Ausdruck, die Juden unter allen Umständen aus Berlin herauszubringen. Auch die Sprüche unserer Wirtschaftssachverständigen und Industriellen, daß sie auf die sogenannte jüdische Feinarbeit nicht verzichten könnten, imponieren ihm nicht. Es wird nicht allzu schwer sein, angesichts der Tatsache, daß wir in Berlin allein 240 000 ausländische Arbeiter haben, auch noch die restlichen 40 000 Juden, von denen überhaupt nur 17 000 im Produktionsprozeß tätig sind, durch ausländische Arbeiter zu ersetzen.»[111] In der Folgezeit ging es dann sehr schnell; RSHA und WVHA widerriefen die Ankündigung der Hauptausschüsse, daß jüdische Arbeiter aus Auschwitz im Reich eingesetzt werden könnten. Himmler ordnete die Deportation aller in Konzentrationslagern auf Reichsgebiet befindlichen Juden nach Auschwitz und Lublin an. Am 26. 11. 1942 unterrichtete Sauckel die Landesarbeitsämter über die «Evakuierung» aller noch im Arbeitseinsatz befindlichen Juden bis auf wenige Qualifizierte, die aber auch «Zug um Zug» durch Polen und Russen zu ersetzen waren. Am 27. Februar wurden die Berliner jüdischen Rüstungsarbeiter an ihren Arbeitsplätzen «schlagartig» verhaftet, zum größten Teil nach Auschwitz gebracht und in den Betrieben durch ausländische Zivilarbeiter ersetzt.[112] Am 5., 7. und 30. März wurden die ersten Transporte in Auschwitz registriert. Von den 2757 hier deportierten Juden aus Berlin wurden 1689 sofort umgebracht.[113]

Die gewaltigen Zahlen von ausländischen Zivilarbeitern und Kriegsge-

3. KZ-Häftlinge und Juden als Zwangsarbeiter

fangen, die die GBA-Behörde vorwiegend in der Sowjetunion, mehr und mehr aber auch in allen anderen von Deutschland besetzten Ländern zum Arbeitseinsatz ins Reich verpflichtete, ließen für die Industrie derartige «Verluste» jedoch als geringfügig erscheinen. Seit der Führerentscheidung vom September 1942 wurde nun der Arbeitseinsatz von KZ-Häftlingen innerhalb bestehender Industriebetriebe verstärkt. Dazu meldeten die Privatunternehmen ihren Arbeitskräftebedarf beim WVHA, von wo aus Unterkünfte und Sicherheitsbedingungen überprüft und die Genehmigungen erteilt wurden. Dabei konnten in der Regel Firmenbeauftragte in den Lagern selbst die geeignet erscheinenden Häftlinge aussuchen.[114] Anschließend wurden die Häftlinge in ein «Außenlager» des Konzentrationslagers überführt, das meistens in unmittelbarer Nähe der Arbeitsstelle errichtet wurde. Die Gebühren für die Überlassung der Häftlinge, die die Firmen an die SS zu zahlen hatten, betrugen pro Tag 6,— RM für Facharbeiter und 4,— RM für Hilfsarbeiter und Frauen.[115] Gleichzeitig stellten auch die SS-eigenen Wirtschaftsbetriebe im Reich verstärkt auf Rüstungsproduktion um. Die Deutschen Ausrüstungswerke (DAW) produzierten im Jahre 1942 bereits zum überwiegenden Teil für rüstungs- und kriegswichtige Zwecke, insbesondere Instandsetzungsarbeiten.[116]

Um den Rüstungseinsatz zu verstärken, lag das vorrangige Interesse des WVHA nun darin, die Zahl der Häftlinge in möglichst kurzer Zeit rigoros zu vergrößern. Die Belegstärke aller Konzentrationslager stieg von 110000 (September 1942) in sieben Monaten auf 203 000 (April 1943). Im August 1944 war die Häftlingszahl bereits auf 524 268 angewachsen, Anfang 1945 auf über 700000. Die Todesraten der Häftlinge waren nach wie vor außerordentlich hoch und begannen erst seit dem Frühjahr 1943 zu sinken – von 10 % im Dezember 1942 auf 2,8 % im April 1943. Da aber die Häftlingszahlen so stark gestiegen waren, sanken die absoluten Zahlen von Toten in weit geringerem Maße, als es die Prozentzahlen suggerieren. Von Januar bis August 1943 starben wiederum über 60000 Häftlinge in den Konzentrationslagern, die relative Sterblichkeit aber nahm ab. Was solch schreckliche Zahlen zeigen, war das Prinzip des Arbeitseinsatzes in den Konzentrationslagern – den erhöhten Anforderungen von seiten der privaten und der SS-Industrie entsprachen stark erhöhte Einweisungszahlen, nicht aber grundlegend veränderte Arbeits- und Lebensbedingungen in den Lagern.[117]

Die Arbeits- und Lebensbedingungen der zur Arbeit eingesetzten KZ-Häftlinge in den letzten beiden Kriegsjahren sind von tiefgreifenden Widersprüchen gekennzeichnet und unter dem Gesichtspunkt ökonomischer Zweckmäßigkeit allein nicht verständlich. Etwas vergröbert standen dabei vier Faktoren zueinander in Konflikt:
– Das Stigma der «Gegnerschaft» zum Nationalsozialismus bzw. zum «Deutschen Volk» blieb bei allen ins KZ eingewiesenen Häftlingen die

Grundlage ihrer Behandlung, auch als der Gesichtspunkt der Verwertung ihrer Arbeitskraft sich durchzusetzen begann. Dabei entwickelte sich innerhalb der Lager eine nach politischen und rassischen Kriterien gestufte Hierarchie der Häftlinge, die die Überlebenschancen des einzelnen entscheidend beeinflußte.

– Der Gesichtspunkt des Arbeitseinsatzes und der Effektivität führte zwar insgesamt zum Nachlassen des ideologisch motivierten Vernichtungsdrucks. Durch die rapide zunehmenden Häftlingszahlen gewann die Arbeitskraft des einzelnen in der Regel jedoch nicht an Wert, weil sie jederzeit ersetzbar war. Nur wenn es dem einzelnen gelang, eine qualifizierte Tätigkeit auszuüben, in der er nicht ohne weiteres ersetzbar war, stieg in den Augen der SS ebenso wie der Unternehmensleitungen der Wert seiner Arbeitskraft, und seine Überlebenschancen verbesserten sich. Dies wiederum war stark beeinflußt von der Stellung des einzelnen innerhalb der Lagerhierarchie.

– Die Ausübung einer qualifizierten Tätigkeit aber setzte eine gewisse Vorlaufzeit für Anlernen etc. voraus. Da aber ein großer Teil der Arbeitsvorhaben unter größtmöglicher Schnelligkeit vorangetrieben wurde und vor allem die Bau- und Ausbauprojekte vorwiegend schwere körperliche Arbeiten mit sich brachten, wurde die Qualifizierung ersetzt durch Quantität und rasende Eile. Entsprechend lag die durchschnittliche Arbeitsfähigkeit – und damit die Lebensdauer – des einzelnen Häftlings 1943/44 zwischen einem und zwei Jahren – allerdings mit großen Unterschieden je nach Einsatzort und Gruppenzugehörigkeit der Häftlinge.[118] In dem Maße aber, wie die Häftlinge verstärkt in Betriebe mit hohem Anteil qualifizierter Arbeitsplätze eingewiesen wurden, mußte der rein quantitative Einsatz bald an seine Grenzen stoßen.

– Für die tatsächlichen Verhältnisse in den Einsatzkommandos der KZs entscheidend war aber auch, daß der Primat des Arbeitseinsatzes, wie er von seiten des WVHA propagiert wurde, in den Lagern selbst durchaus nicht in der Weise durchschlug, wie dies von Pohl, Maurer und anderen intendiert wurde. Vielmehr blieben diese Aspekte der Effektivität gegenüber politisch-ideologischen Gesichtspunkten und den Traditionen von «Ausmerze» und Vernichtung häufig auch dann noch im Hintergrund, als Himmler gegenüber anderen Dienststellen bereits unablässig mit der überragenden kriegswirtschaftlichen Bedeutung des «Rüstungseinsatzes» der KZ-Häftlinge prahlte.[119] Zudem standen den Forderungen des WVHA nach verstärktem Arbeitseinsatz keine entsprechenden Verbesserungen der Ernährung, Hygiene, Unterkünfte, Bekleidung etc. gegenüber. Da außerdem durch überlange Arbeitszeiten, mangelnde Ausrüstung, lange Anmarschwege, stundenlange Appelle im Lager die Entkräftung der Häftlinge weiter zunahm, blieben ihre Arbeitsleistungen weit unter den Margen sowohl der deutschen wie der ausländischen Zivilarbeiter und lagen je nach Betriebsart zwischen 5 und 50%. Anstatt die Lebensbedingungen der Häftlinge zu verbessern und auf diese Weise die Arbeitsleistungen zu erhöhen, entschied sich die SS statt dessen immer für eine erneute Vergrößerung der Häftlingszahlen.

Dort aber, wo die Häftlinge innerhalb der Rüstungsfertigung im engeren Sinne eingesetzt waren, drängten die Industriebetriebe auf Erhöhung der Arbeitsleistung der einzelnen KZ-Arbeitskräfte und auf entsprechende Anreize – parallel zur Entwicklung, wie sie zur gleichen Zeit gegenüber den Ostarbeitern begann. Im Frühjahr 1943 wurde dann tatsächlich ein makaberes Akkordsystem eingeführt, das «Prämien» in Form von «Hafterleichterungen» (z.B. die Erlaubnis, lange Haare tragen zu dürfen) über Tabakwarenbezug bis zum Bordellbesuch vorsah, das aber insgesamt nie größere Bedeutung erlangte. Zwar gaben Himmler und das WVHA nunmehr unablässig Erlasse zur Verbesserung der Ernährung («ähnlich der Verpflegung der ägyptischen Sklaven, die alle Vitamine enthält und einfach und billig ist»[120]), zur Senkung der Sterblichkeit und zur Erhöhung der Arbeitsleistung heraus – zur wirklichen Verbesserung der Arbeits- und Lebensbedingungen der KZ-Häftlinge kam es aber nur dann, wenn durch berufsqualifizierten Einsatz oder nach Anlernzeiten auf qualifizierten Arbeitsplätzen die Arbeitskraft des einzelnen nicht oder nur schwer ersetzbar wurde.

3.3. Letzte Kriegsphase

Im Sommer 1943 waren von den 160000 registrierten Gefangenen der WVHA-Lager etwa 15% bei der Lagerinstandhaltung beschäftigt und 22% als arbeitsunfähig gemeldet. Die restlichen 63%, also etwa 100000, verteilten sich auf die Bauvorhaben der SS, die Wirtschaftsunternehmen der SS sowie die privaten Unternehmen. Noch für das Frühjahr 1944 ging das Rüstungsministerium lediglich von 32000 tatsächlich eingesetzten KZ-Häftlingen in der Rüstungsindustrie im engeren Sinne aus. Zur gleichen Zeit gab es insgesamt 165 Nebenlager der 20 KZ-Stammlager, 130 davon im Reich. Da die Zahlenangaben der SS und des Speer-Ministeriums voneinander abweichen, sind exakte Bestimmungen schwierig. Deutlich wird aber die rüstungswirtschaftlich insgesamt geringe Bedeutung des Häftlingseinsatzes bis zum Frühsommer 1944.[121]

Das änderte sich erst, als der Zustrom der ausländischen Zivilarbeiter und Kriegsgefangenen zu versiegen begann. Hinweise dafür gab es bereits seit dem Herbst 1943, und im Februar 1944 wandte sich Speer an Himmler mit der Bitte, «der Rüstung in noch stärkerem Maße als bisher durch den Einsatz von KZ-Häftlingen an Stellen, die ich für besonders dringlich ansehe, zu helfen», da «seit einiger Zeit der Zufluß von Arbeitern aus dem Ausland erheblich nachgelassen» habe.[122]

Damit begann der letzte, dramatische Abschnitt des Zwangsarbeiter-Einsatzes in Deutschland. Der weit überwiegende Teil der KZ-Arbeitskommandos, die direkt in der Privatindustrie eingesetzt wurden, entstand erst in dieser Phase. Die größte Bedeutung kam dabei der Luftfahrtindustrie und, damit z. T. eng verknüpft, dem Programm zur Verlagerung wichtiger Rüstungsfertigung in unterirdische Produktionsstätten zu.[123]

Die Flugzeugindustrie hatte – als relativ neuer Industriezweig mit geringerem Anteil an Stammarbeitern – früher und in größerem Umfang als andere Branchen KZ-Häftlinge in der Produktion beschäftigt. Bereits im April 1943 hatte sich der Generalinspekteur der Luftwaffe Milch beim WVHA für die «Heranführung von Arbeitskräften aus dem Bereiche der Reichsführung SS» bedankt.[124] Anfang 1944 waren etwa 36 000 KZ-Häftlinge in 45 Betrieben der Luftfahrtindustrie tätig, darunter Siemens, Heinkel, Junkers, Messerschmitt, Dornier sowie für die Flugzeugmotorenindustrie BMW und Daimler-Benz. Welches Ausmaß die Verwendung von KZ-Häftlingen dabei annahm, zeigt sich etwa am Beispiel der Firma Messerschmitt, an deren Gesamtproduktion Häftlinge aus Flossenbürg und Mauthausen/Gusen im Jahre 1944 mit etwa 35 % beteiligt waren.[125]

Bereits im August 1943 war zudem in der Führungsspitze des Regimes die Entscheidung gefallen, die Produktion der Raketenwaffe A 4 (der sogenannten «V-Waffe») mit Hilfe von KZ-Häftlingen in unterirdischer Produktion unter dem Tarnnamen «Dora» durchführen zu lassen.[126] Der Aufbau des Höhlenkomplexes in Kohnstein im Harz sollte dabei durch das Amt C des WVHA unter Leitung des SS-Gruppenführers Dr. Ing. Hans Kammler durchgeführt werden. Dieses unter enormem Zeitdruck vorangetriebene Projekt hatte schreckliche Auswirkungen für die hierbei eingesetzten KZ-Häftlinge. «Kümmern Sie sich nicht um die menschlichen Opfer. Die Arbeit muß vonstatten gehen, und in möglichst kurzer Zeit», hieß die Devise Kammlers.[127] Gerade in der Aufbauphase im Herbst und Winter 1943/44 waren die Todeszahlen immens – von 17 000 bis März 1944 nach Dora transportierten Häftlingen starben 2882.[128] Auch hier waren leichte Ersetzbarkeit der Häftlinge bei überwiegend einfachen, aber körperlich schweren Arbeiten, hoher Zeitdruck, mangelnde Ernährung und denkbar schlechte Lebensbedingungen die Ursachen für die hohen Todesraten, die erst zu sinken begannen, als das Wohnlager fertiggestellt und die Produktion aufgenommen worden waren. Bis dahin jedoch waren die Häftlinge schon wenige Wochen nach ihrem Eintreffen «abgearbeitet». Auf der Basis dieser Erfahrungen – Speer sprach von dem «sensationellen Erfolg Kammlers in Dora» – wurde Kammler im Dezember 1943 von Speer, später auch von Göring, mit dem verstärkten Ausbau unterirdischer Höhlen und Stollen für die Rüstungs-, insbesondere für die Flugzeugproduktion beauftragt. Innerhalb eines Jahres wurden auf diese Weise 425 000 qm unterirdische oder bunkergeschützte Produktionsflächen geschaffen, wohin unmittelbar nach Fertigstellung die Verlagerung ganzer Fabriken oder Fabrikteile begann.[129] Projekte dieser Größenordnung waren nur noch mit KZ-Häftlin-

3. KZ-Häftlinge und Juden als Zwangsarbeiter

gen durchführbar, denn allein die SS besaß in ihren Lagern noch Arbeitskraftreserven in solchen Größenordnungen. Entsprechend stieg im letzten Kriegsjahr die Zahl der KZ-Insassen an. Auch hierbei stellten weiterhin sowjetische und polnische Häftlinge die Mehrheit, die z. T. aus den von der deutschen Wehrmacht geräumten Gebieten im Osten ins Reich «zurückgeführt» worden waren. Am Ende des Jahres 1944 lag die Gesamtzahl der KZ-Häftlinge bei etwa 600 000, 480 000 davon waren arbeitseinsatzfähig. Nach Schätzung Pohls waren davon etwa 140 000 im Bereich des «Kammler-Stabs» eingesetzt, etwa 130 000 weitere bei den Bauvorhaben der Organisation Todt, und ca. 230 000 waren in der Privatindustrie beschäftigt.[130]

Solche Größenordnungen an KZ-Häftlingen waren jedoch mit den herkömmlichen Methoden der SS nicht zu erreichen. Die Rüstungsverlagerungen und der Bau von Großbunkern erforderten im April 1944 weitere 100 000 Arbeitskräfte. Offenbar ausgehend von einer Anregung der Organisation Todt bestimmte Hitler am 6./7. April 1944, er werde «sich persönlich mit dem Reichsführer SS in Verbindung setzen und diesen veranlassen, aus Ungarn die erforderlichen etwa 100 000 Mann durch Bereitstellung entsprechender Judenkontingente aufzubringen».[131] Nur 18 Monate nach seinem Entschluß, endgültig alle, auch die noch in der Rüstung beschäftigten Juden im Reich zur Deportation freizugeben, entschied Hitler selbst, daß jüdische Arbeitskräfte in einer Zahl, wie sie seit Kriegsbeginn nicht mehr in der Kriegswirtschaft des Reiches eingesetzt waren, zum Arbeitseinsatz nach Deutschland zu bringen waren.

Nach der Genehmigung für die OT, jüdische Arbeitskräfte im Reichsgebiet einzusetzen, versuchte nun auch der Beauftragte für die Produktion von Jagdflugzeugen, Saur, für die Verlagerung der Flugzeugindustrie in unterirdische Produktionsstätten jüdische Häftlinge zu bekommen, und bemerkte, «daß wir weitere hunderttausend ungarische Juden oder sonst etwas hereinholen müssen».[132] Auch das wurde genehmigt, und so wurde der Einsatz von 200 000 Juden aus Ungarn «bei den großen Bauten der OT und sonstigen kriegswichtigen Aufgaben» angeordnet.[133] Dazu sollten die Juden zuvor allerdings formell den Konzentrationslagern der SS unterstellt werden, denn «ein sogenannter offener Arbeitseinsatz in Betrieben des Reichs», den das Rüstungsministerium offenbar angeregt hatte, konnte «aus grundsätzlichen Erwägungen nicht in Betracht kommen, da er im Widerspruch zu der inzwischen im großen und ganzen abgeschlossenen Entjudung des Reiches stehen ... würde».[134]

Als die deutsche Wehrmacht am 19. März 1944 Ungarn besetzt hatte, waren dadurch etwa 765 000 Juden in die Hände der Deutschen gefallen. Am 15. April begann deren Deportation, im Verlauf derer bis zum Juli etwa 458 000 ungarische Juden nach Auschwitz gebracht wurden. Die deutsche Führung hatte vor allem junge jüdische Männer als Arbeitskräfte erwartet – die aber waren in großer Zahl von der ungarischen Armee in Arbeitsbataillone eingezogen worden und in Ungarn geblieben, so daß, nachdem Himmler dies genehmigt hatte, vorwiegend jüdische Frauen eingesetzt werden mußten.[135] Insgesamt lag die Zahl der ungarischen Juden, die nicht sofort umgebracht wurden, bei etwa einem Viertel – von den 458 000 nach Auschwitz Deportierten wurden etwa 350 000 vergast und 108 000 zum Arbeitseinsatz geschickt.[136] Es war die schnellste, am besten organisierte und systematischste Vernichtung einer jüdischen Gemeinde in einem von den Deutschen während des Krieges besetzten Land – und gleichzeitig die letzte.

Die 108 000 Überlebenden wurden nun in Kontingenten zu jeweils 500 eingeteilt und in Zwischenlager nach Deutschland geschickt. Nachdem der Zufluß von «Fremdarbeitern» mittlerweile beinahe ganz zum Versiegen gekommen war, forderten immer mehr Firmen im Reich Zwangsarbeitskräfte von der SS an, selbst wenn es sich um Juden handelte, die unter besonders strengen Bedingungen standen, was Bewachung, Unterbringung und gesonderten Arbeitseinsatz betraf. Die Zahl der Arbeitskommandos der KZ-Stammlager wuchs seit dem Frühjahr 1944 rapide an. Die Liste der deutschen Unternehmen, die solche KZ-Außenlager einrichteten und KZ-Häftlinge einsetzten, wurde immer länger und umfaßte zahlreiche renommierte Firmen.[137] Die Arbeits- und Lebensbedingungen der Häftlinge waren bei den verschiedenen Firmen sehr unterschiedlich und abhängig von der Art der Beschäftigung, der Stellung der einzelnen in der Hierarchie der SS, nicht zuletzt aber auch vom Verhalten der Betriebsleitungen sowie der Lagerführer, Bewacher, der Vorarbeiter und Meister im Betrieb.[138] Vor allem die jüdischen Häftlinge hatten dabei unter besonders schlechten Verhältnissen zu leiden. Insgesamt jedoch kann man – mit aller Vorsicht – davon ausgehen, daß diejenigen, die in der Produktion der Rüstungsbetriebe selbst beschäftigt wurden, erheblich größere Überlebenschancen besaßen als diejenigen Häftlinge, die in den großen Bauvorhaben und insbesondere beim Ausbau unterirdischer Produktionsstätten des Kammler-Stabes sowie bei der Fertigung in den Höhlen und Stollen nach der Betriebsverlagerung eingesetzt wurden.

Bei den Bauprojekten der OT und des Kammler-Stabes war Schnelligkeit der oberste Grundsatz. Entsprechend schrecklich waren die Verhältnisse für die Häftlinge, wobei die völlig unzureichende Ernährung, die gesundheitsschädliche Unterbringung in Höhlen, das mörderische Arbeitstempo und vor allem der unablässige Zustrom neuer Häftlinge in die oftmals bereits überbelegten Lager sich gegenseitig verstärkten, so daß in den Lagern der Bauprojekte gegen Ende des Jahres 1944 unbeschreibliche, furchtbare Zustände herrschten – mit Todesraten, die die Überlebenszeit des einzelnen Häftlings durchschnittlich auf wenige Monate begrenzten. Der Masseneinsatz von jüdischen wie nichtjüdischen KZ-Häftlingen bei den gigantischen Bauprojekten der letzten Kriegsphase, der dem Schutz der deutschen Rüstung vor Zerstörung und dem Fortgang der Produktion unter der Erde dienen sollte, hatte Opfer in unerhörtem Ausmaß zur Folge.

3.4. Vom Zwangsarbeiter zur «Displaced Person»

Die letzten Kriegswochen wurden besonders für die in den großen Städten lebenden Ausländer geradezu zu einem Inferno. In den am meisten zerstörten Städten, wie etwa in Köln oder im Ruhrgebiet, nahm die Zahl der obdachlosen, ohne Verpflegung und als «geflüchtet» geltenden umherirrenden «Fremdarbeiter» und Kriegsgefangenen zu, in manchen Stadtteilen lebten viele hundert vorwiegend sowjetische Arbeiter in den Ruinen der zerstörten Häuser und mußten versuchen, das nahe Kriegsende zu überleben. Es entstanden hier Zusammenschlüsse, «Banden» von Ausländern, die sich durch Diebstähle und Plünderung Lebensmittel zu besorgen versuchten und sich nun auch gewaltsam und bewaffnet der Verfolgung durch die Sicherheitspolizei erwehrten – bis hin zu regelrechten Feuergefechten mit der Gestapo, wie sie aus Köln überliefert sind.

Nun nahm die Zahl von Plünderungen seit Anfang 1945 auch bei Deutschen stark zu, häufig aber wurden Plünderungen generell den Ausländern zugeschoben. Die Sicherheitspolizei reagierte darauf mit exzessiven Gewaltmaßnahmen, überall in den großen Städten wurden ausländische «Plünderer» festgenommen und – seit das RSHA den unteren Gestapo-Behörden das «Recht» auf selbständige Anordnung von Hinrichtungen delegiert hatte – oft auf der Stelle erschossen. Als dann «die Front» nahte und die Gestapo-Beamten sich abzusetzen begannen, kam es in oft buchstäblich letzter Minute zu Massenhinrichtungen in zum Teil unglaublichem Ausmaß. So wurden z.B. in Duisburg 67 Ausländer, vorwiegend Ostarbeiter, in den letzten Kriegstagen ermordet, in Essen 35, in Bochum 23, in Dortmund mehr als 200 – und wenige Tage bevor die Amerikaner dieses Gebiet erreicht hatten, wurden in Suttrop im Sauerland auf Anordnung des SS-Generals Kammler 208 Ostarbeiter – 129 Männer, 77 Frauen und 2 Kleinkinder – umgebracht. Zwar, so die Begründung des SS-Generals, sei es zu Plünderungen oder Ausschreitungen von seiten der Ostarbeiter in dieser Gegend noch nicht gekommen, diese seien aber unbedingt zu erwarten, und dem müsse vorgebeugt werden.[139]

Dieser Blutrausch der nationalsozialistischen Verfolgungsbehörden in den letzten Kriegstagen, als der Untergang des «Dritten Reiches» schon unmittelbar bevorstand, ist mit rationalen Gründen allein nicht erklärbar. Gerade der letzte Fall zeigt, daß es gar nicht in erster Linie die «Taten» der obdachlosen Ostarbeiter, sondern geradezu ihre Existenz war, die als nicht hinnehmbare «Provokation» empfunden wurde; stellten die herumstreunenden Ausländer im Chaos der letzten Kriegsphase doch den Inbegriff all dessen dar, was der Nationalsozialismus bekämpfte. «Plündernde» Ostarbeiter waren auch die Erfüllung all jener rassistischen Ängste, die ihnen gegenüber seit Beginn des Ausländereinsatzes gehegt worden waren. Endlich schien nun das einzutreten, was man immer vermutet hatte: der «Russe» als plündernder und mordender Bandit. Die «Plünderungen» der Ostarbeiter konnten so nicht nur von der unter deutschen Volksgenossen grassierenden Kriminalität ablenken, sondern auch das schlechte Gewissen über die Behandlung der Ausländer überhaupt und der sowjetischen Arbeitskräfte im besonderen in den Jahren zuvor kompensieren, glichen sozusagen die jenen gegenüber begangenen Untaten wieder aus und konnten somit bedenken- und gnadenlos «gerächt» werden.

Für viele «Fremdarbeiter» war die Leidenszeit mit dem Einmarsch der alliierten Truppen aber nicht zu Ende. Zwar gelang es den Alliierten, in kurzer Zeit die Verpflegung und Ernährung der vielen Millionen mit dem Sammelbegriff «Displaced Persons» (DPs) bezeichneten Ausländer, die sich bei Kriegsende in Deutschland aufhielten, sicherzustellen – eine erhebliche organisatorische Leistung.[140] Aber schon bei der Frage der Rückführung der «DPs» begannen die Schwierigkeiten: Die meisten der Arbeitskräfte aus dem Westen wurden in den ersten Tagen und Wochen nach der Befreiung in die Heimat zurückgebracht – oder machten sich auf eigene Faust auf den Heimweg. Mit der Sowjetunion hatten die West-Alliierten schon auf der Konferenz in Jalta vereinbart, daß alle sowjetischen Staatsangehörigen unverzüglich in die UdSSR zurückzuschicken, zu «repatriieren» waren.

Ein nicht unerheblicher Teil der sowjetischen Kriegsgefangenen und Zivilarbeiter aber stand in den Augen der sowjetischen Behörden unter Kollaborationsverdacht – und dies betraf nicht nur die Angehörigen der «Wlassow-Armee», die auf deutscher Seite gegen die Sowjetunion gekämpft hatten. Die sowjetischen Kriegsgefangenen wurden schon aufgrund der Tatsache, daß sie sich hatten gefangennehmen lassen, als Kollaborateure oder Deserteure verdächtigt und scharfen Repressionen unterworfen. Aber auch die Zivilarbeiterinnen und Zivilarbeiter aus der Sowjetunion wurden von den sowjetischen Militärbehörden «repressiert». Unmittelbar nach Kriegsende wurden alle Sowjetbürger auf deutschem Boden ebenso wie in allen anderen Ländern schnell registriert und kaserniert, um dann in die UdSSR repatriiert zu werden – auch gegen den Willen der Betroffenen. Im Machtbereich der Roten Armee wurden sie in «Filtrierlager» eingeliefert und langwierigen Untersuchungen unterzogen, die mit einem erheblichen Maß an Willkür verbunden waren. Diejenigen, denen Kollaboration mit den Deutschen nachgewiesen oder doch unterstellt wurde, wurden anschließend in Straflager verbracht. Die übrigen ehemaligen «Deutschlandarbeiter» kehrten zurück in ihre Heimat. Dort waren sie fortan Bürger zweiter Klasse – mit geringeren sozialen Leistungsansprüchen, oft mit beschränkter Bewegungserlaubnis über Jahrzehnte hinweg. Das Schicksal der Zwangsarbeiter wurde in der Sowjetunion öffentlich nicht thematisiert. Erst mit dem Zusammenbruch der Sowjetunion wurden sie rehabilitiert.[141]

Bis auf einige Zehntausend sind nach und nach alle DPs repatriiert worden. Die Übriggebliebenen – unter ihnen viele Polen – versuchten zum Teil nach Nordamerika auszuwandern; viele blieben aber auch als «Heimatlose Ausländer» in Westdeutschland.

4.
Kurzfristige und langfristige Folgen des Zwangsarbeitereinsatzes

Die Frage nach dem historischen Ort des Nationalsozialismus innerhalb der deutschen Geschichte des 19. und 20. Jahrhunderts stellt sich bei einer Untersuchung der Geschichte der Ausländerbeschäftigung insofern mit Nachdruck, als der Nachweis von Bruch oder Kontinuität der nationalsozialistischen Zwangsarbeiterpolitik im Kontext der Entwicklung vor 1933 und nach 1945 ein historisch-moralisches Urteil über Charakter, Struktur und Gewaltpotential der Ausländerbeschäftigung im Kaiserreich und in der Bundesrepublik darstellte. Von dieser Prämisse ausgehend erklärt sich auch die deklarative Schärfe, mit der in der Literatur dazu bis in die 80er Jahre kontrovers Stellung bezogen wurde. Während westliche Historiker Bruch und Kontinuitätselemente gegeneinander abwägten,[142] betonten vor allem Historiker aus der DDR, aber auch andere Autoren, daß die Ausländerbeschäftigung im Kaiserreich, in Weimar, im Nationalsozialismus und in der Bundesrepublik in einem fortlaufenden Zusammenhang gesehen werden müsse: «Von den deutschen Junkern vor dem Ersten Weltkrieg und während der Weimarer Republik, die polnische ‹Wander›- oder ‹Saisonarbeiter› auf ihren Rittergütern und Domänen ausbeuteten, über die monopolistischen Hintermänner und Nutznießer des Nazi-Regimes, die sich Arbeitssklaven, ‹Fremdarbeiter›, aus allen von Hitler überfallenen Ländern zusammentreiben ließen, bis zu den Monopolherren Westdeutschlands, die unter dem Aushängeschild der Wohltätigkeit und ‹europäischer Gesinnung› westeuropäische ‹Gastarbeiter› anwerben, zieht sich eine Linie: die skrupellose, Menschenwürde und Heimatgefühl nicht achtende Unterwerfung von Angehörigen fremder Nationalität unter die Interessen des Monopolkapitals.»[143]

Die Stellungnahme zu diesem Problem war erkennbar auch von politischer Bedeutung: Wenn der «Ausländereinsatz» im Zweiten Weltkrieg in der Kontinuität der «Fremdarbeiterpolitik des Imperialismus» stand,[144] wäre damit der Unterschied zwischen der Ausländerpolitik des Kaiserreichs sowie der Weimarer und der Bonner Republik zum nationalsozialistischen Zwangsarbeitersystem nur gradueller und nicht prinzipieller Natur gewesen. Die terroristische Unterdrückung von Millionen Zwangsarbeitern wäre der Ausländerbeschäftigung in kapitalistischen Ländern, zumal aber in Deutschland mit seinen spezifischen Traditionen von Rassismus und Kontinentalimperialismus, inhärent – und somit wiederholbar. Wenn hingegen die Entwicklung während des Krieges so sehr als Sonderproblem und zu Vergangenheit und Zukunft hin abgegrenzte Ausnahmesituation beschrieben wird, daß der nationalsozialistische Ausländereinsatz mit der Saison-

4. Kurzfristige und langfristige Folgen des Zwangsarbeitereinsatzes

und Gastarbeiterbeschäftigung in keiner erkennbaren Verbindung stünde, so ist darin das Bemühen zu erkennen, die Geschichte der deutschen Ausländerpolitik gleichsam vor ihrer Denunziation durch die Nationalsozialisten zu bewahren. Diese Auseinandersetzung hat mittlerweile viel von ihrer einstigen, von Systemkonkurrenz zwischen den beiden deutschen Staaten und vom Kalten Krieg bestimmten Schärfe verloren. Zudem wird bei näherer und differenzierter Betrachtung der Entwicklung des «Fremdarbeitereinsatzes» deutlich, daß die Frage «Kontinuität oder Bruch» falsche Alternativen stellt, weil sie von der Vorstellung eines in sich geschlossenen Systems der Zwangsarbeit im «Dritten Reich» ausgeht, das als strukturelles oder statisches Funktionselement des «deutschen Faschismus» begriffen wird. Tatsächlich aber zeigt schon ein Vergleich der zögerlichen und ganz auf vorübergehende, kurzfristige Maßnahmen abgestellten Entscheidungen über den «Poleneinsatz» im Herbst und Winter 1939 mit der Praxis der riesenhaften, fast ganz Europa umspannenden Organisation des Ausländereinsatzes vier Jahre später, daß es sich hierbei um einen durch raschen und tiefgreifenden Wandel gekennzeichneten und von verschiedenartigen Dynamiken bewegten Prozeß handelte. Der «Fremdarbeiter»-Einsatz von 1940 und derjenige von 1944, obwohl kein halbes Jahrzehnt voneinander getrennt, weisen gravierende Unterschiede auf: nicht nur in bezug auf die Größenordnung, sondern auch auf die dahinterstehende politische Zielsetzung und ihre ideologische Rechtfertigung, die ökonomische Effektivität, die Lage der betroffenen ausländischen Arbeiter und die Methoden ihrer Behandlung. Nimmt man nun also die Situation der letzten beiden Kriegsjahre zum Ausgangspunkt – ein riesiges, durchorganisiertes, die kriegswirtschaftlichen Erfordernisse an einen effektiven Arbeitseinsatz wie die Maximen der rassistischen Ideologie berücksichtigendes System, das etwa 8 Millionen Menschen umfaßte –, so erscheint in der Tat schon der Vergleich mit den Saisonarbeitern des Kaiserreichs und mit den Gastarbeitern der Bundesrepublik abwegig. Die klassischen Kategorien der Ausländerbeschäftigung wie Konjunkturpuffer, Unterschichtung, Teilung des Arbeitsmarktes etc. hier als Kontinuitätsbelege heranzuziehen hieße, den Unterschied zwischen der Lage eines sowjetischen Gefangenen im Bergbau, der dem Tode näher war als dem Leben, und der eines spanischen Gastarbeiters der 60er Jahre zu einer zu vernachlässigenden Differenz in den Erscheinungsformen des in beiden Fällen identischen zugrundeliegenden Prinzips herabzuwürdigen. Die Deportation von Millionen von ausländischen Zwangsarbeitern erweist sich vielmehr als Teil der Zwangsmigrationen, die Europa vor allem in der ersten Hälfte des 20. Jahrhunderts kennzeichneten und überwiegend im Zusammenhang mit ethnischen Säuberungen und «Bevölkerungsverschiebungen» stehen. Es gibt zudem unübersehbare Bezüge zu jenem gigantischen Zwangsarbeitssystem in der stalinistischen Sowjetunion, das zwischen den 30er und 50er Jahren gewiß mindestens ebenso viele Menschen umfaßte – allerdings vorwiegend sowjetische Staatsbürger, wenngleich auch die deutschen Kriegsgefangenen und Zivilverschleppten zu diesem Personenkreis gehörten.[145]

Von der Ausgangssituation bei Beginn des Krieges aus betrachtet sind hingegen die Elemente der Kontinuität zur Ausländerbeschäftigung vor 1933 nicht von der Hand zu weisen. Das gilt sicherlich in besonderer Weise für die Heranziehung von Arbeitern aus befreundeten oder verbündeten Ländern und in vieler Hinsicht auch für die Beschäftigung von «Westarbeitern»: Die Form der Anwerbung, die Regelung der Arbeits- und Lebensverhältnisse in Deutschland entsprachen in weitem Maße den auch vor dem Kriege und der NS-Herrschaft üblichen Gepflogenheiten, wie sie sich seit den 80er Jahren des 19. Jahrhunderts in Deutschland herausgebildet hatten. Diese Form der Ausländerbeschäftigung koinzidierte dabei mit den in Teilen der Regimeführung angestellten Überlegungen, ob die unter «Europäische Großraumwirtschaft» firmierenden Pläne für eine vom Deutschen Reich dominierte europäische Wirtschaftsallianz nicht auch auf Arbeitskräfte im Zuge des «Intereuropäischen Arbeitskräfteaustausches» ausgeweitet und auch für die Zeit nach dem Kriege ins Auge gefaßt werden konnten. Diese Konzeption geriet jedoch im Verlaufe des Krieges immer stärker in den Hintergrund. Denn zum einen wurde der Anteil der Arbeitskräfte aus dem Osten und der Zwangsanwerbungen bei den ausländischen Arbeitern auch im Westen immer größer, zum anderen verschärften sich mit der Zeit die Repressionen der deutschen Sicherheitsbehörden auch gegenüber den eigentlich zu bevorzugenden Arbeitern aus befreundeten Ländern und den besetzten Gebieten des Westens beständig, und die sich verschlechternden Lebensbedingungen in Deutschland ließen den Entwurf einer solchen «Gastarbeitnehmer»-Politik Makulatur werden.

Aber auch der «Poleneinsatz» knüpfte zunächst an die langen Traditionen der Beschäftigung polnischer Arbeiter in der deutschen Landwirtschaft an. Die Übergänge von der Vollbeschäftigung im Zuge der deutsch-polnischen Kontingentvereinbarungen über die Hereinnahme auch «illegaler» Polen, über die durch sozialen Druck verstärkte Anwerbung bis hin zu jahrgangsweiser Rekrutierung und durch Terror erzwungene Deportationen sind fließend. Ausgangspunkte für diese schrittweise Verschärfung in der Zeit etwa zwischen dem Beginn des «Polenfeldzuges» und dem Krieg gegen Frankreich waren dabei einerseits die während des Kaiserreiches und der Weimarer Republik, vor allem aber während des Ersten Weltkrieges gemachten Erfahrungen mit der Ausländerbeschäftigung und die daraus entwickelten Instrumente der Ausländerpolitik. Zum anderen schlug sich hier das politische und ideologische Postulat der Nationalsozialisten nieder, wonach sich die in der Vergangenheit gemachten «Fehler» im Umgang mit «niederrassigen» Ausländern nicht wiederholen dürften und hier also mit den Traditionen der Ausländerbeschäftigung gebrochen werden müsse. Die daraus resultierende rechtliche Kodifizierung des Unterschieds zwischen «Herrenmenschen» und «Arbeitsvölkern» in Form der Polenerlasse und später

4. Kurzfristige und langfristige Folgen des Zwangsarbeitereinsatzes 187

noch schärfer der Ostarbeitererlasse hat selbst auch ihre Vorläufer in der administrativen Festschreibung der Diskriminierung auslandspolnischer Arbeiter vor allem während des Ersten Weltkrieges. Ausschlaggebend aber war, daß dies nach 1914 Gegenstand heftiger innen- und außenpolitischen Streits gewesen war und sich nie vollständig und in gewissermaßen reiner Form hatte durchsetzen können. Nun aber konnte sich die Totalisierung der Zwangsarbeit ungehindert und nur durch kriegswirtschaftliche Effektivitätsgesichtspunkte beeinträchtigt in gewaltiger Dynamik entfalten. Das Fehlen öffentlicher Kritik und eines gewerkschaftlichen Widerlagers hatte ebenso wie die widerstreitenden Interessen innerhalb der Regimeführung zur Folge, daß sich die nationalsozialistische Ausländerpolitik in den ersten Kriegsjahren fortwährend radikalisierte, bis die veränderte Kriegslage die Gesichtspunkte von Qualifikation und Arbeitsleistung stärker in den Vordergrund brachte. Das nun herausgebildete Zwangsarbeitersystem aber hatte mit der Beschäftigung von Saisonarbeitern vor dem Kriege nur noch wenig gemein, vor allem wenn man die Situation der betroffenen ausländischen Arbeiter selbst betrachtet. Aber es war daraus hervorgegangen. Der nationalsozialistische Ausländereinsatz war nicht die einzige, aber eine mögliche Fortsetzung und radikale Konsequenz aus den vorherigen Entwicklungen und Traditionen.

Dies wird auch deutlich, wenn man die politischen Prädispositionen in der deutschen Bevölkerung betrachtet. Im Kern unterschied sich die rassistische Politik der Nationalsozialisten gegenüber den «Fremdarbeitern» von den bei vielen Deutschen etwa gegenüber den Polen verbreiteten und lange eingeübten Vorurteilen nicht durch ihre inhaltliche Ausrichtung, sondern durch ihre radikale, zur Tat drängende Zuspitzung, durch die vollständige Absage an alle humanistischen und aufklärerischen Traditionen, während rassistische Gefühls- und Denkmuster in der Bevölkerung zwar verbreitet, jedoch ideologisch immer gemischt waren mit liberalem und aufklärerischem Gedankengut. Rassismus als Staatsidee und als praktizierte Politik hingegen mußte die Ablösung solcher Vermischung forcieren.

Der nationalsozialistische Ausländereinsatz hatte gezeigt, daß ein nach rassistischen Kriterien hierarchisiertes Modell einer nationalsozialistischen Gesellschaft tatsächlich funktionierte. Ein solches, nach ganz atavistisch anmutenden Wertsetzungen organisiertes Herrschaftssystem konnte mit Hilfe von Terror gegenüber den Angehörigen «niederer» Rassen oder Nationalitäten und durch sichtbare Bevorteilungen der Angehörigen des deutschen «Herrenvolkes» die sozialen Spannungen innerhalb der Klassenstruktur der deutschen Gesellschaft in ihrer Bedeutung hinter den nationalen bzw. «rassischen» Unterschieden zwar nicht bedeutungslos machen, aber doch erheblich entschärfen. Die Berichte über Mißhandlungen von Ausländern in den Betrieben sind dabei nur zugespitzter und in der Regel nicht einmal typischer Ausdruck dieser Entwicklung. Die meisten Deutschen zeigten am Schicksal der Ausländer wenig Interesse – die Sorge um das eigene Überleben ließ wenig Platz, das Elend der «Fremdarbeiter» als irgendwie Besonderes zu betrachten. Die Ausländer waren einfach da und gehörten zum Kriegsalltag wie Lebensmittelmarken oder Luftschutzbunker. Die Diskriminierung der Arbeiter aus Osteuropa wurde dabei ebenso als gegeben hingenommen wie die Kolonnen halbverhungerter Menschen, die täglich durch die Straßen der Städte in die Fabriken marschierten. Auch die eigene bevorrechtigte Stellung ihnen gegenüber war nichts Exzeptionelles, nichts, worüber man sich Gedanken machte. Eben das aber machte das Funktionieren des nationalsozialistischen Arbeitseinsatzes aus: daß die Praktizierung des Rassismus zur täglichen Gewohnheit, zum Alltag wurde.[146]

Hier liegt der Ansatz für eine andere Form der Kontinuität: In der Erinnerung an die nationalsozialistische Diktatur und in der öffentlichen Auseinandersetzung damit in den Jahrzehnten nach dem Krieg spielten die ausländischen Zwangsarbeiter keine bedeutende Rolle. Sie tauchten in den Erinnerungen Älterer meist eher als beiläufige Selbstverständlichkeit auf, waren im Gedächtnis nicht bei Krieg, Nationalsozialismus oder SS-Verbrechen einsortiert, sondern eher unter «Privates», das mit Krieg und Nazismus gar nicht in unmittelbarem Zusammenhang zu stehen schien. Es wurde durchaus nicht als etwas NS-Spezifisches betrachtet, daß während des Krieges Ausländer in so großer Zahl in Deutschland arbeiteten. Der Arbeitseinsatz der «Fremdarbeiter» und Kriegsgefangenen in Deutschland besaß in der westdeutschen Öffentlichkeit ebenso wie in der DDR gewissermaßen nicht den Status des Historischen als etwas Besonderem, als etwas, das Geschichte gemacht hat. Es gab in Deutschland, was den Arbeitseinsatz der ausländischen Zwangsarbeiter im Zweiten Weltkrieg anging, seit den 50er Jahren kein Schuldbewußtsein, kein verbreitetes Gefühl, daß es sich dabei um ein Unrecht und ein Verbrechen gehandelt habe.

Das war eine Hypothek, die auch auf der zehn Jahre später wieder aufgenommenen Beschäftigung ausländischer Arbeitskräfte in der Bundesrepublik lastete und sich nicht zuletzt in der Art und Weise niederschlug, wie die Frage der Entschädigung für einstige Zwangsarbeiter behandelt wurde. Für die DDR stellte sich diese Frage insofern nicht, als sie – von Ausnahmen abgesehen – generell keine Entschädigung an nichtdeutsche NS-Opfer zahlte. Für die Bundesrepublik hingegen markiert dieses Thema eine der langwierigsten und auch kompliziertesten Entwicklungen im ohnehin schon komplizierten Feld der Entschädigungsgesetzgebung.[147] Etwas vereinfacht dargestellt erklärte sich die Bundesrepublik Deutschland bei ihrer Gründung bereit, die vom NS-Regime Verfolgten finanziell zu entschädigen – allerdings mit weitreichenden und charakteristischen Ausnahmen. Zum einen bezog sich diese Zusage auf Deutsche sowie diejenigen DPs, die aus Osteuropa in den Westen geflohen waren und sich in der Nachkriegszeit in Deutschland aufhielten. Zum anderen wurden nur bestimmte Tatbestände als «Verfolgung» anerkannt – im wesentlichen gekennzeichnet durch die Motive der Verfolger. Anerkannt wurden solche Verfolgungsakte, die aus

4. Kurzfristige und langfristige Folgen des Zwangsarbeitereinsatzes 189

politischen, religiösen, rassischen oder weltanschaulichen Gründen begangen worden waren. Nicht anerkannt wurde hingegen die Heranziehung zur Zwangsarbeit, denn die sei nicht aus politischen, religiösen, rassischen oder weltanschaulichen Motiven angeordnet worden, sondern aus Gründen des kriegsbedingten Mangels an Arbeitskräften. Damit war der Kreis der Entschädigungsberechtigten erheblich eingeengt. Sicherlich mehr als 90 % der vom NS-Regime Verfolgten waren Nichtdeutsche – alle ausländischen Zwangsarbeiter, fast alle KZ-Häftlinge und Juden. Der überwiegende Teil der Entschädigungsberechtigten aber waren Deutsche. Nichtdeutsche Opfer des NS-Regimes hingegen sollten von ihren jeweiligen Regierungen entschädigt werden, die wiederum nach erfolgtem Friedensvertrag und Reparationsabkommen entsprechende Reparationszahlungen von der Bundesrepublik erhalten sollten.[148] Die Frage der Reparationen allerdings wurde im Jahre 1953 fürs erste beantwortet. Um die Vor- und Nachkriegsschulden vor allem an die USA bezahlen zu können, wurde im Londoner Schuldenabkommen von 1953 festgelegt, daß Reparationszahlungen erst nach einem Friedensvertrag zu vereinbaren seien – der aber, wie bekannt, bis heute nicht zustande gekommen ist. Diese grundlegende Vereinbarung kam den deutschen Interessen außerordentlich entgegen, gleichwohl waren es vor allem die USA, die sie durchgesetzt hatten – einerseits um zu verhindern, daß vor der Schuldenrückzahlung andere Verpflichtungen durch die Bundesrepublik abgetragen würden, andererseits um einen Geldfluß in die Länder des Ostblocks zu verhindern. Trotz einer Reihe von Ausnahmen und Einmalzahlungen blieb dies die Rechtsgrundlage für die Ablehnung von Entschädigung für ausländische Zwangsarbeiter bis in die 90er Jahre, als durch die Zwei-plus-vier-Vereinbarungen eine Rechtssituation entstand, die als einem Friedensvertrag entsprechend angesehen wurde. Ende 1999 wurde darüber nach langen Verhandlungen zwischen der Bundesrepublik Deutschland und Vertretern der deutschen Wirtschaft einerseits, verschiedenen Opferverbänden aus Ost- und Mitteleuropa und den USA andererseits eine Gesamtzahlung von 10 Mrd. DM vereinbart, von denen die eine Hälfte von der öffentlichen Hand, die andere Hälfte von den deutschen Unternehmen zu zahlen ist. Nach der Verabschiedung eines entsprechenden Gesetzes im Sommer 2000 wurde eine entsprechende Stiftung eingerichtet. Erst wenn die Frage der Entschädigung für Zwangsarbeit gelöst ist, so scheint es, wird der «Zwangsarbeitereinsatz» endgültig ein Teil allein der Geschichte.

IV.
AUSLÄNDER IN DER WACHSTUMSGESELLSCHAFT: 1945 BIS 1973

I.

Vertriebenenintegration und Ausländerbeschäftigung

Das Ausmaß der Zerstörungen in den deutschen Städten und vor allem in den Industriebetrieben wurde 1945 von den Zeitgenossen als so riesig empfunden, daß viele sich fragten, ob es jemals wieder zu Verhältnissen wie vor dem Kriege kommen werde. Das westdeutsche «Wirtschaftswunder» der 50er Jahre hat sich vor allem deswegen so nachhaltig in die Wahrnehmung der Bevölkerung eingeprägt. Betrachtet man allerdings die wirtschaftliche Entwicklung von den späten 30er bis in die frühen 50er Jahre im Zusammenhang, so ergibt sich ein etwas anderes Bild. Es zeigt sich, daß die alliierten Bombenangriffe zwar die Wohnviertel in den Städten mancherorts zu vier Fünfteln zerstört oder beschädigt hatten, daß aber die Produktionsanlagen in den Industriebetrieben davon weit weniger betroffen waren. Die Untersuchungen der amerikanischen Air Force über die Auswirkungen der Bombenangriffe auf die deutsche Kriegsproduktion zeigten, daß 1944 z.B. nicht mehr als 6,5 % aller Werkzeugmaschinen in der deutschen Industrie beschädigt waren oder daß in der Stahlindustrie die Produktionssteigerungen durch den Bombenkrieg nur unwesentlich verlangsamt worden waren. Insgesamt erreichte die deutsche Rüstungsindustrie den Höhepunkt ihrer Gesamtproduktion im Sommer 1944, und selbst im ersten Quartal 1945 lag sie noch fast doppelt so hoch wie 1941.[1]

Wenn also die Auswirkungen des Bombenkrieges auf die Industrieanlagen geringer waren als angenommen, kommt die wirtschaftliche Entwicklung während des Krieges stärker ins Blickfeld. Und hier zeigt sich, in wie starkem Maße die industriellen Kapazitäten in der Zeit von Rüstungskonjunktur und Kriegswirtschaft ausgeweitet worden sind. So war etwa die Steinkohleproduktion von 1935 bis 1943 um ein Drittel, die von Rohstahl um fast 100 %, die von Walzwerkerzeugnissen um 50 % gestiegen. Die Gesamterzeugung von Werkzeugmaschinen lag 1928 bei 125 200 t, 1944 bei 244 000 t. Bei Lokomotiven war das Verhältnis 48 300 zu 202 500.[2] Am Ende des Krieges war das Brutto-Anlagevermögen der Industrie um rund 20 % angewachsen, im Zeitraum von 1936 bis 1945 stiegen die Brutto-Anlageinvestitionen um 75,3 %, während die Kriegszerstörungen bei Kriegsende insgesamt mit etwa 17 % berechnet werden.[3] Wichtiger vielleicht noch war der Gütegrad der Industrieanlagen. Ein großer Teil des Maschinenparks war neu: 1945 waren 55 % des gesamten industriellen Anlagevermögens nicht älter als zehn Jahre – die deutschen Industrieanlagen waren während des Krieges nicht nur erheblich erweitert, sondern auch qualitativ enorm verbessert worden.

Diese rapide Ausweitung der industriellen Produktion war während des

Krieges, da sich die Zahl der erwerbstätigen deutschen Frauen nur unwesentlich veränderte, nur mit Hilfe der im Sommer 1944 etwa 7,7 Millionen ausländischen Zivilarbeiter und Kriegsgefangenen möglich gewesen. Als diese nach Kriegsende innerhalb kurzer Zeit in ihre Heimatländer zurückkehrten, wurden sie durch die heimkehrenden deutschen Soldaten nur unvollständig ersetzt, denn die Zahl der im erwerbsfähigen Alter stehenden deutschen Männer war durch die Kriegsverluste erheblich reduziert worden. Volkswirtschaftlich gesehen stand also bei Kriegsende die stark ausgeweitete Produktionskapazität der deutschen Wirtschaft einem erheblich verringerten Arbeitskräfteangebot gegenüber.

Tatsächlich aber stellten sich die Probleme in den Nachkriegsjahren zunächst ganz anders dar. Denn durch die wirtschaftliche Lähmungskrise der deutschen Wirtschaft (außer durch politische Entscheidungen der Alliierten vor allem hervorgerufen durch die weitgehende Zerstörung der Transportwege) lagen in der Nachkriegszeit große Teile der Produktionsanlagen in Deutschland still. Als aber seit der Währungsreform 1948 der wirtschaftliche Aufschwung in den drei Westzonen Deutschlands begann, zeigte sich schnell, wie sehr die Industriekapazität während des Krieges ausgedehnt worden war. Zwei Voraussetzungen waren für ihre Nutzung besonders wichtig: das entsprechende Kapital – dabei wirkte sich vor allem die amerikanische Auslandshilfe im Zuge des Marshallplanes aus – und das Vorhandensein einer ausreichenden Zahl von Arbeitskräften. Hier aber hatte es seit Kriegsende in den Westzonen – und nur die sollen im Folgenden untersucht werden – dramatische Entwicklungen gegeben. Bis 1950 waren 8,3 Millionen Vertriebene und Flüchtlinge aus den deutschen Ostgebieten und der sowjetisch besetzten Zone (SBZ) in die Bundesrepublik gekommen, und die Zahlen stiegen weiter, wie Tabelle 15 zeigt.

An dieser Statistik lassen sich verschiedene markante Entwicklungen hervorheben: Zieht man die Flüchtlinge und Vertriebenen von der Zahl der Gesamtbevölkerung 1950 ab, so zeigt sich, daß zu dieser Zeit die Zahl der einheimischen Bevölkerung um etwa eine Million geringer war als 1939. Berücksichtigt man nun die 1944 etwa vier Millionen «Fremdarbeiter» und Kriegsgefangenen auf dem Gebiet der späteren Bundesrepublik, so wird deutlich, daß die Flüchtlinge und Vertriebenen volkswirtschaftlich die hier entstandenen Arbeitskräftelücken ausfüllten.

Mehr als 90% des Bevölkerungszuwachses zwischen 1950 und 1960 entfallen auf die Zuwanderung von Flüchtlingen und Vertriebenen, die 1960 fast ein Viertel der Gesamtbevölkerung der Bundesrepublik ausmachten. Eine zweite Statistik gibt Hinweise darauf, in welchem Zeitraum diese neu hinzugekommenen Bevölkerungsgruppen durch den wirtschaftlichen Aufschwung am Arbeitsmarkt absorbiert wurden.

Es zeigt sich, daß spätestens Ende der 50er Jahre der Prozeß der Einbeziehung der neu hinzugekommen Arbeitskräfte aus dem Osten abgeschlossen war, ermöglicht durch wahrhaft gigantische Wachstumsraten, die

Tab. 17: Bevölkerung, Vertriebene und DDR-Flüchtlinge in der Bundesrepublik, 1950 bis 1960, in 1000[4]

Jahr	Bev. insg.	Vertriebene	DDR-Flüchtlinge	zusammen	In % der Gesamtbev.	Veränd. im Vgl. zum Vorjahr		Flüchtlinge und Vertr. in % der Zunahme insg.
						Gesamtbev.	Flüchtlinge und Vertr.	
1939	43 008	–	–	–	–	–	–	–
1950	50 173	8024	337,3	8361,3	16,7	–	–	–
1951	50 528	8275	625,1	8900,1	17,6	355	538,7	149
1952	50 859	8418	857,3	9275,2	18,2	331	375,1	113
1953	50 350	8610	1265,3	9875,3	19,2	491	600,1	122
1954	51 880	8732	1560,7	10292,7	19,8	530	417,4	78,7
1955	52 382	8914	1942,5	10883,5	20,7	502	590,8	117,7
1956	53 008	9069	2338,8	11407,8	21,5	626	524,3	83,7
1957	53 656	9332	2723,5	12055,5	22,5	648	547,7	100
1958	50 292	9579	2949,8	12528,8	23,1	636	473,3	74,7
1959	54 876	9734	3123,6	12857,6	23,4	584	329	56,3
1960	55 433	9888	3349	13 237	23,9	557	379,4	68

Tab. 18: *Wirtschaftswachstum, Arbeitslosigkeit und offene Stellen 1950 bis 1960*[5]

Jahr	BSP Mrd. DM in konstanten Preisen	1950 = 100	Arbeitslose in 1000	In % der besch. Arbeitnehmer	Offene Stellen in 1000
1950	143,6	100	1868	11	118
1951	158,6	110	1713	10,4	118
1952	172,7	120	1651	9,5	116
1953	186,9	130	1491	8,4	124
1954	200,8	140	1410	7,6	139
1955	224,9	157	1073	5,6	203
1956	241,3	158	876	4,4	223
1957	255,0	178	753	3,7	222
1958	264,5	184	763	3,7	221
1959	283,8	198	539	2,6	290
1960	309,4	215	270	1,3	465

binnen zehn Jahren zu einer Verdoppelung des Bruttosozialproduktes führten. Es ist also, jedenfalls den statistischen Reihen zufolge, in relativ kurzer Zeit gelungen, den größten Teil der erwerbsfähigen Flüchtlinge und Vertriebenen tatsächlich in Arbeit zu bringen – eine Folge des wirtschaftlichen Wachstums in den 50er Jahren, das aber wiederum auf den Auswirkungen des Rüstungsbooms zwischen etwa 1936 und 1944 aufbaute. Ohne die Flüchtlinge wäre also schon in den 50er Jahren ein erhebliches Defizit an Arbeitskräften entstanden. So kann man zusammenfassend und zugespitzt in beide Richtungen gleichermaßen argumentieren: Ohne das «Wirtschaftswunder» wäre die Integration der Flüchtlinge und Vertriebenen, ohne deren zusätzliches Arbeitskräftepotential wäre das «Wirtschaftswunder» nicht möglich gewesen.

Auf der anderen Seite ist es naheliegend, daß dieser Prozeß der Integration nicht so linear und reibungslos verlaufen konnte, wie es die Betrachtung dieser wenigen Zahlen suggerieren könnte. Vor allem gab es hierbei erhebliche regionale Unterschiede, die auch die Probleme bei der Eingliederung der Vertriebenen sehr ungleich verteilten.[6] Diese unterschiedliche Verteilung hatte vor allem zwei Ursachen: Zum einen sollten nach dem erklärten Willen der alliierten Besatzungsmächte die Vertriebenen und Flüchtlinge aus den Ostgebieten vorwiegend in solche Regionen gebracht werden, in denen der Zerstörungsgrad an Wohnraum niedriger lag – was erklärt, warum die agrarisch strukturierten Länder Bayern, Niedersachsen und Schleswig-Holstein, deren Bevölkerungszahl vor dem Krieg zusammen nur ein Drittel der Gesamtbevölkerung der späteren Bundesrepublik betrug, bis 1950 fast 60% aller Vertriebenen aufnahmen. Zum anderen lehnte die französische Regierung die Aufnahme von Vertriebenen in ihre Besatzungszonen bis 1948 ab – dadurch erklärt sich der niedrige Vertriebenenanteil in Rheinland-Pfalz und in Baden-Württemberg, dessen badischer Landesteil zur französischen Zone gehörte.[7]

Die alliierten Besatzungsbehörden und die deutschen Zonenverwaltungen hegten gegenüber der Zuwanderung von vielen Millionen Menschen aus dem Osten erhebliche Befürchtungen: Wie sollten in so kurzer Zeit Wohnraum und Arbeitsplätze beschafft werden, und wie würde sich das Zusammenleben zwischen den kulturell meist ganz unterschiedlichen Einheimischen und Zugewanderten entwickeln? Vor allem aber: Entstand hier nicht ein brisanter politischer Sprengsatz, wenn Millionen Entwurzelter lange Zeit ohne Unterkunft und Arbeit und unter ihnen ablehnend und fremd gegenüberstehenden Menschen leben mußten? Im nachhinein mögen diese Befürchtungen aus der Kenntnis der weiteren Entwicklung übertrieben wirken, für die Zeitgenossen waren diese Ängste vor einer (Rechts-) Radikalisierung der Vertriebenen sehr naheliegend und angesichts der Größenordnung der Probleme auch durchaus berechtigt.[8]

Tatsächlich aber gelang es, die Vertriebenen und Flüchtlinge in relativ kurzer Zeit so weit in die sich neu formierende bundesdeutsche Gesellschaft zu integrieren, daß politische Gefährdungen und soziale Spannungen jedenfalls nicht in dem Maße auftraten, wie sie befürchtet worden waren. Der Hauptgrund dafür lag in der günstigen wirtschaftlichen Entwicklung in den 50er Jahren sowie in dem durch strukturelle Verschiebungen und die Disparität zwischen Produktionspotential und einheimischem Arbeitskräfteangebot entstandenen potentiellen Arbeitskräftemangel in den Westzonen.

Auf der anderen Seite ist dies eine Sichtweise vom Ergebnis her, die die erheblichen Schwierigkeiten zwischen Einheimischen und Zugewanderten, wie sie bis in die zweite Hälfte der 50er Jahre hinein auftraten, ausblendet. So führten die Requirierung von Wohnungen, das häufig jahrelange enge Beieinander mit fremden und kulturell oft ganz anders geprägten Menschen ebenso zu Spannungen wie das Aufbrechen alter, festgefügter Traditionen und die Auflockerung von bis dahin stabilen Verhaltensweisen und Mentalitäten durch die Zuwanderung der Fremden, sei es durch die Heterogenisierung der Konfessionsstruktur oder durch die häufig stark ausgeprägte Aufstiegs- und Leistungsorientierung der Vertriebenen und Flüchtlinge, die vor allem innerhalb der Arbeiterschaft die Erosion der bis dahin noch relativ geschlossenen Sozialmilieus beschleunigten.[9]

Damit aber wird deutlich, daß die Vertriebenen nicht nur in volkswirtschaftlicher Hinsicht in einer engen Beziehung zu den ausländischen Arbeitskräften stehen, die vor 1945 und seit Ende der 50er Jahre im Deutschen Reich bzw. der Bundesrepublik beschäftigt worden sind: Der Zuzug so vieler fremder Arbeitskräfte führte bei vielen Einheimischen auch zu Abwehrreaktionen bis hin zu offener Feindseligkeit – wobei in manchen Regionen der Übergang von polnischen Zwangsarbeitern zu Vertriebenen aus Ostpreußen als bloßer Austausch empfunden worden sein mag. In vielen Städten und Dörfern gab es Barackenlager, die nacheinander etwa von Reichsarbeitsdienst-Kolonnen, dann während des Krieges von «Fremdarbeitern», später von DPs und anschließend von Vertriebenen bewohnt worden waren, um nicht selten seit den frühen 60er Jahren als «Gastarbeiterlager» Verwendung zu finden. Unbeschadet aller rechtlichen und sozialen Unterschiede dieser verschiedenen Gruppen führte dies bei den Einheimischen doch zu Kontinuitäten in der Wahrnehmung der Lagerbewohner. Die Abwehrreaktionen gegenüber den Vertriebenen waren als Ausdruck der kulturellen Irritationen und Herausforderungen zu verstehen, die von der Zuwanderung der Fremden für die Einheimischen ausgingen, sowie als Folgen der zum Teil heftigen Konkurrenz zwischen Zuwanderern und Einheimischen auf dem Arbeitsmarkt sowohl auf dem Lande wie in den Industriezentren. Sie waren aber nicht zuletzt auch Ausdruck eines chauvinistischen Überlegenheitsgefühls, das während der Kriegsjahre gegenüber den ausländischen Zwangsarbeitern bei nicht geringen Teilen der Bevölkerung festzustellen gewesen war und das sich jetzt gegenüber den Vertriebenen jedenfalls partiell fortsetzte. Darüber hinaus ist die in den ersten Jahren der Nachkriegszeit deutlich werdende relative Unterprivilegierung der Vertriebenen gegenüber den Einheimischen vor allem am Arbeitsplatz als Element des sekundären Aufstiegs der Einheimischen durch «Unterschichtung» zu verstehen und verweist insofern auf die Traditionen der Ausländerbeschäftigung. Auch die Vertriebenenverbände, die sich schon früh herausbildeten, trugen Züge von Einwandererorganisationen, wie wir sie etwa am Beispiel der Ruhrpolen näher betrachtet haben. Sie dienten der Bewahrung des Zusammenhalts im Einwanderermilieu gegen die Verunsicherung und das Fremdheitsgefühl in der neuen Umgebung. Dabei pflegte die soziale und kulturelle Bedeutung dieses Milieus in dem Maße abzunehmen, wie die Integration in die Einwanderungsgesellschaft gelang, während die Funktion der Einwandererorganisationen als kulturelles Refugium und politische Pressure-group durchaus länger bestehenblieb.

Aber neben solchen Aspekten, die auf strukturelle Ähnlichkeiten in der Situation von Vertriebenen und ausländischen Arbeitskräften verweisen, sind doch auch deutliche Unterschiede festzuhalten:

– Dadurch, daß es sich um Personen deutscher Nationalität und Sprache handelte, entstanden hier weder ausländerrechtliche noch Sprachprobleme, und die bei der Ausländerzuwanderung der vergangenen Jahrzehnte immer feststellbaren «volkstumspolitischen» oder gar rassistischen Abwehrreaktionen in der Bevölkerung und bei den zuständigen Behörden blieben hier fast vollständig aus.

Tab. 19: *Ausländer in der Bundesrepublik Deutschland (einschl. Berlin-West). Wohnbevölkerung und Beschäftigte insgesamt und nach ausgewählten Nationalitäten, 1950 bis 1960, in 1000*[10]

Jahr	Ausländer Wohn-bev.	Ausl. quote	Beschäftigte	Ausl.-Quote	Griechen Wohn-bev.	Besch.	Italiener Wohn-bev.	Besch.	Jugoslawen Wohn-bev.	Besch.	Spanier Wohn-bev.	Besch.	Türken Wohn-bev.	Besch.
1950	567,9													
1951	506,0				3,3		23,5		23,7		1,6		1,3	
1952	466,2				3,4		24,5		21,7		1,7		1,3	
1953	489,7				3,6		26,0		22,1		1,8		1,5	
1954	481,9		72,9	0,4	3,6	0,5	25,6	6,5	21,0	1,8	1,9	0,4	1,5	
1955	484,8		79,6	0,4	3,8	0,6	25,8	7,5	21,0	2,1	2,1	0,5	1,7	
1956			98,8	0,5		1,0		18,6		2,3		0,7		
1957			108,2	0,6		1,8		19,1		2,8		1,0		
1958			127,1	0,6		2,8		25,6		4,8		1,5		
1959			166,8	0,8		4,1		48,8		7,3		2,2		
1960			329,4	1,5		20,8		144,2		8,8		16,5		2,5
1961	686,1	1,2	548,9	2,5	42,1	52,3	196,7	224,6	16,4		44,2	61,8	6,7	18,6
1962			711,5	3,2		80,7		276,8		23,6		94,0		33,0
1963			828,7	3,7		116,9		287,0		44,4		119,6		85,2
1964			985,6	4,4		154,8		296,1		53,1		151,1		132,8
1965			1216,8	5,7		187,2		372,3		64,1		182,8		

1. Vertriebenenintegration und Ausländerbeschäftigung   199

Jahr	Ausländer Wohn-bev.	Ausländer Ausl. quote	Ausländer Be-schäf-tigte	Ausländer Ausl.-Quote	Griechen Wohn-bev.	Griechen Besch.	Italiener Wohn-bev.	Italiener Besch.	Jugoslawen Wohn-bev.	Jugoslawen Besch.	Spanier Wohn-bev.	Spanier Besch.	Türken Wohn-bev.	Türken Besch.
1966			1313,5	6,3		194,6		391,3		96,7		178,2		161,0
1967	1806,7	2,8	991,3	4,7		140,3		266,8		95,7		118,0		131,3
1968	1924,2	3,2	1089,9	5,2		144,7		304,0		119,1		115,9		152,9
1969	2381,1	3,9	1501,4	7,0	271,3	191,2	514,6	349,0	331,6	265,0	206,9	143,1	322,4	244,3
1970	2976,5	4,9	1949,0	9,0	342,9	242,2	573,6	381,8	514,5	423,2	245,5	171,7	469,2	353,9
1971	3438,7	5,6	2240,8	10,3	394,9	268,7	589,8	408,0	594,3	478,3	270,4	186,6	652,8	453,1
1972	3526,6	5,7	2352,4	10,8		270,1		426,4		474,9		184,2		511,1
1973	3966,2	6,4	2595,0	11,9	399,2	250,0	622,0	450,0	673,3	535,0	286,1	190,0	893,6	605,0
1974	4127,4	6,7	2286,6	10,9	406,4	229,2	629,6	331,5	707,8	466,7	272,7	149,7	1027,8	606,8
1975	4089,6	6,6	2038,8	10,1	390,5	196,2	601,4	292,4	677,9	415,9	247,4	124,5	1077,1	543,3
1976	3948,3	6,4	1920,9	9,5	353,7	173,1	568,0	279,1	640,4	387,2	219,4	107,6	1079,3	521,0
1977	3948,3	6,4	1886,6	9,3	328,5	162,5	570,8	281,2	630,0	377,2	201,4	100,3	1118,0	517,5
1978	3981,1	6,5	1869,3	9,1	305,5	146,8	572,5	288,6	610,2	369,5	188,9	92,6	1165,1	514,7
1979	4143,8	7,2	1933,6	9,5	296,8	140,1	594,4	300,4	620,6	367,3	182,2	89,9	1268,3	540,4
1980	4450,0	7,5	2070,0	9,1	298,0	132,9	618,0	309,2	632,0	357,4	180,0	86,5	1462,0	591,8

Vor allem für die tatsächlichen Machtträger, die alliierten Besatzungsbehörden, waren die Unmöglichkeit der Rückkehr und daraus resultierend die Notwendigkeit der dauerhaften und vollständigen Integration der Ostvertriebenen Grundlage des politischen Handelns. Aber auch für einen Großteil der Vertriebenen selbst war eine Rückkehr in die Heimat sogar auf längere Sicht keine realistische Perspektive, was ihre Integrationswilligkeit erklärt. «Nationale» Aspekte bei den deutschen Behörden und integrationsorientierte Überlegungen bei den Alliierten waren es vor allem, die schon früh den Daueraufenthalt der Ostvertriebenen in Westdeutschland und ihre soziale, politische und wirtschaftliche Gleichberechtigung und Integration beförderten.

– Anders als die ausländischen Zwangsarbeiter waren die Ostvertriebenen eine sozial heterogene Gruppe und nicht der doppelten Unterprivilegierung – Fremde zu sein *und* Arbeiter – ausgesetzt. Ein Teil der Vertriebenen fand so relativ schnell Anschluß auch an die Mittel- und Oberschicht der westdeutschen Gesellschaft und bildete hier eine durchsetzungsstarke Interessengruppe.

– Durch das Wahlrecht waren die Vertriebenen für die deutschen Parteien auch politisch ein ernstzunehmender Faktor, der in der Programmatik wie in der politischen Praxis entsprechende Berücksichtigung fand.

Zuwanderung und Integration der Vertriebenen schließlich vollzogen sich in einer Zeit, als es eine immobile, «seßhafte» Gesellschaft der Einheimischen jedenfalls in weiten Teilen der vier Zonen gar nicht gab. Vielmehr trafen die Vertriebenen selbst auf eine Gesellschaft in Bewegung: Soldaten kehrten aus Krieg und Gefangenschaft heim, evakuierte Familien zogen aus weniger bombengefährdeten Regionen zurück in die Großstädte; Kinder fuhren aus den KLV-Lager heim zu ihren Eltern; Arbeiter strömten aus den verlagerten Betrieben zurück in die Industriestädte; gleichzeitig suchten die Ausgebombten neue Wohnungen und Arbeiter neue Arbeitsplätze, weil ihre alten zerstört waren – in diesem allgemeinen Durcheinander der verschiedenartigsten Wanderungen waren die Vertriebenen eben nur eine Gruppe unter vielen, die «neu in der Gegend» waren, so daß die Konflikte zwischen Alteingesessenen und Neuhinzukommenden sich nicht in der Schärfe stellten, wie dies unter normalen Umständen wohl der Fall gewesen wäre.[11]

Als dann in den späten 50er Jahren – verstärkt aber seit dem 13. August 1961, als in Berlin die «Mauer» gebaut wurde und der Strom der Flüchtlinge aus der DDR jäh abriß – ausländische Arbeitskräfte in verstärktem Umfang in die Bundesrepublik angeworben wurden, lag die Auseinandersetzung mit den Problemen der Vertriebenenintegration zwischen der Erfahrung mit dem nationalsozialistischen «Fremdarbeiter»-Einsatz und der Wiederaufnahme der massenhaften Ausländerbeschäftigung in der Bundesrepublik, so daß schon die rein zeitliche Unterbrechung dazu Anlaß gab, das eine mit dem anderen nicht in direkte Verbindung zu bringen.

So wurde der Zwangsarbeitereinsatz zwischen 1939 und 1945 in der deutschen Erinnerung als kriegsbedingter Sonderfall isoliert. Da er aber in der Erfahrung der deutschen Bevölkerung zudem nicht als Bestandteil der großen Verbrechen des NS-Regimes angesehen worden war, wurde er auch nicht zum Gegenstand der öffentlichen Auseinandersetzung, der «Bewältigung» der Vergangenheit in den Nachkriegsjahren in Westdeutschland. So konnte fünfzehn Jahre nach Kriegsende die massenhafte Beschäftigung von Ausländern unter der Fiktion der Voraussetzungslosigkeit wieder aufgenommen werden, ohne daß die Einstellungen und Haltungen gegenüber den ausländischen Zwangsarbeitern während des Krieges in den 50er Jahren eine öffentliche, kritische Bearbeitung erfahren hätten.

Die Entwicklung der Ausländerbeschäftigung in der Bundesrepublik bis 1980 kann man in drei deutlich voneinander zu trennende Phasen einteilen, wie schon ein Blick in die Statistik zeigt (Tab. 19).

Betrachtet man die Zahlen der erwerbstätigen Ausländer, so sind diese bis 1959/60 relativ niedrig (I.), steigen dann bis 1966 rapide an (II.), um sich nach einem Rückgang während der Rezession von 1967/68 bis 1973 erneut zu verdoppeln (III.). Der «Anwerbestop» von 1973 führt zu einer starken Verringerung der ausländischen Beschäftigten von etwa 700000 Menschen; demgegenüber vermindert sich die ausländische Wohnbevölkerung bis 1979 nur geringfügig, um danach deutlich anzusteigen.

Auch die Verteilung der Nationalitäten ergibt deutliche Trends: Die Italiener sind bis 1969 die größte nationale Gruppe der ausländischen Arbeitskräfte in der Bundesrepublik und erreichen die 100000er Grenze bereits 1960, Spanier und Griechen bilden die zweite und dritte Gruppe (100000: 1963), dann folgen die Türken (1965) und die Jugoslawen (1968). Seit 1971 sind die Türken sowohl bei der Wohnbevölkerung wie bei den Erwerbstätigen mit zunehmendem Abstand die größte Gruppe.

2.
Ausländerpolitik in der Wirtschaftswunderphase

2.1. Prophylaktische Ausländerpolitik

Am 10. November 1954 überraschte die Tageszeitung *Hamburger Echo* ihre Leser mit der Schlagzeile: «Fremdarbeiter statt Rekruten». Der Bundeswirtschaftsminister Erhard habe mit dem italienischen Außenminister über die Möglichkeit der Zulassung von 100 000 bis 200 000 insbesondere landwirtschaftlichen Arbeitern aus Italien in der Bundesrepublik verhandelt, da durch die beginnende Rüstungsproduktion und die Einziehung der ersten militärpflichtigen Jahrgänge in der Bundesrepublik bald mit einem Arbeitskräftedefizit zu rechnen sei.[12]

Diese Ankündigung stieß vor allem bei Gewerkschaften und Vertriebenenverbänden, aber auch beim Arbeitsministerium auf Verwunderung, wurden doch 1954 noch 7 %, also über eine Million, Arbeitslose gemeldet. Wozu also Ausländer, wenn noch so viele Deutsche ohne Arbeit und die Reserven des deutschen Arbeitsmarktes offenbar noch lange nicht ausgeschöpft waren? So beeilte sich das Bundesarbeitsministerium mit der Feststellung, «es bestehe zunächst nicht die Absicht, ausländische Arbeitnehmer in die Bundesrepublik zu holen», und stellte heraus, daß es sich eher um prophylaktische Überlegungen handele, was dereinst bei «Vollbeschäftigung» und Arbeitermangel in der Bundesrepublik geschehen könne.[13] Auch das Bundesvertriebenenministerium erklärte, «an eine Anwerbung ausländischer Arbeitskräfte soll(e) erst dann gedacht werden, wenn die Masse der jetzt noch arbeitslosen Vertriebenen und Flüchtlinge feste Arbeitsplätze erhalten» habe.[14]

Der Hintergrund dieser in der Öffentlichkeit nur wenig beachteten Kontroverse lag in der ungleichmäßigen Entwicklung des Arbeitsmarktes nach dem Krieg – 1955 betrug die durchschnittliche Arbeitslosigkeit 5,1 %, wies aber starke regionale Unterschiede auf: In Baden-Württemberg lag sie nur bei 2,2 %, in Nordrhein-Westfalen bei 2,9 %, in Schleswig-Holstein hingegen bei 11,1 %. Am 30. September 1955 betrug die Arbeitslosigkeit bei Männern im Bundesdurchschnitt nunmehr 1,8 % – das hieß: jedenfalls die problemlos mobilisierbaren deutschen Arbeitskräfte waren in den wirtschaftlich starken Regionen nahezu vollständig beschäftigt. Da die Wirtschaftsprognosen auf ein weiterhin starkes Wirtschaftswachstum verwiesen, war mit einem regionalen Arbeitskräftemangel in absehbarer Zeit zu rechnen.[15]

Dies galt schon seit längerem für die Landwirtschaft. Denn hier machte sich bemerkbar, daß trotz der Konzentration der Vertriebenen auf dem Lande die Landflucht weiter anhielt,[16] noch verstärkt durch die besonders schlechten Arbeitsbedingungen für Landarbeiter. Der dadurch entstandenen Arbeitskräfteknappheit versuchten vor allem südwestdeutsche Landwirte seit 1953 durch die Forderung nach Hereinnahme ausländischer Arbeiter zu begegnen.[17] Zwar wurde dies zunächst von der Bundesregierung mit dem Hinweis auf die Arbeitslosigkeit bei deutschen Arbeitskräften abgelehnt, immerhin aber konzedierte Bundesarbeitsminister Storch am 14. Dezember 1954, daß man auf das Angebot der italienischen Regierung, italienische Arbeitskräfte nach Deutschland zu schicken, zurückkommen werde, sobald «eine Nachfrage nach Arbeitskräften eintritt, die aus den eigenen Reserven nicht mehr gedeckt werden» könne – dies sei aber vor 1957 voraussichtlich nicht der Fall.[18] Demgegenüber sprachen das Wirtschafts- und das Ernährungsministerium von der «Notwendigkeit einer Hereinnahme» von Ausländern, «sei es aus Gründen der Aufrechterhaltung und Steigerung der Produktivität, sei es aus landespolitischen Erfordernissen», wie es in einer regierungsamtlichen Stellungnahme von 1955 hieß;[19] beide gingen aber auch von der «Vollbeschäftigung» im Inland als Voraussetzung für die Zulassung von Ausländern aus. Gerade dieser scheinbar so eindeutige Terminus «Vollbeschäftigung» aber war der Punkt, an dem sich die Einschätzungen teilten.

Während SPD und Gewerkschaften, aber auch das Arbeitsministerium, die Bundesanstalt für Arbeit und offenbar auch die Mehrheit der CDU-Abgeordneten der Meinung waren, «der letzte deutsche Arbeiter muß doch erst in Arbeit sein, bevor wir an diese Dinge denken, und wir müssen die Bundesregierung wirklich bitten, zunächst alle Anstrengungen zu machen, um unsere Wirtschaft und Industrie zu bewegen, dort hinzugehen, wo noch Arbeitskräfte sind»,[20] spielten hier beim Wirtschaftsministerium auch lohnpolitische Überlegungen eine Rolle. Denn durch den regionalen und strukturellen Arbeitskräftemangel nahm der Konkurrenzdruck zwischen den Unternehmen bei der Suche nach Arbeitskräften zu und begann sich in Lohnzugeständnissen an die Arbeiterschaft auszuwirken. Durch die Ausweitung des Arbeitskräfteangebots konnte dieser Entwicklung entgegengesteuert werden.[21] Auf der anderen Seite traten die Gewerkschaften von Anfang an dafür ein, daß, sollten denn tatsächlich ausländische Arbeitskräfte in die Bundesrepublik geholt werden, diese den deutschen Arbeitnehmern in arbeits-, tarif- und sozialrechtlicher Hinsicht gleichgestellt wurden, um lohndrückende Auswirkungen einer Ausländerbeschäftigung zu verhindern.[22]

Am 22. Dezember 1955 wurde dann in Rom das deutsch-italienische Anwerbeabkommen geschlossen[23] – das erste seiner Art, das für die später folgenden Anwerbeabkommen mit anderen Ländern das Muster abgab und hier daher etwas näher erläutert werden soll. In diesem Abkommen wurde geregelt, daß die Arbeitskräfte in Italien von einer Anwerbekommission der Nürnberger Bundesanstalt für Arbeit in Verbindung mit der italienischen Arbeitsverwaltung ausgewählt und angeworben werden sollten, die ihrerseits die Anforderungen der deutschen Betriebe erhielt und die italienischen Arbeiter je nach Eignung den einzelnen Unternehmen zuwies. Dabei wurde in einem Musterarbeitsvertrag, in dem die Vorstellungen der deutschen Gewerkschaften weitgehende Berücksichtigung gefunden hatten, die prinzipielle sozialpolitische Gleichstellung der angeworbenen ausländischen mit vergleichbaren deutschen Arbeitskräften garantiert; ebenso die Bezahlung nach Tarif, die Vertragsdauer, die Zusicherung einer «angemessenen Unterkunft» und das Recht auf Lohntransfer. Anträge auf Familiennachzug sollten bei dem Nachweis angemessenen Wohnraums wohlwollend geprüft werden.

In der Öffentlichkeit und von seiten der Regierungsbehörden wurde dabei darauf verwiesen, daß es sich hier lediglich um eine kurzfristige, vorübergehende Maßnahme zur Deckung von «Spitzenbedarf» handele und es dazu derzeit keine Alternativen gebe. Der wirtschaftsnahe *Industriekurier* etwa faßte die Alternativen zur Ausländerbeschäftigung im Oktober 1955 so zusammen:
– die innerdeutschen Arbeitsmarktreserven seien nur durch regionale Mobilität der noch Arbeitslosen zu erschließen, das stoße aber auf enge Grenzen des Wohnungsmarktes. Arbeitslose gebe es in Schleswig-Holstein, sie würden aber im Ruhrgebiet und Stuttgart gebraucht, wo es für sie keinen Wohnraum gäbe;
– eine Forcierung der technischen Rationalisierung könne sich nur mittelfristig auswirken und stoße auf enge Grenzen auf dem Kapitalmarkt;
– die stärkere Einbeziehung von deutschen Frauen sei zwar wirtschaftlich naheliegend und möglich, aber «familienpolitisch» unerwünscht;
– die Erhöhung der Arbeitszeit für die deutschen Beschäftigten sei die dritte Variante, diese aber stoße auf den Widerstand der Gewerkschaften, die auf Eindämmung des «Überstundenunwesens» und die Vierzig-Stunden-Woche hinarbeiteten. So bleibe, jedenfalls kurzfristig, nur die Beschäftigung von Ausländern; zudem seien «die Vorteile, die ein Rückgriff auf Italiener dadurch mit sich bringt, daß dadurch keine Wohnungsbauballung verursacht wird, sondern die Gestellung von Baracken im allgemeinen ausreichen dürfte, nicht zu verkennen».[24]

Die hier vorgegebene Argumentation – zur Ausländerbeschäftigung gebe es keine wirtschaftlich und politisch sinnvollen Alternativen, wenn man weiterhin wirtschaftliches Wachstum wolle – findet sich in den Folgejahren immer wieder, wenn es um die Ausweitung der Ausländerbeschäftigung ging. Wichtig ist dabei, daß längerfristige Perspektiven damit zunächst jedoch nicht verbunden waren. «Kurzfristig aber», faßt Siegfried Bethlehem diese Überlegungen zusammen, «war die Heranziehung von Ausländern die einfachste Form, der auf Expansion des Arbeitsmarktes ausgerichteten Wirtschaft Rechnung zu tragen.»[25]

Der Politologe Knut Dohse argumentiert hier etwas anders. Er verweist darauf, daß die Ausländerbeschäftigung vor 1960 quantitativ ein ganz marginales Phänomen gewesen sei, das weder in der Öffentlichkeit noch innerhalb des Regierungsapparats auf sonderliches Interesse gestoßen sei. Zudem hätten die wenigen tausend italienischen Arbeitskräfte auch keine wesentliche Entlastung des deutschen Arbeitsmarktes darstellen können. Er betont vielmehr, daß in den 50er Jahren durch die Wiederinkraftsetzung der Ausländerpolizeiverordnung von 1938[26] und der «Verordnung über ausländische Arbeitnehmer» von 1933[27] eine «Rekonstruktion des Regelungsinstrumentariums» der Ausländerbeschäftigung stattgefunden habe, die an die rigiden Bestimmungen der nationalsozialistischen Ausländergesetzgebung statt an die in der Frühphase der Weimarer Republik entwickelten Vorschriften angeknüpft habe, in denen zum Beispiel der Grundsatz der Mitwirkung der Arbeitnehmervertreter bei der Ausländerzulassung gegolten habe.[28] Auch durch die Anwerbungsvereinbarung mit Italien seien weitgehende Präjudizien geschaffen worden, ohne daß es dabei auch nur zu einem Anflug von öffentlicher Debatte gekommen sei: «Die Exekutive konnte daher das ausländerpolitische Instrumentarium der fünfziger Jahre öffentlichkeitslos rekonstruieren und knüpfte dabei an historische Phasen an, in denen die Gewerkschaften entweder extrem schwach oder gänzlich aufgelöst waren ... Die damit entwickelten Strukturen stellten wichtige Vorentscheidungen für die Form der Ausländerzulassung zu einem Zeitpunkt dar, als weit und breit an eine massive Beschäftigung ausländischer Arbeiter noch nicht zu denken war.» Gleichzeitig, so Dohse weiter, trug das Italienabkommen «zu einem langsamen Prozeß der Normalisierung der Ausländerbeschäftigung bei, der zugleich als Prozeß der Entthematisierung der Problematik der Arbeitsmarktöffnung zu beschreiben ist. Der Einsatz ausländischer Arbeiter wurde allmählich zu einem wenig dramatischen alltäglichen Vorgang.»[29]

Die Entwicklung der Ausländerpolitik in den 50er Jahren hat zu einer solchen ‹Entthematisierung› sicherlich beigetragen, zu fragen wäre allerdings, ob sie auch von den Akteuren so angelegt war, ob politische Absichten dahintersteckten. Dies setzte voraus, daß die zuständigen Behörden mit einer verstärkten Ausländerbeschäftigung in naher Zukunft rechneten. Angesichts des Zuzuges von Flüchtlingen aus der DDR ist dies zumindest fraglich. Vielmehr ging es darum, am unteren Ende des Arbeitsmarktes der deutschen Landwirtschaft die Zugriffsmöglichkeit auf billige ausländische Arbeiter zu sichern, so daß das Lohngefüge in der Landwirtschaft auf relativ niedrigem Niveau stabilisiert werden konnte, zumal die saisonalisierte Beschäftigung der Ausländer den Wünschen der landwirtschaftlichen Arbeitgeber entgegenkam – ein Prozeß, den wir auch am Ende des 19. Jahrhunderts, nach 1918 und vor 1939 feststellen konnten. Eine solche Beschäftigungsweise aber war den Vertriebenen nicht zuzumuten, noch weniger den Flüchtlingen aus der DDR, die sich vorwiegend aus jüngeren, besser ausgebildeten und eher städtisch orientierten Personen zusammensetzten, für die eine Arbeit als Landarbeiter sowieso nicht in Frage kam.

Eine öffentliche Debatte um die Traditionen der Ausländerbeschäftigung hingegen, die nur zehn Jahre nach Kriegsende ja nahegelegen hätte, gab es zu dieser Zeit nicht. Gleichwohl wurde die erneute Anwerbung von Ausländern unterhalb politischer Deklamationen in mancher Hinsicht durchaus im Zusammenhang zur Zeit vor 1945 gesehen, was sich nicht nur an dem wie selbstverständlichen Weitergebrauch der Bezeichnung «Fremdarbeiter» zeigte. So gab etwa das *Handelsblatt* im September 1955 Hinweise zur richtigen Behandlung von Italienern: Schon bei der Anwerbung sollten die Unternehmer darauf achten, «sich selbst in jedem Falle das Auswahlrecht der Arbeitskräfte vorzubehalten, damit man nicht Gefahr läuft, das zu bekommen, was man abschieben möchte ... Schließlich wird man noch eines Vertrauensmannes bedürfen, der die örtlichen Verhältnisse kennt und die erforderlichen Auskünfte über Charakter, Arbeitsfreudigkeit, Familienverhältnisse, politische Einstellung, Vorstrafen usw. einholen kann ... Ein großer Fehler wäre es bei all diesem, Erfahrungen, die man während des letzten Krieges mit ausländischen Arbeitskräften im Positiven und Negativen gemacht hat, als auch für heute gültig anzunehmen. Die heutige Lage ist völlig neu. Schon dies ist anders: damals kamen die Ausländer gezwungen, heute kommen sie freiwillig: damals bedingten schon die Kriegsverhältnisse geringere Ansprüche, heute sind – auch beim Italiener! – die Ansprüche an den Lebensstandard und an den Lohn hoch. Zudem wird heute jedes Versäumnis, jedes Versagen, jede kleine Fehlentscheidung (des Unternehmers, U.H.) sogleich als eine persönliche und auch nationale Unfreundlichkeit angesehen, die nur mit Kündigung des Arbeitsverhältnisses beantwortet werden kann. Und wenn einer geht, gehen viele mit.»[30]

Insgesamt aber waren Äußerungen wie diese warnenden Hinweise, daß man die Italiener nicht mehr wie noch in Kriegszeiten behandeln könne, eher selten. In den folgenden Jahren behielt die Anwerbung von Italienern nach Deutschland ihren geringen Umfang; 1959 waren es weniger als 50000, von denen die meisten in der Landwirtschaft beschäftigt wurden. Es gab auch keinen Grund, diese Zahlen zu erhöhen, solange es durch die stetige Zuwanderung von Flüchtlingen aus der DDR Reserven auf dem bundesdeutschen Arbeitsmarkt gab.

2.3. Ausländer als Flexibilitätsreserve

Zwischen 1959 und 1962 wurde auf dem deutschen Arbeitsmarkt ein Wendepunkt erreicht. Das Verhältnis zwischen der Zahl der Arbeitslosen und derjenigen der offenen Stellen kehrte sich um. Die Zahl der deutschen Erwerbspersonen (Erwerbstätige und arbeitslos Gemeldete) begann seit 1962 zu sinken, zwischen 1959 und 1965 nahm die Zahl der ausländischen Arbeitskräfte um eine Million zu. Die Gesamtzahl der Erwerbstätigen in der Bundesrepublik aber, die zwischen 1950 und 1960 um 4,5 Millionen ange-

Tab. 20: Wirtschaft und Arbeitsmarkt in der Bundesrepublik Deutschland, 1959 bis 1968[31]

Jahr	Bruttosozialprodukt		Erwerbspersonen insg. in Mio.	deutsche Erwerbspers. im Vergl. zu 1959 in 1000	ausländ. Erwerbstätige in 1000	in % aller Erwerbstätigen	Arbeitslose in 1000	in % aller beschäft. Arbeitnehmer	offene Stellen in 1000
	in Mrd. DM	in % gg. Vorjahr							
1959	283,8	+ 7,3	26,4	26253	166	0,8	539	2,6	290
1960	328,4	+ 9,0	26,6	+ 121	279	1,3	270	1,3	645
1961	346,2	+ 5,4	26,8	+ 61	507	2,3	180	0,8	552
1962	360,1	+ 4,0	26,7	− 147	655	3,0	154	0,7	573
1963	372,5	+ 3,4	27,0	− 71	822	3,6	185	0,8	554
1964	397,3	+ 6,7	26,9	− 250	932	4,1	169	0,8	609
1965	419,5	+ 5,6	27,7	− 260	1164	5,5	147	0,7	648
1966	431,7	+ 2,9	27,1	− 433	1314	6,1	161	0,7	539
1967	430,8	− 0,2	26,6	− 588	1023	4,9	459	2,1	302
1968	462,3	+ 7,3	26,7	− 501	1014	4,9	323	1,5	488

stiegen war, vergrößerte sich bis 1965 nur um etwa 500000 und pendelte sich seitdem bei etwa 26,5 Millionen ein.

Anfang der 60er Jahre trafen hierbei mehrere Entwicklungen und Ereignisse aufeinander und verstärkten sich gegenseitig:

– Da das Wirtschaftswachstum anhielt, mit dem Bau der «Mauer» 1961 der Zustrom von Flüchtlingen aus der DDR aber ausblieb, füllten die Gastarbeiter seitdem die dadurch entstehenden Lücken.

– Die Zahl der deutschen Erwerbstätigen aber begann seit 1962 zu sinken, denn zum einen traten in dieser Zeit die geburtenschwachen Kriegsjahrgänge ins Erwerbsleben, zweitens führte die verbesserte Altersversorgung zu einer Absenkung des durchschnittlichen Eintrittsalters in den Ruhestand, drittens verlängerte sich seit den 60er Jahren die Ausbildungszeit, viertens sank die durchschnittliche Arbeitszeit von 44,4 (1960) auf 41,4 Wochenstunden (1967). Auch diese Lücken wurden durch die Ausländer ausgeglichen.

– Darüber hinaus hielt durch die zunehmende Ausländerbeschäftigung die Erweiterung des Arbeitskräftepotentials bis 1967 in der Größenordnung der Jahre vor 1961 an. Für die Unternehmen wurde es daher seit 1959 zunehmend schwieriger, weitere Arbeitskräfte zu bekommen, um die Produktion auszuweiten. «Der Kampf um Arbeiter», schrieb *Der Spiegel* im Sommer 1959, sei «zu einer aufreibenden Dauerbeschäftigung geworden, in die sich Personalverwaltungen großer Industrieunternehmen verstrickt sehen wie kleinere Betriebe mit wenigen Beschäftigten».[32] Daß in dieser Situation in erheblichem Umfang ausländische Arbeiter in die Bundesrepublik anzuwerben seien, war bei Arbeitgebern und Regierung unumstritten. Das entsprechende Instrumentarium dafür war ja in den 50er Jahren bereits entwickelt worden und wurde nun ausgeweitet. Schon im März 1960 schloß Arbeitsminister Blank mit Griechenland und Spanien Anwerbeverträge nach dem Vorbild der deutsch-italienischen Vereinbarungen.[33] Weitere Anwerbeverträge folgten: mit der Türkei am 30. Oktober 1961, mit Portugal am 17. März 1964, mit Jugoslawien am 12. Oktober 1968.[34] Zur Ausländerbeschäftigung, begründete Blank diese Abkommen, gebe es keine Alternative, da «trotz fortschreitender Rationalisierung und Mechanisierung der Produktionsverfahren in der Bundesrepublik weiterhin ein steigender Kräftebedarf zu erwarten sei. Auf der anderen Seite verfüge der deutsche Arbeitsmarkt über keine Reserven mehr, die Zahl der Sowjetzonenflüchtlinge gehe zurück, und das Arbeitskräftepotential werde weiter schrumpfen wegen der veränderten Altersstruktur, der verbesserten Altersversorgung und der vermehrten Einberufungen zum Wehrdienst».[35] Eine öffentliche Debatte, ob überhaupt und wie und in welchem Umfang man in den Folgejahren ausländische Arbeitskräfte in die Bundesrepublik holen solle, gab es allerdings auch in den frühen 60er Jahren nicht. Zu selbstverständlich und unumstritten war die Perspektive Wirtschaftswachstum, zu unstrittig auch, daß dazu weitere Arbeitskräfte in großer Zahl nötig waren.

2. Ausländerpolitik in der Wirtschaftswunderphase

Daß die Beschäftigung von Ausländern für die Bundesrepublik ausschließlich positive Auswirkungen haben werde, wurde dabei mit unterschiedlichen Argumenten begründet: «Für Volkswirtschaften, die sich entfalten und wachsen wollen», schrieb etwa *Die Welt* 1964, seien ausländische Arbeiter «wichtig – fast möchte man sagen: unentbehrlich. Wirtschaftlicher Fortschritt ist stets mit Veränderungen in der Wirtschaftsstruktur verbunden ... Die Investitionen verlagern sich und mit ihnen der Bedarf an Arbeitskräften». Dazu fehlten aber die notwendigen Arbeitskraftreserven, und «auch die Beweglichkeit der Arbeitskräfte wird geringer. Denn die Freisetzungen gehen nicht mehr so abrupt und auch nur selten in so großem Ausmaß vor sich, oder sie werden aus sozialpolitischen und wirtschaftspolitischen Gründen ... durch staatliche Maßnahmen aufgehalten oder wenigstens gebremst. Die neu entstehenden oder schneller emporstrebenden Wirtschaftszweige sind auf die Zuwanderung ausländischer Arbeiter angewiesen, wenn die Beweglichkeit der inländischen Arbeitskräfte nicht mehr groß genug ist, den Bedarf zu decken.»[36] Dieser Aspekt der Mobilität der Ausländer – nicht der einzelnen, sondern als fungible Reservearmee insgesamt – stand im Vordergrund der befürwortenden Stellungnahmen der Ausländerbeschäftigung. Dabei wurde schon früh auf die Möglichkeiten hingewiesen, daß sich durch Ausländer krisenhafte Entwicklungen auf dem Arbeitsmarkt bis zu einem gewissen Grad ausgleichen ließen. Schon 1959 hatte die *Frankfurter Allgemeine* den wesentlichen Vorteil der Ausländerbeschäftigung darin gesehen, daß «bei eventueller Arbeitslosigkeit in Deutschland die ausländischen Arbeiter wieder zurückgeschickt werden können».[37]

Auf einer Konferenz der Arbeitgeberverbände zum Thema «Gastarbeiter» wurde dies explizit formuliert: «Was bringen die ausländischen Arbeitskräfte auf dem Gebiet der Mobilität? Wenn wir das näher betrachten, stellen wir fest, daß die ausländischen Arbeitskräfte, die hier bei uns sind, total mobil sind, nicht nur der einzelne ausländische Arbeitnehmer, sondern die ausländischen Arbeitnehmer insgesamt durch den enormen Rückfluß und das starke Wiedereinwandern ... Der Betrieb A, der im Jahr die Arbeitnehmer nicht mehr braucht, wird keine neuen Arbeitnehmer einstellen, und der Betrieb B, der im Wachstumsbereich tätig ist, wird im nächsten Jahr seine 100 oder 1000 Arbeitskräfte bekommen. Dadurch wird meiner Ansicht nach ein außerordentlich günstiger Effekt ausgelöst.»[38]

In betriebswirtschaftlichen Kalkulationen wurden die zusätzlichen Aufwendungen bei der Ausländerbeschäftigung gegen finanzielle Vorteile aufgerechnet. Dabei wurde die Erstellung von Wohnheimen, die Zahlung von Dolmetschern, «Kopfpauschalen» für die Anwerbung durch die Bundesanstalt für Arbeit, verschiedene Betreuungsmaßnahmen und die Kosten der Anlernphase den spezifischen Vorzügen der Beschäftigung von Ausländern gegenübergestellt: «In der Regel wird der Ausländer nicht an der betrieblichen Altersversorgung teilnehmen, nicht in Betracht kommen für Sonderzuwendungen bei Arbeitsjubiläen sowie für Heilverfahren, Frühheilverfahren und Erholungskuren. Der bei uns arbeitende Ausländer stellt in der Regel die Arbeitskraft seiner besten Jahre zur Verfügung; für die Betriebe ergibt sich daraus der Vorteil, daß nur in seltenen Fällen ein älterer oder nicht mehr voll arbeitsfähiger ausländischer Mitarbeiter aus sozialen Gründen mit durchgezogen werden muß.»[39]

Für die Bundesregierung stand im Vordergrund, daß durch die Ausländerbeschäftigung nicht nur weiteres Wirtschaftswachstum ermöglicht werde, sondern durch die hohe Sparquote der Gastarbeiter die Konsumgüternachfrage gedämpft und die Preise stabilisiert würden. Anläßlich der Beschäftigung des einmillionsten Gastarbeiters im Herbst 1964 schrieb Arbeitsminister Blank: «Diese Million Menschen auf deutschen Arbeitsplätzen trägt mit dazu bei, daß unsere Produktion weiter wächst, unsere Preise stabil und unsere Geltung auf dem Weltmarkt erhalten bleibt. Die Rolle der Gastarbeiter auf dem Arbeitsmarkt wird in den kommenden Jahren sicher noch gewichtiger werden.»[40] Dabei beschränkten sich die Vorteile der Ausländerbeschäftigung nicht auf die Wirtschaft – auch der Staat profitiere davon, betonte im März 1966 der Staatssekretär im Arbeitsministerium, Kattenstroth: «So tragen die ausländischen Arbeitnehmer, von denen 90 v. H. in bestem Schaffensalter zwischen 18 und 45 Jahren stehen, einerseits erheblich zur Gütervermehrung bei, ohne andererseits die Konsumgüternachfrage in der Bundesrepublik in gleichem Umfang zu erhöhen ... Hinzu kommt, daß die ausländischen Arbeitnehmer in der Bundesrepublik Lohnsteuer und Sozialversicherungsbeiträge nach denselben Regeln wie inländische Arbeitnehmer zahlen. Bei dem Lebensalter der ausländischen Arbeitnehmer wirkt sich das z. Zt. vor allem für die deutsche Rentenversicherung sehr günstig aus, weil sie weit höhere Beiträge von den ausländischen Arbeitnehmern einnimmt, als sie gegenwärtig an Rentenleistungen für diesen Personenkreis aufzubringen hat,[41] ... man kann hiernach wohl sagen, daß die Beschäftigung ausländischer Arbeitskräfte nicht nur für die Wirtschaft selbst einen Gewinn, sondern auch für die Allgemeinheit weitaus mehr Vorteile als Nachteile bringt.»[42] Diesen Vorteilen der Ausländerbeschäftigung für die Wirtschaft der Bundesrepublik standen in den Augen der Verantwortlichen positive Entsprechungen für die Heimatländer der Gastarbeiter und für diese selbst gegenüber: Die Arbeitslosenzahlen der Entsendeländer würden gesenkt, die Zahlungsbilanzen durch die Lohntransfers verbessert, die Qualifikationsstruktur der Arbeiterschaft durch ihre Tätigkeit in deutschen Fabriken erhöht – ein «Stück Entwicklungshilfe für die südeuropäischen Länder», wie es häufig genannt wurde. Zudem schloß kein Politiker dieser Zeit eine Rede über die Gastarbeiter ohne Hinweise auf die überaus positiven politischen Auswirkungen ihrer Anwesenheit in der Bundesrepublik im Sinne von Völkerverständigung und europäischer Integration. Durch die Beschäftigung von Ausländern in Deutschland, so Arbeitsminister Blank 1964, sei «die Verschmelzung Europas und die Annäherung von Menschen verschiedenster Herkunft und Gesittung in Freundschaft eine Realität» geworden.[43]

2. Ausländerpolitik in der Wirtschaftswunderphase

So beurteilten nahezu alle damit befaßten Stellen die Ausländerbeschäftigung in dieser Phase positiv – für die Bundesregierung standen weiterhin hohe Wachstumszahlen und Preisdämpfung im Vordergrund, für die Arbeitgeber war die Beschaffung von Ersatz für weniger qualifizierte Arbeitskräfte sehr viel einfacher geworden, zudem wurde auf diese Weise ein durch Arbeitskräftemangel sonst entstehender Lohndruck nach oben in den unteren Lohngruppen vermieden, für die Gewerkschaften wurden die Bedingungen für die angestrebten Arbeitszeitverkürzungen durch die Ausländerbeschäftigung erheblich günstiger.

Allen gemeinsam war aber auch die feste Überzeugung, daß es sich dabei um ein zeitlich begrenztes Phänomen handele, um eine Übergangserscheinung. Über etwaige Folgewirkungen und längerfristige Perspektiven der Beschäftigung einer immer größer werdenden Zahl von Gastarbeitern jedenfalls machte man sich bei den Verantwortlichen zu dieser Zeit keine Gedanken.

Die Parallelen etwa zur Einschätzung Syrups von 1918[44] sind unübersehbar: mobile Arbeitskräfte als konjunkturelles Ausgleichsinstrument; hohe Arbeitsleistungen von Arbeitern «in den besten Jahren»; Lohnauftriebsdämpfung in unteren Lohngruppen und keine Folgekosten – das wurde 1961 als ebenso aktuell und vorteilhaft angesehen wie fünfzig Jahre zuvor. Die «volkstumspolitischen Nachteile» der Ausländerbeschäftigung hingegen, die Syrup in Einklang mit der zeitgenössischen Diskussion so hervorgehoben hatte, tauchen hier nicht mehr auf – im Gegenteil: Durch die Betonung der positiven Auswirkungen für die europäische Einigung konnte nunmehr die wirtschaftlich vorteilhafte Beschäftigung von ausländischen Arbeitern auch als völkerverbindende Tat apostrophiert werden. Angesichts der Erfahrungen von vor 1945 war dies eine kühne These, die aber zeigt, wie sehr man sich in der Bundesrepublik von eben dieser Vergangenheit zu distanzieren trachtete, ohne sie auch nur zu erwähnen oder sich gar damit auseinanderzusetzen. Die Fiktion des voraussetzungslosen Neuanfangs auch in der Ausländerpolitik machte eine solche ungenierte Beschwörung der Völkerfreundschaft möglich.

Daß der größte Vorteil der Ausländer für die deutsche Wirtschaft in ihrer Funktion als mobile Reservearmee des westdeutschen Arbeitsmarktes gesehen wurde, schlug sich auch in den ausländerrechtlichen Vorschriften nieder. Im Ausländergesetz vom April 1965,[45] das die bis dahin geltenden Gesetze und Erlasse aus der Vorkriegszeit ablöste, war durch ein rigides Aufenthalts- und Arbeitserlaubnisrecht für Ausländer aus Nicht-EWG-Staaten den Ausländerbehörden ein Ermessensspielraum gegeben, der die Entwicklung der Arbeitskräftezufuhr aus dem Ausland der wirtschaftlichen Situation in der Bundesrepublik flexibel anzupassen ermöglichte.[46] Demgegenüber sollten die Angehörigen von EWG-Ländern, in diesem Fall also die Italiener, nach den Vereinbarungen bei der Gründung der EWG den deutschen Arbeitnehmern arbeitsrechtlich gleichgestellt werden, was bis 1970 durch entsprechende Verordnungen schrittweise auch durchgeführt wurde.[47] Für die Mehrheit der ausländischen Arbeiter aber wurde im Ausländerrecht das Konzept des vorübergehenden Aufenthalts zur Rechtsvorschrift, die ihr Leben in Deutschland wesentlich prägte. Sie erhielten zunächst nur für ein Jahr das Aufenthaltsrecht, waren aber während dieser Zeit an den Arbeitgeber in Deutschland gebunden. Eine Verlängerung der Arbeits- und Aufenthaltserlaubnis über dieses eine Jahr hinaus stand im Ermessen der bundesdeutschen Behörden und wurde nur erteilt, wenn dadurch «die Belange der Bundesrepublik Deutschland nicht beeinträchtigt» wurden (§ 2 Ausl. Gesetz). Eine ständige Niederlassung in der Bundesrepublik aber wurde von den Gerichten als Verstoß gegen diese Bestimmung bewertet[48] – war allerdings auch von den Gastarbeitern, die in dieser Phase in der Bundesrepublik beschäftigt waren, in der Regel nicht beabsichtigt.

Die soziale Lage der Gastarbeiter in der ersten Hälfte der 60er Jahre war also vor allem dadurch geprägt, daß ihr Aufenthalt in Deutschland nach Überzeugung der deutschen Behörden und Arbeitgeber kürzer oder länger, jedenfalls vorübergehend war. Aber auch ihre eigenen Pläne und Erwartungen bei dem Entschluß, sich in die Bundesrepublik zur Arbeit anwerben zu lassen, gingen davon aus. Der überwiegende Teil der Gastarbeiter bestand folgerichtig aus zwanzig- bis vierzigjährigen Männern, die in der Regel allein und ohne Familienanhang nach Deutschland gekommen waren – über 80 % aller in der Bundesrepublik lebenden Ausländer waren 1961 erwerbstätig, bei der deutschen Bevölkerung hingegen nur 47 %.[49] Kennzeichnend für sie war die feste Absicht, bald nach Hause zurückzukehren. Ihre Verbindungen zur Heimat waren entsprechend eng.

Das bedeutete aber auch, daß die sozialen und wirtschaftlichen Verhältnisse in ihrer Heimat der Vergleichsmaßstab blieben, mit dem sie ihr Leben in Deutschland maßen. Ihr Ziel war es, in möglichst kurzer Zeit so viel Geld zu verdienen, daß sie erhebliche Teile des Lohnes nach Hause schicken oder sparen konnten, um nach einigen Jahren in ihre Heimat zurückzukehren und dort auf verbesserter wirtschaftlicher Grundlage Arbeit anzunehmen oder sich gar selbständig zu machen. Das hatte Auswirkungen auf ihr Verhalten in Deutschland: Sie akzeptierten eher als Deutsche sowohl schmutzige als auch besonders schwere Arbeit, machten mehr Überstunden, verzichteten auf einen ihrem Lohn entsprechenden Lebensstandard und Konsum, wohnten möglichst billig und zeigten an politischen und gewerkschaftlichen Aktivitäten wenig Interesse. Ihre Beziehung zu den Verhältnissen in der Bundesrepublik war ganz auf kurze Fristen eingestellt, längerfristige Veränderungen in Deutschland betrafen sie nach eigener Überzeugung nicht – auch dies Aspekte, die bereits in der Zeit vor 1914 die Lage der ausländischen Arbeiter in der Landwirtschaft und der Industrie wesentlich gekennzeichnet hatten, ebenso wie die Tatsache, daß es gar nicht in erster Linie Ausländer selbst waren, die sich über ihre schlechten

Arbeits- und Lebensbedingungen erregten – allein die jederzeit drohende Aberkennung der Aufenthaltserlaubnis wirkte hier abschreckend und disziplinierend –, sondern Gewerkschaften, Behörden und Presse ihrer Heimatländer und – mit einiger Verzögerung – auch deutsche Stellen: Teile der Presse, Wohlfahrtsverbände und Kirchen.

Die Arbeitsbedingungen der Gastarbeiter in deutschen Betrieben während der 60er Jahre lassen sich mit einigen Zahlen umreißen: 1966 waren 90% der ausländischen Männer als Arbeiter beschäftigt – aber nur 49% der deutschen. 71,8% aller ausländischen Arbeitskräfte waren 1961 im sekundären Sektor tätig, bei den deutschen nur 47,8%; 72% aller ausländischen Männer arbeiteten 1966 als an- oder ungelernte Arbeiter.[50] Die höchsten Ausländerquoten waren 1963 im Baugewerbe, in der Eisen- und Metallindustrie sowie im Bergbau zu verzeichnen.[51] Ausländer erhielten im Vergleich zu deutschen Arbeitern durch niedrigere Qualifikation oder Einstufung auch niedrigere Löhne, hatten erheblich häufiger Arbeitsunfälle und wechselten ihren Arbeitsplatz öfter als Deutsche.[52] Zusammengefaßt: Ausländer arbeiteten in dieser Zeit vorwiegend als un- oder angelernte Arbeiter in der Industrie, und zwar vor allem in solchen Bereichen, in denen schwere und schmutzige Arbeit, Akkordlohn, Schichtsystem sowie serielle Produktionsformen mit niedrigen Qualifikationsanforderungen (Fließband) besonders häufig waren. Für die Unternehmen hatte dies in einer Zeit starker Arbeitskräftenachfrage erhebliche Vorteile, weil für solche Arbeitsplätze deutsche Arbeiter nicht oder nur mit erheblichen Lohnzugeständnissen zu bekommen gewesen wären, was gerade die unqualifizierten Arbeitsplätze unrentabel gemacht hätte. In der Analyse eines Wirtschaftswissenschaftlers im Jahre 1965 wurde dieser Aspekt komprimiert dargestellt: «Da die Zuwanderung selektiert in dem Sinne ist, daß sie sich überwiegend aus beruflich noch wenig qualifizierten Arbeitsplätzen zusammensetzt, muß sie vielfach mit den bei den einheimischen Arbeitskräften unbeliebten und/ oder gering bezahlten Tätigkeiten beginnen. Auf diese Weise bleibt es im offenen Arbeitsmarkt möglich, ohne Lohnzugeständnisse auch für diese Tätigkeiten Arbeitskräfte zu rekrutieren, während im geschlossenen Arbeitsmarkt sich von der Endnachfrage her der Druck zur Nivellierung der Löhne ohne Rücksicht auf Produktivitätsunterschiede, ferner eine Kompensation der Unbeliebtheit bestimmter Arbeitsverrichtungen durch um so höhere Bezahlung stärker durchsetzen würden.»[53]

Hinzu trat in zunehmendem Maße ein zweiter Aspekt: Dadurch, daß die Ausländer Arbeitsplätze besetzten, für die deutsche Arbeiter nicht oder nur mit entsprechenden Lohnanreizen zu bekommen waren, ermöglichten sie den Aufstieg von Deutschen in qualifizierte oder beliebtere Positionen. Insgesamt stiegen nach einer Berechnung des Soziologen Friedrich Heckmann zwischen 1960 und 1970 etwa 2,3 Millionen Deutsche von Arbeiter- in Angestelltenpositionen auf. Die «wichtigste Bedingung» dafür «war die Zuwanderung der Gastarbeiter».[54]

In den 60er Jahren bildete sich also in den Gastarbeitern ein Subproletariat vorwiegend schlecht qualifizierter Hilfsarbeiter heraus, das fehlende deutsche Arbeitskräfte in den unteren Bereichen der Arbeitsplatzhierarchie ersetzte, zum anderen aber die Voraussetzungen für einen massiven sozialen Mobilitätsschub der deutschen Arbeitnehmer schuf. Im Vergleich zu den deutschen waren die ausländischen Arbeiter am Arbeitsplatz in vieler Hinsicht benachteiligt. Für die Gastarbeiter aber war zumindest in den ersten Jahren ihres Aufenthalts in der Bundesrepublik nicht dies der Vergleichsmaßstab, sondern die Verhältnisse in ihren Heimatländern, die zu dieser Zeit in allen Anwerbeländern durch hohe Arbeitslosigkeit und niedrige Löhne gekennzeichnet waren. Das erklärt, warum die ausländischen Arbeiter in der Bundesrepublik diese Benachteiligungen akzeptierten, ohne daß es bis 1967 zu sozialen und politischen Spannungen in größerem Umfang gekommen wäre. Gleichwohl hegten die westdeutschen Behörden außerordentliche Befürchtungen vor einem Import des Kommunismus in Gestalt kommunistischer Gastarbeiter. Um dem entgegenzuarbeiten, sollte durch die Herausgabe von Gastarbeiterzeitungen, die Ausstrahlung geeigneter Rundfunkprogramme und ansprechende Freizeitgestaltung ein Gegengewicht gegen die vermutete kommunistische Infiltrationsarbeit geschaffen werden. Vor allem der «Volksbund für Frieden und Freiheit» bemühte sich um die politische Meinungsbildung der «Gastarbeiter» durch ausführliche Artikel über die Gefahren des Kommunismus in seinen Zeitungen. Zusammen mit der Caritas führte der Volksbund auch Berlin- und Zonengrenzfahrten durch, wenngleich mit wenig sichtbarem Erfolg. Gleichwohl spielten politische Aktivitäten, ob kommunistisch oder nicht, für die Gastarbeiter eine ganz nachgeordnete Rolle. Ihr Ziel war es in erster Linie, «möglichst rasch möglichst viel Geld» zu verdienen, um bald nach Hause zurückkehren zu können.[55]

Im Jahre 1962 wohnten etwa zwei Drittel der neuangeworbenen Gastarbeiter in Gemeinschaftsunterkünften, die entweder von den Betrieben, die die Ausländer beschäftigten, oder auch von städtischen Behörden, Wohlfahrtsverbänden oder Privatpersonen unterhalten wurden.[56] Es waren Zeitungsberichte über die Wohnsituation, nicht über die Arbeitsbedingungen und die Rechtslage der Ausländer, die in der bundesdeutschen Öffentlichkeit ein gewisses Interesse für die Gastarbeiter hervorriefen, die ansonsten in der ersten Hälfte der 60er Jahre nur wenig öffentliche Beachtung und Aufmerksamkeit erfuhren. Schon im August 1960 berichtete *Die Welt* in einem aufsehenerregenden Artikel über die Wohnverhältnisse italienischer Arbeiter: «Die Bunker sind dabei fast noch attraktiv. Auch Baracken mit Doppel-, oft gar Dreideckerbetten scheinen direkt löblich, wenn man etwa einen ‹Raum› gesehen hat, in dem zehn Männer nur gerade auf ihren Strohsäcken liegen können. Alles andere, sozusagen selbst das Naseputzen, muß draußen geschehen ... ‹Wir wissen ja nicht, wie lange das so bleibt›, diese Antwort bekommt man oft, soll heißen: Vielleicht haben wir wieder

einmal eigene Arbeitslose zu beschäftigen, und was dann mit den eigens errichteten Wohnbauten? Die Sorge um den Fortgang des Wirtschaftswunders wird ausgerechnet denen gegenüber ausgelebt, die geholt worden sind, damit die Trompeten des Vormarsches nicht verstummen.»[57]
Das *Handelsblatt* beschrieb im Februar 1967 eine Polizeiaktion in Düsseldorf: «In einem Raum von nicht mehr als 15 Quadratmetern hausen sechs türkische und griechische Gastarbeiter. Übereinander und eng zusammengerückt stehen die Betten; alle Männer liegen schon, obwohl es gerade erst halb neun ist. Aber was sollen sie in diesem Loch anders anfangen? Nicht einmal genügend Stühle sind vorhanden; in der Mitte, unter einer schief herabhängenden Glühbirne, steht ein kleiner, von einer ‹Tischdecke› aus Zeitungspapier bedeckter Tisch. Der Fußboden ist kahl und schmutzig, nicht anders die Wände; nach einem Bild, einer Gardine sucht man vergeblich ... Um ins nächste Zimmer zu gelangen, muß man eine steile Holztreppe erklimmen. Nur durch Sperrholzwände wird der Raum zusammengehalten. Hier brennt noch Licht. Ein Arbeiter kniet gerade auf einem kleinen Teppich und verrichtet sein Gebet, die anderen hocken in ihren Betten. Aus der Papiertragetüte eines Kaufhauses haben sie sich einen notdürftigen Lampenschirm gemacht. Einen Ofen gibt es für die Leute aus dem Süden nicht, die kaum etwas anderes so sehr bei uns vermissen wie Sonne und Wärme. Man sucht nach Worten, um den Toilettenraum zu beschreiben. Auf dem Boden schwimmt eine einzige dreckige Lache, das Inventar besteht aus einer kalksteinernen Latrine ohne Besatz. Das nächste Zimmer erreicht man erst nach einer bei Dunkelheit und Regen halsbrecherischen Kletterei. Über den Dachgarten und von dort über eine wackelige Stiege kommt man in eine Art Verandazimmer von knapp 20 Quadratmetern, das sieben Gastarbeiter ihr ‹Zuhause› nennen. So dicht stehen die Betten zusammen, daß kaum für ein paar Hocker und einen kleinen Tisch Platz bleibt ... Ein paar Straßen weiter befindet sich das zweite Ziel der Razzia, eine Baracke. Die Umgebung ist trist, der Regen drischt gegen die Holzwände, vor dem Eingang steht in einem Blumentopf eine kleine Palme. Hundert Südländer führen hier ein trauriges Dasein. 80 DM monatlich zahlt jeder von ihnen dem Vermieter, einem Deutschen. Wer diesen Mann sieht, zweifelt nicht daran, daß die 8000,— DM Monat für Monat pünktlich in seine Kasse wandern. Verschüchtert stehen die Männer in Schlafanzügen und beobachten stumm, was um sie herum vor sich geht. Man kann sich leicht ausmalen, wie ‹Zucht und Ordnung› aussehen, deren sich der zu Wohlstand gekommene Barackenvermieter grinsend rühmt. Auch bei ihm wohnen jeweils sechs Leute in einem bescheidenen Raum. Einmal für sich allein zu sein, davon darf man nur träumen. Und die Gewohnheit, nachts die Zimmertür hinter sich abzuschließen, wird jedem Neuling schon am ersten Tag ausgetrieben. Für 480,— DM Miete pro Raum ist den Ausländern nur erlaubt, einen Stuhl an die Zimmertür zu stellen.
Dritte Station ist ein zweistöckiges Mietshaus in einer allgemein als vor-

nehm geltenden Straße unmittelbar an einem Park. Mit betonter Freundlichkeit bittet die Vermieterin die beiden Beamten ins Haus. Sie sei sehr dafür, daß sich die Polizei hin und wieder davon überzeuge, daß in ihrem Haus alles in Ordnung ist, meint sie, auf das erste Zimmer losgehend. Ohne anzuklopfen tritt sie ein, schaltet Licht an. Sechs Marokkaner schlafen in dem Raum. Einem nach dem anderen reißt sie die fast bis über den Kopf gezogene Decke vom Gesicht. Für den bescheidenen Einwand der Kripo-Leute, soviel Aufwand sei gar nicht nötig, hat die Frau nur ein Lächeln übrig: ‹Ach, das haben die gerne.› Über sich selbst spricht sie nur als der ‹Mama›, nach Spezialität des Hauses wird mit einem Tuch über dem Kopf geschlafen, ‹damit die Bettwäsche nicht so schnell schmutzig wird›, erklärt ‹Mama›. Darauf seien die Männer von ganz allein gekommen. In fünfzig Gesichter blicken die Männer von der Kripo. Jeder zahlt DM 65,— Miete. Sogar im Keller hausen sechs Nordafrikaner, in einem winzigen Raum. Die Toilette ist schmuddelig und so eng, daß man sich in ihr kaum drehen kann.»[58]

Für die Unternehmen war die Erstellung von Wohnunterkünften für die Gastarbeiter der einschneidendste Kostenfaktor bei der Ausländerbeschäftigung. Während vertraglich geregelt war, daß Ausländer die gleichen Löhne und Sozialleistungen zu erhalten hatten wie Deutsche, gab es bei den Unterkünften Einsparungsmöglichkeiten, die sich dann in entsprechend primitiven Wohnverhältnissen der Gastarbeiter niederschlugen.[59] Und die ausländischen Arbeiter selbst waren vor allem an billigen Unterkünften interessiert, da sie ja von einem nur vorübergehenden Aufenthalt in Deutschland ausgingen. Zwischen den Interessen der Unternehmer und der Gastarbeiter entstand so ein Spielraum, den auch viele private Wohnungsvermieter für sich zu nutzen wußten, galt doch die Übervorteilung von Ausländern, jedenfalls in den frühen 60er Jahren, weithin als Kavaliersdelikt; außerdem war mit Protesten vor allem der ganz unerfahrenen und verschüchterten Neuankömmlinge nicht zu rechnen.

Die Bundesregierung versuchte, durch Darlehen und Zuschüsse den Bau von Ausländerwohnungen zu fördern,[60] und tatsächlich wurden vor allem in Großunternehmen seit Mitte der 60er Jahre in verstärktem Maße bessere Wohnheimplätze geschaffen. «Die Variationsbreite reicht vom Asozialen-Milieu bis zum modernen Jugendherbergsstil», schrieb Ulrike Meinhof in der *Konkret* 1966 in einem großen Bericht über die Probleme der Gastarbeiter dazu.[61] Insgesamt aber blieb die Wohnsituation der Ausländer bis in die späten 70er Jahre das von außen sichtbarste Zeichen ihrer Unterprivilegierung und Benachteiligung in Deutschland.

2.3. Die Rezession von 1967

In enger Parallele zur Situation vor 1914 bestanden die Vorteile der Ausländerbeschäftigung in der Bundesrepublik nach Auffassung von Unterneh-

2. Ausländerpolitik in der Wirtschaftswunderphase

men und Regierung vor allem darin, daß die Gastarbeiter die unbeliebten und wenig qualifizierten Arbeitsplätze ausfüllten, dadurch in diesen Bereichen einen sonst notwendig gewordenen Lohnanstieg begrenzten und in dem Maße «billige» Arbeitskräfte waren, wie es den Unternehmen gelang, zusätzliche Aufwendungen im außerbetrieblichen Bereich möglichst niedrig zu halten. Nun zeigte aber ein Blick in die benachbarte Schweiz und auch in andere Länder mit hohem Ausländeranteil wie Frankreich, daß der volks- und betriebswirtschaftliche Ansatz, der hinter diesem Konzept stand, zumindest fragwürdig und vor allem äußerst kurzsichtig war.[62] In der Schweiz waren 1960 bereits 16,8 % der Erwerbstätigen Ausländer. Die Anwerbungen hatten hier – vor allem aus Italien – schon in den frühen 50er Jahren begonnen. Von der Arbeitsplatzstruktur der ausländischen Arbeitskräfte her war die Situation in der Schweiz derjenigen in der Bundesrepublik sehr ähnlich. Die langfristigen Auswirkungen der Ausländerbeschäftigung traten hier aber früher als in Deutschland zutage. Die dabei gemachten Erfahrungen faßte das Schweizer Bundesamt für Industrie, Gewerbe und Arbeit 1964 so zusammen: «Ohne ausländische Arbeitskräfte hätte sich in strukturell ungünstig gelagerten Wirtschaftszweigen vermutlich eine stärkere leistungsmäßige Konzentration und Selektion der Unternehmen durchgesetzt, als sie tatsächlich erfolgte. Auch wenig rentable Unternehmungen konnten sich halten. Diese Betriebe konnten vielfach aus finanziellen Gründen nicht in volkswirtschaftlich erwünschtem Ausmaß rationalisieren, weshalb die darin beschäftigten Arbeitskräfte heute eine unterdurchschnittliche Produktivität aufweisen. Das bedeutet gesamtwirtschaftlich, daß zur Herstellung einer bestimmten Gütermenge mehr Arbeitskraft als notwendig aufgewendet werden muß. Die ausländischen Arbeitskräfte ermöglichen vielen Betrieben die Aufrechterhaltung der Produktion, die sonst aus Mangel an Rationalisierungsmöglichkeiten oder an Kapital ausgeschieden wären. Dadurch wurde die Produktivität negativ beeinflußt, und volkswirtschaftlich erwünschte strukturelle Änderungen unterblieben oder verzögerten sich ... Diese Überlegungen weisen darauf hin, daß sich unsere Wirtschaft vermutlich nicht in dem Ausmaß auf arbeitssparende Produktionsmittel umgestellt hat, wie dies ohne ausländische Arbeitskräfte der Fall gewesen wäre.»[63]

Durch die Beschäftigung von Ausländern wurden also an sich rationalisierungsbedürftige Arbeitsplätze konserviert; in der Folge entstand in der Schweizer Wirtschaft ein Modernisierungsdefizit. Damit in Verbindung standen zwei weitere Aspekte, die in der Schweiz zu beobachten waren:

Mit der Länge des Aufenthalts stieg auch die Zahl derjenigen Ausländer, die ihre Rückkehrabsichten aufgaben und – etwa durch Nachzug der Familie – sich auf einen Daueraufenthalt einrichteten. Zum zweiten waren mit dem Anwachsen der Ausländerquote auch zunehmende Abwehrreaktionen der einheimischen Bevölkerung gegen die Ausländer zu beobachten, die hier in großen «Volksbegehren gegen die Überfremdung» ihren Ausdruck gefunden hatten und bis zu heftigen Formen der Fremdenfeindlichkeit reichten.[64]

In der Bundesrepublik allerdings wurden die Schweizer Erfahrungen bis in die Mitte der 60er Jahre hinein weitgehend ignoriert, und kritische Stimmen zur Ausländerbeschäftigung blieben vereinzelt oder beschränkten sich auf moralisch-pädagogische Warnungen. Zwar gab es auch schon in der Frühphase der Gastarbeiterbeschäftigung vereinzelte Hinweise auf mögliche negative Auswirkungen in wirtschaftlicher Hinsicht,[65] aber erst seit 1964, verstärkt mit dem Einsetzen der Rezession 1966/67, begann darüber eine politische Diskussion.

Sie wurde ausgelöst durch einen Artikel des Berliner Wirtschaftswissenschaftlers Föhl.[66] Föhl versuchte mit entsprechenden Berechnungen nachzuweisen, daß erstens «ohne weitere Gastarbeiter jeder neu geschaffene Arbeitsplatz von hoher Arbeitsproduktivität einen alten Arbeitsplatz verdrängt, während bei Einsatz zusätzlicher Gastarbeiter neben dem neuen Arbeitsplatz auch der alte Arbeitsplatz mit seiner niedrigeren Arbeitsproduktivität noch in Betrieb gehalten wird» – mit der Folge, daß ebenso wie in der Schweiz unqualifizierte Arbeitsplätze nicht wegrationalisiert würden, sondern mit Gastarbeitern besetzt bestehenblieben und die notwendige Modernisierung der Anlagen verzögert werde. Zweitens zeigte Föhl, daß die günstigen Berechnungen vom wirtschaftlichen Nutzen der Gastarbeiterbeschäftigung darauf beruhten, daß die Ausländer nur vorübergehend in Deutschland blieben und keine öffentlichen Investitionen in größerem Maße für sie notwendig würden: «Sehr viel ungünstiger sieht das Ergebnis dann aus, wenn im Falle zusätzlicher Gastarbeiter ein Teil der privaten Investitionen zur Einrichtung von Wohnungen, Aufenthaltsräumen und dergleichen, also zu Zwecken verwendet werden muß, die nicht zur Steigerung der Produktivität beitragen ... Werden auch zusätzliche öffentliche Investitionen erforderlich, die durch Steuern finanziert werden, so sinkt der Verbrauch pro Kopf, also der Lebensstandard, noch stärker ab, als dies durch die Vergrößerung der produktiven Investitionen je Kopf ohnehin der Fall wäre.» Drittens verwies Föhl auf die Langfristigkeit der mit der Ausländerbeschäftigung entstandenen Probleme, schon allein weil die Aufenthaltsdauer der Ausländer in Deutschland stieg: «Die bisher erreichte Höhe des Einsatzes von Gastarbeitern läßt sich nicht so leicht wieder rückgängig machen. Die inzwischen in besser bezahlte, ‹gehobene› Stellungen aufgerückten Arbeiter wollen nicht wieder zurück zu ihrer früheren Beschäftigung. Schon das macht eine Reduzierung schwierig.»

Föhls Artikel erregte in der Bundesrepublik einige Aufmerksamkeit. Zwar war auf den Aspekt der ausbleibenden Modernisierung vereinzelt schon früher hingewiesen worden. Aber mitten in der Rezession von 1966/67 trat die Gastarbeiterfrage nicht wie bis dahin als theoretisches oder moralisches, sondern als wirtschaftliches und soziales Problem auf den Plan, und die Selbstverständlichkeit, mit der «Wirtschaftswunder» und «Gastarbeiter» bis dahin in Verbindung gebracht worden waren, verflog. Die Thesen Föhls wurden sogar Gegenstand einer Anfrage der oppositionellen FDP im Bundestag. Der sozialdemokratische Wirtschaftsminister Schiller nahm dabei die Gelegenheit wahr, die grundsätzliche Haltung der Regierung der Großen Koalition – die sich hier in nichts von ihren Vorgängerinnen unterschied – zu diesem Thema zu erläutern.[67] Zur Frage der Produktivität erwiderte Schiller: «Die Verdrängung von weniger produktiven Arbeitsplätzen würde nur eintreten, wenn die berufliche, regionale und betriebliche Mobilität der Arbeitskräfte hinreichend groß ist ... Demgegenüber weisen gerade die ausländischen Arbeitnehmer eine hohe Mobilität auf, die ihre Beschäftigung in den jeweiligen Brennpunkten des Bedarfs ... sicherstellt.» Gegen Föhls Berechnungen verwies Schiller also auf die regionalen Strukturunterschiede, die einem gleichmäßigen Modernisierungsdruck zuwiderliefen. Die Ausländer als mobile Einsatzreserve boten hier flexible Steuerungs- und Ausgleichsmöglichkeiten.

Zur Frage der sinkenden Wirtschaftlichkeit der Beschäftigung ausländischer Arbeitskräfte bei längerem Aufenthalt und der dadurch entstehenden Notwendigkeit von zusätzlichen Investitionen für Wohnungen, Kindergärten, Schulen etc. erklärte der Minister: «Die Bundesregierung ist hier der Ansicht, daß der durch die Beschäftigung eines ausländischen Arbeitnehmers verursachte private und öffentliche Investitionsbedarf nicht über den durchschnittlichen Investitionsaufwand für einen deutschen Erwerbstätigen hinausgeht.» Dem stand allerdings entgegen, daß nach Föhls Berechnungen ein wirtschaftlicher Sinn durch Ausländerbeschäftigung nur dann zu erzielen war, wenn, wie bis dahin in der Bundesrepublik in der Praxis weitgehend gehandhabt, die privaten und öffentlichen Investitionen für ausländische Arbeiter deutlich unter dem Durchschnitt für deutsche Erwerbstätige lagen. Schließlich drittens zeigte Schiller anhand der zu dieser Zeit bereits abflauenden Rezession die «ausgesprochen günstigen Wirkungen» der Ausländerbeschäftigung in Krisenzeiten: «Da ein erheblicher Teil der ausländischen Arbeitnehmer nur für eine begrenzte Zeit in der Bundesrepublik arbeiten will, muß eine große Zahl von ihnen immer wieder durch Neuanwerbungen ersetzt werden. Daraus ergibt sich aber auch, daß allein schon durch eine Veränderung der Nachfrage der Unternehmen nach ausländischen Arbeitnehmern deren Beschäftigung flexibel gehalten wird. Gerade die jüngsten Erfahrungen mit der konjunkturellen Entwicklung haben dies sehr nachdrücklich gezeigt. Gegenüber dem vergleichbaren Vorjahreszeitraum sind gegenwärtig etwa 200 000 ausländische Arbeitskräfte weniger in der Bundesrepublik beschäftigt» – die Ausländer als flexibler Krisenausgleich, als «Konjunkturpuffer» also, durch den die Auswirkungen einer Konjunkturabschwächung auf die Wirtschaft und den Arbeitsmarkt gedämpft oder gar abgefangen werden konnten. Mit dieser Stellungnahme lehnte der Wirtschaftsminister alle kritischen Einwände Föhls ab und machte dadurch deutlich, daß angesichts der sich erholenden Konjunktur in den kommenden Jahren erneut an Ausländeranwerbungen im großen Stil gedacht war. Zu diesem Entschluß trugen die Erfahrungen während der Krise in erheblicher Weise bei. Der rapide Rückgang der Ausländerbeschäftigung in dieser Phase, der noch bis Ende 1967 anhielt und fast 400 000 Personen umfaßte, war durch mehrere Faktoren herbeigeführt worden. Zum einen hatte die Zahl der Rückwanderer auch in den vorhergehenden Jahren immer bei etwa 30 % pro Jahr gelegen. Durch die stark nachlassende Zahl der Anforderungen von seiten der Unternehmer war der Zufluß in diesem Jahr aber sehr gering, so daß per Saldo die Zahl der ausländischen Arbeiter in der Bundesrepublik sank. Darüber hinaus kehrten aber in diesem Jahr auch solche Gastarbeiter in ihre Heimatländer zurück, die dies eigentlich nicht vorgehabt hatten – vor allem solche, die in stark konjunkturabhängigen Branchen arbeiteten und ihre Aussichten skeptisch beurteilten. Dazu trug sicherlich auch der Umstand bei, daß diejenigen Gastarbeiter, die in Betriebsunterkünften wohnten, bei Arbeitslosigkeit außer ihrer Stelle auch die Unterkunft verloren.[68] Insgesamt also schien die Entwicklung während der Rezession die Auffassungen von den Gastarbeitern als einer wirtschaftlich äußerst flexibel einsetzbaren Reservearmee glänzend zu bestätigen. Längerfristige Folgen, Probleme und Belastungen durch die Ausländer bei nachlassender Konjunktur waren offenbar nicht zu erwarten. Die Gastarbeiterbeschäftigung nahm so geradezu den Rang eines konjunkturellen Ausgleichsinstrumentes an.

Auffällig ist aber, daß die Diskussionen um die Gastarbeiterbeschäftigung während der Rezession vorwiegend wirtschaftliche Aspekte berührten und dabei wiederum nahezu ausschließlich die kurzfristigen Perspektiven der bundesdeutschen Wirtschaft und ihrer Wachstumschancen im Blick hatten. Soziale Aspekte der Ausländerbeschäftigung oder die Auswirkungen auf die Volkswirtschaften der Entsendeländer spielten zu dieser Zeit allen europapolitischen Integrationshymnen zum Trotz ebenso eine untergeordnete Rolle wie Überlegungen zu den langfristigen Folgewirkungen einer durchgehend hohen Ausländerbeschäftigung auf das Anwerbeland.

In politischer Hinsicht aber war seit Mitte der 60er Jahre in der Bundesrepublik ein neuer Aspekt offen zutage getreten, der bis dahin zwar immer wieder einmal angesprochen oder befürchtet, nie aber wirklich ernst genommen worden war: Fremdenfeindlichkeit. Spätestens seit es der NPD, die 1966 bis 1968 in sieben Landtage einziehen konnte, gelungen war, die Parolen der Ausländerfeindlichkeit in größerem Umfang publik zu machen und dabei auf Zustimmung zu stoßen, wurden in der Bundesrepublik selbst – und mehr noch im Ausland – Befürchtungen vor einer Renaissance des Rechtsradikalismus in Deutschland wach. Daß es im Verhältnis zwischen Deutschen und Ausländern nicht ohne Probleme abging, war in der Presse schon seit Anfang der 60er Jahre zuweilen berichtet worden. Gewöhnlich waren dies Bemerkungen wie die Kritik des *Rheinischen Merkur* an Bundesbürgern, «die es bereits als ‹großzügig› empfinden, daß ‹wir› den ‹Katzelmachern› (anderswo werden sie ‹Makkaronis› genannt) erlauben, in der Bundesrepublik zu arbeiten» – gemeinhin durch den Hinweis konterkariert, daß ohne Ausländer weder die deutsche Wirtschaft noch der Wohlstand des einzelnen im gewünschten Maße würden wachsen können.[69] Zwar gab es auch schon 1960 Schilder an Gaststätten wie «Proibizione per Italianos» (!),[70] aber weder die Presseberichterstattung noch zeitgenössische Untersuchungen lassen Hinweise auf eine offene Ausländerfeindlichkeit in größerem Ausmaße zu.[71] Vielmehr vermitteln die entsprechenden Artikel eher den Eindruck, als sei bei Politikern und Publizisten die Befürchtung verbreitet gewesen, die Gastarbeiterbeschäftigung könne vor allem im Ausland unliebsame Erinnerungen an den «häßlichen Deutschen» wecken, und als sei man deshalb heftig bemüht gewesen, durch Appelle an ‹Takt› und «Gastfreundschaft» volkspädagogisch auf die deutsche Bevölkerung einzuwirken. «Die Beziehungen der Gastarbeiter zu den Deutschen überhaupt und besonders zu ihren deutschen Arbeitskollegen sind alles andere als harmonisch», schrieb etwa das *Hamburger Echo* 1962. «Die andersartige Mentalität kann ... nur durch Geduld und Verständnis als ein das Arbeitsklima verschlechternder Faktor ausgeschaltet werden. Der Gastarbeiter ist kein ‹merkwürdiges Tier›, das gestikuliert und laut spricht. Ebenso wenig ist er ein Maschinenanhängsel. Jedes Volk hat seine ‹nationalen› Vor- und Nachteile. Daß die wirtschaftliche und technische Entwicklung einigen Völkern einen vorteilhafteren Platz zwischen den anderen einzuräumen scheint, bedeutet keinesfalls, daß es Völker ersten und zweiten Ranges gibt. Hinzu kommt der Gedanke, daß die Hunderttausende von Gastarbeitern Gegenstand einer erfolgreichen – weil in menschlicher Beziehung sehr wirksamen – Entwicklungshilfe sind. Und gerade bei diesen menschlichen Beziehungen dürfen die Gastgeber nie vergessen, daß in der Geschichte nicht selten Gäste nützlich für die Gastgeber gewesen sind – und vice versa! Wenn diese Gäste gute Erfahrungen während ihres Aufenthaltes in der Bundesrepublik sammeln, werden sie später in ihren Ländern die besten Botschafter Deutschlands.»[72]

Erst mit Einsetzen der wirtschaftlichen Rezession 1966 kamen neue Tendenzen zum Vorschein. Der stete Hinweis auf den ökonomischen Nutzen der Ausländerbeschäftigung verlor an Überzeugungskraft, und die Gastarbeiter stießen in der Bevölkerung vermehrt auf Ablehnung. Nach einer Untersuchung von 1966 wurde in der Presse über die Gastarbeiter fast dreimal so häufig negativ wie positiv geurteilt, allein ein Drittel dieser Berichte beschäftigte sich mit kriminellen oder sexuellen Sensationen.[73] 51 % der Bevölkerung waren zu dieser Zeit «eher dagegen», daß die Bundesrepublik Ausländer als Gastarbeiter nach Deutschland holte.[74] Und bei konservativen Politikern wurde Kritik an der Gastarbeiterbeschäftigung insgesamt und den Gastarbeitern selbst zur beifallsträchtigen Passage in jeder Wahlkampfrede. Im Mai 1966 schrieb etwa die *Nürnberger Abendzeitung* dazu:

«Seit etwa einem Jahr kann man in fast jeder politischen Veranstaltung auf bundesdeutschem Boden Beifall erzielen, wenn man sich nur recht abfällig über die Gastarbeiter äußert. Eine Fabrikbelegschaft beschloß kürzlich, außertariflich einige Wochenstunden länger zu arbeiten, um die Einstellung von Gastarbeitern zu vermeiden. In Berichten von Industrievereinigungen steht zu lesen, daß die Unterbringung von Gastarbeitern deshalb Schwierigkeiten macht, weil man sie in den eigentlichen Wohnorten nicht haben will. Sie seien zu laut, heißt es da zum Beispiel. Oder: Gastarbeiter verschaffen sich Lohnvorteile durch organisiertes Krankfeiern. Oder: Durch sie ist die Kriminalität angestiegen. Oder: Sie schicken ‹unser gutes Geld› nach Hause in fremde Länder. Und so weiter. Selbst einige Abgeordnete fangen an, auf dieser neonationalistischen Welle mitzuschwimmen, die aus den trüben Quellen des Vorurteils, der Unwissenheit und der Borniertheit gespeist wird.»[75]

Dennoch läßt sich das Verhältnis der Deutschen zu den Gastarbeitern während dieser Zeit nicht als «Fremdenfeindlichkeit» schlechthin beschreiben. Vielmehr hat es den Anschein, als sei die wie selbstverständliche Erwartung und Akzeptanz der eigenen sozialen und ökonomischen Bevorrechtigung den Ausländern gegenüber (gepaart mit der behäbigen Genugtuung der eigenen Großherzigkeit, die Ausländer am deutschen Wirtschaftswunder teilhaben zu lassen) zwar verbreitet, insgesamt aber die Ausländerbeschäftigung nicht Gegenstand sonderlicher Aufmerksamkeit gewesen. In einer Gesellschaft, die ob der Faszination ihrer wirtschaftlichen Dynamik keine Zukunftsperspektiven entwickelte, wurden die Gastarbeiter eher als Symptom des neuen Reichtums wahrgenommen, wie Farb-TV oder Fußgängerzonen.

Eine problematische Konstellation entstand erst, als in der Rezession Gastarbeiterbeschäftigung und Zunahme der Arbeitslosigkeit bei Deutschen zusammenfielen. Der unbedingte Vorrang deutscher vor ausländischen Arbeitern war die sich daraus ableitende Forderung, die in polemischen Angriffen gegen die angebliche Bevorzugung von Ausländern ihren Ausdruck fand.[76] Man muß aber solche ausländerkritischen Äußerungen während der Rezession von denen der späten 70er und 80er Jahre unterscheiden: Im Bewußtsein der Öffentlichkeit herrschte, das zeigt vor allem die Berichterstattung in der Presse, nach wie vor das Bewußtsein vor, daß die Gastarbeiter für einige Jahre zum Gelderwerben hier waren und danach wieder zurückkehrten. Die Tendenz zum Daueraufenthalt ließ sich anhand der Statistiken auch für diese Zeit schon ablesen, bestimmte aber nicht die öffentliche Diskussion. Kennzeichnend war vielmehr die Angst vor Konkurrenz auf dem Arbeitsmarkt, gepaart mit nun deutlicher zum Vorschein kommenden Vorurteilen über das Sozialverhalten der Gastarbeiter – ohne daß daraus das Verlangen nach gänzlichem Verzicht auf Ausländerbeschäftigung auch in Zeiten der Hochkonjunktur entstanden wäre.

Ebenso spielte auch die in der Schweiz so ausgeprägte Debatte um die

2. Ausländerpolitik in der Wirtschaftswunderphase

«Überfremdung» in der Bundesrepublik – von rechtsradikalen Gruppen und ihrem bald wieder schrumpfenden Anhang abgesehen – noch keine Rolle. Was gewünscht wurde, war eine Reservearmee von Arbeitskräften für die unbeliebten Arbeitsplätze, die bei konjunkturellen Einbrüchen ebenso schnell und geräuschlos wieder verschwand, wie sie gekommen war, die zu den deutschen Beschäftigten nicht in Konkurrenz stand und ihnen gegenüber sozial und wirtschaftlich untergeordnet war.

Diese Haltung wurde an einem damals aufsehenerregenden Vorfall in Baden-Württemberg 1966 auf skurrile Weise deutlich. Auf einer Tagung des Bundes Deutscher Arbeitgeber (BDA) zum Thema «Gastarbeiter» im Frühjahr des Jahres war – entgegen weitverbreiteten Vorurteilen – über die hohen Arbeitsleistungen der Gastarbeiter berichtet worden, die «keineswegs geringer als die ihrer deutschen Kollegen» seien.[77] Tags darauf berichtete die *Bild-Zeitung* über diese Tagung mit der Schlagzeile «Gastarbeiter fleißiger als deutsche Arbeiter?»[78] Die Folge war, daß es vor allem in Baden-Württemberg zu erheblicher Unruhe unter den deutschen Belegschaften kam, die sich in mehreren Betrieben zu Warnstreiks mit etwa 5000 Beteiligten ausweitete.[79] Die Schlagzeile hatte offenbar ins Schwarze getroffen. Das Wirtschaftswunder der vergangenen 15 Jahre hatte in der deutschen Bevölkerung ein neues Selbstbewußtsein heranwachsen lassen, das sich über den wirtschaftlichen Erfolg als Ausweis eigener Tüchtigkeit und Rechtschaffenheit legitimierte und das es gestattete, andere an diesem Erfolg teilhaben zu lassen, solange dadurch die eigene Position nicht in Frage gestellt, sondern eher noch verstärkt wurde. Mit dem Vorwurf, daß die Gastarbeiter «fleißiger» seien als Deutsche, wurde die Grundlage der kollektiven Ersatzidentität der westdeutschen Bevölkerung angegriffen – die Reaktionen bestanden denn auch in eilfertigen Nachweisen, daß die Ausländer nicht fleißiger seien als Deutsche – und in Aufrufen zum Boykott der *Bild-Zeitung*.

2.4. Von der Massenanwerbung zum Anwerbestop

Die Rezession von 1966/67 wurde, vergleicht man sie mit den Konjunktureinbrüchen seit den späten 70er Jahren, erstaunlich schnell überwunden. Die Wachstumsraten erreichten, nachdem sie 1967 zum ersten Mal negativ (– 0,2 %) gewesen waren, 1968 bereits wieder + 7,3 %, 1969 + 8,2 % und blieben bis 1973 durchweg positiv. Damit schien aber auch die Möglichkeit einer jedenfalls weitgehenden politischen Konjunktursteuerung bewiesen, so daß in den darauffolgenden Jahren unter der sozialliberalen Regierung Brandt/Scheel ein wirtschaftlicher Optimismus Platz griff, der demjenigen der 50er und 60er Jahre in nichts nachstand und sich von jenem höchstens durch das verstärkte Zutrauen in die Wirksamkeit staatlicher Lenkungsmaßnahmen unterschied.

Auf dem Arbeitsmarkt machte sich dieser Optimismus in besonderer

Weise bemerkbar – die Zahl der offenen Stellen stieg rasch an und mit ihr die Nachfrage nach ausländischen Arbeitskräften. Und wieder stand die stetige Hervorhebung der «positiven Auswirkungen» der Ausländerbeschäftigung im Mittelpunkt der öffentlichen Behandlung des Themas: «Auch aus der Perspektive der öffentlichen Hand», schrieb etwa der *Industriekurier* im Herbst 1968, «überwiegen die Erträge der Ausländerbeschäftigung bei weitem den Aufwand. Da die Ausländer im produktiven Alter nach Deutschland kommen, entstehen keine Heranbildungskosten (Schule, Kindergarten) und keine Alterskosten (Altersheim). Jedes Jahr zahlen die Ausländer ein Vielfaches an Beiträgen zur Arbeitslosenversicherung von dem, was die Bundesanstalt zu ihrer Betreuung aufwendet. Mit einem positiven Saldo schloß bisher auch stets die Rentenversicherung der Gastarbeiter ab: Der Überschuß aus den von Ausländern gezahlten Rentenbeiträgen und den relativ niedrigen Renten beträgt jährlich über eine Mrd. DM. Erst in zwanzig bis fünfundzwanzig Jahren werden sich hier Einnahmen und Ausgaben die Waage halten. Ähnlich lukrativ dürfte die Rechnung für den Fiskus ausfallen. Die Steuereinnahmen aus der Gastarbeiterbeschäftigung dürften die öffentlichen Investitionen erheblich übertreffen.»[80] Angesichts der konjunkturellen Erholung und des damit verbundenen Aufwertungsdrucks auf die D-Mark wurde die Ausländerbeschäftigung nun darüber hinaus sogar als wirtschaftspolitisches Rezept gegen Währungsprobleme gepriesen; denn «ein Gastarbeiter dürfte das Sozialprodukt der Bundesrepublik Deutschland um etwa zwanzigtausend Mark jährlich vermehren. Der ihm ausgezahlte Lohn liegt wohl durchschnittlich in der Größenordnung von 10 000 Mark, während aus seinem Arbeitsprodukt ein Betrag von 10 000 Mark in Gestalt von Steuern, Sozialbeiträgen und Bruttogewinn des Arbeitgebers anfällt. Bei den Sozialbeiträgen stellt er zumindest für die Krankenversicherung ein sehr günstiges Risiko dar, da seine Neigung, sich bei kleinen Unpäßlichkeiten krankschreiben zu lassen, viel geringer ist, als seine Neigung, in der Zeit, in der er in Deutschland ist, möglichst viel zu verdienen und zu sparen ... Die Vermehrung der Zahl der Gastarbeiter zunächst von einer Million auf 1,5 oder auch 2 Millionen würde nicht zuviel sein. Die kräftige Aufstockung unseres Bestandes an – möglichst gut ausgebildeten – Gastarbeitern wird für unsere innere Wirtschaftsrechnung sehr nützlich sein.»[81]

Damit war die Perspektive für die nächsten Jahre gewiesen. Die Zahl der ausländischen Arbeitskräfte stieg von 1968 bis 1973, als sie ihren Höhepunkt erreichte, von 1,014 auf 2,595 Millionen. Allein zwischen 1968 und 1971 wurden also so viele Ausländer zusätzlich beschäftigt wie in der Zeit bis 1968 insgesamt. Insbesondere stieg die Zahl der türkischen Arbeitskräfte, die 1967 noch bei 130 000 gelegen hatte und bis 1973 auf mehr als 600 000 anwuchs. Seit Ende Januar 1972 waren die Türken die größte unter den nationalen Gruppen der Gastarbeiter.[82]

2. Ausländerpolitik in der Wirtschaftswunderphase

Die Struktur der Ausländerbeschäftigung hatte sich gegenüber der Zeit vor 1967 nicht wesentlich verschoben. Anfang 1973 waren 35,7 % aller Gastarbeiter in der Eisen- und Metallerzeugung und -verarbeitung beschäftigt, 24,1 % im verarbeitenden Gewerbe, 16,6 % im Baubereich. Die höchsten Ausländerquoten verzeichneten zu dieser Zeit der Hoch- und Tiefbau (21,9 %), das Gaststättengewerbe (20,5 %) und die Kunststoff-, Gummi- und Asbestindustrie (20,6 %) – jeder neunte Arbeitnehmer war 1973 in der Bundesrepublik Ausländer, im produzierenden Gewerbe einschließlich Bau jeder sechste.

Der die Ausländerbeschäftigung seit 1880 traditionellerweise kennzeichnende Trend, daß Ausländer auf unqualifizierten Arbeitsplätzen mit besonders schwerer, schmutziger, gefährlicher oder allgemein unbeliebter Arbeit weit überproportional vertreten waren, hatte weiter angehalten. Die durch «Unterschichtung» möglich gewordenen Aufstiegschancen für deutsche Arbeitnehmer hatten noch zugenommen.

So war der sozialdemokratische Arbeitsminister Arendt auch Anfang 1971 noch guter Dinge, was die weiteren Perspektiven der Ausländerpolitik anging: «In welchem Maße noch über den derzeitigen Beschäftigungsstand hinaus Ausländer gebraucht werden, sei von der Entwicklung auf dem Arbeitsmarkt abhängig. Insofern könne man nicht von einer ‹Obergrenze› für die Beschäftigung von Ausländern sprechen.»[83]

Zur gleichen Zeit aber wurden von Unternehmern und Regierung andere Tendenzen mit Sorge betrachtet und zunehmend kritisch kommentiert:

Die Aufenthaltsdauer der Gastarbeiter stieg stetig an, und folglich nahmen auch die Fälle, in denen Gastarbeiter ihre Familie nachholten, beständig zu.[84] Seit Mitte der 60er Jahre begann zudem die Zahl der beschäftigten ausländischen Frauen stetig zu wachsen. Der Frauenanteil bei den ausländischen Arbeitnehmern lag seit Mitte der 60er Jahre bei knapp 30 %.[85] Vor allem aber: Die Anzahl der nichterwerbstätigen Ausländer wurde beständig größer. Waren es 1967 noch 815 000 nichterwerbstätige Ausländer gewesen, die in der Bundesrepublik lebten (und 1961 gar nur 137 200 gegenüber ca. 550 000 erwerbstätigen), waren es 1973 schon 1,37 Millionen – alles gleichermaßen Hinweise auf einen längerfristigen oder gar Daueraufenthalt einer zunehmenden Zahl von Ausländern in Deutschland.

In der Perspektive der Verantwortlichen bei Wirtschaft und Behörden barg dies die Gefahr einer zunehmenden finanziellen Belastung für die Bundesrepublik in sich. Zwar schien die hohe Rückkehrerzahl während der Rezession die beruhigende Gewißheit zu bieten, dies werde bei der nächsten Krise auch so sein, zumal die Rückkehrerquoten nach wie vor hoch waren: 1971/72 kehrten 16,1 % der ausländischen Arbeitskräfte in ihre Heimatländer zurück. Deswegen kamen Befürchtungen, es könne sich hier um einen verkappten Einwanderungsprozeß handeln, noch nicht auf.[86] Aber durch die Aussicht, daß der wirtschaftliche Nutzen der Gastarbeiter absinken

Tab. 21: *Aufenthaltsdauer in der Bundesrepublik nach Staatsangehörigkeit 1981*[87]

Staats-angehörigkeit	Insgesamt in 1000 in %	Davon Aufenthaltsdauer von ... bis unter ... Jahren						
		unter 1	1 bis 4	4 bis 6	6 bis 8	8 bis 10	10 bis 15	15 u. mehr
Türkei	1580,7 100	52,2 3,3	343,3 21,7	171,3 10,9	164,2 10,4	275,3 17,4	474,6 30,0	99,7 6,3
Jugoslawien	631,7 100	12,6 2,0	62,0 9,8	39,7 6,3	39,7 6,3	89,7 14,2	327,4 51,8	60,5 9,6
Italien	601,6 100	21,1 3,5	94,9 15,8	53,8 9,9	36,2 6,0	58,0 9,0	187,9 31,2	149,7 24,7
Griechenland	300,8 100	6,9 2,3	24,5 8,2	15,4 5,1	19,0 6,3	28,7 9,5	126,6 42,1	79,7 26,5
Spanien	137,5 100	2,5 1,4	9,5 5,5	6,6 3,8	8,5 4,9	18,8 10,8	66,4 38,3	51,3 35,3
Insgesamt	4666,9 100	209,1 4,5	879,8 18,9	409,0 8,8	362,0 7,8	594,1 12,7	1449,9 31,1	762,6 16,4

könnte, entstand in der Bundesrepublik seit etwa 1970 eine an Heftigkeit zunehmende Debatte über Vor- und Nachteile der Ausländerbeschäftigung überhaupt. Diese Diskussion wurde noch dadurch verstärkt, daß durch die 1971 in Kraft getretene Arbeitserlaubnisverordnung den Ausländern, die länger als fünf Jahre in der Bundesrepublik beschäftigt waren, eine auf fünf Jahre befristete «besondere Arbeitserlaubnis» erteilt wurde – unabhängig von der Entwicklung auf dem Arbeitsmarkt.[88] Das galt aber im Mai 1972 bereits für 400000 ausländische Arbeitskräfte aus Nicht-EG-Ländern, so daß zusammen mit den etwa 500000 Italienern, die als Angehörige eines EG-Mitgliedsstaates von Restriktionen bei der Arbeitserlaubnis gänzlich frei waren, nahezu 40% der Gastarbeiter nicht mehr durch das Instrument der Nichterteilung der Arbeitserlaubnis zur kurzfristigen Rückkehr gezwungen werden konnten.[89] Daraus ergaben sich zwei die deutschen Behörden beunruhigende Aussichten: Zum einen war die Funktion der Ausländerbeschäftigung als Konjunkturpuffer wenn nicht aufgehoben, so doch stark eingeschränkt. Zum anderen beeinträchtigte die voranschreitende rechtliche und sozialpolitische Einbindung der Gastarbeiter in die wohlfahrtsstaatliche Struktur der Bundesrepublik offenbar den Spielraum der westdeutschen Ausländerpolitik in zunehmender Weise.

In der Folge begann in der Bundesrepublik ein lebhaftes Hin- und Herrechnen, ob die Ausländerbeschäftigung unter diesen Bedingungen im Sinne einer Kosten-Nutzen-Abwägung noch lohnend sei. Hier exponierten sich vor allem die Arbeitgeberverbände. Im November 1971 schrieb einer ihrer Vertreter dazu: «Der wirtschaftliche Dämpfungseffekt, den wir bisher mit der Beschäftigung der Ausländer bei uns erzielen konnten, verkehrt sich in das Gegenteil, weil die Ausländer und die Familien, die sich hier niederlassen, zumindest erhöhte Konsumbedürfnisse haben, die sie zum Teil im Wege der Kreditierung befriedigen müssen. Dazu kommen die öffentlichen Investitionen, die ungleich höher sind, als wenn ausländische Arbeitnehmer bei uns in Gemeinschaftsunterkünften leben. Es geht nicht nur um die Erstellung angemessener Wohnungen und die Bereitstellung von Schulräumen und Lehrern für die ausländischen Kinder, sondern die Infrastruktur unserer Gemeinden muß sich von heute auf morgen auf eine größere Bevölkerungszahl einstellen.» Fazit des Autors: «Angesichts der Beschäftigung von fast 2,2 Millionen ausländischen Arbeitnehmern drängt sich immer mehr die Frage auf, ob damit nicht eine Schwelle überschritten worden ist, mit der eine ursprünglich sinnvolle Maßnahme nunmehr wirtschafts- und arbeitspolitisch uneffizient geworden ist.»[90] In der Presse war diese Argumentation weniger differenziert, dafür klarer zu lesen: «Der nicht integrierte, auf sehr niedrigem Lebensstandard vegetierende Gastarbeiter verursacht relativ geringe Kosten von vielleicht 30000 DM. Bei Vollintegration muß jedoch eine Inanspruchnahme der Infrastruktur von 150000 bis 200000 DM je Arbeitnehmer angesetzt werden. Hier beginnen die politischen Aspekte des Gastarbeiterproblems.»[91] Um dieser Probleme Herr zu werden, wurde von seiten der Arbeitgeberverbände das sogenannte «Rotationsprinzip» vorgeschlagen. Die Aufenthalts- und Arbeitsgenehmigung für ausländische Arbeitskräfte sollte nach diesem Konzept nach einigen Jahren automatisch ablaufen, und die Gastarbeiter sollten wieder in ihre Heimatländer zurückkehren, um durch neu angeworbene ersetzt zu werden. Dadurch würden, so die Befürworter dieses Konzepts, die Aufenthaltszeiten ausländischer Arbeitskräfte in der Bundesrepublik verkürzt, Familiennachzug und Aufgabe des Rückkehrwunsches verhindert und die Notwendigkeit erhöhter Aufwendungen für die Infrastruktur vermieden.[92] Im Kern beinhaltete dieser Vorschlag eine Wiederaufnahme der Grundgedanken der preußischen Karenzzeitbestimmungen aus der Zeit vor dem Ersten Weltkrieg, die ebenfalls, jedoch aus vorwiegend «nationalpolitischen» und weniger aus wirtschaftlichen Gründen, den Daueraufenthalt von ausländischen Arbeitern verhindern sollten. Gegen das Rotationsprinzip aber sprachen nicht zuletzt die Interessen der bundesdeutschen Wirtschaftsunternehmen selbst, für die es wenig sinnvoll schien, eingearbeitete und bewährte ausländische Arbeitskräfte nach einigen Jahren per Zwangsrotation zu verlieren, um erneut neue, ungelernte Gastarbeiter anlernen und einarbeiten zu müssen. So wurde dieses Konzept nicht weiter favorisiert, zumal es erhebliche soziale Probleme mit sich gebracht hätte und auf den Protest von Gewerkschaften, Kirchen und Regierungsparteien gestoßen war.[93]

Daß aber auch die Bundesregierung die Vorteile der Ausländerbeschäftigung nicht mehr so hoch einschätzte wie noch ein Jahr zuvor, wurde zum ersten Mal in einer Rede des Arbeitsministers Arendt im März 1972 deutlich. «Bei zunehmender Aufenthaltsdauer», erklärte er bei einer Konferenz über den europäischen Arbeitsmarkt, «und infolge des damit verbundenen Nachzugs von Familienangehörigen schwäche sich jedoch die regionale Mobilität der ausländischen Arbeitnehmer ab. Bei einem anhaltenden Zustrom von Gastarbeitern würden außerdem möglicherweise arbeitssparende Investitionen unterlassen. Das habe zur Folge, daß die Wachstumsrate der Arbeitsproduktivität sinke. Steigende Ausländerzahlen und längere Aufenthaltsdauer führten zugleich zu erhöhten privaten und öffentlichen Aufwendungen für Eingliederungs- und berufliche Strukturmaßnahmen. Irgendwo werde dann der Punkt erreicht, wo die Nachteile die Wachstumsvorteile aufzehrten.»[94] Hier wurden drei Argumente aufgenommen, die schon seit längerem in der Diskussion waren: die Abnahme der regionalen Mobilität der ausländischen Arbeiter, der modernisierungshemmende Effekt und die Belastung der Infrastruktur durch die hohe Ausländerzahl. Alles zusammen verstärkte sich gegenseitig und ließ nach Meinung des Ministers den Zeitpunkt näherrücken, wo die Gastarbeiterbeschäftigung ein Minusgeschäft zu werden begann – im Kern also auch dies eine Aufrechnung von Nutzen und Kosten der Ausländer aus Sicht der westdeutschen Volkswirtschaft.

Der Wendepunkt der Ausländerpolitik in diesem Sinne wurde im Verlaufe des Jahres 1973 erreicht. Schon in seiner Regierungserklärung im Januar 1973 hatte Bundeskanzler Brandt die Notwendigkeit betont, «daß wir sehr sorgsam überlegen, wo die Aufnahmefähigkeit unserer Gesellschaft erschöpft ist und wo soziale Vernunft und Verantwortung Halt gebieten».[95] Im Juli wurden daraufhin zunächst die Gebühren für die Vermittlung ausländischer Arbeitnehmer aus Nicht-EG-Ländern von 300 DM auf 1000 DM erhöht. Dadurch sollte der Anreiz für Unternehmer, ausländische Arbeiter bei den Arbeitsämtern anzufordern, verringert werden – keine sehr wirksame Maßnahme, wie die weiter steigenden Anwerbezahlen nach der Gebührenerhöhung zeigten.

Am 23. November 1973 wurde dann mit dem «Anwerbestop» der weitere Zustrom von Gastarbeitern aus Nicht-EG-Ländern ganz abgeschnitten. Nach den Erfahrungen von 1967 erhofften sich Regierung und Bundesanstalt für Arbeit davon einen merklichen Rückgang der Ausländerbeschäftigung, denn sie gingen davon aus, «daß auch künftig 200000 bis 300000 ausländische Arbeitnehmer jährlich auf eigenen Wunsch in ihre Heimat zurückkehren. Auf der anderen Seite kommen jährlich 40000 bis 50000 in der Bundesrepublik lebende Kinder ausländischer Arbeitnehmer in das erwerbsfähige Alter.»[96] Per Saldo würde also die Ausländerbeschäftigung jährlich um etwa eine Viertelmillion abnehmen, so daß einerseits eine gewisse Anpassungsphase für die Wirtschaft entstünde, zum anderen ein deutlicher Rückgang auch der finanziellen Belastungen durch die Gastarbeiterbeschäftigung zu erwarten sei. In 10 Jahren, so suggerierte diese Berechnung, werde sich die Zahl der Ausländer in der Bundesrepublik von jetzt knapp vier Millionen auf die Hälfte reduziert haben.

Der Zeitpunkt des Anwerbestops hat vielfach dazu geführt, ihn als Reaktion auf den «Ölboykott» der arabischen Ölstaaten zu bezeichnen – und die Bundesregierung hat dies dadurch bekräftigt, daß sie ihn als prophylaktische Maßnahme angesichts möglicher konjunktureller Einbrüche im Gefolge der Ölkrise darstellte.[97] Tatsächlich aber war diese nicht mehr als ein verstärkendes Moment und zudem ein günstiger Anlaß, den Zustrom ausländischer Arbeiter ohne große Widerstände von seiten der Entsendeländer und ohne langwierige Diskussion in der deutschen Öffentlichkeit über die sozialen Folgen dieser Maßnahme einzudämmen und die Zahl der Ausländer zu senken. Der Zusammenhang zwischen der jahrelangen Kosten-Nutzen-Diskussion und dem Anwerbestop wurde auf diese Weise in den Hintergrund gedrängt, der «Ölschock» schien die Ursache für die Wende der deutschen Ausländerpolitik zu sein. «So verderben die Araber mit ihrem Ölboykott», schrieb z.B. die *Frankfurter Rundschau*, «auch so manchem türkischen Glaubensbruder den Traum vom Taxibetrieb in Istanbul.»[98]

V.
VON DER AUSLÄNDERBESCHÄFTIGUNG ZUR EINWANDERUNGSPOLITIK: 1973 BIS 2000

I.
Vom «Gastarbeiterproblem» zur «Einwandererfrage»

1.1. Folgeprobleme und Lösungsversuche

Als die Debatte um die Kosten der Ausländerbeschäftigung in den Anwerbestop vom November 1973 gemündet war, gingen Regierung und Tarifpartner davon aus, daß damit zwar nicht alle Probleme mit den Gastarbeitern vom Tisch waren, aber analog zu 1967 doch rasch an Bedeutung verlieren würden. Tatsächlich aber nahm die Entwicklung einen ganz anderen Verlauf. Zwar sank die Zahl der ausländischen Erwerbstätigen zwischen 1973 und 1979 von 2,6 Millionen auf 1,8 Millionen und entsprach somit exakt den Vorausschätzungen der Bundesanstalt für Arbeit. Die Zahlen der in Deutschland wohnenden Ausländer aber nahmen einen anderen Verlauf und blieben im gleichen Zeitraum stabil, um ab 1979 deutlich anzusteigen. Im Jahre 1980 lag die Zahl der in der Bundesrepublik lebenden Ausländer um eine Million höher als 1972. Immer größer wurde auch der Anteil der Frauen. 1961 kamen auf 1000 Männer 451 Frauen, im Jahr 1974 631, im Jahr 1981 schließlich 708. Bei der Altersgruppe zwischen 25 und 30 Jahren war 1980 das Verhältnis bereits nahezu ausgeglichen. 27 % aller Ausländer waren im Jahre 1975 jünger als 20 Jahre, 1981 fast ein Drittel. Während die Ausländerquote bei der Wohnbevölkerung im Jahr 1974 bei 6,7 % lag, waren im gleichen Jahr bereits 17,3 % aller Neugeborenen in der Bundesrepublik die Kinder ausländischer Eltern.[1] Kurz: Das Kalkül des Anwerbestops war nicht aufgegangen, die Zahl der Ausländer in Deutschland nicht zurückgegangen, sondern im Gegenteil angestiegen. Alle Anzeichen deuteten zudem darauf hin, daß immer mehr Ausländer auf längere Zeit, wenn nicht auf Dauer, in der Bundesrepublik bleiben wollten – sie holten ihre Familien nach, zogen aus den Wohnheimen in (möglichst billige) Mietwohnungen, ihre Sparquote sank, ihr Konsumanteil wurde höher, und die Verbindungen zur Heimat wurden lockerer, vor allem bei den Kindern der Gastarbeiter, der sogenannten «Zweiten Generation».

Daß es eine solche Entwicklung geben würde, konnte bei Betrachtung der Verhältnisse in der Schweiz nicht überraschen. Die nun auch in der Bundesrepublik deutlich gewordenen Veränderungen in der Problemlage der Ausländerbeschäftigung entsprachen nämlich in vielen Aspekten der Entwicklung, wie sie aus anderen Einwanderungsländern bekannt ist und wie sie etwa auch bei den Ruhrpolen zu Anfang des Jahrhunderts in Deutschland festzustellen gewesen war: Nach einer längeren Aufenthaltsdauer – von etwa zehn Jahren aufwärts – beginnt aus dem vorübergehenden Arbeitsaufenthalt ein Dauerzustand zu werden – ein objektiver Einwan-

1. Vom «Gastarbeiterproblem» zur «Einwandererfrage»

Tab. 22: *Ausländer im Bundesgebiet, 1960 bis 1998 in Tausend*[2]

Jahr	AUSLÄNDISCHE BEVÖLKERUNG			Jahr	AUSLÄNDISCHE BEVÖLKERUNG		
	Insgesamt	In % der Gesamtbevölkerung	Sozialversicherungspflichtig Beschäftigte		Insgesamt	In % der Gesamtbevölkerung	Sozialversicherungspflichtig Beschäftigte
1968	1924,2	3,2	1014,8	1983	4534,9	7,4	1640,6
1969	2381,1	3,9	1372,1	1984	4363,6	7,1	1552,6
1970	2976,5	4,9	1838,9	1985	4378,9	7,2	1536,0
1971	3438,7	5,6	2168,8	1986	4512,7	7,4	1544,7
1972	3526,6	5,7	2317,0	1987	4240,5	6,9	1557,0
1973	3966,2	6,4	2595,0	1988	4489,1	7,3	1607,1
1974	4127,4	6,7	2150,6	1989	4845,9	7,7	1683,8
1975	4089,6	6,6	1932,6	1990	5342,5	8,4	1793,4
1976	3948,3	6,4	1873,8	1991	5882,3	7,3	1908,7
1977	3948,3	6,4	1833,5	1992	6495,8	8,0	2119,6
1978	3981,1	6,5	1862,2	1993	6878,1	8,5	2150,1
1979	4143,8	6,7	1965,8	1994	6990,5	8,6	2109,7
1980	4453,3	7,2	1925,6	1995	7173,9	8,8	2094,0
1981	4629,7	7,5	1832,2	1996	7314,0	8,9	2009,7
1982	4666,9	7,6	1709,5	1997	7365,8	9,0	1997,8
				1998	7319,6	9,0	2030,3

derungsprozeß, der mit der Zeit auch subjektiv von einer zunehmenden Anzahl der Ausländer als solcher wahrgenommen wird.[3]

Damit aber war das zentrale Anliegen des Anwerbestops, nämlich die Senkung der Kosten der Ausländerbeschäftigung, nicht nur nicht erreicht worden – die Kosten nahmen mit der Auseinanderentwicklung von Erwerbs- und Wohnbevölkerung noch zu. Innerhalb weniger Monate wurde in der Bundesrepublik offenbar, daß mit dem ungehinderten Anstieg der Ausländerzahlen in den vergangenen Jahren ein Berg von langfristigen, kostenintensiven, sozial brisanten und auch moralisch schwerwiegenden Folgeproblemen entstanden war, die in der Öffentlichkeit wie unter den Verantwortlichen bei Regierung und Arbeitgebern zunächst ziemlich fassungsloses Erstaunen hervorriefen.

Doch nicht nur die Bundesrepublik und die hier lebenden Deutschen und Ausländer waren davon betroffen. Es zeigte sich, daß auch für die Heimatländer der Gastarbeiter die langfristigen Auswirkungen der Arbeitsmigration insgesamt nicht günstig waren: Die Bilanz für die Entsendeländer war vielmehr überwiegend negativ. Eine vergleichende Untersuchung der Auswirkungen der Arbeitskräfteabwanderung aus Italien, der Türkei und Jugoslawien kam 1976 zu folgendem Ergebnis: «Die Migration erweist sich in allen drei Ländern als ein ungeeignetes Mittel, um die hohe Arbeitslosigkeit in den Griff zu bekommen, zumal die Entsendeländer auf diesem Wege von der Konjunkturentwicklung der Anwerbeländer abhängig werden und in Rezessionsphasen Rückwandererwellen in Kauf nehmen müssen. Die regionalen Entwicklungsgefälle in den Entsendeländern wurden durch die Migration nicht abgebaut, sondern eher noch verstärkt. Die Impulse für die wirtschaftliche Entwicklung durch die Ersparnisse der Abwanderer waren minimal. Ebenso sind die erhofften technisch-industriellen Lerneffekte der Migration gering geblieben, bzw. es wurden erhöhte berufliche Qualifikationen nicht adäquat verwertet.» Lediglich für den Ausgleich des Handelsbilanzdefizits in Jugoslawien und vor allem der Türkei waren die Devisentransfers der Abwanderer von einiger Bedeutung. Darüber hinaus erwies sich aber, daß durch das Ventil Arbeitsemigration in den Entsendeländern kein entsprechender Druck auf die Entwicklung arbeitsplatzintensiver wirtschaftspolitischer Maßnahmen entstand und somit gerade in strukturschwachen Regionen eher eine Festschreibung der Modernisierungsdefizite ausgelöst wurde als eine regional ausgleichende Entwicklung.[4]

Die Folgeprobleme der Ausländerbeschäftigung in der Bundesrepublik, wie sie seit 1973 verstärkt zum Bewußtsein kamen, waren vielfältig und entzogen sich schon durch ihre wechselseitigen Bezüge schnellen Lösungsmöglichkeiten. Nach Einschätzung des Arbeitsministeriums von 1976 hatte sich «die Hoffnung, nach der die Bundesregierung mit einem Abbau der Ausländerbeschäftigung auch die Probleme der Eingliederung lösen wollte, nicht erfüllt. Es ist im Gegenteil zu weiteren Fehlentwicklungen gekommen. Zu den Problemfeldern der heutigen Ausländerpolitik gehören ... der Familiennachzug, die Geburtenentwicklung, die Ghettobildung, die soziologische Umschichtung der Stadtbevölkerung, Schul- und Berufsprobleme sowie Rechts- und Statusunsicherheit.»[5]

Man kann die hier angesprochenen Probleme in vier Komplexe zusammenfassen: Wohnsituation, Arbeit und Arbeitsmarkt, Familiennachzug und «Zweite Generation» sowie das Verhältnis zwischen Ausländern und Deutschen.

1. Wie nicht anders zu erwarten, versuchten die ausländischen Arbeiter, die sich seit längerer Zeit in Deutschland aufhielten, aus dem Provisorium des Arbeiterwohnheims herauszukommen und eine «richtige» Wohnung zu beziehen, vor allem dann, wenn sie ihre Familie nachgeholt hatten oder dies tun wollten. 79% aller Ausländer, die 1973 zehn Jahre oder länger hier waren, wohnten bereits in einer abgeschlossenen Wohnung, aber nur 42% derjenigen mit maximal zweijährigem Aufenthalt.[6] Nun verteilten sich die Gastarbeiterfamilien aber nicht gleichmäßig über die Städte, sondern

wohnten relativ dicht beisammen, so daß bald regelrechte Ausländerviertel entstanden. Zwei Faktoren waren dafür ausschlaggebend: Zum einen zogen Ausländer bevorzugt in besonders billige Wohnungen in Fabriknähe oder in Sanierungsgebiete der Innenstadt.[7] Zum anderen hatte der Zuzug von Gastarbeitern in den Augen der Deutschen ein Absinken des Wohnwerts des Hauses oder Viertels zur Folge, so daß deutsche Bewohner fortzogen und weitere Ausländer nachfolgten. Oft war dies auch ein ganz bewußt herbeigeführter Prozeß, den Wohnungsbauspekulanten nutzten, um «sanierungsreife» Altbauviertel abreißen und durch teurere Wohnungen oder Bürogebäude ersetzen zu können («Umnutzung»). Sie vermieteten diese Wohnungen an ausländische Familien, ließen die Gebäude verfallen und erreichten auf diese Weise die erstrebte Abbruchgenehmigung.[8]

Als problemverschärfend erwies sich nun die regional stark unterschiedliche Ausländerquote. In Baden-Württemberg lag sie 1973 bei 16,5%, in Niedersachsen nur bei 5,9%. Noch deutlicher waren die Unterschiede in einzelnen Städten und Ballungsräumen – in Stuttgart waren 26,5% aller Beschäftigten Ausländer, in Frankfurt 22,6%, in Villingen 22,1% – in Emden hingegen nur 1,3% usw. Die Folge war, daß in manchen Wohnbezirken großer Städte fast die Hälfte der Bewohner (oder mehr) Ausländer waren.[9] In der Öffentlichkeit und bei den Politikern wurde diese Entwicklung mit großer Sorge betrachtet und befürchtet, daß die Bildung von «Ausländerghettos» zu sozialen Spannungen und Auseinandersetzungen zwischen Deutschen und Ausländern führen würde. Vor allem aber würde dadurch eine «Eingliederung auf Zeit» der Ausländer in die deutsche Gesellschaft behindert, wenn nicht unmöglich und die Belastung der Infrastruktur von Regionen mit besonders hohem Ausländeranteil sozial und finanziell untragbar.[10]

Auf der anderen Seite bekommt diese Konzentration der ausländischen Wohnbevölkerung in mehrheitlich oder nahezu ausschließlich von Ausländern bewohnten Stadtvierteln dann eine andere Qualität und Perspektive, wenn man dabei den Verlauf von Einwanderungsprozessen in anderen Ländern und die historischen Erfahrungen mit der Seßhaftwerdung von ausländischen Arbeitskräften in Deutschland berücksichtigt. Friedrich Heckmann hat vor allem die Geschichte der amerikanischen Einwanderung herangezogen und auf allgemeine Strukturen des Einwanderungsprozesses hin untersucht, von denen sich auch Aufschlüsse über die Situation in der Bundesrepublik ergeben. Es zeigte sich, daß eine solche «Ghettoisierung» in mehr oder weniger geschlossenen «Einwandererkolonien» nicht allein als Ausschließung durch die Gesellschaft des Einwanderungslandes oder Abschließung vor ihr verstanden werden darf, sondern auch als Durchgangsstadium im Einwanderungsprozeß. Danach hat die «Einwandererkolonie» einen eigenständigen Platz zwischen zwei anderen Gesellschaften: derjenigen des Herkunftslandes, die in der Anfangsphase des Aufenthalts im Ausland (und für die erste Generation der Arbeitsemigranten oft bis ans Lebensende)

Maßstab und Orientierungspunkt ist, mit zunehmender Dauer der Emigration aber an Bedeutung verliert und zu verblassen beginnt. Auf der anderen Seite steht die Gesellschaft des Aufnahmelandes – für die Neuankömmlinge zunächst fremd und abweisend, meist von der Wahrnehmung her auch auf enge Bereiche (Arbeit, Stadt, Wohnviertel) reduziert. Zwischen diesen beiden etabliert sich als drittes die Gesellschaft der Einwanderer, die «Kolonie», die sich von den beiden anderen unterscheidet. Sie bildet eigene Formen des Zusammenhalts und der Sozialstruktur heraus, die gegen die Verunsicherung und Instabilität der Einwanderer Sicherheit und Stabilität innerhalb dieser Gemeinschaft erzeugen und gerade durch die Abschließung gegen die Aufnahmegesellschaft erst jenes Maß an Selbstsicherheit und Identität ermöglichen, das über längere zeitliche Distanz – oft über Generationen – eine Annäherung oder gar Integration in die Aufnahmegesellschaft erlaubt.[11] Dieser Befund der vergleichenden Migrationsforschung stimmt in den wesentlichen Punkten mit den Ergebnissen historischer Betrachtungen überein, wie sie hier am Beispiel der Ruhrpolen angestellt wurden.[12] Allerdings zeigte sich hierbei auch, daß die Profilierung eines eigenen Sozialmilieus der ruhrpolnischen Bevölkerung kein quasi automatischer Prozeß im Gefolge der Einwanderung war, sondern eine Reaktion auf den antipolnischen «Abwehrkampf» der deutschen Rechten dargestellt hatte. Erst die Politik der «Hakatisten» und polenfeindlichen Behördenvertreter veranlaßte die Polen im Ruhrgebiet nun ihrerseits zum Kampf um nationale Identität und zur strikten Ablehnung aller Integrationsangebote, die sie als Versuche zur «Assimilation» und «Germanisierung» verstanden.

Hier wird deutlich, daß «Einwanderung» kein naturwüchsiger, in festgelegten Schritten ablaufender Prozeß ist, sondern in ihrer jeweiligen Form sehr weitgehend vom Verhalten der Gesellschaft des Aufnahmelandes abhängt. Berücksichtigt man also den langfristigen Charakter von Einwanderungsprozessen, wie sie im internationalen Rahmen und in der deutschen Geschichte beobachtet werden können, so zeigt sich, daß der Versuch der Politiker und Behörden der Bundesrepublik, nach dem Anwerbestop von 1973 die durch die massenhafte Anwerbung von Gastarbeitern heraufbeschworenen Probleme möglichst schnell und vor allem auf administrativem Wege zu lösen, ein allzu kurzatmiges Unterfangen war. So erwies sich auch das Problem der «Ghettobildung» der Ausländer in Deutschland als nicht kurzfristig durch Zuzugsbegrenzungen oder Sanierungsmaßnahmen lösbar. Vielmehr war dabei, wie Heckmann betonte, zunächst zu berücksichtigen, «welche Sozialsysteme die ausländische Bevölkerung selbst entwickelt hat, um ihre Angehörigen zu integrieren, nicht in die deutsche Gesellschaft als Einwanderungsgesellschaft, sondern in die Gesellschaft der Einwanderer in Deutschland».[13]

Dieser Prozeß aber besaß keine Zwangsläufigkeit, sondern war offen, wie der unterschiedliche Grad der Integration verschiedener ethnischer Einwanderergruppen in die Gesellschaft der USA zeigte. Von dort aus ließ sich auch belegen, daß eine Ausländerpolitik, die undifferenziert Problemlösungsstrategien für *alle* Gruppen der Einwanderer entwarf, wenig Aussicht auf Erfolg besaß.

2. Der seit Mitte der 70er Jahre deutlich gewordene Trend zum Daueraufenthalt, zum Familiennachzug, zur Verwandlung der «Gastarbeiter» in «Einwanderer» hatte im betrieblichen Bereich aber nicht eine entsprechende Angleichung an die Situation der deutschen Beschäftigten im gleichen Zeitraum zur Folge gehabt. Nur 11 % der ausländischen Arbeiter konnten während ihres Aufenthalts in der Bundesrepublik einen beruflichen Aufstieg erreichen – meist vom Hilfs- zum Facharbeiter.[14] Die Sozialstruktur der ausländischen Arbeitskräfte blieb nahezu zementiert. Der Anteil der Ungelernten unter ihnen war zwischen 1972 und 1980 nur von 31 % auf 28,5 % gesunken; derjenige der Angelernten von 41 % auf 40,2 %. Immerhin stieg der Anteil der Facharbeiter von 16 % auf 23,6 %. Die Löhne für männliche ausländische Arbeitskräfte lagen zu mehr als drei Viertel, die der Frauen zu 60 % unterhalb des Durchschnitts; bei den Facharbeitern sogar zu 80 %.[15] Ausländer waren nach wie vor häufiger als deutsche Beschäftigte im Akkord und im Schichtsystem beschäftigt. Sie arbeiteten vorwiegend in produktionsnahen Bereichen mit höherem Unfallrisiko, tauchten häufiger in der Unfallstatistik auf und waren seit Beginn der Wirtschaftskrise Mitte der 70er Jahre in höherem Maße von Arbeitslosigkeit betroffen als Deutsche, während in den 60er Jahren wegen der niedrigen durchschnittlichen Aufenthaltszeit und der höheren Rückkehrbereitschaft die Arbeitslosenquote bei den Gastarbeitern immer unterdurchschnittlich gewesen war. Wer als Ausländer arbeitslos wurde, war bis in die frühen 70er Jahre hinein meist in die Heimat zurückgekehrt und tauchte in den Statistiken nicht auf. Durch den Anwerbestop aber, der eine erneute Einreise in die Bundesrepublik für Ausländer aus Nicht-EG-Staaten ausschloß, war diese Verbindung zwischen Arbeitslosigkeit und Rückwanderung unterbrochen worden. Der Anteil der arbeitslosen Ausländer übertraf denjenigen der Deutschen mittlerweile erheblich: 1971 lag die Arbeitslosenquote der Deutschen bei 1,2 %, der Ausländer bei 0,8 %. 10 Jahre später waren 5,5 % der Deutschen ohne Erwerbstätigkeit, aber 8,2 % der Ausländer.[16]

Hier zeigte sich die Kehrseite der «Unterschichtung». Ausländische Arbeitskräfte mit vorwiegend niedriger Qualifikation waren vor allem in den Wirtschaftsbereichen beschäftigt, die in besonderer Weise von der Strukturkrise der westdeutschen Wirtschaft seit Mitte der 70er Jahre betroffen waren, etwa dem Stahl- und Metallsektor, dem Baubereich oder der Textilindustrie. Ein Großteil der arbeitslosen Ausländer gehörte daher bereits zu dieser Zeit der Gruppe der «schwer Vermittelbaren» an, dem harten Kern der Arbeitslosen, für die nach allen Prognosen auch in den nächsten Jahren kaum Arbeitsplätze vorhanden sein würden. Die Folgeprobleme für beide Seiten waren erheblich. Die Ausgaben der öffentlichen Hand für Arbeitslosen- und Sozialhilfe stiegen, während die Zukunftsaussichten für die aus-

Tab. 23: *Arbeitslosenquote bei Deutschen und Ausländern, 1965 bis 1985*[17]

Jahr	Arbeitslosenquote		Jahr	Arbeitslosenquote	
	Deutsche	Ausländer		Deutsche	Ausländer
1967	2,1	1,5	1978	4,3	5,3
1969	0,9	0,2	1979	3,8	4,7
1971	0,8	0,6	1980	3,8	5,0
1973	1,2	0,8	1981	5,5	8,2
1974	2,8	2,9	1982	7,5	11,9
1975	4,7	6,8	1983	9,1	14,7
1976	4,6	5,1	1984	9,1	14,0
1977	4,5	4,9	1985	9,3	13,9

ländischen Arbeitslosen als ziemlich düster erschienen. Durch zumeist lange Aufenthaltsdauer, oft auch durch Familienbindungen in der Bundesrepublik von der Heimatgesellschaft entfremdet, lebten sie hier unter schlechten sozialen Bedingungen, aufgefangen oft nur durch die Unterstützung der Verwandtschaft, was sie noch enger an die Einwanderergesellschaft in der Bundesrepublik band, ohne daß sich daraus soziale Perspektiven für sie entwickelten.

3. In einer besonders schwierigen Lage waren die ausländischen Kinder und Jugendlichen. Drei Viertel aller 15- bis 24jährigen Ausländer in der Bundesrepublik besaßen 1980 keinen Hauptschulabschluß, der sie zu einer qualifizierenden Berufsausbildung überhaupt erst befähigt hätte.[18] Nach Umfragen bei den Eltern hatten 46% der 16- bis 20jährigen Ausländerkinder weder Arbeit noch eine Lehrstelle, noch gingen sie zur Schule. Zwei Drittel der 15- bis 19jährigen Ausländer erhielten keinerlei berufliche Ausbildung; nur die Hälfte von ihnen kam der Berufsschulpflicht nach. Entsprechend waren ausländische Jugendliche von Arbeitslosigkeit in weit stärkerem Maße betroffen als deutsche.[19]

Die ausländerpolitische Leitlinie der Bundesregierung seit 1974 aber hatte geheißen: Eingliederung ja – Einwanderung nein. Durch diese Konzeption der «Integration auf Widerruf» war eine für die zweite Generation der Ausländer in Deutschland besonders schwierige Lage entstanden: Die Kinder sollten in das deutsche Schulsystem integriert werden, andererseits aber den Kontakt zur Kultur der Heimat ihrer Eltern nicht verlieren, um die «Rückkehroption» offenzuhalten. Die Folge davon waren «zweisprachige Analphabeten», die weder die Sprache ihrer Eltern noch die ihrer Klassenkameraden beherrschten, die dementsprechend sozial isoliert und für eine Berufstätigkeit kaum qualifiziert waren.[20] Dies traf in besonderer Weise auf diejenigen ausländischen Jugendlichen zu, die erst in einem relativ späten Lebensalter in die Bundesrepublik einreisten, in erster Linie auf Türken –

sie kamen meist nach bereits abgeschlossener Schulbildung nach Deutschland, das bedeutete in der Türkei die Absolvierung der fünfjährigen Grundschule. Diese Jugendlichen erlebten den mit der Übersiedlung verbundenen «Kulturschock» in der Pubertät, sie hatten in der Regel keinen Beruf erlernt, sie verstanden kein Wort Deutsch, waren im kulturellen Umfeld ihres Heimatlandes sozialisiert worden und sahen sich vor entsprechend großen Problemen, sich an die neue Umgebung zu gewöhnen und mit deren Anforderungen fertigzuwerden. Daß gerade bei dieser Gruppe die Kriminalitätsquote besonders hoch und deutlich über derjenigen der deutschen Jugendlichen lag, konnte angesichts solcher Ausgangsbedingungen nicht verwundern.[21]

4. Diese sich neu auftürmenden Probleme riefen bei den Einheimischen in verstärkter Weise Ängste und Ablehnung hervor, und zwar vor allem bei den sozial schwachen Gruppen der westdeutschen Gesellschaft, die von Arbeitslosigkeit und Zukunftsangst besonders betroffen waren. Dies schlug sich einerseits in einer verstärkten organisierten Ausländerfeindlichkeit am rechten Rand der politischen Szenerie nieder; zum anderen in zunehmender Irritation und Besorgtheit in der Bevölkerung.

Die ausländerpolitische Diskussion wurde angeheizt und radikalisiert durch zahlreiche ausländerfeindliche Vereinigungen und «Bürgerinitiativen», die nun einen unerwarteten Aufschwung erlebten, wobei sich diese Gruppierungen in der Regel nur aus dem tradierten rechtsradikalen Milieu neu herausbildeten wie die «Deutschen Volksunion» des Herausgebers der «Nationalzeitung», Gerhard Frey, und ihre «überparteiliche und unabhängige Initiative für Ausländerbegrenzung» einsetzten[22]. Besondere Aufmerksamkeit gewann dabei das «Heidelberger Manifest» vom 17. Juni 1981. Hier wurde in direkter Anbindung an die völkischen Theorien der 20er bis 40er Jahre vor der Gefahr der «Unterwanderung» und «Überfremdung» des deutschen Volkes gewarnt, das wie alle Völker als selbständiger Organismus, als Subjekt der Geschichte verstanden wurde: «Völker sind (biologisch und kybernetisch) lebende Systeme höherer Ordnung mit voneinander verschiedenen Systemeigenschaften, die genetisch und durch Traditionen weitergegeben werden.» Entsprechend sei die «Integration großer Massen nichtdeutscher Ausländer» bei «gleichzeitiger Erhaltung unseres Volkes nicht möglich und führt zu den bekannten ethnischen Katastrophen multikultureller Gesellschaften», die geradezu als Verstoß gegen das «Naturrecht» angesehen wurden.[23] Anders als in den Jahren zuvor traten aber als Unterzeichner des Manifests hier keine rechtsradikalen Aktivisten in Erscheinung, sondern bekannte Politiker wie das CDU-Mitglied Theodor Schmidt-Kaler und der frühere, stark NS-belastete Bundesvertriebenenminister Theodor Oberländer sowie zahlreiche Professoren. Das «Manifest» ging auf den bereits existierenden «Schutzbund für das Deutsche Volk» zurück, der sich als Dachverband für andere fremdenfeindliche Initiativen zu etablieren versuchte.[24]

Gedankengängen wie den im Heidelberger Manifest proklamierten standen auch die Publikationen des Verhaltensforschers Irenäus Eibl-Eibesfeldt nahe. Auch er verstand Ethnien oder ethnisch geprägte Kulturen als qualitativ verschiedene und folglich miteinander konkurrierende Einheiten. Daher werde die höhere Geburtenrate der Ausländer langfristig zwangsläufig zum Untergang der Deutschen oder – so Eibl-Eibesfeldt – «des Wirtsvolkes» führen. «Auf diese Möglichkeit einer biologischen und kulturellen Verdrängung muß man hinweisen können, ohne sich gleich den Vorwurf einzuhandeln, man denke ‹rassistisch›.»[25] Besonderes Aufsehen erregte der Generalsekretär des Deutschen Roten Kreuzes, Schilling, als er in einem Artikel in der «Zeit» eine «innere Distanz zu ethnisch Andersartigen» konstatierte. Vor allem gegenüber den Türken und «ihrer Art zu sein, zu denken und zu handeln» wollten sich die Deutschen absetzen, da sie ihre «eigene Identität behalten und nicht in einem ‹Völkerbrei› versinken» wollten.[26] Auch der SPD-Politiker Martin Neuffer erkannte in den Türken eine «im ganzen wenig assimilationsfähige völkische Minderheit» bzw. ein «türkisch-islamisches Subproletariat». Deswegen sei eine «Beschränkung des Asylrechts auf Bürger europäischer Länder» durchaus «sachgerecht».[27] Solche verbalen Ausritte blieben aber nicht ohne Gegenreaktion. Überall wo sie publiziert wurden, riefen sie Proteste in Form von Leserbriefen, Publikationen oder auch der Gründung neuer Initiativen hervor, die für ein besseres Zusammenleben von Deutschen und Ausländern eintraten.[28]

Gleichwohl riefen solche Aussagen Anfang der achtziger Jahre große Verunsicherung unter den Ausländern hervor. Die Fronten verhärteten sich spürbar. In Teilen der türkischen Presse wurden heftige Angriffe gegen den «in Deutschland zunehmend gegen die Türken gerichteten Rassismus»[29] – so die deutsche Botschaft in Ankara – geführt. Selbst das liberal-konservative türkische Blatt «Hürriyet» kommentierte im Dezember 1982:

«Um die deutsche Wirtschaft anzukurbeln, wurden noch gestern unsere Arbeiter auf deutschen Bahnhöfen von Musikkapellen empfangen – heute zeigt sich, daß diese ‹Freundschaft› nicht bis zum Grab reicht, sondern nur bis zum Markt [...] So sehen auch wir uns gezwungen, jetzt an unsere eigenen nationalen Interessen zu denken ... Wenn wir das erst begriffen und verinnerlicht haben, dann soll niemand mehr daran zweifeln, daß auch wir uns in unsere Ecke zurückziehen, um unsere Haut zu retten.»[30]

Bei dem Versuch, das Verhältnis zwischen Deutschen und Ausländern zu beschreiben, sind allerdings präzise Aussagen schwierig und meist nur Näherungswerte möglich, die aus einzelnen Beobachtungen einen Gesamteindruck zu formulieren versuchen. Seit den 70er Jahren hatte sich die Demoskopie dieses Problems in verstärktem Umfang angenommen und in einer Vielzahl von Untersuchungen teilweise bestürzende Ergebnisse zutage gefördert. In einer Übersicht über die demoskopischen Umfragen zum Ausländerproblem zwischen 1978 und 1982 wurden folgende Trends ermittelt:[31]

1. Vom «Gastarbeiterproblem» zur «Einwandererfrage»

Im November 1978 sprachen sich 39 % der befragten Deutschen bei der Alternative, die Gastarbeiter sollten wieder in ihr Land zurückkehren oder die Möglichkeit erhalten, für immer hierzubleiben, für die Rückkehr aus. Bis März 1982 stieg diese Zahl auf 68 %, im Juni 1982 auf 77 %, im März 1983 auf 80 % – und korrelierte dabei direkt mit dem zunehmenden Anteil derjenigen, die die allgemeine Wirtschaftslage als «nicht gut» beurteilten.[32] Ein so massiver Meinungswandel binnen so kurzer Zeit war in der Geschichte der Bundesrepublik nahezu ohne Beispiel, zumal er sich weitgehend jenseits der Aufmerksamkeit von Politikern und Öffentlichkeit vollzogen hatte. Das Signal an die Politiker war eindeutig: «Was immer von den Regierungen in Bonn und in den Bundesländern unternommen wird, um die Rückkehr der Gastarbeiter in ihre Heimatländer zu beschleunigen, ist der Zustimmung großer Mehrheiten sicher», so faßte der *Spiegel* seine Auswertung einer Umfrage des Demoskopie-Instituts Infas von 1982 zusammen.[33]

43 % der Befragten fühlten sich durch den hohen Ausländeranteil in ihrem Wohnort bedroht; dabei war das Bedrohungsgefühl umso stärker, je älter und schlechter ausgebildet die Befragten waren. Fast zwei Drittel der Deutschen waren dagegen, daß Gastarbeiter ihre Familien in die Bundesrepublik nachholten – aber ebensoviele sprachen sich für den gemeinsamen Unterricht deutscher mit ausländischen Kindern aus und bejahten den Anspruch auf gleiche Sozialleistungen.[34]

Solche Zahlen fanden weiten Widerhall in der Öffentlichkeit und vor allem bei den Parteien, zumal an vielen Orten der Republik nun auch erste fremdenfeindliche Organisationen am rechten Rand auftauchten, deren Rekrutierungspotential angesichts solcher Umfragen nicht leicht einzuschätzen war. Schnelle Rückschlüsse von solchen Umfrageergebnissen auf ein erhebliches rechtsradikales Potential in der Bundesrepublik, das durch Fremdenhaß schürende neofaschistische Gruppen genutzt werden könnte, waren jedoch irreführend. Solche Zuspitzungen maßen die Einstellungs- und Verhaltensirritationen bei den Einheimischen angesichts so problemgeladener Entwicklungen mit moralischen und politischen Kategorien, die von der Suggestion eindeutig richtiger oder falscher Verhaltensformen ausgingen. Denn die Befürchtungen von deutschen Eltern, daß ihre Kinder in Klassen mit 40 oder 70 % Ausländern ohne ausreichende Deutschkenntnisse langsamer oder weniger lernten als in Klassen ohne ausländische Kinder und entsprechend schlechtere Berufschancen besaßen, waren nicht per se «ausländerfeindlich», sondern ebenso berechtigt wie die Angst ausländischer Eltern vor sozialer Isolation und Diskriminierung ihrer Kinder. Die Aggressionen von Deutschen angesichts hoher Kriminalitätsraten von ausländischen Jugendlichen wurden nicht dadurch aus der Welt geschafft, daß man sie als «ausländerfeindlich» bezeichnete und auf die schwierige soziale Lage dieser Jugendlichen verwies.[35]

Denn daß durch die Einwanderung von Millionen von ausländischen Arbeitern und ihren Familien massive Probleme entstanden waren, war nicht mehr zu übersehen und weder durch Goodwill noch durch die bloße Proklamation von «Integration» – noch dazu auf Zeit – auflösbar. Kritik an dieser durchaus unklaren Neuorientierung der Ausländerpolitik aber sah sich rasch dem Vorwurf der «Ausländerfeindlichkeit» ausgesetzt, so daß der Schuldvorwurf von den politisch Verantwortlichen an die westdeutsche Bevölkerung weitergegeben wurde – und somit aus objektiven Problemen, die das Resultat der jahrzehntelang betriebenen Ausländerpolitik waren, nun subjektives Fehlverhalten vor allem derjenigen gemacht wurde, die mit den Ausländern am meisten zu tun hatten: der sozial schwachen Schichten in der deutschen Bevölkerung. Die Ursachen der sich auftürmenden Schwierigkeiten lagen vielmehr in der politischen Anlage der Ausländerbeschäftigung, die lange Zeit darauf abgestellt gewesen war, parallel zur wirtschaftlichen Entwicklung in der Bundesrepublik Ausländer im unteren Bereich des Arbeitsmarktes möglichst flexibel und kostengünstig einzusetzen, ohne daß dadurch Folgekosten für die Wirtschaft und den Staat in der Bundesrepublik auftraten. Dieses Kalkül ging seit den frühen 70er Jahren nicht mehr auf.

Die hier zutage tretenden Widersprüche spiegelten eine völlig veränderte migrationspolitische Situation, auf die man zunächst hilflos und abwehrend reagierte. Betrachtet man aber die aufgeregte Situation zu Beginn der 80er Jahre in etwas distanzierterer historischer Perspektive, so wird deutlich, daß sich hier zwei verschiedene historische Entwicklungen überlappten: Die Phase des innereuropäischen Arbeitskräfteaustauschs, deren Signum in der Bundesrepublik die «Gastarbeiter» waren, war zu Ende. Die volkswirtschaftlichen Entwicklungen der westeuropäischen Staaten begannen sich einander anzunähern. Durch die Bewegung hin zu einem europäischen Binnenmarkt, die bis Ende der 80er Jahre vollendet wurde, begannen auch für den Arbeitsmarkt nicht mehr die Begrenzungen der einzelnen Nationalstaaten, sondern die Grenzen der Europäischen Gemeinschaft entscheidend zu werden. In der Politik wurde mithin nicht länger die Dichotomie Inländer-Ausländer, sondern EG-Inländer/EG-Ausländer bestimmend.

Gleichzeitig begannen sich die armutsmotivierten Massenwanderungen in der «Dritten Welt», die traditionell eher regional ausgerichtet gewesen waren, seit den späten 70er Jahren zunächst allmählich, seit den frühen 80er Jahren dann in stark zunehmendem Maße zu überregionalen und transnationalen Wanderungsprozessen auszuweiten.[36] In allen westeuropäischen Ländern nahm der «Wanderungsdruck» daraufhin zu. Dieser grundlegende Wandel war in der Bundesrepublik im Verlaufe der 70er Jahre in Politik und Öffentlichkeit gar nicht bemerkt worden; was auch damit zusammenhing, daß die Zuwanderung von Türken sowohl zeitlich als auch regional zwischen diesen beiden Wanderungsbewegungen lag. Ihre Anwerbung in den 60er Jahren war noch Teil des innereuropäischen Arbeitskräfteaustauschs gewesen; allerdings aus einem Land, dessen wirtschaftliche, soziale und politische Struktur eine Zwischenstellung zwischen den entwikkelten westeuropäischen Staaten und den ärmeren Ländern der Dritten Welt einnahm. Die Zuwanderungsströme von Türken in die Bundesrepublik und andere westeuropäische Länder nach Ende der Anwerbephase waren insofern zwar eine Nachwirkung der ersten Phase, leiteten aber bereits zu der beginnenden globalen Süd-Nord-Wanderung über, die Mitte der 80er Jahre im verstärkten Maße spürbar wurde. Gleichwohl ist der grundlegende Wandel in diesen Jahren unübersehbar – aus der «Gastarbeiterbeschäftigung» wurde ein Einwanderungsprozeß. Aus einem «Wanderarbeiterproblem», wie es in den Bonner Ministerien bis in die 80er Jahre genannt wurde, wurde ein Problem des Umgangs mit Armutsflüchtlingen, die in den reichen Norden drängten. Es dauerte 20 Jahre, bis dieser Wandel in der Bundesrepublik wahrgenommen und eine darauf reagierende Politik betrieben wurde.

Dabei deutete sich bereits eines der grundlegenden Strukturprobleme der westdeutschen Ausländerpolitik an, das von nun an in zunehmendem Maße wirksam werden sollte: Während auf der einen Seite der politische Wille zur Verringerung der Zahl der in der Bundesrepublik lebenden Ausländer immer wieder aufs neue bekräftigt wurde, waren die tatsächlichen Handlungsspielräume der Ausländerpolitik in Wirklichkeit bereits so eng geworden, daß solche politischen Ziele in der Praxis nur noch teilweise und mit stark verminderter Wirksamkeit auch durchgesetzt werden konnten. Dafür waren vor allem zwei Faktoren verantwortlich: Zum einen wurden durch die Vereinbarungen in der Europäischen Union solche Restriktionen für EG-Ausländer meist gar nicht mehr bindend. Zum anderen war aber auch der Aufenthalt der Nicht-EG-Ausländer mittlerweile auf eine Rechtsgrundlage gestellt worden, die es den Behörden nicht mehr erlaubte, erworbene Rechte und Aufenthaltsverfestigungen einfach zu ignorieren. Dadurch aber wurde der Zwiespalt zwischen den verkündeten Normen und Zielsetzungen der Ausländerpolitik und den tatsächlich nicht vorhandenen Möglichkeiten, diese Ziele auch zu erreichen, immer größer, was die Glaubwürdigkeit der Ausländerpolitik nicht eben erhöhte.[37]

Vor diesem Hintergrund muß auch die Entwicklung der Ausländerpolitik in der Bundesrepublik in den Jahren nach dem Anwerbestop betrachtet werden – auch hier sind Maßstäbe zur Beurteilung nicht ganz einfach zu finden. Es wird aber deutlich, daß manche vielleicht gutgemeinten Maßnahmen schon nach kurzer Zeit neue Probleme mit sich brachten oder zutage förderten, so daß insgesamt der Eindruck einer sehr kurzatmigen und zuweilen hektischen Politik entstand, die durch immer neue Erlasse, Richtlinien und Gesetze soziale Prozesse kurzfristig zu steuern versuchte, ohne deren Langfristigkeit und Ausmaß immer zu erkennen oder zu beachten.

1.2. *Vom Aktionismus zur Ratlosigkeit: sozialliberale Ausländerpolitik*

Schon seit dem «Aktionsprogramm zur Ausländerbeschäftigung» vom Juni 1973, spätestens seit Verhängung des Anwerbestops, verfolgte die Ausländerpolitik der Bundesregierung eine Doppelstrategie: einerseits Begrenzung des Zuzuges von weiteren Ausländern in die Bundesrepublik, wenn möglich Herabsetzung der Ausländerzahlen, Ablehnung eines Einwanderungsprozesses, Förderung des Rückkehrwunsches, Aufrechterhaltung der kulturellen Bindungen an die Heimatgesellschaft – andererseits verstärkte Maßnahmen zur «Integration» und Eingliederung der bereits hier lebenden Ausländer. Diese Prinzipien hatten durchaus widersprüchliche politische Maßnahmen zur Folge. So wurden z.B. durch die Änderung des Kindergeldgesetzes seit dem 1. 1. 1975 höhere Kindergeldsätze auch für Ausländer gewährt, allerdings (nach dem das Sozialrecht beherrschenden «Territorialitätsprinzip») nur für solche Kinder, die sich auch in der Bundesrepublik aufhielten[38] – mit der wenig überraschenden Folge, daß die Zahl der nach Deutschland nachgeholten ausländischen Kinder anstieg. Demgegenüber sah die Arbeitserlaubnisverordnung vor, daß Ausländer – auch Jugendliche –, die nach dem 30. November 1974 in die Bundesrepublik eingereist waren, hier keine Arbeitsgenehmigung erhielten. Als deutlich wurde, daß dies zu sozial und moralisch untragbaren Verhältnissen führte, wurde der Stichtag auf den 1. Januar 1977 verlegt.[39] 1980 und 1981 wurden die entsprechenden Bestimmungen erneut geändert. Nunmehr galten für Familienangehörige Wartezeiten (Ehegatten vier, Kinder zwei Jahre) vor Erteilung einer Arbeitserlaubnis – das «Dickicht der Regelungen» wurde immer undurchdringlicher.[40]

Um den Problemen der regionalen Konzentration der Ausländer entgegenzusteuern, wurden seit Mai 1975 für bestimmte Gebiete «Zuzugssperren» für Ausländer erlassen[41] – eine Maßnahme, die jedoch den bis dato so positiv hervorgehobenen flexiblen Einsatzmöglichkeiten der ausländischen Arbeitskräfte entgegenwirkte. Hier widersprachen sich die Aspekte «Mobilität» und «Infrastrukturbelastung» direkt, was nicht zuletzt dazu beitrug, daß die Zuzugssperren am 1. Juli 1977 wieder aufgehoben wurden.[42] Ausschlaggebend war dabei (außer Protesten von seiten solcher Wirtschaftszweige, denen nun in den betroffenen Regionen ausländische Arbeitskräfte fehlten), daß die Zuzugssperre aufgrund der entsprechenden EG-Vereinbarungen seit Anfang 1977 in vollem Umfange nur noch für Portugiesen und Jugoslawen galt und somit praktisch verpuffte.

Die an diesen beiden Beispielen offensichtliche Diffusion und Konzeptionslosigkeit der Ausländerpolitik veranlaßte die Bundesregierung 1976, eine Kommission damit zu beauftragen, hier ein klares und praktikables Konzept zu entwickeln. Anfang 1977 lagen die Ergebnisse dieser Kommission vor, die «Vorschläge der Bund-Länder-Kommission zur Fortentwicklung einer umfassenden Konzeption der Ausländerbeschäftigungspolitik».[43]

Aber wiederum zeigte sich, daß die Interessen der verschiedenen, mit der Ausländerbeschäftigung und -politik befaßten Gruppen zu widersprüchlich waren, daß aber auch die Probleme selbst für eindeutige (und schnelle) Lösungen zu verwickelt waren, um hier bereits zu einer eindeutigen und klaren Konzeption zu kommen. Die von diesem Gremium entwickelten Prämissen und Vorschläge entsprachen denn auch weitgehend den bisherigen Leitlinien: Die Bundesrepublik sei kein Einwanderungsland, die Ausländer sollten in der Regel nach einiger Zeit wieder in ihre Heimat zurückkehren; Beibehaltung des Anwerbestops; Verstärkung der Rückkehrbereitschaft und -fähigkeit; Ablehnung von Zwangsmaßnahmen; Integration der hier lebenden ausländischen Arbeitnehmer und ihrer Familien; Sicherung ihres sozialen und rechtlichen Status'; verstärkte Bemühungen um die Probleme der «Zweiten Generation» der in der Bundesrepublik lebenden Ausländer.

Mit diesen Empfehlungen, die die Grundlage für die Ausländerpolitik der folgenden Jahre darstellten, war die Nichtwahrnehmung einer faktischen Einwanderungssituation nun festgeschrieben. «Den Ausländern wird eine ‹Integration auf Zeit› angeboten», kommentierte die Sozialwissenschaftlerin Ursula Mehrländer diese Vorschläge, «gleichzeitig wird aber von ihren Rückkehrabsichten in ihre Heimatländer ausgegangen. An diesem Widerspruch kranken alle Maßnahmen, die inzwischen zum Abbau der sozialen Probleme der Ausländer und ihrer sozialen Integration in die deutsche Gesellschaft ergriffen worden sind. Wenn auch den humanitären und sozialen Ansprüchen der Ausländer jetzt mehr Aufmerksamkeit geschenkt wird, so zeigt sich gerade bei der bestehenden schlechten Wirtschaftslage, daß arbeitsmarktpolitische Gesichtspunkte immer noch den Vorrang bei der Ausländerpolitik der Bundesrepublik Deutschland haben.»[44]

Waren die meisten politischen Maßnahmen der Regierung also auf eine Verringerung der in der Bundesrepublik lebenden Ausländer gerichtet, sollte doch das zweite Ziel, die Integration vor allem der jüngeren Generation, nicht vernachlässigt werden. Zu diesem Zweck wurde die Stelle eines «Beauftragten der Bundesregierung für Ausländerfragen» geschaffen und mit dem ehemaligen nordrhein-westfälischen Ministerpräsidenten Heinz Kühn auch prominent besetzt, wenngleich die schwache administrative Stellung seines Amtes und die kärgliche Ausstattung bereits darauf verwiesen, daß die Regierung in der Ausländerfrage doch nach wie vor ein eher nachgeordnetes und bald vorübergehendes Problem sah.

Bereits im September 1979 legte Kühn sein Memorandum über «Stand und Weiterentwicklung der Integration der ausländischen Arbeitnehmer und ihrer Familien» vor.[45] Darin forderte er eine konsequente Integrationspolitik: Anerkennung der faktischen Einwanderung bei gleichzeitigem Ausschluß neuer Zuwanderung; verstärkte Bemühungen um Integration der ausländischen Kinder und Jugendlichen, vor allem im schulischen Bereich; keine «segregierenden» Maßnahmen – wie etwa getrennter Unterricht nach

Nationalitäten; Ausbau des vollen Rechtsanspruchs der ausländischen Jugendlichen auf Zugang zu Arbeits- und Ausbildungsplätzen; Optionsrecht der in der Bundesrepublik geborenen und aufgewachsenen Jugendlichen auf Einbürgerung; Gewährung des kommunalen Wahlrechts für Ausländer nach längerem Aufenthalt. Kühn verlieh seinem umfassenden, aber nicht einfach zu finanzierenden Integrationsprogramm durch die realistische Prognose Nachdruck, daß die bisherige negative Entwicklung – sofern sie nicht aufgehalten werde – «in absehbarer Zeit zu ganz erheblichen gesamtgesellschaftlichen Schäden führen» werde. Diese könnten nur mit einem «weit höheren Aufwand» ausgeglichen werden, was «zum Teil finanziell überhaupt unmöglich» sein würde. Kühn erwartete von der Bundesregierung, «die besondere Belastung der Länder und Kommunen mit einem erhöhten Infrastrukturaufwand durch großzügigere Entlastungshilfen in dem Bereich der ausländerspezifischen Ergänzungs- und Sondermaßnahmen» zu honorieren. Um die von ihm vorgeschlagenen Integrationsmaßnahmen im Bildungssektor und die Ausweitung der Beratungsdienste realisieren zu können, veranschlagte Kühn einen finanziellen Mehraufwand von 600 Millionen Mark.

Kühns Stellungnahme traf auf viel Zustimmung, aber auf noch mehr Protest. Der CDU-Politiker Manfred Abelein etwa hielt den Forderungen Kühns entgegen, daß «eine Integration der Ausländer in der Bundesrepublik ohnehin nicht möglich sei und zu schwersten Spannungen führen würde». Abelein begründete das wie viele andere vor allem mit unüberbrückbaren kulturellen Differenzen zwischen Deutschen und Ausländern.[46] Auf der anderen Seite stellte der SPD-Abgeordnete Peter Conradi in der *Zeit* die provozierende Frage, ob «Integration nur über den Weg der Anpassung» funktionieren könne oder ob sie nicht auch «unter Beibehaltung der sprachlichen und kulturellen Herkunft» denkbar sei. Conradi unterstrich auf der Basis der in den USA gemachten Erfahrungen die positive Funktion «ethnischer Wohnbezirke» und gab zu bedenken, ob es – entsprechend italo- oder deutsch-amerikanischer Bindestrich-Identitäten in den USA – in Deutschland nicht ebenfalls möglich sein sollte, «sich als deutscher Türke, deutscher Italiener, deutscher Jugoslawe oder deutscher Spanier zu fühlen und entsprechend zu leben».[47] Auch die Evangelische Kirche unterstrich in einer Stellungnahme, «daß kulturelle Traditionen und Besonderheiten verschiedener ethnischer Gruppen auch eine Bereicherung für das Zusammenleben sein können und von der Bevölkerung positiv eingeschätzt werden sollten».[48] Damit war ein neues Thema in der Ausländerdiskussion aufgetaucht – die Frage, ob «Integration» mit der Aufgabe der eigenen kulturellen Traditionen verbunden sein müsse oder ob nicht ein Nebeneinander verschiedener kultureller Traditionen auch in Deutschland sinnvoll und möglich sei.

Die Bundesregierung jedoch war gegenüber den sehr weitreichenden Vorschlägen Kühns sehr skeptisch. Der Koordinierungskreis «Ausländische Arbeitnehmer» beim Arbeitsministerium legte einen Bericht vor, der ebenfalls Vorschläge zur Integration vor allem der zweiten Ausländergeneration enthielt und Kühns Anregungen abschwächte: kein Einbürgerungsanspruch für die Ausländer der zweiten Generation, sondern Einbürgerungserleichterungen; keine «vorbehaltlose Eingliederung in das deutsche Schulsystem», sondern eine stärkere Einbeziehung der Sprache und Kultur des Herkunftslandes.[49] Am 19. März 1980 beschloß das Kabinett auf dieser Basis neue Grundlinien zur «Weiterentwicklung der Ausländerpolitik». Danach sollte es offenbleiben, ob der Aufenthalt und die Integration in das gesellschaftliche Leben der Bundesrepublik «im Einzelfall» in die Einwanderung münden würden – jedenfalls sei die Einwanderung nicht das «Ziel» der westdeutschen Ausländerpolitik, und wenn Ausländer die Absicht hätten, die Bundesrepublik wieder zu verlassen, dürfe man dem nicht entgegenwirken. Dementsprechend müßten auch die Anreize zur Förderung der Rückkehr ausgebaut werden.[50]

Indes begann die Zahl der nach Deutschland zuwandernden Ausländer wieder zu steigen. Allein von September 1979 bis September 1980 war die ausländische Bevölkerung um etwa 300 000 angewachsen, wovon ungefähr die Hälfte auf den Familiennachzug, ein Drittel auf die Zuwanderung von Asylbewerbern und der Rest auf den «Ausländer-Geburtenüberschuß» entfielen. Besonders der Familiennachzug sowie die wachsende Zahl der Asylbewerber sorgten für Beunruhigung. Der Druck der Öffentlichkeit und die Furcht davor, «daß die ohnehin latente Mißstimmung vieler Deutscher umschlagen könnte in Fremdenhaß»[51], beschleunigten die Wende zu einer eindeutigen Begrenzungspolitik, die mit den Kabinettsbeschlüssen vom 11. November 1981 vollzogen wurde. Die Bundesrepublik sollte demnach weder ein Einwanderungsland sein noch ein solches werden. Ein weiterer Zuzug sollte mit allen Mitteln verhindert und die Bereitschaft zur Rückkehr auch mit finanziellen Mitteln verstärkt werden.[52] Damit näherte sich die sozialliberale Koalition der Linie vor allem Baden-Württembergs an, das sich bereits einige Jahre zuvor für die finanzielle Rückkehrförderung stark gemacht hatte. Eine weitere Angleichung der Standpunkte zwischen der Regierung und den einzelnen Bundesländern sollte durch eine Bund-Länder-Kommission erreicht werden, die sich bald darauf einigte, den Nachzug von jugendlichen Ausländern nur noch zuzulassen, wenn beide Elternteile in der Bundesrepublik ansässig waren. Das Bundeskabinett ging anschließend noch weiter. Es verabschiedete am 2. Dezember 1981 «Sofortmaßnahmen zur sozialverantwortlichen Steuerung des Familiennachzugs», in denen die Herabsetzung des Höchstalters von nach Deutschland zu ihren Eltern ziehenden jugendlichen Ausländern von 18 auf 16 Jahre empfohlen wurde. Ehepartner von Ausländern sollten nur noch nachreisen dürfen, wenn diese seit mindestens acht Jahren in der Bundesrepublik ansässig waren und die Ehe bereits ein Jahr Bestand hatte.[53]

Trotz dieser Restriktionen, die im Sinne der Opposition und der Mehrheit der Länder waren, wurde die Ausländerpolitik in den Folgemonaten immer deutlicher Gegenstand parteipolitischer Auseinandersetzungen. Im Bundestag warfen Sprecher der CDU/CSU-Fraktion der Bundesregierung Untätigkeit vor, die nicht nur zu untragbaren Verhältnissen geführt habe, sondern auch die Gefahr in sich berge, der um sich greifenden Ausländerfeindlichkeit Vorschub zu leisten. Außerdem wurde der Einwanderungsprozeß aus nationalgeschichtlichen Gründen für nicht hinnehmbar erklärt. Der CSU-Abgeordnete Carl-Dieter Spranger erklärte im Namen seiner Fraktion, daß Westdeutschland «als Teil des gespaltenen Deutschlands eine historische und verfassungsrechtliche Verantwortung für die gesamte deutsche Nation» habe. Deutschland könne «nach seiner Geschichte und seinem Selbstverständnis kein Vielvölkerstaat sein oder werden». Die Familienzusammenführung sollte nach Auffassung der Unionsparteien soweit wie möglich nicht in der Bundesrepublik, sondern im Heimatland stattfinden. Auch halte man «das Festhalten der Ausländer, wie es jetzt geschieht, für eine Privilegierung der hier lebenden und eine Benachteiligung der anderen Ausländer in den Herkunftsländern».[54]

Angesichts der steigenden Ausländerzahlen, der wirtschaftlichen Krisenlage und des zunehmenden Drucks sowohl von seiten der Opposition wie der Öffentlichkeit geriet die Bundesregierung immer stärker in die Defensive. Immer weitere Restriktionen wurden vorgeschlagen, so die Einführung einer Aufenthaltserlaubnispflicht für Ausländer unter 16 Jahren, finanzielle Anreize zur Rückkehrförderung und die weitere Herabsetzung des Nachzugsalters auf bis zu sechs Jahren – ein Streitthema, das in den kommenden Jahren zu einem der Dauerbrenner der ausländerpolitischen Diskussion wurde.[55]

Acht Jahre nach dem Stop der Anwerbung ausländischer Arbeiter war die westdeutsche Ausländerpolitik durch ebenso große Betriebsamkeit wie Ratlosigkeit gekennzeichnet. Denn daß es durch solche Maßnahmen zu einer deutlichen Verminderung der Zahl der in Westdeutschland lebenden Ausländer in überschaubarer Zeit kommen könnte, war in den Augen der meisten Verantwortlichen sehr unwahrscheinlich. Andererseits waren Politik und Öffentlichkeit auch nicht bereit, sich mit einem Einwanderungsprozeß auf Dauer abzufinden. Zugleich aber war die rechts- und sozialpolitische Integration der meisten der Ausländer insgesamt und der aus EG-Staaten stammenden Ausländer zumal bereits so weit vorangeschritten, daß eine konsequente Nicht-Einwanderungspolitik eher propagiert als in der Praxis auch durchgeführt werden konnte. Dabei entsprach aber die Unschlüssigkeit der Regierung durchaus der widersprüchlichen und uneinheitlichen Haltung in der westdeutschen Gesellschaft insgesamt. Die meisten Ausländer zur Rückkehr bewegen, aber zugleich auch auf eine unklare Weise «integrieren» zu wollen, zugleich die Probleme der nachwachsenden Generation zu erkennen und auf die zunehmende Unruhe unter der deutschen Bevölkerung mit einer restriktiven Ausländerpolitik zu reagieren – die Aporie in der Ausländerfrage war durch Konzepte und politische Leitlinien von oben allein nicht auflösbar. Solange ein Großteil der Bevölkerung der Überzeugung war, daß sich das «Ausländerproblem» am besten dadurch lösen ließe, daß die Ausländer in ihre Heimat zurückkehrten, war an zukunftsorientierte Einwanderungspolitik nicht einmal zu denken. Solange andererseits die politisch Verantwortlichen und die Behörden den Eindruck erweckten, die Anwesenheit der Ausländer in Deutschland sei nach wie vor vorübergehender Natur, konnten sich solche Grundeinstellungen auch nicht ändern.

1.3. «Kein Einwanderungsland»: die Ausländerpolitik der Regierung Kohl

Als der neugewählte Bundeskanzler Helmut Kohl am 13. Oktober 1982 seine Regierungserklärung abgab, stellte er seiner «Politik der Erneuerung» ein «Dringlichkeitsprogramm» voran, das vier Schwerpunkte enthielt: die Schaffung neuer Arbeitsplätze, die Sozialpolitik, die Außen- und Sicherheitspolitik – und die Ausländerpolitik.[56] Daß Bundeskanzler Kohl die Ausländerpolitik derart heraushob, verdeutlicht den dramatischen Wandel, den dieses Thema in der Öffentlichkeit wie in der propagierten Politik in den vorangegangenen Jahren erfahren hatte.

Der tiefgreifende Meinungswandel in der westdeutschen Bevölkerung seit Ende der 70er Jahre hatte die Ausländerpolitik bereits zu einem Thema des Wahlkampfes 1979 gemacht. Es war unübersehbar, daß dieses Thema die Menschen neben der Entwicklung der Arbeitslosigkeit und der Sozialpolitik in besonderer Weise bewegte. «Jede Bonner Partei riskiert Konflikte mit vielen Anhängern, wenn sie das Ausländerproblem entschärft und einen Kurs steuert, der neben der Abwehr weiteren Zustroms die notwendige Integration eines erheblichen Teils der jetzigen Gastarbeiter zum Ziel hat», so waren die Ergebnisse der Infas-Umfrage zusammengefaßt worden.[57] Mit diesem Thema waren offenkundig Mehrheiten zu gewinnen und zu verlieren. Diese Einsicht sollte von nun an zu einem der Axiome der Ausländerpolitik werden.

Um diese Stimmungen aufzufangen und nicht rechtsextreme Organisationen davon profitieren zu lassen, versuchte vor allem die Union, auf die ausländerkritische Haltung in der Bevölkerung zu reagieren, indem das bislang eher nachrangige Thema aufgewertet und politisch besetzt wurde. Die beiden Unionsparteien begannen nun, die rasche und erhebliche Verminderung der Zahl der Ausländer in der Bundesrepublik zu einem ihrer programmatischen Schwerpunkte zu machen. Aber auch die Sozialdemokratie sah sich in der Ausländerfrage unter zunehmendem Druck von Teilen ihrer eigenen Parteibasis.

In der Koalitionsvereinbarung des liberalkonservativen Bündnisses waren die Richtlinien der zukünftigen Ausländerpolitik dementsprechend ausführlich dargelegt. Ausgangspunkt des hier entwickelten Programms war die Feststellung: «Deutschland ist kein Einwanderungsland». Daraus ergaben sich drei Zielsetzungen: 1. die «Integration» der hier lebenden Ausländer; 2. die Förderung der Rückkehrbereitschaft und 3. die Verhinderung eines weiteren Zuzugs. Es konnte aber bereits als ein deutliches Signal gelesen werden, daß nur die beiden letzten Punkte näher ausgeführt wurden, während zur Integrationspolitik keine konkreten Maßnahmen vereinbart wurden.

In Übernahme der von der sozialliberalen Koalition bereits entworfenen Konzepte sollte die Rückkehrbereitschaft der Ausländer durch zeitlich begrenzte finanzielle Anreize gefördert werden. Dazu sollten Arbeitslosengeld und Kindergeldanspruch kapitalisiert und die eingezahlten Arbeitnehmerbeiträge für die gesetzliche Rentenversicherung vorzeitig erstattet werden. Auf diese Weise wollte man möglichst viele Ausländer dazu bewegen, ihren (ohnehin als feststehend vorausgesetzten) Wunsch zur Rückkehr in die Heimat bereits jetzt umzusetzen. Um einen weiteren Zuzug von Ausländern zu verhindern, wollte die Bundesregierung zudem «alle humanitär vertretbaren Maßnahmen» ergreifen. Dabei stand die Angst vor einer drohenden Masseneinwanderung aus der Türkei im Vordergrund, mit der in den 60er Jahren eine Vereinbarung über ein Assoziierungsabkommen mit der Europäischen Gemeinschaft abgeschlossen worden war, aus dem für die kommenden Jahre das Recht auf Freizügigkeit abgeleitet werden konnte.

Um der Dringlichkeit der Ausländerproblematik Nachdruck zu verleihen, setzte die Bundesregierung unmittelbar nach ihrer Bestellung eine Kommission ein, die innerhalb eines halben Jahres Vorschläge unterbreiten sollte, wie «die gesellschaftspolitischen Probleme abgebaut werden können, die durch die große Zahl von Ausländern entstehen, die bei uns leben».[58]

Im Ganzen knüpften diese Vorstellungen an die Zielsetzungen der Vorgängerregierung seit 1981 an. Grundlage blieben die Vorstellung des vorübergehenden Arbeitsaufenthalts der in Westdeutschland lebenden Ausländer und damit verbunden das Postulat einer «Integration auf Zeit». Immerhin hatte es unter Bundeskanzler Schmidt aber neben den Plänen zur Rückkehrförderung auch Vorstellungen über die Förderung der Integration der Ausländer gegeben. Solches fehlte nunmehr weitgehend. Zudem war eine deutliche Kompetenzverlagerung in der Ausländerpolitik vom Bundesarbeitsministerium zum Innenministerium zu konstatieren – von nun an, so signalisierte dieser Wechsel, standen nicht mehr sozialpolitische, sondern ordnungspolitische Aspekte im Vordergrund der Ausländerpolitik. Das ging so weit, daß die neue Kommission, die am 16. November 1982 eingerichtet wurde, allein aus Vertretern Bund, Ländern und Gemeinden bestand. Selbst die bloße Anhörung von Gewerkschaften und Unternehmervertretern, Kirchen und Sozialverbänden wurde nur gegen den Willen des nun federführenden Innenministeriums durchgesetzt.[59]

1. Vom «Gastarbeiterproblem» zur «Einwandererfrage»

Bei der Anhörung am 30. November 1982 traten die umstrittenen Punkte in der Beurteilung einer zukünftigen Ausländerpolitik deutlich hervor, die sich aus einer Umsetzung der ausländerpolitischen Grundsätze der Regierungserklärung ergaben. Schnell wurde sichtbar, daß eine drastische Verminderung der Zahl der Ausländer in der Bundesrepublik auch nur mit drastischen Maßnahmen durchsetzbar wäre. Solche radikalen Lösungen aber waren weder humanitär vertretbar noch aufgrund der auch internationalen Verpflichtungen der Bundesrepublik rechtlich durchsetzbar. Der Teufel lag im Detail: Wollte man den Zuzug von Ausländern beschränken, mußte sich das vor allem auf den Nachzug von Familienangehörigen beziehen. Aber wie war das mit dem im Grundgesetz verankerten besonderen Schutz der Familie zu vereinbaren? Sollten nur noch kleine Kinder nachreisen dürfen? Sollten die Ehepartner der Ausländer sofort oder erst nach einer Wartefrist eine Zuzugsgenehmigung erhalten? Wen konnte man zur Rückkehr bewegen – alle Ausländer oder nur die Arbeitslosen unter ihnen? War das überhaupt finanzierbar? Würden die Ausländer nach Rückkehr in ihre Heimat eine Aussicht auf Beschäftigung haben? Was war unter diesen Umständen unter «Integration» zu verstehen? Etwa erleichterte Einbürgerungen? Waren die Probleme der Türken im Vergleich zu den anderen Gruppen besondere? Wenn man die Kinder der Ausländer auf deutsche Regelschulen schickte – wie war das mit der Rückkehroption zu verbinden, und andersherum: wenn sie in gesonderten Klassen in der Muttersprache unterrichtet würden – widersprach das nicht allen Zielsetzungen der Integration?

Die Ausländerfrage entwickelte sich in der Bundesrepublik schnell zu einem der heftigsten Streitpunkte auch innerhalb der neuen Regierungskoalition. Während die CDU und vor allem die CSU auf eine harte Rückführungs- und Abgrenzungspolitik setzten, war die FDP zu derartig rigiden Maßnahmen nicht bereit. Daraus entwickelte sich ein über die gesamten 80er Jahre weitergeführter Streit, der in Innenminister Zimmermann (CSU) und der Ausländerbeauftragten Funcke (FDP) seine Protagonisten fand. In politischer Hinsicht schlugen sich hierbei die unterschiedlichen Konzeptionen von Konservativen und Liberalen in bezug auf Staatsbürgerschaft und Nationalstaat nieder; in sozialer Hinsicht die Tatsache, daß vor allem die ärmeren und älteren Bevölkerungsgruppen, welche die Union überproportional vertrat, in den Ausländern eher Konkurrenten sahen als das wohlhabende liberale Bürgertum, für das die FDP stand.

Kurz vor den vorgezogenen Bundestagswahlen am 6. März 1983 legte die von Bundeskanzler Kohl eingerichtete Kommission Ausländerpolitik ihren Bericht vor.[60] Darin bestätigte sie die in der Koalitionsvereinbarung getroffene Zielrichtung: Integration der auf Dauer hier bleibenden Ausländer; Begrenzung des Zuzugs; Förderung der Rückkehrbereitschaft «und – soweit möglich – der Rückkehrfähigkeit». Dazu sollten der Nachzug von Kindern und Ehegatten geregelt, die Kriterien für die Aufenthaltserlaubnis präzisiert werden.

Aufschlußreicher noch waren jene Punkte, in welchen sich die Kommission nicht auf ein einheitliches Votum hatte einigen können: «Regelung des Kindernachzugs zu Ausländern aus Nicht-EG-Staaten; Ehegattennachzug zu Ausländern der zweiten Generation und der folgenden Generationen aus Nicht-EG-Staaten; Abhängigkeit der Aufenthaltsverfestigung von Integrationsleistungen der Ausländer sowie Nachweis des Vorhandenseins einer ordnungsgemäßen und nicht unzureichenden Wohnung bei der Verlängerung der Aufenthaltserlaubnis (Aufenthaltsverfestigung) und beim Familiennachzug; Erleichterung der Einbürgerung; Abbau integrationsbeschränkender Regelungen beim Zugang zum Arbeitsmarkt».

Hier lagen die Kontroversen der Zukunft, die nun über viele Jahre mit großer Intensität ausgetragen wurden. Aber schon die Kompliziertheit der Sprachregelungen verwies auf die immer diffiziler werdenden Entscheidungen, die der Öffentlichkeit kaum mehr vermittelbar waren. «Die Ausländerproblematik wächst den Experten über den Kopf», schrieb eine Zeitung zutreffend. Es werde deutlich, daß es «keine finanziell tragbare Patentlösung zur Verringerung der Ausländerzahlen ohne Verstöße gegen das Grundgesetz» gebe.[61]

Nach den Bundestagswahlen vom März 1983 bezog sich Bundeskanzler Kohl in seiner zweiten Regierungserklärung auf den Bericht der Kommission als Grundlage der Ausländerpolitik seiner Regierung. Für die Regierung standen nun zunächst vier Punkte im Vordergrund: die Einführung einer finanziellen Rückkehrhilfe, die Begrenzung des Nachzugsalters für türkische Kinder, die Reglementierung des Nachzugs von Ehefrauen und die Frage der Freizügigkeit von türkischen Arbeitnehmern durch das Assoziierungsabkommen mit der EG.

Nachdem einzelne Bundesländer wie Baden-Württemberg und Berlin, wo der dortige Innenminister Lummer sich zum Vorreiter einer explizit antitürkischen Politik machte, mit eigenen Initiativen und Verordnungen zur Begrenzung des Nachzugsalters vorgeprescht waren,[62] entwickelte sich vor allem über dieses Thema eine an Schärfe ständig zunehmende Diskussion, die die Ausländerpolitik in der gesamten Legislaturperiode prägte.[63] Standen die Politiker unter dem Eindruck der Ergebnisse der Meinungsumfragen, so wirkten diese Diskussionen ihrerseits verschärfend auf das Meinungsklima in der Bundesrepublik. Der Vorschlag, das Nachzugsalter auf sechs Jahre abzusenken, war ebenfalls in der Regierung Schmidt bereits erwogen worden und bezog sich in der Praxis vorrangig auf die Türkei. Innenminister Zimmermann hob hervor, daß angesichts der sozialen Probleme der in höherem Alter zugezogenen ausländischen Jugendlichen «nur diese Regelung human und sozial und familienfreundlich ist». Bei älteren Kindern sei die Zahl der Schulabbrecher enorm hoch; außerdem würden mit zunehmendem Einreisealter die Integrationschancen stark sinken. In Wirklichkeit, so Zimmermann, gehe es auch nicht um Familienzusammenführung: «Es ist offenbar, daß hier nicht das Eltern-Kind-Verhältnis das

1. Vom «Gastarbeiterproblem» zur «Einwandererfrage»

maßgebende Motiv ist, sondern die Überlegung, sich in letzter Minute den Zugang zum deutschen Arbeitsmarkt zu verschaffen.»[64] Dabei hob Zimmermann insbesondere auf den kulturellen Unterschied zwischen Italienern, welche ja durch EG-Vereinbarungen nur noch sehr bedingte Zuzugsbeschränkung kannten, und Türken ab: «Die (Türken) kommen aus einem anderen Kulturkreis und in einer anderen Größenordnung. Es ist ein riesiger Unterschied, ob ich hier 1,7 Millionen Moslems vor mir habe, die in Wirklichkeit ja nicht auf die Dauer bleiben wollen, sich nicht integrieren wollen, auch nicht deutsche Staatsbürger werden wollen, sondern mit dem erkennbaren Willen einreisen, hier Geld zu verdienen und dann wieder zurückzugehen.»[65] Während mittlerweile akzeptiert schien, daß Italiener, Griechen oder Spanier womöglich auf längere Sicht in Deutschland blieben, hing man gegenüber den Türken eher noch der Überzeugung vom «Gastarbeiter» an, zumal sie als Nicht-EG-Mitglieder auch keinen generellen Aufenthaltsanspruch in der Bundesrepublik besaßen.

Innerhalb der Bundesregierung konnte sich Zimmermann jedoch zunächst nicht durchsetzen. Die FDP und insbesondere die Ausländerbeauftragte Liselotte Funcke waren nicht bereit, eine solche Regelung mitzutragen, die sie als familienfeindlich und grundgesetzwidrig empfanden.[66] Auch im Arbeitsministerium wurden solche Bedenken erhoben.[67] Im Dezember 1983 schien die Debatte beendet; das Kabinett entschied sich gegen die Senkung des Nachzugsalters. Doch die Debatte schwelte weiter und wurde im Verlaufe des Jahres 1984 zu dem am meisten diskutierten ausländerpolitischen Einzelthema. Vor allem die Vorstellungen des Innenministeriums und der Ausländerbeauftragten waren miteinander nicht mehr vereinbar; im Herbst 1984 kam es über diesen Punkt sogar zu einer ernsten Kabinettskrise.[68] Gegen die harten Vorstellungen Zimmermanns und seines Staatssekretärs Spranger in der Nachzugsfrage wandte sich vor allem der FDP-Vorsitzende und Außenminister Genscher: Beim Nachzugsalter habe man gegenüber der Türkei Verpflichtungen übernommen, die nun nicht rückgängig zu machen seien. «Ich werde als Außenminister nicht mehr zur Verfügung stehen, wenn diese Verpflichtungen nicht eingehalten werden.» Daraufhin beschloß das Kabinett, daß «unter den gegebenen Umständen» kein Anlaß für ein gesetzliches Verbot des Nachzugs von Kindern unter sechs Jahren bestehe.[69] Die Ausländerfrage hatte mittlerweile eine solche Bedeutung angenommen, daß über die Frage, ob die Kinder von in der Bundesrepublik lebenden Ausländern bis zum 16. oder nur bis zum 6. Lebensjahr hierher nachreisen durften, die Regierung in Schwierigkeiten geriet und der Außenminister mit dem Rücktritt drohte.

Der zweite Grundsatz der neuen Ausländerpolitik zielte auf die bereits mehrfach beratene «Förderung der Rückkehrbereitschaft» der Ausländer. An den Entwurf der Regierung Schmidt anknüpfend, wurden in dem neuen Gesetzentwurf vom Juni 1983 mit der «Rückkehrförderung» und der «Rückkehrhilfe» zwei Möglichkeiten anvisiert, Nicht-EG-Ausländer durch eine zeitlich begrenzte finanzielle Sonderregelung zur definitiven Rückkehr ins Heimatland zu veranlassen. Die «Rückkehrhilfe» in Höhe von DM 10 500 konnte dann in Anspruch genommen werden, wenn ausländische Arbeitnehmer wegen einer Betriebsstillegung arbeitslos geworden oder von Kurzarbeit betroffen waren. In diesem Fall erhielten sie für ihre ebenfalls ausreisenden Ehegatten und unterhaltspflichtigen Kinder je weitere 1500 Mark. Unabhängig davon konnten alle rückkehrwilligen Ausländer die «Rückkehrförderung» in Anspruch nehmen und sich ihre eingezahlten Beiträge zur Rentenversicherung ohne die üblichen Wartefristen auszahlen lassen. Ein gleiches galt für staatlich bezuschußte Bausparverträge und Spareinlagen, wobei die staatlichen Zuschüsse nicht verfielen. Diese Maßnahmen sollten vom 1. Oktober 1983 an für ein Jahr gelten.[70]

Das auf dieser Grundlage verabschiedete Gesetz, das bereits am 1. Dezember in Kraft trat, stieß bei Interessenverbänden und Gewerkschaften ebenso wie bei der Opposition auf scharfe Kritik. Die SPD kritisierte es als «Täuschungsmanöver» und «unsolidarische und unmoralische» Maßnahme, deren Effekt zudem äußerst zweifelhaft sei. Innenminister Zimmermann betreibe eine «Hau-ab-Politik».[71] Die IG Metall ging noch weiter. Das Rückkehrförderungsgesetz sei die «Fortsetzung der Rausschmißpolitik der Bundesregierung». Die in die Türkei rückkehrenden Gastarbeiter seien dort angesichts von jährlich 950 000 neuen Arbeitsuchenden ohne echte Chance.[72] In einem «Kölner Appell gegen eine menschenfeindliche Ausländerpolitik» wandten sich zahlreiche Intellektuelle und Politiker gegen die ausländerpolitischen Maßnahmen der Regierung Kohl insgesamt und besonders gegen das «Herauslocken oder Hinausdrängen von Ausländern» mit Hilfe der Rückkehrprämien.[73] Auch die Ausländerbeauftragte warnte vor den Auswirkungen eines solchen Gesetzes und der Diskussionen darüber. Es bestehe die «Gefahr, daß die ausländische Bevölkerung zum Spielball unterschiedlicher Emotionen, Schuldzuweisungen, politischer Profilierungen und persönlicher Reaktionen» werde. «Wie sollen sie da den Zusicherungen trauen, daß die Rückkehrförderung nur als freiwilliges Angebot gemeint sei?»[74] Entsprechend wurde das Gesetz in der türkischen Presse für eine wenig freundliche Aufforderung zum Verlassen des Landes oder gar für eine Falle gehalten, denn die Rechnung würde für die Rückkehrer nicht aufgehen. Im Juli 1984 wurde über zurückgekehrte «Gastarbeiter» berichtet, die ihre Landsleute in Deutschland davor warnten, es ihnen gleichzutun: Sie hätten in der Türkei keine Arbeit finden können und ihre Ersparnisse binnen weniger Monate aufgebraucht.[75]

Die Proteste gegen die Pläne der Bundesregierung in Deutschland ergaben ein neues Bild: Mittlerweile hatte sich gegen die seit den späten 70er Jahren auf die Verminderung der Ausländerzahlen gerichtete Politik der Regierungen eine Allianz verschiedener Interessengruppen und politischer Initiativen gebildet, die von den Kirchen und Gewerkschaften über die Ausländervertretungen bis zum Amt des Ausländerbeauftragten reichten und

1. Vom «Gastarbeiterproblem» zur «Einwandererfrage»

fortan als «Ausländeranwerbestop» eine durchaus gewichtige Rolle in der deutschen Ausländerpolitik einnahmen. So war innerhalb weniger Jahre eine die politischen Parteien übersteigendes politisches Kräftefeld entstanden, auf der sich die Befürworter von Einwanderung und Integration den Befürwortern von Rückkehr und einer konsequenten Nicht-Einwanderungspolitik in zunehmender Schärfe gegenüberstanden.

Gegen die Rückkehrprämien gab es aber auch andere Stimmen, die vor allem beklagten, die Ausländer erhielten zuviel Geld. Dagegen rechnete Arbeitsminister Blüm vor, welche immensen Vorteile für die Deutschen damit verbunden seien. Bei der Rückkehrhilfe stünden den erwarteten Kosten von 220 Millionen Mark im Jahre 1983/84 Entlastungen beim Kinder- und Arbeitslosengeld in Höhe von 320 Millionen Mark gegenüber. Hinzu kämen nicht genau zu schätzende Einsparungen bei der Sozialhilfe und dem Wohngeld. Bei der Auszahlung der Arbeitnehmerbeträge zur Rentenversicherung lagen die Zahlen noch höher: Allein bis 1984 werde die Rentenversicherung 680 Millionen Mark einsparen, langfristig etwa 2,5 Milliarden DM.[76]

Insgesamt beantragten etwa 140000 ausländische Arbeitnehmer die vorzeitige Auszahlung ihrer Beiträge zur gesetzlichen Rentenversicherung, darunter etwa 120000 Türken. Die Zahl der Anträge auf Rückkehrbeihilfen infolge von Konkurs oder Betriebsstillegungen hingegen lag deutlich niedriger: 16 833, darunter 14 459 Türken. Die Bundesregierung schätzte, daß insgesamt etwa 300000 Ausländer aufgrund des Rückkehrgesetzes in die Heimat zurückgekehrt seien, und sah darin einen vollen Erfolg ihrer Politik. Arbeitsminister Blüm hob die Ergebnisse der Aktion in einem Schreiben an Bundeskanzler Kohl besonders hervor: «Etwa 300000 Ausländer werden bis zum Ablauf der Ausreisefrist das Bundesgebiet freiwillig verlassen. Ein wichtiger Bestandteil der Koalitionsvereinbarungen zur Ausländerpolitik ist damit erfüllt.»[77]

Berücksichtigte man nun aber, daß die Zahl der zurückkehrenden Ausländer seit 1973 in keinem Jahr unter 365 000 gelegen hatte, so relativierten sich die erwünschten Folgen des Gesetzes, weil man davon ausgehen mußte, daß viele ausländische Familien in Erwartung der Rückkehrprämien ihren bereits gefaßten Entschluß zur Heimkehr aufgeschoben hatten. Die von der Regierung vermeldeten Erfolgszahlen lesen sich mithin anders, wenn man den hohen «Mitnahmeeffekt» des Gesetzes einrechnet.

Unstreitig aber schien, daß sich das Rückkehrgesetz für die deutschen Kassen sehr positiv auswirkte. Die Effekte waren offenbar noch höher als von Blüm anfangs erwartet und wurden auf knapp vier Milliarden DM geschätzt. Das Innenministerium sah auch das als Erfolg seiner Politik an: «Eine harte Ausländerpolitik senkt die Sozialkosten.»[78] Allerdings relativierten sich diese Berechnungen bald. Im Oktober 1985 summierten sich die an rückkehrende Ausländer zu zahlenden Rentenbeiträge statt der erwarteten 1 Mrd. DM auf mehr als das Doppelte, so daß der finanzielle

Nutzen für die deutsche Seite zumindest geringer war als zunächst angenommen. Auch deswegen wurde an eine Neuauflage der Rückkehrförderungsaktionen von seiten der Regierung nicht mehr gedacht.[79] Die Beurteilung der Auswirkungen des Gesetzes fällt bis heute sehr unterschiedlich aus. Während Klaus J. Bade hierin «eine jener politischen Ersatzhandlungen, die als ‹Symbolpolitik› zu einem besonderen Genre der Ausländerpolitik wurden», sah, zeichnen betriebsbezogene Studien, welche die flankierenden Prämien und Abfindungen der Unternehmen miteinbeziehen, ein anderes Bild. Die Rückkehrprämien bezogen sich nämlich überwiegend auf besonders krisengeschüttelte Branchen wie den Bergbau, die Eisen- und Stahlerzeugung und den Schiffsbau. Hier konnten sich die Rückkehrprämien zusammen mit den Rentenauszahlungen und zusätzlichen betrieblichen Leistungen zu Summen in interessanten Größenordnungen summieren.[80] Als Ausgleichsinstrument bei stark sektoralen Krisen war eine Politik des finanziellen Anreizes zur Rückkehr offenbar geeignet. Die ursprüngliche Zielsetzung der Bundesregierung, die Ausländerzahl durch diese und andere Maßnahmen deutlich zu senken, mißlang hingegen. In den Statistiken sind die Auswirkungen des Gesetzes kaum meßbar. Die Zahl der in Deutschland beschäftigten Ausländer sank zwar, aber nicht infolge dieses Gesetzes, sondern bereits seit dem Konjunktureinbruch 1980. Auf dem Höhepunkt der Wirtschaftskrise, 1985, erreichte die Zahl der beschäftigten Ausländer mit 1 536 000 ihren Tiefpunkt, um dann mit der anspringenden Konjunktur wieder zu steigen. Dieser großangelegte Versuch, die hier lebenden Ausländer zur Rückkehr zu bewegen – ursprünglich war von einer Senkung von 4,6 auf zwei bis drei Millionen innerhalb von sechs Jahren die Rede gewesen –, mißlang also.[81]

Die diesem Versuch zugrundeliegende Annahme, daß die Ausländer – und insbesondere die Türken – nach wie vor ihren Aufenthalt in Deutschland nur als vorübergehend ansahen und bei entsprechenden Anreizen massenhaft zurückkehren würden, erwies sich als nicht mehr zutreffend. Für die meisten Türken war die Zukunft nämlich zu diesem Zeitpunkt gar nicht vorhersehbar. Eine Umfrage unter Türken in Berlin ergab, daß 83 % von ihnen auf die Frage, ob und wann sie in die Türkei zurückkehren wollten, keine klare Antwort mehr wußten. Der größte Teil der türkischen Familien in Berlin orientierte sich in zunehmendem Maße auf die deutsche Gesellschaft und würde vermutlich auf die Dauer in Deutschland bleiben.[82] Dazu hat das Rückkehrförderungsgesetz indirekt einen Beitrag geleistet. Denn diejenigen, die diesen finanziell günstigen Zeitpunkt zur Rückkehr an sich vorbeiziehen ließen, waren sich darüber bewußt, daß ihre Zukunft zumindest für die kommende Zeit in Deutschland lag. Die türkische Presse kommentierte vor dem Hintergrund dieser Erfahrung im Januar 1987: «Wir sind in der Fremde keine Exilanten mehr, wir sind Einwanderer geworden ... Entweder schreiten wir auf diesem Weg fort, oder wir verlassen das Land. Aber wir haben das Beispiel derer vor Augen, die dem Reiz der

Rückkehrhilfe erlagen und zurückkamen. Die meisten bereuen dies tausendfach. Aber auch, wer geblieben ist, verspürt Reue. ‹Warum sind wir nicht auch gegangen?› fragen viele. Wären sie aber gekommen, würden sie heute klagen wie die Rückkehrer. Lassen wir's. Vorbei ist vorbei ...»[83]

Der dritte Schritt der neuen Bundesregierung auf dem Weg zu einer neuen Ausländerpolitik wurde durch die Ankündigung des Bundeskanzlers eingeleitet, die Bundesregierung werde in Kürze auf der Grundlage des Berichts der Kommission «Ausländerpolitik» ein neues Ausländergesetz vorlegen und damit die bisher verfolgten Einzelmaßnahmen in eine Gesamtkonzeption integrieren.[84]

Im Innenministerium lag ein erster Entwurf für ein neues Ausländergesetz bereits im September 1983 ausgearbeitet vor. Er bezog sich in seinen wesentlichen Bestimmungen ausschließlich auf Angehörige von Nicht-EG-Ländern, während für die EG-Inländer erheblich liberalere Bestimmungen galten. Von den großen Ausländergruppen in der Bundesrepublik waren daher nur die Türken und Jugoslawen betroffen, da die volle EG-Mitgliedschaft von Spanien und Griechenland bereits terminiert war. Insofern war die Reichweite des zu schaffenden neuen Gesetzes von vornherein doch eng begrenzt.

Das neue Ausländergesetz, so wurde in dem Entwurf betont, solle jenes von 1965 ablösen, «das einer Zeit entstammt, als lediglich Wanderarbeiter in verhältnismäßig geringer Zahl in unser Land gekommen waren».[85] Zwei Ziele seien leitend: Integration und Begrenzung. Sie bedingten einander: «Ohne Zuzugsbegrenzung könnte Integration nicht gelingen.» Gleichzeitig sei Integration ein zweiseitiger Prozeß; wenn die Ausländer nicht von sich aus «eine Minimalleistung an Integration» zu erbringen gewillt oder imstande seien, könnten sie keinen Daueraufenthalt in der Bundesrepublik beanspruchen. «Der Grundsatz bleibt: Zuzugsbegrenzung (Anwerbestop). Wir sind kein Einwanderungsland.»

Die dann im einzelnen aufgeführten Festlegungen bestätigten die bisherige Politik der Bundesregierung, konkretisierten und verschärften sie aber in verschiedenen Punkten. Der Entwurf war, was die Ablehnung jeder Form der Zuwanderung anging, einigermaßen konsequent, auch dann, wenn dies aus familienpolitischen Gründen höchst problematisch erschien, wie etwa im Falle der Senkung des Nachzugsalters. Auf der anderen Seite waren die Angebote zur Verfestigung des Rechtsstatus' derjenigen, die auf Dauer in Deutschland bleiben wollten, nach wie vor sehr zurückhaltend und stellten kein für die Ausländer attraktives Angebot zur Integration auf Dauer dar.

Durch die öffentlichen Auseinandersetzungen um den Familiennachzug und die daraus entstandenen Auseinandersetzungen in der Koalition war aber bereits Ende 1984 absehbar, daß es auf kurze Sicht nicht zu einer Novellierung des Ausländergesetzes kommen würde. Im Oktober 1985 wurde dies auch intern bestätigt: Man halte eine Neufassung zwar nach wie vor für notwendig, teilte das Innenministerium mit, das Vorhaben werde aber «im Hinblick auf die vorrangige Lösung der Freizügigkeitsproblematik EWG/Türkei» zunächst zurückgestellt.

Damit war das vierte Problem angesprochen: die drohende Freizügigkeit von türkischen Arbeitnehmern durch das Assoziierungsabkommen mit der EG von 1963.[86] Nach Auffassung der türkischen Regierung standen den türkischen Arbeitnehmern durch diesen Vertrag die gleichen Rechte der Arbeitsaufnahme in den Staaten der Europäischen Gemeinschaft zu wie den Arbeitnehmern aus den Mitgliedsstaaten. Auch das deutsche Auswärtige Amt hielt die türkische Rechtsauffassung für begründet.[87] Zwar hatte Außenminister Genscher bereits 1982 von der türkischen Militärregierung und 1984 vom türkischen Ministerpräsidenten Özal mündliche Zusicherungen erhalten, wonach man die in Deutschland befindliche Zahl von Türken nicht weiter anwachsen lassen wolle, eine Festlegung auf diese Aussagen war jedoch nicht erfolgt. Die Aussicht, daß ab 1986 ein ungebremster Zustrom von Türken in die Bundesrepublik zu erwarten sei, sorgte in den Ministerien ebenso wie in der Öffentlichkeit für erhebliche Beunruhigung. In einem internen Papier des Arbeitsministeriums hieß es: «Das Wohlstandsgefälle und das Sozialleistungsgefälle zwischen EG (insbesondere Deutschland) und Türkei werden fortbestehen. Deshalb kann es keinen Zweifel geben, daß volle Freizügigkeit ... einen starken und anhaltenden Zuzug von Türken gerade nach Deutschland auslösen würde ... Dies wäre für die Bundesrepublik aus staats-, gesellschafts-, integrations- und beschäftigungspolitischen Gründen nicht verkraftbar.»[88]

Mehrere Reisen von Bundesministern nach Ankara brachten kein Ergebnis, so daß Bundeskanzler Kohl im Juli 1985 selbst in die Türkei flog, um diese Frage zu klären.[89] Im Vorfeld war die Nervosität in der Bundesrepublik noch gestiegen; sogar die liberale *Zeit* veröffentlichte einen mit der Zeile «Vertragsbruch oder Dammbruch» überschriebenen Leitartikel ihres Chefredakteurs Sommer, in dem sich geradezu Panik widerspiegelte. Ansatzpunkt dieser Analyse war der «Instinkt, der dem Menschen offenbar unausrottbar eingefleischt ist: Er möchte mit seinesgleichen unter sich bleiben, und wo er schon Fremde in seinen Lebenskreis läßt, sollen diese sich gefälligst der Sprache, der Kultur und der Wertordnung anpassen, die sie dort vorfinden ... Sämtliche Meinungsumfragen ergeben: 80 Prozent der Bundesbürger finden, daß wir zu viele Ausländer im Lande haben. 85 Prozent wollen den weiteren Zuzug begrenzen.» Wegen des Assoziierungsabkommens aber laste nun «die Erwartung, daß nach dem 1. Dezember 1986 sich ein neuer Strom von Türken in die Bundesrepublik ergießen könnte», wie ein «Alp auf Regierung und Volk». Denn nun bräche «der Damm, der bisher die Armen Anatoliens zurückgehalten hat». Damit aber wäre «die Toleranzgrenze, die Rebellionsgrenze erreicht ... Kein Wunder, daß sich die Bundesregierung verzweifelt bemüht, den Dammbruch zu verhindern.» Sommer schlug daher vor, den Türken «nach guter levantinischer Art» das Freizügigkeitsrecht einfach abzukaufen. Ansonsten müsse die Bundesregierung bei den Verhandlungen «ungeniert durchblicken lassen, daß sie, wenn es gar nicht anders geht, notfalls auch einen Vertragsbruch in Kauf nähme, um den Dammbruch zu verhindern».⁹⁰

Kohls Besuch in der Türkei brachte ebenfalls keine greifbaren Ergebnisse.⁹¹ Aber der Weg über die EG erwies sich als erfolgreich. Im November 1986 legte der EG-Ministerrat auf Vorschlag der Bundesregierung fest, daß das Abkommen keine Freizügigkeit für Arbeitnehmer beinhalte. Daraufhin beantragte die Türkei die Vollmitgliedschaft in der EG, die nicht zuletzt im Hinblick auf die damit verbundene Freizügigkeit aber mehrfach hinausgeschoben wurde.⁹²

Mit der Debatte über die drohende Millionenflut aus der Türkei war der vorläufige Höhepunkt einer Auseinandersetzung erreicht worden, in welcher die Türken in Deutschland als besonders fremd und weder integrationsbereit noch -fähig von den anderen Ausländergruppen abgesetzt wurden – nicht anders als 15 Jahre zuvor die Italiener und Jugoslawen. Die jetzige Debatte aber zeichnete sich durch eine bis dahin nur selten bemerkte Aggressivität aus, und insbesondere gewann jene wissenschaftsförmige Argumentation an Bedeutung, wonach die Andersartigkeit der Türken und damit ihre Nichtintegrationsfähigkeit auf natürliche Unterschiede zurückzuführen sei. Der Münchner Verhaltensforscher Eibl-Eibesfeldt war wiederum einer der Wortführer dieser essentialistischen Überzeugungen: «Hier Christen – dort Moslems. Hier Emanzipation der Frau – dort demutsvolle Unterwürfigkeit. Hier fortscheitende Dekadenz des Familienverbandes – dort straffe Sippenordnung. Hinzu kommt: Unser Land ist überbevölkert ... Den willig bei uns arbeitenden Türken ist in Wirklichkeit kein Vorwurf zu machen. Die deutsche Wirtschaft hat sie nun einmal ins Land geholt, ähnlich wie vor hundert Jahren die Grubenarbeiter aus Polen. Der Unterschied der Koslowskis, Miloczyks und Zylinskis war lediglich: Die Polen stammten aus dem gleichen europäischen Kulturkreis wie ihre deutschen Kumpel. Im eigentlichen Sinne ‹fremdartig› und integrationshemmend war anfangs nur die Sprache. Die Anpassungsfähigkeit der Türken ist dagegen eingeschränkt. Einmal, weil sich die meisten von ihnen hier nicht auf Dauer einrichten wollen. Des weiteren, weil sie sich nach Feierabend einfach wohler (geborgener, sicherer) in der unmittelbaren Nachbarschaft ihrer Landsleute fühlen. Wer also immer noch glaubt, daß Türken bei uns so leben können wie Deutsche, vergißt: Türken sind auch nur Menschen. Und zwar Menschen mit einer anderen Kultur.»⁹³

Nun mutet ein solches Urteil schon dann wenig plausibel an, wenn man sich die harschen Verdikte über die kulturelle Andersartigkeit der (katholischen) Polen vor Augen hält, welche die Debatte über die ausländischen Saisonarbeiter in Deutschland 80 Jahre zuvor bestimmt hatten. Aber die Vorstellung, daß eine andere kulturelle Prägung einer anthropologischen

Differenz nahekam, wurde seit den 80er Jahren des 20. Jahrhunderts erneut zu einer verbreiteten Überzeugung.

Daneben spielte in der Debatte über das «Türkenproblem» seit den frühen 80er Jahren der Islam, der nach der Revolution im Iran nun verstärkt als politische Bedrohung wahrgenommen wurde, eine zunehmende Rolle. So hob beispielsweise der als Islam-Experte geltende Journalist Peter Scholl-Latour in einem Beitrag, in welchem er für mehr Toleranz gegenüber den Türken warb, hervor, daß die Türken in erster Linie Muslime und nur als solche zu verstehen seien. Das breite politische, ethnische und religiöse Spektrum innerhalb der türkischen Einwanderergesellschaft wie z.B. die Unterschiede zwischen Sunniten und Aleviten blendete er dabei aus. Da die in Deutschland lebenden Türken der religionsfeindlichen Militärdiktatur in Ankara entzogen seien, hier aber das Gefühl hätten, «aus einer unterentwickelten Gesellschaft in eine Welt des seelenlosen Konsums verstoßen zu sein», seien viele von ihnen nun bestrebt, «nach den Wurzeln ihrer Eigenart, nach Selbstbestätigung zu suchen ... In der Verherrlichung des Islam, der sich den christlichen Bekenntnissen überlegen fühlt, finden sie ... zu jener Selbstachtung und Selbstverwirklichung, die ihnen in der fremden, oft feindlichen Umgebung versagt wurde ... Es ist kein Zufall, daß der Koran-Unterricht für türkische Kinder sich in jene bescheidenen, aber liebevoll gepflegten Moscheen verlagert, die – jeder staatlichen Beaufsichtigung entzogen – in den Sog der militanten islamischen Bruderschaften geraten, jener ‹Tarikat›, die in der kemalistischen Türkei streng verboten sind. Die Bundesbürger werden sich damit abfinden müssen, daß in ihrer Mitte eine scharf abgegrenzte, religiös-nationale Minderheit lebt ... Und zwangsläufig ist das Demokratieverständnis der frommen Muslime unter unseren Türken weder vom politischen Pluralismus noch vom Geist der Aufklärung geprägt.»[94]

Dieser Artikel vereinte zahlreiche gängige Befürchtungen und Stereotypen dieser Jahre in sich und richtete seinen Blick einseitig auf die islamistischen Organisationen, die in der Bundesrepublik größeren Spielraum hatten als in der Türkei. Durch ihr religiöses und soziales Dienstleistungsangebot, zu dem es bis in die 80er Jahre kaum eine Alternative gab, stießen sie auf großen Zuspruch unter den Migranten – was allerdings nicht gleichzusetzen war mit politischer Anhängerschaft.[95] Aber obwohl bekannt war, daß mehr als 80 % der in der Bundesrepublik lebenden Türken den islamischen Fundamentalismus ebenso ablehnten wie den politischen Radikalismus von links oder rechts, spielten die Hinweise auf zivilisationsfremde Koranschulen und gewalttätige türkische Kommunisten in den öffentlichen Erörterungen dieser Thematik eine immer bedeutendere Rolle. Scholl-Latours abschließend geäußerte Vermutung, nach dem Sturz der Militärdiktatur in der Türkei werde «auch dort die Stunde der Hodschas schlagen», gab der Befürchtung, in der Türkei und damit auf indirektem Wege auch in der Bundesrepublik würden bald iranische Verhältnisse herrschen, neue Nahrung.

Nichts von alledem bestätigte sich. Weder entstand in der Türkei ein Mullah-Regime, noch gelangten die antidemokratischen Bruderschaften in der türkischen Kolonie der Bundesrepublik zu Einfluß, noch entwickelten sich die Türken in Deutschland zu einer «scharf abgegrenzten, religiös-nationalen Minderheit». Aber es wurde für besonnene Kräfte immer schwerer, sich gegen dieses Gespinst aus Xenophobie, Ängsten und essentialistischer Kulturkritik durchzusetzen.[96]

So kritisierte etwa Gerhard Spörl in der *Zeit* den zunehmenden Hang zu hektischen und panischen Reaktionen und verwies auf die langfristigen Entwicklungen: «Recht verstandene Integration ist ein langwieriger Prozeß, der immer neue Widersprüche hervorruft. Alte Bindungen treten nicht sofort an deren Stelle; Familien geraten in Konflikte, fallen auseinander. Über derlei Lebensprozesse kann nicht von Staats wegen hier und heute für immer entschieden werden ... Doch ist zur Kenntnis zu nehmen, daß sich eine ethnische Minderheit in der Bundesrepublik gebildet hat, die ihren Platz in der einheimischen Gesellschaft beansprucht: als Lohn- und Gehaltsempfänger, als Steuerzahler, als Wirtschaftsfaktor, als Nachbarn. Diese Entwicklung war ursprünglich unerwünscht. Sie ist aber schwerlich aufzuhalten. Sie kann nur erschwert werden. Wenn die Bundesregierung demnächst darangeht, ein neues Ausländergesetz zu formulieren, muß sie sich auf die Tatsachen einstellen. Meint sie es ernst mit Integration, so ist es angebracht, nicht länger nur im Bestreben zu sprechen, möglichst viele Ausländer, sprich Türken, wieder loszuwerden. Integrierbarkeit setzt den Mut und die Chance voraus, ein Leben planen zu können. Dafür können rechtliche und soziale Bedingungen geschaffen werden.»[97]

Insgesamt war die neue Regierung mit ihrem politischen Neuanfang in der Ausländerpolitik bis zum Ende der ersten Legislaturperiode nicht weit gekommen: Die Integration der Ausländer war durch gesetzliche Maßnahmen nicht weiter vertieft worden. Die Versuche der deutlichen Eindämmung der Nachzüge von Familienangehörigen waren an der Haltung der FDP gescheitert. Das Rückkehrförderungsgesetz hatte zwar in einigen Sektoren zu sichtbaren Veränderungen geführt, insgesamt aber die Zahl der in Deutschland lebenden Ausländer kaum tangiert. Das angekündigte Ausländergesetz war nicht zustande gekommen. Kurz: Die Regierung hatte die im Herbst 1982 formulierten Ziele der neuen Ausländerpolitik nicht verwirklichen können. Dies zuzugestehen und eine andere Ausländerpolitik zu propagieren, welche die tatsächlich bestehende Situation berücksichtigte und auf die konsequente Integration und Einbürgerung der Ausländer abzielte, hätte aber angesichts der Befürwortung einer Rückkehr der Ausländer bei erheblichen Teilen der westdeutschen Bevölkerung zu massiven Friktionen geführt.

Aus dieser Konstellation entwickelte sich nun eine zunehmend uneinheitliche Politik. Zwar war mittlerweile nahezu allen Politikern, die mit der Ausländerproblematik näher befaßt waren, klar, daß an eine kurzfristig wirksame Verminderung der Zahl der in Deutschland lebenden Ausländer nicht zu denken war und daß man im Gegenteil davon ausgehen konnte, daß der überwiegende Teil der Ausländer auf Dauer in Deutschland bleiben würde. Dem entsprach in gewisser Weise auch die Praxis der Ausländerpolitik unterhalb der großen Streitthemen. Um aber keine Zustimmungseinbuße bei der eigenen Bevölkerung und Wählerschaft zu erleiden, wurden die ausländerpolitischen Grundlinien dennoch nicht geändert. Vielmehr blieb es dabei: Deutschland sei kein Einwanderungsland, die Ausländer seien nur zur vorübergehenden Arbeitsaufnahme hier und würden mehrheitlich über kurz oder lang wieder in ihre Herkunftsländer zurückkehren. Dieser Widerspruch wäre vermutlich auch bei einer parteipolitisch anders zusammengesetzten Regierung aufgetreten. Durch die Propagierung einer harten Konfrontationspolitik vor allem des Bundesinnenministers war dieses zunehmend brisante Thema jedoch ideologisch aufgeladen worden, und die gegen die Ausländer gerichtete Stimmung in Teilen der Bevölkerung hatte auf diese Weise eine politische Verfestigung erhalten. Aus einer eher kurzfristigen Reaktion auf eine unbekannte, bedrohlich scheinende Entwicklung war so innerhalb von wenigen Jahren ein auch langfristig wirksames Ideologem geworden.

2.

Von der Arbeitskräftewanderung zur Flüchtlingsmigration

2.1. Die Zuwanderung von Asylbewerbern und die Entstehung der Asyldebatte

Die in den ersten Jahren nach dem Regierungswechsel in der Öffentlichkeit heftig diskutierte Ausländerpolitik verlor seit Mitte der 80er Jahre vorübergehend an öffentlicher Aufmerksamkeit. Das war vor allem Ausdruck der Tatsache, daß die Zahlen der in Deutschland lebenden Ausländer seit 1983 kontinuierlich zurückgingen und im Jahre 1987 mit 4,24 Millionen um mehr als 400 000 niedriger lagen als im Jahre 1982. Die neue, restriktive Ausländerpolitik der Regierung Kohl, so war die Überzeugung, begann sich offenbar auszuwirken. Bei einer Fortschreibung dieses Trends würden sich bereits 1990 weniger als 4 Millionen und 10 Jahre später weniger als 3 Millionen Ausländer in Deutschland aufhalten. Diese Berechnungen erwiesen sich jedoch schon bald als ein Irrtum. Denn zum einen begann die Zahl der in Westdeutschland lebenden Ausländer, welche konjunkturbedingt von 1983 bis 1985 gesunken war, seit 1986 wieder anzusteigen, ebenso die der hier beschäftigten Ausländer. Tatsächlich hatten die Zuwanderungen vor allem Form und Weg verändert. Insbesondere die Zahl der Asylbewerber stieg stark an. Dementsprechend verlagerte sich das politische Interesse von den ehemaligen «Gastarbeitern» und ihren Familien jetzt zunehmend auf diese Gruppe von Zuwanderern.

Tab. 24: *Zahl der Asylbewerber in der Bundesrepublik, 1975 bis 1995*[98]

Jahr	Asylbewerber	Jahr	Asylbewerber
1975	9 627	1986	99 650
1976	11 123	1987	57 379
1977	16 410	1988	103 076
1978	33 136	1989	121 318
1979	51 493	1990	193 063
1980	107 818	1991	256 112
1981	49 391	1992	438 191
1982	37 423	1993	322 600
1983	19 737	1994	127 200
1984	35 278	1995	127 900
1985	73 832		

Die Zahl der Asylsuchenden, die 1980 einen ersten Höhepunkt erreicht hatte, war bis 1983 auf unter 20000 gesunken, wuchs aber in der zweiten Hälfte der 8oer Jahre wieder auf über 100000 an, um zwischen 1990 und 1993 einen historischen Höchststand zu erreichen. Die Asylpolitik und das Asylrecht selbst gerieten daraufhin zunehmend in die Diskussion und wurden seit Ende der 8oer Jahre zu dem am heftigsten umstrittenen innenpolitischen Thema in der Bundesrepublik. Gleichwohl bleibt zu konstatieren, daß sich die Zuwanderung von Asylsuchenden insgesamt etwa in den gleichen Größenordnungen bewegte wie die Zuwanderung von Ausländern auf dem Wege des Familiennachzugs in den späten 70er Jahren und keineswegs jene horrenden Dimensionen erreichte, wie sie in der öffentlichen Debatte zuweilen suggeriert wurden. In der *Wirtschaftswoche* wurden die realen Zahlen einmal vorgerechnet: «1985 kamen netto – Zuwanderung minus Abwanderung – 32000 Ausländer in die Bundesrepublik. Die Behauptung, der Asylantenstrom bedeute eine unerträgliche Last für die Bundesrepublik, ist schon wegen dieser kleinen Zahl lächerlich.»[99]

Die vielfältigen Versuche der Regierung Schmidt-Genscher, die Zahl der Asylsuchenden zu verringern, hatten sich als wenig effektiv erwiesen. Und auch für die neue Regierung gab es nur wenige Handlungsvarianten. Das Recht auf Asyl war im Grundgesetz verankert und galt als unmittelbare Konsequenz aus den Erfahrungen der Vergangenheit, zumal viele Mitglieder des Parlamentarischen Rates, der dieses Recht in das Grundgesetz aufgenommen hatte, während der NS-Zeit die Bedeutung des politischen Asyls im Ausland am eigenen Leibe erlebt hatten. Um die erwünschte Verringerung der Zahl der Asylbewerber zu erreichen, konnte man die Verfahren beschleunigen, die Kriterien für das Recht auf Asyl verschärfen, die Zugangsmöglichkeiten in die Bundesrepublik erschweren, die abgelehnten Bewerber schneller ausweisen und die Lebensbedingungen in Deutschland mit dem Ziel der Abschreckung verschlechtern – all diese Wege wurden in den folgenden Jahren in einer stattlichen Reihe von Gesetzesänderungen auch beschritten, wenngleich mit insgesamt nicht großem Erfolg.

Strukturell gab es bei der Asylpolitik drei Probleme: Zum einen traf die klassische Definition der politischen Verfolgung, wie sie etwa gegenüber politischen Gegnern während der NS-Diktatur gegeben war oder grundsätzlich bei Asylsuchenden aus dem Ostblock angenommen wurde, spätestens seit den 8oer Jahren auf die Wirklichkeit der Verfolgung in vielen Ländern nicht mehr zu. Insbesondere Flüchtlinge aus Ländern, in denen Bürgerkrieg herrschte, kamen auf der Suche nach Schutz nach Deutschland, fielen hier aber nicht unter die Bestimmungen für die Gewährung von Asyl, die sich auf individuelle politische Verfolgung im engsten Sinne beschränkte.[100] Auf der anderen Seite durfte die Bundesrepublik solche Flüchtlinge, denen bei einer Rückkehr in die Heimat Gefahr für Leib und Leben drohte, wegen der Bestimmungen der Genfer Flüchtlingskonvention, deren Signatarstaat sie war, nicht zurückschicken. Dadurch wurden diese

2. Von der Arbeitskräftewanderung zur Flüchtlingsmigration 265

Menschen zwar als Asylbewerber abgelehnt, ihr Aufenthalt in der Bundesrepublik als sogenannte «De-facto-Flüchtlinge» aber dennoch geduldet.[101] Im Jahre 1980 stellten solche Flüchtlinge aus Bürgerkriegsgebieten etwa 20% der Antragsteller, 1984 bereits mehr als 66%. Im Jahre 1989 schätzte die Bundesregierung die Zahl der sich in Deutschland aufhaltenden Defacto-Flüchtlinge auf etwa 300000.[102]
Das zweite Problem bestand in der sich wandelnden ethnischen Zusammensetzung der Asylbewerber. Waren es bis Mitte der 80er Jahre vor allem Menschen aus den Krisengebieten Afrikas und Asiens sowie aus der Türkei, die hier um Asyl nachsuchten, veränderte sich die Situation seit der zweiten Hälfte des Jahrzehnts dramatisch. Fortan kam die Mehrzahl der Asylsuchenden aus Osteuropa sowie aus dem vom Bürgerkrieg heimgesuchten Jugoslawien. Damit aber ergaben sich nun unübersehbare Überschneidungen zur Zuwanderung von sogenannten deutschstämmigen Aussiedlern aus Osteuropa, die als deutsche Staatsbürger anerkannt und gegenüber den ehemaligen Gastarbeitern und Asylbewerbern deutlich privilegiert waren. Die Aufnahme eines «Aussiedlers» aus der Sowjetunion, der ebensowenig Deutsch sprach wie sein als Asylbewerber auftretender Landsmann, aber unter seinen Vorfahren einen im 18. oder 19. Jahrhundert ausgewanderten schwäbischen Bauern entdeckt hatte, machte die Problematik eines auf Abstammung, auf dem «ius sanguinis» beruhenden Staatsbürgerrechts in zugespitzter Weise deutlich.
Drittens schließlich gewann die Asylproblematik schon bald eine Eigendynamik. Daran war die Asylpolitik nicht unschuldig. Denn um eine Einwanderung auf diesem Wege zu verhindern, wurden im Verlaufe der 80er Jahre Bedingungen geschaffen, die ein «Einsickern» oder gar eine Integration der Asylbewerber in die deutsche Gesellschaft bis zum Abschluß ihres Verfahrens verhindern und auf diese Weise abschreckend wirken sollten. Dies geschah durch Einweisung in Sammellager, Restriktionen beim Freizügigkeitsrecht und vor allem im Hinblick auf die Arbeitserlaubnis, die seit Juni 1980 erst nach einer bestimmten Wartezeit erteilt werden konnte.[103] Auf diese Weise wurden die Asylbewerber zwar von der deutschen Bevölkerung separiert und an einer stillen Integration gehindert. Die Errichtung der Lager und die Zahlung von Sozialhilfe mußten aber von der öffentlichen Hand übernommen werden. Zudem wurden die oft über Jahre hinweg zum Müßiggang gezwungenen Asylbewerber der deutschen Öffentlichkeit als Nichtstuer und Schmarotzer präsentiert, und die hohen Ablehnungsquoten, in denen ja auch die Bürgerkriegsflüchtlinge enthalten waren, werden als Beleg für die These von den «Wirtschaftsasylanten», die in Wirklichkeit nicht politisch verfolgt und allein aus sozialen Gründen nach Deutschland gekommen seien, hergenommen. Daraus entwickelte sich aber eine zunehmend polarisierte Debatte über die Bedeutung des Asylartikels im Grundgesetz, die Anfang der 90er Jahre schließlich zu einer der schärfsten innenpolitischen Auseinandersetzungen in der Geschichte

der Bundesrepublik mit weitreichenden politischen und sozialen Nachwirkungen führte.

Im September 1981 hatte der 23jährige Türke Kemal Altun in Deutschland einen Antrag auf Asyl gestellt. Obwohl Altun in der Türkei wegen eines politischen Delikts mit der Todesstrafe bedroht war und obwohl es deutliche Hinweise auf Manipulationen der Behörden der türkischen Militärjunta gab, wurde der Antrag abgelehnt. Daraufhin saß Altun 13 Monate lang in Abschiebehaft. Angesichts der engen Beziehungen der Bundesrepublik zur Türkei sah das Bundesinnenministerium keinen Grund, von einer Abschiebung Altuns Abstand zu nehmen, und das Justizministerium stimmte dem zu.[104] Als die Rechtseinwände gegen den Vollzug der Abschiebung erneut abgelehnt worden waren, stürzte sich Altun noch im Gerichtsgebäude aus dem Fenster und starb.

Der Tod Kemal Altuns erregte die Öffentlichkeit. Daß aus Deutschland abgeschobene Asylbewerber in ihren Heimatländern Verfolgung zu erwarten hatten, war bislang kaum öffentlich zur Kenntnis genommen worden, so daß die deutsche Abschiebungspraxis nun eingehender betrachtet wurde.[105] Der FDP-Politiker Hirsch berichtete im Bundestag anhand einiger Beispiele über die «Wirklichkeit des Verfassungsrechts auf Asyl»: «In Hannover ist die kranke Ehefrau eines türkischen Asylbewerbers mit ihren Kindern frühmorgens von der Polizei festgenommen und unverzüglich abgeschoben worden, ohne daß sie mit einem Anwalt oder sonst irgendeiner Person ihres Vertrauens hätte Kontakt aufnehmen können. Die Polizei war durch ein Kellerfenster in das Haus gedrungen, in dem die Familie wohnte. Das Landesverwaltungsgericht Hannover konnte erst nachträglich diese Art der Abschiebung für rechtswidrig erklären. Der Asylbewerber ist natürlich seiner Familie in die Türkei nachgereist. – In München wurde ein iranischer Asylbewerber mit seiner schwangeren Frau und zwei Kindern im Alter von zwölf und sieben Jahren in eine Sammelunterkunft nach Neuburg-Schrobenhausen eingewiesen, und zwar eineinhalb Jahre nachdem er seinen Asylantrag gestellt hatte. Die Einweisung erfolgte, obwohl er einen Arbeitsplatz nachweisen konnte und seine Wohnung langfristig bezahlt war. Die Behörde erklärte, daß ein Nachteil für das eingeschulte Kind des Asylbewerbers nicht entstehen könne, da die Einweisung zum Ende des Schuljahres erfolge und im Lager kostenlos Deutschunterricht durch einen Dolmetscher erteilt werde. Die Einweisung erfolgte ohne vorherige Anhörung ... Ein Sinn dieser Maßnahme außer dem der Abschreckung ist nicht erkennbar.»[106]

Solche Beispiele, die sich offenbar beliebig vermehren ließen, verwiesen auf eine bis dahin öffentlich nur wenig zur Kenntnis genommene Verschärfung in der Praxis der Asylpolitik und insbesondere bei der Abschiebung abgelehnter Asylbewerber.

Zur gleichen Zeit erschien zudem ein Bericht von Mitarbeitern des Hohen Flüchtlingskommissars der UN über die Zustände in deutschen Asyl-Sammellagern, der sich außerordentlich kritisch mit den dort vorgefundenen Verhältnissen auseinandersetzte. «Der allgemein depressive Zustand der Asylbewerber, die wir gesehen haben», hieß es dort, «und die Auswirkungen ihrer verlängerten Inaktivität, die Unsicherheit über die Zukunft, Isolierung, das Gefühl der Zurückweisung, Hilflosigkeit und eine wachsende Verzweiflung waren deutlich spürbar.»[107] Der teilweise durchaus tendenziös verfaßte Bericht führte zu einer scharfen Zurückweisung durch den Innenminister, der sich schließlich sogar weigerte, den Hohen Flüchtlingskommissar zu empfangen.[108] Durch den Tod Altuns und die Kritik des UNHCR geriet die Bundesregierung nun jedoch unter Zugzwang. Ihre Asylpolitik war ins Zwielicht geraten und sah sich der heftigen Kritik einer großen Koalition von Gruppen und Institutionen gegenüber, die sich – von den Kirchen über die Sozialverbände bis zu Menschenrechtsgruppen – für die Beibehaltung des liberalen Grundrechts auf Asyl einsetzten und dabei einerseits auf die historischen Umstände der Entstehung dieses Grundrechts, andererseits auf die Zunahme politischer Verfolgung in zahlreichen Ländern des Südens wie des Ostens der Welt verwiesen.[109]

Für den neuen Innenminister Zimmermann war die Verringerung der Zuwanderung von Asylbewerbern hingegen einer der Schwerpunkte seiner Tätigkeit in der kommenden Legislaturperiode. Zur Begründung hatte er bereits im Dezember 1982 erklärt: «Eine Vielzahl der Bewerber sah im deutschen Asylverfahren das Instrument, aus wirtschaftlichen Gründen einen Aufenthalt im Bundesgebiet zu erzwingen. Eine immer größer werdende Zahl von Asylbewerbern benutzte das Asylrecht als ein ‹Sesam-öffne-Dich› in das wirkliche oder manchmal auch nur vermeintliche Sozialparadies Bundesrepublik Deutschland.»[110] Während die Opposition auf das im Grundgesetz verbürgte Asylrecht pochte und vor allem menschenrechtlich argumentierte, äußerte die Regierung Befürchtungen, daß sich hier ein neuer Weg zur Masseneinwanderung entwickelt habe, dem man mit Macht entgegentreten müsse. So war auch diese Diskussion schon früh sehr grundsätzlich geworden.

Als im Jahr darauf die Asylbewerberzahlen von 35 278 auf 73 832 stiegen, verschärfte sich der Ton denn auch schnell. Neu war allerdings, daß die Initiativen zur Verschärfung der Bestimmungen in erster Linie von den Bundesländern ausgingen. Auch richteten sich diese Bestrebungen nun nicht mehr vorrangig darauf, den Mißbrauch des Asylrechts einzudämmen, sondern darauf, die Zahl derer, die nach Deutschland kamen, auch dann zu vermindern, wenn es sich tatsächlich um politisch Verfolgte handelte. Im Februar 1985 forderten die Länder Bayern, Baden-Württemberg und Berlin, eine größere Anzahl von Anträgen auf Asyl als bisher von vornherein als «unbeachtlich» abzulehnen und Asyl fortan nur noch auf Zeit zu gewähren. Alle zwei Jahre sollten die Voraussetzungen erneut geprüft werden.[111] Zwar wurde dies im Bundestag abgelehnt, aber das Thema Asyl bestimmte von nun an in wachsendem Maße die Innenpolitik. Auch die Wortwahl wurde drastischer. Der bayerische Ministerpräsident Strauß warnte: «Es strömen die Tamilen zu Tausenden herein, und wenn sich die Situation in

Neukaledonien zuspitzt, dann werden wir bald die Kanaken im Land haben.»[112] Der Berliner Innensenator Lummer ging noch weiter: «Wir haben ein Asylrecht, da kann die ganze Rote Armee kommen und der KGB dazu. Wenn die an unserer Grenze nur das Wörtchen ‹Asyl› sagen, können wir sie nicht zurückschicken.» Angesichts der steigenden Asylbewerberzahlen sei es dringend geboten, Deutschland «vor einer Überflutung zu schützen».[113] Das aber war mit den bislang angewandten Methoden offensichtlich nicht oder nur begrenzt zu erreichen. Daher begann in der Union seit 1985 ein größer werdender Teil der Bundestagsabgeordneten sich für die Änderung des Grundgesetzes auszusprechen, um das individuelle Grundrecht auf Asyl durch eine weniger verpflichtende Variante zu ersetzen. Ähnliche Forderungen wurden auch von verschiedenen Rechtsprofessoren geäußert, die ohne eine Grundgesetzänderung eine Regulierung der Zuwanderung für unmöglich hielten. «Wenn der Flüchtlingsstrom in die Bundesrepublik ständig weiter anschwillt, werden wir ohne eine Änderung des Art. 16 Abs. 2 GG hilflos überrollt werden», konstatierte der CDU-Abgeordnete Oldenhage im Bundestag und bezog sich dabei unter anderem auf den Präsidenten des Bundesverfassungsgerichts, Zeidler, und die Professoren Kanein, Hailbronner und Quaritsch.[114] Die FDP aber lehnte dies ebenso wie die Opposition strikt ab. Solange sich keine dramatische Verschärfung der Situation ergab, sah man hier keinen Handlungsbedarf.[115]

Auch bei Bundeskanzler Kohl fanden solche Forderungen zunächst keine Zustimmung. Noch Anfang September 1986 trug er im Kabinett die Geschichte der Karmeliterin Edith Stein vor, die als Jüdin von den Nazis verfolgt wurde und in die Schweiz emigrieren wollte. Wegen des Fehlens «irgendeines bürokratischen Stempels» verzögerte sich dies jedoch, in dieser Zeit griff die Gestapo zu. Edith Stein wurde in Auschwitz umgebracht. Angesichts solcher historischer Erfahrungen, so Kohl, könne es «ja wohl nicht die Philosophie einer von mir geführten Regierung sein, das Asylrecht grundsätzlich einzuschränken». Allerdings müsse der Mißbrauch verhindert werden.[116]

Der politische Druck zur immer weiter reichenden Einschränkung des Asylrechts aus den Ländern und Gemeinden, die für die Unterbringung und Verpflegung der Asylbewerber zuständig waren, wurde indes stärker. Da die Asylbewerber vorerst nicht arbeiten und nicht privat wohnen durften, mußten entsprechende Sammelunterkünfte errichtet und Sozialhilfe ausbezahlt werden. Später wurde auch dies geändert, und an die Asylbewerber wurden keine Gelder, sondern nur noch Sachleistungen ausgegeben. Diese Regelungen für neu einreisende und nicht anerkannte Asylbewerber machten das Dilemma der Asylpolitik deutlich: Einerseits sollte alles getan werden, um die Zuwanderung weiterer Flüchtlinge zu verhindern; d.h. alles, was Armutsflüchtlingen einen Anreiz bieten konnte – insbesondere die Aussicht auf eine Arbeitserlaubnis und die Gewährung der Sozialhilfe in Form von Bargeld –, sollte abgeschafft werden. Andererseits waren derarti-

2. Von der Arbeitskräftewanderung zur Flüchtlingsmigration 269

ge Maßnahmen aus humanitären und praktischen Gründen zweifelhaft, zumal sich dadurch die Ausgaben der Kommunen für die Asylbewerber noch weiter vermehrten. Die Wartezeitenregelung für die Erteilung der Arbeitserlaubnis machte diesen Zwiespalt nur allzu deutlich: Im Juni 1980 wurde für Asylbewerber (mit Ausnahme der immer noch privilegierten Ostblockflüchtlinge) ein einjähriges Arbeitsverbot erlassen. Bereits im September 1981 wurde diese Frist auf zwei Jahre verlängert, wobei nun auch für Ostblockflüchtlinge eine einjährige Wartezeit verhängt wurde. Da die Einbeziehung von Flüchtlingen aus kommunistischen Staaten jedoch innerhalb der Regierung äußerst umstritten war, wurde sie zum 15. Juli 1984 wieder rückgängig gemacht. Darüber hinaus konnten sich die grundsätzlichen Kritiker der Wartezeitenregelung nicht durchsetzen. Dies betraf nicht nur die Kirchen, Wohlfahrts- und Menschenrechtsverbände, sondern auch weite Teile der FDP und selbst das Bundesarbeitsministerium. Als das Innenministerium bereits 1985 für eine weitere Verlängerung der Wartezeit plädierte, hielt das Arbeitsministerium dagegen, daß diese Maßnahme bis auf die erste Zeit kaum eine positive Wirkung gezeigt habe. 1980 hätte sich die Regelung vor allem gegen türkische Asylbewerber gerichtet, die primär zur Arbeitsaufnahme gekommen seien und auch sofort Unterkunft bei Verwandten und Freunden gefunden hätten. Eine Verlängerung der Wartezeit würde jedoch keinen Sinn machen, zumal die Arbeitserlaubnis angesichts der Arbeitsmarktlage in der Regel ohnehin versagt werde. Dadurch würden sich lediglich die Kosten der Sozialhilfe erhöhen, und die Neigung zu illegaler Beschäftigung würde verstärkt werden. Dennoch wurde die allgemeine Wartezeit mit Inkrafttreten des neuen Asylverfahrensgesetzes am 6. Januar 1987 auf fünf Jahre, für Ostblockflüchtlinge wiederum auf ein Jahr ausgedehnt. Während der Koalitionsverhandlungen 1990/91 wurde schließlich ihre Abschaffung vereinbart, da sie sich – wie es im entsprechenden Gesetzentwurf hieß – «zur Steuerung des Zugangs [in die Bundesrepublik] als untauglich erwiesen» habe.[117] Allerdings war damit das Verwirrspiel um das Arbeitsverbot für Asylbewerber nicht beendet, wie die Entwicklung der folgenden Jahre zeigte. Die Wartezeitenregelung war in erster Linie auf den Handlungsdruck zurückzuführen, dem sich die Politiker von seiten der Kommunen und der Öffentlichkeit ausgesetzt fühlten. Mehr noch als von der Bereitschaft, einen restriktiven Kurs einzuschlagen, zeugten die zahlreichen Modifikationen des Arbeitsverbots von der Rat- und Planlosigkeit der Politik. Zugleich wuchs innerhalb der deutschen Bevölkerung das Unbehagen über neu errichtete Sammellager für Asylbewerber; Kommunalpolitiker versuchten, die Beherbergung der Asylbewerber zu umgehen, oder widersetzten sich gar entsprechenden Anordnungen der Landesregierung. Dadurch gewann dieses Thema allmählich eine Bedeutung, die seinen tatsächlichen Stellenwert weit überstieg. «Asylpolitik» wurde vielmehr für viele Deutsche zum Symbol für den bis dahin vielfach noch zurückgehaltenen Verdruß über die Zuwanderung überhaupt, über die vermeintliche Privilegierung anderer und die sozialen Schieflagen im Gefolge der Wirtschaftskrise der frühen 80er Jahre generell.

Da nun auch über die Asylpolitik innerhalb der Koalition kein Einvernehmen bestand, versuchte die Bundesregierung zunächst, auf anderem Wege die Zuwanderung von Asylbewerbern zu verringern. Ein bevorzugter Weg für viele Asylbewerber war derjenige über Ostberlin gewesen. Da die Bundesrepublik die Berliner Mauer nicht als Grenze ansah und keine Kontrollen vornahm, wählten viele Asylbewerber vor allem aus Asien und Afrika den Weg über den Ostberliner Flughafen Schöneberg nach Westberlin. Es gelang der Bundesregierung aber im Verlaufe des Jahres 1985, die DDR-Regierung hier zum Einlenken zu bewegen und den Transit über Ostberlin zu unterbinden, wenngleich sich solche Aktionen nicht meßbar auf die Asylbewerberzahlen auswirkten.[118] Auch die Neufassung des Asylverfahrensgesetzes, die am 6. 1. 1987 in Kraft trat, brachte lediglich eine weitere Verschärfung der Verfahrensweisen mit sich und ging damit bis an den Rand dessen, was ohne Änderung des Grundgesetzes möglich schien.[119]

Ende 1988 befanden sich etwa 800 000 Ausländer als Flüchtlinge mit unterschiedlichem Rechtsstatus in der Bundesrepublik. Etwa 80 000 von ihnen waren anerkannte Asylberechtigte, die mit etwa 160 000 Familienangehörigen (die selbst nicht asylberechtigt waren) in der Bundesrepublik lebten. 33 800 Personen galten als sogenannte «Kontingentflüchtlinge», die im Zuge besonderer humanitärer Aktionen von verschiedenen europäischen Ländern nach einem bestimmten Schlüssel aufgenommen worden waren, etwa die vietnamesischen «boat people». 300 000 galten als de-facto-Flüchtlinge nach der Genfer Flüchtlingskonvention. Hinzu kamen 200 000 Asylbewerber und etwa 36 400 heimatlose Ausländer (darunter etwa zahlreiche Palästinenser). Die Herkunftsgebiete der Asylbewerber veränderten sich in den Jahren 1985 bis 1988 signifikant:

Tab. 25: Herkunftsgebiete der Asylbewerber, 1981 bis 1995[120]

	1981	1983	1985	1987	1989	1991	1993	1995
Europa	21 169	6589	18 174	36 629	73 387	166 662	232 678	67 411
In % aller Asylb.	42,9	33,4	24,6	63,8	60,5	65,1	72,1	52,7
Afrika	5910	3484	8093	3568	12 479	36 094	37 570	14 374
In % aller Asylb.	12,0	17,7	11,0	6,2	10,3	14,1	11,6	11,2
Asien	19 215	8152	44 298	15 961	32 718	50 612	50 209	45 815
In % aller Asylb.	38,9	41,3	60,0	27,8	27	19,8	15,6	35,8

2. Von der Arbeitskräftewanderung zur Flüchtlingsmigration 271

Mittlerweile aber war die Asylthematik auch zu einem Wahlkampfthema geworden. Nach wie vor war die Zahl der Asylbewerber mit etwa 57000 (1987) nicht eben so hoch, wie es diese Zuspitzungen vermuten lassen. Zwei Aspekte jedoch waren es vor allem, die dem Thema eine solche Brisanz verliehen. Zum einen war durch die spezifischen Unterbringungs- und Arbeitsverbotsbestimmungen eine Integration, auch nur eine Annäherung zwischen den Asylbewerbern und den Einheimischen unmöglich gemacht. Durch das erzwungene Nichtstun in Sammellagern erschienen deren Bewohner vielen Deutschen wie der Inbegriff der faulen Fremden, die es sich auf Kosten der Deutschen bequem machen wollten. Der hier entstehende und durch die Kommunalverwaltungen noch verstärkte Druck wurde von den Bundespolitikern der Union, allerdings in zunehmendem Maße auch von Sozialdemokraten, als steter Antrieb zur Verminderung der Asylbewerberzahlen empfunden; aber auch als offenbar hochemotionalisierendes Moment, das Wahlen zu entscheiden imstande schien.

Da aber eine grundlegende Veränderung der Zuwanderung von Asylbewerbern ohne Grundgesetzänderung offenkundig nicht möglich war, versuchte die Unionsführung in der Folgezeit, den politischen Druck auf die Sozialdemokraten zu erhöhen, damit diese einem solchen Schritt zustimmten, um auf diese Weise die grundgesetzändernde Zweidrittelmehrheit zu erreichen. Dabei wurde mit zum Teil abenteuerlichen Zahlen jongliert. In einem Papier der Unionsfraktion im Bundestag etwa hieß es: «Als nach der Rechtsprechung der Verwaltungsgerichte mögliche Asylberechtigte» kämen Afrikaner und Asiaten «in der Größenordnung von 50 Mio.» in Betracht. Jeder zweite Einwohner der Bundesrepublik würde dann ein Asylbewerber sein.[121]

Die Unionsparteien versuchten nun, die durch dieses Thema aufgerührten Emotionen politisch an sich zu binden, indem sie sich zum Vorreiter einer gegen die «Asylbetrüger» gerichteten Kampagne machten. Erstmals wurde die Asylthematik im bayerischen Landtagswahlkampf 1986 vom bayerischen Ministerpräsidenten Franz-Josef Strauß in den Mittelpunkt eines Wahlkampfes gerückt. Die Drohung der Behörden, Asylbewerber in großem Stil vorrangig in den kleineren Gemeinden unterzubringen, verschaffte dem Thema schnell eine erhebliche Brisanz. Die CSU vermochte mit scharfen Tönen gegen die Zuwanderung gegenüber der neuen Konkurrenz im rechten Lager, den Republikanern, Boden gutzumachen. Und auch im Bundestagswahlkampf 1987 geriet das Thema erstmals in die Debatte. Es war innerhalb der Union allerdings nicht unumstritten, daß die Asylfrage zu einem zentralen Thema des Wahlkampfes gemacht werden sollte. Der CDU-Generalsekretär Geißler etwa erklärte vor der Bundestagsfraktion der Union: «Wenn jemand den Ratschlag gibt, dieses Thema zum Wahlkampfthema zu machen bis zum 25. Januar, dann muß er sich darüber im klaren sein, daß es in der innenpolitischen Auseinandersetzung zu einer Eskalation der Emotionen und der Gefühle kommen muß. Und dies kann die Christ-

lich-Demokratische Union Deutschlands nach meiner festen Überzeugung nicht durchhalten, ohne sich zu verändern, [weil wir] die Geister, die da gerufen werden, nicht mehr los werden. Und ich warne davor, ein Problem verbal so hochzuziehen, daß Erwartungen geweckt werden, die wir in den nächsten fünf Monaten nicht werden erfüllen können. Dann wird das Problem sich nämlich gegen uns wenden.»
Aber Geißler war schon früh in der Minderheit. Der Unionspolitiker Abelein vertrat gegen Geißler die Mehrheit, als er ausführte: Der Versuch, «dieses Thema aus dem Wahlkampf herauszuhalten, ist natürlich völlig absurd. Jeder, der reden muß, weiß, daß nichts die Gemüter gegenwärtig so beschäftigt wie das Asylrecht. Wenn man heute über die Kleinstädte geht, ... fällt einem die Präsenz der Asylanten geradezu zwingend auf. Sie sind überall präsent. Damit würde ich noch fertig werden. Ich stelle nur fest: Die Leute werden damit nicht fertig ... Wenn es zu einem Umsturz kommt in irgendeinem Land Afrikas, dann wird der Mehrheits-Stamm, der an die Regierung gekommen ist oder der eben an die Macht gekommen ist, den anderen Stamm massakrieren. Hier handelt es sich um Millionen von Menschen. Nun frage ich: Ist es die Absicht von denen, die politische Verantwortung tragen, jenen die Möglichkeit zu geben, juristisch gerichtlich einklagbar, in die Bundesrepublik Deutschland zu kommen? ... Ich habe diese Absicht nicht! Ich werde sie nicht vertreten. Ich halte das für völlig ausgeschlossen gegenüber meinen Wählern.»[122]
In der Tat führte die vor allem während des Wahlkampfes 1987 aufkommende Mobilisierung am rechten Rand bald zu unübersehbaren Nebenerscheinungen. Überfälle von «Skinheads» auf Ausländer, erste Überfälle auf Asylbewerberheime zeigten an, daß sich um diese Thematik erneut eine rechtsradikale Szene zu entwickeln drohte – allein im Jahre 1986 zählte die Polizei sechzig Fälle ausländerfeindlicher Aktionen, wie etwa einen Brandanschlag auf Notzelte in Westberlin, die Überflutung eines als Asylunterkunft vorgesehenen Gebäudes in Hessen oder die Inbrandsetzung eines als Asylunterkunft vorgesehenen einstigen Erholungsheims.[123]
Auf der anderen Seite machten vor allem die Grünen und Teile der Sozialdemokraten die kompromißlose Beibehaltung des Asylrechts zu einer Nagelprobe für die demokratischen und menschenrechtlichen Zustände in der Bundesrepublik überhaupt. Demgegenüber hielten sie Hinweise auf «Asylmißbrauch» und die in das Asylverfahren verlagerte Einwanderungsbewegung für bloß vorgeschoben, die Besorgnisse und zunehmende Fremdenangst in größten Teilen der Bevölkerung allein für ein Produkt der Propaganda der Bundesregierung und der Union. Die Grünen gingen schließlich sogar so weit, für alle Einwanderer ein «allgemeines Bleiberecht» zu fordern. Grundlage einer solchen Argumentation war die Überzeugung, wonach die wirtschaftliche Misere in den Ländern der Dritten Welt auf die Weltwirtschaftspolitik der Länder des reichen Nordens zurückzuführen sei, wodurch diesen Ländern auch eine Verpflichtung zur Aufnahme der

2. Von der Arbeitskräftewanderung zur Flüchtlingsmigration

dadurch entstehenden Flüchtlingsströme obliege – als «Versuch der ersten Welt, einen Teil dessen wiedergutzumachen, was die kolonialen Eroberungszüge der letzten hundert Jahre angerichtet haben», wie die linke *tageszeitung* formulierte.[124] Gegenüber den Einwänden, wonach ein erheblicher Teil der Asylbewerber Armutsflüchtlinge und keine politisch Verfolgten seien, hoben sie ähnlich wie der überwiegende Teil der sich für den Erhalt des Asylrechts einsetzenden Menschenrechtsgruppen und Initiativen die Unbedingtheit des Grundgesetzartikels hervor, der keinerlei Abstriche zulasse.

Auf diese Weise wurde eine pragmatische Diskussion der Asylfrage im Kontext einer allgemeinen Einwanderungspolitik durch den frühen Rückzug auf unbedingte Positionen verhindert. Auf der einen Seite sah und nutzte die Union die Chance, mit Hilfe des Asylbewerberthemas ähnlich wie 1982 mit der Ausländerfrage wichtige Stimmenanteile zu gewinnen, und nahm dabei in Kauf, daß dadurch eine Radikalisierung und Emotionalisierung der Thematik in Gang gebracht wurde, die sich als nicht mehr steuerbar erweisen könnte. Auf der anderen Seite reduzierten die «Ausländerlobby» und Oppositionsparteien das Asylthema auf die ihm zugrundeliegende menschenrechtliche Thematik und ignorierten die Zuwanderung von Asylbewerbern als Teil einer globalen Migrationsbewegung, deren Ursachen in den klaffenden und zunehmenden ökonomischen Unterschieden zwischen den reichen Ländern im Norden und den armen im Süden der Welt lagen. Die wirtschaftliche Misere aber zog politische Instabilität, Diktaturen und Menschenrechtsverletzungen nahezu automatisch nach sich. Diese Argumentation wurde indes zunehmend problematischer, als sich der Großteil der Asylbewerber nicht mehr aus Flüchtlingen aus den Staaten der «Dritten Welt» mit ihrem hohen Anteil an diktatorischen und menschenrechtsverletzenden Regimes zusammenzusetzen begann, sondern aus Zuwanderern aus den sich von den kommunistischen Diktaturen befreienden, aber wirtschaftlich am Boden liegenden Ländern Osteuropas.

2.2. Zuwanderung aus Osteuropa

Durch den sich ankündigenden Zerfall des kommunistischen Ostblocks erhielten die Wanderungsbewegungen zusätzliche Brisanz. Bereits seit Anfang der 80er Jahre war die Zahl der nach Westdeutschland reisenden Bürger aus diesen Staaten gestiegen. Insbesondere die Unruhen und Unterdrückungsmaßnahmen im Gefolge der Streiks der Solidarnosc-Bewegung und des sich anschließenden Kriegsrechts in Polen hatten die Zahl der Flüchtlinge steigen lassen. Traditionell waren die aus dem Ostblock kommenden Flüchtlinge in der Bundesrepublik bevorzugt behandelt worden. Sie erhielten schneller und zu weit größeren Prozentsätzen Asyl als Bewerber aus anderen Regionen; und sie wurden auch dann nicht zurückgeschickt, wenn der Antrag auf Asyl nicht anerkannt worden war. Auf diese Weise erhöhte sich die Zahl der in der Bundesrepublik lebenden Bürger osteuropäischer Staaten, insbesondere Polens, stetig. Als sich aber seit dem Machtantritt Gorbatschows in der UdSSR die Verhältnisse in den von der Sowjetunion abhängigen Staaten zu liberalisieren begannen, stieg die Zahl der nach Westdeutschland strömenden Bürger aus diesen Ländern stark an. Seit 1988 stammte mehr als die Hälfte aller Asylbewerber aus Osteuropa; im Jahre 1992, dem Höhepunkt der Zuwanderung über das Asylverfahren, fast zwei Drittel.

Tab. 26: Anzahl und Anteil der aus Osteuropa stammenden Asylbewerber[125]

Jahr	Asylbewerber insgesamt	Davon aus Osteuropa	In % aller Asylbewerber	Jahr	Asylbewerber insgesamt	Davon aus Osteuropa	In % aller Asylbewerber
1970	8645	7393	85	1984	35278	7360	21
1975	9627	2595	26	1985	73832	10644	14
1976	11123	2370	21	1986	99650	16458	16
1977	16410	2693	16	1987	57379	25197	44
1978	33136	3628	11	1988	103076	56530	55
1979	51493	4288	83	1989	121318	53353	44
1980	107818	7736	71	1990	193063	79554	41
1981	49391	14832	30	1991	25612	142777	56
1982	37423	11545	31	1992	438191	282183	64
1983	19737	5026	25				

Damit aber war einer der Grundpfeiler der westdeutschen Asylpolitik ins Wanken geraten, nämlich die politisch motivierte Bevorzugung der Flüchtlinge aus den kommunistischen Staaten. Noch 1986 hatte der bayerische Ministerpräsident Strauß gefordert, politisches Asyl sollte in Zukunft nur noch Flüchtlingen aus Ostblock-Ländern sowie aus dem von sowjetischen Truppen besetzten Afghanistan gewährt werden. Abgelehnte Asylbewerber aus Osteuropa wurden zudem in der Regel nicht abgeschoben, sondern geduldet. Das stand nun aber in deutlichem Gegensatz zu dem Bestreben der Regierung, die Zahl der sich in Deutschland aufhaltenden De-facto-Flüchtlinge deutlich zu verringern. So wurde in einem Papier der Bundestagsfraktion der Union gefordert, es sei nicht länger haltbar, «daß etwa 70 Prozent der rechtskräftig abgelehnten Asylanträge keine entsprechenden Konsequenzen nach sich ziehen, sondern vielmehr die Antragsteller nach wie vor im Lande bleiben».[126] Von den etwa 270000 De-facto-Flüchtlingen, die sich im Sommer

2. Von der Arbeitskräftewanderung zur Flüchtlingsmigration

1986 in Deutschland aufhielten, stammten nämlich fast 170000 aus Ostblockstaaten, 100000 von ihnen allein aus Polen. Die meisten von ihnen waren als Touristen oder Saisonarbeiter in die Bundesrepublik gekommen und anschließend, durch das Abschiebeverbot vor einer Rückführung in das Heimatland geschützt, hiergeblieben. Dies hatten die Länder-Innenminister bereits im April 1985 durch eine entsprechende Verordnung geändert. Bleiben konnte seither nur, wer einen Asylantrag stellte – mit der Folge, daß in den darauffolgenden Jahren die Zahl der Anträge auf Asyl von Polen und Bürgern aus anderen osteuropäischen Ländern stark anstieg.[127] Zwei Jahre später wurde vereinbart, abgelehnte Asylbewerber aus Polen und Ungarn in die Heimat abzuschieben.[128] 1989 schließlich wurde das Abschiebeverbot für alle Ostblockflüchtlinge aufgehoben, wobei zur Abmilderung eine Stichtagsregelung erlassen wurde.[129] Die dadurch hervorgerufenen Widersprüche blieben jedoch bestehen; auf der einen Seite war die Zuwanderung aus Osteuropa wegen der damit verbundenen sichtbaren Schwächung der kommunistischen Regime politisch höchst willkommen. Auf der anderen Seite bildeten die Zuwanderer aus Osteuropa mittlerweile den größten Teil jener aus überwiegend wirtschaftlichen Gründen nach Deutschland gekommenen Asylbewerber, gegen die vorzugehen vor allem die Regierung und die Union zu einem der Schwerpunkte des Wahlkampfes 1987 gemacht hatten.

Die durch die beginnende politische Liberalisierung in einigen Ostblockländern einsetzende Wanderungsbewegung nach Westen und vor allem in die Bundesrepublik machte sich aber nicht allein in den Asylbewerberzahlen bemerkbar. Seit 1987 schnellten auch die Zahlen der aus den Ostblockländern in die Bundesrepublik strömenden deutschstämmigen «Aussiedler» in die Höhe. Bei diesen Menschen handelte es sich einerseits um die noch in den ehemaligen deutschen Ostgebieten lebenden Deutschen, denen nach den großen Flucht- und Vertreibungswellen zwischen 1944 und 1949 die Auswanderung nach Deutschland verwehrt worden war oder die sie gar nicht angestrebt hatten. Andererseits wurden unter diesem Begriff jene Menschen verstanden, die von Deutschen abstammten, die vor längerer Zeit aus Deutschland in osteuropäische Länder abgewandert waren, dort aber die Verbindung zur Heimat ihrer Väter behalten hatten. Besonders traf dies auf die in Rumänien und der Sowjetunion lebenden Angehörigen der deutschen Minderheit zu. Vor allem in der Sowjetunion hatten viele von ihnen seit den 40er Jahren aufgrund ihrer Herkunft Repression, Verfolgung und Deportation erleiden müssen. Die meisten von ihnen lebten nach wie vor in ihren traditionellen Siedlungsgebieten, etwa in Siebenbürgen oder dem Banat, oder in den Gebieten, in die sie während des Zweiten Weltkrieges zwangsweise umgesiedelt worden waren.[130] Zwischen 1950 und 1987 waren insgesamt 1,4 Millionen Aussiedler in die Bundesrepublik gekommen, 62% davon aus Polen, 15% aus Rumänien, nur 8% aus der Sowjetunion. Nun aber begann sich dies entscheidend zu ändern.

Tab. 27: *Neu ankommende Aussiedler in der Bundesrepublik, 1986 bis 1993*

1986	1987	1988	1989	1990	1991	1992	1993
42 788	78 523	202 673	377 055	397 073	221 995	230 565	218 888

Von den 202 673 deutschen Aussiedlern des Jahres 1988 stammten 69 % aus Polen, 23 % aus der Sowjetunion und 6,3 % aus Rumänien. Zwei Jahre später hatte sich das Bild deutlich gewandelt, nunmehr kamen 37 % aus der Sowjetunion, 34 % aus Polen und 28 % aus Rumänien.[131] Zwischen 1986 und 1988 verfünffachte sich die Zahl der neu ankommenden Aussiedler und war damit doppelt so hoch wie die Zahl der Asylbewerber. Nimmt man beide Migrationsbewegungen – Asylbewerber und Aussiedler – zusammen, so wanderten innerhalb von fünf Jahren, zwischen 1988 und 1992, mehr als 2,2 Millionen Bürger aus den ehemals kommunistisch regierten Ländern Osteuropas in die Bundesrepublik ein. Schon dies verdeutlicht die gänzlich veränderte Struktur der Einwanderungsproblematik der Jahre um 1990 im Vergleich zu jenen der mittleren 80er Jahre.

Die rechtliche und politische Begründung für den Status als «Aussiedler» wurde nun ebenfalls zum innenpolitischen Streitpunkt. Im Jahre 1957 waren die Aussiedler den Vertriebenen gleichgestellt worden und der Begriff der ethnischen Zugehörigkeit präzisiert worden: «Deutscher Volkszugehöriger ist, wer sich in seiner Heimat zum Deutschtum bekannt hat.»[132] Darunter wurde – auf der Grundlage der Abstammung – eine aktive kulturelle und politische Orientierung verstanden, die in den meisten Ländern schon durch die dortigen Behörden herausgefordert wurde. Auf dieser Basis hatten die Aussiedler einen Rechtsanspruch auf die deutsche Staatsbürgerschaft sowie auf umfängliche sozialstaatliche Leistungen – etwa Wohnraum, Sprachkurse, Vorbereitungs- und Umschulungskurse für die berufliche Eingliederung und anderes.

Die Kritik an dieser bevorzugten Form der Einwanderung kam von zwei Seiten. Von links wurde die ihr zugrundeliegende Definition dessen, wer ein Deutscher sei, als Anachronismus angegriffen, vor allem in Kontrast zu der auf harte Abschreckung und Rückführung orientierten Ausländer- und Asylpolitik der Regierung. Besonders die SPD und der saarländische Ministerpräsident Lafontaine kritisierten diese Praxis: «Da die Aussiedler ohne eigenes Verschulden vielfach die deutsche Sprache nicht mehr beherrschen, fällt es der einheimischen Bevölkerung zuweilen schwer, sie als Deutsche zu akzeptieren. Vielfach werden sie den Ausländern (Asylanten) gleichgestellt ... und auf dem Arbeitsmarkt als lästige Konkurrenten angesehen. Daß ihnen die Eingliederung durch staatliche Hilfen erleichtert werden soll, stößt vielfach auf Unverständnis ... Auf jeden Fall gilt: Wer Ausländerfeindlichkeit in der Bundesrepublik schürt, verstärkt auch die Vorbehalte gegen die Aussiedler, die die deutsche Sprache nicht beherrschen. Dies ist das Dilem-

2. Von der Arbeitskräftewanderung zur Flüchtlingsmigration

ma, in dem sich diejenigen befinden, die auf der einen Seite glauben, auf der Welle der Ausländerfeindlichkeit reiten zu können, und auf der anderen Seite wiederum verstärkt für den Zuzug deutscher Aussiedler in die Bundesrepublik werben ... Wohl wissend, an welche Vorurteile ich rühren würde, habe ich das Schicksal eines Farbigen aus Afrika erwähnt, der von dem Verlust seines Lebens bedroht ist, und sein Schicksal mit dem eines Aussiedlers verglichen, der in früherer Generation deutschsprechende Vorfahren hatte und nun bei uns Aufnahme sucht, ohne daß sein Leben bedroht ist.»[133]

Solche Kritik traf auf Empörung bei der Union, denn hier wurden die Grundlagen der deutschen Identität – die Berufung auf die Einheit des Volkes jenseits der nationalen Zerrissenheit – angegriffen. Der parlamentarische Staatssekretär im Innenministerium, Spranger, hob denn in seiner Antwort auch darauf ab, daß es sich bei den Aussiedlern um «gleichberechtigte deutsche Staatsbürger» handle, ihnen zu helfen sei «für uns alle eine nationale und auch moralische Pflicht. Es bleibt eine nationale Aufgabe, die deutschen Aussiedler bereitwillig aufzunehmen. Völlig unabhängig davon gilt das Asylrecht für die wirklich politisch Verfolgten.»[134]

Zweifellos war das Vorgehen der Bundesregierung durch das Grundgesetz gedeckt, in dem ein staatsübergreifender Begriff vom «deutschen Volk» konstitutiv ist, was sich schon aus der Situation der Nachkriegszeit mit Millionen von Flüchtlingen und Vertriebenen erklärt. In Sprangers Worten aber klang die wie selbstverständliche Erwartung mit, daß dieser Volksbegriff sich auch in der westdeutschen Bevölkerung erhalten habe. Diese Erwartung von Regierung und Behörden aber stellte sich jedenfalls zum Teil als nicht mehr zutreffend heraus, so daß die nun in die Bundesrepublik zuwandernden «Spätaussiedler», die vielfach der deutschen Sprache nicht mächtig waren, hier vielfach gar nicht als «Deutsche» angesehen und akzeptiert wurden. Dadurch aber wurden die gesetzlichen Behandlungsvorschriften für Aussiedler als unverständliche und ungerechtfertigte Privilegien empfunden. Während nämlich die Fremdheit der «Gastarbeiter» und Asylbewerber durch ihre offenkundige Unterprivilegierung zumindest teilweise kompensiert wurde, entstand durch die Verbindung von Fremdheit und als ungerechtfertigt empfundener Privilegierung der Aussiedler auch ihnen gegenüber ein Klima der Ablehnung, ja Feindseligkeit. Wie immer bei derartigen Phänomenen trat dies am schärfsten in den sozialen Schichten auf, die mit den Fremden auf dem Arbeits- und Wohnungsmarkt in direkter Konkurrenz standen.[135]

Damit waren nun, nach den Wahlen von 1987, alle drei Bereiche der Zuwanderung in die Bundesrepublik in einer prekären Weise zugespitzt. Die Ausländerpolitik der Bundesregierung war in ihren wesentlichen Zielen gescheitert, die bisherige Asylpolitik hatte den Trend zur verstärkten Zuwanderung auf diesem Wege nicht beeinflussen können und war aufgrund der politischen Pattsituation nahezu bewegungsunfähig. Unverhofft war durch die rapiden Zuwächse der Aussiedlerzahlen noch eine dritte Problemzone aufgetaucht, die zwar rechtlich einfacher handhabbar zu sein schien, aber politisch an Brisanz gewann. Die Emotionalisierung des Zuwanderungsproblems durch die politischen Kampagnen seit den frühen 80er Jahren ließ zudem für nüchterne und pragmatische Auswege aus diesem Dilemma nur noch wenig Raum.

2.3. Die Novellierung des Ausländerrechts

Die Vielzahl der einzeln zu regelnden und meist umstrittenen Fragen beim Ausländerrecht war mittlerweile auch für Spezialisten kaum noch zu übersehen. In einer groben Synopse über die unterschiedlichen Positionen zum Ausländerrecht wurden allein 31 Einzelpunkte aufgeführt, zu denen je 15 verschiedene Auffassungen aufnotiert waren.[136] Ob es die Fragen der Arbeitserlaubnis, des Kindernachzugs, der Aufenthaltsberechtigung, der doppelten Staatangehörigkeit, des Kommunalen Wahlrechts oder des Sozialhilfebezugs betraf – die Diskussion zwischen den beteiligten Gruppen hatte sich offenkundig festgefahren. Bei näherer Betrachtung allerdings stellte sich heraus, daß sich die Debatte auf zwei Grundpositionen zugespitzt hatte. Auf der einen Seite standen ein Großteil der Interessengruppen und Sozialverbände sowie Gewerkschaften, Arbeitgeberverbände, Kirchen, die Oppositionsparteien, die Mehrheit der FDP, die Minderheit in der CDU sowie das Bundesarbeitsministerium. Sie arbeiteten auf eine Verrechtlichung und Verstetigung des Status der im Lande befindlichen Ausländer hin, wollten die Integration der voraussichtlich auf Dauer hier bleibenden Ausländer deutlich verbessern, einen weiteren Zuzug aber erschweren oder nur unter besonderen Bedingungen zulassen. Demgegenüber hielten die CSU, die Mehrheit der CDU sowie das Bundesinnenministerium am vorrangigen Ziel der deutlichen Verminderung der Zahl der Ausländer in Deutschland, der Verbesserung der Rechtssituation nur für ausgewählte Gruppen, der Verhinderung des Familiennachzugs und der Konkurrenz zwischen Rückkehrförderung und Integrationsangeboten fest.

Gleichwohl hatte Bundeskanzler Kohl in seiner 3. Regierungserklärung am 18. März 1987 erneut bekräftigt, was er bereits vier Jahre zuvor angekündigt hatte: die Vorlage und Verabschiedung eines neuen Ausländergesetzes, das diese zahlreichen Probleme und Bestimmungen bündeln und vereinheitlichen sollte.[137] Im Herbst des gleichen Jahres kündigte das Innenministerium die Vorlage eines Entwurfs für das kommende Frühjahr an. Daraufhin setzte die ausländerpolitische Diskussion erneut ein, allerdings mit etwas verminderter Wucht. Denn zum einen lag der Bundestagswahlkampf nun bereits zurück; zum anderen erschien die Ausländerproblematik insgesamt und vor allem die Zukunft der einstigen Gastarbeiter und ihrer nachgezogenen Familienangehörigen im Vergleich zu der ungleich aufgeregteren Debatte über die Asylfrage nicht mehr gar so brisant.

2. Von der Arbeitskräftewanderung zur Flüchtlingsmigration

Als jedoch im Frühjahr 1988 der Entwurf für ein Gesetz zur Regelung des Ausländerrechts aus dem Innenministerium in der Presse veröffentlicht wurde, prallten die gegensätzlichen Standpunkte erneut mit unverminderter Härte aufeinander. Der Entwurf war in einen (knappen) ersten Teil zur Integration der Ausländer und einen (ausführlichen) zweiten Teil, das «Ausländeraufenthaltsgesetz», geteilt. Integrationsbemühungen sollten sich allein auf die bis 1973 legal nach Deutschland gekommenen «Gastarbeiter» und ihre Familien richten; für alle anderen galten sie nicht. Die Verfestigung des Aufenthalts sollte zudem nicht mehr «automatische Folge einer bestimmten Aufenthaltsdauer, sondern die auf begründete Einzelfälle beschränkte Ausnahme» sein. Der Nachzug für Ehegatten wurde erneut erschwert, indem er nur demjenigen Ausländer gestattet wurde, der seit mindestens acht Jahren im Bundesgebiet lebte und dessen «Einbürgerung aus von ihm nicht zu vertretenden Gründen gescheitert» war. Der Nachzug von Kindern zwischen sechs und 15 Jahren sollte nur «nach Ermessen» gewährleistet sein. Wer länger als ein Jahr Arbeitslosenhilfe erhielt, sollte ausgewiesen werden können.

«Was der Ausländer künftig auch tut», so faßte Heribert Prantl in der *Süddeutschen Zeitung* die Bestimmungen des Gesetzentwurfs zusammen, «– es kann falsch sein. Bereitet er sich auf einen Daueraufenthalt vor, indem er die deutsche Sprache lernt, sich um einen sicheren Arbeitsplatz bemüht und um berufliche Qualifikation, wenn er sich eine angemessene Wohnung einrichtet, die Familie nachkommen läßt und die Kinder zur Schule anmeldet – dann besteht berechtigter Anlaß für den Verdacht, der Ausländer sei nicht mehr rückkehrwillig. Gemäß Paragraph 8 Absatz 1 Nummer 2 des Gesetzentwurfes zu einem Ausländeraufenthaltsgesetz soll in einem solchen Fall die Verlängerung der Aufenthaltsgenehmigung versagt werden. Unterläßt der Ausländer dies aber alles, lernt er also nicht Deutsch, überweist er all sein Geld in die Heimat, wohnt er primitiv und läßt er seine Familie dort, wo sie ist, dann hat er keine Chance, bleiben zu dürfen – dann ist er nämlich nicht integriert.»[138]

Der Entwurf, dessen Status auch innerhalb des BMI offenbar nicht völlig geklärt war, stieß auf Ablehnung – allerdings auf deutlich breitere Ablehnung, als dies bei ähnlichen Entwürfen bislang der Fall gewesen war. Nicht nur die Oppositionsparteien, die Ausländerbeauftragte, die Sozialverbände und Ausländerinitiativen kritisierten den Text. Auch aus der Union kamen nun ablehnende Stimmen, vor allem aus der Christlich-Demokratischen Arbeitnehmerschaft; aber auch der Vorsitzende des Arbeitskreises Inneres der Unionsfraktion im Bundestag, Gerster, ging auf Distanz zu dem Entwurf.[139] In der Evangelischen Akademie in Tutzing fand daraufhin im Juli 1988 eine Tagung über das neue Ausländerrecht statt, das diese neue Ablehnungsfront zusammenführte – neben den Verbänden, Kirchen und Gewerkschaften auch die Bundesvereinigung der Deutschen Arbeitgeberverbände. Gegen die Vorstellungen aus dem BMI fanden die Vertreter dieser Institutionen hier eine einheitliche Linie. «Sie fordern, den Integrationsprozeß durch mehr Rechtssicherheit zu stärken; sie fordern langfristige Perspektiven des Aufenthalts für zwei Generationen; sie fordern Garantien für den Familiennachzug mit Zugang zum Arbeitsmarkt und den Schutz vor Ausweisung ... Das neue Recht sei ganz bewußt als ‹juristischer Irrgarten› angelegt, vor dessen Betreten der Staat von vornherein warnen wolle. Eigentliches Ziel des neuen Rechts sei deshalb nicht Integration, sondern Abschreckung.» Daher dürfe der Entwurf des BMI nicht zur Grundlage für ein neues Ausländergesetz werden.[140]

Auch in der Bundestagsdebatte zu diesem Thema am 24. Juni 1988 trat deutlich hervor, daß mit diesem Entwurf kein neuer Anfang zu machen war.[141] Innerhalb der Koalition war eine Einigung auf dieser Grundlage nicht zu erzielen. Damit drohte auch dieser zweite Anlauf zu einem neuen Ausländergesetz zu scheitern. Angesichts der Zuspitzung der öffentlichen Debatte über die Zuwanderung von Fremden nach Deutschland wäre dies jedoch einem Offenbarungseid der Politik gegenüber diesem seit nunmehr zehn Jahren ununterbrochen intensiv diskutierten Problem gleichgekommen.

Die Auseinandersetzung um die Zuwanderungsfrage fand Anfang 1989 einen neuen Höhepunkt. Bei den Wahlen zum Berliner Abgeordnetenhaus im Februar 1989 hatten die rechtsextremen «Republikaner» auf Anhieb 7,5 % der Stimmen erhalten und dadurch die Union geschwächt, die infolgedessen die Regierung an eine rotgrüne Koalition abgeben mußte. Die Republikaner hatten in den Wochen zuvor einen allein auf die Zuwanderungsfrage konzentrierten Wahlkampf betrieben und dabei etwa durch einen Fernsehspot, in dem zu der Melodie «Spiel mir das Lied vom Tod» türkische Kinder gezeigt wurden, ebensoviel Empörung wie Aufmerksamkeit erregt. Wahlanalysen allerdings zeigten, daß dieser rapide Zuwachs nicht allein auf die Mobilisierung von Abwehr gegen Asylbewerber und Ausländer zurückzuführen war. Vielmehr stellten die Wahlforscher «eine Konfusion des Ausländerbegriffs» fest, der «für die meisten Berliner, wie wohl auch für die meisten Westdeutschen, die Aussiedler mit einschließt und eigentlich ‹alles Fremde› meint».[142] «Die Saat geht auf: Ausländerhaß», kommentierte die *Süddeutsche Zeitung*. Die Konservativen hätten mit ihren Attacken gegen Ausländer und «Asylanten» jahrelang Ressentiments gefüttert und durch Begriffe wie «Dammbruch», «Ausländerschwemme», «Flüchtlingsfluten» eine politische Zuspitzung der Ausländerdebatte erreicht, die sich jetzt in den Wahlerfolgen der Rechten niederschlage und sich auch auf die von der Union privilegierten Aussiedler ausdehne.[143]

In der Tat waren hier verschiedene Faktoren zusammengekommen. Zum einen war durch den Versuch eines Teils der Union, in der Ausländerfrage die Meinungsführerschaft auch im rechten Spektrum wiederzugewinnen, eine Art von Enttabuisierung der Ausländerfeindlichkeit entstanden. Wenn schon Politiker so redeten, warum sollte man hier nicht auch selbst seinen Gefühlen und Ängsten freien Lauf lassen? Zum anderen spiegelten sich in

2. Von der Arbeitskräftewanderung zur Flüchtlingsmigration

solchen Wahlen auch soziale Probleme in den unteren Schichten der bundesdeutschen Bevölkerung – auch dies kein neues Phänomen, aber durch die enormen Zuwanderungsschübe der vergangenen Jahre aufs neue aktualisiert und verschärft. In jenem Teil der westdeutschen Bevölkerung, die von der «Zweidrittel-Gesellschaft» ausgegrenzt worden war, schrieb der *Spiegel*, «hat sich weithin die Meinung festgesetzt, ausgerechnet die Schwächsten müßten die sozialen Lasten des anhaltenden Zuzugs tragen». Ein Hamburger Sozialarbeiter beschrieb die explosive Lage bei den Sozialhilfeempfängern der Hansestadt: «Am Monatsanfang, wenn das Geld verteilt wird, gibt es ständig Stunk. Die Leute haben 'ne irre Wut auf alle Fremden, in denen sie Konkurrenten sehen.»[144]

Auffällig und neu hierbei war aber, daß besonders die Aussiedler und die ihnen gegenüber praktizierte Politik der Integrationshilfen auf Ablehnung und Verbitterung stießen, weil die Gleichstellung im Rentenanspruch oder die bevorzugte Einweisung in Wohnungen als ungerechtfertigte Privilegien angesehen wurden. Die Union hatte diese Entwicklung offenkundig unterschätzt. Ihr Fraktionsvorsitzender im Bundestag, Dregger, hatte noch kurz vor der Berliner Wahl die Zuwanderung der deutschstämmigen Aussiedler gar mit der Einwanderung der Juden Osteuropas nach Israel verglichen. So wie Israel die «Heimat aller verfolgten und unterdrückten Juden ..., so ist die Bundesrepublik die Heimat aller verfolgten und unterdrückten Deutschen».[145] Auf die Dauer aber, das zeichnete sich nun ab, ließ sich die Politik der aktiven Zuwanderungswerbung gegenüber den Aussiedlern aus dem Osten nicht durchhalten. Es bedurfte auch gegenüber den deutschstämmigen Aussiedlern einer Politik, die die Lebensbedingungen in ihren Heimatgebieten verbesserte und den Zuzug drosselte.

Es fehlte nicht an Stimmen in der Union, die nach dem Berliner Debakel auf eine weitere Verschärfung der deutschen Ausländer- und Asylpolitik drängten, um den Rechtsextremen in dieser Frage den Rang abzulaufen. Insbesondere in der Asylpolitik wurde auch tatsächlich ein verschärfter Kurs gefahren. Nachdem auch ein weiteres Gesetz zur Änderung des Asylverfahrensrechts im Frühjahr 1988 bis auf eine Erweiterung der Befugnisse der Ausländerbehörden keine Veränderungen mit sich gebracht hatte,[146] setzte die Union jetzt auf Konfrontationskurs: Anders als über eine Änderung des Grundgesetzes sei der Zustrom von Asylbewerbern nicht mehr einzudämmen. Daher richtete sich das politische Bestreben der CDU/CSU ganz darauf, die SPD öffentlich unter Druck zu setzen, den Artikel 16 des Grundgesetzes zu ändern. Dieser Kurs wurde durch wahre Horrorszenarien von den in Osteuropa nur auf die Auswanderung nach Deutschland wartenden Millionenmassen noch bestärkt.

Die Aufmerksamkeit der Öffentlichkeit in der Bundesrepublik aber konzentrierte sich seit dem Herbst 1989 ganz auf die Geschehnisse in der DDR und anderen Ländern des Ostblocks, so daß die Ausländer- und Asylpolitik für einen historischen Moment in den Hintergrund geriet, um danach jedoch schnell wieder ins Zentrum der politischen Debatte zu rücken – nun aber in verschärfter Form und unter den veränderten Bedingungen des wiedervereinten Deutschlands.

Da sich die große Kontroverse seit 1988 also auf die Frage der Grundgesetzänderung in der Asylpolitik zuspitzte, schienen die Differenzen in der allgemeinen Ausländerpolitik im Verhältnis dazu an Bedeutung zu verlieren, und im Sommer 1988 bestanden offenbar tatsächlich Aussichten, beim neuen Ausländergesetz zu einem tragfähigen Kompromiß zu gelangen. In Koalitionsgesprächen wurde vereinbart, das Ausländergesetz nun möglichst rasch zu verabschieden. Die Ausländerexperten der drei Parteien, Gerster (CDU), Fellner (CSU) und Hirsch (FDP), zu denen die Staatssekretäre des Innen- und des Justizressorts, Neusel und Kinkel, hinzugezogen wurden, erhielten den Auftrag, «Eckwerte» für ein neues Ausländerrecht auszuarbeiten. Dieser Entwurf lag bereits am 14. April 1989 vor und brachte eine deutliche Abkehr von den Ansätzen des BMI-Entwurfs vom Frühjahr 1988.[147] Dabei wirkte es sich bald als sehr vorteilhaft aus, daß für den in dieser Frage stets polarisierenden CSU-Politiker Zimmermann seit dem 21. April 1989 mit dem bisherigen Kanzleramtsminister Schäuble ein ebenso einflußreicher wie kompetenter und zudem flexiblerer Politiker das Innenressort übernommen hatte.

Schäuble beschleunigte nun das Verfahren enorm, um noch vor der Bundestagswahl 1991 das neue Ausländergesetz verabschieden zu können. Die Reaktionen auf das «Eckwerte»-Papier waren durchaus differenziert. Die SPD begrüßte das Papier als Fortschritt und bot die Zusammenarbeit beim weiteren Vorgehen an. Auch von der Ausländerbeauftragten Funcke wurde das Papier als gute Diskussionsgrundlage akzeptiert, wenn auch die Vorstellungen im einzelnen noch weit auseinander lagen.[148] Demgegenüber sah sich die CSU nach dem Ausscheiden Zimmermanns mit ihren Vorstellungen ausmanövriert, der bayerische Innenminister Stoiber hielt den Entwurf daher «in wesentlichen Punkten für nicht akzeptabel».[149]

Die Koalition einigte sich gleichwohl, die «Eckwerte» als Grundlage des weiteren Verfahrens zu akzeptieren, bereits im September 1989 legte Schäuble den fertigen Gesetzentwurf vor, und im Februar 1990 wurde er nach zahllosen Modifikationen zum Gegenstand einer Anhörung vor dem Innenausschuß des Deutschen Bundestages. Der Entwurf war ein Kompromiß zwischen den Positionen der Koalitionspartner. Der Primat der Abschreckung und der Unsicherheit des Rechtsstatus der Ausländer, wie er sich noch in dem Entwurf Zimmermanns gefunden hatte, war verschwunden. Das Ziel der Rechtssicherheit, der Verfestigung des Aufenthaltsstatus und der Integration stand jetzt deutlicher im Vordergrund. Eine Reihe besonders restriktiver Bestimmungen war gefallen. Gleichwohl blieb die Parole «Deutschland ist kein Einwanderungsland» weiterhin Maßstab und Leitlinie der Ausländerpolitik, wenngleich dies in den Einzelbestimmungen nicht mehr so eindeutig durchschlug wie zuvor.

Die Eile, mit der Schäuble den weiteren Fortgang des Gesetzesentwurfs betrieb, stieß auf erboste Kritik der Verbände. Kaum hatten sie den Entwurf neuester Fassung in Händen, sollten sie auch schon dazu Stellung beziehen. Zu dem Hearing vor dem Innenausschuß wurden nicht einmal die Vertreter der Ausländerorganisationen eingeladen. Andererseits war kein anderes Thema in seinen unzähligen Einzelheiten und Unterabsätzen so lange und intensiv diskutiert worden wie dieses. Von einer mangelhaften Beteiligung der Öffentlichkeit konnte hierbei nicht wirklich die Rede sein.[150] Allerdings führte die immer weiter reichende Aufnahme von Einwänden und Differenzierungen zu einem wahren Gesetzesmonstrum mit mehr als 100 Einzelparagraphen, an dem bis kurz vor der Verabschiedung im Bundestag noch gearbeitet worden war.

Stellvertretend für die meisten Kritiker sei hier aus der Stellungnahme der Ausländerbeauftragten zitiert, die die in dem Entwurf enthaltenen Erleichterungen und Verbesserungen für die ausländische Bevölkerung positiv hervorhob, vor allem «den Rechtsanspruch auf Aufenthaltsverfestigung und Familiennachzug, die familienunabhängige Aufenthaltserlaubnis und -verfestigung für Familienangehörige, eine Wiederkehroption für junge Rückkehrer, den Rechtsanspruch der zweiten Ausländergeneration auf Einbürgerung unter erleichterten Bedingungen, den Wegfall des sogenannten Ehebestandsjahres beim Nachzug des Ehepartners zur zweiten Generation».[151]

Auch der Münchner Journalist Heribert Prantl, einer der besten Kenner und schärfsten Kritiker der Ausländerpolitik der Regierung Kohl, hob hervor, das Gesetz sei tatsächlich weit besser als sein schlechter Ruf. Die Verbesserungen im Asylrecht seien bemerkenswert: «Endlich wird der Schutz des politisch Verfolgten auch auf seine Familie erstreckt ... Erfolglose Asylbewerber, die schon seit acht Jahren in der Bundesrepublik leben, erhalten eine unbefristete Aufenthaltserlaubnis, auch für Ehepartner und Kinder.» Die «Liste der Erfreulichkeiten», zu denen insbesondere die Aufhebung des unbedingten Arbeitsverbots für Asylbewerber gehöre, ließe sich lange fortführen. Neben Kritik an einzelnen Bestimmungen hob Prantl aber zwei grundsätzliche Defizite des neuen Gesetzes hervor. Zum einen sei das Gesetz in seiner Kompliziertheit kaum noch zu durchschauen – «in einem Meer von Einzelregelungen, von Voraussetzungen und Bedingungen geht die Rechtsklarheit unter». Zweitens: «Die Grundsatzkritik bleibt: das neue Ausländergesetz akzeptiert die Einwanderung, die längst stattgefunden hat, nur viertelherzig. Wo das Gesetz ‹Ja› spricht, schickt es gleich zwei ‹Aber› hinterher.» Vor allem aber habe sich Schäuble geweigert, die Einbürgerung radikal zu vereinfachen. «Mehrstaatigkeit, wie sie in ganz Europa üblich ist, will er nicht akzeptieren.»[152]

Am 9. Juli 1990 wurde das Gesetz, noch für die alte Bundesrepublik, verkündet, am 1. Januar 1991 trat es für das wiedervereinigte Deutschland in Kraft.[153] Es markierte in der Tat ein Zwischenergebnis. Von den alten Leitsätzen war man nun entfernt; weder fand man hier die Thesen von der Bewahrung nationaler Kultur noch der notwendigen Erhaltung der ethnischen Homogenität. Das Gesetz schrieb vielmehr in den meisten Feldern den Status quo fest, wie er sich in der Verwaltungs- und Rechtspraxis des vergangenen Jahrzehnts herausgebildet hatte. Insofern hatte der Abgeordnete Hirsch, FDP, seit Jahren eine der Bastionen der Kompetenz und pragmatischen Vernunft in der Ausländerfrage und einer der Autoren des vorliegenden Gesetzes, schon recht, wenn er im Bundestag vor der Verabschiedung des Gesetzes anmerkte, er kenne kein Gesetz, dessen Inhalt so vollständig anders sei, als es die Agitation der Gegner behaupte. In keinem anderen Land würden den dort lebenden Ausländern mehr Rechte zugestanden, als es mit dem neuen Gesetz geschehen werde.[154]

Auf der anderen Seite blieb das Gesetz ebenso wie die Politiker, die es gemacht hatten, gegenüber der weiteren Entwicklung ratlos. Angesichts der sich öffnenden Grenzen Osteuropas war mit weiterer Zuwanderung in erheblichen Größenordnungen zu rechnen. Eine positive, diese Zuwanderung nach den Bedürfnissen auch der deutschen Gesellschaft lenkende und ordnende politische Orientierung enthielt es nicht. Angesichts der Größenordnungen der realen Zuwanderung hätten hier die Erfahrungen etwa in den USA oder Kanada wertvolle Hinweise geben können. Eine Umorientierung hin zu einem Selbstverständnis als Einwanderungsland wurde aber durch die Ängste, daß auf diese Weise unkontrollierbarer Zuwanderung Tür und Tor geöffnet werde, verhindert.

Die Ausländerpolitik stand in den 80er Jahren im Zeichen des vollzogenen Wandels vom innereuropäischen Arbeitskräfteaustausch zu den internationalen Migrationsbewegungen im Zuge der sich anbahnenden Globalisierung. Die politischen Grundvorstellungen und die Überzeugung des überwiegenden Teils der bundesdeutschen Bevölkerung gingen noch von der Erfahrung des vorübergehenden Arbeitsaufenthalts der Ausländer in Deutschland aus, als sich bereits deutliche Verschiebungen weg vom traditionellen «Gastarbeiterproblem» und hin zu den Phänomenen der armutsmotivierten Massenwanderung andeuteten. Durch diese Wahrnehmungsverschiebung entstanden im Verlaufe der 80er Jahre zunehmende Friktionen, die die Ausländerpolitik zu einem der Kernpunkte der innenpolitischen Auseinandersetzungen machten und am Ende der 80er Jahre eine krisenhafte Zuspitzung erfuhren. Die Ausländerpolitik der Bundesregierung beharrte auf den Grundprinzipien, wonach Deutschland kein Einwanderungsland und der Aufenthalt der Ausländer im wesentlichen vorübergehender Natur sei. Während die Abschreckungs- und Abgrenzungstendenzen in den ausländerpolitischen Verordnungen und Gesetzen immer weiter in den Vordergrund rückten, nahm die Bedeutung der integrationspolitischen Maßnahmen ab. Allerdings führten die grundlegenden Kontroversen über die Ausländerpolitik innerhalb der Koalition dazu, daß weder die Vorhaben des Innenministeriums, den Nachzug von Familienangehörigen erheblich zu erschweren, sich durchsetzen konnten noch zunächst ein neues, verschärftes Ausländergesetz zustande kam. Auch die Versuche, mit Hilfe einer großangelegten Aktion zur finanziellen Unterstützung der Rückkehr von Ausländern deren Zahl deutlich zu vermindern, reichten über sektorale Auswirkungen nicht hinaus. Da eine Regelung dieser Fragen innerhalb der Regierung nicht möglich schien, intensivierte vor allem die Union ihren politischen Druck in der Öffentlichkeit und ging insbesondere dazu über, das Thema in den Mittelpunkt von Wahlkämpfen zu stellen. Dadurch entstand relativ schnell ein sich zunehmend stärker auflandendes emotionalisiertes Klima, das eine Enttabuisierung von Xenophobie und Ausländerfeindlichkeit in der Öffentlichkeit erleichterte.

In der zweiten Hälfte der 80er Jahre verlagerte sich das Interesse von Politik und Öffentlichkeit jedoch von der Ausländer- auf die Asylbewerberfrage, nachdem die Zuwanderung von Asylbewerbern deutlich angestiegen war. Auch hier führte eine schnelle Polarisierung und Ideologisierung der öffentlichen Debatte dazu, daß sachgerechte politische Lösungen der Problematik und der damit einhergehenden zunehmenden Beunruhigung vor allem der sozial schwächeren Schichten in Deutschland nicht zustande kamen. Da eine harte, illiberale Asylpolitik von der FDP nicht mitgetragen wurde, die ergriffenen zahlreichen Maßnahmen zur Verschärfung des Asylverfahrensrechts aber keinen merklichen Rückgang der Zuwanderung nach sich zogen und die Oppositionsparteien sich einer Grundgesetzänderung zur Beschneidung des Asylrechts verweigerten, verlegte sich die Union auch hier stärker auf die außerparlamentarische Ebene, was erneut eine Aufheizung der ohnehin schon stark emotionalisierten Debatte zur Folge hatte. Vor allem wurde von einem Teil der Bevölkerung nun auch die Zuwanderung von deutschstämmigen Aussiedlern im Kontext der allgemeinen Ausländerproblematik wahrgenommen, zumal die überwiegende Mehrheit der Asylbewerber im Zuge der Liberalisierungsprozesse in einigen Ländern des Ostblocks seit 1987 aus Osteuropa stammte. Angesichts der Konzentration auf die Bereiche Asyl und Aussiedler nahm allerdings die Polarisierung der allgemeinen Ausländerpolitik nach der Bundestagswahl von 1987 etwas ab, so daß es nun gelingen konnte, wenigstens das seit langem überfällige neue Ausländergesetz zu verabschieden, das zwar eine gewisse Rechtssicherheit bot und in vielen Bereichen als Fortschritt empfunden wurde, aber die grundlegenden Fragen der Ausländerpolitik – Einwanderungspolitik und Staatsbürgerschaftsrecht – nicht antastete. Im Zuge der Auflösung der kommunistischen Regime in den Ostblockstaaten war jedoch für die Zukunft mit weiteren, erheblichen Zuwanderungen zu rechnen. Angesichts der ungelösten Probleme beim Asylrecht und in der Aussiedlerfrage und der aggressiven Haltung von Teilen der Bevölkerung im Westen und, wie sich nun bald zeigte, auch in Ostdeutschland gegenüber den Zuwanderern der verschiedenen Kategorien war es daher nicht schwer vorherzusagen, daß die Krise der Ausländerpolitik mit der Wiedervereinigung nicht beendet war, sondern sich womöglich noch verschärfen würde.

3.
Ausländerpolitik im wiedervereinigten Deutschland

3.1. Struktur und Probleme der ausländischen Bevölkerung

Die Zahl der im Bundesgebiet lebenden ausländischen Bevölkerung stieg in den Jahren zwischen 1983 und 1998, also im Verlaufe der Regierungszeit der liberalkonservativen Regierung unter Bundeskanzler Kohl, um etwa 2,8 Millionen oder 61 %.

Tab. 28: *Ausländer im Bundesgebiet, 1983 bis 1998*[155]

Jahr	Ausländische Bevölkerung in Tausend	Ausländeranteil in %	Jahr	Ausländische Bevölkerung in Tausend	Ausländeranteil in %
1983	4534,9	7,4	1991	5882,3	7,3
1984	4363,6	7,1	1992	6495,8	8,0
1985	4378,9	7,2	1993	6878,1	8,5
1986	4512,7	7,4	1994	6990,5	8,6
1987	4240,5	6,9	1995	7173,9	8,8
1988	4489,1	7,3	1996	7314,0	8,9
1989	4845,9	7,7	1997	7365,8	9,0
1990	5342,5	8,4	1998	7319,6	8,9

Tab. 29: *Zu- und Fortzüge von Ausländern, 1973 bis 1995, in 1000*[156]

	1973	1975	1977	1979	1981	1983
Zuzüge	869	366	422	545	501	273
Fortzüge	526	600	452	366	415	424
Wanderungssaldo	342	−234	−29	179	85	−151

	1985	1987	1989	1991	1993	1995
Zuzüge	398	472	766	920	986	788
Fortzüge	366	333	438	497	710	561
Wanderungssaldo	31	138	328	423	276	227

3. Ausländerpolitik im wiedervereinigten Deutschland

Die Zuwanderung verlief offenkundig stark konjunkturabhängig und reagierte relativ kurzfristig auf die Schwankungen der wirtschaftlichen Entwicklung in Deutschland. Dabei fällt aber auch eine kontinuierliche und nahezu gleichmäßige Abwanderung auf, die in jedem Jahr zwischen etwa 333 000 und 700 000, im Durchschnitt etwa 450 000 Menschen betraf. Zweitens ist bemerkenswert, daß der Wanderungssaldo zwischen 1974 und 1987 zwischen einer maximalen Netto-Zuwanderung von 245 000 und einer Netto-Abwanderung von 234 000 schwankte, insgesamt also erheblich unter den Zahlen blieb, welche die in der Öffentlichkeit meist verwendeten Zahlen allein der Zuzüge suggerierten. Schließlich wird die exzeptionelle Entwicklung seit Ende der 80er Jahre sichtbar: Zwischen 1988 und 1994 stieg die Zahl der Ausländer in Deutschland um mehr als 50 Prozent, erheblich stärker also als in den Jahren mit der bis dahin stärksten Ausländerzuwanderung 1969 bis 1974.

Gegenüber der Situation der frühen 80er Jahre hatte sich die Struktur der ausländischen Bevölkerung in Deutschland jedoch deutlich verschoben. Denn der überwiegende Teil des Zuwachses der ausländischen Wohnbevölkerung setzte sich aus Flüchtlingen zusammen, die wiederum aus verschiedenen Gruppen mit unterschiedlichem Rechtsstatus bestanden.

Hinzu kam eine nicht genau bezifferbare Zahl von illegalen Einwanderern, die entweder nach befristetem Aufenthalt als Tourist, Flüchtling oder Saisonarbeiter blieben, wobei die Grenzen zwischen legaler und illegaler Zuwanderung hier fließend waren. Viele kamen mit falschen Papieren oder über die grüne Grenze nach Deutschland, nicht selten von professionellen Schleppern geführt. Für das Jahr 1992 schätzte das Bundesinnenministerium etwa 310 000 illegale Zuwanderungen. Ende der 90er Jahre lagen die Schätzungen der sich illegal in Deutschland aufhaltenden Ausländer zwischen 150 000 und einer Million, eine Zahl von etwa 500 000 erscheint realistisch. Dabei waren die Übergänge zwischen Legalität und Illegalität zum Teil fließend, etwa bei denjenigen Ausländern, die über Jahre hinweg in Deutschland bei ihren Verwandten wohnten und durch regelmäßige Aus- und Einreise ihre Touristenvisa verlängerten. In manchen Gewerbezweigen, etwa der Baubranche, wurde zudem die Beschäftigung von illegal oder halblegal hier arbeitenden Ausländern nachgerade zur Regel, was sich in Dumpinglöhnen, eingesparten Lohnnebenkosten und jederzeitiger Kündigungsmöglichkeit niederschlug.[157] Manche Wirtschaftsbereiche – die Bauwirtschaft vor allem, aber auch Pflegedienste und Hauspersonal – waren zu einem so hohen Anteil mit illegal oder irregulär arbeitenden Ausländern besetzt, daß die gelegentlichen Razzien der Arbeitsbehörden den Eindruck nicht verwischen konnten, daß es sich hierbei um einen Graubereich der halb geduldeten Form des Lohndumpings handelte. Das «neue Berlin» etwa mit den Großbauten für die Bundesregierung wurde zu einem ganz erheblichen Teil mit Billigarbeitern aus EG-Ländern sowie mit illegalen Arbeitskräften errichtet.

Die Zahl der in Deutschland sich legal aufhaltenden Flüchtlinge war zwischen 1987 und 1993 von etwa 700 000 auf ca. 1,9 Millionen gestiegen. Von diesen 1,9 Millionen waren 238 500 bereits anerkannte Asylbewerber mit ihren Familien und 530 000 Menschen, deren Asylantrag noch bearbeitet wurde. Die größte Gruppe bildeten aber die 755 000 sogenannten Defacto-Flüchtlinge – also Personen, deren Antrag auf politisches Asyl abgelehnt worden war oder die keinen Asylantrag gestellt hatten, von denen aber vermutet wurde, daß sie im Heimatland politische oder religiöse Verfolgung zu erdulden hätten, und die deshalb nicht abgeschoben wurden. Hinzu kamen 350 000 Bürgerkriegsflüchtlinge aus dem ehemaligen Jugoslawien, etwa 22 000 heimatlose Ausländer, 53 000 sogenannte «Kontingentsflüchtlinge», die im Rahmen humanitärer Sonderaktionen in Deutschland aufgenommen wurden, und jüdische Emigranten aus der Sowjetunion, von denen allerdings ein vermutlich überwiegender Teil sofort weiterwanderte. Im Verlaufe der 90er Jahre aber verringerte sich die Zahl der Flüchtlinge wegen des Rückgangs der neu gestellten Anträge auf Asyl nach der Novellierung des Asylrechts im Jahre 1993 sowie infolge der Rückkehr zahlreicher Bürgerkriegsflüchtlinge aus Ex-Jugoslawien in ihre Heimat.

Auch die Herkunftsländer der Flüchtlinge hatten sich verändert. Bis Mitte der 80er Jahre war der überwiegende Teil der Asylbewerber aus Ländern der Dritten Welt gekommen. Seither war der Anteil der aus Osteuropa stammenden Flüchtlinge stetig gestiegen. Zwischen 1990 und 1998 stellten 1 784 476 Personen einen Antrag auf Asyl in Deutschland. Von diesen kam die Hälfte aus drei Ländern: aus Jugoslawien (410 429, 23 %), Rumänien (267 671, 15 %) und der Türkei (196 293, 15 %). Mehr als achtzig Prozent der Jugoslawen jedoch stammten aus dem Kosovo, und ebenfalls mehr als 80 % der Türken waren Kurden. Dies vermittelt ein anschauliches Bild, wie direkt die Flüchtlingsströme den politischen Krisen folgten: Die Jahre zwischen etwa 1985 und 1993 waren durch die Wanderungen im Zuge des Zusammenbruchs der osteuropäischen Diktaturen gekennzeichnet. Sie wurden abgelöst von den Fluchtbewegungen infolge der ethnischen Konflikte in der Türkei und im Kosovo. Es waren vor allem die politischen und ethnischen Konflikte in Europa, die die Zahl der Asylbewerber so rapide steigen ließ.[159]

Allerdings konzentrierte sich die politische Debatte über die Einwanderung seit den späten 80er Jahren so stark auf die Flüchtlinge und Asylbewerber, daß ihr Anteil an den Zuzügen und den Wanderungsbewegungen insgesamt stark überschätzt wurde. Denn die bei weitem meisten Zuzüge von Ausländern entfielen nicht auf Flüchtlinge und Asylbewerber, sondern auf Familiennachzüge sowie EG-Ausländer mit erweitertem Zuzugs- und Aufenthaltsrecht. Selbst im Jahr des stärksten Zustroms von Asylbewerbern, 1992, machten sie nur ein Drittel aller Zuwanderungen aus. Bemerkenswert ist außerdem die sehr hohe Fluktuation. Im Jahre 1993 wanderten mehr als 980 000 Ausländer nach Deutschland zu, zugleich aber mehr als 700 000 wieder ab.

3. Ausländerpolitik im wiedervereinigten Deutschland

Tab. 30: Flüchtlinge in Deutschland, 1992–1998[158]

Flüchtlingsgruppen	1992	1993	1994	1995	1996	1997	1998
Asylberechtigte	100000	108500	136800	158600	170000	177500	182500
Familienangehörige von Asylberechtigten	130000	130000	130000	130000	130000	130000	130000
Asylbewerber	610000	530000	390000	345000	330000	320000	285000
De-facto-Flüchtlinge	640000	755000	650000	550000	500000	360000	370000
Kontingentflüchtlinge	38000	53000	67000	88000	103000	95000	112311
Bürgerkriegsflüchtlinge aus Ex-Jugoslawien	300000	350000	350000	320000	330000	254000	100000
Heimatlose Ausländer	28000	22000	20600	18800	17000	16000	15000
Gesamtzahl der sich in Deutschland legal aufhaltenden Flüchtlinge	ca. 1800000	ca. 1900000	ca. 1700000	ca. 1600000	ca. 1600000	ca. 1400000	ca. 1100000

Dabei konzentrierte sich die Zuwanderung von Flüchtlingen nach Europa in starkem Maße auf die Bundesrepublik. Während hier zwischen 1990 und 1998 knapp 1,8 Millionen Menschen politisches Asyl beantragten, waren es in den westlichen Nachbarländern deutlich weniger (Großbritannien 405589, Niederlande 282896, Frankreich 267332, Schweiz 236654, Schweden 233823). Bezogen auf die Bevölkerungszahl, hatten die Schweiz und Schweden mit mehr als 25 Asylbewerbern pro 1000 Einwohnern den höchsten Zugang, vor Deutschland mit über 20, während Frankreich, Italien und Spanien besonders wenige Zugänge aufwiesen.[160] Dabei wird deutlich, daß der Zuwanderungsdruck in den verschiedenen europäischen Ländern unterschiedliche Ventile fand und darauf politisch auf unterschiedliche Weise reagiert wurde. Die Struktur der Zuwanderung in den Mittelmeeranrainerländern war vor allem durch besonders hohe Zahlen an illegalen Einwanderern geprägt. In Frankreich kam ebenso wie in Großbritannien die aus der Kolonialvergangenheit herrührende Zuwanderung hinzu. In Deutschland, den Niederlanden, Schweden und der Schweiz hingegen fand die Flüchtlingsbewegung ihren Zugang vor allem über das Asylrecht, das hier als vergleichsweise liberal galt.

Die Zuwanderung von Flüchtlingen hatte dementsprechend auch die nationale Zusammensetzung der in Deutschland lebenden Ausländer verändert. Bis in die Mitte der 80er Jahre hinein hatten die Angehörigen der einstigen Gastarbeiter-Anwerbeländer bei weitem dominiert – Türken, Italiener, Spanier und andere. Im Jahre 1998 betrug der Anteil der Ausländer aus den einstigen Anwerbeländern noch knapp 60%, derjenigen aus EG-Staaten nur noch 25% aller in Deutschland lebenden Ausländer.

Tab. 31: Ausländer in der Bundesrepublik nach ausgewählten Staatsangehörigkeiten, 31. 12. 1998 [161]

Staatsangehörigkeit	Ausländer insgesamt	in %	Staatsangehörigkeit	Ausländer insgesamt	in %
Türkei	2 110 223	28,8	Iran	115 094	1,6
BR Jugoslawien	719 474	9,8	Rumänien	89 801	1,2
Italien	612 048	8,4	Vietnam	85 452	1,2
Griechenland	363 514	5,0	Marokko	82 748	1,1
Polen	283 604	3,9	Afghanistan	68 267	0,9
Kroatien	208 909	2,9	Libanon	55 074	0,8
Bosnien-Herzeg.	190 119	2,6			
Portugal	132 578	1,8	EG-Staaten insgesamt:	1 851 514	25,2
Spanien	131 121	1,8	Ausländer insgesamt:	7 319 593	100,0

Schon diese Zahlen verdeutlichen, in welchem Maße sich in den 80er Jahren der Charakter des sogenannten «Ausländerproblems» gewandelt hatte – es handelte sich nicht mehr um ein Problem der «Gast»- oder gar «Wanderarbeiter», wie es in manchen Ministerien bis in die 80er Jahre hinein hieß, sondern um einen in sich sehr differenzierten Vorgang der Zuwanderung aus den ärmeren und politisch instabilen Regionen Ost- und Südosteuropas sowie – in sehr viel geringerem Maße – aus den Ländern der Dritten Welt. 85 Prozent der in Deutschland sich aufhaltenden Ausländer stammten aus europäischen Staaten.

Was den Aufenthaltsstatus betrifft, so lebten die etwa 1,6 Millionen EG-Ausländer in Deutschland aufgrund der EG-Vereinbarungen auf einer sicheren Rechtsgrundlage. Bei den 5,68 Millionen Nicht-EG-Ausländern war dies anders. Von den 2,1 Millionen Türken besaßen Ende 1998 nur etwa 500000 den sichersten Aufenthaltsstatus, die Aufenthaltsberechtigung, und 610000 eine unbefristete Aufenthaltserlaubnis: zusammen nur 52% aller in Deutschland lebenden Türken; bei den Jugoslawen 37%; bei den Polen 23%. Insgesamt besaßen etwa die Hälfte der Ausländer in Deutschland einen einigermaßen gesicherten Rechtsstatus. Dieser grobe Befund wird durch die Berücksichtigung der Aufenthaltsdauer bestätigt. 47 Prozent der Angehörigen von EG-Staaten lebten 1998 bereits länger als 20 Jahre in Deutschland (Spanier 70, Griechen 50, Italiener 49 Prozent). Bei den Türken lag der Anteil bei 34, bei den Serben 31 – bei den Polen hingegen nur 5, bei den Rumänen 1,6 Prozent.[162]

Fazit: Etwa die Hälfte der Ausländer lebte Ende der 90er Jahre bereits seit sehr langer Zeit und mit gesichertem Rechtsstatus in Deutschland. Der Status der anderen Hälfte war prekär.

So ist es auch nicht überraschend, daß die Zahl derjenigen Ausländer, die die deutsche Staatsbürgerschaft annahmen, in den 80er und 90er Jahren nur relativ langsam zunahm. Im Jahre 1993 wurden lediglich etwa 154000 «Anspruchseinbürgerungen» registriert, die für Aussiedler sowie für Ausländer mit sehr langem Aufenthalt galten. Die Zahl der sogenannten «Ermessenseinbürgerungen», denen kein Rechtsanspruch der Ausländer zugrunde lag, war mit knapp 50000 relativ gering. Aufgrund verschiedener gesetzlicher Erleichterungen[163] stieg diese Zahl bis 1997 auf über 80000, blieb damit aber weiterhin bei etwa ein Prozent der ausländischen Bevölkerung. Nahezu die Hälfte waren Türken.[164] Im Sechsten Familienbericht, der 1999 vorgelegt wurde, hieß es dazu: «Das Ausbleiben von langfristigen und integralen Eingliederungskonzepten ... wurde für die schon lange ansässigen Familien der Pionierwanderer und besonders für die in Deutschland geborene oder aufgewachsene zweite Generation zu einer durch mancherlei Irritationen und mentale Verletzungen gezeichneten Lebensfrage. Die ehemalige ‹Gastarbeiterbevölkerung› war, ähnlich wie das Aufnahmeland, sukzessive in eine echte Einwanderungssituation hineingewachsen, ohne daß viele diese Herausforderung an die individuelle und familiäre Lebensplanung im Sinne einer Pro-/Contra-Entscheidung verstanden hätten ... Besonders bei der Ausländerbevölkerung aus EG-Drittstaaten mit langjährigem, in den 1990er-Jahren oft schon drei Generationen übergreifendem Daueraufenthalt entstanden in dieser künstlich offen gehaltenen Einwanderungssituation teils Doppelloyalitäten, teils transnationale bzw. transkulturelle Identitäten.»[165]

Ein weiteres Kennzeichen der Ausländerpopulation war die zunehmende Normalisierung der Geschlechts- und Altersstruktur. 44% der ausländischen Bevölkerung waren Ende 1997 Frauen, 1,7 Millionen waren Kinder und Jugendliche unter 18 Jahren. 500000, also etwa 7% der Ausländer, waren bereits über 60 Jahre alt; die meisten von ihnen gehörten zur Gruppe der in den 60er und 70er Jahren angeworbenen «Gastarbeiter», bei den

EG-Ausländern lag der Anteil der über 60jährigen bei knapp 11 %. Damit stellten sich neue Fragen und Probleme – etwa nach der Lage der in Deutschland alt gewordenen Ausländer, deren einstiger Rückkehrwunsch sich verflüchtigt hatte.[166]

Die Zahl der sozialversicherungspflichtig Beschäftigten hingegen war von 1989 bis 1992 von 1,64 Millionen auf 2,1 Millionen gestiegen und seither über die Jahre hinweg relativ konstant geblieben. Etwa 9% der Beschäftigten in Deutschland waren Ausländer, was dem Anteil an der Wohnbevölkerung ziemlich genau entsprach. Die Schwankungen folgten im wesentlichen den Wechselfällen der Konjunkturlage und der Branchenentwicklung. Insgesamt allerdings war krisenbedingt eine Abnahme der ausländischen Beschäftigten zwischen 1993 (2,22 Mio.) und 1998 (1,987 Mio.) um etwa 220 000 Personen, also 10%, festzustellen, etwa dreimal so hoch wie bei den Deutschen zur gleichen Zeit. Nach wie vor wurden Ausländer in Krisenzeiten bevorzugt entlassen. Die traditionelle Funktion der ausländischen Beschäftigten als konjunkturelle Reservearmee hatte weiterhin Bestand.

Kennzeichnend war allerdings die Verteilung in den verschiedenen Branchen und Wirtschaftszweigen. Ausländer arbeiteten in den 90er Jahren nach wie vor besonders häufig im Gaststättenbereich, als Putzkräfte sowie in den Bereichen mit besonders schwerer körperlicher Arbeit wie Eisen- und Stahlindustrie, Bergbau, Baugewerbe, Landwirtschaft und Fahrzeugbau.

Diese Beschäftigtenstruktur schlug sich auch in der Einkommenssituation nieder. Im Jahre 1995 hatten 29,1 % der Ausländer ein monatliches Haushaltsnettoeinkommen von weniger als 2500 DM (Deutsche: 20,9), 15,5 % (11,6) zwischen 2500 und 3000 DM, 25,6 % (22,7) zwischen 3000 und 4000 DM und 29,9 % (44,7) mehr als 4000 DM.[168] In den dazu angestellten sozialstatistischen Erhebungen werden die geringere Qualifikation der Ausländer, ihre überproportionale Beschäftigung in Krisenbranchen, die geringere Kapitalausstattung des Arbeitsplatzes und die doppelte Diskriminierung ausländischer Frauen aufgrund von Nationalität und Geschlecht als wesentliche Ursachen hierfür genannt. Im Durchschnitt liegen die Minderverdienste von Ausländern um etwa 12 %, bei den ausländischen Frauen um etwa 20 % niedriger als bei den Deutschen auf vergleichbaren Arbeitsplätzen.[169]

Ausländer waren zudem weiterhin in erheblich höherem Maße von Arbeitslosigkeit betroffen. Als im September 1997 die Arbeitslosenquote insgesamt auf 10,7 % stieg, erreichte sie bei den Ausländern fast 20 %, bei den Türken sogar 24 %, während andere Gruppen, vor allem die Spanier und die Jugoslawen, bereits dem Durchschnittstrend angepaßt waren. Auch dies ist als deutlicher Hinweis auf die unterschiedlichen Grade der Integration wie auf das unterschiedliche Bildungs- und Ausbildungsniveau der verschiedenen Ausländergruppen zu bewerten.

Tab. 32: Beschäftigte ausländische Arbeitnehmer in ausgewählten Wirtschaftszweigen, Bundesgebiet West, 1992 bis 1996[167]

Wirtschaftszweige	1992 absolut	1992 In % aller Beschäftigen	1993 absolut	1993 In % aller Beschäftigen	1994 absolut	1994 In % aller Beschäftigen	1995 absolut	1995 In % aller Beschäftigen	1996 absolut	1996 In % aller Beschäftigen
Insgesamt	2 103 916	8,9	2 226 862	9,6	2 167 959	9,4	2 155 861	9,4	2 084 690	9,3
Land- und Forstwirtschaft, Fischerei	24 303	10,9	28 123	12,8	28 002	12,9	28 287	13,6	27 272	13,4
Bergbau	24 339	14,6	22 085	14,4	19 769	13,8	17 988	13,3	16 335	13
Darunter: Eisen und Stahlerzeugnisse	32 896	14,7	30 198	15,1	27 187	15,3	26 492	15,6	24 781	15,4
Gießerei	25 133	23,8	21 668	23,4	20 183	23,3	20 590	23,6	19 121	23
Straßenfahrzeugbau	142 255	13,1	133 364	13,2	121 953	12,7	120 510	12,7	117 560	12,6
Baugewerbe	193 288	12	224 717	13,7	224 984	13,5	216 577	13,3	196 070	12,7
Handel	197 053	5,9	225 024	6,7	221 541	6,7	220 037	6,7	217 282	6,7
Gaststätten und Beherbergung	136 125	24,7	166 460	29,6	165 473	29,6	167 789	30,1	167 222	30,1
Reinigung, Körperpflege	81 734	20,5	93 254	23,3	93 267	13,4	95 479	24	96 787	24,3

Tab. 33: *Arbeitslosenquote ausländischer Arbeitnehmer, 1980 bis 1998*[170]

Jahr	Arbeits-losenquote insgesamt	Ausländer insgesamt	Spanien	BR Jugoslawien	Türkei
1980	3,5	4,8	3,2	2,8	6,3
1985	8,7	13,1	8,7	9,0	14,8
1990	6,6	10,1	6,8	6,0	10,0
1991	6,0	10,6	6,7	6,5	11,0
1992	6,5	12,3	7,7	9,2	13,5
1993	8,3	15,3	10,8	11,0	17,4
1994	8,8	15,5	11,2	9,8	18,9
1995	9,0	16,2	10,6	8,8	19,2
1996	10,0	18,6	11,7	9,9	22,5
1997	10,7	19,7	12,6	9,8	24,0
1998	9,8	18,3	12,3	11,0	22,7

Der Anteil der Ausländer, die in der Bundesrepublik noch in Behelfs- oder Gemeinschaftsunterkünften lebten, war mittlerweile verschwindend gering geworden, lediglich polnische Erntehelfer lebten in größerer Zahl in solchen vorübergehenden Unterkünften. Nach wie vor allerdings waren die sozialen Unterschiede zwischen Deutschen und Ausländern im Wohnbereich besonders auffällig: 90% der Ausländer lebten in Mietwohnungen, nur 6,5% in eigenen Häusern oder Wohnungen. Bei Deutschen betrug das Verhältnis 1998 55 zu 43. Nach wie vor lebte ein erheblicher Teil der Ausländer in stark oder überwiegend von Ausländern bewohnten Wohngebieten, wenngleich mit rückläufiger Tendenz.[171] Die Wohnverhältnisse der Ausländer in Deutschland sind also nach wie vor schlechter als die der Deutschen – allerdings sind die Unterschiede nicht mehr so signifikant wie noch 10 oder 20 Jahre zuvor. Einkommensverhältnisse und Wohnsituation der Ausländer gleichen vielmehr in zunehmendem Maße denjenigen der deutschen Arbeiterschaft, deren Anteil an der deutschen Gesamtbevölkerung allerdings seit Jahrzehnten kontinuierlich sinkt. Hier sind die Trends sehr deutlich: Die ausländische Bevölkerung ersetzt zu einem großen Teil die deutsche Arbeiterschaft, die ihrerseits in einem langfristigen sozialen Aufstieg befindlich ist. Es ist nicht schwer, auf der Grundlage dieser dürren Daten zu erkennen, an welchen Punkten die Zuwanderung von Ausländern die meisten sozialen Konflikte nach sich zieht: in der Konfrontation mit den unteren Schichten der deutschen Gesellschaft, die den sozialen Aufstieg nicht schaffen, sich in Konkurrenz mit den Ausländern befinden und dies als sozialen Abstieg empfinden.

Allerdings erhöhte sich auch die Zahl der Selbständigen unter den Ausländern von 121 000 (1987) auf 250 000 (1998). Dies deutete auf einen langsamen, aber beständigen Wandel unter der Ausländerpopulation hin, die sich sozial zu differenzieren begann. Das schlägt sich auch in den Bildungsstatistiken nieder. Die Kinder und Jugendlichen ausländischer Herkunft erreichten auch in den 80er und 90er Jahren deutlich schlechtere Schulabschlüsse als deutsche. Allerdings war hier eine deutliche, wenn auch langsame Verbesserung zu konstatieren. Anfang der 80er Jahre waren 30% der ausländischen Hauptschulabgänger ohne Abschluß, 1994 nur noch 20%.

Tab. 34: *Deutsche und ausländische Absolventen an allgemeinbildenden Schulen 1997*[172]

Schulabschluß	1997	
	Deutsche	Ausländer
Ohne Hauptschulabschluß	7,7	19,4
Mit Hauptschulabschluß	25,2	42,7
Mit Realschulabschluß	40,9	28,1
Mit Fachhochschulreife	0,7	0,8
Mit allg. Hochschulreife	25,5	9,0

Nach wie vor verlassen dreimal so viele ausländische Jugendliche die Schule ohne Abschluß wie die deutschen, und nur zehn Prozent der Ausländer erreichen Abitur oder Fachhochschulreife. Andererseits ist angesichts der anhaltenden Zuwanderung und des prekären Rechtsstatus vieler Ausländer eine Quote von 80% der ausländischen Schüler, die eine Schulausbildung abschließen, eine im internationalen Vergleich durchaus achtbare Größenordnung. Jedoch hatte in der Bildungsstatistik im Jahre 1992 ein Trendwechsel eingesetzt: Die anteilige Zahl der ausländischen Schüler, die die Realschule oder das Gymnasium besuchten, ging seither langsam zurück, während die der ausländischen Sonderschüler stieg. Eine der Ursachen für diesen Wandel liegt vermutlich darin, daß die hohe Zahl der Flüchtlinge unter den in Deutschland lebenden Ausländern erheblich ungewissere Zukunftsaussichten besaß als die mit verstetigtem Aufenthaltsrecht versehenen «Gastarbeiter» und ihre Kinder. Allerdings waren diese Zahlen auch Reflexe der sich bis 1998 verschlechternden konjunkturellen Lage in Deutschland.[173] Auch die Beteiligung ausländischer Kinder an der beruflichen Ausbildung ging 1994 erstmals zurück. 1986 lag sie noch bei 25%, bis 1994 stieg sie auf 44%, im Jahre 1997 fiel sie auf 37%; allerdings je nach nationaler Herkunft sehr unterschiedlich: Während die Spanier hier die gleichen Quoten wie die deutschen Jugendlichen erreichten, fiel die

Ausbildungsbeteiligung bei den ausländischen Jugendlichen von 1994 bis 1997 von 55 % auf 46 %, bei den Türken von 48 % auf 39 %. Nur 31 % der jungen Frauen ausländischer Herkunft begannen in diesen Jahren eine Lehre. Hier entwickelten sich schwerwiegende Probleme für die Zukunft – im Jahre 1999 waren 45–50 % aller 20- bis 25jährigen ausländischer Herkunft ohne Berufsabschluß, hingegen nur 12 % der deutschen. Das nun unterschied sich von den entsprechenden Zahlen der deutschen Arbeiterschaft doch erheblich.

Ausländer waren also in Deutschland nach wie vor – und gegenüber den 80er Jahren in wieder stärkerem Maße – gegenüber den Deutschen benachteiligt. Das zeigte sich sowohl an der Struktur der Beschäftigung, an der Wohnsituation, an den Daten über Arbeitslosigkeit, Bildung und Sozialhilfebedürftigkeit. In vielen Bereichen entsprachen diese Daten allerdings in etwa denjenigen der Deutschen in vergleichbaren sozialen Positionen. Zugleich aber zeigte sich auch, daß sich die Ausländer in Deutschland seit den späten 80er Jahren mehr und mehr in zwei etwa gleich große Gruppen aufzuteilen begannen. Die eine Hälfte von ihnen besaß einen relativ gesicherten Aufenthaltsstatus, womit zwar nicht durchgängig, aber doch in signifikantem Maße qualifizierter Schulabschluß und abgeschlossene Ausbildung der Kinder, bessere Wohnverhältnisse, höhere Einkommen und niedrigere Arbeitslosenquoten verbunden waren. Entsprechend waren unter denjenigen mit schlechteren Daten in diesen Bereichen diejenigen mit ungesichertem Aufenthaltsstatus überproportional vertreten.

3.2. Ausländerpolitik nach der Wiedervereinigung: die Asylkampagne

Mit der Vereinigung der beiden deutschen Staaten im Oktober 1990 entstanden für die Ausländerpolitik neue Herausforderungen. Denn gerade in diesen Bereichen waren die Voraussetzungen und Erfahrungen in beiden Gesellschaften außerordentlich unterschiedlich. Die Zahl der in der DDR lebenden Ausländer war sehr gering. Sie setzte erst in den 70er Jahren in größerem Umfang ein. Anfang 1989 lebten etwa 190 000 Ausländer in der DDR – weniger als 1 % der erwerbstätigen Bevölkerung. Die meisten von ihnen waren im Zuge von (geheimen) bilateralen Verträgen mit anderen, in der Regel staatssozialistischen Ländern und anfangs unter dem irreführenden Begriff der «Ausbildungshilfe» in die DDR gekommen; die größten Gruppen stammten aus Vietnam und Mosambik. Nur diejenigen, die mit einem deutschen Ehepartner verheiratet waren – etwa 40 000 –, verfügten über ein gesichertes Aufenthaltsrecht. Alle übrigen lebten unter rechtlich ungesicherten und sozial schwierigen Bedingungen sowie unter fast völliger Kontrolle. Ihre Aufenthaltsgenehmigung galt nur für die Zeit des – von vornherein beschränkten – Arbeitsaufenthalts; sie konnte zudem jederzeit und ohne Begründung entzogen werden. Das Leben der ausländischen

3. Ausländerpolitik im wiedervereinigten Deutschland

«Vertragsarbeitnehmer» war durch scharfe Kontroll- und Disziplinierungsvorschriften gekennzeichnet: Sie waren in der Regel an einen bestimmten Betrieb gebunden und durften nur in Ausnahmefällen von sich aus kündigen. Trennungsgelder und Familienzuschläge wurden an Wohlverhalten am Arbeitsplatz gebunden – wer unentschuldigt fehlte, dem wurde es gekürzt oder gestrichen. Ein Teil des Lohnes wurde an die Vertragsstaaten gezahlt, ein anderer Teil erst nach Beendigung des Arbeitsvertrags. In der Regel handelte es sich um junge, ledige Männer, die ohne Familie in die DDR gekommen waren. Der Nachzug der Familie war zudem nicht gestattet. Nach einer Vereinbarung zwischen der DDR und Vietnam wurde sogar vereinbart, daß vietnamesische Arbeiterinnen, die in der DDR schwanger wurden, die Kinder sofort abzutreiben hatten – oder nach Hause zurückkehren mußten. Bis zur Auflösung der DDR lebten die ausländischen Arbeiter in der DDR fast ausschließlich in abgesonderten Gemeinschaftsunterkünften, Kontakte zu Deutschen außerhalb des Arbeitsplatzes gab es nur wenige. Ähnlich wie im Westen waren die meisten Ausländer vornehmlich in Bereichen mit besonders schweren oder schmutzigen Arbeiten eingesetzt; zum überwiegenden Teil im Schichtdienst.[174]

Da die Ausländer von den Einheimischen streng separiert wurden – Kontakte zu ihnen waren meldepflichtig –, da es außer den vorgeschriebenen Ritualen der exerzierten Völkerfreundschaft keinen öffentlichen Austausch über die Anwesenheit der Ausländer gab und da zudem in der SED ein guter Teil der bolschewistischen Tradition der Fremdenfurcht weiterlebte, die etwa in der stalinistischen Sowjetunion hysterische und gewalttätige Züge angenommen hatte, konnte es nicht überraschen, daß auch in der ostdeutschen Bevölkerung bereits vor 1989 fremdenfeindliche Stimmungen verbreitet waren. Sie waren aber bis 1990 weitgehend unterdrückt worden. Nach der Öffnung der Grenzen und der Wiedervereinigung aber wurden die Menschen in Ostdeutschland mit einer fremden Welt des Westens konfrontiert, in welcher ihnen die acht Millionen Ausländer doppelt fremd vorkommen mußten.

Mit der Vereinigung der beiden deutschen Staaten wurde der Geltungsbereich des bundesdeutschen Ausländer- und Asylrechts auf die neuen Bundesländer ausgedehnt. Für die ausländischen Vertragsarbeitnehmer aus der einstigen DDR ergaben sich daraus zahlreiche Probleme. Sie waren die ersten, die im Zuge des Zusammenbruchs der ostdeutschen Wirtschaft nach der Vereinigung ihre Arbeitsplätze verloren, obwohl es sich, vor allem bei den Vietnamesen, in der Regel um gut ausgebildete und berufserfahrene Menschen handelte. 1994 verfügten nurmehr etwa 10 bis 15 % der einstigen Vertragsarbeitnehmer über einen Arbeitsplatz. Als besonders prekär erwies sich die Lage der alleinstehenden Mütter, die weder Erziehungs- noch Kindergeld erhielten, weil sie nur über eine «Aufenthaltsbefugnis» verfügten. 1995 schloß die Bundesrepublik mit Vietnam ein «Rücknahmeabkommen», wodurch die in Deutschland lebenden Vietnamesen durch entsprechende Beihilfen zur Rückkehr in die Heimat bewegt werden sollten.[175]

In Westdeutschland hingegen hatte sich die Diskussion um die Ausländer- und Asylpolitik im Verlaufe der späten 80er Jahre derart zugespitzt, daß Beobachter in dieser Thematik schon früh «die alles überragende innenpolitische Kontroverse der heraufziehenden neunziger Jahre» erkannten.[176] Durch das noch während des Vereinigungsprozesses verabschiedete neue Ausländergesetz war es zwar gelungen, einen Teil der Probleme jedenfalls vorübergehend zu entschärfen; infolge der Entwicklung in Ost- und Südosteuropa aber entstand hier eine ganz neue Situation. Durch die Öffnung der Grenzen nach dem Zerfall der Sowjetunion und ihrer Satellitenstaaten war für die Einwohner dieser Länder der Zugang nach Westen frei. Zugleich lebten längst vergessen geglaubte Nationalitätenkonflikte in den ethnisch gemischten Regionen Osteuropas wieder auf. Im Irak flohen Zehntausende von Kurden vor dem Diktator Hussein, in der Türkei spitzte sich die Auseinandersetzung zwischen der türkischen Armee und der kurdischen Arbeiterpartei PKK zu. Auf dem Balkan begann der Vielvölkerstaat Jugoslawien gewaltsam auseinanderzubrechen. Der Westen sah sich nun den bedrohlichen Auswirkungen seines Sieges über die kommunistische Staatenwelt gegenüber. Berechnungen, Befürchtungen und Panik steigerten die Zahl der zu erwartenden Flüchtlinge aus Osteuropa bald ins schier Unermeßliche. «Fachleute rechnen mit einer Ausreisewelle von bis zu 10 Millionen Menschen», hieß es Ende 1990 in verschiedenen Zeitungen.[177]

Eine einheitliche Linie in der Flüchtlingspolitik der westeuropäischen Staaten oder der EG aber gab es nicht.[178] Daß ein erheblicher Teil der Flüchtlinge nach Deutschland kommen würde, war jedoch schon aus geographischen Gründen naheliegend.

Bereits seit 1988 hatten die Unionsparteien darauf bestanden, daß man den stark zunehmenden Zuwanderungsdruck nur durch eine Änderung des Grundgesetzartikels über die Gewährung von politischem Asyl werde abwehren können. Bei den Koalitionsverhandlungen zwischen der Union und der FDP nach der Wahl vom Dezember 1990 konnte allerdings über die Frage des Asylrechts keine Einigung gefunden werden. Die CSU versuchte daraufhin, auf eine Festlegung in dieser Frage ganz zu verzichten, um auf eine Änderung des Grundgesetzes zusammen mit den Sozialdemokraten hinzuarbeiten. Die SPD aber reagierte in dieser Frage ebenso wie die FDP zunächst ablehnend. Während der Kanzlerkandidat der SPD von 1990, Lafontaine, erst vorsichtig, dann entschieden für eine Verringerung der Zuwanderungszahlen plädierte – darin aber vor allem auch diejenige der Aussiedler mit einbezog – und vor allem in der nordrhein-westfälischen SPD Zustimmung erhielt, lehnten andere SPD-Politiker jeden Versuch, das Grundgesetz auf Asyl zu verändern, strikt ab.[179] Innerhalb der Sozialdemokratischen Partei spiegelten sich dabei die in der ganzen Gesellschaft vertretenen gegensätzlichen Positionen in der Asylpolitik: auf der einen Seite diejenigen, die in den Kommunen und Ländern mit den Auswirkungen der Zuwanderung und der steigenden Verärgerung in der Bevölkerung und der

SPD-Anhängerschaft konfrontiert waren – auf der anderen Seite diejenigen, die zwar die Notwendigkeit einer Begrenzung der Zuwanderung einsahen, dafür aber das in der politischen Tradition der Bundesrepublik bedeutungsvolle Grundrecht auf Asyl nicht preisgeben wollten.

Eine einheitliche Linie war somit vorerst nicht absehbar. Die SPD konzentrierte sich daher zunächst auf Forderungen nach Eindämmung des Zuzugs von deutschstämmigen «Aussiedlern». Die Debatte entwickelte sich nun nach dem Grundmuster wechselseitiger Vorwürfe: «Sobald ein Politiker der C-Parteien eine Einschränkung des Asylgrundrechts fordert, antwortet ein Sozialdemokrat damit, daß der Artikel 116 Grundgesetz abzuschaffen sei.»[180]

Daraufhin begann die Union im Sommer 1990 im Zusammenhang mit dem einsetzenden Wahlkampf für die Bundestagswahlen im Dezember mit einer sich rasch verschärfenden Kampagne für eine Veränderung des Grundrechts auf Asyl, die vor allem auf die unschlüssige SPD zielte. Daraus entwickelte sich zwischen 1990 und 1993 eine der schärfsten, polemischsten und folgenreichsten innenpolitischen Auseinandersetzungen der deutschen Nachkriegsgeschichte. Im Zentrum der Kampagne, die von wichtigen Zeitungen, insbesondere von der *Bild-Zeitung* und der *Welt am Sonntag*, mitgetragen wurde, stand die These, bei den Asylbewerbern handle es sich überwiegend um Schwindler und Betrüger, die von den hohen sozialen Leistungen in der Bundesrepublik angelockt würden. SPD und FDP, hieß es etwa in der *Welt*, wollten «das in diesen Punkten überholte Grundgesetz zum Fetisch stempeln ... Bei mehr als 90 Prozent Schwindlern kann sich das zur existentiellen Bedrohung unseres Sozialwesens auswachsen.»[181] Die Rede von den «Asylschwindlern» rührte daher, daß Gesetzgebung und Rechtsprechung die Kriterien für die Gewährung von Asyl so eng gezogen hatten, daß nicht einmal die Bedrohung mit Folter in der Heimat mehr als berechtigter Grund für die Asylsuche angesehen wurde. Der Kreis derjenigen, deren Antrag auf Asyl anerkannt wurde, wurde daher immer enger gezogen, so daß weniger als 10% der Anträge schließlich positiv beschieden wurden. Andererseits war die Zahl derer, die kein Asyl erhielten, aber bei einer Rückkehr in die Heimat politischer Verfolgung ausgesetzt gewesen wären, so groß, daß die Zahl der vor einer Abschiebung in die Heimat geschützten «De-facto-Flüchtlinge» in Deutschland deutlich anstieg. Dieser Widerspruch führte zu scharfen Angriffen und zu Berechnungen über die dadurch entstehenden Kosten. «Insgesamt kosten die als Asylbewerber ‹verkleideten› Wirtschaftsflüchtlinge die Steuerzahler jedes Jahr weit über 3 Milliarden Mark», wurde dabei immer wieder hervorgehoben.[182] Und selbst der Berliner Historiker Baring forderte in der *Bild-Zeitung*, das Grundrecht auf Asyl müsse sofort abgeschafft werden, denn das «Grundproblem» bestehe doch darin, «daß unsere gutmütige Sozialgesetzgebung zum Magneten geworden ist, der die Armen des ganzen Erdballs anzieht».

Daher dürfe «selbst die Asylgewährung nicht das Recht auf eine Sozialhilfe einschließen, wie sie Deutschen zusteht».[183]

In einer Serie «Asylanten in Hamburg – wohin?» berichtete die *Bild-Zeitung* von den Tricks der «Asylbetrüger»: «Mit orientalischer Leidenschaft breiten Ausländer weitschweifige Lügenmärchen von angeblicher Verfolgung aus. Wer sich darüber empört, wird schnell als Rassist und Faschist abgestempelt – und schweigt künftig.» «Je länger das Verfahren dauert, um so genauer wissen sie, wie man sich zum politischen Märtyrer hochfrisiert. Aber kein Ausländer muß sofort Asyl beantragen. Er kann warten, bis man ihn erwischt. Als Schwarzarbeiter. Als Dieb. Als Drogenhändler.» «‹Ich kenne Fälle, da kamen Polen zu Besuch bei Verwandten nach Hamburg. Sie beantragten Asyl, kassierten Sozialhilfe. Als das Geld ausgegeben war, zogen sie den Asylantrag zurück und fuhren wieder nach Hause›, sagt ein Kenner der Szene. Der Trick hat was Geniales: Urlaubsgeld vom deutschen Steuerzahler. Und der Pole muß keinen Pfennig dazubezahlen.» «Viele werden von professionellen Schleuser-Gangs nach Deutschland gebracht. Die Flucht-Bewegung wurde für die Bosse der Schlepper-Mafia längst zum Millionengeschäft ... das bedeutet: Deutsche Sozialhilfe fließt unentwegt auf die Konten der Mafia ... Kein Schlepper läßt sich mit alten Klamotten abspeisen, auch an warmer Suppe sind Mafia-Millionäre nicht interessiert. Aber noch unterstützt die Sozialbehörde blauäugig die Verbrecher.» «Die Geschichte eines Arztes aus Ghana: Der Doktor empfiehlt mittellosen Patienten eine Therapie, die Steuerzahlern auf den Magen schlagen muß: ‹Reise illegal nach Deutschland. Dann kommst du ins Gefängnis – und wirst kostenlos behandelt. Danach fliegen sie dich wieder nach Hause. Auch dafür mußt du nichts bezahlen.›»[184]

Die Kampagne wurde von dem Generalsekretär der Christdemokraten, Rühe, noch forciert, als er am 12. September 1991 alle Kommunalpolitiker seiner Partei in einem Rundschreiben aufforderte, im gesamten Bundesgebiet «die Asylpolitik zum Thema zu machen und die SPD dort herauszufordern», denn «in den Städten und Gemeinden artikuliert sich in der Bevölkerung auch am ehesten Unmut und mangelnde Akzeptanz des praktizierten Asylrechts». Dazu waren standardisierte Argumentationsleitfäden, Parlamentsanträge und Presseerklärungen verteilt worden, mit Hilfe derer die sich zuspitzende Asylproblematik als Ergebnis der Weigerung der SPD, einer Grundgesetzänderung zuzustimmen, dargestellt werden sollte. Mit Musteranfragen sollte die Bedrohung durch die Asylbewerber herausgestellt werden: «Sind Asylbewerber in Hotels oder Pensionen untergebracht worden? Für welchen Zeitraum? Zu welchen Kosten? Welche Auswirkungen hatte die Belegung von öffentlichen Einrichtungen mit Asylbewerbern auf die bisherigen Benutzer/Besucher?» Auch sollten Fälle herausgestellt werden, «in denen Asylbewerber staatliche Leistungen unberechtigterweise mehrfach in Anspruch genommen haben».[185] Wer das gelesen habe, kommentierte die liberale *Süddeutsche Zeitung* diese Aktion Rühes, «weiß endgültig, wie man generalstabsmäßig Neid und Wut produziert. Und wenn dann bei einer Horde von Wirrköpfen (die sich nach solchen Debattenbeiträgen in bester Gesellschaft wähnen) aus Neid Haß wird, stehen die Generalstäbler betroffen da und wundern sich über die plötzlich ausgebrochene Gewalt.»[186]

Schrille Töne und eine zunehmende Emotionalisierung kennzeichneten die Debatte und begleiteten die auf politischer Ebene in Gang gesetzten Initiativen zu einer Änderung des Grundgesetzartikels. Im März 1990 legte Bayern einen solchen Entwurf vor, der die Abschaffung des subjektiven Rechts auf Asyl durch eine objektiv-rechtliche Garantie vorsah («Die Bundesrepublik Deutschland gewährt Asyl»), die vom einzelnen Asylbewerber jedoch nicht einklagbar wäre. Im Oktober 1990 schlug Baden-Württemberg die Einführung von Listen vor, auf denen diejenigen Länder, in denen «nach allgemeiner Überzeugung keine politische Verfolgung stattfindet», verzeichnet waren. Von Angehörigen solcher Staaten würden Anträge auf Asyl nicht mehr zugelassen. Beide Initiativen wurden jedoch im Bundesrat mit der sozialdemokratischen Mehrheit abgelehnt. Vor allem der baden-württembergische Vorschlag sollte sich jedoch als zukunftsträchtig erweisen.[187]

Da das Ziel der Grundgesetzänderung auf diesem Wege offenkundig nicht zu erreichen war, die Zahl der neuen Asylbewerber aber weiter zunahm, nahm die öffentliche Debatte über das Asylrecht weiter an Schärfe zu. «Das Grundgesetz wird anscheinend dann erst geändert», machte etwa der bayerische Innenminister Stoiber seinem Unmut Luft, «wenn den Altvorderen in Bonn, die bar jeglicher praktischen Erfahrung sind, einmal das Feuer unterm Hintern von ihren eigenen Leuten angezündet wird.»[188] Solche kraftmeiernden Sprüche trafen auf vorbereiteten Boden. Vor allem in Ostdeutschland entwickelte sich bereits im Wendejahr 1990 eine unerwartete und an Radikalität stetig zunehmende Bewegung gegen die «Ausländer» – obwohl die Zahl der in den fünf neuen Bundesländern lebenden Ausländer verschwindend gering war. «Rassismus und Ausländerfeindlichkeit», so wurde bereits im April 1990 berichtet, «kommen jetzt in der DDR ungehindert zum Ausbruch, das alte SED-Regime hatte die Ressentiments nur notdürftig unterdrückt. Mangelwirtschaft und nationalistische Stimmungen schüren den Fremdenhaß gegen Vietnamesen, Polen und andere Minderheiten. Gewalttaten nehmen zu.»[189]

Besondere Brisanz gewann diese Entwicklung, als nach der Wiedervereinigung im Dezember 1990 Asylbewerber aus dem Westen auf die Städte und Kreise in den neuen Bundesländern verteilt wurden. Diese waren darauf weder organisatorisch noch politisch vorbereitet, nutzten die mangelnde Vorbereitung jedoch auch zur Abwehr der Kosten verursachenden Zuweisung von Asylbewerbern.[190] Schon nach kurzer Zeit häuften sich die Berichte über die Ablehnung und Feindseligkeit, die den Asylbewerbern in ihren neuen Umgebungen entgegenschlugen, über Versuche von Kommunen, die ungeliebten Gäste wieder loszuwerden, und über erste Übergriffe auf Flüchtlinge. In einer sächsischen Kleinstadt überfielen Jugendliche die gerade erst in ein Übergangsheim eingezogenen Asylbewerber und schlugen sie nieder. Daraufhin flüchteten die Asylbewerber zurück nach Hessen. Ähnliches vollzog sich in zahlreichen Städten und Regionen. Daran, hieß es dazu in der *Bild-Zeitung*, könne man sehen, daß es sich in Wirklichkeit um Wirtschaftsflüchtlinge, um Asylbetrüger handele, die zurückkehrten, weil sie in Ostdeutschland den gewohnten Komfort des Westens vermißten: «Dort bekommen sie weniger Taschengeld, dort ist es weniger angenehm. Ist das die typische Verhaltensweise politisch Verfolgter? Für wie dumm hält man die Deutschen eigentlich?»[191] Als im April 1991 die deutsch-polnische Grenze geöffnet wurde, empfingen Hunderte von Jugendlichen in Frankfurt an der Oder die einreisenden Polen mit einem Steinhagel. «Es gibt schreckliche Übergriffe, Gewalttätigkeiten, Beleidigungen und Überheblichkeit gegenüber Ausländern in Ostdeutschland», resümierte die Ausländerbeauftragte Funcke diese Vorfälle im Frühjahr 1991. «Das alles ist leider nicht so selten, als daß man dies als Einzelfälle herunterspielen könnte.»[192] Einen ersten negativen Höhepunkt erreichte diese Entwicklung, als am Ostersonntag in Dresden Jugendliche einen aus Mosambik stammenden ehemaligen DDR-Vertragsarbeiter überfielen und aus der fahrenden Straßenbahn stießen; der Mann starb an seinen Verletzungen.[193]

Allerdings wurde durch solche Vorfälle die Anti-Asyl-Kampagne nicht abgebremst. Mit jedem Monat, in dem steigende Zahlen von Asylbewerbern gemeldet wurden, verschärfte sich der Ton vielmehr noch. Der Berliner CDU-Fraktionschef Landowsky etwa beschwerte sich in einem Interview über die Ausländer, die «bettelnd, betrügend, ja auch messerstechend durch die Straßen ziehen, festgenommen werden und nur, weil sie das Wort ‹Asyl› rufen, dem Steuerzahler in einem siebenjährigen Verfahren auf der Tasche liegen».[194] «Der Unmut über den Mißbrauch des Asylrechts und über die Milliarden-Kosten wächst überall in Deutschland», schrieb die *Bild-Zeitung*. «Die Deutschen sind weder ausländerfeindlich, noch sind sie Rechtsextremisten. Aber wenn der ungehemmte Zustrom von Asylanten weiterwächst, wird auch die Gewalt gegen sie zunehmen. Sind unsere Politiker unfähig, das zu begreifen?»[195]

Hier offenbarte sich eines der Kennzeichen der Anti-Asyl-Kampagne: Kommentierung und Berichterstattung über die Zuwanderung von Flüchtlingen und die ausbleibende Änderung des Grundgesetzartikels über das Asylrecht forcierten das, was «wachsender Unmut in der Bevölkerung» genannt wurde. Der wiederum, so wurde dann gewarnt, werde – wenn nicht bald das Grundgesetz geändert werde – möglicherweise bald in gewalttätige Aktionen umschlagen. Inwieweit solche indirekten Ermunterungen dazu beitrugen, daß die Zahl der gewalttätigen Übergriffe auf Ausländer im Sommer 1991 erstmals ein besorgniserregendes Maß annahm, ist schwer nachweisbar. Daß hierdurch ein politisches Klima entstand, in dem in zuge-

3. Ausländerpolitik im wiedervereinigten Deutschland

spitzten Situationen vor allem Jüngere zumindest den Eindruck gewinnen konnten, Überfälle auf Ausländer seien legitim und würden womöglich augenzwinkernd geduldet, ist hingegen offenkundig. Die erste politische Erfahrung, die die Ostdeutschen im wiedervereinigten Deutschland machten, war eine hochemotionalisierte Asyldebatte, in der Ausländer und Asylbewerber als Betrüger und Bedrohung erschienen und in der Gewalt gegen Ausländer als gewiß nicht richtig, womöglich aber doch nachvollziehbar apostrophiert wurde. Daß diese Lektion langdauernde Folgen nach sich ziehen sollte, ist daher wenig überraschend.

Die geradezu panikartige Stimmung in Deutschland spitzte sich zu, als im August 1991 im italienischen Bari ein Schiff mit Tausenden von Flüchtlingen aus Albanien ankam. Das Bild des mit mehr als 10 000 Menschen völlig überfüllten Dampfers «Vlora» prägte sich als Symbol des Zuwanderungsdrucks auf Westeuropa ein und wurde zum Sinnbild der Parole «Das Boot ist voll». Das «Menetekel von Bari»[196] schien all jene zu bestätigen, die vor einer Vervielfachung der Flüchtlingszuwanderung, vor dem finanziellen Kollaps und der Überfremdung Deutschlands gewarnt hatten. «Wahre Massen an Asylbewerbern und Aussiedlern – vor allem aus Osteuropa – fluten nach Deutschland. Aus ursprünglichem Mitgefühl wurde Verunsicherung und Zorn. Die Bilder aus Bari aber – 11 000 albanische Flüchtlinge wurden von italienischer Polizei auf ihr Schiff zurückgeprügelt – haben die Diskussion in Deutschland weiter angeheizt: Erleben wir die Szenen morgen auch bei uns, fragen sich Millionen von Menschen voller Sorge. Was wird, wenn Gorbatschow die Grenzen öffnet und 8 bis 10 Millionen Russen kommen? Ist unser Wohlstand in Gefahr?» Noch könnten die Grenzen auch ohne Bundeswehr geschützt werden. «Aber was nicht ist, kann noch werden. Wenn wir verhindern wollen, daß die Bundeswehr eingreift, muß die Politik handeln. Sofort!»[197]

Mittlerweile hatte sich die Asylkampagne verselbständigt. Boulevard und Straße regierten die Politik. Kein anderes Thema, so zeigten die Umfragen, bewegte die Deutschen so sehr wie die Asylproblematik. Von Juni 1991 bis Juli 1993 war danach das Thema «Asyl/Ausländer» das wichtigste Problem weit vor der deutschen Einheit und der Arbeitslosigkeit – mit Spitzenwerten von nahe 80 % im Sommer 1991 und Sommer 1992.[198] Die *Bild-Zeitung* veranstaltete ein Plebiszit gegen das Asylgesetz unter ihren Lesern: «Sensationelle Umfrage. Asyl: Grundgesetz ändern! 98 % dafür», titelte sie im September 1991.[199]

Zugleich nahmen Fremdenfeindlichkeit und Gewaltbereitschaft zu. «Schon sind, vor allem im Osten, Überfälle auf Asylanten an der Tagesordnung», berichtete der *Spiegel* im gleichen Monat. «Viele Deutsche sehen solche Gewalttaten mit klammheimlicher Freude. Rund 40 % der jungen Ostdeutschen empfinden Ausländer zumindest als ‹lästig› ... Jeder vierte hält sogar ‹Aktionen gegen Ausländer› für richtig.»[200]

Wenige Tage später ereignete sich der erste ausländerfeindliche Exzeß. Vom 17. September an belagerten im sächsischen Hoyerswerda einige hundert Jugendliche über mehrere Tage hinweg ein Wohnheim für Ausländer, in dem Asylbewerber und ehemalige Vertragsarbeiter wohnten, bewarfen es mit Steinen und Brandsätzen und versuchten es zu stürmen. Als Polizeieinheiten das Gebäude beschützten, wurden sie ebenfalls mit Brandflaschen und Stahlkugeln beworfen. Schließlich kapitulierte die Polizei vor dem Mob und evakuierte die in den Wohnheimen lebenden Menschen mit Bussen. Bemerkenswert an den Ereignissen von Hoyerswerda waren aber nicht nur die Ausschreitungen. Vielmehr geschah dies alles unter regem Anteil von explizit sympathisierenden Zuschauern aller Altersgruppen. «Einen Wendepunkt markiert Hoyerswerda», wurde in der Presse anschließend bitter vermerkt, «weniger, weil dort ein paar Dutzend jugendlicher Fremdenhasser mit Stahlkugel- und Brandflaschen-Attacken auf Asylanten- und Gastarbeiterquartiere ein Fanal des Fanatismus gesetzt haben. Viel schlimmer: Tausende von erwachsenen Bürgern haben ... die kriminellen Angriffe schweigend geduldet, wenn nicht gar johlend begrüßt.»[201]

Die Ereignisse von Hoyerswerda zogen zahlreiche weitere ausländerfeindliche Anschläge und Übergriffe nach sich. Allein in den 14 Tagen nach diesen Ausschreitungen wurden solche Vorfälle aus Freiburg, Deuben/Tackau, Saarlouis, Saarwellingen, Thiendorf bei Dresden, Jüterborg, Spring bei Hannover, Wesendahl in Brandenburg, Weingarten, Kenzingen bei Freiburg, Bodelshausen bei Tübingen, March bei Freiburg, Schwedt in Brandenburg, Tambach im Kreis Gotha, Münster, Hamburg, Essen, Ahlen in Westfalen, Hannover, Herford, Wallendorf bei Merseburg und Recklinghausen gemeldet.[202] Im Oktober 1991 wurden in dem niederrheinischen Ort Hünxe vier libanesische Flüchtlingskinder nach einem Brandanschlag mit schweren Verbrennungen in ein Krankenhaus eingeliefert.[203] In Gotha überwältigten Jugendliche vier sowjetische Soldaten und warfen sie aus dem Fenster einer Wohnung. In Greifswald griffen mehr als 200 Hooligans nach einem Fußballspiel ein Asylbewerberheim an, dabei wurden 35 Menschen zum Teil schwer verletzt. Die Zahl der Übergriffe auf Ausländer stieg bis auf 78 an einem einzigen Tag.[204]

Der Terror gegen Ausländer hatte sich auf ganz Deutschland ausgedehnt. Die weithin unerwarteten, eruptiven Fälle der Gewalttätigkeit gegen Asylbewerber im Osten wirkten dabei offenbar stimulierend auf die im Westen stets vorhanden, aber isoliert gewesene rechtsradikale Szene, die sich durch die Reetablierung nationaler Symbolik und Phraseologie seit dem November 1989 allerdings ohnehin auf dem Vormarsch wähnte. Diese von der überwiegenden Mehrheit der deutschen Bevölkerung im Osten wie im Westen gleichwohl weiterhin abgelehnte Szene hatte hier einen Agitationspunkt gefunden, von dem aus sie ihre Isolation zu durchbrechen trachtete, was ihr jedenfalls in Ostdeutschland in manchen Regionen auch gelang.

3. Ausländerpolitik im wiedervereinigten Deutschland

Die Ablehnung der Zuwanderung war dabei aber nicht allein auf sozial Benachteiligte begrenzt. Der Historiker Golo Mann etwa traf mit seinen Bemerkungen vermutlich die verbreitete Stimmung, aber auch das Ausmaß an Irritation und Unkenntnis recht genau, als er in einem Interview auf die Frage, ob die Anschläge politisch motiviert seien oder sich hier nur unreflektierter Fremdenhaß entlade, sagte: «Ganz eindeutig das letztere. Von Politik kann da gar nicht die Rede sein. Nur: wer haßt hier wen? Da haßt einer den anderen, die Asylbewerber und die kriminellen Täter ... Bei weitem das beste wäre es, die Grenzen derart zu schützen, daß sie gar nicht erst kommen können. Die Grenzen dichtmachen, das wäre die beste Lösung. Man sollte den Abgewiesenen ein Paket für den Rückweg mitgeben. So würden beiden Seiten Gewalttätigkeiten erspart bleiben.» Auf die Frage, wieso die Serie der Anschläge im Osten begonnen habe, fuhr er fort: «Es hätte überall in Deutschland beginnen können. Ich fürchte, wir sind noch nicht am Ende. Deshalb wäre es das Beste, diese unglücklichen Leute so bald und so freundlich wie möglich hinauszubefördern, dorthin, wo sie hergekommen sind.» Wenngleich es für Ausländer durchaus lehrreich sein könne, sich in Deutschland aufzuhalten, denn «Erfahrungen, in Deutschland gesammelt, könnten etwa für afrikanische Länder eine Rolle spielen. Wenn die Menschen etwas können, arbeitswillig sind, und nicht in gar zu großer Zahl kommen, kann man sie eine Weile in Deutschland belassen. Dann werden sie zurückkehren und erzählen, was sie erlebt haben.» Besonders problematisch sei allerdings die Anwesenheit der Türken: «So recht wohl fühle ich mich dabei nicht. Und ich weiß nicht, wie andere Länder sich dabei fühlen. Mir wäre es lieber, sie blieben zu Hause. Auf der anderen Seite ist es sicher gut für sie, wenn sie einen völlig anderen Kulturkreis gründlich kennenlernen. Wenn sie dann nach Hause zurückkehren und dort berichten, kann das einen Fortschritt in ihrem Land bedeuten. Aber: Sie sollten zurückkehren.»[205]

Über Ausmaß und Struktur von Distanz, Kritik und Feindseligkeit gegenüber Ausländern in den frühen 90er Jahren gab eine Studie des Kölner Soziologen Silbermann detailliert Auskunft (s. Tab. 35).

Das Gesamtbild erweist sich also als relativ differenziert. Immerhin war zu diesem Zeitpunkt nahezu die Hälfte der Bundesbürger der Auffassung, daß die Politik «zu ausländerfreundlich» sei, im Osten fast 60 Prozent. In der unmittelbaren Umgebung hingegen waren die Beschwerden über «zu viele Ausländer» offenbar erheblich geringer; nur jeder sechste hatte in seinem Wohnumfeld diesen Eindruck – in Ostdeutschland, wo der Anteil der Ausländer an der Wohnbevölkerung sehr gering war, noch weniger. Das deutet auf einen Widerspruch zwischen direkten Erfahrungen und politischer Einstellung hin. Andererseits war die Zahl derer, die die ausländischen Arbeitnehmer wieder nach Hause zurückschicken mochten, sehr gering. Die Parole «Ausländer raus» wurde demnach nur von einer sehr kleinen Minderheit unterstützt; und auch die Zahl derer, die sich ganz ge-

Tab. 35: **Ausländerkritische und ausländerfeindliche Tendenzen in Deutschland, 1993**[206]

	gesamt	West	Ost	Schulabschluß		
				Einfach, ohne Lehre	Mittel	Abitur
Anteil der mit dem Zahlenverhältnis von Deutschen und Ausländern in ihrem Wohngebiet sehr oder etwas unzufriedenen Befragten	16	17	12	23	15	9
Anteil derjenigen, die vielleicht selbst in einer Diskussion sagen würden, daß sie gegen Ausländer sind	7	6	9	12	7	3
Anteil derjenigen, die ausländische Arbeitnehmer in ihre Heimatländer zurückschicken möchten	5	4	8	9	4	9
Anteil derjenigen, die *gar keine* Asylsuchenden mehr aufnehmen möchten	15	15	18	28	17	6
Anteil der sich gegen die Aufnahme deutschstämmiger Aussiedler aussprechenden Befragten	30	28	37	37	29	20
Anteil derjenigen, denen die deutsche Ausländerpolitik «zu ausländerfreundlich» ist	47	45	58	50	47	21

gen die Aufnahme von Asylbewerbern aussprachen, war mit 15 % im Jahre 1993, als der Höhepunkt der Asyldebatte erreicht wurde, doch bemerkenswert niedrig. Vergleichsweise hoch war demgegenüber die Zahl derjenigen, die sich gegen die Aufnahme von Aussiedlern aussprachen.

Auffällig waren allerdings die sehr unterschiedlichen Einstellungen gegenüber verschiedenen Ausländergruppen. Daß sich dabei Holländer und US-Amerikaner als besonders beliebte Ausländergruppen erwiesen, kann nicht verwundern. Hier spiegelten sich Vertrautheit einerseits und kulturelle und wirtschaftliche Hochschätzung andererseits wider. Daß aber die klassische «Gastarbeitergruppe» der Italiener in der Wahrnehmung der Westdeutschen den Holländern und Amerikaner mittlerweile nahezu gleichkam, deutete hingegen auf einen bemerkenswerten Wandel, wenn

Tab. 36: *Hierarchie der Ausländergruppen in der Wahrnehmung der Deutschen*[207]

Anteil derjenigen, die die folgende Gruppe
a. nur als Besucher zulassen würden
b. aus unserem Land ausschließen möchten

Ausländergruppe		Gesamt	West	Ost	Schulabschluß		
					Einfach, ohne Lehre	Mittel	Abitur
Holländer	nur als Besucher zulassen	10	8	16	24	9	5
	aus unserem Land ausschließen	1	1	1	1	1	–
US-Amerikaner	nur als Besucher zulassen	11	5	24	20	13	9
	aus unserem Land ausschließen	1	1	1	1	1	2
Italiener	nur als Besucher zulassen	13	9	28	24	13	5
	aus unserem Land ausschließen	3	2	7	3	3	4
Türken	nur als Besucher zulassen	20	18	30	34	20	13
	aus unserem Land ausschließen	8	7	9	9	8	10
Menschen aus dem ehem. Jugoslawien	nur als Besucher zulassen	22	19	36	37	25	11
	aus unserem Land ausschließen	3	3	3	3	3	3
Vietnamesen	nur als Besucher zulassen	28	27	32	39	31	12
	aus unserem Land ausschließen	9	9	7	11	6	11
Afrikaner	nur als Besucher zulassen	33	30	43	51	37	15
	aus unserem Land ausschließen	9	9	9	13	8	8
Sinti und Roma	nur als Besucher zulassen	33	32	38	39	34	21
	aus unserem Land ausschließen	37	36	43	46	35	22

man bedenkt, daß sich noch in den späten 60er Jahren Vorurteile gegen die «Gastarbeiter» aus «unterentwickelten Ländern» vornehmlich gegen die Italiener gerichtet hatten. Auf diesen Wandel verweisen auch die vergleichsweise negativen Werte der Italiener in Ostdeutschland – hier fehlten die jahrzehntelangen Erfahrungen mit den Italienern. Generell war jedoch die Ablehnung gegenüber Ausländern im Osten deutlich höher als im Westen; insbesondere gegenüber Türken und Jugoslawen. Nahezu einig aber waren sich die Deutschen in ihrer Ablehnung der Sinti und Roma.

Von einer durchgehenden oder auch nur bedeutenden Fremdenfeindlichkeit in Deutschland konnte also auch in den frühen 90er Jahren nicht die Rede sein. Die aggressive Ablehnung von Ausländern beschränkte sich auf eine Gruppe von vielleicht 10–15% in der Bevölkerung. Irritationen und Befürchtungen gegenüber dem Zuzug von Fremden waren hingegen weiter verbreitet, aber Fremdenangst und Fremdenfeindlichkeit erwiesen sich in diesem Kontext sowohl als soziale wie als ideologische Phänomene. Zum einen wird deutlich, daß kulturelle Differenz, tradierte Ängste, mangelnde direkte Kontakte und Erfahrungen Vorurteile und ideologische Positionen stark beförderten. In gewisser Weise mußten die Ostdeutschen nun in bezug auf den Kontakt mit Ausländern einen Erfahrungsweg durchlaufen, den die Westdeutschen seit den 60er Jahren bereits absolviert hatten. Auf der anderen Seite zeigt sich: Hier wanderten eben nicht nur Fremde ein, sondern vor allem *arme* Fremde auf der Suche nach Wohnung, Arbeitsplatz, sozialer Versorgung, Perspektive für sich und ihre Kinder. Sie trafen auf diejenigen, die zum unteren Drittel oder Viertel dieser Gesellschaft gehörten und qua der nationalen Zugehörigkeit zu dieser Gesellschaft ihren Besitzstand verteidigten. Hier lag der Ansatzpunkt für die Verbindung von sozialen Interessen und fremdenfeindlichen Parolen. Dies war kein neues Phänomen und nicht auf Deutschland begrenzt. Aber in Deutschland verband sich die Kumulation von Wanderungsströmen mit der beispiellosen sozialen und wirtschaftlichen Umbruchsituation in Ostdeutschland und traf auf eine darauf ungenügend vorbereitete Gesellschaft, in der ihre Vorgeschichte des Umgangs mit Fremden noch nachvibrierte. Dies verlieh der Entwicklung in den frühen 90er Jahren ihre besondere Brisanz.

3.3. *«Asylpolitik im Rauch der Brandsätze»*

Die fremdenfeindliche Bewegung der frühen neunziger Jahre war jedoch keine selbstgesteuerte Bewegung. Sie hatte eines Anstoßes von außen bedurft. Hier liegt die Bedeutung der Asylkampagne der frühen 90er Jahre, die in einer denkbar zugespitzten Umbruchsituation ein klares Feindbild bot und durch die sich ständig überbietende Tonlage einen Enthemmungsprozeß in Gang setzte, der sich dann rasch dynamisierte.

3. Ausländerpolitik im wiedervereinigten Deutschland

Gegenüber solchen suggestiven Bildern und Verängstigungen hatten nüchterne Argumentationen nur noch wenig Chancen, gehört zu werden. Der Deutschland-Korrespondent der *Washington Post* etwa schrieb über die deutsche Asyldebatte unter der Überschrift «Come on, Germany. Get real» verwundert: «Und jedes Jahr immer der gleiche Schrei durch das gesamte politische Spektrum: ‹Das Boot ist voll, zu viele Fremde sind unter uns.› ... Die letzte hysterische Presseerklärung Innenminister Schäubles besagt, daß die Zahl der Asylbewerber dieses Jahr um 15 % anstieg und bis zum Ende des Jahres bei 200 000 angelangt sein wird. Ja und? Diese Zahlen sind Peanuts ... Das vereinte Deutschland findet sich nun an der Grenze zwischen Überfluß und Armut, zwischen Ländern des Vertrauens und der Stabilität und solchen der Unsicherheit und rapiden Wandels wieder. Das kann nur heißen, daß die Armen, die Unterdrückten und die Verschmähten hierherkommen werden. Viele Länder wären dankbar für eine solche Bereicherung an Talenten, an Unternehmungsgeist und kulturell Neuem. Doch deutsche Politiker reagieren, als stünde alles, was ihnen heilig ist, vor der Gefahr eines Zusammenbruchs ... Wenn Deutschland den Wunsch, Teile seiner Autonomie für die Vereinigten Staaten von Europa aufzugeben, wirklich ernst meint, dann muß es endlich aufhören, sich hysterisch an die ethnischen Abgrenzungen der Vergangenheit zu klammern.»[208]

Neben diese politische Argumentation trat seit Ende der 80er Jahre in zunehmendem Maße eine wirtschaftliche. Deutschland, so die vor allem von den Industrieverbänden und dem Handwerk vertretene These, brauche aus ökonomischen und demographischen Gründen eine kontinuierliche Einwanderung von außen, um seinen Lebensstandard halten zu können. Die Aufregung über das «dramatische Anschwellen der Asylantenflut», so faßte die *Wirtschaftswoche* die hier vertretene Position zusammen, sei «ziemlich künstlich: Seit der letzten Debatte, Anfang 1989, ist eigentlich nichts Dramatisches passiert: Zwar verdoppelte sich die Zahl der Asylbewerber, dafür wird sich jedoch die Zahl der Aussiedler von 400 000 im vergangenen Jahr auf rund 200 000 in diesem Jahr etwa halbieren. Macht unterm Strich 100 000 weniger Zuwanderer. Wo ist das Problem? Die Zuwanderer sind heute wie vor zwei Jahren – zumindest ökonomisch betrachtet – durchaus willkommen. Deutschland braucht sie – als Arbeiter, Konsumenten und Stabilisatoren seines wackeligen Rentensystems. Die einheimische Bevölkerung schrumpft und vergreist; die Vereinigung der Bundesrepublik mit der DDR hat daran nur wenig geändert. In vielen Branchen werden die Arbeitskräfte knapp. Bei Malern, Klempnern, Frisören, Schneidern und manch anderen Berufen bleiben in diesem Jahr über 200 000 Lehrstellen unbesetzt. Die Einwanderer verdrängen nicht deutsche Arbeiter, sie füllen die Lücken, die von diesen gerissen werden – in der Gastronomie und im Baugewerbe, bei der Müllabfuhr und im Bergbau, in der Kfz- und in der Schwerindustrie. So manche Dienstleistung wäre ohne billige Arbeitskräfte für uns längst unerschwinglich geworden. Ausländer halten nicht nur ganze Branchen am Leben und finanzieren mit ihren Sozialbeiträgen unsere Rente mit. Sie konsumieren auch deutsche Produkte und sichern so deutsche Arbeitsplätze.»[209]

Solche Argumente, die nun verstärkt vorgebracht und durch entsprechende Daten untermauert wurden, hätten wenige Jahre zuvor die öffentliche Diskussion wohl noch beeinflussen können. Angesichts der aufgeheizten Atmosphäre des Sommers 1991 aber verpufften sie fast völlig. Bemerkenswert daran ist, daß die Haltung eines großen Teils der Wirtschaftspresse und Unternehmensverbände die seit jeher vertretenen Positionen gegenüber der notwendigen Beschäftigung von Ausländern nur wiederholte: Ausländische Arbeiter waren als flexible Ausgleichsreserve, als Lohnbremse sowie als Ersatz für deutsche Arbeitskräfte in von diesen ungeliebten Branchen sehr begehrt. Im Umfeld der Asylkampagne und der Anschläge auf Ausländerheime wirkten solche Positionen nun als ausgesprochen liberal. Vergessen wurde dabei, daß die langfristigen Auswirkungen der kurzfristigen Arbeiterwerbungen in den 60er Jahren erste jene Probleme mit sich gebracht hatten, die nun in zugespitzter Form debattiert wurden. Die Reaktionen vieler Politiker, die darauf verwiesen, daß die Unternehmer die sozialen und politischen Folgekosten der Ausländerbeschäftigung allein dem Staat überlassen hatten, waren insofern nicht ganz von der Hand zu weisen.

Auch die zu dieser Zeit aufkommende Diskussion über eine neue Einwanderungspolitik fand nurmehr wenig Zuhörer. Wegzukommen von der Fixierung auf das Asylrecht war eine der erhobenen Forderungen, um die offenkundig notwendige Zuwanderung rational nach dem in Deutschland bestehenden Bedarf mit Hilfe eines Einwanderungsgesetzes zu steuern und dafür gegebenenfalls bestimmte Quoten nach Vorbild der USA einzurichten. Um solche Vorschläge ernsthaft prüfen und diskutieren zu können, waren aber zwei Voraussetzungen nötig – auf der einen Seite mußte der Zuwanderungsbedarf als solcher anerkannt und damit Deutschland als Einwanderungsland beschrieben werden. Das stieß bei den Konservativen auf unübersteigbare Hürden. Zum anderen mußte akzeptiert werden, die derzeit über den Asylartikel stattfindende Zuwanderung in diese Einwanderungskonzeption zu integrieren, was darauf hinauslief, das Asylrecht zu deliberalisieren. Das war für die Mehrheit von FDP und SPD sowie für die Grünen nicht akzeptabel. «Die Diskussion über den Artikel 16 Grundgesetz», schrieb Heribert Prantl in der *SZ*, «zeigt die Parteien in schlechter Verfassung ... Es hat den Anschein, als sei die Politik von der Tarantel gestochen. Sie gebärdet sich, als könne sie jetzt in vier Wochen lösen, was sie in zwanzig Jahren nicht geschafft hat. Wie im Zeitraffer jagen sich alle Forderungen, die jemals in der Asylpolitik erhoben wurden. Die Union trommelt immer lauter gegen den Artikel 16 und den Rechtsschutz für Flüchtlinge; die SPD scheint von hysterischer Hilflosigkeit befallen, und die

Grünen reißen sich im Streit darüber, ob eine Quotenregelung ein Segen oder ein Fluch wäre, mitten entzwei.»[210]

Es kennzeichnete die Asyl- und Ausländerpolitik der Regierung Kohl, daß die Ausländerbeauftragte Funcke, über die Einflußlosigkeit ihres denkbar schlecht ausgestatteten Amtes frustriert, von den jahrelangen Auseinandersetzungen mit dem Innenministerium zermürbt und angesichts der neuen ausländerfeindlichen Welle resigniert, am 15. Juli 1991 ihren Rücktritt erklärte.[211] Zu ihrer Nachfolgerin wurde erst am Ende des Jahres die FDP-Politikerin Schmalz-Jacobsen ernannt.

Neben den Ereignissen von Hoyerswerda und Hünxe waren es vor allem die Bürgerschaftswahlen in Bremen, die den Stillstand in der Asylpolitik aufzulösen halfen. Hier hatte sich der Spitzenkandidat der SPD, Wedemeier, durch eine scharfe Anti-Asylpolitik zu profilieren versucht, im Verlaufe derer er Flüchtlingen sogar den Aufenthalt in der Stadt verwehrt hatte.[212] Bei den Wahlen gewann aber die rechtsradikale DVU deutlich an Stimmen, während die SPD starke Verluste erlitt. Damit war für die beiden großen demokratischen Parteien deutlich geworden, daß die politische Instrumentalisierung der Asylfrage nicht nur ausländerfeindliche Übergriffe heraufbeschwor, sondern auch zu einem Rechtsruck der Wähler über den demokratischen Rand hinaus führen konnte.[213]

Am 10. Oktober 1991 fanden Union, FDP und SPD dann tatsächlich einen Kompromiß in der Asylfrage. Da eine Übereinkunft in bezug auf eine Grundgesetzänderung nicht möglich schien, einigte man sich auf ein Verfahren knapp unterhalb dieser Hürde. Durch das hier vereinbarte «Asylbeschleunigungsgesetz» sollten «offensichtlich unbegründete» oder aussichtslos erscheinende Anträge binnen sechs Wochen entschieden werden und alle Asylsuchenden in Sammellagern untergebracht werden. Allerdings setzte dies die Zustimmung und Kooperationsbereitschaft der Landesregierungen voraus, die insbesondere die neuen Sammellager aufbauen und mehr Personal bereitstellen mußten.[214] Durchgreifende Änderungen waren von dieser Vereinbarung nicht zu erwarten. «Nach dem geplanten Gesetz», hieß es in der *Süddeutschen Zeitung*, werde das Verfahren «noch diffuser und irrationaler, ohne daß dabei wirklich eine generelle Abkürzung herauskäme. Es fehlt schon an der Grundvoraussetzung: Solange die Gerichte einen Berg von alten Verfahren vor sich herschieben, ist an die schnellere Erledigung der neuen Verfahren nicht zu denken.»[215] Das Gesetz wurde gegen die Stimmen von Grünen und PDS im Juni 1992 verabschiedet. Zuvor allerdings hatte die CSU den Kompromiß bereits wieder aufgekündigt und eine Grundgesetzänderung als einzige Möglichkeit betont. Der Kompromiß vom 10. Oktober hatte keine sechs Wochen gehalten.[216]

Da die Zahlen der Asylbewerber weiter stiegen und eine einvernehmliche Lösung des Konflikts wieder in weiter Ferne lag, setzte die Asyldebatte, die nach dem Schock von Hoyerswerda für einige Zeit ausgesetzt worden war, wieder in voller Lautstärke ein. Neue Argumente kamen dabei nicht zum

Tragen. Erneut kamen aus den Kommunen besorgte Rufe nach Eindämmung der Zuwanderung. Erneut machte die Boulevardpresse Stimmung: «Fast jede Minute ein neuer Asylant. Die Flut steigt – wann sinkt das Boot?» «Irre! 11 991 Mark für Asylfamilie – monatlich». Und erneut wurden die Reden von Politikern immer populistischer. In Kiel veröffentlichte die CDU eine Anzeige, in der es hieß: «Sollen die Türken entscheiden oder eine kurdische Terrororganisation, wer in Kiel regiert?» Und der nordrhein-westfälische SPD-Politiker Farthmann schlug gar vor: «Prüfung des Antrages so schnell wie irgend möglich, gegebenenfalls Überprüfung durch einen Einzelrichter an Ort und Stelle – und dann an Kopf und Kragen packen und raus damit.»[217]

Auf der anderen Seite hatte sich in Abgrenzung und Reaktion auf die ausländerfeindlichen Übergriffe schon in den 80er Jahren eine Bewegung ins gegenteilige Extrem entwickelt, die sich nun vor allem bei den Grünen zuspitzte. Im Mai 1992 entschied sich eine Mehrheit des Parteitags der Grünen gegen ein Einwanderungsgesetz und für die Prinzipien «Offene Grenzen» und «Bleiberecht für alle». Das Problem der Zuwanderung, so der Tenor dieses Beschlusses, existiere in Wirklichkeit gar nicht, es sei lediglich politisch inszeniert. Daß solche Wahrnehmungen in schroffem Widerspruch zu der gleichzeitig beklagten Situation von «20 Millionen Menschen auf der Flucht vor Kriegen und Bürgerkriegen, vor Verfolgung und Unterdrückung» standen, wurde dabei hingenommen.[218] Der grüne Politiker Cohn-Bendit, Dezernent für multikulturelle Angelegenheiten in Frankfurt, kritisierte den Beschluß scharf: Dieser Beschluß habe nur einen einzigen Sinn: Er verschaffe den Delegierten das «Gefühl von moralischer Überlegenheit, ansonsten hilft er praktisch niemandem ... Es gibt keine Gesellschaft auf der Welt, in der Einwanderung nicht auch zu Problemen und Konflikten führen würde. Gerade deswegen ist es notwendig, daß ein Einwanderungsland sich Spielregeln gibt: ohne solche Spielregeln lauert in Konflikten ein bedrohliches Potential ... Es geht nicht darum, den Ausländerfeinden auch nur einen Millimeter entgegenzukommen. Wohl aber darum, anzuerkennen, daß diese Gesellschaft Schwierigkeiten damit hat, sich als Einwanderungsland zu verstehen.» Notwendig sei vielmehr die Entwicklung eines vernünftigen Konzepts zur Einwanderungspolitik.[219] Die Diskussion um die Zuwanderung werde von «weltanschaulichem Fundamentalismus» beherrscht, kommentierte die linke *tageszeitung*: «Ausländerfreund oder -feind? – lautet die aus Lagermentalität gespeiste Bekenntnisformel»; in Gestalt der Asyldebatte werde daher «die Glaubensfrage ‹Multikulturelle Vielvölkerrepublik oder homogene deutsche Volksgemeinschaft› ausgefochten». Notwendig sei aber die «rationale, unsentimentale Diskussion von Einwanderungsquoten».[220]

Diese Position gewann nun allmählich mehr Zustimmung. Der sozialdemokratische Ministerpräsident Schröder schrieb dazu: «Wir brauchen Zuwanderer. Oder wir können ausrechnen, wann mit dem Generationenvertrag die Grundlage unseres sozialen Systems zusammenbricht.» Die gegenwärtige Politik hingegen beruhe auf dem Grundsatz, daß Deutschland kein Einwanderungsland sei. «Die absurde Folge ist: Die Zahl der Zuwanderer wird nicht eingegrenzt, sondern im Gegenteil, es wird ausdrücklich auf jeden Versuch der Steuerung verzichtet. Weil jede Zuwanderungspolitik das Eingeständnis wäre, daß die Bundesrepublik eben doch ein Einwanderungsland ist.» Notwendig sei daher eine Zuwanderungspolitik, um zu ermöglichen, «daß wir Zuwanderung steuern, die wir haben und die wir brauchen».[221]

Ähnliche Vorstellungen befürworteten auch Politiker in der FDP und der CDU, etwa Heiner Geißler und Arbeitsminister Blüm. Zwei Grundüberlegungen bestimmten diese Vorschläge: Einerseits könne sich die Bundesrepublik eine «Anti-Ausländer-Politik» schon aus demographischen Gründen nicht leisten. Nach den Berechnungen des Instituts der deutschen Wirtschaft war in den kommenden 25 Jahren eine Zuwanderung von etwa 300 000 Personen pro Jahr notwendig, um Renten zu sichern und den Arbeitskräftebedarf zu befriedigen. Andererseits führe eine Fortsetzung der ungeregelten Zuwanderung über das Aussiedler- und das Asylgesetz zu schweren inneren Spannungen. Daher sollte eine jährliche Einwanderungsquote entwickelt werden, die je nach Bedarf und politischer Übereinstimmung Zahlen und Kriterien der neu Aufzunehmenden bestimme. Dabei gab es durchaus unterschiedliche Vorstellungen im einzelnen. Während grüne Politiker Bedürftigkeit und Verfolgung der Einwanderer in den Vordergrund stellten, hoben Vertreter der Wirtschaft, die bereits früh solche Modelle vorgeschlagen hatten, hervor, daß es vor allem die Bedürfnisse in Deutschland seien, nach welchen die Kriterien festzulegen seien. Dabei sollten junge Fachkräfte bevorzugt werden, Menschen aus Ländern, die «Bereitschaft zur Anpassung» zeigten und «sprachliche und schulische Aufnahmeprüfungen» absolvierten.[222]

Damit war immerhin eine Perspektive gefunden, wie sich die Asylpolitik aus der Sackgasse führen ließe. Allerdings gab es in solchen Überlegungen ein ungelöstes Problem: Der Rechtsanspruch auf politisches Asyl war mit einer Quotierung nicht zu vereinbaren. Wollte man ein geregeltes Einwanderungsverfahren durchsetzen und gleichzeitig die Zahl der Zuwanderer absolut begrenzen, so mußte man sowohl das Asylrecht wie die Bestimmungen für die Einwanderung von Aussiedlern verändern und erläutern, in welcher Weise die Zuwanderung über das Asyl und diejenige über Einwanderungsquoten zu vereinbaren wären. Da aber die SPD die Beibehaltung des Grundrechts auf Asyl zu einer politisch-moralischen Grundsatzfrage gemacht hatte, war sie in diesen Fragen ganz unbeweglich geworden.

Währenddessen wurde die Anti-Asyl-Kampagne mit Parolen wie «Erstes Haus für Asylanten beschlagnahmt. Was kommt da noch auf uns zu?» und «Asylanten-Streik: Wir wollen eine Putzfrau» immer schriller.[223] Sie erreichte einen gewissen Höhepunkt im Sommer, als sich die Regierung Kohl entschloß, zunächst 5000 Flüchtlinge aus dem vom Bürgerkrieg gezeichneten Bosnien aufzunehmen, darunter in einem «Kinderkonvoi» vor allem minderjährige Flüchtlinge.[224] Daraufhin setzte in den Boulevardblättern ein Wettbewerb der Flüchtlingssympathie ein. Die *Bild-Zeitung* organisierte eine Aktion «Wer nimmt ein Kind aus Sarajevo auf? ... Sie lächeln schon wieder, aber in ihren Augen spiegelt sich noch das Grauen des Bürgerkrieges».[225] Innenminister Seiters wurde aufgefordert, seinen Urlaub abzubrechen, da «das Flüchtlings-Elend immer größer» werde. «Die Asylanten bekommen von allen Seiten und über Jahre hinweg Hilfe – aber vor diesen unschuldigen Kindern, die aus der Hölle kommen, bauen unsere Bürokraten Hürden auf.»[226] In einem Kommentar hieß es: «Die angeblich ausländerfeindlichen Deutschen nehmen bereitwillig und herzlich Kinder aus Bosnien auf. Die angeblich ausländerfeindlichen Deutschen würden mehr Flüchtlinge aus dem Kriegsgebiet aufnehmen, aber alle Quartiere sind verstopft. Mit Schein-Asylanten.»[227] Damit hatte die Asylkampagne in Deutschland einen ersten Höhepunkt der Konfusion erreicht. Während Kinder aus Bosnien, die über den Weg der «Flüchtlingshilfe» nach Deutschland einreisten, bevorzugt aufgenommen wurden, mußten sich andere Flüchtlinge aus dem Bürgerkriegsgebiet, die über einen Asylantrag nach Deutschland kamen, als «Selbst-Vertriebene mit der Endstation D-Mark» beschimpfen lassen. Die Vorstellungen, wie viele Asylbewerber bisher nach Deutschland gekommen waren, hatten inzwischen alle Realitätsbezüge verlassen. Die Abiturienten eines Münchner Gymnasiums beantworteten die Frage, wie hoch der Prozentsatz von Asylbewerbern in Deutschland an der Gesamtbevölkerung sei, mit «30 bis 40 Prozent».[228]

Zur gleichen Zeit nahmen aber auch die Übergriffe gegen Ausländer wieder zu. Wie im Jahr zuvor waren es zunächst einzelne Vorkommnisse, die Nachahmer fanden und sich dann im Sommer des Jahres mehrten.[229] Nun stieg aber auch die Zahl der Toten. Bereits am 14. März hatten in Saal bei Rostock 40 Rechtsextremisten ein Asylbewerberheim überfallen und den Rumänen Dragomir Christinel zu Tode geprügelt. Am 25. April erstach ein einundzwanzigjähriger Deutscher in Berlin auf offener Straße den Vietnamesen Nguyen Van Tu. Am 8. Juli 1992 prügelten Jugendliche nach einem Überfall auf ein Ausländerwohnheim in Stuttgart den seit 20 Jahren in Deutschland lebenden Albaner Sadri Brisha zu Tode. Am 3. August wurde in Stotterheim in Thüringen der polnische Saisonarbeiter Ireneusz Szyderski von drei Skinheads zu Tode getreten.[230]

Ihren Höhepunkt fanden die Ausschreitungen in einem mehrtägigen Pogrom in Rostock-Lichtenhagen, als zeitweise mehr als 1000 Jugendliche versuchten, ein von der Polizei nur notdürftig gesichertes Wohnheim für Ausländer und Asylbewerber zu stürmen. Sie steckten das Haus, in dem sich zahlreiche Ausländer, vor allem Vietnamesen, befanden, in Brand, während die Menge «Aufhängen!» rief. Es gelang dem Mob, unterstützt von den johlenden Zuschauern, für eine Weile sogar, die Polizei zu vertreiben und schließlich zu zwingen, die in dem Wohnheim lebenden Ausländer unter dem Beifall der Gaffer und Unterstützer zu evakuieren. Dabei waren die Konflikte zwischen den in der Plattenbausiedlung lebenden Deutschen und den in eines der Häuser eingewiesenen Ausländern schon Monate zuvor entstanden; insbesondere hatten die Behörden eine Gruppe von Roma auf einem Wiesengrundstück notdürftig untergebracht. Offenbar wollten die Verantwortlichen auf diese Weise drastisch demonstrieren, daß sie nicht in der Lage seien, weitere Asylbewerber aufzunehmen. Man gewinne den Eindruck, «als wenn der eine oder andere die Probleme bestehen ließ, um sie eskalieren zu lassen», kommentierte der SPD-Politiker Ringsdorf dieses Verhalten der Behörden.[231]

Der Pogrom von Lichtenhagen zog eine Welle von Angriffen und Brandanschlägen gegen Ausländer und Asylbewerber nach sich; in Potsdam und Quedlinburg, in Boizenburg und Schwerin, in Regensburg und Geisenheim. In Wismar griffen Jugendliche sechs Nächte hintereinander ein Asylbewerberheim an und hielten zwei Hundertschaften Polizei in Atem.[232] Dabei geriet mehr und mehr eine Gruppe in den Mittelpunkt der Angriffe, die bei den Deutschen wie in anderen Ländern seit jeher das besondere Objekt von Aggressionen darstellte – die «Zigeuner», vor allem Roma aus Rumänien.[233]

Die Reaktionen auf die Rostocker Vorfälle waren vielfältig. Auf der einen Seite ließ die Kampagne gegen die Asylbewerber auch nach Rostock nicht nach. «Das Ausland prügelt wieder auf die Deutschen ein», hieß es zwei Tage danach in der *Bild-Zeitung* in Reaktion auf die erschreckten Kommentare in aller Welt. «Asylanten jetzt auf Schulhöfe. Neue Welle! Und bis Weihnachten kommen noch 400000»; «Stasi steuerte Rostock-Chaoten!»; «Wohnraum beschlagnahmt. Familie muß Asylanten aufnehmen» – so die Schlagzeilen einer einzigen Woche.[234] Zum anderen entwickelte sich nun aber in der deutschen Gesellschaft ein allmählich zunehmender Widerstand gegen diese Exzesse der Ausländerfeindlichkeit, der sich in Demonstrationen und Kundgebungen mit großer Beteiligung äußerte und das politische Klima in der Republik nachhaltig beeinflußte. Die weit überwiegende Mehrheit der Bevölkerung verurteilte Gewalt gegen Ausländer. Aber immerhin verstanden nun 13 % der Deutschen die Übergriffe auf die Asylbewerber als «berechtigten Ausdruck des Volkszorns».[235] Der CDU-Politiker Heckelmann brachte das offen zum Ausdruck. In Rostock, so betonte er, habe sich nicht Rassismus geäußert, «sondern der vollauf berechtigte Unmut über den Massenmißbrauch des Asylrechts».[236]

3.4. Asylrechtsänderung und migrationspolitischer Kompromiß

Schon seit dem Frühjahr 1992 war deutlich geworden, daß sich die Weigerung der Sozialdemokraten, den Asylartikel des Grundgesetzes zu ändern, nicht würde aufrechterhalten lassen. In dem Maße, wie die Zuwanderungszahlen im Verlaufe des Sommers weiter anstiegen und daraus am rechten Rand der Bevölkerung insbesondere in Ostdeutschland ein gefährliches rechtsradikales Potential anzuwachsen schien, geriet diese Front weiter ins Wanken. Die FDP hatte bereits im Juni 1992 ihre bisherige harte Haltung gegen eine Asylrechtsänderung aufgegeben.[237] In der SPD war es vor allem der Fraktionsvorsitzende Klose, der auf eine Einigung mit der Union drängte. Hier schien sich schon früh ein Kompromiß «Asylrecht gegen Einwanderungsgesetz» anzudeuten: Die SPD stimmte der Grundgesetzänderung und damit der rapiden Verminderung der Zahl der zuwandernden Asylbewerber zu, und die Union akzeptierte eine Einwanderungspolitik auf der Grundlage von festzulegenden Kriterien und Quoten. Am 23. August faßte die SPD-Führung auf dem Bonner Petersberg den Entschluß, das individuelle Grundrecht auf Asyl für bestimmte Gruppen einzuschränken, vor allem für Bewerber aus sogenannten «Nichtverfolgerländern».[238] Einige Wochen später folgte eine Mehrheit des Bundesvorstands der Partei dem Bundesvorsitzenden Engholm in dieser Linie. Damit waren die Positionen von SPD und Union nicht mehr weit voneinander entfernt. Auch die FDP schloß sich im Oktober dieser Linie an.[239]

Allerdings sprach sich die CSU strikt gegen jede Form eines Einwanderungsgesetzes aus; einer Vereinbarung «Asyl gegen Quote» würde sie nicht zustimmen. Auch bei den Sozialdemokraten führte der Beschluß der Parteiführung zu heftigen inneren Auseinandersetzungen, so daß ihre Zustimmung zu dem von der Koalition im Oktober vorgelegten «Asylkompromiß» wieder unsicher schien. Daraufhin verschärfte die Unionsführung ihren Druck auf die SPD, allerdings auf eine bis dahin nicht erwartete Weise. Bundeskanzler Kohl deutete an, daß, sollte die SPD der Grundgesetzänderung nicht zustimmen, er die «Gefahr einer tiefgehenden Vertrauenskrise gegenüber unserem demokratischen Staat» sehe, ja, «ich sage mit Bedacht, eines Staatsnotstandes».[240] Im Kanzleramt, so wurde in der Presse berichtet, hatte Kohl dies näher ausgeführt: Wenn das Grundgesetz nicht geändert werde, «dann werde er sich so verhalten, als ob die einschlägigen Grundgesetz-Artikel geändert worden wären. Dann, so legte der Kanzler dar, werde man in großem Umfange an den Grenzen zurückweisen, anhand von Listen jener Länder, in denen keine politische Verfolgung drohe ... Handlungsgrundlage müßten dann eben ‹einfache Gesetze› sein, für die im Parlament nur die einfache und nicht die Zwei-Drittel-Mehrheit wie für eine Verfassungsänderung notwendig wäre.»[241] Das war ein in der Geschichte der Bundesrepublik einzigartiger Vorgang, auch wenn seine Funktion als bloße Drohkulisse schnell ersichtlich wurde. Er zeigt aber, als wie bedrohlich die politische Lage durch die Zuwanderung angesehen wurde.

Die Sozialdemokraten blieben gleichwohl auf dem eingeschlagenen Wege und bestätigten auf einem Sonderparteitag nach aufwühlender Debatte am 16./17. November die vom Bundesvorsitzenden Engholm eingeschlagene Linie: Das Asylrecht sollte geändert, zugleich die Grundlage für eine Einwanderungspolitik gelegt werden.²⁴² Damit war der Weg zur Änderung des Grundgesetzes frei.

Einen Tag später steckten zwei Jugendliche ein von Türken bewohntes Haus im schleswig-holsteinischen Mölln in Brand. Drei Bewohner, eine Frau und zwei Mädchen, verbrannten – der bis dahin schrecklichste und folgenreichste Anschlag gegen Ausländer in Deutschland nach dem Kriege, der in Deutschland fassungsloses Entsetzen hervorrief.²⁴³ Darüber hinaus wurden aber auch die Stimmen aus dem Ausland zunehmend besorgter, und vor allem die zaudernde Haltung der Regierung geriet in die Kritik. «Es wird der deutschen Regierung und Helmut Kohl schwerfallen», schrieb die israelische Tageszeitung *Ha'aretz*, «sich von dem Verdacht reinzuwaschen, daß sie die Gewaltwelle gegen Ausländer aus einem ganz bestimmten Grund nicht stoppten: In der Hoffnung, die sich sträubende sozialdemokratische Opposition im Bundestag für die Abschaffung des Artikels 16 zu mobilisieren ... Jeden Tag erhärtet sich der Eindruck, daß die Bundesregierung in zwei elementaren Aufgaben versagt hat: die öffentliche Ordnung zu bewahren und das Leben und den Besitz von Ausländern zu schützen.»²⁴⁴ Ähnlich war der Eindruck der britischen Zeitung *Independent on Sunday*: «Die Nazi-Gangs in Deutschland sind das Produkt einer rassistisch geprägten Krise, nicht die Ursache. Sie sind das Ergebnis einer systematischen Kampagne der Regierung, die Ausländer als Problemgruppe darstellt.»²⁴⁵

Die Folge des Anschlags von Mölln war eine Phase vollständiger politischer Konfusion. Weitere Anschläge folgten. Überall im Lande gab es Massendemonstrationen, Lichterketten, Aufrufe und Protestveranstaltungen. Führende Politiker brachten ihre Trauer und ihr Entsetzen zum Ausdruck; gleichwohl nahm kein einziger von ihnen an der Trauerfeier in der türkischen Moschee teil. Vor allem die in vielen Städten der Bundesrepublik von Zehntausenden von Bürgern unterstützten Lichterketten wurden zum Symbol der zivilen Gegenwehr und trugen dazu bei, potentiellen Tätern das Gefühl der Übereinstimmung mit dem Trend zu nehmen. Entsprechend gerieten sie auch sogleich ins Zentrum diffamierender Publizistik: «Was haben der Berliner Fackelglanz vom 30. Januar 1933 und die funkelnden Züge der Nürnberger Reichsparteitage mit den Lichterketten unserer Tage gemein?» wurde von einer rechtsgerichteten Journalistin in der *FAZ* gefragt. Die Antwort lautete: «Der Kampf gegen die Fremdenfeindlichkeit wirkte einheitsstiftend, endlich war Gelegenheit zu einem großen Gefühl und Gemeinschaftserlebnis ... Ohne die erhebliche und weitverbreitete Unruhe über den nicht überschaubaren Zustrom von Ausländern und die Art ihrer Aufnahme und ohne das verheerende und verbreitete Gefühl, erst Randale schaffe Wandel, wären Anschläge das geblieben, was sie immer waren – kriminelle Handlungen.» So aber diene die sich in den Lichterketten entladende Empörung dazu, «den Deutschen Zwang aufzuerlegen, den Zwang zu fortgesetzter Aufnahme».²⁴⁶

Die Demonstrationen spiegelten aber auch die zunehmende Verärgerung über das Gebaren der politischen Parteien. Bei der Demonstration in München, an der mehr als 100 000 Menschen teilnahmen, untersagten die Veranstalter den politischen Parteien die Mitwirkung.[247] Die politischen Parteien hatten in der Tat in der Asylfrage viel Kredit verspielt. Unter der Überschrift «Es ist ein Trauerspiel» resümierte die *Süddeutsche Zeitung* die Asyldebatte: «Die Union glaubt mit der Interpretation des Asylrechts als eines Politiker-Privilegs die massenhafte Zuwanderung nach Deutschland überhaupt verhindern zu können; sie nutzte die Angst in Teilen der Bevölkerung vor einem zu großen Ausländeranteil für die Propagierung einer Politik der geschlossenen Grenzen, des nationalen Egoismus und verband das mit dem Schlagwort Asyl. Die SPD, die aus ihrer Tradition heraus eine stärkere Bindung ans Asylrecht hat, ignorierte lange Zeit die schwierige Lage, die gerade in ärmeren Wohngegenden mit einem zu hohen Ausländeranteil und mit unzureichend untergebrachten Asylbewerbern entstand, und ließ sich mit der Union auf einen unfruchtbaren Streit darüber ein, wer edler und ausländerfreundlicher sei ... Sehr schnell war erkannt, daß sich der Asylstreit zur politischen Polarisierung eignete. Die Union, die hier die meiste Schuld auf sich geladen hat, konnte dabei die SPD zwar in Bedrängnis bringen, begünstigte aber zugleich das Entstehen radikaler Gruppierungen.»[248]

Am 6. Dezember einigten sich Koalition und SPD auf den sogenannten «Asylkompromiß», der freilich viel mehr war, nämlich ein «weitgehender Migrationskompromiß» (K. J. Bade), mit drei Schwerpunkten, die das Asylrecht, die Aussiedler sowie die Perspektiven der Zuwanderung betrafen. Danach besaß zum einen das Recht auf Asyl in Deutschland nicht mehr, wer aus einem Staat einreise, in welchem die Grundsätze der Genfer Flüchtlingskonvention und der Europäischen Menschenrechtskonvention gewährleistet waren. Da Deutschland ausschließlich von Staaten umgeben war, in denen diese Kriterien gewährleistet waren, konnte niemand mehr Asyl beantragen, der auf dem Landwege nach Deutschland gekommen war. Zweitens wurden Flüchtlinge aus Ländern mit Krieg und Bürgerkrieg aus dem Asylverfahren herausgenommen und konnten fortan vorübergehend in Deutschland aufgenommen werden. Drittens wurde der Begriff des Aussiedlers eingeengt; zudem wurde eine Obergrenze vereinbart, die dem Durchschnitt der vergangenen Jahre (etwa 220 000) entsprach. Schließlich wurde auch die Frage eines Einwanderungsgesetzes angeschnitten, wenngleich erheblich weniger konkret als die anderen Aspekte. Die Einbürgerung von Ausländern sollte erleichtert werden. Zudem sollten die «Möglichkeiten einer Regelung zur Begrenzung und Steuerung der Zuwanderung auf nationaler Ebene geprüft und Verhandlungen hierzu auf europäischer Ebene fortgesetzt werden».[249] Angesichts der langen Verhandlungen war dieser Punkt enttäuschend, weder war von einer Reform des Staatsbürgerschaftsrechts die Rede noch von einem Einwanderungsgesetz. Die Vereinbarung signalisierte, daß auch innerhalb der SPD die Unterstützung für eine Einwanderungspolitik mit entsprechenden Kriterien und Quoten noch nicht sehr ausgeprägt war. Die Preisgabe des Grundrechts auf Asyl wurde daher ohne eine konkrete Vereinbarung über die Zukunft der Zuwanderungspolitik vorgenommen.

Der Kompromiß vom 6. Dezember war auch die Grundlage für den gemeinsamen Antrag von Koalition und SPD. In den öffentlichen Anhörungen wurde der Gesetzentwurf von den Fachverbänden und Interessenvertretern scharf kritisiert; zu substantiellen Änderungen kam es jedoch nicht mehr.[250] Am 26. Mai 1993 wurde das Gesetz im Bundestag mit 521 gegen 132 Stimmen verabschiedet; schon am 1. Juli 1993 trat es in Kraft.[251] Einige Monate später trat das Asylbewerberleistungsgesetz in Kraft, das die materiellen Bedingungen für die Asylbewerber in Deutschland deutlich verschlechterte und dies, wie schon bei den sukzessiven Veränderungen in den Jahren zuvor, mit dem «Asylmißbrauch» begründete. Danach wurden die Leistungen für den Lebensunterhalt der meisten Flüchtlinge unter die Sätze des Sozialhilfegesetzes gesenkt und in der Regel nicht mehr in Geld, sondern in Warengutscheinen ausgegeben. Die Asylbewerber sollten zudem zu gemeinnützigen Arbeiten herangezogen werden.[252]

«Das neue Asylrecht», schrieb Heribert Prantl in der *Süddeutschen Zeitung* dazu, «ist so scharf, daß es tatsächlich einen schnellen Rückgang der Flüchtlingszahlen verspricht. Dies hat seine Faszination auf die Sozialdemokraten nicht verfehlt. Der Asylkompromiß beruht auf der stillschweigenden Übereinstimmung, das Asylproblem (jedenfalls für die nächste Zeit) auf die Nachbarländer abzuwälzen.»[253] Beides stellte sich als richtig heraus. Die Regierung vereinbarte entsprechende Abkommen mit den Nachbarstaaten, die die Asylbewerber nun nicht mehr durch ihr Territorium nach Deutschland reisen lassen durften; darunter das besonders wichtige mit Polen.[254] Durch die europäischen Verträge von Schengen, Dublin und Amsterdam waren die entsprechenden Vereinbarungen für die europäischen Nachbarländer bereits getroffen.

Damit war Deutschland gegenüber Zuwanderung über das Asylrecht praktisch abgeriegelt. Politisches Asyl konnte seither nur noch erlangen, wer mit dem Flugzeug nach Deutschland kam. Um auch dieses Loch zu stopfen, wurde innerhalb des Frankfurter Flughafens ein extraterritoriales Gelände geschaffen, in dem Asylbewerber bis zur Entscheidung über ihren Antrag zu bleiben hatten. Damit traf ein, was Prantl und andere vorausgesagt hatten: «Zwar soll es das Asylrecht weiter geben – nicht aber die Flüchtlinge, die es in Anspruch nehmen dürfen.»

Mit dem Anschlag von Solingen einen Tag nach der Verabschiedung des Asylgesetzes im Bundestag wurde aber auf verheerende Weise deutlich, daß die Änderung des Grundgesetzes weder ein Ende der Debatte noch der ausländerfeindlichen Übergriffe bedeutete. Fünf Menschen, drei Kinder und zwei Erwachsene, starben nach diesem schrecklichsten aller ausländerfeindlichen Anschläge bisher.²⁵⁵ Seit der Wiedervereinigung waren damit mindestens 49 Menschen von Rechtsextremisten ermordet worden, fast ausschließlich Ausländer.²⁵⁶ Fremdenfeindliche Aktionen – Überfälle, Brandanschläge, Körperverletzungen – wurden von nun an zum beständigen Begleiter der deutschen Ausländerpolitik. Dabei sind die offiziellen Statistiken noch sehr zurückhaltend, weil sie ein fremdenfeindliches Motiv nur in expliziten, in der Regel von den Tätern bestätigten Fällen registrieren.

Tab. 37: Fremdenfeindliche Straftaten 1991 bis 1998

1991	1992	1993	1994	1995	1996	1997	1998
2426	6336	6721	3491	2468	2232	2953	2644

Die Reaktionen der Politik wie der Öffentlichkeit auf den Mordanschlag von Solingen zeugten von Ohnmacht und Empörung. Es gab erneut Protestmärsche und Kundgebungen, scharfe Zeitungsartikel, die auf den Zusammenhang zwischen Asyldebatte und Brandanschlägen verwiesen, Aufrufe von Schriftstellern und Demonstrationen türkischer Vereine; der Bundespräsident bekundete seine Trauer; der Bundeskanzler gab im Bundestag eine Regierungserklärung ab, die wie eine Rechtfertigung von Asyldebatte und Asylkompromiß klang. Aber bei allen überwog doch der Eindruck der Hilflosigkeit – und die Hoffnung, daß durch die Änderung des Asylrechts die Zahl der Asylbewerber und mit ihr die Zahl der Anschläge deutlich zurückgehen würde.²⁵⁷

Die Auswirkungen des neuen Asylrechts waren einschneidend: Die Zahl der Asylbewerber sank drastisch, in dem darauffolgenden Jahr um mehr als die Hälfte, waren doch alle Flüchtlinge, die an den Landesgrenzen Deutschlands um Asyl nachsuchten, abgewiesen worden, weil sie aus einem «sicheren Drittstaat» kamen.²⁵⁸ Regierung und SPD, die den Asylartikel gemeinsam geändert hatten, sahen dies durchaus als Erfolg ihrer Politik an.

Allerdings stieg auch die Zahl der Abschiebungen abgelehnter Asylbewerber stark an; das warf neue Probleme auf. Grundlage der Abschiebungen abgelehnter Asylbewerber war die Überzeugung, daß den Betreffenden in ihrer Heimat keine politische Verfolgung drohte. Das jedoch war ein dehnungsfähiger Begriff. Insbesondere die Abschiebung von Kurden wurde zum Gegenstand von politischen Auseinandersetzungen, nachdem die Kämpfe zwischen kurdischen Einheiten und türkischem Militär in der Osttürkei in der Mitte der 90er Jahre ihren Höhepunkt erreicht hatten und gewalttätige Demonstrationen militanter Kurden auch in der Bundesrepublik für Aufsehen sorgten. Während die Justizministerin hervorhob, daß angesichts der massiven Menschenrechtsverletzungen in der Türkei die Kurden einen «ähnlichen Status wie Bürgerkriegsflüchtlinge» verdienten und Flüchtlinge aus Kurdistan nicht abgeschoben werden sollten, drängte das

3. Ausländerpolitik im wiedervereinigten Deutschland

Innenministerium auf die Abschiebung.[259] Hier zeigte sich schnell, daß sich der über die Maßen eng definierte Begriff von politischer Verfolgung, der sich aus der Asylrechtsprechung der vergangenen Jahre ergeben hatte, mit den politischen Verhältnissen in vielen Ländern kaum noch vereinbaren ließ. Aus diesen Widersprüchen entstanden Formen des zivilen Protests, vor allem die Gewährung des sogenannten «Kirchenasyls» für solche Asylbewerber, deren Antrag abgelehnt worden war, denen nach Überzeugung der Kirchengemeinden in ihren Heimatländern aber gleichwohl Verfolgung und Folter drohten. Solche Initiativen betonten eben die Kluft zwischen gesetzlicher Definition und der erfahrenen Wirklichkeit der Verfolgung.[260]

Indes hatten sich solche Probleme nicht nur in Deutschland gestellt. Der zunehmende Einwanderungsdruck war ein Phänomen aller westeuropäischen Staaten, die jedoch ihre zum Teil sehr unterschiedlichen Ansätze und Praktiken in der Einwanderungs- und Asylpolitik nur mit großer Mühe vereinheitlichen konnten. Zwar war bereits seit den frühen 80er Jahren innerhalb der Europäischen Gemeinschaft vereinbart worden, die Ausländer aus anderen EG-Staaten auch auf dem Arbeitsmarkt den Inländern gleichzustellen, aber aufgrund der unklaren Kompetenzen und der großen Vorsicht der Mitgliedstaaten der EG, Souveränitätsrecht im Bereich der Zuwanderung an die europäischen Institutionen abzugeben, konnten diese Absichtserklärungen erst mit dem Vertrag von Amsterdam im Jahre 1999 wirklich umgesetzt werden.[261]

Noch zurückhaltender waren die europäischen Staaten in bezug auf einheitliche Regelungen der Zuwanderung aus Nicht-EG-Staaten. Waren die Bestimmungen für Einwanderung und Asylgewährung auch sehr unterschiedlich, so waren sich vor allem die europäischen Innenminister doch schnell über die Notwendigkeit einer wirksamen Kontrolle der Zuwanderung an den Außengrenzen der EG einig. Sie vereinbarten in mehreren Verträgen, Einreisebedingungen und Grenzkontrollen anzugleichen und zudem dafür zu sorgen, daß in den Ländern der EG nur einmal Asyl beantragt werden konnte und die Entscheidungen darüber für alle EG-Staaten bindend waren. Andererseits blieben die Unterschiede zwischen dem Asylrecht der einzelnen Länder bestehen. Im Jahre 1999 wurde hier aber insofern ein großer Fortschritt erreicht, als die Asyl- und Einwanderungspolitik nach dem Vertrag von Amsterdam nicht mehr zwischen den einzelnen Regierungen ausgehandelt wurde, sondern zum Gegenstand der gemeinsamen europäischen Politik wurde. Insgesamt hatte sich die europäische Politik für die Migrationen innerhalb der EG als sehr bedeutsam erwiesen. In bezug auf das internationale Wanderungsgeschehen aber bestand Einigkeit nur in der Abwehr; zu einer koordinierten, konstruktiven Einwanderungspolitik waren die europäischen Institutionen nicht in der Lage.

Das Asylrecht war geändert, die Zahl der Asylbewerber begann mit Inkrafttreten des neuen Gesetzes drastisch zu sinken; in den zwölf Monaten nach Inkrafttreten des neuen Asylrechts um fast zwei Drittel. Aber die Probleme der Deutschen mit den Ausländern hatten sich nicht geändert, die Frage der Zuwanderung war nicht gelöst. «Der Streit über das Asylrecht ist jetzt mit einem fragwürdigen Kompromiß zum Abschluß gebracht», schrieb Eckard Fuhr in der *FAZ*. «Man will kaum erleichtert aufatmen. Die jahrelang an der Wirklichkeit vorbeigeführte Diskussion hat den Boden für politischen Realismus in Migrationsfragen zerstört.»[262]

3.5. Für und gegen ein Einwanderungsgesetz

Die Debatte über das Asylrecht, so zeigte sich nun schnell, hatte das eigentliche Problem nur überdeckt – nämlich die Frage, wie Deutschland in Zukunft mit der Einwanderung und den Einwanderern umgehen sollte. Diese Frage war jedoch nicht mit einer klaren Alternative – ja oder nein, gut oder schlecht – zu verknüpfen, vielmehr gab es hier eine Fülle von nicht einfach zu beantwortenden Einzelfragen: Wie sollte das Zusammenleben der Einheimischen mit den Ausländern organisiert werden? Gab es überhaupt ein deutsches Interesse an Einwanderung, und wie sah es aus? Sollte eine Einwanderung gesteuert oder ganz verhindert werden? In welchem Verhältnis stand eine vorwiegend ökonomisch motivierte Zuwanderung zu den politisch motivierten Formen der Zuwanderung, wie bei Asylbewerbern und Aussiedlern? Waren Begriffe wie «Integration», «Assimilation», «Einordnung» hier noch angemessen und realistisch? Sollte die Einbürgerung von Ausländern gefördert und erleichtert werden? Und sollte es die Möglichkeit geben, dabei die alte Staatsbürgerschaft zu behalten?

Der Kompromiß, der 1990 mit dem neuen Ausländergesetz erreicht worden war, hatte die Rechtsstellung der seit langem hier lebenden Ausländer verbessert und somit eine der Hypotheken der Vergangenheit zumindest teilweise abgelöst. Die Frage der zukünftigen Entwicklung der Ausländerpolitik und ihrer politischen Steuerung hingegen war lediglich vertagt worden. Nun aber, nach dem Asylkompromiß von 1993, setzte eine an Breite bald zunehmende Diskussion über die Zukunft der Zuwanderung ein. Zwei Begriffe waren es vor allem, die dabei besonders strittig debattiert wurden: die Rede von Deutschland als «Einwanderungsland» und das Postulat einer «multikulturellen Gesellschaft».

Der Begriff der «multikulturellen Gesellschaft» kam in den frühen 80er Jahren auf und beschrieb in Anlehnung an Erfahrungen und Konzepte in Kanada, Australien und den USA die Tendenz, in einer durch verschiedene Einwanderergruppen geprägten Gesellschaft nicht mehr die traditionelle Kultur der Mehrheit als allein bindend – etwa im Schulunterricht – zu betrachten, sondern die Kulturen der Einwanderergruppen und der Mehrheitsgesellschaft gleichberechtigt nebeneinander zu akzeptieren.[263]
Die Rede vom «Einwanderungsland» signalisierte vor allem, daß die Zu-

wanderung nach Deutschland seit den 60er Jahren im Ergebnis längst zu einer De-facto-Einwanderung geführt habe, die jedoch politisch ignoriert werde und nunmehr durch eine Einwanderungspolitik gesteuert werden müsse.[264]

Allerdings war der Begriff der «multikulturellen Gesellschaft» in der deutschen Diskussion durchaus nicht präzise. In den USA war mit dem Postulat vom gleichberechtigten Nebeneinander der verschiedenen Einwanderungskulturen vor allem die Abwendung vom vorwiegend weißen, angelsächsisch geprägten und europäisch orientierten Politik- und Kulturmodell verbunden. Die Kulturen afrikanisch, lateinamerikanisch, asiatisch und osteuropäisch geprägter Einwanderer sollten in gleicher Weise Berücksichtigung finden – was sich etwa auf die Erziehungsprogramme an den Schulen und die Lehrinhalte an den Universitäten stark auswirkte. Insoweit mit solchen Konzepten auch eine Abwendung von westlich geprägten Verfassungsprinzipien verbunden war, hatte es in den USA eine sehr kontroverse Debatte über diese Fragen gegeben.[265] In Deutschland hingegen verband sich mit dem Begriff in eher allgemeiner Weise die Akzeptanz fremder Kulturen in Deutschland, wobei sich dies angesichts der Zuwanderungsstruktur ja zu fast 90% auf Europäer bezog. Befürchtungen einer Infragestellung der westeuropäischen Kulturtradition durch andere Modelle hatten hingegen wenig Bezug zur Realität. Die meisten Anhänger der Konzeption, wie Daniel Cohn-Bendit zum Beispiel, gebrauchten den Begriff als Kennzeichnung für das Zusammenleben von Menschen unterschiedlicher Herkunft und Kultur, hielten es jedoch für selbstverständlich, daß sich Einwanderer in Deutschland nach den Prinzipien des Grundgesetzes zu richten und die deutsche Sprache zu lernen hatten.[266]

Gegen die Entwürfe von Einwanderungsland und Multikulturalismus gab es jedoch in größeren Teilen der Gesellschaft massive Proteste, deren Bandbreite von kritischen Einwänden gegen die Praktikabilität der Konzepte und die Treffsicherheit der Begriffe über die Betonung der Identität der Staatsnation bis zu völkisch motivierten Postulaten der kulturell homogenen Volksnation reichten.

Eine der einflußreichsten Stimmen gegen die vorwiegend linke und linksliberale, aber auch bei zahlreichen Liberalkonservativen verbreitete Vision der multikulturellen Einwanderungsgesellschaft kam aus dem Innenministerium. Der dort für die Ausländerpolitik zuständige Ministerialdirektor Schiffer beschrieb in einem Vortrag im Sommer 1991 die Position seines Hauses: Ausgangspunkt war dabei der Gedanke der kulturellen Identität der Deutschen, «ein übergreifendes Grundmuster von identitätsstiftenden gemeinsamen Erinnerungen, Werthaltungen und Vorstellungen, die die (meisten) Deutschen als Angehörige einer Nation verbinden». Geschichte und Identität «prägen den Begriff und das Bild der Nation und sind Grundlage für den verfassungs- und staatspolitischen Konsensus». Durch Postulate wie die einer multikulturellen Einwanderungsgesellschaft hingegen würden «Überfremdungsängste geweckt, die den Einheimischen in eine Verteidigungsstellung drängen. Angst wiederum bereitet den Boden für Ausländerfeindlichkeit ... Die Bürger würden es nicht hinnehmen, wenn sie ihre ureigene nächste Lebens- und Erfahrungssphäre durch Überfremdung gefährdet glauben ... Auch muß der Versuch scheitern, die Verweigerung einer Überfremdung der eigenen Heimat verkürzt als ‹Fremdenfeindlichkeit› zu brandmarken und damit in die Nachbarschaft einer grundsätzlichen Ablehnung des Ausländers zu rücken ... Würden alle national-kulturellen Identifikationsmuster über Bord geworfen, wäre bald das Ergebnis ein trockennüchternes Staatswesen, das keinen Wir-Zusammenhalt mehr böte ... Eine ‹multikulturelle Gesellschaft› würde Gleichberechtigung aller Herrschaftskulturen von Eingewanderten mit der überkommenen deutschen Kultur auf dem deutschen Territorium bedeuten.» Vielmehr müsse von den Ausländern die «Respektierung und Anerkennung unserer Verfassung unter Einschluß der von unserer Verfassung vorgegebenen Stellung der Frau und der religiösen Toleranz» erwartet werden. Insbesondere sei es notwendig, «selbstsicherem religiösem Fanatismus fremder Provenienz entschlossen entgegenzutreten ... Wir fürchten nicht die kulturelle Begegnung mit den Ausländern. Sie führt in vielen Fällen zu einer Bereicherung. Wir müssen aber gleichzeitig klarmachen, daß es nicht um einen gleichberechtigten Wettbewerb der Kulturen bei uns gehen kann.» Die «Konzeption der Staatsnation» habe also nach wie vor eine «entscheidende staatspolitische Bedeutung: Sie umfaßt das Bewußtsein von der Gemeinschaft der Kultur, auch der politischen Kultur, als einer realen Verständigungsbasis ... Ein bloßer sogenannter ‹Rechts- oder Verfassungspatriotismus›, d.h. das Bekenntnis nur zu politischen Werten als Grundlage für ein kollektives Bewußtsein der Identität, mag für eine kleine Elite Gebildeter ausreichende Bezugspunkte liefern. Für den Großteil der Bevölkerung – nicht nur in Deutschland – sind solche Kategorien nicht brauchbar.» Die Einbürgerung insbesondere der hier geborenen und aufgewachsenen Ausländer sei auch im staatlichen Interesse, müsse aber am Ende eines gelungenen Integrationsprozesses liegen. «Daraus wird aber auch klar, daß wir im Grundsatz nicht bereit sind, Mehrstaatigkeit hinzunehmen ... Wir schotten uns nicht ab. Wir sagen aber ebenso deutlich, daß wir nicht zur Aufgabe unserer eigenen Wertvorstellungen bereit sind.»[267]

Hier wurden die Befürchtungen und Obsessionen sehr deutlich: Die «Gleichberechtigung aller Herrschaftskulturen von Eingewanderten mit der überkommenen deutschen Kultur auf dem deutschen Territorium», die Angst vor einer «Überfremdung» – dagegen das Beharren auf spezifisch deutschen Traditionen, auf der Existenz eines durch Abstammung, Geschichte und Kultur miteinander verbundenen Staatsvolkes, die Ablehnung eines allein auf «Verfassungspatriotismus» aufgebauten, «trocken-nüchternen Staatswesens, das keinen Wir-Zusammenhalt mehr böte» – das markiert die Kernpunkte dieser Argumentation, die doch offenbar breit vorhandene Ängste formulierte.

3. Ausländerpolitik im wiedervereinigten Deutschland

Nun fiel es im Laufe der Debatte außerordentlich schwer zu definieren, worin denn die identitätsstiftenden Elemente der deutschen Kultur und Geschichte tatsächlich bestanden; die Beherrschung der Sprache und Gesetzestreue waren nach den Vorstellungen Schiffers allein ja nicht ausreichend. Auch konnte man Hinweise auf eine Zurückdrängung der deutschen Kultur in der Wirklichkeit der deutschen Gesellschaft außer in manchen Ausländerkolonien in Städten wie Offenbach oder Frankfurt mit besonders hohem Ausländeranteil nur mit viel Mühe entdecken. Daß daraus aber eine ernsthafte Bedrohung für die deutsche Identität erwuchs, daß die Deutschen gar zur Aufgabe ihrer eigenen Wertvorstellungen gedrängt werden sollten, war eine offenkundige Übertreibung – wobei das Eigentümliche daran in der gleichzeitigen Hervorhebung der europäisch-abendländischen Perspektive und der Angst vor Überfremdung durch eine ganz überwiegend europäische Einwandererpopulation bestand. Offenkundig wirkten bei solchen Abstoßungswünschen die Erfahrungen der beschleunigten Modernisierung der 80er und 90er Jahre forcierend. «Der Furor des Verschwindens alles Tradierten und Gewohnten», so hat Lutz Niethammer diese Entwicklung charakterisiert, löste «auf allen Ebenen einen horror vacui und eine Sucht nach Traditionalem und Geschichtlichem aus».[268] Solche Versuche, neue, die nationalen Einheiten überschreitende Entwicklungen durch den Rückgriff auf alte kulturelle Muster und Symbole zu beantworten, führten zum alsbald inflationären Gebrauch des Begriffs der «Identität», der als virtuelle Homogenisierung politischer Einheiten umso stärker beschworen wurde, je mehr sich die wachsende Inhomogenität von Volk, Nation und Kultur offenbarte.

In zugespitzter Weise kamen solche Befürchtungen bei dem Trierer Politologen Faul zum Ausdruck, der die Ablehnung der multikulturellen Gesellschaft auch politischer akzentuierte: «In der politischen Theorie», hob er in Anspielung auf den Freiburger Politologen Oberndörfer hervor, «wird uns das Reißbrettkonstrukt einer ‹offenen Republik› vorgeführt, die sich in Auslöschung volklicher Zugehörigkeit nunmehr im freien Zugang als Allerweltsbürgerschaft konstituiert ... Es gehört indessen schon ein hohes Maß an Euphorie dazu, in vielvölkerschaftlichen Verhältnissen beruhigende Zukunftschancen zu sehen in einer Zeit, in der sich von Pamir bis zum Balkan eine Renaissance der Nationalitäten abzeichnet und die negativen Beispiele des Libanon und Jugoslawiens dramatisch vor Augen stehen.» Hier werde «dem Klischee des hoffnungslos borniert bleichen Deutschen das ebenso klischeehafte Bild des umgänglichen, dunkelhäutigen Ausländers» entgegengestellt, und auch in der anspruchsvollen Publizistik fänden sich unterschiedliche Ausprägungen «solcher, von einem inversen Rassismus nicht freien Denkmuster», häufig verbunden mit der Ablehnung der deutschen Wiedervereinigung. «Hysterische Verstärkungen der multikulturellen Missionstätigkeit können sogar als eine Reaktion auf dieses ebenso unerwartete wie unerwünschte Ereignis angesehen werden. Die in der Wolle eingefärbten Multikulturisten lassen uns auch ebensowenig Hoffnung auf eine Fortsetzung der tausendjährigen deutschen Geschichte wie der noch älteren historischen Kontinuität anderer europäischer Völker.»[269]

Hier lag der Akzent auf den politischen Absichten derer, die die «multikulturelle Gesellschaft» propagierten: Ein nach innen, gegen die Deutschen gerichteter Rassismus wurde konstatiert, die Ablehnung der Einheit des deutschen Volkes und der Versuch der Zerstörung der tausendjährigen deutschen Geschichte. Dabei erscheinen die Ausländer – die hier erneut allein in der Form des nichteuropäischen, dunkelhäutigen Fremden auftreten – lediglich als Instrumente in den Händen derer, die das deutsche Volk und seine historische und kulturelle Identität untergehen lassen wollen.

Eine dritte Variante des Anti-Multikulturalismus vertrat der bereits mehrfach erwähnte Münchner Verhaltensforscher Eibl-Eibesfeldt. Er begriff die Forderung nach einer multikulturellen Gesellschaft als Verstoß gegen grundlegende Prinzipien des Lebens, als naturwidrig: «Die kulturelle Diversifikation, die sich in der Vielfalt der Völker ausdrückt, ist durchaus der artlichen Vielfalt im Tier- und Pflanzenbereich vergleichbar … Hand in Hand mit der Entwicklung der Vielfalt bildeten sich auch die ihrer Erhaltung dienenden Mechanismen der Abgrenzung. Sie sind in uns angeborenen Programmen vorgebildet, werden aber kulturell abgestützt und bekräftigt. So manifestiert sich die Fremdenscheu (Xenophobie) bereits sehr früh in der Kindesentwicklung und in allen Kulturen, die wir kennen, in gleicher Weise … Als Kulturwesen sind wir in der Lage, sie prinzipiell kulturell zu beherrschen. Wir könnten also auch der Xenophobie erzieherisch entgegenwirken. Nur sollte unser Verhalten dabei nicht kritiklos in das Gegenteil einer ausufernden Fremdenliebe ausarten, denn dies könnte der erste Schritt zum Verlust unserer kulturellen und ethnischen Identität sein.» Besonders schwierig sei «die Integration von Menschen, die nicht dem europäischen Kulturkreis angehören und die im Aussehen stark von der einheimischen Bevölkerung abweichen … Wandern Vertreter kulturferner Ethnien allerdings in größerer Zahl ein, dann bilden diese oft mit ihresgleichen eine Solidargemeinschaft, die zu der ortsansässigen Bevölkerung in einem Konkurrenzverhältnis steht … In einer solchen Situation neigt die einheimische Bevölkerung dazu, die Immigranten als Einheimische wahrzunehmen und mit archaischen Verhaltensmustern der Territorialität und Xenophobie zu reagieren, die in Krisensituationen leicht in Haß umschlagen.» Immigration und Integration kulturferner Ausländer müßten daher vermieden werden, auch wenn sie mit der Abnahme der einheimischen Bevölkerung begründet werden. «Sollte von einem gewissen Zeitpunkt an der Bevölkerungsrückgang bedrohlich werden, dann wäre zunächst einmal an Familienförderung zu denken. Lädt man Immigranten zum Ausgleich des Bevölkerungsschwundes ein, dann bedroht man unter Umständen die eigene ethnische und kulturelle Identität.»[270]

3. Ausländerpolitik im wiedervereinigten Deutschland

Hier liegt der Schwerpunkt auf der Vorstellung einer natürlichen, biologisch vorgegebenen Ordnung. Die Scheu des kleinen Kindes vor dem Fremden wird auf die Verhaltensweisen von Gesellschaften übertragen. «Überfremdungsangst» und Fremdenfeindlichkeit werden als angeboren, als anthropologische Konstanten dargestellt, wodurch die Einwanderung von «Kulturfremden» als etwas Widernatürliches, das Aufbegehren dagegen als etwas Natürliches erscheint. Die Biologisierung des Gesellschaftlichen läßt so eine politische Meinungsäußerung in Gestalt eines Naturgesetzes erscheinen.

Gegen solche Vorstellungen argumentierte neben vielen der Freiburger Politologe Dieter Oberndörfer, der den gemeinsamen Nenner dieser verschiedenen Varianten des Anti-Multikulturalismus in einem «völkischen» Begriff von Gesellschaft, Staat und Geschichte erkannte: Der «emotional hoch aufgeladene politische Widerstand gegen die Umwandlung Deutschlands von einem bloßen Zuwanderungsland in ein Einwanderungsland», hob Oberndörfer hervor, habe seine ideologische Grundlage im «überkommenen völkischen Staats- und Kulturverständnis». Denn «der völkische Staatsgedanke ist immer auch mit der Vorstellung einer völkischen Nationalkultur verbunden. Sie scheint in ihrer Ideologie inhaltlich definierbar und gegen fremde Kulturen abgrenzbar. Gerade die Erhaltung und Durchsetzung der Inhalte und Werte dieser Nationalkultur werden zum obersten Wert der Politik der völkischen Staatsideologie ... Weil die völkische Ideologie davon ausgeht, daß jedes Volk eine ihm je eigene spezifische Kulturtradition besitzt, wird Einwanderung von Menschen ‹fremder Volkszugehörigkeit› als fundamentale Bedrohung dieser völkischen Nationalkultur empfunden. Im völkischen Staatsverständnis haben somit weder Multiethnizität noch Multikulturalismus Raum ... In Wirklichkeit kann die ‹deutsche› Geschichte nicht, wie in den völkischen Geschichtsbildern, isoliert für sich, sondern nur als Teil der europäischen Geschichte sinnvoll und zutreffend behandelt werden. Gleiches gilt für das schreberhafte provinzielle Kulturverständnis der völkischen Ideologie. Die ‹deutsche› Kultur hat sich nicht, wie die völkische Ideologie behauptet, aus sich selbst heraus entfaltet, sondern ist das Ergebnis einer langen Geschichte der Überlagerung und Befruchtung durch andere Kulturen ... In der hysterischen Polemik gegen Multikulturalität äußert sich die Sehnsucht nach einer kulturellen nationalen Homogenität, die gerade in Deutschland wegen seiner konfessionellen Gespaltenheit nie existierte und die es erst recht nicht in der heutigen deutschen Gesellschaft geben kann. Dabei bedeutet kulturelle Freiheit keinesfalls Relativismus der Werte: Kulturelle Freiheit findet ihre Grenzen in den Grundwerten der Verfassung und Rechtsordnung. Kriterien für die Zugehörigkeit zur Republik aber können nur Bejahung der Verfassung und Gesetzestreue sein. Das Bürgerrecht in der Republik darf wegen religiöser Einstellungen oder kultureller Herkunft nicht verweigert werden.»[271]

Von dem amerikanischen Begriff des Multikulturalismus war hier nichts mehr vorhanden. Es ging Oberndörfer um eine an den Prinzipien der Verfassung orientierte Akzeptanz verschiedener Kulturen und Religionen, während er exklusive nationale Kulturtraditionen angesichts der Vielfältigkeit der kulturellen und religiösen Beeinflussungen als Fiktionen verstand.

Es gab aber auch linke Kritiker des Konzepts des «Multikulturalismus», so etwa der Bielefelder Sozialwissenschaftler Radtke. Für ihn war es «historisch regressiv, indem es politische Differenzierungsmuster in Gang hält, die einst im 19. Jahrhundert erfunden wurden». Der Multikulturalismus vervielfältige das Nationalstaatsdenken lediglich, anstatt es zu überwinden. In der Praxis habe der Multikulturalismus etwa in den USA mehr Probleme als Fortschritt erbracht: An den amerikanischen Universitäten werde in zunehmendem Maße ein «ethnischer und rassischer Separatismus» beobachtet: «Man treibt ‹ethnische Studien›, sitzt wieder nach ‹Ethnien› bzw. ‹Rassen› getrennt ... Wo man nach den Anstrengungen des Multikulturalismus ethnische Harmonie erwartet, findet man eine neue (Selbst-)Segregation und einen wachsenden, bösartigen Rassismus, vorgetragen mit dem Pathos der Selbstverwirklichung und Befreiung.»[272] Die Gefahren, die Radtke beschrieb, waren nicht ganz abwegig; «Multikulturalismus» war in den USA vielfach mit einer Abkehr vom humanitären Universalismus verbunden und erklärte Handeln und Denken für legitim, wenn es nur der authentischen kulturellen Tradition entsprach. In Europa und in Deutschland zumal waren solche Tendenzen jedoch nicht sichtbar. Zum einen handelte es sich zum weitaus überwiegenden Teil um eine innereuropäische Wanderung, die durch die Öffnung der Grenzen des einstigen Sowjetblocks rapide verschärft worden war. Aus Afrika und Asien stammende Einwanderer mit kulturellen Traditionen, die sich deutlich von den europäischen unterschieden, stellten weniger als 3 % der Ausländer in Deutschland. Und daß in Deutschland «der Koran Gesetz» würde, wie etwa Schiffer befürchtete, war nirgends auch nur in Ansätzen zu beobachten.

Insgesamt entpuppte sich die Debatte über den «Multikulturalismus» als wenig substantiell. Hier war ein Begriff geboren worden, der unscharf und formelhaft die neue Vielfalt der Lebensweisen und kulturellen Bräuche pries, die durch die Anwesenheit von Ausländern in Deutschland gewonnen worden sei, und im Grunde nicht mehr beinhaltete als einen euphemistischen Begriff für die Anwesenheit von sieben Millionen Ausländern in Deutschland. Auf der Rechten wurde das Konzept normativ interpretiert, in unterschiedlicher Schärfe als Anschlag auf die deutsche Geschichte, Identität und «volkliche Substanz» gefaßt und ergriffen zurückgewiesen. Mit der komplizierten und durchaus nicht harmonischen Wirklichkeit der Einwanderung in Deutschland hatte beides aber wenig zu tun.

Anders verhielt es sich mit der Diskussion über die «Einwanderungsgesellschaft». Damit war zunächst nicht mehr gemeint als die Tatsache, daß in

Deutschland Millionen von Ausländern lebten, von denen mehr als die Hälfte schon sehr lange hier war und über einen relativ gefestigten Aufenthaltsstatus verfügte. Mit dem Begriff kam auch zum Ausdruck, daß dieser Zustand als irreversibel angesehen wurde und somit aus einer vorübergehenden Arbeitsmigration ein Einwanderungsprozeß geworden sei. Zugleich assoziierte der Begriff aber auch die traditionellen Einwanderungsgesellschaften wie USA, Kanada oder Australien – und hier begann die Diskussion.

Nach den Ereignissen von Solingen wurden die Forderungen nach einer Wende in der deutschen Ausländerpolitik mit großer Intensität vorgetragen. Dabei waren sich neben den Ausländerverbänden, den Kirchen und den Oppositionsparteien auch die FDP-Spitze, die Ausländerbeauftragte und kleinere Teile der Union einig darin, daß es dringend einer Ausländer- und Einwanderungspolitik aus einem Guß bedurfte – dazu gehörte vor allem ein Einwanderungsgesetz, die erleichterte Einbürgerung von Ausländern und damit verbunden die Änderung des Reichs- und Staatsangehörigkeitsgesetzes von 1913, wonach nur diejenigen automatisch die deutsche Staatsbürgerschaft erhielten, die von Deutschen abstammten, nicht aber, wer in Deutschland geboren wurde und seit langem hier lebte.

SPD und Grüne sowie die Ausländerbeauftragte Schmalz-Jacobsen legten daher Vorschläge und Gesetzentwürfe für ein Einwanderungsgesetz und eine erleichterte Einbürgerung vor.[273] Danach sollten – bei unterschiedlichen Vorstellungen über Fristen und Kriterien – die in Deutschland Geborenen automatisch die deutsche Staatsangehörigkeit erhalten, ebenso wie die hier Eingewanderten nach längerem Aufenthalt und wirtschaftlicher Eingliederung. Außerdem sollte mit Hilfe jährlich neu zu vereinbarender Quoten die weitere Einwanderung gesteuert werden.

In der Union allerdings gab es für solche Konzepte keine Mehrheiten. Im Gegenteil, in dem Maße, in dem sich die wirtschaftliche Lage im Jahre 1993 verschlechterte, sich schließlich zu einer der schärfsten Wirtschaftskrisen der Nachkriegszeit ausweitete und einen rapiden Anstieg der Arbeitslosigkeit mit sich brachte, versteifte sich der Widerstand gegen jede Initiative in der Ausländerpolitik, die nicht darauf abzielte, die Zahl der Ausländer in Deutschland drastisch zu senken. «Die Forderung nach einem Einwanderungsgesetz», betonte etwa Wolfgang Schäuble, sei «zum jetzigen Zeitpunkt unsinnig. Wer sie jetzt vom Zaun breche, dürfe sich nicht wundern, wenn es zu ausländerfeindlichen Ausschreitungen komme.»[274] Der stellvertretende Vorsitzende der Bundestagsfraktion der CDU/CSU, Gerster, faßte die ablehnenden Argumente so zusammen: Jährlich wanderten etwa 600000 Menschen nach Deutschland – deutsche Aussiedler, Familiennachzug von Ausländern, Bürgerkriegsflüchtlinge, Asylbewerber und Werkvertragsarbeitnehmer, Zuwanderung aus EG-Staaten –, während Deutschland einen Zuwanderungsbedarf von lediglich 300000 Menschen habe. Deswegen müsse «die deutsche Einwanderungspolitik die Begrenzung und nicht die Stimulation zusätzlicher Zuwanderung zum Ziel haben ... Ein Einwanderungsgesetz mit Zuwanderungsquoten ist unrealistisch und überflüssig, solange der Zuwanderungssaldo über dem geschätzten Einwanderungsbedarf liegt. Es gibt keinerlei Anzeichen dafür, daß die Zuwanderung nach Deutschland in diesem Jahrzehnt hinter diesem Bedarf zurückbleibt.»[275]

Diese Kritik an den Vorschlägen für ein Einwanderungsgesetz bezog sich allerdings auf die seinerzeitige konjunkturelle Lage: Die Steuerung der Zuwanderung sei derzeit nicht sinnvoll, bei verbesserter Konjunkturlage könne sich dies aber ändern. Andere Stimmen waren dabei wesentlich grundsätzlicher. Die Befürworter eines Einwanderungsgesetzes, so betonte der neue Innenminister Kanther, hätten bislang keine Vorschläge vorgelegt, «wie die Einwanderung organisiert werden sollte: etwa über Quoten oder ergänzend nach Kriterien für Zuzugswillige wie zum Beispiel Qualifikation, Alter oder Sprache. So machen es die klassischen Einwanderungsländer. Die Vereinigten Staaten lassen nahezu ausschließlich herausragende Wissenschaftler, Künstler, Geschäftsleute, Sportler und sonstige Bewerber mit besonderen Fähigkeiten zu ... Von 140 000 Plätzen für Arbeitsimmigranten entfallen höchstens 10 000 auf Bewerber für unqualifizierte Arbeiten, für die in Amerika niemand zur Verfügung steht. Gegenüber unseren östlichen Nachbarländern wäre es nicht zu vertreten, ausgerechnet jetzt, in ihrer Aufbauphase, die mobile Mittelschicht mit Erwägungen der deutschen Rentenpolitik für das Jahr 2030 abzusaugen ... Wenn mit Blick auf die Bevölkerungsentwicklung in den kommenden Jahrzehnten tatsächlich eine Zuwanderung vonnöten sein sollte, wäre hierbei in erster Linie an die deutschen Aussiedler aus den Staaten Ost- und Südosteuropas zu denken.»[276] Solche Vorschläge klangen plausibel, allerdings war es für die mittelosteuropäischen Staaten unerheblich, ob ihnen die mobilen Mittelschichten als Auswanderer oder als Aussiedler nach Deutschland «abgesaugt» würden.

Tatsächlich aber geriet in dem Maße, wie sich die Wirtschaftskrise verschärfte, die Diskussion um die Einwanderung seit 1994 erneut in den Hintergrund. Auch die anhaltenden und an Intensität nicht nachlassenden ausländerfeindlichen Anschläge verschwanden aus dem Zentrum der öffentlichen Aufmerksamkeit, obwohl mit dem (nicht aufgeklärten) Brandanschlag auf ein Asylbewerberheim in Lübeck im Januar 1996, bei dem 10 Menschen ums Leben kamen, 20 schwer und etwa 30 leicht verletzt wurden, der schreckliche Höhepunkt der Angriffe auf die Unterkünfte von Ausländern erreicht worden war.[277]

Die Diskussion ebbte ab und verlagerte sich auf die Frage der Einbürgerung. In der Koalitionsvereinbarung nach der Bundestagswahl von 1994 war bestimmt worden, daß die Bundesregierung «eine umfassende Reform des Staatsangehörigkeitsrechts vornehmen» wollte. Insbesondere sollten «die rechtlichen Regelungen, die für die bei uns lebenden Ausländer die berechenbaren Grundlagen für ihre Lebensplanung bilden, weiter verbessert» werden.²⁷⁸ Zwar stieg die Zahl der Einbürgerungen nach der Verabschiedung des Ausländergesetzes 1990 an; ihre Gesamtzahl blieb aber im Verhältnis zu der dauerhaft in Deutschland lebenden ausländischen Bevölkerung viel zu gering. Nun lag dies neben den nach wie vor engen Bestimmungen auch an den zahlreichen bürokratischen Hürden, die vor einer Einbürgerung zu überwinden waren. Vor allem aber war ein Großteil selbst der hier seit langem lebenden Ausländer nicht bereit, ihre bisherige Staatsbürgerschaft aufzugeben. Das hatte verschiedene Ursachen. Zum einen waren für die EG-Ausländer aufgrund der partiellen rechtlichen Gleichstellung mit den Inländern die Anreize zur Übernahme der deutschen Staatsbürgerschaft gesunken. Zum anderen ergaben sich aus der Aufgabe der alten Staatsbürgerschaft für viele tatsächliche oder befürchtete Nachteile in ihrer Heimat, etwa bei dem Recht auf Grundstückserwerb, bei Heiraten und anderem. Und schließlich hätte die Aufgabe der alten Staatsbürgerschaft auch bedeutet, daß der Rückweg versperrt war, was angesichts der Welle gewalttätiger Anschläge auf Ausländer für viele ein starkes Hemmnis bildete, die deutsche Staatsbürgerschaft anzunehmen. Als Ausweg bot sich hier die Möglichkeit zur doppelten Staatsbürgerschaft an, die bereits etwa eine Million Deutsche nutzten.

Die Argumente für und gegen die doppelte Staatsangehörigkeit trafen in zwei kontrastiven Stellungnahmen des Konstanzer Juristen Hailbronner und des Staatssekretärs im Innenministerium, Neusel, aufeinander. Es bestehe, so Hailbronner, ein erhebliches öffentliches Interesse daran, daß die auf Dauer in Deutschland lebenden Ausländer Staatsangehörige mit allen Rechten und Pflichten würden. Dies sei eine integrationspolitisch wichtige Maßnahme, um «Tendenzen von Ghettobildung, Segregation und Ausländerfeindlichkeit entgegenzutreten». Allerdings wollten viele Ausländer ihre bisherige Staatsbürgerschaft bei einer Einbürgerung nicht aufgeben. Daher sei, «um der doppelten Identität der eingewanderten ausländischen Wohnbevölkerung Rechnung zu tragen und ihr gleichzeitig die Möglichkeit der unbeschränkten Gleichbehandlung zu eröffnen», in zahlreichen westeuropäischen Nachbarstaaten die Einbürgerung unter Hinnahme der doppelten Staatsangehörigkeit ermöglicht worden. «Die hierbei gemachten Erfahrungen werden überwiegend unter dem Blickwinkel der Integration als positiv angesehen.» Die meisten westeuropäischen Staaten hätten die dementsprechenden gesetzlichen Bestimmungen geändert, «ohne daß sich daraus gravierende Rechtsunsicherheiten oder Loyalitätskonflikte ergeben haben». Verbleibende Probleme könnten durch Vereinbarungen mit den Herkunftsländern der Betroffenen geregelt werden.

Diesen vergleichsweise nüchternen und pragmatischen Bemerkungen setzte Neusel zunächst einen anderen, stärker normativen Begriff der Staatsbürgerschaft entgegen: Sie sei «Ausdruck der Grundbeziehung der mitgliedschaftlichen Verbindung und rechtlichen Zugehörigkeit zur staatlichen Gemeinschaft» und setze «notwendigerweise auch eine erkennbare

‹Zuordnung› zur Bundesrepublik Deutschland voraus». Wer die alte Staatsbürgerschaft nicht aufgeben wolle, weil damit ein Verlust an Identität verbunden sei, übersehe, «daß auch die neue Staatsangehörigkeit ein Teil seiner Identität» werde. Zudem ergäben sich daraus praktische Nachteile: die Unterwerfung unter mehrfache Pflichten, etwa bei der Wehrpflicht; Rechtsunsicherheiten im Personenstands-, Familien- oder Erbrecht. Zudem «hemmt es die volle Integration der Betreffenden».[279]

Ähnlich wie bei der Multikulturalismus-Debatte wurden auch hier Unterschiede in bezug auf die Konzeption von Staat und Staatsvolk sichtbar. Während es im einen Fall um die pragmatische Regelung von Problemen ging, stand im Mittelpunkt der anderen Auffassung eine wertbezogene Auffassung der «Identität» der Staatsbürger und des Staates selbst, die durch Loyalität, Schutz und Identifikation gekennzeichnet war.

Im Grunde aber war die Frage der doppelten Staatsbürgerschaft nur ein Nebenthema. Als viel bedeutsamer erwies sich die Diskussion um das Einbürgerungsrecht, weil hierbei die Grundlage des deutschen Staatsbürgerrechts, das Abstammungsprinzip («ius sanguinis»), in Frage gestellt wurde. Aber der «Doppelpaß» bot ein Reizthema und einen griffigen Terminus, der die Bevorzugung der Ausländer gegenüber den Deutschen (mit nur einem Paß) suggerierte, während die Einwanderungsproblematik kompliziert und für polemische Debatten weniger geeignet war, so daß die Diskussion um die Staatsbürgerschaft auf dem Nebenfeld der doppelten Staatsangehörigkeit geführt wurde.[280]

Es gelang der Regierung Kohl jedoch nicht mehr, in der Frage der Einwanderung und der Ausländerpolitik zu tragenden Vereinbarungen zu gelangen. Während die FDP und insbesondere die Justizministerin Leutheusser-Schnarrenberger das Prinzip der Abstammungsgemeinschaft ablehnten und für die «Wandlung des ethnisch-völkischen Nationalstaats» zur «offenen Republik» plädierten[281], blieb die Mehrheit der Union bei ihrer Weigerung. Das «ius sanguinis», so postulierte der CDU-Politiker und Rechtsprofessor Rupert Scholz sogar, habe «Verfassungsrang». Wer das Territorialprinzip («ius soli») vertrete, müsse die Verfassung ändern.[282] Diese Auffassung setzte sich zwar nicht durch, verdeutlichte aber doch den verbissenen Abwehrkampf, der gegen die Angriffe auf das abstammungsbezogene Prinzip der Staatsbürgerschaft, die Bastion der traditionellen Ausländerpolitik, geführt wurde.

Erst die 1998 angetretene rot-grüne Koalition setzte hier andere Schwerpunkte. Bereits in den Koalitionsvereinbarungen war festgelegt worden, daß die Schaffung eines «modernen Staatsangehörigkeitsrechts» im Zentrum ihrer Aufmerksamkeit stehen werde.[283] Tatsächlich sah der alsbald vorgelegte Gesetzentwurf hier auch weitreichende Veränderungen vor, insbesondere den automatischen Erwerb der deutschen Staatsangehörigkeit durch Geburt in Deutschland. Zugleich sollte die Möglichkeit der doppelten Staatsbürgerschaft in gewissen Fällen eingeräumt werden. Dies nutzte die Union bei den Landtagswahlen in Hessen zu einer scharfen Kampagne, die ihr mit Hilfe einer Unterschriftensammlung gegen den «Doppelpaß» nicht nur die Wahlen in Hessen zu gewinnen half, sondern die Regierung zwang, ihren Gesetzentwurf zu modifizieren und weitgehend auf die Positionen der FDP umzuschwenken, um die Reform des Staatsbürgerrechts überhaupt retten zu können.[284] In Deutschland geborene Kinder von Ausländern erhielten danach automatisch die deutsche Staatsbürgerschaft, wenn die Eltern eine Aufenthaltsberechtigung oder seit drei Jahren eine unbefristete Aufenthaltserlaubnis besaßen oder seit mindestens acht Jahren in Deutschland lebten. Dabei konnten sie auch die Staatsangehörigkeit ihrer Eltern übernehmen. Bis zum 23. Lebensjahr mußten sie sich allerdings zwischen der deutschen und ausländischen Staatsangehörigkeit entscheiden. Auch die Einbürgerung Erwachsener wurde erheblich vereinfacht; wer acht Jahre hier lebte und eine Aufenthaltserlaubnis oder -berechtigung besaß, konnte die deutsche Staatsangehörigkeit erwerben, mußte allerdings seine alte Staatsbürgerschaft aufgeben, es sei denn, ihm entstünden dadurch erhebliche Nachteile.[285]

Betrachtet man die lange Geschichte des deutschen Staatsbürgerrechts seit 1913, so wird man in dem Gesetz von 1999 eine historische Wende erkennen können. Andererseits trug es alle Elemente eines Kompromisses, weitere Liberalisierungsschritte waren bereits absehbar.

Auch bedeutete die Reform des Staatsbürgerrechts noch keine Einwanderungspolitik «aus einem Guß». Weder gab es ein Einwanderungsgesetz noch Kriterien, welche Einwanderer man gegebenenfalls aufnehmen wollte. Erneut waren es jedoch wirtschaftliche Gesichtspunkte, die hier zu einer Veränderung führten. Als im Laufe des Jahres 2000 sichtbar wurde, daß eine verfehlte Hochschul- und Ausbildungspolitik zu einem dramatischen Fehlbestand an ausgebildeten Computerspezialisten und IT-Fachleuten in Deutschland geführt hatte, ermöglichte die Regierung Schröder nach dem massiven Drängen der Industrie die Beschäftigung von ausländischen Fachkräften mit Hilfe einer nach dem amerikanischen Vorbild «Green Card» genannten Sonderarbeitserlaubnis für zunächst fünf Jahre.[286]

Nun hatte es solche Sondergenehmigungen für bestimmte Berufszweige, in denen besonderer Arbeitskräftemangel herrschte, schon mehrfach gegeben, etwa für die «Werksvertragsarbeitnehmer» oder die vorwiegend aus Polen stammenden Erntehelfer. Solche Arbeitsverhältnisse von Ausländern hatten aber jeweils den traditionellen Strukturen der Ausländerbeschäftigung entsprochen. Sie betrafen in der Regel Arbeitsplätze, die von Deutschen nicht oder nur ungern besetzt wurden, weil die Arbeiten besonders hart, schmutzig oder schlecht bezahlt waren. Nun aber wurden Spitzenkräfte für die definierte Zukunftsbranche gesucht, was einerseits einem Eingeständnis deutscher Schwäche gleichkam, vor allem aber die traditionelle Gleichsetzung von Ausländern mit sozial Schwachen aufhob. Zudem veränderte sich die Interessenlage: Ohne Zuzug von Ausländern, so rechneten die Demographen und Wirtschaftsforscher vor, würde die Bevölkerung von 81,5 auf 73 Millionen Menschen im Jahre 2020, auf 39,5 Mio. im Jahre 2050 schrumpfen. Die Zahl der 15 bis 25jährigen würde um 30 % auf vier Millionen sinken. Schreibt man die bisherigen Durchschnitte der Zuwanderungen fort (etwa 190 000 Ausländer und 100 000 Aussiedler), würde sich angesichts der Schrumpfung der deutschen Bevölkerung die Zahl der Ausländer auf etwa 12,6 Mio., ihr Anteil an der Gesamtbevölkerung auf 16,9 % steigern. Dies bedeutet, daß im Jahre 2030 rund ein Sechstel, in den großen Städten nahezu die Hälfte der Bevölkerung von den staatsbürgerlichen Rechten ausgeschlossen wäre. Ohne den regelmäßigen Zuzug von etwa 300 000 – 400 000 Menschen pro Jahr würde Deutschland in bezug auf Arbeitskräfte, Bildungssystem und Altersvorsorge massiven Problemen entgegensehen.[287] Angesichts solcher Berechnungen, die etwa im Bereich der Altersrenten unmittelbare politische Auswirkungen nach sich zogen, begann sich allmählich die Einsicht durchzusetzen, daß die Warnungen vor einer Vergreisung der deutschen Gesellschaft ihre Berechtigung hatten. Die Zuwanderung von Ausländern, so wurde nun auch breiteren Schichten deutlich, war keine von den Deutschen großzügig gewährte Gnade, sondern vor allem in ihrem eigenen Interesse, ja sogar eine unabweisbare Notwendigkeit. Dadurch aber veränderte sich nicht nur die argumentative Ausgangslage, sondern auch das Diskussionsklima. Als die Union im Frühjahr 2000 erneut versuchte, die Landtagswahl in Nordrhein-Westfalen mit Hilfe einer Mobilisierung gegen die Einwanderungs- und Ausländerpolitik zu gewinnen («Kinder statt Inder»), versagte dieses bis dahin so häufig mit Erfolg eingesetzte Instrument zum ersten Mal.

Durch die Umkehrung der Interessenlage war zwar eine neue Ausgangslage entstanden, aber noch keines der anstehenden Probleme gelöst: Nach welchen Kriterien sollte die Einwanderung organisiert werden? In welchem Verhältnis standen Einwanderungspolitik und Asylgewährung? In welchen Fristen und nach welchen Grundsätzen sollte die Einbürgerung möglich sein?

Es wurde bald deutlich, daß solche Fragen die weitere Debatte dominieren würden, wollte man mit einer zukunftsgerichteten Ausländer- und Einwanderungspolitik tatsächlich Ernst machen. Im Mittelpunkt der Auseinandersetzung an der Jahrhundertwende aber standen weiterhin nicht solche Probleme, sondern die immer wieder erneuerte Frage, ob sich Ausländer in Deutschland an der deutschen «Leitkultur» orientieren müßten oder nicht – und was unter dieser deutschen Kultur eigentlich zu verstehen sei.

So fand sich die Diskussion um die Zuwanderung von Ausländern wieder dort, wo sie immer endete – bei der Frage: «Was ist deutsch?»

Schluß

Die Bilanz der deutschen Ausländerpolitik am Ende des 20. Jahrhunderts ist zwiespältig. Auf der einen Seite eine furchtbare Tradition von Fremdenhaß, Rassismus und millionenfacher Zwangsarbeit – auf der anderen Seite aber leben im Jahre 2001 mehr als 8 Millionen Ausländer in Deutschland, von denen mittlerweile große Teile über einen gesicherten Rechtsstatus, Anspruch auf sozialstaatliche Leistungen und einen vergleichsweise hohen Lebensstandard verfügen. Auf der einen Seite ein in seinen Dimensionen und Verwurzelungen noch nicht völlig übersehbares Potential radikaler Ausländerfeindlichkeit und rassistischer Gewalttätigkeit – auf der anderen Seite ein auch im Vergleich zu anderen europäischen Ländern hohes Maß der Integration vor allem der seit langem hier lebenden Ausländer und eine ebenfalls im europäischen Maßstab hohe Akzeptanz dieser gesellschaftlichen Realität in der deutschen Bevölkerung.

Der historische Rückblick zeigt, warum diese Bilanz so zwiespältig ist.

Seit jeher diente die Definition des Fremden als konstitutive Voraussetzung zur Bestimmung des Eigenen. Im ausgehenden 19. Jahrhundert aber gewann diese Wechselbeziehung in Europa durch die Herausbildung der modernen Nationalstaaten und die Verrechtlichung der Sozialbeziehungen eine ganz neue und weitreichende Bedeutung. Dies galt für Deutschland in besonderer Weise. Denn zum einen war es um die Jahrhundertwende das wirtschaftlich stärkste Land auf dem Kontinent und dadurch Anziehungspunkt für viele Menschen aus den wirtschaftlich weniger entwickelten Ländern des Ostens und des Südens. Für die deutsche Wirtschaft war dies seit jeher finanziell attraktiv, denn so verfügte man über ein Reservepotential an Arbeitskräften, die in Zeiten guter Konjunktur geholt und bei wirtschaftlichen Krisen wieder weggeschickt werden konnten und zudem niedrigere Löhne und schlechtere Arbeitsbedingungen akzeptierten.

Zugleich aber war Deutschland ein später Nationalstaat; und seine offenkundigen Defizite beim Prozeß der inneren Nationsbildung wurden schon früh durch eine aggressive Politik der Identitätsbildung kompensiert. Dabei bildete die Abgrenzung von denen, die als fremd und «ausländisch» definiert wurden, ein wichtiges Mittel zur Herausbildung des inneren Zusammenhalts. Das war umso nötiger, als es – nur wenige Jahrzehnte nach dem letzten Krieg, an dem Deutsche auf verschiedenen Seiten gekämpft hatten – noch nicht einmal ein eindeutiges Staatsbürgerrecht gab. Denn bis 1913 war man im Deutschen Reich vor allem Preuße, Bayer oder Sachse, und erst in Reaktion auf die Zuwanderung von Arbeitsuchenden und Flüchtlingen wurde ein – dann umso rabiater geratenes – Staatsbürgerrecht formuliert. Der exzeptionelle wirtschaftliche Aufschwung, verbunden mit einer tiefgreifenden Veränderung der Lebenswelt eines Großteils der deutschen Bevölkerung, verstärkte diese Unsicherheit und die Suche nach Kompensationen noch. Zugleich brachte er aber auch eine wachsende Differenz der wirtschaftlichen Leistungskraft, des zivilisatorischen Niveaus und der Lebensumstände zwischen Deutschland und vor allem seinen Nachbarn im Osten mit sich. Der daraus hervorgegangene Zustrom von ausländischen Hilfsarbeitern geriet von vornherein in diesen Wirkungszusammenhang. Die soziale Inferiorität wurde als Ausdruck wie als Ursache der nationalen Verschiedenheit interpretiert. Zugleich war die «Rückständigkeit» aber auch der Grund für die Heranziehung der Ausländer aus dem Osten, denn auf diese Weise wurde ihre Billigkeit erhalten, was sich sozial vor allem als Unterschichtungsvorgang darstellte.

Das Interesse an der billigen Arbeitskraft einerseits und insbesondere die antipolnischen Ressentiments gerieten dabei früh in Widerspruch zueinander; diese Widersprüche kennzeichnen die innenpolitische Debatte über die Ausländerpolitik in Deutschland vor dem Ersten Weltkrieg.

Das Beispiel der preußisch-deutschen Ausländerpolitik vor 1914 zeigt auch, wie ein allmählicher Transformationsprozeß von der vorübergehenden Arbeitsmigration zu einem allmählichen Einwanderungsprozeß und die damit verbundenen Integrationsvorgänge sowohl aus wirtschaftlichen wie aus ideologischen Gründen verhindert wurden. Durch die Einführung des jährlichen Rückkehrzwangs sollte verhindert werden, daß sich die polnischen Arbeiter auf Dauer in Preußen niederließen – einerseits, um die immer wieder zitierte «Billigkeit» und «Willigkeit» der Wanderarbeiter zu garantieren, andererseits um den sich konsolidierenden und ausbreitenden Postulaten vom deutschen «Volk» als ethnisch bzw. rassisch definierbarer, gewissermaßen vorgeschichtlich konstituierter Größe zu entsprechen, obwohl dies in eklatantem Widerspruch zu der Volkstums- und Germanisierungspolitik stand, die zur gleichen Zeit gegenüber der polnischen Bevölkerung im preußisch besetzten Teil Polens praktiziert wurde.

Zugleich aber standen diesem Syndrom aus wirtschaftlichen und nationalistischen Interessen auch andere Kräfte entgegen, welche die Fiktionalität des nationalen Identitätspostulats herausstellten und die Ausbeutung der ausländischen Arbeiter kritisierten. Zudem ist auch im Kaiserreich bereits ein veritabler, wenn auch noch nicht durchgreifender Wandlungsprozeß zu beobachten: Die Deutschen begannen sich an die Ausländer zu gewöhnen, bei den Industrieunternehmen überwog das Interesse an eingearbeiteten dasjenige an besonders billigen ausländischen Arbeitern. Die preußischen Reglementierungsinstrumentarien wie Karenzzeit und Rückkehrzwang gerieten immer stärker in die öffentliche Diskussion; und es ist vielleicht nicht abwegig zu vermuten, daß sich dieser Trend auf mittlere Sicht im Sinne einer liberaleren und integrativeren Ausländerpolitik in dem Maße fortgesetzt hätte, wie der Bedarf nach kompensatorischem Nationalismus infolge von politischer und sozialer Stabilisierung zurückgegangen wäre.

Schon das Beispiel der sogenannten «Ruhrpolen» zeigte, daß ohne ausländerpolitische Restriktionen ganz andere Entwicklungen Platz griffen. Denn bei dieser Gruppe handelte es sich meist um Landarbeiter aus dem von Preußen okkupierten Westteil Polens um Posen – mithin also um preußisch-deutsche Staatsangehörige, denen gegenüber die behördlichen Zwangsmaßnahmen der jährlichen Rückkehr und Ausweisung nicht griffen. Diese Menschen sprachen in der Regel polnisch, fühlten sich als Polen und waren ganz von der katholisch-agrarischen Tradition Polens geprägt. In Deutschland angekommen, sollten sie nun möglichst schnell «germanisiert» und spurenlos in die preußisch-deutsche Gesellschaft «integriert» werden. Aber gerade dagegen wandten sich diese meist jungen Arbeiter. Sie pflegten ihre eigene Kultur und ihren engen Zusammenhalt in den Einwandererviertel. Erst in der zweiten und dritten Generation flachte dieser kulturelle und nationale Beharrungswille ab, und es kam zu einer langsamen Vermengung der verschiedenen landsmannschaftlichen und sozialen Milieus im Einwandererland Ruhrgebiet – also gerade keine «Integration» der Zugewanderten in die Gesellschaft der «Einheimischen», die es ja an der Ruhr kaum gab, sondern ein langfristiger, schwieriger und stark von der wirtschaftlichen Dynamik abhängiger Prozeß, der sich als politisch kaum wirklich steuerbar erwies.

Damit waren bereits in dem Jahrzehnt vor dem Ersten Weltkrieg alle wesentlichen Elemente der Politik und Diskussion über die Zuwanderung von Ausländern herausgebildet, wie sie von nun an die weitere Entwicklung bis in unsere Gegenwart bestimmen sollten. Allerdings veränderten sich die Koordinaten der Zuwanderung, der deutschen Ausländerpolitik und der darüber geführten Debatten in diesem Zeitraum mehrfach grundlegend.

Die preußisch-deutsche Ausländerpolitik des Kaiserreichs erreichte einen ersten negativen Höhepunkt während des Ersten Weltkriegs, als Millionen ausländischer Zivilarbeiter und Kriegsgefangene im Reiche arbeiteten. Auf diese Weise wurde die Fremdheitserfahrung zur Feinderklärung erweitert und die Rechtlosigkeit der Fremden wieder gefestigt. Auch die ersten Versuche mit Zwangsarbeit wurden hier unternommen, erwiesen sich allerdings weder als effektiv noch angesichts der öffentlichen Kritik als politisch durchhaltbar. Dennoch waren es die Erfahrungen im Ersten Weltkrieg, auf denen die deutschen Behörden am Beginn des Zweiten aufbauten.

Während der Jahre der Weimarer Republik ging die Zuwanderung von ausländischen Arbeitern angesichts der wirtschaftlichen Misere in Deutschland rapide zurück. Im Mittelpunkt der öffentlichen Auseinandersetzung über Fremde standen in diesen Jahren vielmehr die Juden, wobei der Antisemitismus in der Zuwanderung der sogenannten «Ostjuden» zwar einen willkommenen, agitatorisch nutzbaren Ansatzpunkt fand, angesichts von weniger als 500000 Juden in ganz Deutschland aber nicht allein oder vorwiegend als ideologische Reaktion auf tatsächlich bestehende soziale Konflikte verstanden werden kann. Gleichwohl überlagerte der Topos vom orthodoxen, fremdartigen Ostjuden das Bild des integrierten jüdischen Deutschen. Er lieferte dem traditionellen, an die religiöse Judenfeindschaft anknüpfenden Radauantisemitismus nicht nur den Ansatzpunkt für seine Obsessionen, sondern diente auch dem «seriösen», «rassenbiologischen» Antisemitismus als Beleg für die postulierten «rassischen» Eigenschaften der Juden insgesamt.

Der eskalierende Antisemitismus in der Gesellschaft der Weimarer Republik ist dabei vor allem als ein Beispiel dafür zu verstehen, wie ein in weiten Teilen bereits erfolgter und auch erfolgreicher Integrationsprozeß aus ideologischen Gründen rückgängig gemacht wurde: Die deutschen Juden waren in einem erheblichen Ausmaß nicht mehr oder nur in einer sehr abgeschwächten Form noch «Fremde»; und der moderne Antisemitismus bis hin zur antijüdischen Politik der Nationalsozialisten hatte sehr wesentlich zum Inhalt, diesen Prozeß zurückzudrehen und die in der deutschen Gesellschaft als Fremde gar nicht wahrnehmbaren deutschen Juden allmählich wieder zu Fremden zu machen. Der Versuch, sie unter «Fremdenrecht» zu stellen, den wir, ausgehend von den nationalistischen Verbänden, bereits seit der Jahrhundertwende sowie in verschärfter Form während des Krieges verfolgen können, symbolisiert diesen Vorgang, der in direkter Linie zu den Nürnberger Gesetzen von 1935 führte.

In der Ausländerpolitik hingegen setzten sich zwei Prinzipien durch: Verrechtlichung und Inländerprimat. Das Inländerprimat ist dabei als Antwort auf die wirtschaftliche Lage im Deutschland der Weimarer Republik erkennbar. In Zeiten anhaltend guter Konjunktur würde sich seine Bedeutung jedoch bald relativiert haben. Mit der Verrechtlichung aber setzte ein Prozeß ein, der die Ausländer in die allgemeine rechtliche und sozialpolitische Entwicklung einband. In der Bundesrepublik sind die langfristigen Folgen dieser Entwicklung seit den 60er Jahren zu beobachten: ein allmählicher rechtlicher Integrationsprozeß der Ausländer, der gleichwohl von mannigfachen politischen, ideologischen und wirtschaftlichen Einflüssen gesteuert und beschleunigt oder abgebremst wird.

Die Widersprüche zwischen wirtschaftlichen und ideologischen Aspekten der Zuwanderung von Ausländern, vor allem von ausländischen Arbeitern, fanden ihren Höhepunkt ausgerechnet in der Zeit des NS-Regimes. Denn seit Kriegsbeginn im Herbst 1939 rekrutierten die deutschen Arbeitsämter im Verein mit Betrieben, Wehrmacht und Sicherheitspolizei zunächst wiederum aus Polen, dann nach und nach aus allen besetzten Ländern Europas Millionen ziviler und kriegsgefangener Arbeitskräfte für den «Arbeitseinsatz im Reich». Ohne diese im Sommer 1944 schließlich fast 8 Millionen zum größten Teil zwangsweise in die deutschen Fabriken und auf die Bauernhöfe deportierten «Fremdarbeiter» wäre das Regime weder in der Lage gewesen, den Krieg zu führen, noch die deutsche Bevölkerung auf dem geforderten hohen Niveau mit Lebensmitteln zu versorgen. Millionen von ausländischen, «fremdvölkischen» Arbeitern ins Land zu holen, war jedoch zugleich auch ein eklatanter Verstoß gegen die politischen Grundsätze des Nationalsozialismus. Die Gefährdung der «deutschen Blutreinheit» durch völkische Überfremdung wurde in der Regimeführung laut beklagt. Eine strikte rassistische Hierarchie wurde daher entwickelt, in der die deutschen Arbeiter ganz oben, die polnischen und vor allem die sowjetischen Zwangsarbeiter ganz unten standen und unter wahrhaft schrecklichen Arbeits- und Lebensbedingungen litten. Die schärfste Zuspitzung fand das nationalsozialistische Arbeitssystem in der Heranziehung von KZ-Häftlingen und Juden zur Zwangsarbeit, wobei hier die wirtschaftliche Effektivität ideologischen Widerständen nur scheinbar übergeordnet wurde. Für die jüdischen Häftlinge sollte die Zwangsarbeit nur eine Zwischenstation vor ihrer Ermordung sein.

Insgesamt ist der sogenannte «Ausländereinsatz» als Resultat eines entfesselten Radikalnationalismus zu verstehen, der die hemmungslose Ausbeutung der ausländischen Arbeiter mit der Behauptung ihrer rassischen Inferiorität legitimierte. Indem er vorhandene Trends in der deutschen Gesellschaft aufnahm und verstärkte, steht er auch in der Kontinuität der deutschen Ausländerpolitik. Indem er aber die vorhandenen Gegenkräfte ausschaltete und damit sowohl die Verrechtlichung wie die Kritik der Ausländerpolitik verhinderte, brach er mit den Traditionen.

Als aber nur 16 Jahre nach dem Kriege, im Jahre 1961, die Beschäftigung von Ausländern in der Bundesrepublik in größerem Umfang wieder begann, wurde auf diese Vorgeschichte der «Gastarbeiter»-Beschäftigung öffentlich mit keinem Wort eingegangen. Die erneute Heranziehung von ausländischen Arbeitskräften begann vielmehr unter der Suggestion der Geschichtslosigkeit. Der Grund für diesen Wahrnehmungsbruch lag vor allem darin, daß die freiwerdenden Arbeitsplätze der ausländischen Zwangsarbeiter nach deren Rückkehr in ihre Heimatländer von den aus den besetzten Ostgebieten und der sowjetischen Besatzungszone, der späteren DDR, nach Westdeutschland strömenden deutschen Flüchtlingen und Vertriebenen eingenommen wurden. Wenn man bedenkt, daß bis 1960 13,2 Millionen Flüchtlinge in der Bundesrepublik Aufnahme fanden, die also beinahe ein Viertel der westdeutschen Gesamtbevölkerung stellten, so wird die Größenordnung dieser Wanderungsbewegung deutlich. In dem hier besprochenen Zusammenhang steht die Integration von Vertriebenen und Flüchtlingen nach 1945 aber auch als Beispiel dafür, wie sich der Prozeß der Verwandlung von Fremden in Einheimische beschleunigen und administrativ erfolgreich steuern läßt, wenn die entsprechenden gesetzlichen Regelungen und der politische Wille dazu vorhanden sind. Denn daß es nach 1945 bei den «Einheimischen» im Westen massive, nur in den herkömmlichen Kategorien von Xenophobie und Fremdenfeindlichkeit erfaßbare Vorbehalte gegen die neuen Fremden gab, ist unbestritten. Aber diese Vorbehalte standen im Gegensatz zu einem politisch einhellig vertretenen Begriff von dem, was unter deutschem Volk zu verstehen war, sodaß es in den 50er Jahren zwar beileibe nicht problemlos, aber doch vergleichsweise zügig gelang, die Vertriebenen und Flüchtlinge in die sich formierende westdeutsche Gesellschaft zu integrieren.

Als die Flüchtlinge ausblieben, kamen die «Gastarbeiter». Nachdem durch den Bau der Berliner «Mauer» im August 1961 der Zustrom der Flüchtlinge aus der DDR jäh unterbrochen worden war, schienen Ausländer allen «volkstumspolitischen» Bedenken zum Trotz für die dynamisch wachsende Wirtschaft in Westdeutschland erneut unentbehrlich und wurden durch massive Anwerbungskampagnen nach Deutschland geholt. Wie selbstverständlich wurde dabei davon ausgegangen, daß sich der Aufenthalt der vorwiegend südeuropäischen «Gastarbeiter» auf ein paar Jahre beschränken würde. Daß sich aus der Ausländerbeschäftigung längerfristige Folgeprobleme ergeben könnten, wurde in den frühen 60er Jahren nicht bedacht. Die Ausländerpolitik knüpfte dabei wie selbstverständlich an die Traditionen der Vorkriegszeit an, im Ausländergesetz sogar bewußt an jene von 1938. Zugleich aber wurde die Ausländerpolitik in die allgemeine Arbeits- und Sozialpolitik integriert und damit von ihrem sonderrechtlichen Status gelöst. Die sich hier anbahnende Dynamik der Rechtsintegration hatte ebenso wie die schrittweise Herausnahme der Arbeiter aus EG-Staaten aus dem allgemeinen Ausländerrecht einerseits eine allmähliche Angleichung der Ausländer insbesondere in sozialpolitischer Hinsicht zur Folge, zum anderen aber auch eine zunehmende Einschränkung des tatsächlichen Handlungsspielraums der Ausländerpolitik.

Als dann 1966/67 der wirtschaftliche Ernstfall eintrat und Westdeutschland seine erste konjunkturelle Nachkriegskrise erlebte, schien es so, als würde die Theorie vom «Gast»-Arbeiter glänzend bestätigt werden. Denn innerhalb weniger Monate sank die Zahl der Ausländer in der Bundesrepublik um mehrere hunderttausend Menschen; dabei handelte es sich vorwiegend um solche Arbeiter, die sich erst seit kurzem in Westdeutschland aufhielten. Daraufhin wurden folgerichtig in den Boomjahren bis 1973, jetzt aber unter sozialdemokratischer Ägide, mehr als 2 Millionen Ausländer zusätzlich in die prosperierende westdeutsche Wirtschaft gepumpt. Sie kamen nun vor allem aus der Türkei, weil Arbeiter dort leicht zu haben waren, bei denen die Differenz zwischen dem sozialen Standard zu Hause und in der Bundesrepublik und damit ihr wirtschaftlicher Nutzen entsprechend groß war. Die Suggestion der Steuerbarkeit, mit der die Ausländeranwerbung 1967/68 in verstärkter Form wieder aufgenommen wurde, erwies sich jedoch bald als falsch. Seit Anfang der 70er Jahre sank die Zahl der Rückkehrer, die der nachgeholten Familien der «Gastarbeiter» stieg. Viele von ihnen waren das Leben in Barackenlagern leid und sahen sich nach richtigen Wohnungen um. Offenkundig begannen hier Einwurzelungsprozesse, welche die Flexibilität der Ausländer und ihre fungible Einsatzmöglichkeit ebenso zu beeinträchtigen drohten wie ihre «Billigkeit». Der Anwerbestop von 1973 sollte diesen Trend bremsen, ja umkehren, was auch zunächst gelang. Nach wenigen Jahren aber setzten sich die Anzeichen für einen stattfindenden Einwanderungsprozeß verstärkt fort. Binnen kurzem erwies sich die Vorstellung vom bald wieder rückkehrenden «Gast»-Arbeiter als Schimäre – aus den Arbeitsemigranten waren Einwanderer geworden; wenngleich dies nicht bedeutete, daß sie ihren Status als «Fremde» damit schon verloren hätten. Der Entschluß, im Lande zu bleiben, das zeigen alle Einwanderungsprozesse der Moderne, ist nicht schon gleichbedeutend mit «Integration». Er signalisiert jedoch die Bereitschaft des Einwanderers, den Status als Fremder ganz oder teilweise, schnell oder langsam aufzugeben.

Damit aber war die westdeutsche Ausländerpolitik überfordert. Weder war sie in der Lage, kohärente «Integrations»-Programme zu entwickeln, noch vermochte sie eine in sich schlüssige Einwanderungspolitik zu entwerfen. Vielmehr geriet sie seit Ende der 70er Jahre unter zunehmenden Druck von nicht geringen Teilen der deutschen Bevölkerung, die auf den nun offenkundig stattfindenden Einwanderungsprozeß aggressiv reagierten. Daraus entwickelte sich eine sich schnell verfestigende politische Kraft, die auf die Verringerung der Zahl der in Deutschland lebenden Ausländer drängte und unter der Parole «Deutschland ist kein Einwanderungsland» zur bestimmenden Orientierung der Ausländerpolitik in Deutschland für die nächsten 20 Jahre wurde. Gleichwohl verlief der langsame und zögerliche Integrationsprozeß eines Großteils der Ausländer in Deutschland durchaus erfolgreich, auch im internationalen Vergleich. Eine auf die Einwanderung reagierende Politik wurde jedoch nicht entwickelt, obwohl immer klarer ersichtlich war, daß der sich vollziehende Einwanderungsprozeß nicht mehr umkehrbar war. Zugleich führte der Widerspruch zwischen der postulierten Zielsetzung der Ausländerpolitik und dem vor allem durch rechtliche Bindungen bereits stark eingeschränkten Handlungsspielraum dazu, daß die durchaus konstatierbaren Integrationsprozesse in einen immer deutlicheren Gegensatz zu den offiziellen ausländerpolitischen Zielsetzungen gerieten.

Seit Ende der 70er Jahre begann sich zudem die Struktur der Zuwanderung zu verändern. Aus einem Prozeß der innereuropäischen Arbeiterwanderung wurde eine zunehmend internationale Migrationsbewegung, die vor allem Flüchtlingsströme betraf, die nun aus dem Süden der Welt in den reichen Norden drängten. Dieser Wanderungsprozeß wurde durch den Zerfall des kommunistischen Ostblocks Ende der 80er Jahre massiv verstärkt. Deutschland war davon aber in besonderer Weise betroffen, da es als das reichste und zugleich am weitesten östlich liegende Land des europäischen Westens ein im doppelten Sinne naheliegendes Ziel der armutsmotivierten Massenwanderung darstellte. Einlaß nach Deutschland aber gab es nur noch über zwei Wege: über die privilegierte Einwanderung von «Spätaussiedlern» und über das liberale Asylrecht. Seit Mitte der 80er Jahre vollzog sich der intensivste Einwanderungsschub nach Westdeutschland seit den 50er Jahren daher vor allem auf diesen Wegen.

Die Reaktionen in Deutschland darauf waren ebenso hilflos wie aggressiv und spitzten sich nach der Wiedervereinigung zu einer scharfen, von massiven Ausschreitungen begleiteten Kampagne zu, in deren Verlauf innerhalb von zehn Jahren mehr als 80 Ausländer getötet und Hunderte verletzt wurden. Hier aktualisierten sich plötzlich längst überwunden geglaubte oder gehoffte Einstellungen und Verhaltensweisen, die Erinnerungen an die Vergangenheit wachriefen – aber welche Vergangenheit?

Die daraus entstandene, seit vielen Jahren mit großem Engagement geführte Debatte mutet freilich zuweilen überaus eng und kurzatmig an. Denn die sozialen, ökonomischen und politischen Probleme im Gefolge der Massenzuwanderung sind ja durchaus kein deutsches, ja nicht einmal nur ein europäisches Phänomen. In nahezu allen Industriestaaten der Welt entstehen aus dem Gefälle ökonomisch unterschiedlich weit entwickelter und politisch unterschiedlich stabiler Gesellschaften und den damit einhergehenden Wanderungsbewegungen ähnliche oder mindestens vergleichbare Problemlagen mit erheblichen wirtschaftlichen, sozialen und politischen Folgelasten – wenn auch in unterschiedlicher Schärfe und Gewichtung und mit durchaus verschiedenen ausländerpolitischen Reaktionen in den einzelnen Staaten. Die politische Gestaltung der Zuwanderung ist nicht nur eine Frage der Liberalität oder Finanzkraft der jeweiligen Regierungen der einzelnen Länder, sondern hängt offenbar auch zusammen mit den Traditionen, die diese Gesellschaften im Umgang mit Fremden über viele Jahrzehnte hinweg entwickelt haben: Nur so ist es zu verstehen, daß etwa die US-amerikanische Gesellschaft mit immer neuen Einwandererwellen jedenfalls auf mittlere Sicht offenbar erheblich besser zurechtgekommen ist als z.B. die europäischen Staaten, die sich traditionell nicht als Einwanderungsländer verstanden und für die die Kongruenz zwischen Staatsangehörigkeit und ethnischer Herkunft zum Teil erhebliche ideologische Bedeutung für die eigene Identität als Staat und Gesellschaft besaß – wenn auch in sehr unterschiedlicher Ausprägung.

Das verweist wiederum deutlich auf die jeweiligen nationalen Traditionen von Zuwanderung und Ausländerpolitik. Über die öffentliche Beschäftigung mit diesen Problemen in Westdeutschland sagt schon die seit der Mitte der 60er Jahre etwas schamhaft eingeführte Bezeichnung «Gastarbeiter» etwas aus: Den bis dahin üblichen Terminus «Fremdarbeiter» wollte man nicht länger benutzen. Nicht der ethnische Unterschied sollte betont werden, sondern der Charakter eines zwar willkommenen, aber per definitionem vorübergehenden Arbeitsaufenthalts in Deutschland. Daß es in Deutschland eine lange Tradition mit ausländischen Arbeitskräften gab, ja daß es nach 1945 eine nur zehnjährige Unterbrechung der massenhaften Ausländerbeschäftigung gegeben hatte und von den letzten 120 Jahren mehr als 100 ein «Ausländerproblem» kannten, wurde weithin verdrängt bzw. nicht zur Kenntnis genommen.

Die Geschichte der Gastarbeiter seit den 60er Jahren muß jedoch als geradezu klassischer – und im übrigen durchaus erfolgreicher – Einwanderungsprozeß begriffen werden. Gleichwohl kam es in der «alten Bundesrepublik» bis zu ihrem Ende nicht zu einer gesellschaftlichen Verständigung über eben diese Tatsache und die daraus zu ziehenden Schlußfolgerungen. Dadurch aber stand angesichts der neuen Herausforderungen nach 1989 weder ein erprobtes Instrumentarium zur Steuerung von Einwanderungsprozessen zur Verfügung, noch ein Bewußtsein von den bereits stattgehabten Einwanderungs- und Integrationsprozessen, das allein aufgrund dieser ja durchaus auch positiven Erfahrungen Ängste und Unsicherheit abbauen könnte.

Die Erkenntnis, daß Deutschland «ein Einwanderungsland ist», daß also ein erheblicher Teil der in Deutschland lebenden Ausländer vermutlich für lange Zeit oder für immer hier bleiben wird, war den meisten Experten und Politikern allerdings bereits seit Anfang der 80er Jahre klar. Daß dieser Umstand dennoch öffentlich dementiert wurde, muß als Reflex auf eine vermutete und befürchtete Gegenreaktion in wesentlichen Teilen der Bevölkerung verstanden werden und zugleich als Versuch, durch die öffentliche Nichtakzeptanz dieser Tatsache weitere Zuwanderung zu hemmen. Der Bezug auf die öffentliche Meinung war vermutlich berechtigt. Zugleich hat die Ausländerpolitik solche Tendenzen aber auch bestätigt und geradezu herausgefordert. Erst am Ende der 90er Jahre scheinen sich hier Veränderungen zu ergeben. Die Einwanderungssituation wird nunmehr vorwiegend als ökonomische Notwendigkeit interpretiert, die Heranziehung weiterer Einwanderer mit Hinblick auf die demographische Struktur der deutschen Gesellschaft als unumgänglich beschrieben, wobei ein Umsteuern von «armen» Einwanderern zu gut ausgebildeten Spezialisten gefordert wird. Dies sei im deutschen Interesse, während die Heranziehung von ausländischen Hilfsarbeitern als offenbar eher altruistisches Gebaren angesehen wird. Solche Argumente sind jedoch nur begrenzt plausibel; denn die Heranziehung ausländischer Arbeiter war aus vielfältigen Gründen ein vorrangiges Interesse deutscher Unternehmen. Für viele Branchen gilt dies nach wie vor. Hier werden sich Marktkräfte über politisch gewollte Steuerungsversuche vermutlich hinwegsetzen.

Der Druck der armutsmotivierten Massenwanderung in den Richtungen Ost-West und Süd-Nord wird in Zukunft eher noch zu- als abnehmen, und zwar für lange Zeit. Kein noch so scharfes Reglementarium wird daran grundsätzlich etwas ändern, allen hektischen Tagesdebatten zum Trotz. Auf der anderen Seite ist eine rationale und handhabbare Steuerung der Zuwanderung nach Deutschland schon aus innenpolitischen Gründen unvermeidlich und das Konzept eines Einwanderungsgesetzes vermutlich das sinnvollste. Auch ein solches Gesetz aber «löst» das Problem der armutsmotivierten Zuwanderung nicht, sondern rationalisiert lediglich seine Begrenzung und Steuerung, vermutlich in durchaus deliberalisierendem Sinne. Im Effekt wird es zu vorwiegend wirtschaftlich begründeten, ethnisch differenzierten Zuwanderungsquoten führen.

Solche Einwanderungsprozesse sind nach aller historischen Erfahrung durchweg schwierig, zumal bei großen sozialen Unterschieden zwischen Ausgangs- und Einwanderungsland. Sie brauchen sehr lange Zeit und ziehen sich in der Regel über Generationen hin; sie sind politisch kaum wirklich steuerbar, und nicht alle diese Prozesse verlaufen gleich. In Deutschland kommen als nationalgeschichtliche Besonderheit die illiberalen und nationalistisch motivierten Traditionen im Umgang mit den Ausländern, das Postulat der ethnisch reinen, völkischen Nation und vor allem die nationalsozialistische Zwangsarbeiterpolitik hinzu. Diese Geschichte wirkt zum Teil beschwerend, zum Teil – in bewußter Absetzung davon – aber auch in die Gegenrichtung und begründet die Notwendigkeit einer offenen Republik. In jedem Fall aber gilt, daß die Rechtssicherheit der seit längerer Zeit hier lebenden Ausländer ein Schlüsselproblem bei dem Gesamtprozeß der Einwanderung darstellt. Nur auf dieser Grundlage kann auch die weitere Zuwanderung vernünftig und zukunftsbezogen geregelt werden, wobei die Vereinfachung und Verrechtlichung der Einbürgerungsprozedur eine der Voraussetzungen dafür bildet. Neben den ökonomischen und demographischen Interessen sind aber die deutsche Sprache und das Grundgesetz als einzige Kriterien für die Integration und Einbürgerung von Ausländern in Deutschland akzeptabel. Alle weiteren, etwa kulturellen, religiösen oder gar ethnischen Definitionsversuche der deutschen Staatsnation entbehren einer rechtlichen Grundlage. Sie sind zudem geeignet, die positiven und erfolgreichen Aspekte der Zuwanderung insbesondere seit 1960 zu denunzieren und damit das fiktive Bild einer Gesellschaft vor der Einwanderungsphase als Norm zu postulieren.

Fremdenangst und Fremdenfeindlichkeit erweisen sich in diesem Kontext nicht allein, nicht einmal in erster Linie als ideologische, sondern als soziale Phänomene: Es wanderten jahrzehntelang eben nicht so sehr Fremde zu, sondern vor allem arme Fremde auf der Suche nach Wohnung, Arbeitsplatz, sozialer Versorgung, einer Perspektive für sich und ihre Kinder. Sie trafen hier auf diejenigen, die zum unteren Drittel oder Viertel dieser Gesellschaft gehören und mit dem Argument der nationalen Zugehörigkeit zu dieser Gesellschaft ihren bescheidenen Besitzstand verteidigen. Eben hier liegt der Ansatzpunkt für die Ideologisierung des Problems und für die rechtsradikale Agitation, die dann die Diskriminierung der Ausländer über die soziale Differenzierung hinaus generalisiert. Dies ist kein neues Phänomen, und es ist nicht auf Deutschland begrenzt. Aber es tritt in Deutschland als Kumulation von Wanderungsströmen einerseits, der beispiellosen sozialen und wirtschaftlichen Umbruchsituation in Ostdeutschland andererseits auf und trifft auf eine darauf ungenügend vorbereitete Gesellschaft, in der die Vorgeschichte des Umgangs mit Fremden noch nachvibriert. Dies verleiht der gegenwärtigen Entwicklung ihre besondere Brisanz.

Die verstärkte Zuwanderung stellt für Deutschland in der Tat eine historische Herausforderung dar. Dies gilt zwar für alle Länder des reichen

Nordwestens der Welt, aber aufgrund der skizzierten historischen Entwicklung für Deutschland in besonderer Weise. Gleichwohl ist weder durch die Zuwanderung die kulturelle oder ethnische Identität der Deutschen in Gefahr noch durch eine Reglementierung der Zuwanderung der liberale Rechtsstaat bedroht. Die deutsche Ausländerpolitik der vergangenen 120 Jahre hat zweifellos immer wieder dazu beigetragen, die ohnehin unvermeidlichen Probleme und Anpassungsschwierigkeiten im Kontext von Wanderungs- und Einwanderungsprozessen noch zu vervielfachen. Es wäre aber ein Irrtum zu glauben, daß mit einer sich auch so nennenden Einwanderungspolitik die Probleme der Einwanderung selbst bereits gelöst wären. Massenwanderungen, noch dazu in ein Land wie Deutschland, das Grenzen zu neun Nachbarländern hat und am östlichen Rand des europäischen Wohlstandsgürtels liegt, sind ebenso wie die damit verbundenen innenpolitischen Auseinandersetzungen, insbesondere die Spannungen zwischen Zuwanderern und sozial schwachen Einheimischen, keine Sonderentwicklungen, sondern der Normalfall. Sich darauf einzustellen, ist weniger ein Gebot der Moral, sondern der Klugheit.

ANHANG

I.

Anmerkungen

EINLEITUNG

1 Vgl. Annette Treibel, Engagement und Distanzierung in der westdeutschen Ausländerforschung. Eine Untersuchung ihrer soziologischen Beiträge, Stuttgart 1988.
2 Herbert, Ausländerbeschäftigung.
3 Geschichte der Sozialpolitik in Deutschland.
4 Bade, Vom Auswanderungsland zum Einwanderungsland?; ders. (Hg.), Auswanderer – Wanderarbeiter – Gastarbeiter; ders., Europa in Bewegung; ders.; Ausländer, Aussiedler, Asyl; ders./Münz (Hg.), Migrationsreport 2000.

I. «LEUTEMANGEL» UND «ÜBERFREMDUNGSGEFAHR».
AUSLÄNDER IM DEUTSCHEN KAISERREICH:
1880 BIS 1914

1 Hierzu einführend Nipperdey, Deutsche Geschichte, S. 199–225 («Landwirtschaft und ländliche Gesellschaft»); Wehler, Deutsche Gesellschaftsgeschichte, S. 685–700 («Die deutsche Landwirtschaft von 1876 bis 1914»); Rosenberg, Große Depression, S. 25 ff., 169 ff.; Rolfes, Landwirtschaft 1850–1914, in: Aubin/Zorn (Hg.), Handbuch, S. 495–526; Fink von Finkenstein, Entwicklung der Landwirtschaft; Goltz, Geschichte.
2 Marschalck, Bevölkerungsgeschichte, S. 21–71; ders., Die Bevölkerungsentwicklung in Deutschland 1850–1980. Entwicklungslinien und Forschungsprobleme, in: Bade (Hg.), Auswanderer, Bd. 1, S. 78–109; Köllmann, Bevölkerungsgeschichte 1800–1970, in: Aubin/Zorn, Handbuch, S. 9–147; Bade, Transnationale Migration; ders., Die deutsche überseeische Massenauswanderung im 19. und frühen 20. Jahrhundert, Bestimmungsfaktoren und Entwicklungsbedingungen, in: ders. (Hg.), Auswanderer, Bd. 1, S. 259–299.
3 Bevölkerungsgeschichte 1800–1970, in: Aubin/Zorn, Handbuch, S. 9–147; Bade, Transnationale Migration; ders., Die deutsche überseeische Massenauswanderung im 19. und frühen 20. Jahrhundert, Bestimmungsfaktoren und Entwicklungsbedingungen, in: ders. (Hg.), Auswanderer, Bd. 1, S. 259–299; sowie die Beiträge in Kap. 2 von Bade (Hg.), Deutsche im Ausland, S. 135–230 («Westströme, überseeische Auswanderung»).
4 Hierzu Goltz, Lage der ländlichen Arbeiter; Brepohl, Aufbau des Ruhrvolkes; Kleßmann, Polnische Bergarbeiter, S. 23–43; Bade, Massenwanderung; sowie Ritter/Tenfelde, Arbeiter, S. 175–497.
5 Lengerke, Die ländliche Arbeiterfrage, Berlin 1849, zit. nach Nichtweiss, Die ausländischen Saisonarbeiter, S. 27.
6 Vgl. etwa Goltz, Die ländliche Arbeiterfrage; ders., Lage der ländlichen Arbei-

ter. Häufig wurde die Zunahme der Ab- und Auswanderungen auch damit begründet, «daß die sozialdemokratische Agitation Mißstimmung unter den ländlichen Arbeitern erzeugt und vergrößert»; allerdings habe die SPD «in den meisten Gegenden überhaupt keine, in anderen nur sehr geringe Erfolge aufzuweisen» (Frankenstein: Arbeiterfrage, S. 314 f.).

7 Hierzu Saul, Um die konservative Struktur; hier auch ein Überblick über die zeitgenössische Literatur.
8 Wehler, Das Deutsche Kaiserreich, S. 1–14; s. auch ders., Polenpolitik; Broszat, Zweihundert Jahre. Eine gründliche Behandlung des Gesamtkomplexes bei Baier, Der deutsche Osten; sowie Blanke, Prussian Poland; vgl. auch Mai, Die preußisch-deutsche Polenpolitik.
9 Dazu Bade, «Kulturkampf».
10 Artikel des Leipziger Tageblatts, abgedr. in «Die Post» v. 11. 3. 1885, zit. n. Bade, Kulturkampf, S. 128.
11 Posener Zeitung v. 29. 3. 1885, zit. ebd.
12 Schlesische Volkszeitung, o. D., zit. ebd., S. 131.
13 Bericht v. Gosslers an Bismarck, 12. 2. 1885, zit. ebd., S. 134.
14 Bismarck an Puttkamer, 11. 3. 1885, zit. ebd., S. 135.
15 Zu den Ausweisungsverordnungen vom 26. 3. und 26. 7. 1885 sowie dem Zusammenhang zum Ansiedlungsgesetz vgl. Broszat, Zweihundert Jahre, S. 142–152, sowie Neubach, Ausweisung von Polen; Wertheimer, Unwelcome Strangers, S. 60 ff.
16 Vor dem Reichstag erklärte Bismarck am 28. 1. 1886, «Wir wollen die fremden Polen los sein, weil wir an unseren eigenen genug haben» (zit. nach Broszat, Zweihundert Jahre, S. 147).
17 Rede des Abgeordneten Rickert vor dem Reichstag, 16. 1. 1886, Reichstagsprotokolle Bd. 87, S. 563.
18 Hierzu neben der in Anm. 1 genannten Literatur: Abel, Agrarkrisen, S. 253 ff.; Schulz, Deutschland. Für das Verständnis des Gesamtkomplexes unentbehrlich sind die großen Untersuchungen Max Webers zur Entwicklung der ostdeutschen Landwirtschaft: M. Weber, Verhältnisse der Landarbeiter; ders., Die ländliche Arbeitsverfassung; ders., Entwicklungstendenz.
19 Henatsch, Das Problem der ausländischen Wanderarbeiter, S. 7.
20 Hierzu Kaerger, Sachsengängerei, S. 239–522; Landwirtschaft und Kapitalismus, S. 246 ff.; Lezius, Heimatsgebiete, S. 26–65 u. 117–133.
21 Bade, Massenwanderung, S. 300; ders., «Billig und willig». Die «ausländischen Wanderarbeiter» im kaiserlichen Deutschland, in: ders. (Hg.), Deutsche im Ausland, S. 311–323.
22 Die zeitgenössische Literatur zur Entwicklung der deutschen Landarbeiterschaft im preußischen Nordosten ist nahezu unübersehbar; für die neuere Forschungsliteratur vor allem Flemming, Die vergessene Klasse; ders., Landwirtschaftliche Interessen; ders., Obrigkeitsstaat, Koalitionsrecht und Landbeiterschaft. Zur Entwicklung des ländlichen Arbeitsrechts in Preußen zwischen Vormärz und Reichsgründung, in: Puhle/Wehler (Hg.), Preußen im Rückblick, S. 247–272; Evans/Lee (Hg.), The German Peasantry; Ritter/Tenfelde, Arbeiter, S. 219–231. Plaul, Landarbeiterleben; zur Landarbeiterbewegung vgl. Flemming, Landarbeiter; sowie Saul, Kampf; Schildt, Die Landarbeiter.

23 Vgl. etwa die Beschreibung der Verhältnisse der Landbevölkerung in Galizien bei Knoke, Ausländische Wanderarbeiter, S. 30 ff.
24 Bericht des Ministerialdirektors Lodemann vom pr. MdI über Besprechungen mit dem Oberpräsidenten von Posen und Danzig, September 1890, zit. nach Nichtweiss, Saisonarbeiter, S. 40.
25 Gesuch des Zentralvereins ostpreußischer Landwirte an Reichskanzler Caprivi, 27. 3. 1890, ebd., S. 35.
26 Bericht des RP v. Oppeln, vermutlich Oktober 1890, ebd., S. 42.
27 Vgl. Mai, Polenpolitik, S. 101 ff.; Nichtweiss, Saisonarbeiter, S. 37 f.
28 Sie ging aus von den Forderungen westpreußischer Gutsbesitzer nach «chinesischen Kulis», die sogar in einer offiziellen Anfrage an das preußische Innenministerium gipfelten, hervor. Die preußische Regierung scheint diesen Gedanken eine Zeitlang ernsthaft geprüft zu haben; dazu Nichtweiss, Saisonarbeiter, S. 38 ff.; Schenk, Chinesische Arbeiter; Schmidt-Stölting, Ein Wort zur chinesischen Kulifrage.
29 Gesuch v. 26. 2. 1890, zit. n. Nichtweiss, Saisonarbeiter, S. 33.
30 Bericht des RP an den pr. MdI, 2. 6. 1890, n. ebd., S. 38.
31 Vgl. dazu Kap. I.3.
32 Erlasse des pr. MdI v. 20. 11. 1890, betr. Russisch-Polen; v. 18. 12. 1890, betr. Galizien; v. 18. 4. 1891, betr. westliche Provinzen Preußens, n. Nichtweiss, Saisonarbeiter, S. 43 f.
33 Zit. n. Bade, «Preußengänger», S. 114.
34 Bericht des pr. MdI a.d. Präs. d. Staatsministeriums, 3. 2. 1895, zit. n. Nichtweiss, Saisonarbeiter, S. 44.
35 Statistik des Deutschen Reiches, 1873–1913, zusammengefaßt bei Britschgi-Schimmer, Die wirtschaftliche und soziale Lage, Tab. 11, S. 35.
36 Stat. d. Dt. Reiches 1913, Übersicht bei Britschgi-Schimmer, Die wirtschaftliche und soziale Lage, S. 35; erfaßt ist hier nicht die Staatsangehörigkeit, sondern das jeweilige Geburtsland.
37 Nach Bade, Vom Auswanderungsland zum «Arbeitseinfuhrland». Kontinentale Zuwanderung und Ausländerbeschäftigung in Deutschland im späten 19. und 20. Jahrhundert, in: ders. (Hg.), Auswanderer, Bd. 2, S. 433–485, hier S. 438 f. (aufgrund der Erhebungen des preußischen Innenministeriums).
38 Hierzu ausf. Bade, Vom Auswanderungsland zum «Arbeitseinfuhrland», S. 472 ff.
39 Vgl. Anm. 1.18.
40 Weber ist später von dieser Argumentation etwas abgerückt, indem er betonte, daß die «Polenzufuhr» durch die Großgrundbesitzer in erster Linie ein «Kampfmittel» gegen die Landflucht sei: M. Weber, Entwicklungstendenz, S. 503.
41 Vgl. Goltz, Die ländliche Arbeiterklasse, S. 281 ff.; Frankenstein, Arbeiterfrage, S. 294 f.; Stieda, Ausländische Arbeiter, v. a. S. 360 ff.; Mönckmeier, Die deutsche überseeische Auswanderung, S. 114, 187; Skalweit, Agrarpolitik, S. 219, 261; bis hin zur nationalsozialistischen Rezeption bei Burgdörfer, Volk ohne Jugend, S. 338 f.; Rogmann, Die Bevölkerungsentwicklung; zusammenfassend zu diesem Aspekt Bade, Massenwanderung, S. 317–323.
42 Knoke, Ausländische Wanderarbeiter, S. 59–86. Die Logik dieser Argumentation war jedoch selbst bei konservativen Zeitgenossen umstritten. Aereboe kritisierte 1918 die Auswirkungen der Karenzzeit aus durchaus «nationaler»

Sicht: «Das, was national am unheilvollsten gewirkt hat, ist der Zwang gewesen, die Leute über Winter immer wieder in ihre Heimat hinter die Grenze zurückzuschicken ... 400000 Ausländer können wir verhältnismäßig leicht eindeutschen, wenn sie als angesiedelte Tagelöhner im Lande verteilt sind. Dieselbe Zahl wird aber zur größten nationalen Gefahr, wenn man sie als eine in ihrer Nationalität sorgsam konservierte Masse alljährlich über die Grenze holt» (Aereboe, Die ländliche Arbeiterfrage, S. 8).

43 Bade, Massenwanderung, S. 321 f.
44 Vgl. «Heranziehung und Ausbeutung russischer Arbeiter als Schmutzkonkurrenten durch deutsche Industrielle», in: Vorwärts, 7. 2. 1906, Beilage; «Die Lohndrücker des Auslandes und die Internationale», in: Neue Zeit, 1907, 11, Beilage zu Nr. 41, S. 511 ff.; sowie Nichtweiss, Saisonarbeiter, S. 154–174; vgl. Kap. I.2.
45 Hierzu Nichtweiss, Saisonarbeiter, S. 231.
46 Vgl. etwa Grund, Die ausländischen Wanderarbeiter, S. 50 f.: «Rechnet man alle Bezüge des ländlichen Wanderarbeiters in der ganzen Kampagne zusammen, d. h. die Tagelöhne, die Akkordverdienste und die Naturalien, so erhält man einen Betrag, der nicht allzu wesentlich hinter dem Jahreseinkommen des ständigen Tagelöhners zurückbleibt.»
47 Knoke, Ausländische Wanderarbeiter, S. 56.
48 Der österreichische Delegierte auf der Wiener Referenten-Konferenz der Mitteleuropäischen Wirtschaftsvereine, zit. n. Grund, Die ausländischen Wanderarbeiter, S. 75.
49 Von den 153 095 landwirtschaftlichen Arbeitern aus Rußland, die 1907 im Deutschen Reich beschäftigt waren, waren 48 % Frauen, bei den Österreichern ebenso viele – bei den Deutschen lag der Frauenanteil bei 58 % (Stat. d. Dt. Reiches, Nr. 211, 1913, S. 180). Vgl. auch Knoke, Ausländische Wanderarbeiter, S. 56; Nichtweiss, Saisonarbeiter, S. 264; Heinrich, Lebensweise und Kultur, hier S. 129–131. Noch 1920 wurde der hohe Frauenanteil beim Hackfruchtanbau mit «körperlicher Veranlagung» erklärt, denn solche Arbeit könne «von Männern, ihres schwerfälligen und steifen Körperbaus wegen, nur unter verhältnismäßig größter Kraftanstrengung und Mühsal, dazu langsamer und unvollkommener ausgeführt werden als von weiblichen und jugendlichen Personen» (Henatsch, S. 8); vgl. auch Stutzke, Innere Wanderungen, S. 50.
50 Laufkötter, Das Verhältnis zwischen den einheimischen und den fremden Arbeitern, S. 804.
51 6. Deutscher Arbeitsnachweis-Kongreß in Breslau, 27. bis 29. 10. 1910, Stenographischer Bericht, Berlin 1911, S. 172.
52 Artikel in der Rheinisch-Westfälischen Zeitung, abgedr. unter «Die Ausländergefahr im Deutschen Reich», in: Alldeutsche Blätter, 1907, Nr. 45, S. 384 f.
53 Hierzu Kap. I.2.
54 Zit. n. Bade, «Kulturkampf», S. 141.
55 Stieda, Ausländische Arbeiter, S. 367.
56 Der Abgeordnete Szmula, Pr. Haus der Abg. 1899, Bd. 1, S. 432; Abg. Graf Strachwitz, ebd., S. 476; zit. n. Nichtweiss, Saisonarbeiter, S. 68.
57 Hierzu Nichtweiss, Saisonarbeiter, S. 130–134; zum Hintergrund Saul, Um die konservative Struktur, S. 151 ff.
58 Stojentin: Arbeitsämter, S. 184; Ehrenberg/Gehrke, Der Kontraktbruch, S. 68.

1. Anmerkungen

59 Kaerger, Sachsengängerei, S. 302.
60 Memorandum des pr. Landwirtschaftsministeriums an das Innen- und das Handelsministerium vom Juni 1907, zit. n. Nichtweiss, Saisonarbeiter, S. 136 f.
61 Knoke, Ausländische Wanderarbeiter, S. 77. Bei den Kontraktbrüchen ausländischer Arbeiter, so berichtete auch etwa der Landrat von Lüdinghausen im Oktober 1902, falle auf, «daß sich die Fälle stets bei denselben Arbeitgebern wiederholen, so daß letzteren meistenteils größere Schuld als den Arbeitnehmern beizumessen ist», Bericht v. 18. 10. 1902, StAM, RP Münster 2751.
62 Knoke, Ausländische Wanderarbeiter, S. 78.
63 Vgl. etwa die Leitsätze des Deutschen Ostmarken-Vereins «Zur Frage der Zulassung russischpolnischer Arbeiter» v. 8. 12. 1900, «Die staatliche Kontrolle der ausländischen Wanderarbeiter bedarf einer Verschärfung bei dem Eintritt an der Grenze, bei dem Aufenthalt im Inland und hinsichtlich der Abwanderung» (StAM, OP 5474).
64 Verhandlungen der 35. Plenarversammlung des Deutschen Landwirtschaftsrates 1907, Maßnahmen gegen den Kontraktbruch landwirtschaftlicher Arbeiter, in: Archiv des Deutschen Landwirtschaftsrates, 31, 1907, S. 475.
65 Interpellation vom 14. 4. 1910, zit. n. Nichtweiss, Saisonarbeiter, S. 216 f.
66 Abgedr. in «Vorwärts» am 21. 2. 1909, zit. ebd.
67 Bade, Vom Auswanderungsland zum «Arbeitseinfuhrland», in: ders. (Hg.), Auswanderer, Bd. 2, S. 446; vgl. Becker, Die Regelung, S. 23 ff.
68 Bade, Vom Auswanderungsland zum «Arbeitseinfuhrland», S. 447.
69 Hierzu Stojentin, Arbeitsämter; sowie Ehrenberg/Gehrke, Der Kontraktbruch.
70 Stojentin, Arbeitsämter, S. 201 f.
71 Hierzu Nichtweiss, Saisonarbeiter, S. 71–142; Bade, Vom Auswanderungsland zum «Arbeitseinfuhrland», S. 450–471.
72 Satzung der Feldarbeiter-Zentralstelle, 1905, zit. n. Bade, Vom Auswanderungsland zum «Arbeitseinfuhrland», S. 452; vgl. auch Bnin Bninski, Die Deutsche Feldarbeiterzentralstelle, S. 226–230. Allgemein zur Entwicklung der Arbeitsvermittlung v. a. die Arbeiten von Faust, Arbeitsmarktpolitik im deutschen Kaiserreich; ders., Arbeitsmarktpolitik in Deutschland im Wechsel arbeitsmarktpolitischer Strategien, in: Bade (Hg.), Auswanderer, Bd. 1, S. 216–254; ders., Arbeitsvermittlung; vgl. Führer, Arbeitslosigkeit; Saul, Um die konservative Struktur, S. 158 ff.; Bade, Arbeitsmarkt, Ausländerbeschäftigung und Interessenkonflikt.
73 Verordnung des pr. MdI v. 21. 12. 1907 über die Inlandslegitimation der über die östliche und südöstliche Grenze kommenden Ausländer, HStAD, RP Aachen 4884 u. ö., abgedr. b. Becker, Die Regelung, S. 33. Bereits 1906 waren vom pr. MdI verschärfte Kontrollen der russisch-polnischen Arbeiter angeordnet worden, Erl. d. pr. MdI v. 10. 1. 1906, StAM, OP 6228.
74 Verhandlung zu Essen am 9. 12. 1907, StAM OP 6228. Anwesend waren neben den Oberbürgermeistern und Landräten der Ruhrgebietsstädte Vertreter des Bergbaulichen Vereins (u.a. Hugo Stinnes), der Nordwest-Gruppe, der Handelskammern sowie aller Großbetriebe des Ruhrgebietes, darunter Dortmunder Union, Krupp, Hoesch u.a.
75 Becker, Die Regelung, S. 33 ff.
76 Auch hier war der Druck der landwirtschaftlichen Interessenorganisationen vehement gewesen; vgl. etwa die Verhandlungen der 36. Plenarversammlung des

Deutschen Landwirtschaftsrates 1908, wo die Übernahme des preußischen Legitimierungsverfahrens durch die anderen Länder des Deutschen Reiches gefordert wurde (Archiv d. Dt. Landwirtschaftsrates, 32, 1908, S. 507–536). Zu den einzelnen Länderbestimmungen s. Becker, Die Regelung, S. 59–95.

77 Direktor der DAZ an den preußischen Landwirtschaftsminister, 16. 10. 1917, zit. n. Elsner, Ausländerbeschäftigung und Zwangsarbeitspolitik in Deutschland während des Ersten Weltkriegs, in: Bade (Hg.), Auswanderer, Bd. 1, S. 527–557, hier S. 531.
78 Correspondenzblatt der Generalkommission der Gewerkschaften, 1908, S. 17 ff.
79 Hierzu etwa Trzcinski, Russisch-polnische und galizische Wanderarbeiter, S. 113 ff.; Ehrenberg/Gehrke, Der Kontraktbruch, S. 5 ff.; Knoke, Ausländische Wanderarbeiter, S. 44 ff.
80 Pfarrer Haucky in Kattowitz, Die ruthenischen Arbeiter in Deutschland, in: Dritte Konferenz, S. 291–301, hier S. 296.
81 1905 hatten in der Provinz Brandenburg 49% der ausländischen Wanderarbeiter mit dem Arbeitgeber direkt den Kontrakt geschlossen, 23% waren durch Agenten vermittelt worden, die anderen durch die verschiedenen öffentlichen Arbeitsnachweise: Saul, Um die konservative Struktur, S. 166.
82 Haucky, in: Dritte Konferenz, S. 296.
83 Trzcinski, Russisch-polnische und galizische Wanderarbeiter, S. 72 f. Solche Methoden waren auch schon früher gegenüber den einheimischen Wanderarbeitern, den «Sachsengängern», verbreitet, vgl. Kaerger, Sachsengängerei, S. 298 f.
84 Lipski, Caritative Fürsorge für die polnischen Arbeiter in Deutschland, in: Dritte Konferenz, S. 233–241, 238.
85 Hierzu Nichtweiss, Saisonarbeiter, S. 230 ff.; Kaerger, Sachsengängerei, S. 41 ff.; Knoke, Ausländische Wanderarbeiter, S. 53; Schmidt, Die Wanderarbeiter, S. 62; Heinrich, Lebensweise und Kultur, S. 141–144.
86 Lipski, Caritative Fürsorge, in: Dritte Konferenz, S. 238.
87 O. D., zit. n. Nichtweiss, Saisonarbeiter, S. 222.
88 Trzcinski, Russisch-polnische und galizische Wanderarbeiter, S. 95; von anderen zeitgenössischen Beobachtern wurde dagegen eingewendet, daß solche Behausungen auch bei deutschen Wanderarbeitern durchaus üblich gewesen seien und daß die polnischen Zuwanderer von Hause aus an solche Zustände gewohnt seien. Vgl. etwa Grund, Die ausländischen Wanderarbeiter, S. 64 ff.
89 Hierzu etwa Lezius, Heimatsgebiete, S. 107–110 ff.
90 Kautsky, Die Agrarfrage, S. 390.
91 Knoke, Ausländische Wanderarbeiter, S. 49.
92 Wajda, Die Saisonarbeiter, S. 79.
93 Vgl. Stutzke, Innere Wanderungen, S. 54.
94 Haucky, in: Dritte Konferenz, S. 297.
95 Zusammenfassend Flemming, Obrigkeitsstaat, in: Puhle/Wehler (Hg.), Preußen im Rückblick, S. 247–272; Saul, Um die konservative Struktur; ders., Der Kampf.
96 Angesichts der großen sozialen und politischen Auseinandersetzungen um die Deutsche «Arbeiterfrage» wurde der besonderen Situation der ausländischen Industriearbeiter bei den Behörden, selbst bei den Gewerkschaften nur wenig Aufmerksamkeit gewidmet; auch die Berichte der Gewerbeaufsichtsämter über die ausländischen Industriearbeiter sind im Verhältnis zur quantitativen Bedeu-

tung des Phänomens selten und oft wenig aussagekräftig. Übersichten bei Bodenstein/Stojentin, Der Arbeitsmarkt; Bodenstein, Beschäftigung; sowie bei Bonikowsky, in: Dritte Konferenz, und vor allem Syrup. Hinweise auch bei Bade, Politik und Ökonomie der Ausländerbeschäftigung im preußischen Osten 1885–1914, Die Internationalisierung des Arbeitsmarktes im «Rahmen der preußischen Abwehrpolitik», in: Puhle/Wehler, Preußen im Rückblick, S. 273– 299, hier S. 296ff.; ders., Vom Auswanderungsland zum «Arbeitseinfuhrland», S. 470ff.; ders., Preußengänger, S. 116f.; darüber hinaus gibt es eine Reihe von polnischen Arbeiten zu den Polen im schlesischen Industriegebiet, die hier nicht rezipiert worden sind, etwa Brozek, Robotnicy; zur Literatur: Schofer, Die Formierung, S. 279–284, Anm. 55, 68, 71. Zu den Italienern: Britschgi-Schimmer, Die wirtschaftliche und soziale Lage; Meichels-Lindner, Die italienischen Arbeiter; Pertile, Gli italiani in Germania; Waltershausen, Die italienischen Wanderarbeiter; Graf Jacini, Die italienische Auswanderung, S. 7; sowie jetzt DelFabro, Italienische Industriearbeiter; ders., Transalpini; Schäfer, Italienische «Gastarbeiter». Eine aufschlußreiche Schilderung aus der Sicht eines Italieners (1895): DeBotazzi, Italiani in Germania.

97 Pr. MdI an OP Münster, 31. 1. 1898, StAM OP 5474; vgl. Erl. d. pr. MdI v. 4. 9. 1899, HStAD, RP Aachen 4884.
98 Nachweisungen über Zugang, Abgang und Bestand der ausländischen Arbeiter, 1906, zit. n. Bade (Hg.), Arbeiterstatistik, S. 270 f.
99 Schreiben v. 23. 4. 1898, zit. n. Bade, Vom Auswanderungsland zum «Arbeitseinfuhrland», S. 468.
100 Schreiben v. 1. 3. 1898, StAM, OP 5474.
101 Wenn die verbotswidrige Beschäftigung ausländisch-polnischer Arbeiter festgestellt wurde, hatte das preußische Innenministerium angeordnet, sei bei behördlichen Maßnahmen immer «auf die jeweilige geschäftliche Lage der in Frage kommenden gewerblichen Betriebe Rücksicht zu nehmen» (pr. MdI an RP Aachen, 18. 10. 1907, HStAD, RP Aachen 4884); vgl. auch Erl. d.pr. MdI v. 31. 10. 1907, wonach verbotswidrig beschäftigte Ausländer nicht ausgewiesen, sondern in der Landwirtschaft weiter beschäftigt werden sollten, StAM, OP 6228; sowie Erl. d.pr. MdI v. 21. 11. 1910, betr. das Verfahren bei der Abschiebung von Ausländern, HStAD, RP Aachen 931, Bl. 103 f.
102 Vgl. etwa den Erl. d. pr. MdI v. 22. 1. 1910, betr. d. Verfahren bei der Abschiebung von Ausländern, HStAD, RP Aachen 931, Bl. 103 f.; als Beispiele für konkrete Maßnahmen der Behörden vgl. Beschwerde der Fa. Fix an die Kgl. Eisenbahnbauabteilung über Gewaltmaßnahmen der Polizei bei der Abschiebung von Ausländern, die auf einer Baustelle der Firma beschäftigt waren, 28. 5. 1914, HStAD, RP Düss. 46078, Bl. 331; Ber. d. Polizei Präs. Essen v. 30. 6. 1914, ebd., Bl. 412; Ber. d. Oberbürgermeisters v. Oberhausen v. 30. 6. 1914, ebd., Bl. 414.
103 Syrup, Die ausländischen Industriearbeiter, S. 295 f.
104 Bodenstein, Beschäftigung, S. 9.
105 Beitrag Stiedas auf dem Sechsten Arbeitsnachweis-Kongreß in Breslau 1910, S. 168; er bezog sich dabei auf einen entsprechenden Passus bei Waltershausen, Die italienischen Wanderarbeiter, S. 80. Stieda wies demgegenüber darauf hin, daß durch Ausländer deutsche Arbeiter verdrängt und arbeitslos würden.
106 Syrup, Die ausländischen Industriearbeiter, S. 299 f.

107 Das Zitat des Vertreters des Handelsministeriums bei den Beratungen des preußischen Staatsministeriums über Arbeitsmarkt- und Wanderungspolitik 1895 nach Bade, Preußengänger, S. 107; zweites Zitat: Beitrag Bonikowsky auf dem Sechsten Arbeitsnachweis-Kongreß in Breslau 1910, S. 217.
108 Hierzu Bade, Preußengänger, S. 116 f.
109 Vgl. etwa Jahresberichte der preußischen Gewerberäte (JbPrGw) 1901, S. 112 (Oppeln), S. 302 (Köln); 1910, S. 630 (Dortmund); Jahresberichte der bayerischen Gewerbeaufsichtsbeamten (JbBayGw) 1907, S. 120 (Oberpfalz) u. ö.
110 Correspondenzblatt, 18. Jg., Nr. 2, 11. 1. 1908, S. 18.
111 Bonikowsky, in: Dritte Konferenz, S. 217.
112 Arnold, Beschäftigung, S. 603 f.
113 JbPrGw 1911, S. 137 (Posen).
114 JbBayGw 1903, S. 6, vgl. ebd., S. 37 (Niederbayern); 1913, S. 40 (Oberbayern).
115 Syrup, Die ausländischen Industriearbeiter, S. 297, 301.
116 Erl. v. 27. 9. 1905, zit. n. Bade, Preußengänger, S. 118; s. auch Bodenstein, Beschäftigung, S. 17 f.; Nichtweiss, Saisonarbeiter, S. 90 ff. Ruthenien, heute zur Ukraine gehörig, war zu dieser Zeit Teil des österreichischen Polens, Galizien; seine Bewohner sind griechisch-orthodoxen Glaubens; vgl. Mitter, Die ukrainische Erwerbsemigration.
117 Erl. v. 27. 9. 1905, zit. n. Bade, Preußengänger, S. 118. Die Feldarbeiterzentrale kooperierte sogar mit dem Ruthenischen Nationalkomitee in Lemberg, das Bade als «im Untergrund gegen die polnischen Chrunies' (Schweine) agitierende antipolnische Kampf- und Propagandaorganisation» charakterisiert (Bade, Preußengänger, S. 119) und dessen Parole «Beschmutze Dich nie mit Polen» lautete. Gleichwohl war die gleichzeitige Beschäftigung ruthenischer und ausländisch-polnischer Arbeiter in einem Betrieb untersagt, um nicht auszuschließenden Annäherungen entgegenzusteuern; Erl. d. pr. MdI v. 31. 5. 1909, HStAD, RP Düss. 46078, Bl. 220.
118 Lt. Erl. d. pr. MdI v. 7. 5. 1910 (StAM, OP 5428) war die Beschäftigungsgenehmigung von Ruthenen auch auf die Industrie ausgedehnt und nicht auf die Anwerbung von «einzeln stehenden Personen» beschränkt. Lt. Schreiben des Oberpräsidenten der Rheinprovinz an den RP in Düsseldorf vom 1. 10. 1913 (HStAD, RP Düss. Präs. 901) war die Beschäftigung von Ruthenen in der Industrie dagegen generell verboten, Ausnahmegenehmigungen waren auf Steinbruch- und Ziegeleibetriebe, Braunkohlewerke u. ä. beschränkt.
119 Bodenstein, Beschäftigung, S. 21.
120 Nach Bade, Arbeiterstatistik, S. 180–187, 258 f., Nachweisungen für das Jahr 1907.
121 Berechnet nach: Stat. d. Dt. Reiches, Nr. 211, 1913, Volks- und Berufszählung 1907, S. 304 ff., Anhang S. 179 ff.; Landwirtschaft ohne Gartenbau, Tierzucht, Forstwirtschaft, Fischerei; Erwerbstätige ohne Hauspersonal.
122 Dabei ist zu berücksichtigen, daß bei Österreichern und Russen ein großer Teil polnischer Nationalität war; legt man die Zahlen für Preußen hier als Maßstab an, so waren 65 % der in der Industrie beschäftigten Russen und 16 % der Österreicher Polen.
123 Stat. d. Dt. Reiches, 1913, Anhang S. 180, gerundete Zahlen.
124 Vgl. Fremdling, Die Rolle ausländischer Facharbeiter.
125 Bade, Arbeiterstatistik, 1907–1913.

126 Jahrbuch der Badischen Gewerbeaufsichtsbeamten (JbBadGw) 1911, S. 28–30.
127 So betrachtete auch der zuletzt zitierte badische Gewerbeaufsichtsbeamte mit Sorge die Verschiebungen in den letzten Jahren im Verhalten der in dieser Region am häufigsten beschäftigten Ausländergruppe: «Der Italiener ... zieht sich allmählich aus den Betrieben zurück, in denen nur an seine physische Kraft Ansprüche gestellt werden, und wendet sich Stellen zu, in denen Handfertigkeit und Tüchtigkeit erforderlich sind.» Ebd., S. 33.
128 Die Zahlen beziehen sich auf die Mitglieder des Allgemeinen Knappschafts-Vereins, zusammengestellt nach den Jahresberichten des Vereins für bergbauliche Interessen im Oberbergamt Dortmund, zit. n. Britschgi-Schimmer, Die wirtschaftliche und soziale Lage, Tab. 19, S. 54, und Bodenstein, Arbeitsmarkt, S. 21.
129 Nach Britschgi-Schimmer, Die wirtschaftliche und soziale Lage (aufgrund der Jahresberichte der Gewerbeaufsichtsbeamten von Elsaß-Lothringen), S. 59, 1907 6316 Mann Gesamtbelegschaft, davon 2830 Deutsche (44,8%), 2318 Italiener (36,7%), 678 Luxemburger (10,73%), 490 sonstige Ausländer (7,76%). In Oberschlesien lag die Ausländerquote im Bergbau 1909 bei 19,2%, davon 2/3 Polen und Ruthenen: Schäfer, Italienische «Gastarbeiter», S. 47; vgl. JbPrGw 1904, S. 171 (Oppeln); 1910, S. 545 (Breslau).
130 Hierzu Tenfelde, Der bergmännische Arbeitsplatz; Brüggemeier, Leben vor Ort, S. 96–102.
131 Syrup, Die ausländischen Industriearbeiter, S. 288.
132 Ebd., S. 289.
133 JbPrGw 1911, S. 215 f.; vgl. auch 1898, S. 134 f. (Liegnitz), 1905, S. 165, S. 170 f.; 1907, S. 198; 1912, S. 225 f.
134 JbPrGw 1911, S. 215.
135 Britschgi-Schimmer, Die wirtschaftliche und soziale Lage, S. 98.
136 JbGw Elsaß-Lothringen 1909, S. 71 f.; vgl. JbBayGw 1908, S. 44 (Niederbayern).
137 Meichels-Lindner, Die italienischen Arbeiter, S. 126; vgl. Schäfer, Italienische «Gastarbeiter», S. 204 f.
138 Meichels-Lindner, Die italienischen Arbeiter, S. 110.
139 JbPrGw 1905, S. 402 (Köln); vgl. JbBayGw 1908, S. 44; 1903, S. 54.
140 Syrup, Die ausländischen Industriearbeiter, S. 287.
141 JbPrGw 1902, S. 376 (Trier); Anlaß für den Bericht waren jedoch die Sorgen über den «sittlichen Tiefstand» der polnischen Arbeiterinnen.
142 Hierzu etwa JbPrGw 1898, S. 166 (Magdeburg).
143 Dazu JbBayGw 1913, S. 35 (Oberbayern); JbPrGw 1901, S. 217 (Arnsberg); 1898, S. 133 (Liegnitz), sowie Meichels-Lindner, Die italienischen Arbeiter, S. 127 f.
144 Vgl. Kap. I.1.
145 Britschgi-Schimmer, Die wirtschaftliche und soziale Lage, S. 109 ff., auch für das folgende; s. auch Heinemann, Entwicklung der deutschen Ziegelindustrie.
146 Schon im Mai 1890 berichteten z. B. die Landratsämter im Regierungsbezirk Düsseldorf, daß vor allem bei Ziegeleibetrieben die Zahl der beschäftigten Ausländer, vornehmlich Holländer, stark gestiegen sei; HStAD, RP Düss. 24686.
147 Britschgi-Schimmer, Die wirtschaftliche und soziale Lage, S. 11, Tab. 33.

148 Ausführliche Schilderungen des «Akkordanten-Unwesens» bei Meichels-Lindner, Die italienischen Arbeiter, S. 115 ff.
149 Der Häufigkeit in den Berichten der Gewerbeaufsichtsbeamten zufolge kam derartiges sehr oft vor, vgl. etwa JbPrGw 1898, S. 119 (Breslau); S. 133 (Liegnitz); 1900, S. 173 (Merseburg); JbBayGw 1903, S. 35 (Niederbayern); 1907, S. 110 (Oberpfalz); ausführlich: Britschgi-Schimmer, Die wirtschaftliche und soziale Lage, S. 127 ff.
150 G. Cosattini, L'emigrazione temporanea del Friuli, Bollettino dell Emigrazione, anno 1904, Nr. 3, zit. n. Meichels-Lindner, Die italienischen Arbeiter, S. 116.
151 StAM, RP Arnsberg 6−404, 10.6.1895 und 14.5.1896; vgl. Protest der niederländischen Regierung im Frühjahr 1898, lt. Schreiben des pr. MdI v. 8.6.1898, StAM, RP Arnsberg 6−404. Ähnliche Verhältnisse bestanden auch in der Glasindustrie, vgl. Rheinische Zeitung v. 15.12.1913, «Unglaubliche Ausbeutung der Jugend», die von Arbeitszeiten von bis zu 60 Stunden für Kinder berichtet; vgl. Bericht d. Polizei-Präs. Köln v. 31.12.1913, HStAD, RP Köln 7720.
152 JbBayGw 1907, S. 101 (Oberpfalz); vgl. ebd., S. 110; 1903, S. 35 (Niederbayern). Oft wurden statt der Kinder auch Frauen beschäftigt, dazu JbPrGw 1900, S. 333 (Köln) vgl. Britschgi-Schimmer, Die wirtschaftliche und soziale Lage, S. 128.
153 Zit. n. Britschgi-Schimmer, Die wirtschaftliche und soziale Lage, S. 129 f.
154 Ebd., S. 156.
155 Emigrazione e Colonie 1905, Vol. I Europa, Rom 1905, S. 60, zit. n. Meichels-Lindner, Die italienischen Arbeiter, S. 119; vgl. JbPrGw 1902, S. 126 (Breslau); 1904, S. 23 (Merseburg); 1907, S. 10 (Königsberg); JbBayGw 1907, S. 33 (Oberbayern); Britschgi-Schimmer, Die wirtschaftliche und soziale Lage, S. 160 ff.
156 Heinemann, Entwicklung der deutschen Ziegelindustrie, S. 113.
157 Britschgi-Schimmer, Die wirtschaftliche und soziale Lage, S. 166.
158 Jahrbuch der Badischen Gewerbeaufsichtsbeamten (JbBadGw) 1919, S. 12−15.
159 Schermbecker Thon- und Falzziegelwerke an den Bgm. v. Schermbeck, 6.11.1913, HStAD, RP Düss. 901, Bl. 311−315; dort zahlreiche ähnliche Gesuche.
160 Schreiben an das Bürgermeisteramt, 7.4.1914, HStAD, RP Köln 7720.
161 JbBadGw 1911, S. 33.
162 Zum Verhältnis der deutschen Arbeiterbewegung zur Ausländerbeschäftigung bis 1918 jetzt Forberg, Ausländerbeschäftigung. Über die spezifischen Verhältnisse im Ruhrgebiet Kulczycki, The Foreign Worker. Vgl. auch Nichtweiss, Saisonarbeiter, S. 154−175. Zur zeitgenössischen Diskussion siehe Schippel, Ein- und Auswanderung; ders., Konkurrenz der fremden Arbeitskräfte; ders., Die fremden Arbeitskräfte; Bauer, Proletarische Wanderungen; Kleeis, Die ausländischen Arbeiter; Die Lohndrücker des Auslandes und die Internationale; Ausländische Arbeiter als Lohnsklaven.
163 Vgl. Protokoll des Internationalen Sozialistischen Arbeiter-Congresses in Zürich 1893, S. 51 f.; Protokoll des Internationalen Sozialistischen Arbeiter-Congresses in Amsterdam, 1904, S. 50 f.
164 Protokoll des Internationalen Sozialisten-Congresses in Stuttgart 1907, Berlin 1907, S. 58 f.
165 Hierzu ausf. Nichtweiss, Saisonarbeiter, S. 161 ff.
166 JbPrGw 1899, S. 265 (Merseburg).
167 JbPrGw 1902, S. 144 f. (Oppeln).

1. Anmerkungen

168 Ebd., S. 210 (Schleswig); derartige Vorfälle sind in den Berichten der Gewerbeaufsichtsbeamten häufig beschrieben; in vielen Fällen wurden von den Unternehmern einheimische Arbeiter entlassen, um billigere Ausländer beschäftigen zu können; so bei der Fa. Prym in Stolberg, die preußisch-polnische Arbeiterinnen entließ und Antrag auf Beschäftigung von ruthenischen Frauen stellte, Korrespondenz 4.–9. 8. 1904, HStAD, RP Aachen 4883.
169 C. Sonnenschein: Italienische Streikbrecher und preußische Polizei. Aus meinem Tagebuch, 30. Juli 1905, Remscheid, zit. bei Meichels-Lindner, Die italienischen Arbeiter, S. 129. Der italienische Außenminister nahm 1910 im italienischen Parlament zum «Crumiraggio» (Streikbrechertum) der italienischen Arbeiter im Ausland Stellung: «Andere mögen sich darüber freuen, ich nicht. Ich bin darüber tief bekümmert, da dieses sogenannte Crumiraggio unseren Arbeitern in den Augen des Auslandes einen gewissen Stempel der Inferiorität aufdrückt, der seinen Schatten auf den italienischen Namen im allgemeinen zurückwirft und Haß und Abneigung gegen die Italiener unter den ausländischen Arbeitern erfolgt», zit. n. ebd., S. 130.
170 Zit. n. Bauer, Proletarische Wanderungen, S. 476.
171 Ellinger, Die Einwanderung ausländischer Arbeiter, S. 372, Hervorhebungen i. O.
172 1912 hatte der Landarbeiterverband etwa 17 000 Mitglieder – 1 % der Beschäftigten; Nichtweiss, Saisonarbeiter, S. 171.
173 Nichtweiss, Saisonarbeiter, S. 166 ff.
174 Ebd., S. 169.
175 Zum folgenden Schäfer, Italienische «Gastarbeiter», S. 208 ff.; Meichels-Lindner, Die italienischen Arbeiter, S. 131 ff.
176 Correspondenzblatt 18, 25. 7. 1908, S. 475; diese Zahl verwendet auch Schäfer (S. 208); bei Nichtweiss (S. 169), der sich auf die Protokolle der Gewerkschaftskongresse 1911 und 1914 stützt, liegen die Zahlen niedriger. 15 800 Exemplare entsprächen etwa 13 % der italienischen Arbeiter in Deutschland zu dieser Zeit.
177 Meichels-Lindner, Die italienischen Arbeiter, S. 132; Cabrini, Gewerkschaftliche Auswandererpolitik; Schäfer, Italienische «Gastarbeiter», S. 209.
178 Correspondenzblatt 22, 27. 4. 1912.
179 Correspondenzblatt 18, 25. 7. 1908, S. 476.
180 Zum folgenden jetzt grundlegend Gosewinkel, Staat, Nation, Volk; vgl. auch ders., Die Staatsangehörigkeit als Institution; ders., Staatsangehörigkeit und Einbürgerung; Brubaker, Staats-Bürger, S. 121 ff.; Huber, Die Beratung des Reichs- und Staatsangehörigkeitsgesetzes; Hoffmann, Die unvollendete Republik.
181 RdErl. D. PrMdI v. 7. 2. 1911, GStA Berlin-Dahlem, Rep. 77, Tit. 227, No. 4, Bd. 22, zit. n. Gosewinkel, Staatsangehörigkeit und Einbürgerung, S. 184.
182 Vgl. Gosewinkel, Staat, Nation, Volk, Kap. VI.
183 OP Schlesien an PrMdI, 14. 10. 1893, GStA Berlin-Dahlem, Rep. 77, Tit. 227, Nr. 53, Bd. 2; zit. n. Gosewinkel, Staat, Nation, Volk, S. 315; OP Ostpreußen an PrMdI, 23. 11. 1893, ebd.
184 PrMdI an Reichskanzler und Reichsamt des Innern, 29. 3. 1894, ebd.
185 RT-Prot., 6. 3. 1895, S. 1277 ff.
186 RT-Prot., 27. 2. 1895, S. 1144 f.

187 Gesetzentwurf d. Abg. Hasse u. a. v. 15. 12. 1898, RT-Prot., 10. LP, Anlagen Bd. 172, Nr. 66/68.
188 Reichskanzler an Staatssekretär des Innern, 7. 1. 1908, BA, R 1501, 8010, zit. n. Gosewinkel, Staat, Nation, Volk, S. 343.
189 RT-Prot., 13. LP, Anlagen Bd. 298, Drs. Nr. 6; Vm. über die Ausf. d. Bayer. Reg. über die Aufnahme von Ausländern, BA, R 1501, 8013, ebd., S. 345.
190 Abg. Giese, Deutschkonservative Partei, RT-Prot., 28. 5. 1913, S. 5282.
191 Lewald, Direktor im Reichsamt des Innern, RT-Prot. 29. 5. 1913, S. 5303.
192 Abg. Beck, Nationalliberale Partei, RT-Prot. 28. 5. 1913, S. 5279.
193 Abg. Blunck, Fortschritt, ebd., S. 5283 f.
194 Abg. Belzer, Zentrum, ebd., S. 5276.
195 Abg. Becker, Zentrum, RT-Prot. 29. 5. 1913, S. 5304 f.
196 Abg. Liebknecht, SPD, RT-Prot. 23. 12. 1912, S. 254 f.
197 Lewald, Direktor im Reichsamt des Innern, RT-Prot. 29. 5. 1913, S. 5304.
198 Abg. Herzog, Wirtschaftliche Vereinigung, RT-Prot. 28. 5. 1913, S. 5289.
199 Abg. Belzer, Zentrum, ebd., S. 5276.
200 Die Geschichte der Ruhrpolen ist gut erforscht, vor allem von Kleßmann, Polnische Bergarbeiter; sowie ders., Klassensolidarität und nationales Bewußtsein; ders., Integration und Subkultur nationaler Minderheiten, das Beispiel der «Ruhrpolen» 1870–1939, in: Bade (Hg.), Auswanderer, Bd. 2, S. 486–505; Murzynowska, Erwerbsauswanderer; Murphy, Gastarbeiter; Hauschildt, Polnische Arbeitsmigranten. Zum Verhältnis der deutschen Arbeiterbewegung zu den polnischen Arbeitern s. Kulczycki, The Foreign Worker; zeitgenössisch Schäfer, Die Polenfrage; Wachowiak, Die Polen in Rheinland-Westfalen; vgl. auch: Die Polen im rheinisch-westfälischen Steinkohlebezirk.
201 Zahlen nach Kleßmann, Integration, S. 489; ders., Bergarbeiter, S. 260 ff.; vgl. Wehler, Zur neueren Geschichte der Masuren.
202 Hierzu ausf. Brüggemeier, Leben vor Ort, S. 41–67; ders., «Volle Kost voll»; für Bottrop: Murphy, Gastarbeiter, S. 129 ff.
203 Der Text des Werbeaufrufs eines Agenten der Zeche Victor in Rauxel von 1908 ist abgedruckt bei Wachowiak, Die Polen in Rheinland-Westfalen, S. 11; vgl. Kleßmann, Bergarbeiter, S. 23 ff.
204 Vgl. Heckmann, Die Bundesrepublik.
205 Hierzu Kleßmann, Bergarbeiter, S. 45 ff.; Murzynowska, Erwerbsauswanderer, S. 40 ff.; Murphy, Gastarbeiter, S. 116–139; Brüggemeier, Leben vor Ort, S. 28 ff., S. 41 ff.
206 Kleßmann, Bergarbeiter, S. 51 ff.
207 Brüggemeier, Leben vor Ort, S. 122 ff.
208 Baron von Plattenberg, abgedr. in Wiarus Polski, 3. 5. 1898, zit. n. Murzynowska, Erwerbsauswanderer, S. 149 f.
209 Zum Ostmarkenverein vgl. Galos u. a., Die Hakatisten.
210 Denkschrift des Oberpräsidenten der Provinz Westfalen, von Studt, v. 31. 10. 1896, zit. n. Kleßmann, Bergarbeiter, S. 84.
211 Zu den Maßnahmen im einzelnen, Kleßmann, Bergarbeiter, S. 63 f., S. 89 ff.
212 Denkschrift von Studts v. 8. 10. 1898, zit. n. ebd., S. 63.
213 Zit. n. Kleßmann, Bergarbeiter, S. 83.
214 Die Polen im rheinisch-westfälischen Steinkohlebezirk, S. 65, 68.
215 Kleßmann, Bergarbeiter, S. 100; Murzynowska, Erwerbsauswanderer, S. 130 ff.

216 Schreiben des Bischofs von Kulm an das Preußische Kultusministerium, 17. 1. 1893, StAM, OP 2748, Bd. 2, Bl. 239; vgl. Kleßmann, Bergarbeiter, S. 102.
217 Vgl. dazu Schmiechen-Ackermann, Solidarische Interessenvertretung; Fulde, Die polnische Arbeitergewerkschaftsbewegung.
218 Dazu Murzynowska, Erwerbsauswanderer, S. 171 ff., 238 ff.; Murphy, Gastarbeiter, S. 69 ff.; Kleßmann, Bergarbeiter, S. 110 ff.
219 Überwachungsbericht vom 22. 4. 1912, zit. n. Kleßmann, Bergarbeiter, S. 188.
220 Franke, Die polnische Volksgruppe.
221 Kleßmann, Integration, S. 503 f.
222 Kleßmann, Bergarbeiter, S. 190.
223 Murphy, Gastarbeiter, S. 17.

II. ARBEITSMARKT UND ZWANGSARBEIT: 1914 BIS 1939

1 Pr. Kriegsmin. an Stv. Gen. Kdos., 4. 8. 1914, b. Elsner, Die ausländischen Arbeiter, S. 48 f. Die Forschungsliteratur zur Geschichte der ausländischen Arbeiter in Deutschland während des Ersten Weltkrieges war lange Zeit von einer politisch überformten Auseinandersetzung zwischen Forschern der Bundesrepublik und der DDR bestimmt. Dabei hob die DDR-Forschung vor allem auf den Nachweis der Kontinuität und strukturellen Identität zwischen der Heranziehung von ausländischen Arbeitskräften vor 1914 und dem Arbeitseinsatz von Kriegsgefangenen sowie den belgischen Zwangsarbeitern ab; vgl. Elsner, Die ausländischen Arbeiter; ders., Zur Lage und zum Kampf der polnischen Arbeiter, S. 167–188, ders., Zur Politik, S. 5–45; ders., Sicherung der Ausbeutung; ders., Der Übergang zur Zwangsarbeit; ders., Zur Haltung der rechten SPD- und Gewerkschaftsführer; ders., Ausländerbeschäftigung und Zwangsarbeiterpolitik in Deutschland während des Ersten Weltkrieges, in: Bade, Auswanderer, Bd. 2, S. 527–557; sowie zusammenfassend ders., Lehmann, Ausländische Arbeiter. Demgegenüber von westdeutscher Seite, Zunkel, Die ausländischen Arbeiter; kritisch zu Zunkel Elsner, Liberale Arbeiterpolitik. In jüngster Zeit sind aber einige neuere Arbeiten erschienen, die die alten Auseinandersetzungen hinter sich lassen; vgl. v. a. Oltmer, Bäuerliche Ökonomie, S. 313–336, 405–432; Rund, Ernährungswirtschaft; Bade, Europa, S. 233–253.
2 Befehl des Stv. Gen. Kdos. VIII, v. 14. 10. 1914, HStAD, RP Düss. 15004.
3 Zunkel, Die ausländischen Arbeiter, S. 287.
4 Elsner, Zur Politik, S. 9.
5 Hierzu Zumpe, Ökonomischer und außerökonomischer Zwang; zur Definition von «Zwangsarbeit» im Sinne der DDR-Historiographie, s. Eichholtz, Geschichte der deutschen Kriegswirtschaft, S. 88 f.
6 Zum folgenden nun v. a. die umfassende Studie von Hinz, Not, die allerdings die Traditionen der Ausländerarbeit vor 1914 und deren Bezüge zur Kriegsgefangenenfrage nicht berücksichtigt; vgl. aber Oltmer, Bäuerliche Ökonomie; S. 281–312, 337–404; sowie Rund, Ernährungswirtschaft; Bade, Europa, S. 245 ff. Aus der sehr reichhaltigen zeitgenössischen Literatur s. v. a. Völkerrecht im Weltkrieg, v. a. Gutachten des Sachverständigen Meurer, S. 315–380; Kriegsgefangene 1914–1918; Doegen (Hg.), Kriegsgefangene Völker. Zur allgemeinen wirtschaftlichen und sozialen Entwicklung in Deutschland während

des Ersten Weltkriegs, vor allem zur Frage der Arbeitskräfte, s. Kocka, Klassengesellschaft; Mai, Kriegswirtschaft; Feldman, Armee. Das Problem der Beschäftigung von Ausländern und Kriegsgefangenen wird dort jedoch nicht behandelt.

7 Vgl. Der Weltkrieg 1914–1918, S. 396 ff.; Delbrück, Die wirtschaftliche Mobilmachung, S. 80 ff.
8 Hierzu Feldman, Armee, S. 68 ff.
9 Die Beschäftigung von Kriegsgefangenen war geregelt durch Erlaß des Pr. Kriegsmin. v. 15. 4. 1915, StAM, OP 1843; vgl. auch das «Merkblatt» über die Bedingungen für Überweisung von Kriegsgefangenen für die Industrie v. 25. 6. 1915, BgbA Bochum, 32/4340.
10 Völkerrecht im Weltkrieg, Bd. III.1, S. 333; Bd. III.2, S. 716.
11 Nach: Schäfer, Die Polenfrage, S. 47; die Zahlen beziehen sich auf den Ruhrbergbau.
12 Nach: Jahresberichte des Oberbergamtes Dortmund, 1914–1918.
13 Doegen, Kriegsgefangene Völker, S. 184.
14 Ebd., S. 192.
15 Völkerrecht im Weltkrieg, Bd. III. 1, S. 319, 328, auch für das folgende.
16 Hierzu Doegen, Kriegsgefangene Völker, S. 189 ff.
17 Die durchschnittliche Arbeitsleistung der französischen Gefangenenarbeiter lag nach Doegen bei 85 % im Verhältnis zu deutschen Beschäftigten; die der russischen Gefangenen in der Landwirtschaft etwas höher – diese Schätzungen Doegens sind allerdings nicht ganz zuverlässig und erscheinen zu hoch (Doegen, S. 193).
18 Zunkel, Die ausländischen Arbeiter, S. 282; vgl. Elsner, Ausländerbeschäftigung, in: Bade (Hg.), Auswanderer, S. 530, 553 ff.; wegen der ungenauen statistischen Grundlagen und der hohen Zahl von Nichtlegitimierten, also «illegalen» Ausländern sind dies aber eher Schätzwerte. Zum folgenden ausführlich und z. T. auf erweiterter Quellengrundlage Oltmer, Bäuerliche Ökonomie, S. 313 ff.
19 Hierzu Elsner, Die ausländischen Arbeiter, S. 34 ff.; Zunkel, Die ausländischen Arbeiter, S. 284 ff.
20 Ständige Kommission für Fragen der Wirtschaftlichen Mobilmachung, 13. 3. 1914, zit. b. Elsner, Ausländerbeschäftigung, in: Bade (Hg.) Auswanderer, S. 530; Wirtschaftlicher Ausschuß, 26. 5. 1914, ebd.; Staatssekretär Delbrück an Pr. Kriegsmin., 27. 7. 1914, ebd.
21 Pr. Kriegsmin. an Stv. Gen. Kdos., 31. 7. 1914, StAM OP 4114; Erl. v. 4. 8. 1914, b. Elsner, Die ausländischen Arbeiter, S. 48 f. Rkzl. an Bundesregierungen, 4. 8. 1914, ebd.
22 Ergebnisse der Ressortkonferenz im Pr. MdI, 5. 9. 1914, b. Elsner, Die ausländischen Arbeiter, S. 51 f.; Erlasse d. pr. MdI und des Ministeriums für Landwirtschaft an Oberpräsidenten, 28. 9. 1914, und Befehlsvordruck der Stv. Gen. Kdos., undatiert, HStAD RP Aachen 931.
23 Stat. Jb. d. Dt. Reiches 1915, S. 416 u. 1917, S. 149.
24 Staatssekretär d. Innern Helfferich, 1916; zit. b. Elsner, Die ausländischen Arbeiter, S. 58.
25 Erl. d. Pr. MdI und d. Ministeriums für Landwirtschaft v. 12. 10. 1914, StAM, OP 4114; Befehl des Stv. Gen. Kdos. VIII v. 14. 10. 1914, HStAD, RP Düss. 15004; Erl. d. Pr. MdI v. 26. 10. 1914, HStAD, RP Aachen 931, Bl. 329; MdI v.

7. 11. 1914, b. Elsner, Ausländerbeschäftigung, in: Bade (Hg.) Auswanderer, S. 533; RdSchr. d. Landwirtschaftskammer f. d. Rheinprovinz, 3. 11. 1914, HStAD RP Aachen 931, Bl. 336; dazu Elsner, Die ausländischen Arbeiter, S. 55; Zunkel, Die ausländischen Arbeiter, S. 286f.

26 Erl. d. Pr. MdI v. 7. 12. 1914, HStAD, RP Aachen 932.

27 Vgl. Schreiben des Deutschen Generalgouverneurs in Belgien, von Bissing, an den RP Düsseldorf, 8. 1. 1915, HStAD, RP Düss. 1998; nach Elsner sind um die Jahreswende 1914/15 zahlreiche Eingaben von Industrievertretern beim Innenministerium eingegangen, die sich für die Zulassung von Auslandspolen in der Industrie stark machten; Elsner, Ausländerbeschäftigung, in: Bade (Hg.), Auswanderer, S. 534.

28 Erl. d. Pr. MdI v. 30. 1. 1915, b. Elsner, Ausländerbeschäftigung, in: Bade (Hg.), Auswanderer, S. 533; MdI v. 17. 2. 1915, HStAD, RP Aachen 932; das Kriegsministerium hatte im April 1915 noch dafür plädiert, in der Industrie vorwiegend Kriegsgefangene und nur in der Landwirtschaft polnische Zivilarbeiter zu beschäftigen, Schreiben d. pr. Kriegsmin. v. 10. 4. 1915, StAM, OP 4114; Erl. d. pr. MdI v. 11. 5. 1915, HStAD, RP Aachen 932, danach sollten in der Industrie nur nach dem 1. 5. 1915 neu angeworbene auslandspolnische Arbeiter beschäftigt werden; Erl. d. pr. MdI v. 14. 12. 1915, ebd., weitgehende Lockerungen der Beschäftigungsbeschränkung.

29 Hierzu ausf. Elsner, Die ausländischen Arbeiter, S. 79–102; die Regierung der Donaumonarchie hatte sogar ein Interesse daran, daß die nichteinberufenen Arbeiter nicht nach Hause zurückkehrten, da große Teile Galiziens zu dieser Zeit von Rußland besetzt waren.

30 Befehl des Stv. Gen. Kdos. VIII, v. 17. 1. 1915, HStAD, RP Aachen 931; vgl. Erl. d. pr. MdI v. 17. 12. 1914, ebd., 932.

31 Erl. d. pr. MdI v. 18. 1. 1915, HStAD, RP Aachen 932.

32 Schr. d. pr. MdI u. d. Ministers für Landwirtschaft, Januar 1915, zit. n. Elsner, Die ausländischen Arbeiter, S. 73.

33 Vgl. etwa gemeinsamer Erl. d. pr. MdI, d. Ministers für Landwirtschaft, des Kriegsministeriums und des Handelsministeriums vom 24. 9. 1915, HStAD, RP Aachen 932; Elsner, Die ausländischen Arbeiter, S. 113 ff. Die Bekräftigung des Rückkehr- und Ortswechselverbots für den Herbst 1915, Befehl des Stv. Gen. Kdos. 8, 27. 10. 1915, StAM, OP 4115; entspr. Plakat für die polnischen Arbeiter, 27. 10. 1915, HStAD, RP Düss. 15946; Erläuterungen dazu v. 1. 1. 1915, HStAD, RP Düss. 8884.

34 Henatsch, Das Problem der ausländischen Wanderarbeiter, S. 43.

35 Schreiben v. 11. 12. 1914, b. Elsner, Die ausländischen Arbeiter, S. 72.

36 Schreiben d. sächsischen Landwirtschaftskammer an OP Sachsen, 14. 1. 1915, n. Elsner, Zur Politik, S. 16; in Mecklenburg machte ein Landwirt die Einstellung gegenüber den polnischen Arbeitern noch deutlicher: «Die Arbeitgeber hegen die feste Hoffnung, daß diesen russischen Dickköpfen baldigst auf's Nachdrücklichste klar gemacht wird, daß sie jetzt weiter nichts sind als Kriegsgefangene und daß mit allen Mitteln darauf eingewirkt wird, daß die Schnitter den Arbeitsvertrag für 1915 annehmen.» Schreiben des Landwirts Hellmann aus Malchow v. 23. 3. 1915, n. Elsner, Die ausländischen Arbeiter, S. 135.

37 Nordwest-Gruppe des Vereins Deutscher Eisen- und Stahl-Industrieller an RP in Arnsberg, 3. 10. 1915, StAM, OP 4115.

38 Handelskammer Bochum an OP Münster, 6. 9. 1915, StAM, OP 4115; in diesem Bestand zahlreiche weitere Stellungnahmen der Handelskammern Münster, der Landwirtschaftskammer Westfalen, des RP Arnsberg, des Bergbau-Vereins Dortmund, der Handelskammer Dortmund, des Polizeipräsidenten Gelsenkirchen, der Handelskammer Südliches Westfalen (alle Oktober 1915) mit dem gleichen Tenor.
39 Bef. d. Stv. Gen. Kdos. VII, 16. 11. 1915, StAM, OP 4115; Schreiben an den LR in Warburg, 26. 2. 1916, ebd.
40 Stv. Gen. Kdo. VII, 13. 1. 1916, ebd.
41 Stv. Gen. Kdo. VII, 26. 2. 1916, ebd.; Ber. d. LR in Geilenkirchen an RP Aachen, 3. 2. 1916, HStAD, RP Aachen 932.
42 Abgeordneter v. Trampczynski, 15. 2. 1917 im preußischen Landtag, Stenogr. Ber. über die Verhandlungen des Pr. Hauses der Abgeordneten, 22. Leg., III. Session, Bd. 3, Berlin 1917, Sp. 3336.
43 Hierzu Elsner, Die ausländischen Arbeiter, S. 60 ff.; Zunkel, Die ausländischen Arbeiter, S. 287 f.
44 Vgl. etwa Schreiben des Chefs der Zivilverwaltung für Russisch-Polen, 23. 3. 1915, in dem das Interesse der deutschen Industrie an der Beschäftigung von arbeitslosen Polen aus den besetzten Gebieten hervorgehoben wird, HStAD, RP Aachen 932; im einzelnen dazu Elsner, Die ausländischen Arbeiter, S. 103–151. Zum folgenden vgl. Oltmer, Bäuerliche Ökonomie, S. 405–432.
45 «Verordnung zur Bekämpfung der Arbeitsscheu» v. 4. 10. 1916, n. Elsner, Ausländerbeschäftigung, in: Bade (Hg.), Auswanderer, S. 538; Zunkel, S. 301.
46 Schreiben v. 30. 10. 1916, n. Elsner, Zur Politik, S. 23.
47 Zahlen n. Elsner, Ausländerbeschäftigung, in: Bade (Hg.), Auswanderer, S. 539.
48 Hierzu Zunkel, S. 301; Elsner, Die ausländischen Arbeiter, S. 178 f.
49 Hierzu Broszat, Zweihundert Jahre, S. 188 ff.; Elsner, Ausländerbeschäftigung, in: Bade (Hg.), Auswanderer, S. 549.
50 Zit. n. Elsner, Ausländerbeschäftigung, in: Bade (Hg.), Auswanderer, S. 540.
51 OP in Posen an den Pr. MdI, 9. 10. 1915. n. Elsner, Zur Politik, S. 27.
52 Deutsche Arbeiterzentrale an den Pr. Landwirtschaftsmin. 16. 10. 1917, n. Elsner, Zur Lage, S. 180; kritisch: Oltmer, Bäuerliche Ökonomie, der bezweifelt, daß sich die Politik gegenüber den zwangsweise rekrutierten Arbeitskräften seit Kriegsbeginn verschärft habe.
53 Ausführungsbestimmungen v. 21. 11. 1917 zum Erl. d. pr. Kr. Min. v. 15. 10. 1917, betr. d. Behandlung polnischer Arbeiter, b. Zunkel, S. 309; vgl. Elsner, Ausländerbeschäftigung, in: Bade (Hg.), Auswanderer, S. 550.
54 Vgl. den Erl. d. pr. Kr. Min. an Stv. Gen. Kdos. v. 5. 6. 1916, HStAD, RP Düss. 9084.
55 Eingaben des Vorstandes der Deutschen Landwirtschaftsgesellschaft an den pr. Min. für Landwirtschaft, 30. 11. 1917, n. Elsner, Zur Lage, S. 182.
56 Erl. d. pr. Kr. Min. v. 7. 12. 1916, HStAD, RP Düss. 9084; Bef. d. Stv. Gen. Kdos. VIII v. 6. 12 .1916, HStAD, RP Aachen 932; Bef. d. Stv. Gen. Kdos. VIII, v. 13. 1. 1917, ebd.
57 Antwort des pr. Kr. Min. auf eine Eingabe des Kriegsausschusses der Deutschen Landwirtschaft, 25. 11. 1917, n. Elsner, Zur Lage, S. 183; der Kriegsminister betonte darüber hinaus, daß «der Verlust an polnischen Arbeitskräften, den die deutsche Landwirtschaft ohne die erleichternden Bestimmungen durch Mas-

1. Anmerkungen

senentweichungen polnischer Arbeiter erlitten hätte, nach den Urteilen sachkundiger Stellen viel größer geworden wäre». Vgl. die in manchen Punkten variierende Sicht bei Oltmer, Bäuerliche Ökonomie, S. 424 ff.
58 Erl. d. pr. Kr. Min. v. 15. 10. 1917 und Ausführungsbestimmungen v. 21. 11. 1917 (Anm. 53).
59 Schr. d. RP in Merseburg, Februar 1918, b. Elsner, Zur Lage, S. 186.
60 Vgl. Zunkel, Die ausländischen Arbeiter, S. 310; Elsner, Zur Lage, S. 187.
61 Zu den Ostjuden s. Maurer, Ostjuden; zur Wanderung S. 46 ff; Wertheimer, Unwelcome Strangers; Aschheim, Brothers and Strangers; Heid, Maloche; Adler-Rudel, Ostjuden.
62 Treitschke, Ein Wort, S. 2.
63 Maurer, Ostjuden, S. 63 ff.; Heid, Maloche, S. 60.
64 Heid, Maloche, S. 50.
65 Zweig, Das ostjüdische Antlitz, S. 7.
66 PrMdI, 10. 11. 1916, HStAD, RP Düss. 9089.
67 PrMdI, 20. 7. 1915, zit. n. Heid, Maloche, S. 139.
68 Generalkommando Münster, 8. 8. 1915, ebd.
69 PrMdI; betr. russ.-jüdische Arbeiter, 16. 12. 1915, HStAD, RP Aachen, 932.
70 Pr. Min. f. Handel u. Gewerbe, 24. 11. 1915, HStAD, RP Düss. 150046, 1129.
71 RP Kassel, 15. 12. 1915, StAM, OP 4115.
72 Pr. MdI, 16. 12. 1915, HStAD, RP Aachen.
73 Stv. Gen.Kdo. Koblenz, 15. 2. 1917, StAM OP 4115.
74 Fritz, Ostjudenfrage, S. 43; vgl. Heid, Maloche, S. 192 ff; Maurer, Ostjuden, S. 31.
75 Kriegsmin., 7. 12. 1916, HStAD, RP Düss. 9084.
76 Julius Berger, Schr. V. 19. 5. 1917, zit. n. Heid, Maloche, S. 107.
77 Denkschrift über die Ein- und Auswanderung nach bzw. aus Deutschland in den Jahren 1910–1920 des RMdI v. 30. 3. 1922, Verhandlungen des Reichstags, 1. WP 1920, Anlagen Bd. 372, Nr. 4084, S. 4382–4404; vgl. Heid, Maloche, S. 60; Maurer, Ostjuden, S. 63 ff.
78 Pr. MdI, 23. 4. 1918, HStAD, RP Düss. 9084; vgl. Heid, Maloche, S. 143.
79 Vgl. Maurer, Medizinalpolizei; zum Zweiten Weltkrieg s. Herbert, Vernichtungspolitik.
80 Vgl. Maurer, Ostjuden, S. 104 ff., 192 ff.; Niewyk, The Jews; Walter, Antisemitische Kriminalität.
81 Zum folgenden vgl. Asmis, Nutzbarmachung; Köhler, Staatsverwaltung, S. 147; Völkerrecht im Weltkrieg; Fried, The Exploitation, S. 283 ff.; Ritter, Staatskunst, S. 431–450; Zunkel, Die ausländischen Arbeiter, S. 252 ff.; Elsners Kritik daran: Liberale Arbeiterpolitik; ders., Belgische Zwangsarbeiter; Elsner/Lehmann, Ausländische Arbeiter, S. 73 f.;. Oltmer, Bäuerliche Ökonomie, S. 21 ff.
82 Erl. d. pr. MdI, 11. 5. 1915, HStAD, RP Aachen 932.
83 Ritter, Staatskunst, S. 236 f.
84 Konferenz beim pr. Kr. Min. 2. 3. 1916, b. Elsner, Belgische Zwangsarbeiter, S. 1258.
85 Zunkel, Die ausländischen Arbeiter, S. 293; Elsner, Belgische Zwangsarbeiter, S. 1258.
86 Völkerrecht im Weltkrieg, Bd. III. 1, S. 382 ff.

87 Von Bissing an pr. Kr. Min., 29. 9. 1916, Völkerrecht im Weltkrieg, Bd. III. 1, S. 360 f.
88 So etwa der Generaldirektor von Krupp, Hugenberg, der auf einer Sitzung in Brüssel am 11. 10. 1916 die Forderung der Industrie nach belgischen Arbeitern auf eine Million hochgeschraubt hatte; Elsner, Belgische Zwangsarbeiter, S. 1260.
89 Pr. Kr. Min., Oktober 1916, in: Ludendorff (Hg.), Urkunden, S. 126.
90 Bethmann Hollweg am 7. 10. 1916 an v. Bissing, Völkerrecht im Weltkrieg, Bd. III. 1, 367 ff.; vgl. Ritter, Staatskunst, S. 445 und S. 666.
91 Vgl. Ritter, Staatskunst, S. 446.
92 Gutachten Kriege, Völkerrecht im Weltkrieg, Bd. III. 1, S. 210; Elsner, Belgische Zwangsarbeiter, S. 1260.
93 Ritter, Staatskunst, S. 447.
94 Völkerrecht im Weltkrieg, Bd. III. 1, S. 242 ff.
95 Bespr. d. zuständigen Ressorts, 17. 10. 1910, b. Ludendorff, Urkunden, S. 128.
96 Zit. n. Elsner, Belgische Zwangsarbeiter, S. 1262.
97 Zit. n. Elsner, Die ausländischen Arbeiter, S. 208.
98 Elsner, Belgische Zwangsarbeiter, S. 1266.
99 Stat. Jb. d. Dt. Reiches, 1919, S. 313; vgl. Oltmer, Bäuerliche Ökonomie, S. 407.
100 Stat. Jb. d. Dt. Reiches, 1916, S. 108; 1918, S. 125; 1919, S. 313. Tab. 8 gibt einen Überblick über die Entwicklung der Ausländerbeschäftigung während des Krieges nach der Zahl der von der DAZ ausgegebenen Legitimationskarten. Diese Zahlen machen nur einen Teil der tatsächlich beschäftigten Ausländer aus – grob geschätzt etwa 70 Prozent –, geben aber einen Einblick in die Verschiebungen der Ausländerbeschäftigung während der Kriegsjahre; vgl. Oltmer, Bäuerliche Ökonomie, S. 405 ff.
101 Bef. d. Stv. Gen. Kdos. VII, 5. 11. 1915, HStAD RP Düss. 15046; vgl. auch dass., 18.11. 1915, StAM, OP 4115; RP Cassel an Gewerbeinspektoren, 15. 12. 1915, ebd.
102 Schr. v. 13. 10. 1916, die Aufzählung folgt hier der verkürzten Zusammenfassung d. Schr. bei Elsner, Die ausländischen Arbeiter, S. 112; vgl. auch Trampczynskis Reden vor dem Reichstag, 4. 11. 1916, Bd. 308, S. 2127 ff.; 14. 6. 1918, Bd. 313, S. 5519.
103 Das 1897 fertiggestellte Hüttenwerk Rheinhausen – 1904 nach seinem Gründer «Friedrich-Alfred-Hütte» benannt – war bereits vor dem Ersten Weltkrieg eines der größten Hüttenwerke Europas. Die Stahlproduktion lag im Jahre 1914 bei über 1 Mio. t, die Belegschaft stieg während des Krieges auf mehr als 30 000; hierzu «150 Jahre Fried. Krupp». Sonderausgabe der Krupp-Mitteilungen, Essen 1961, S. 87 ff. Bei dem Essener Stammunternehmen, der Kruppschen Gußstahlfabrik, waren bereits seit 1914 etwa 600 französische und belgische Kriegsgefangene beschäftigt, bis Kriegsende kamen etwa 7000 ausländische Zivilarbeiter hinzu; darunter etwa 2000 Belgier, 3500 Holländer und 367 Polen – bei einer Belegschaftsstärke von knapp 100 000 bei Kriegsende lag der Ausländeranteil hier also etwa bei 7 %; vgl. Marcour, Arbeiterbeschaffung, S. 75–79 und Tafel 6–7.
104 Der Bürgermeister von Hochemmerich an den Landrat in Moers, 20. 3. 1915, HStAD, RP Düss. 15057.
105 FAH an RP in Düss., 7. 6. 1915, ebd. Der Versuch, Kriegsgefangene einzusetzen, war bei der FAH fehlgeschlagen.

106 «Niederschrift über die bei der Friedrich-Krupp AG Friedrich-Alfred-Hütte in Rheinhausen während des Krieges zu Tage getretenen Übelstände in der Beschäftigung, Unterbringung und Überwachung russischer Arbeiter» des Bürgermeisters von Hochemmerich vom 24. 8. 1916, StAD, RP Düss. 15057.
107 Ebd.
108 Aktenvermerk des Landrats von Moers v. 18. 6. 1915, ebd. In den Anordnungen des Stv. Gen. Kdos. Münster v. 1. 7. 1915 «betr. Überwachung der bei der Friedrich-Alfred-Hütte der Firma Krupp in Rheinhausen beschäftigten russisch-polnischen Arbeiter» fehlen die Bestimmungen über das Internierungslager, die Kennzeichnung und die bewaffneten Wachmannschaften; ebd.
109 Landrat in Düsseldorf an RP, 21. 10. 1915, ebd.
110 Polizei-Präsident an RP Düss., 16. 10. 1915, ebd.; vgl. auch Landrat in Essen an RP Düss., 18. 10. 1915, ebd. Die Duisburger Polizei berichtete, «Holländer werden gar nicht mehr eingestellt, weil sie in den Fabriken nicht arbeiten wollen ... Belgische Arbeiter, die jetzt häufiger hier eingestellt werden, sind z. T. gut und billig, aber auch sehr schlecht und wenig arbeitswillig.» Polizeiverwaltung Duisburg an RP Düss., 17. 10. 1915, ebd.
111 Bekanntmachung der Düsseldorfer Polizeiverwaltung v. 16. 9. 1915, HStAD, RP Düss. 15046.
112 Auffällig ist, daß das Stv. Gen. Kdo. die Industrieunternehmen ermahnen mußte, die geltenden Bestimmungen einzuhalten. Es betonte, «daß die Werke in ihrem und der gesamten Industrie eigenstem Interesse handeln, wenn sie diesen Fragen ihre ständige Aufmerksamkeit zuwenden. Sie dürften auch darauf hinzuweisen sein, daß die Zahl der Zurückstellungen (deutscher Arbeiter vor dem Militärdienst, U. H.) sich in nächster Zeit noch wesentlich verringern wird und daß die Reklamationsgesuche derjenigen Firmen, die sich mit Erfolg bemüht haben, die ausländischen Arbeiter durch gute Behandlung und angemessene Löhne ihrem Werke zu erhalten, mehr Aussicht auf Erfolg haben, als die Anträge derjenigen Firmen, bei denen dies nicht der Fall ist.» Stv. Gen. Kdo. Münster an die Regierungs- und Oberpräsidenten, 5. 11. 1915, HStAD, RP Düss. 15046.
113 Stv. Gen. Kdo. Münster an die RP, 4. 12. 1915, HStAD, RP Düss. 15048.
114 Bei der Zeche Pörtingssiepen in Werden waren 30 russisch-polnische Arbeiter eingestellt, von denen Anfang 1916 17 kündigten, um bei der Düsseldorfer Phoenix-AG anzufangen. Der Werdener Bürgermeister pochte in einer Beschwerde auf das Recht des Besitzers: «Die Direktion der Essener Steinkohlebergwerke hat die Leute von Lods (!) herangeholt; sie hat sie für ihren hiesigen Betrieb Pörtingssiepen unbedingt notwendig. Es geht deshalb m. E. unmöglich an, daß es in das Belieben der Leute gestellt wird, ihre Arbeit niederzulegen, um bei der Gesellschaft ‹Phoenix› in Düsseldorf einzutreten.» Bürgermeister von Werden an den Landrat in Essen, 18. 3. 1916, HStAD, RP Düss. 15005.
115 Polizeiverwaltung Hochemmerich an den Landrat in Moers, 12. 7. 1916, HStAD, RP Düss. 15057.
116 Dies., 12. 5. 1916, ebd.
117 Dies., 12. 7. 1916, ebd.
118 Bürgermeister von Hochemmerich an den Landrat in Moers, 19. 8. 1916, ebd. Als Reaktion auf die steigende Zahl der Fluchten ordnete das pr. MdI regelmäßige «Bahnhofs-Patrouillen, Chaussee-Patrouillen in den nach Osten fahrenden

Eisenbahnzügen zwecks Fahndung auf entwichene polnische Arbeiter» an. An jedem Wochenende sollten Überprüfungen der polnischen Reisenden auf den Bahnhöfen stattfinden. Pr. MdI an die RP 12. 11. 1917, HStAD, RP Düss. 15006.

119 Bürgermeister von Hochemmerich an den Landrat in Moers, 19. 8. 1916, HStAD, RP Düss. 15057. Bei dem Kruppschen Stammwerk in Essen war dies von vornehrein anders gewesen. Für alle ausländischen Arbeiter, ob Belgier oder Polen, galt: «eine freie Wahl der Wohnung und Verpflegungsstellen wurde ihnen nicht gewährt. Sie waren gezwungen, in Kruppschen Arbeiterheimen zu wohnen», Marcour, Arbeiterbeschaffung, S. 60.

120 Bürgermeister von Hochemmerich an den Landrat in Moers, 19. 8. 1916, HStAD, RP Düss. 15057.

121 Stv. Gen. Kdo. Münster, Bef. v. 22. 8. 1917, HStAD, RP Düss. 15006. Danach durfte die Köchin nicht mit dem Lagerverwalter verwandt sein; ein Essensausschuß der Ausländer mußte gebildet, ein Wochenspeiseplan mit Angabe von Art und Menge des Essens ausgehändigt, ein Bestandsbuch geführt werden, und vor allem mußte das Küchenpersonal die gleiche Kost wie die Arbeiter erhalten.

122 Erl. d. Kriegsamtes, 13. 7. 1918, HStAD, RP Düss. 9084.

123 Zur Ausländerbeschäftigung in der Weimarer Republik: Tessarz, Die Rolle; Dohse, Ausländische Arbeiter, S. 85–118; Bade, Arbeitsmarkt, Bevölkerung und Wanderung; ders., Europa, S. 267 ff; Steinbeck, Haltung der deutschen Arbeiterbewegung; Elsner/Lehmann, Ausländische Arbeiter, S. 101–154. Syrup, Hundert Jahre; Roeber, Die deutsche Landarbeiterfrage; Henatsch, Das Problem der ausländischen Wanderarbeiter; Sobczak, Die polnischen Wanderarbeiter; Hennies, Bemerkungen; zur ausländerrechtlichen Entwicklung: Doering-Manteuffel, Die rechtlichen Grundlagen.

124 Henatsch, Das Problem der ausländischen Wanderarbeiter, S. 51.

125 Roeber, Die deutsche Landarbeiterfrage, S. 69.

126 Henatsch, Das Problem der ausländischen Wanderarbeiter, S. 51.

127 Grundlage dafür war die bereits während des Krieges erfolgte Einführung eines Paß- und Sichtvermerkzwanges, 24. 6. 1916, RGBl, S. 601; dazu Dohse, Ausländische Arbeiter, S. 91 f.

128 Der Berichterstatter, Schiele, vor der Nationalversammlung, 10. 3. 1919, Protokolle des Reichstags, Bd. 326, S. 637, n. Dohse, Ausländische Arbeiter, S. 94.

129 Tessarz, Die Rolle, S. 40; Dohse, Ausländische Arbeiter, S. 86 f. Diese Forderungen waren nicht unumstritten und wurden auch nicht jeweils gleichzeitig vertreten; in den Diskussionen der SPD und den Gewerkschaften waren es jedoch die am häufigsten genannten; vgl. auch Elsner, Zur Haltung.

130 Faust, Arbeitsmarktpolitik, S. 228 ff.

131 Roeber, Die deutsche Landarbeiterfrage, S. 70; Faaß, Die ausländischen Wanderarbeiter, S. 138; Tessarz, Die Rolle, S. 48.

132 Dohse, Ausländische Arbeiter, S. 88; hier auch eine ausführliche Darstellung der einzelnen Verordnungen und Erlasse.

133 Arbeitsnachweisgesetz, 22. 7. 1922, RGBl, S. 657 ff. – hierzu Willeke, Arbeitsnachweiswesen; Stephan, Arbeitsnachweisgesetz; Weigert, Arbeitsnachweisgesetz; Kaskel/Syrup, Arbeitsnachweisgesetz.

134 Verordnung über die Einstellung und Beschäftigung ausländischer Arbeiter vom 2. 1. 1923, Doering-Manteuffel, Die rechtlichen Grundlagen, S. 44 f.; Dohse, Ausländische Arbeiter, S. 101.

135 Gesetz über Arbeitsvermittlung und Arbeitslosenversicherung, 16.7.1927, RGBl 1927, S. 187–220; vgl. Faust, Arbeitsmarktpolitik.
136 Tessarz, Die Rolle, S. 47 ff.; Syrup, Hundert Jahre, S. 309, S. 324.
137 RGBl 1933, 1, S. 26–29.
138 Polizeiverordnung über die Behandlung der Ausländer (Ausländerpolizeiverordnung), v. 27.4.1923; Preußische Gesetzessammlung 1932, S. 179; dazu Wolff, Motive, S. 728 ff.
139 Äußerung v. 16.12.1932; n. Lehmann, Ausländerbeschäftigung und «Fremdarbeiter»politik im faschistischen Deutschland, in: Bade, Auswanderer, Bd. 2, S. 558–583; hier S. 566.
140 Stat. Jb., Jgg. 1923–1937. Ber. n. Legitimationsaufkommen und Befreiungsscheinen. Nach der Volkszählung von 1933 hingegen liegen die Zahlen der erwerbstätigen Ausländer mehr als doppelt so hoch; die der ausländischen Wohnbevölkerung 1933 über 700000. Der Prozentsatz von Ausländern im Deutschen Reich war damit auch im europäischen Maßstab unterdurchschnittlich; während 1925 in Deutschland 1,53 % der Gesamtbevölkerung Ausländer (nicht: ausländische Arbeiter) waren, lag der Prozentsatz in Frankreich bei 6,15 %, in Belgien 2,05 %, in der Tschechoslowakei 1,75 %.
141 Nach «Ausländer im Deutschen Reich», Statistik des Dt. Reiches, Bd. 451, 1933, H. 4; zur Auswertung: Hamburger, Die Ausländer. Die Tab. erfaßt alle bei der Volkszählung erreichten Ausländer, nicht nur die mit Legitimationskarte oder Befreiungsschein versehenen ausländischen Arbeitskräfte. Von den ca. 366000 hier gezählten Ausländern waren etwa 155000 keine Arbeiter und damit zu größeren Teilen nicht legitimationspflichtig. Von den etwa 210000 Arbeitern waren also mindestens 60000 ohne Legitimations- oder Befreiungsschein, sei es, weil sie davon freigestellt, sei es, weil sie illegal in Deutschland waren.
142 Zur wirtschaftlichen Entwicklung Deutschlands vor dem Kriege s. Kroener u. a., Kriegsverwaltung; R.-D. Müller, Grundzüge; Overy, «Blitzkriegswirtschaft»; ders., War and Economy; Volkmann, Zur nationalsozialistischen Aufrüstung; Petzina, Die deutsche Wirtschaft; Mason, Innere Krise; Volkmann, NS-Wirtschaft; Herbst, Der Totale Krieg, v. a. S. 93 ff.
143 Timm, Der Einsatz; Lehmann, Ausländerbeschäftigung und «Fremdarbeiter»politik des faschistischen deutschen Imperialismus, in: Elsner, Lehmann, Ausländische Arbeiter, S. 155–182; s. auch August, Die Entwicklung.
144 Sobczak, Die polnischen Wanderarbeiter, S. 63.
145 Landau, Wychodstwo sezonowe na Lotwe, i do Nierniec w 1937 roku. Na podstawie ankiety Instytutu Gospodarstwa Spolecznego. (Die Saisonemigration nach Lettland und Deutschland im Jahre 1937. Auf der Grundlage einer Enquete des Instituts für Gemeinwirtschaft), Warschau 1966, S. 31 ff., zit. n. August, Entwicklung des Arbeitsmarktes, S. 316 f.
146 Sobczak, Die polnischen Wanderarbeiter, ebd.
147 Zur Bedeutung des Arbeitermangels s. Mason, Innere Krise; bilaterale Abkommen, OKW, Amtsgruppe Wirtschaft, 1.7.1939, BA/MA RW 19/94. Zum Kontext s. Herbert, «Fremdarbeiter», S. 49 ff.; sowie August, Die Entwicklung; Lehmann, Ausländerbeschäftigung, in: Elsner/Lehmann, Ausländische Arbeiter.
148 Hierzu Schausberger, Der wirtschaftliche Anschluß; ders., Österreich; zusammenfassend: Volkmann, NS-Wirtschaft.

149 Karny, Der «Reichsausgleich» in der deutschen Protektoratspolitik, in: Herbert (Hg.), Europa und der «Reichseinsatz», S. 26–50; Brandes, Tschechen, S. 154 f.; Volkmann, NS-Wirtschaft, S. 339 ff.
150 Syrup, Letzte Etappe in der Arbeitsschlacht, Vortrag v. 27. 8. 1937, BA R40/236, Bl. 8; vgl. Lehmann, Ausländerbeschäftigung, in: Elsner/Lehmann, Ausländische Arbeiter.
151 Ausländerpolizeiverordnung (APVO) v. 22. 8. 1938, RGBl I, S. 1053.
152 Erl. d. Gestapa v. 26. 6. 1939, s. Herbert, «Fremdarbeiter», S. 455, Anm. 174.
153 Mason (Hg.), Arbeiterklasse, S. 106.
154 Syrup, Arbeitseinsatz und Arbeitslosenhilfe, S. 95.
155 Syrup, Arbeitseinsatz in Deutschland, S. 131.
156 Trompke, Arbeitseinsatz, S. 96; hierzu Herbert, «Fremdarbeiter», S. 56 ff.
157 Der Befehl, die Vorbereitungen für den Kriegsgefangeneneinsatz zu treffen und entsprechende Dienststellen zu schaffen, datiert vom 13. 12. 1937 (BA/MA, RW 19 WI/F 5/1228, Bl. 418). Syrups Erfahrungsbericht «Arbeitseinsatz Kriegsgefangene im Weltkrieg», der vom Wirtschafts- und Rüstungsamt des OKW angefordert worden war, 9. 5. 1938, ebd., Bl. 403–406.
158 Bespr. am 16. 7. 1938, Nbg. Dok. PS 1436.
159 Erl. d. RMI vom 22. 4. 1939, BA, R58/459, Bl. 16. Zur Beschäftigung italienischer «Gastarbeiter» in Deutschland vor 1939 – etwa als Bauarbeiter in dem entstehenden Volkswagenwerk – s. Brunello Mantelli, Von der Wanderarbeit zur Deportation. Die italienischen Arbeiter in Deutschland, 1938–1945, in: Herbert (Hg.), Europa und der Reichseinsatz, S. 51–89; sowie Bermani/Bologna/Mantelli, Proletarier.

III. ARBEIT ALS BEUTE. DAS NATIONALSOZIALISTISCHE ZWANGSARBEITSSYSTEM: 1939 BIS 1945

1 Zum folgenden s. Herbert, «Fremdarbeiter», aus dem heraus der vorliegende Text in weiten Teilen gearbeitet ist; dort S. 11–26 und 416–436, ausführliche Hinweise zum Forschungsstand. Vgl. auch die Literaturüberblicke bei Frese, Zugeständnisse; Ludewig, Zwangsarbeit. Nach wie vor hilfreich: Homze, Foreign Labor. Für die DDR-Forschung repräsentativ Eichholtz, Kriegswirtschaft; sowie die sechsbändige Gesamtdarstellung «Deutschland im zweiten Weltkrieg». Über die einzelnen nationalen Gruppen unter den «Fremdarbeitern» s. Herbert (Hg.), Europa und der «Reichseinsatz».
2 Hierzu August, Entwicklung des Arbeitsmarktes, S. 326 ff.; Seeber, Zwangsarbeiter, S. 98 ff.; Dlugoborski/Madajczyk, Ausbeutungssysteme in den besetzten Gebieten Polens und der UdSSR, in: Forstmeier, Volkmann (Hg.), Kriegswirtschaft, S. 375–416, hier S. 400 ff. Zur Geschichte der polnischen «Fremdarbeiter» s. die wegweisende Studie von Seeber, Zwangsarbeiter; sowie die Arbeit von Luczak, Polscy robotnicy; und die Dokumentenedition «Documenta occupationis». Vgl. auch Majer, «Fremdvölkische»; Schminck-Gustavus, Zwangsarbeit; Luczak, Polnische Arbeiter im nationalsozialistischen Deutschland während des Krieges. Entwicklung und Aufgaben der polnischen Forschung, in: Herbert (Hg.), Europa und der Reichseinsatz, S. 90–105; Sulik, Volkstumspolitik und Arbeitseinsatz. Zwangsarbeiter in der Großindustrie Oberschlesiens, ebd., S. 106–126; als Lokalstudie vgl. Liedke, Gesichter.

3 Mason, Arbeiterklasse, S. 166; Hachtmann, Industriearbeit; ders., Arbeitsmarkt; Herbert, Arbeiterschaft; Frese, Betriebspolitik; Zollitsch, Arbeiter.
4 Oberst Thomas, 24. 11. 1936, n. Mason, Arbeiterklasse, S. 185.
5 Hachtmann, Industriearbeiterinnen; Mason, Zur Lage der Frauen; Winkler, Frauenarbeit; Tröger, Planung; Bock, Frauen. – Anders als lange Zeit auch in der Forschung vermutet, lag die Zunahme der Frauenerwerbstätigkeit in den Jahren 1914 bis 1918 noch unter dem Durchschnitt der vorausgegangenen Jahrzehnte. Die gleichwohl deutlich wachsende Zahl der in der Rüstungsindustrie beschäftigten Frauen rekrutierte sich vorwiegend aus sektoralen Verschiebungen; vgl. Daniel, Arbeiterfrauen; sowie Kundrus, «Kriegerfrauen»; Rouette, Sozialpolitik; die ältere Position z.B. bei Bajohr, Die Hälfte.
6 Willeke, Arbeitseinsatz, S. 347f.
7 Rachner, Arbeitseinsatz; Willeke, Arbeitseinsatz, S. 199f.; Der Eilmarsch der Arbeitseinsatzverwaltung in Polen, in: Reichsarbeitsblatt, 20, 1940, S. 506f.; vgl. August, Entwicklung des Arbeitsmarktes, S. 326ff.; Seeber, Zwangsarbeiter, S. 98ff.
8 Bericht des Chefs der Abteilung Arbeit der «Regierung des Generalgouvernements», Frauendorfer, 14. 12. 1939, in: Das Diensttagebuch des Deutschen Generalgouverneurs, S. 80.
9 Erlaß Görings über «Sicherung der landwirtschaftlichen Erzeugung» v. 16. 11. 1939, zit. n. Akten des Generalstaatsanwalts bei dem Kammergericht Berlin, Ermittlungsverfahren gegen Baatz u.a. (GStAB), 1 Js 4/64, Dok. B5.
10 Richtlinien Franks v. 25. 1. 1940, Nbg. Dok. PS 1375, IMT, Bd. 27, S. 202.
11 Hierzu Herbert, «Fremdarbeiter», S. 95ff.
12 Nach: Der Arbeitseinsatz im (Groß-)Deutschen Reich, Jgg. 1939 und 1940.
13 Analyse der entsprechenden Bestimmungen und Erlasse auf der Grundlage der in den polnischen Editionen «Documenta occupationis», Bde. IX u. X, abgedruckten Dokumente bei Herbert, «Fremdarbeiter», S. 85–94.
14 VO über die Erhebung einer Sozialausgleichsabgabe v. 5. 8. 1940, RGBl I, S. 1077, vgl. Küppers/Bannier, Arbeitsrecht, S. 88.
15 Vgl. etwa die Anordnung des Reichsarbeitsministers (RAM) vom 5. 10. 1941, Reichsarbeitsblatt (RABl) 1, S. 1448; Seeber, Zwangsarbeiter, S. 181.
16 Herbert, «Fremdarbeiter», S. 91ff.; die Schicksale eines polnischen Arbeiters und einer deutschen Frau, die wegen «GV (= Geschlechtsverkehr)-Verbrechen» verurteilt wurden, hat Rolf Hochhuth in seinem Roman «Eine Liebe in Deutschland» dargestellt. Zu den «Arbeitserziehungslagern» s. Lofti, KZ der Gestapo; Richter (Hg.), Breitenau; Korte, «Erziehung».
17 Meldungen aus dem Reich, S. 476. Zur Lage der ausländischen Arbeitskräfte in der deutschen Landwirtschaft vgl. Grossmann, Fremd- und Zwangsarbeiter; Issmer, Niederländer; Freitag, Zwangsarbeiter; Bohmbach, «... zu niedriger Arbeit geboren...»; Geschichtswerkstatt Mühldorf, Aktion Spurensuche; Heuzeroth (Hg), Unter der Gewaltherrschaft; J. Lehmann, Zwangsarbeiter in der deutschen Landwirtschaft, in: Herbert (Hg.), Europa und der «Reichseinsatz», S. 127–139; Liedke, «... aber politisch unerwünscht»; Stapp, Verschleppt; Weger, «Fremdarbeitereinsatz».
18 Wirtschaftspolitische Richtlinien für Wirtschaftsorganisation Ost, Gruppe Landwirtschaft, v. 23. 5. 1941, Nbg. Dok. EC 126, IMT Bd. 36, S. 135.
19 Streit, Keine Kameraden, S. 79.

20 Befehl der Abteilung Kriegsgefangene des OKW v. 16.6.1948, BA/MA, RW 4/v. 578, Bl. 95.
21 Streit, Keine Kameraden, S. 136; vgl. auch Hüser/Otto, Stammlager; Otto, Wehrmacht; «Kriegsgefangene – Wojennoplennyje, sowjetische Kriegsgefangene in Deutschland, deutsche Kriegsgefangene in der Sowjetunion»; Osterloh, Sowjetische Kriegsgefangene; ders., Ein ganz normales Lager.
22 Befehl Hitlers v. 31.10.1941, als Erlaß des Wehrmachtführungsstabes des OKW, Nbg. Dok. EC 194, Nürnberger Nachfolgeprozesse, Fall VI, Anklagedokumentenbuch 67. Der Erlaß ist von Keitel unterzeichnet. Erlaß Görings v. 7.11.1941, Nbg. Dok. PS 1193, IMT Bd. 27, S. 56 ff. und Nbg. Dok. PS 1206, ebd., S. 65 ff.; auch für das folgende.
23 Vortrag Mansfeld am 19.2.1942, Aktenvermerk WiRüAmt, Nbg. Dok. PS 1201, GStAB 1 Js 464, Dok. II. l 1, Hervorhebungen i.O.
24 Zum Gesamtkomplex jetzt Kroener/Müller/Umbreit, Organisation; Naasner, Neue Machtzentren; vgl. auch Rebentisch, Führerstaat; Eichholtz, Vorgeschichte; Herbert, «Fremdarbeiter», S. 173 ff.
25 Erlaß d. Reichsführers SS und Chef der Deutschen Polizei (RFSS) v. 20.2.1942, «Einsatz von Arbeitskräften aus dem Osten», an die Höheren Verwaltungsbehörden, in: Allgemeine Erlaß-Sammlung des RSHA und RFSS (AES), BA, RD 19/3, Teil 2A IIIf, S. 37–41; «Allgemeine Bestimmungen über Anwerbung und Einsatz von Arbeitskräften aus dem Osten» d. RFSS v. 20.2.1942, ebd., S. 24–35; Erlaß d. RFSS an alle Stapo(leit)stellen, v. 20.2.1942, ebd., S. 15–23; hierzu Herbert, «Fremdarbeiter», S. 178 ff.
26 Heydrich am 3.12.1941, Konstituierende Sitzung des «Arbeitskreises für Sicherheitsfragen beim Ausländereinsatz», Protokoll BA R 16/162, Bl. 1. Der «Ausländer-Arbeitskreis» entwickelte sich in den Folgejahren zur Koordinierungszentrale des «Ausländereinsatzes» in allen Grundsatzfragen.
27 Erst seit Oktober vermeldeten die Rüstungskommandos Wünsche der Rüstungsindustrie nach sowjetischen Arbeitskräften: «Die Arbeitseinsatzlage ist so katastrophal, daß selbst auch Rüstungsbetriebe sich danach drängen, sogar sowjetische Kriegsgefangene einzusetzen, wo sich eben die Möglichkeit durch geschlossenen Einsatz bietet», Rüstungskommando Essen, 14.10.1941, Kriegstagebuch, BA/MA, RW 21–18/6, Bl. 223.
28 Protokoll der Sitzung vom 19.11.1941, BA, R 13/1373.
29 Vgl. hingegen Eichholtz, Kriegswirtschaft, Bd. 1, S. 89, der von der «offen verbrecherischen Verschleppungskonzeption der führenden deutschen Monopole» und deren «Initiative und führende(r) Rolle bei der Massenverschleppung in allen Phasen des Krieges» spricht.
30 Gerlach, Kalkulierte Morde, S. 461 ff.
31 Ber. d. Auslandsbrief-Prüfstelle Berlin über die in der Zeit vom 11.9. bis 10.11.1942 ausgewerteten Briefe aus den besetzten Ostgebieten, Nbg. Dok. 018 PS, IMT Bd. 25, S. 77 f.
32 Stimmungsbericht des Militärverwaltungschefs in Frankreich über die Anwerbungen vom 10.10. bis 9.11.1942, BA, R 41/267, Bl. 240; vgl. Evrard, S. 41 f.
33 Hierzu Hoffmann, Kriegsführung.
34 Der Arbeitseinsatz im Großdeutschen Reich, Nr. 10, v. 31.10.1944.
35 Bleyer, Staat.
36 Nach: Der Arbeitseinsatz im (Groß-)Deutschen Reich, lfd. Jgg.

37 Dazu Herbert, «Fremdarbeiter», S. 275 ff.
38 Vgl. Merkblatt über die «Allgemeinen Grundsätze für die Behandlung der im Reich tätigen ausländischen Arbeitskräfte», das Ergebnis langer Verhandlungen der verschiedenen mit dem «Ausländereinsatz» beschäftigten Behörden über Veränderungen bei den Behandlungsvorschriften besonders der sowjetischen Arbeitskräfte; als Rdschr. d. Reichskanzlei v. 5. 5. 1943, Nbg. Dok. 205 PS, IMT Bd. 25, S. 298 ff.; als RdErl. d. Chefs d. Sicherheitspolizei (CDS) v. 11. 5. 1943 in: AES 2A IIIf, S. 120 ff.
39 Vgl. Schreiber, Die italienischen Militärinternierten, der allerdings den Arbeitseinsatz der Internierten in Deutschland nur streift; zu den italienischen Arbeitern insgesamt s. Bermani/Bologna/Mantelli, Proletarier; vgl. auch Lang, Italienische «Fremdarbeiter».
40 Nach: Statistical Handbook of Germany, Part I, Population and Employment, B 1 a,e,f; Stichtag jeweils 1. Mai; Gebiet: «Großdeutsches Reich».
41 Berechnet nach: Der Arbeitseinsatz im Großdeutschen Reich, Nr. 10 v. 31. 10. 1944. Vgl. Demps, Zahlen, der die Arbeitseinsatzberichte Sauckels vom Herbst 1943 dokumentiert; sowie für den westdeutschen Raum mit differenziertem Zahlenmaterial, das allerdings nur bis Mitte 1943 reicht: Odenthal, Entwicklung des Arbeitseinsatzes.
42 Der Arbeitseinsatz im Großdeutschen Reich, Nr. 10, v. 31. 10. 1944. Unter «Polen» werden hier die in der «Ausländererhebung» ausgewiesenen Arbeiter aus dem «Generalgouvernement» und «Bezirk Bialystok» gezählt, unter denen sich auch Ukrainer befinden. Die Statistik der NS-Behörden richtete sich nach «Staatsangehörigkeit» im nationalsozialistischen Sinne; dadurch kommt es in einigen Darstellungen heute zu unterschiedlichen Zahlen aufgrund verschiedener Berechnungsgrundlagen.
43 Fried. Krupp AG Essen an Rüstungskommando Essen, 2. 4. 1942, BA/MA RW 19 WI/AF 5/176, Bl. 79. Wichtige regionale Studien zur Geschichte des Zwangsarbeitereinsatzes: vgl. etwa Anschütz, Zwangsarbeit; Bohmbach, «Zu niedriger Arbeit geboren»; Boll, «Das wird man nie mehr los ...»; Demps, Zwangsarbeiter; Doebele, Zwangsarbeit; Ewald/Hollmann/Schmidt, Ausländische Zwangsarbeiter; Heusler, Zwangsarbeit; Kraemer/Plettenburg, Feind; Kucera, «Fremdarbeiter»; Peter, Rüstungspolitik.
44 Schreiben der Kruppschen Lokomotiv- und Wagen-Fabrik an Krupp-Hauptverwaltung, 25. 2. 1942, Nbg. Nachfolgeprozesse, Fall X, Dok. D 164, B 45; als Dok. D 361 auch in IMT Bd. 35, S. 78.
45 Vgl. etwa die Berichte der Mitteldeutschen Motorenwerke, Leipzig, 12. 3. 1942, IfZ, MA 41; Linke-Hoffmann-Werke Breslau v. 18. 2. 1942, Nbg. Dok. NI 5236; IHK Hessen an die Reichswirtschaftskammer, 26. 8. 1942, BA, R 11/124 I, Bl. 96 ff. Unter den betrieblichen Studien zur Geschichte des Zwangsarbeitereinsatzes sind hervorzuheben: Hamburger Stiftung für Sozialgeschichte des 20. Jahrhunderts (Hg.), Daimler-Benz Buch; Roth/Schmid, Daimler-Benz AG; Pohl/Habeth/Brüninghaus, Daimler-Benz-AG; Hopmann/Spoerer/Weitz/Brüninghaus, Zwangsarbeit; Mommsen/Grieger, Volkswagenwerk; Siegfried, Leben der Zwangsarbeiter; ders., Rüstungsproduktion; Wysocki, Arbeit; Hayes, Industry; Budraß, Rüstung; Creydt/Meyer, Zwangsarbeit; Kasper/Schuster/Watkinson (Hg.), Arbeiten; vgl. auch Gregor, Stern und Hakenkreuz; Spoerer, Unternehmen; Gall/Pohl (Hg.), Unternehmen.

46 Vortrag am 22. 6. 1943 in Kassel, zit. n. Deutschland im Zweiten Weltkrieg, Bd. 4, S. 489 f.
47 Wirtschaftlicher Lagebericht des Oberbergamtes Dortmund v. 31. 8. 1942, StAM, Bergamt Dortmund A 4/48.
48 Direktorenbesprechung des Zechenverbandes Hibernia, 7. 6. 1944, BgBA Bochum 32/740.
49 RdSchr. d. Bezirksgruppe Steinkohle Bergbau Ruhr an die Mitglieder, Nr. 43 v. 29. 1. 1943, BA R 10 VIII/56, Bl. 36 ff.
50 Schr. v. 10. 5. 1943, StAM, Bergamt Lünen, A III Nr. 76.
51 OKW an Pleiger, 4. 9. 1944, BA, R 10 VIII/57, Bl. 27 ff. Nach den Berichten des Rüstungskommandos Dortmund betrug die Arbeitsleistung bei den sowjetischen Kriegsgefangenen nur 20 %; etwa 50 % der italienischen Militärinternierten und der sowjetischen Kriegsgefangenen waren als krank gemeldet. Kriegstagebuch Rüstungskommando Dortmund, 31. 3. 1943, BA/MA, 21 – 14/13, S. 28 f.; Zitat Bl. 58.
52 Essener Steinkohle an Bezirksgruppe Ruhr, 7. 4. 1943, Nbg. Dok. NI 3012 (F).
53 Hierzu Herbert, «Fremdarbeiter», S. 234 ff.
54 OKW/Kgf., 12. 1. 1942, BA R 11/1240, Bl. 112. Das OKW hatte sogar einige Mühe, diese Maßnahmen ideologisch zu rechtfertigen. Die Richtlinien für eine verbesserte Behandlung der Gefangenen v. 18. 12. 1941 entschuldigte es mit der Feststellung: «Die vorstehenden Maßnahmen zur körperlichen Kräftigung von sowjetischen Kriegsgefangenen sind zweckbedingt und berühren nicht die geistige oder politisch-weltanschauliche Einstellung der Sowjets an sich», BA, R 11/1240, Bl. 102. Zur Beschäftigung von ausländischen Zwangsarbeitern in der deutschen Landwirtschaft s. die Hinweise in Anm. 17.
55 Auf 1000 Personen der deutschen Wohnbevölkerung entfielen während der gesamten Kriegszeit in Essen 77 Tote infolge von Luftangriffen; bei den Ausländern lag der Anteil bei 138; Schadensmeldungen beim Essener Polizeipräsidenten 28. 7. 1942 bis 29. 11. 1944, Fall X, Dok. Ihn Nr. 996, G 16.
56 Bericht des Kommandanten des Stalag VI A, Hemer, v. 2. 1. 1945, BA, R 10 VIII/56, Bl. 63.
57 Schr. v. 12. 6. 1944, Nbg. Dok. D 335, IMT Bd. 35, S. 75 C; 2. 9. 1944, Nbg. Dok. D 339, Fall X, B 45.
58 Vgl. etwa Bericht der Auslandsbrief-Prüfstelle Köln v. 4. 3. 1943, BA, R 42/268, Bl. 122.
59 Auslandsbrief-Prüfstelle Frankfurt/Main, 5. 3. 1943, BA, R 41/268, Bl. 46.
60 Untersuchungen zu der Situation der einzelnen nationalen Gruppen der ausländischen Zwangsarbeiter bei Herbert (Hg.), Europa und der «Reichseinsatz». Zu den *sowjetischen* Zivilarbeitern vgl. Frankenberger, Wir waren wie Vieh; Herbert, Zwangsarbeit in Deutschland; Kahle (Hg.), Gestohlene Jugendjahre; Kraatz, Verschleppt. Zu den *Polen* Luczak, Polnische Arbeiter im nationalsozialistischen Deutschland während des Krieges. Entwicklung und Aufgaben der polnischen Forschung, in: Herbert, Europa und der «Reichseinsatz», S. 90–105; Sulik, Volkstumspolitik und Arbeitseinsatz. Zwangsarbeiter in der Großindustrie Oberschlesiens, ebd., S. 106–126; Liedke, Gesichter. Zu den *französischen* Zivilarbeitern s. Zielinski, Staatskollaboration; Kasten, «Gute Franzosen»; zu den französischen Kriegsgefangenen Durand, La France; ders., La vie; ders., Vichy und der Reichseinsatz, in: Herbert (Hg.), Europa und der

1. Anmerkungen

«Reichseinsatz», S. 184–199; Bories-Sawala, Franzosen; dies. (Hg), Retrouvailles; Herbert, Französische Kriegsgefangene; Tillmann, Zum «Reichseinsatz». Zu den *Holländern* Volder, Werken; Fernhout, Niederländer; Issmer, Niederländer; Jong, Het koninkrijk der Nederlanden in de tweede Wereldorloog. Zu *Belgien* vgl. De verplichte tewerkstelling in Duitsland; zu den Italienern s. Anm. 39.

61 Wirtschaftsstab Ost-Chefgruppe Arbeit beim RMO, Bericht o.D. (Dezember 1943), betr. Inspektionen v. 24. 11.–5. 12. 1943, Nbg. Dok. NI 3013 (F).
62 Aufzeichnungen des Gesandtschaftsrats Starke, Auswärtiges Amt, 16. 8. 1943, Nbg. Dok. NG 2562.
63 Hierzu Bock, Zwangssterilisation, S. 438 ff.
64 Anregung einer unbekannten Behörde aus dem «Warthegau», o.O., o.D. (1942), in: C. Luczak (Hg.), Polozenie polskich robotnikow przymusowych w Rzeszy, 1939–1945. Documenta occupationis Bd. IX, Poznan 1975, Dok. Nr. 137.
65 Vorlage des Ausländer-Referats im RSHA für Himmler v. 23. 12. 1942, GStAB 1 Js 4/64, Dok. B 77, Bl. 4–7; Erl. d. GBA v. 15. 12. 1942, BA NS 5 1/263; Fernschreiben Himmlers an das RSHA, 31. 12. 1942, GStAB 1 Js 4/64, Dok. D 77, Bl. 7.
66 RdErl. d. RFSS v. 27. 6. 1943, in: AES 2 A IIIf, S. 137 ff. Vgl. Vögel, «Entbindungsheim für Ostarbeiterinnen»; Reiter, Tötungsstätten; Schwarze, Kinder.
67 Nach: Herbert, «Fremdarbeiter», S. 287 f.
68 Nach: Anklageschrift JAG 144, Bl. 5–9, Zentralstelle Ludwigsburg.
69 Hilgenfeldt an Himmler, 11. 8. 1943, Nbg. Dok. NO 4665, Fall XI, Nr. 336, Bl. 85 ff.
70 Zu den verschiedenen Formen von Widersetzlichkeit, Opposition und Widerstand der ausländischen Arbeitskräfte s. Herbert, «Fremdarbeiter», S. 344 ff.
71 Mitteilungen des Ausländer-Referenten im RSHA, Hässler, am 16. 3. 1943, vor dem Ausländer-Arbeitskreis, Protokoll ZAVO, GStAB 1 Js 4/64 Dok. C 30, S. 34 ff.
72 Im Orig. mit 101 numeriert, Nach: Aufstellung des RSHA für Himmler vom Herbst 1943, BA, R 58/1030, Bl. 221; Sitzung des Ausländer-Arbeitskreises am 17. 6. 1943, am 30. 9. 1943 und am 13. 1. 1943, BA, R 16/162; Deutschland im Zweiten Weltkrieg, Bd. 3, S. 350, und Bd. 4, S. 363.
73 Hierzu Peukert, Die KPD.
74 Brodski, Im Kampf.
75 Meldungen aus dem Reich, 21. 2. 1944.
76 Aufstellung der einzelnen Widerstandsaktivitäten bei Herbert, «Fremdarbeiter», S. 370 ff.
77 Zum Gesamtkomplex vgl. einführend Herbert/Orth/Dieckmann (Hg.), Konzentrationslager, darin v. a. die Beiträge in der Sektion 4 «Arbeit in den Konzentrationslagern», S. 533–754; Orth, System; Kaienburg (Hg.), Konzentrationslager; Gutman/Avital (Hg.), Nazi Concentration Camps. Zur Geschichte der Konzentrationslager insgesamt v. a. Pingel, Häftlinge; Sofsky, Ordnung des Terrors.
78 Vgl. dazu Schulte, Rüstungsunternehmen oder Handwerksbetrieb? Das KZ-Häftlinge ausbeutende SS-Unternehmen «Deutsche Ausrüstungswerke GmbH», in: Herbert/Orth/Dieckmann (Hg.), Konzentrationslager, S. 558–583; Allen, Engineers; sowie die ältere Arbeit von Georg, Unternehmungen.

79 Dazu v. a. Gruner, Arbeitseinsatz.
80 Zum Widerspruch zwischen den teilweise konkurrierenden Zielen «Arbeit» und «Vernichtung» vgl. Naasner, Machtzentren, S. 168 ff; Herbert, Arbeit und Vernichtung. Ökonomisches Interesse und Primat der «Weltanschauung» im Nationalsozialismus, in: ders., Europa und der «Reichseinsatz», S. 384–426.
81 Vgl. dazu v. a. D. Pohl, Judenverfolgung; ders., Von der «Judenpolitik» zum Judenmord; Sandkühler, «Endlösung»; Longerich, Politik der Vernichtung, S. 476 ff.
82 Höß, Kommandant, S. 162.
83 Himmler an Glücks, BA, NS 19/1920.
84 Höß, S. 163.
85 Vgl. Hilberg, S. 628 f.
86 Dazu ausf. Orth, System, S. 162.
87 Vgl. die in diesem Punkt durchaus glaubwürdige Darstellung von Speer, Sklavenstaat, S. 31 ff., S. 62. Zum Gesamtkomplex Orth, System, S. 142 ff.
88 RdSchr. WVHA, Pohl, 30. 4. 1942, Dok. R 129, IMT Bd. 38, S. 365 f.; vgl. Orth, System, S. 166; Naasner, SS-Wirtschaft.
89 Pohl an Himmler, 30. 4. 1942, DOK. R 129, IMT Bd. 38, S. 365 f., S. 363 ff.
90 Orth, System, S. 224 ff.; vgl. Broszat, Konzentrationslager, S. 125; Speer, Sklavenstaat, S. 61 f.
91 Höß, Kommandant, S. 138 f.
92 Vgl. Freund/Petz/Stuhlpfarrer, Ghetto.
93 Vgl. Georg, Unternehmungen, S. 90 f.
94 Diensttagebuch, 22. 6. 1942, S. 516.
95 HSSPF/GG, Krüger, an Schindler, 17. 7. 1942, Dok. 018 L, IMT, Bd. 37, S. 399.
96 Himmler an HSSPF Ost, 19. 7. 1942, IMT Dok. NO 5574. Himmlers Befehl wurde etwas später von der Wehrmachtsführung übernommen, die kategorisch den Ersatz der jüdischen Arbeitskräfte in den Werkstätten der Wehrmacht durch Polen befahl, vgl. Gienanth an Mbf. GG, 18. 9. 1942, vgl. Hilberg, S. 369.
97 Himmler an Pohl u. a., 9. 10. 1942, BA NS 19/neu 152.
98 RdSchr. d. OKW-WSSt, 10. 10. 1942, IMT, Dok. NOKW-134.
99 Vgl. Georg, Unternehmungen, S. 92 ff.; Pingel, Häftlinge, S. 141.
100 Vgl. Abschlußbericht Globocniks, 4. 11. 1943, IMT Dok. NO 56.
101 Protokoll v. 4. 10. 1941, BS, NS 19/neu, 1734.
102 Krausnick/Wilhelm, Truppe, S. 609–615.
103 Ereignismeldung UdSSR Nr. 86, 17. 9. 1941, IMT Dok. NO 3151.
104 Lohse an RMO, 15. 11. 1941, Dok. 3663-PS, IMT Bd. 37, S. 436.
105 Abgedr. im Schr. der Rüstungsinspektion Ukraine an Chef WiRüAmt, 2. 12. 1941, Dok. 3257-PS, IMT Bd. 32, S. 72 f.
106 Vgl. Goebbels-Tagebuch 12. 5. 1942, zit. b. Speer, Sklavenstaat, S. 454.
107 Bericht Pohls über Bespr. m. Speer am Vortag, 16. 9. 1942, n. Pingel, Häftlinge, S. 276 f.; vgl. Orth, System, S. 171 ff.
108 Telegramm HA Munition an die Fa. Krupp, Essen, 17. 9. 1942, IMT, Dok. NIK 5858; vgl. Herbert, Von Auschwitz nach Essen.
109 Speer, Sklavenstaat, S. 40 f.
110 Prot. Führerbesprechung 20.–22. 9. 1942, BA R 3/1505.
111 Goebbels-Tagebuch, 30. 9. 1942, zit. n. Speer, Sklavenstaat, S. 350.
112 Schr. d. RSHA, 23. 9. 1942, IMT Dok. NI 1626; WVHA an RWHG, 2. 10. 1942,

1. *Anmerkungen* 377

IMT Do. NI 14435; Bef. WVHA, 5. 10. 1942, IMT Dok 3677-PS; RSHA an Stapoleitstellen 5. 11. 1942, Dok. NO 2522; Sauckel an Landesarbeitsämter, 26. 11. 1942, Dok. 61-L, IMT Bd. 37, S. 496 f.
113 Vgl. Gruner, Arbeitseinsatz, S. 294–313.
114 Aussage Sommer, IMT Dok. NI 1065.
115 Ab dem 1. 10. 1942; zuvor hatten sie 4,– bzw. 3,– RM betragen; Schr. d. WVHA, Amt D II, 24. 2. 1944, IMT Dok. NO 576. Zum System der Außenlager s. Orth, System, S. 180 ff.
116 Schulte, Rüstungsunternehmen oder Handwerksbetrieb (Anm. III/78); Georg, Unternehmungen, S. 56, 61 f.
117 Aufstellung WVHA, 28. 12. 1942, IMT Dok. 1469-PS; 15. 8. 1944, Dok. 1160-PS, IMT Bd. 27, S. 46 ff.; IMT Dok NO 1010.
118 Pingel, Häftlinge, S. 131 ff., 182 ff.
119 Zum folgenden Orth, System, S. 166 ff.
120 Himmler an Pohl, 23. 3. 1942, BA NS 19/neu 2056.
121 Himmler an Speer, Juni 1943, n. Hilberg, S. 621; vgl. Speer, S. 46 f.; Pingel, Häftlinge, S. 280 f., Broszat, Konzentrationslager, S. 131.
122 Speer an Himmler, 23. 2. 1944, BA R 3/1583.
123 Zum folgenden s. Eisfeld, Die unmenschliche Fabrik; Budraß/Grieger, Moral der Effizienz. Zum Programm der unterirdischen Verlagerung siehe vor allem Fröbe, «Wie bei den alten Ägyptern»; ders., Der Arbeitseinsatz von KZ-Häftlingen und die Perspektive der Industrie 1943–1945, in: Herbert (Hg.), Europa und der «Reichseinsatz», S. 351–383; zur Ausdehnung des KZ-Außenlagersystems s. Weinmann (Hg.), Lagersystem.
124 Milch an Maurer, 13. 4. 1943, BA NS 19/1542.
125 Pohl an Himmler, 14. 6. 1944, IMT Dok. NO 4242.
126 Führerbesprechung Speers bei Hitler, 19.-22. 8. 1943; vgl. J.-C. Wagner, Das Außenlagersystem des KL Mittelbau-Dora, in: Herbert/Orth/Dieckmann (Hg.), Konzentrationslager, S. 707–729. Bornemann/Broszat, Das KL Dora-Mittelbau, in: Studien zur Geschichte der Konzentrationslager, S. 155–198.
127 Zit. n. Bornemann/Broszat, S. 165.
128 Ebd., S. 168.
129 Vgl. Fröbe, «Wie bei den alten Ägyptern»; Wagner, Zwangsarbeit; ders., Das Außenlagersystem des KL Mittelbau-Dora, in: Herbert u. a. (Hg.): Konzentrationslager, S. 707–729.
130 Aussage Pohl, 25. 8. 1947, Trials of War Criminals, Bd. 5, Washington 1950, S. 445; vgl. Speer, Sklavenstaat, S. 334.
131 Prot. d. Besprechung Dorschs (OT) mit Hitler, 6./7. 4. 1944, BA R 3/1509, dazu Speer, Sklavenstaat, S. 400 f.; Zusf. d. Besprechung 9. 4. 1944, IMT Dok. R-124.
132 Saur am 14. 4. 1944, IMT Dok. NG 1563.
133 Himmler an RSHA und WVHA, 11. 5. 1944, IMT Dok. NO 5689.
134 RSHA an AA, 24. 4. 1944, Dok. NG 2059.
135 Hilberg, S. 631. Im Juni 1944 beschwerte sich Speer, daß von den nach Deutschland gekommenen Juden aus Ungarn nur 50000 bis 60000 arbeitsfähig seien; die anderen seien Greise, Kinder und Kranke und zum vorgesehenen Bau von Großbunkern nicht verwendbar; n. Boelcke (Hg.), Rüstung, S. 347.
136 Vgl. Braham, Politics of Genocide, S. 595 ff.
137 Orth, System, S. 237 ff.; vgl. Weinmann, Lagersystem.

138 Vgl. ebd., S. 222–269; Herbert/Orth/Dieckmann (Hg.), Konzentrationslager, S. 533–754; Freund/Perz, KZ in der Serbenhalle; Freund, «Arbeitslager Zement»; Perz, Projekt Quarz; Kaienburg, «Vernichtung durch Arbeit»; Raim, Dachauer KZ-Außenkommandos; Brenner, Der «Arbeitseinsatz» der KZ-Häftlinge in den Außenlagern des Konzentrationslagers Flossenbürg – ein Überblick, in: Herbert/Orth/Dieckmann (Hg.), Konzentrationslager, S. 682–706; Vorländer, Konzentrationslager; Fröbe u.a., Konzentrationslager; Studien zur Geschichte der Konzentrationslager.
139 Vgl. Herbert, «Fremdarbeiter», S. 379 ff.; Rusinek, Gesellschaft; Müller/Ueberschär, Kriegsende; Volkmann (Hg.), Ende des Dritten Reiches; Herbert/Schildt (Hg.), Kriegsende.
140 Dazu ausführlich Jacobmeyer, Vom Zwangsarbeiter; ders., Ortlos am Ende des Grauens. DPs in der deutschen Nachkriegszeit, in: Bade (Hg.), Deutsche im Ausland, S. 367–373; Wyman, DPs; Lembeck, Befreit; Wagner, Displaced persons; Pegel, «Fremdarbeiter»; U. Müller, Fremde; Stepien, Der alteingesessene Fremde; Vögel, Entwurzelt. Zu den jüdischen DPs: Dietrich/Schulze Wessel, Zwischen Selbstorganisation und Stigmatisierung; Fritz-Bauer-Institut (Hg.), Überlebt; Königseder/Wetzel, Lebensmut; Giere, Wir sind unterwegs.
141 Vgl. Bonwetsch, Sowjetische Zwangsarbeiter; ders., Sowjetunion – Triumph im Elend, in: Herbert/Schildt (Hg.), Kriegsende in Europa, S. 68–73; Poljan, Zertvy dvuch diktatur; sowie vor allem Goeken, Von der Kooperation; dies., Kontinuität des Terrors? Vgl. auch die frühen Berichte exilrussischer Autoren, etwa Petrowsky, Unvergessener Verrat, oder Tolstoy, Die Verratenen; sowie den aufschlußreichen, wenngleich nicht durchgehend seriösen Bericht von Bethell, Das letzte Geheimnis.
142 Vgl. etwa Bade, Vom Auswanderungsland, S. 52 f.;. ders., Das Eigene und das Fremde. Grenzerfahrungen in Geschichte und Gegenwart, in: ders. (Hg.), Deutsche im Ausland, S. 15–25; ders., Europa in Bewegung, S. 284–305.
143 Neubert, «Europäische Integration», S. 225; durchgehend so Elsner/Lehmann, S. 6; Woydt, Ausländische Arbeitskräfte; dagegen O'Brien, Continuity and Change.
144 So auch der seinerzeitige Titel der Schriftenreihe der Rostocker Forschungsgruppe, «Fremdarbeiterpolitik des Imperialismus».
145 Zum Vergleich der Lagersysteme s. Herbert, «Das Jahrhundert der Lager»; zum Schicksal der deutschen Kriegsgefangenen in der UdSSR s. Hilger, Deutsche Kriegsgefangene; Benz (Hg.), Deutsche Kriegsgefangene; Hütter (Red.), Kriegsgefangene; Lehmann, Gefangenschaft.
146 Vgl. zur Rolle der deutschen Bevölkerung beim Zwangsarbeitereinsatz und in der NS-Diktatur insgesamt Gellately, Die Gestapo; Mallmann/Paul, Herrschaft und Alltag; dies., Milieus und Widerstand; Marßolek/Ott, Bremen; Herbert, Apartheid nebenan.
147 Zur Geschichte der Wiedergutmachung insgesamt s. Goschler, Wiedergutmachung; sowie Herbst/Goschler (Hg.), Wiedergutmachung. Daneben Schwarz, Wiedergutmachung; Pross, Wiedergutmachung.
148 Zur Geschichte der ausgebliebenen Entschädigung für ausländische Zwangsarbeiter s. ausführlich Herbert, Nicht entschädigungsfähig? Die Wiedergutmachungsansprüche der Ausländer, in: Herbst/Goschler (Hg.), Wiedergutmachung, S. 273–302; Pegel, «Fremdarbeiter», S. 89–124; zur juristischen Seite

vor allem Pawlita, «Wiedergutmachung», dort auch Hinweise auf die juristische Spezialliteratur. Vgl. auch Schirilla, Wiedergutmachung; sowie – über die Zahlungen einiger deutscher Unternehmen an ehemalige jüdische Zwangsarbeiter in den 50er Jahren – die Arbeit von Ferencz, Lohn des Grauens; zum Stand der Entwicklung bis Mitte 1998 s. Barwig (Hg.), Entschädigung.

IV. AUSLÄNDER IN DER WACHSTUMSGESELLSCHAFT: 1945 BIS 1973

1 USSBS, The Effects of Strategic Bombing on the German War Economy, S. 140.
2 Statistisches Handbuch 1928–1944, S. 179 ff.
3 Abelshauser, Wirtschaftsgeschichte, S. 20; vgl. Krengel, Anlagevermögen. Zur Frage von Kontinuität und Diskontinuität der wirtschaftlichen Entwicklung in Deutschland über die politische Zäsur von 1945 hinweg s. Borchardt, Die Bundesrepublik in den säkularen Trends der wirtschaftlichen Entwicklung, in: Conze/Lepsius (Hg.), Sozialgeschichte, S. 20–45.
4 Berechnet n. Statistisches Bundesamt (Hg.), Bevölkerung und Wirtschaft 1872–1972, Stuttgart u. Mainz 1972, S. 90 f.; vgl. Münz/Seifert/Ulrich, Zuwanderung, S. 22 ff.; Körner, Zustrom, S. 133; Bethlehem, Heimatvertreibung, S. 26.
5 Stat. Bundesamt, Bevölkerung und Wirtschaft, S. 260; ohne Saarland, Bruttosozialprodukt in konstanten Preisen von 1962.
6 Der Anteil der Vertriebenen an der Wohnbevölkerung lag in Schleswig-Holstein im Jahre 1950 bei 33,0 %, in Niedersachsen bei 27,2 %, in Bayern bei 21,2 %. In Rheinland-Pfalz waren es hingegen nur 5,1 %, in Hamburg 7,2 % und in Baden-Württemberg 13,4 % (nach: Bethlehem, S. 30).
7 Harmssen, Reparation, S. 80.
8 Hierzu Grieser, Die ausgebliebene Radikalisierung.
9 Die neuere Sozialgeschichte hat sich in letzter Zeit in zunehmendem Maße dem lange vernachlässigten Thema der Vertriebenen und Flüchtlinge in der Bundesrepublik zugewendet; dazu den vergleichenden Überblick von Bade, Europa, S. 297 ff., sowie die Beiträge in den Sammelbänden von Beer (Hg.), Integration der Flüchtlinge; Benz (Hg.), Vertreibung der Deutschen; Bade (Hg.), Neue Heimat im Westen; Schulze/Brelie-Lewien (Hg.), Flüchtlinge und Vertriebene. Kritische Forschungsberichte: von der Brelie-Lewien, Zur Rolle der Flüchtlinge und Vertriebenen in der westdeutschen Nachkriegsgeschichte. Ein Forschungsbericht, ebd., S. 27–45; Haerendel, Flüchtlinge und Vertriebene; Messerschmidt, Mythos Schmelztiegel; Hellert-Sattler, Kommentierte Bibliographie. Wichtige Einzelstudien: Bethlehem, Heimatvertreibung; Grosser/Grosser, Flüchtlingsfrage; Lehmann, Im Fremden ungewollt zuhaus; Wiesemann/Kleinert, Flüchtlinge; Schraut/Grosser, Die Flüchtlingsfrage; Sywottek, Flüchtlingseingliederung; Wiesemann, Flüchtlingspolitik. Wichtige Regionalstudien: Erker, Vom Heimatvertriebenen zum Neubürger; Kleinert, Flüchtlinge; Neumann, Die Medien; Sallinger, Integration der Heimatvertriebenen; Bauer, Flüchtlinge; Lüttinger, Integration der Vertriebenen; Frantzioch, Die Vertriebenen; Steinert, Vertriebenenverbände; Bade (Hg.), Zeitzeugen. Zur Geschichte der Flüchtlinge aus der DDR s. Ackermann, Der «echte» Flüchtling;

Heidemeyer, Flucht und Zuwanderung. Zum internationalen Kontext vgl. Marrus, The Unwanted; Nuscheler, Nirgendwo zu Hause.

10 Nach: Korte/Schmidt, Migration, S. 12 f.

11 Vgl. Plato, Fremde Heimat. Wurde «Integration» zunächst verstanden als Prozeß der Annäherung und Aufnahme der Zuwanderer in eine weitgehend statische Aufnahmegesellschaft in Westdeutschland, erscheinen hier Vertriebene wie Einheimische gleichermaßen, wenn auch in regional unterschiedlicher Weise, als instabil und mobil – und stehen so gleichermaßen vor der Aufgabe der Integration «in die Neue Zeit». Damit aber wird ein sehr eindrücklicher Unterschied zur Situation der Gastarbeiter in den frühen 60er Jahren deutlich, die nun tatsächlich als Zuwanderer auf eine in sich relativ gefestigte und geographisch immobile Aufnahmegesellschaft stoßen. Vgl. auch Haerendel, Flüchtlinge und Vertriebene; Lüttinger, Integration der Vertriebenen.

12 Hamburger Echo, 20. 11. 1954; zum folgenden: Steinert, Migration und Politik, S. 209 ff.; Dohse, Ausländische Arbeiter, S. 135 ff.; Bethlehem, Heimatvertreibung, S. 139 ff.

13 Erklärung des Bundesarbeitsministers, zit. n. Vereinigter Wirtschaftsdienst (VWD) 29. 11. 1954.

14 Nach: VWD, 30. 12. 1954.

15 Zur Geschichte der ausländischen Arbeitskräfte in der Bundesrepublik s. ausf. Bade, Ausländer – Aussiedler – Asyl; ders., Europa, S. 314 ff., 331 ff; Herbert/Hunn, Beschäftigung, soziale Sicherung und soziale Integration von Ausländern; dies., Gastarbeiter und Gastarbeiterpolitik; Familien ausländischer Herkunft, S. 29 ff.; Bethlehem, Heimatvertreibung, S. 139 ff.; Bischoff/Teubner, Zwischen Einbürgerung und Rückkehr; Meier-Braun, Integration und Rückkehr?; Pagenstecher, Ausländerpolitik; Schöneberg, Gestern Gastarbeiter; Sen, Ausländer; Tichy, Ausländer rein!; Wenning, Migration; und die Beiträge in den Sammelbänden von Bade (Hg.), Auswanderer; ders. (Hg.), Deutsche im Ausland; Benz (Hg.), Integration ist machbar; Motte/Ohliger/Oswald (Hg.), 50 Jahre Bundesrepublik; Schult (Hg.), Einwanderungsland. Für die Frühphase der Arbeitsmigration in Westdeutschland grundlegend ist Steinert, Migration und Politik; vgl. auch Yano, «Wir sind benötigt, aber nicht erwünscht». Zur Geschichte der ausländischen Arbeitnehmer in der Frühphase der Bundesrepublik, in: Eryilmaz/Jamin (Hg.): Fremde Heimat, S. 39–55. Zur europäischen Entwicklung insgesamt s. Nusser, Flüchtlinge, sowie die Arbeiten von Bade, Europa; Fassmann (Hg.), Migration; Lucassen, Migrant Labour; Page Moch, Moving Europeans. Als Beispiel für eine regionalgeschichtliche Darstellung jetzt Dunkel, Geschichte der Gastarbeiter in München. Zum politischen Kontext s. auch Cohn-Bendit/Schmidt, Heimat Babylon.

16 Von 1950 bis 1955 sank die Zahl der in der Landwirtschaft Beschäftigten um 13 % (121 000), während sie in allen anderen Wirtschaftszweigen um 26,9 % stieg (3 470 000); nach: Die Beschäftigungslage in der Bundesrepublik Deutschland im Rahmen der Wirtschafts- und Bevölkerungsentwicklung, Beilage zum BundesArbeitsblatt Nr. 12, 1957, S. 39.

17 Vgl. die Rede des Abg. Odenthal (SPD) vor dem Dt. Bundestag, 66. Sitzung, 17. 2. 1955, S. 3388.

18 Ebd., S. 3390.

1. Anmerkungen

19 Zur Frage der Hereinnahme italienischer Arbeitskräfte, in: Das Arbeitsamt, 6, 1955, H. 7, S. 154 f.
20 So der CDU-Abgeordnete Niederalt vor dem Dt. Bundestag, 59. Sitzung, 9. 12. 1954, S. 3056; vgl. «Erhard ist kein Heuerbaas», in: Deutsche Zeitung, 8. 12. 1954; W. Herbst, Brauchen wir ausländische Arbeitskräfte?, in: Das Arbeitsamt, 6, 1955, H. 2, S. 32 f.
21 Zum folgenden vgl. Steinert, Migration und Politik, S. 220–238; Dohse, Ausländische Arbeiter, S. 169 f.
22 Hierzu H. Richter, Vom Provisorium zur Planung; ders., DGB und Ausländerbeschäftigung.
23 Abgedr. in: Bundesanzeiger Nr. 11, 17. 11. 1956; vgl. Steinert, Migration, S. 220 ff.; zum Procedere im einzelnen s. H. Weicken, Anwerbung.
24 «Es geht nicht ohne Italiener», in: Industriekurier, 4. 10. 1955; vgl. Weber, Einstellung und Politik, S. 48.
25 Hierzu Bethlehem, Heimatvertreibung, S. 144 ff.
26 Ausländerpolizeiverordnung v. 22. 8. 1938, RGBl. 1938, S. 1053; RdSchr. d. BMdI. an die Innenminister und -senatoren der Länder, in: GMBl. (Gemeinsames Ministerialblatt), S. 99.
27 Verordnung über Ausländische Arbeitnehmer v. 23. 1. 1933, RGBl. 1933, I, S. 26–29; Bekanntmachung d. BMAUS v. 22. 2. 1952, Bundesanzeiger Nr. 43, 1. 3. 1952.
28 Dazu Dohse, Ausländische Arbeiter, S. 105–111; vgl. Kap. II.
29 Dohse, Ausländische Arbeiter, S. 144, 177; zur Kritik vgl. Schönwälder, «Ist nur Liberalisierung Fortschritt?». Zur Entstehung des ersten Ausländergesetzes der Bundesrepublik, in: Motte u. a. (Hg.), 50 Jahre Bundesrepublik, S. 127–144.
30 «Geht es ohne ausländische Arbeiter?», Handelsblatt, 21. 9. 1955; vgl. auch «Italiener in der deutschen Industrie», FAZ, 21. 10. 1959. «Überhaupt dürfte eine falsche Behandlung manche schlechte Erfahrung mit italienischen Arbeitern in früheren Jahren verursacht haben. Wer keinen Ärger haben will, darf es nicht beim Einrichten einer neuen Kartei ‹Italienische Arbeiter› bewenden lassen.»
31 Bevölkerung und Wirtschaft, S. 1484, 260; Zahlenverschiebungen ab 1960 durch das Hinzukommen des Saarlandes.
32 «Vollbeschäftigung – Die dritte Garnitur», Der Spiegel, 13, 1959, H. 34, S. 26; vgl. ausf. Steinert, Migration, S. 284 ff.
33 Deutsch-spanischer Anwerbevertrag v. 29. 3. 1960, in: Amtliche Nachrichten der Bundesanstalt für Arbeitsvermittlung und Arbeitslosenversicherung (ANBA) 1960, S. 269 ff.; Deutsch-griechischer Anwerbevertrag v. 30. 3. 1960, ebd., S. 286 ff; dazu Steinert, Migration, S. 290 ff., 299 ff.
34 Abkommen mit der Türkei, 30. 10. 1961, in: ANBA 1961, S. 587; im deutsch-türkischen Abkommen war allerdings zunächst eine «Rotationsklausel» enthalten, wonach die Aufenthaltsdauer auf zwei Jahre beschränkt war; dieser Passus wurde jedoch mit Wirkung vom 30. 9. 1964 gestrichen; RdSchr. d. BMdI. v. 16. 10. 1964, GMBl. 1964, S. 507; Abkommen mit Portugal, 17. 3. 1964, GMBL 1964, S. 270; Abkommen mit Jugoslawien, 12. 10. 1968, BGBl. 1969 II, S. 1107; vgl. Jamin, Die deutsch-türkische Anwerbevereinbarung von 1961 und 1964, in: Eryilmaz/Jamin (Hg.): Fremde Heimat, S. 69–83.

35 Zit. n. «Ein langfristiger Arbeitskräfteplan», in: Der Volkswirt 16. 1. 1960.
36 «Arbeitskräfte müssen wandern», Die Welt, 19. 9. 1964.
37 «Italiener in der deutschen Industrie – Ergebnis eines Experiments», in: FAZ, 21. 10. 1959.
38 Rosenmöller, Diskussionsbeitrag, in: Probleme der ausländischen Arbeitskräfte in der Bundesrepublik. Konjunkturpolitik, Beih. 13, Berlin 1966, S. 105.
39 Stirn (Hg.), Ausländische Arbeiter, S. 47.
40 Blank, Eine Million Gastarbeiter, S. 1480.
41 1966: 1,2 Mrd. DM Einnahmen, 127 Mio. DM Ausgaben.
42 Kattenstroth, Grußwort der Bundesregierung, S. 13 f.
43 Blank, Eine Million Gastarbeiter.
44 Syrup, Die ausländischen Industriearbeiter; vgl. Kap. 1.2.
45 Ausländergesetz, v. 28. 4. 1965, BGBl. 1, S. 353.
46 Hierzu Schönwälder, «Ist nur Liberalisierung Fortschritt?»; Dohse, Ausländische Arbeiter, S. 231 – 306; Huber/Unger, Politische und rechtliche Determinanten, S. 137 ff.; Bethlehem, Heimatvertreibung, S. 184 – 190.
47 Zu den einzelnen Verordnungen s. Huber/Unger, Politische und rechtliche Determinanten, S. 134 – 137, 148 f.; Bethlehem, Heimatvertreibung, S. 168; zum Ausländerrecht insgesamt vgl. Hailbronner (Hg.), Ausländer- und Asylrecht. Zur Entwicklung der partiellen Freizügigkeit im EWG-Europa s. Steinert, Migration, S. 310 ff.
48 Bethlehem, Heimatvertreibung, S. 168.
49 Bevölkerung und Wirtschaft, S. 140, 149. Dazu eingehend auf empirischer Grundlage Pagenstecher, Ausländerpolitik, S. 76 – 116.
50 Statistisches Bundesamt (Hg.), Bevölkerungsstruktur und Wirtschaftskraft der Bundesländer, 1973, S. 78 f.; Bevölkerung und Wirtschaft, S. 147; Fijalkowski, Gastarbeiter, S. 422; Körner, Zustrom, S. 227.
51 Bundesanstalt für Arbeit (Hg.), Anwerbung, Vermittlung, Beschäftigung ausländischer Arbeitnehmer, Band: 1963, Nürnberg 1964.
52 Heckmann, Die Bundesrepublik, S. 185; Stirn, Ausländische Arbeiter, S. 47 f.
53 Hiss, Hereinnahme, S. 638.
54 Heckmann, Die Bundesrepublik, S. 170 f.
55 «Die italienischen Gastarbeiter und der Kommunismus», FAZ, 13. 4. 1962; «Die ‹Stimme der Heimat› ruft zum Klassenkampf», Süddeutsche Zeitung, 13. 6. 1966.
56 Bericht der Bundesregierung über die Beschäftigung ausländischer Arbeitnehmer in der Bundesrepublik, Deutscher Bundestag, 21. 12. 1962, Drucksache IV/ 470, S. 6.
57 «Ein Raum, in dem zehn Männer auf Strohsäcken liegen können», Die Welt, 22. 8. 1960.
58 «Fremd- statt Gastarbeiter?», Handelsblatt, 16. 2. 1967.
59 Allerdings waren Vorschriften für die «Bereitstellung von Unterkünften» erlassen worden; danach stand jedem Bewohner von Arbeiterwohnheimen ein Luftraum von mindestens 10 qm zu, und in einem Schlafraum durften maximal sechs Schlafstellen aufgestellt werden, vgl. Hessisches Institut für Betriebswirtschaft (Hg.), Ausländische Arbeitskräfte in Deutschland, Düsseldorf 1961, S. 31 f.
60 Vgl. etwa: «100 Mill. für Ausländerwohnheime», Industriekurier, 6. 10. 1960.

61 «Kuli oder Kollege?», Konkret, November 1966, Nr. 11, S. 25; vgl. von Oswald/Schmidt, «Nach Schichtende sind sie immer in ihr Lager zurückgekehrt». Leben in «Gastarbeiter»-Unterkünften in den sechziger und siebziger Jahren, in: Motte u. a. (Hg.), 50 Jahre Bundesrepublik, S. 184–214.
62 Zu Frankreich: Mestiri, L'immigration; Lequin (ed.), La Mosaique France; Leggewie, SOS France; Manfrass, Ausländerproblematik in europäischen Industrieländern, ein Vergleich Frankreich-Bundesrepublik Deutschland, in: Bade, Auswanderer, Bd. 2, S. 758–783; ders., Politik der Ausländerbeschäftigung; Forschungsüberblick bei Angenendt, Ausländerforschung. Zur Entwicklung in der Schweiz: Hoffmann-Nowotny, Soziologie des «Fremdarbeiter»problems. Wichtig für den internationalen Vergleich: Bade, Europa; Page Moch, Moving Europeans; Cesarani/Fulbrook (ed.), Citizenship; Fassmann (Hg.), Migration in Europa; Thränhardt (Hg.), Europe; Freeman, Immigrant Labor.
63 Zit. n. Hoffmann-Nowotny, Soziologie des «Fremdarbeiter»problems, S. 66.
64 Ebd., S. 67–156.
65 Vgl. etwa «Fremdarbeiter», Rheinischer Merkur, 19. 12. 1960; «Politik mit Gastarbeitern», Industriekurier, 21. 4. 1965; «Das Konzept fehlt», in: Der Volkswirt, 6. 8. 1965.
66 Föhl, Stabilisierung und Wachstum.
67 Stellungnahme des Bundesministers für Wirtschaft v. 2. 5. 1967, DBT, Drs V/1700.
68 Vgl. «Gestern begehrt, heute überflüssig?», Die Zeit, 30. 12. 1966.
69 «Fremdarbeiter», Rheinischer Merkur, 19. 2. 1960.
70 Vgl. etwa: «Sie stehen auf den Bahnhöfen und sparen», Die Welt, 20. 8. 1960.
71 Hierzu etwa Bingemer/Meistermann-Seeger/Neubert, Leben als Gastarbeiter, S. 189 ff.
72 «Gastarbeiter sind auch Menschen», Hamburger Echo, 9. 8. 1962.
73 Delgado, Anpassungsprobleme; zit. n. Bingemer u. a., Leben als Gastarbeiter, S. 127.
74 Umfrage des EMNID-Instituts, Bielefeld, v. Dezember 1965, zit. n. «Kuli oder Kollege», Konkret, November 1966.
75 «Unbeliebte Gastarbeiter», Abendzeitung Nürnberg, 5. 5. 1966. Zum folgenden Böhme (Hg.), Migration; Staas, Migration, sowie Hoffmann/Even, Soziologie der Ausländerfeindlichkeit; Habbe (Hg.), Ausländer; Tsiakalos, Ausländerfeindlichkeit; weiterführend, K. Schönwälder, Migration, refugees and ethnic plurality as issues of public and political debates in (West)Germany, in: Cesarani e. a. (ed.), Citizenship, S. 159–178.
76 Vgl. etwa «Unter den Gastarbeitern wächst die Angst», Die Zeit, 6. 1. 1967; «Wenn Gastarbeiter auf der Straße sitzen», Rheinischer Merkur, 13. 1. 1967; «Vorwürfe sind unberechtigt – Gastarbeiter nicht bevorzugt», Westdeutsche Allgemeine Zeitung, 26. 1. 1967; «Auch Gastarbeiter sind kein Freiwild – Bei Beschäftigungssorgen können sie nicht zuerst entlassen werden», Die Welt, 17. 12. 1966.
77 Magnet Bundesrepublik, S. 34.
78 Bild-Zeitung, 31. 3. 1966.
79 Vgl. «Kesseltreiben gegen Gastarbeiter», Industriekurier, 7. 4. 1966; «Gutes Zeugnis für Gastarbeiter», Tagesspiegel, 1. 4. 1966.
80 «Gastarbeiter – nützlich und gefragt, aber nicht beliebt», Industriekurier, 12. 10. 1968.

81 «Aufstocken statt aufwerten», Die Zeit, 29. 11. 1968.
82 Vgl. Jamin, Die deutsche Anwerbung: Organisation und Größenordnung, in: Eryilmaz/Jamin (Hg.): Fremde Heimat, S. 149–170.
83 «Arendt: Ausländische Arbeiter sind kein Ballast», Süddeutsche Zeitung, 30. 3. 1971.
84 Im Frühjahr 1972 waren bereits 30% der ausländischen Arbeitskräfte seit mehr als 7 Jahren in der Bundesrepublik; vgl. Bundesanstalt für Arbeit (Hg.), Repräsentativuntersuchung '72 über die Beschäftigung ausländischer Arbeitnehmer im Bundesgebiet und ihre Familien- und Lebensverhältnisse, Nürnberg 1973, S. 33.
85 Mattes, Zum Verhältnis von Migration und Geschlecht. Anwerbung und Beschäftigung von «Gastarbeiterinnen» in der Bundesrepublik 1960 bis 1973, in Motte u. a. (Hg.), 50 Jahre Bundesrepublik, S. 285–309. Der Anteil von Frauen bei den Vermittlungen ausländischer Arbeitnehmer in die Bundesrepublik, der 1961 noch bei 14,5% gelegen hatte, stieg im Jahre 1966 auf 31,4%, im Jahr darauf auf 39,9%, um sich dann bei etwa einem Viertel aller Anwerbungen einzupendeln. 1967 waren 48% aller angeworbenen Türken und gar 75% aller Griechen Frauen. Vgl. Bundesanstalt für Arbeit (Hg.), Ausländische Arbeitnehmer. Beschäftigung, Anwerbung, Vermittlung. Erfahrungsbericht 1972/73, Nürnberg 1974, S. 70/71.
86 Tab. 35: Wanderungen von Ausländern zwischen dem Bundesgebiet und dem Ausland, 1962 bis 1980

Jahr	Zuzüge	Fortzüge	Saldo	Jahr	Zuzüge	Fortzüge	Saldo
1962	449659	225848	+ 223811	1972	787162	514446	+ 272716
1963	458040	320254	+ 137786	1973	869109	526811	+ 342298
1964	577743	342289	+ 235344	1974	538574	580105	− 41871
1965	716157	412704	+ 303453	1975	566095	600105	− 243010
1966	586848	497837	+ 89011	1976	387300	540400	− 128100
1967	330298	527894	− 197596	1977	422945	452083	− 29238
1968	589562	332625	+ 256937	1978	456117	405753	+ 50346
1969	909566	368664	+ 540902	1979	545200	336000	+ 179200
1970	976232	434652	+ 547085	1980	713762	467512	+ 246520
1971	870737	500258	+ 370479				

Quelle, Stat. Jb., lfd. Jgg.

87 Stat. Bundesamt, Bevölkerung und Erwerbstätigkeit, Fachserie 1,2, «Ausländer» 1982.
88 Verordnung über die Arbeitserlaubnis für nichtdeutsche Arbeitnehmer (Arbeitserlaubnisverordnung, AEVO) v. 2. 3. 1971, BGBl. I. S. 152.
89 Bethlehem, Heimatvertreibung, S. 175.
90 Ernst, Problem Infrastruktur, in: Der Arbeitgeber, 25, 1973, S. 171 f.; Bullinger/Huber, Ausländerbeschäftigung.
91 «Mehr Auslandsinvestitionen – weniger Gastarbeiter», Handelsblatt, 23. 1. 1971.
92 Vgl. Weber, Rotationsprinzip, S. 10; ders., Rotation; Althammer (Hg.), Gastarbeiterproblem.

93 Hierzu «Die deutschen Gewerkschaften und die ausländischen Arbeitnehmer», in: Europa '73. Die EWG und die ausländischen Arbeitnehmer, Köln 1973, S. 231 ff.
94 Nach: «Noch sind Gastarbeiter nützlich», Handelsblatt, 14. 3. 1972; vgl. Arendt, Soziale Ungleichgewichte, S. 69 f.
95 Dt. Bundestag, 7. Sitzung v. 18. 1. 1973, S. 11.
96 Bundesanstalt, Erfahrungsbericht 1972/73, S. 8.
97 Ebd., S. 7; vgl. Tätigkeitsbericht der Bundesregierung über die Arbeit in der 7. Legislaturperiode, in: Bulletin des Presse- und Informationsamtes der Bundesregierung, Nr. 92, 1976, S. 873–944, hier S. 900.
98 «Vergebens auf Herz und Nieren geprüft», Frankfurter Rundschau, 25. 11. 1973.

V. VON DER AUSLÄNDERBESCHÄFTIGUNG ZUR EINWANDERUNGSPOLITIK: 1973 BIS 2000

1 Nach Frey, Ausländer.
2 Daten und Fakten zur Ausländersituation, 1999.
3 Dazu ausf. Heckmann, Die Bundesrepublik, S. 203 ff.; Manfrass, Ausländerproblematik, in: Bade, Auswanderer; sowie die Übersichten bei Gehmacher u. a., Ausländerpolitik.
4 Delhaes-Günther/Haberl/Schölch, Abwanderung, S. 32; vgl. auch den präzisen Überblick bei Harbach, Internationale Schichtung.
5 Bodenbender, Zwischenbilanz der Ausländerpolitik.
6 Bundesanstalt, Erfahrungsbericht 1972/73, S. 106.
7 Vgl. Borris, Ausländische Arbeiter, S. 152.
8 Hierzu Heckmann, Die Bundesrepublik, S. 207; für Frankfurt: Borris, Ausländische Arbeiter, S. 130; für Berlin: Schildmeier, Integration, S. 33.
9 Bundesanstalt, Erfahrungsbericht 1972/73, S. 22; Heckmann, Die Bundesrepublik, S. 206.
10 Vgl. Aktionsprogramm für Ausländerbeschäftigung, in: Arbeits- und Sozialpolitik, H. 6/7, 1973, S. 183; U. Mehrländer, Bundesrepublik Deutschland, in: Gehmacher u.a., Ausländerpolitik, S. 115–138, hier S. 131; Schildmeier, Integration, S. 38 f.; zusammenfassend: Fijalkowski, Gastarbeiter, S. 439 ff.
11 Heckmann, Die Bundesrepublik, S. 203 ff.
12 Kap. I.3.
13 Heckmann, Die Bundesrepublik, S. 218.
14 Fijalkowski, Gastarbeiter, S. 434, der sich dabei auf die Ergebnisse der Forschungsgruppe um den Bochumer Soziologen H. Korte bezieht; vgl. Gaugler, u. a., Ausländerintegration; Herrmann, Ausländer; Miegel, Arbeitsmarktpolitik; Velling, Immigration und Arbeitsmarkt.
15 Mehrländer/Hofmann/König/Krause, Situation der ausländischen Arbeitnehmer, S. 116 ff.
16 Frey, Ausländer, S. 16.
17 Bericht zur Ausländerbeschäftigung, September 1986.
18 Mehrländer u.a., Situation, S. 36 f.
19 McRae, Gastarbeiter, S. 103, 107.
20 Dazu Schrader/Nikles/Griese, Zweite Generation; Wilpert, Die Zukunft der Zweiten Generation. Die Literatur zu diesem Komplex ist nicht weniger um-

fangreich und unüberschaubar als die Probleme, die sie behandelt; vgl. die Bibliographie von Weidacher, Ausländische Arbeiterfamilien, Bd. 1, S. 127–213, sowie Reuter/Dodenhoeft, Arbeitsmigration und gesellschaftliche Entwicklung. S. 53–94.
21 McRae, S. 113 ff.; vgl. Albrecht/Pfeiffer, Die Kriminalisierung junger Ausländer.
22 Geiger, Andreas: «Ausländer raus!». Rechtsradikale Organisationen machen gegen Ausländer mobil. In: Meinhardt, Rolf (Hg.): Türken raus? oder Verteidigt den sozialen Frieden, Hamburg 1984, S. 130–137.
23 «Heidelberger Manifest». In: Die Zeit, 5. 2. 1982 (Nachdruck).
24 Vgl. Burgkart, Claus: Das «Heidelberger Manifest» – Grundlage staatlicher Ausländerpolitik?, in: Meinhardt, Türken raus?, S. 142 [S. 141–161].
25 Eibl-Eibesfeldt, Irenäus: «Die Angst vor dem Menschen». In: SZ, 3./4. 7. 1982.
26 Schilling, Jürgen: «Sind wir fremdenfeindlich, vermufft oder gar rassistisch? Für eine behutsame Rückführung von Ausländern in ihre Heimat», in: Die Zeit, 21. 11. 1980.
27 «Die Reichen werden Todeszäune ziehen». In: Der Spiegel, 19. 4. 1982 (Auszüge aus Neuffers Buch «Die Erde wächst nicht mit. Neue Politik in einer überbevölkerten Welt». München 1982).
28 Vgl. insgesamt die Kapitel «Zivilcourage» und «Gemeinsam gegen Ausländerfeindlichkeit», in: Türken raus, S. 164–280.
29 Fernschreiben der deutschen Botschaft in Ankara an AA, Betr. Reise Staatsminister a. D. Funcke zum Bursa-Seminar 16.–18. 3. 1982 betreffend Lage Türken in Deutschland, hier: Türkische Presse, BArch, B 149/83935. Vgl. auch «Antideutsche Artikel heben die Auflage». In: Kieler Nachrichten, 16. 3. 1982.
30 *Hürriyet*, 6. 12. 1982, zitiert nach: Binswanger, Karl: Das Deutschlandbild der türkischen Presse. In: ZAR, 3 (1983), S. 129 [S. 128–131].
31 Just/Mülhens, Ausländerzunahme.
32 Meier-Braun, Integration und Rückkehr?, S. 43 f.
33 «Ausländer: ‹Das Volk hat es satt›», Der Spiegel, 3. 5. 1982, S. 32–44; vgl. ebd., «Ausländerfeindlichkeit, Exodus erwünscht», S. 37.
34 Institut für Demoskopie Allensbach (Hg.), Zwischen Toleranz und Besorgtheit; Just/ Mülhens: Ausländerzunahme.
35 Dazu Heckmann, Anwesend, aber nicht dazugehörig, Aspekte sozialer Diskriminierung der ausländischen Bevölkerung in der Bundesrepublik, in: Bade, Auswanderer, Bd. 2, S. 644–656; sowie Hoffmann/Even, «Die Belastungsgrenze ist überschritten»; Habbe (Hg.), Ausländer – Die verfemten Gäste; Tsiakalos, Ausländerfeindlichkeit; Staas, Migration und Fremdenfeindlichkeit; Danckwortt/Lepp (Hg.), Von Grenzen und Ausgrenzung.
36 Vgl. Bade, Europa; Page Moch, Moving Europeans; Heinelt (Hg.), Zuwanderungspolitik in Europa; Cesarani/Fulbrook, Citizenship; Fassmann (Hg.), Migration in Europa.
37 Vgl. Bade/Bommes, Migration und politische Kultur im «Nicht-Einwanderungsland», in Bade/Münz, Migrationsreport 2000, S. 163–204.
38 Dazu Wollenschläger, Arbeits-, Sozial- und Ausländerrecht, S. 686.
39 Ebd., S. 679 f.; Huber/Unger, Politische und rechtliche Determinanten, S. 165.
40 Wollenschläger, Arbeits-, Sozial- und Ausländerrecht, S. 679–683.
41 Dazu ausf. Huber/Unger, Politische und rechtliche Determinanten, S. 155 ff.; Mehrländer, Bundesrepublik Deutschland, S. 121 ff.

42 Erl. d. Bundesamtes für Arbeit v. 15.6.1977, ANBA 1977, S. 823.
43 Vgl. Huber/Unger, Politische und rechtliche Determinanten, S. 160ff.
44 Mehrländer, Bundesrepublik Deutschland, S. 134.
45 Heinz Kühn, Stand und Weiterentwicklung der Integration der ausländischen Arbeitnehmer und ihrer Familien in der Bundesrepublik Deutschland. Bonn 1979, teilw. abgedr. b. Meier-Braun, «Gastarbeiter» oder Einwanderer?
46 Zit. n. Erich A. Mathiesen, «Fremdkörper oder Mitbürger?», in: Publik-Forum 30.11.1979.
47 Peter Conradi, «Zustände wie in Amerika? Die Gastarbeiter müssen die Chance erhalten, ihre Identität zu bewahren», Die Zeit, 2.11.1979.
48 Vgl. «Neuorientierung in der Ausländerpolitik?», FAZ, 13.11.1979.
49 Integration der zweiten Ausländergeneration. Vorschläge des Koordinierungskreises «Ausländische Arbeitnehmer» beim Bundesministerium für Arbeit und Sozialordnung, vgl. «Bonn will in der Ausländerpolitik neue Wege gehen», Stuttgarter Zeitung, 22.12.1979.
50 BMA (Hg.), Weiterentwicklung der Ausländerpolitik. Vom Bundeskabinett am 19.3.1980 beschlossen, Bonn 1980; n. Weidacher/Lopez-Blasco, Ausländerpolitik und Integrationsforschung in der Bundesrepublik Deutschland, S. 18.
51 «Integrieren, nicht ‹Eindeutschen›», FAZ, 28.10.1981.
52 Vgl. «Bonn bremst Ausländerzuzug», Hannoversche Allgemeine Zeitung, 12.11.1981.
53 «Ausländer: ‹Schmerzhafte Grenze gezogen›», Der Spiegel, 14.12.1981.
54 MdB Spranger in: ebd., 4914 D und 4915 B; vgl. auch den Entschließungsantrag der CDU/CSU-Fraktion zur Ausländerpolitik, BT-Drs. IX/1288 vom 21.1.1982.
55 Vgl. «Prämierter Abschied», Der Spiegel, 10.5.1982; «Ding eingebrockt», Der Spiegel, 12.7.1982.
56 Regierungserklärung BK Kohl, 13.10.1982, DBT, 9/121, S. 7219–7220.
57 «Ausländer: ‹Das Volk hat es satt›», Der Spiegel, 3.5.1982, S. 32–44.
58 Auszug aus den Koalitionsvereinbarungen von CDU/CSU und FDP im September 1982, in: Handelsblatt 29.9.1982. Zum folgenden vgl. Meier-Braun, Integration und Rückkehr, S. 10ff.; Bade, Ausländer – Aussiedler – Asyl, S. 60ff.
59 Vm. BMI, 2.11.1982, 11.11.1982, BA B149/83801 u. 83802; vgl. Ergebnisniederschrift der Anhörung gesellschaftlicher Gruppen durch die Kommission «Ausländerpolitik» am 30.11.1982, BA B 149/ 83658.
60 Kommission «Ausländerpolitik», BA B 149/83805.
61 «Die Ausländerproblematik wächst den Experten über den Kopf», Bonner Generalanzeiger, 16.12.1982.
62 Zu Baden-Württemberg s. Meier-Braun, Integration und Rückkehr, S. 106ff.; zu Berlin ebd., S. 167f. Am 29.9.1981 hatte der Berliner Senat in Eigenregie das Nachzugsalter für Nicht-EG-Ausländer auf 16 Jahre gesenkt und weitere Nachzugserschwerungen verordnet.
63 Barwig/Lörcher (Hg.), Familiennachzug auf dem Hintergrund völkerrechtlicher Verträge.
64 Rede Zimmermanns in Zirndorf, 13.12.1982, zit. n. Meier-Braun, Integration und Rückkehr, S. 29.
65 «Alles zusammen ergibt einen Kurs», Interview mit BMdI Zimmermann, Der Spiegel, 11.7.1983, S. 22–29.

66 Die Auseinandersetzungen zwischen Funcke und dem BMI spitzten sich zu, als Funcke in einem Brief an BK Kohl die Politik Zimmermanns kritisierte und in einem Interview Zimmermann vorwarf, er liefere mit seiner Haltung zu Ausländerfragen «täglich den Rechtsradikalen Futter»; das BMI legte Funcke daraufhin den Rücktritt nahe; Funcke erklärte, daß sie zurücktreten werde, wenn Zimmermann sich in diesem Punkt durchsetzen werde. Vgl. FAZ, 24. 8. 1983, «Frau Funcke will bei Erfolg Zimmermanns abtreten»; Westfälische Rundschau, 19. 7. 1983, »Funcke schließt Rücktritt nicht aus»; sowie Meier-Braun, Integration und Rückkehr, S. 40.
67 Vgl. «Nachzugsalter, Blüm will hart bleiben», Die Welt, 12. 3. 1983.
68 Vgl. «‹Zimmermann gefährdet Bonns Ansehen.› Die FDP will in der Ausländerpolitik nicht zurückweichen», FAZ, 5. 9. 1984.
69 Zit. n. «Aus der Asche», Der Spiegel, 1. 10. 1984; »Keine Begrenzung des Nachzugalters», SZ, 30. 11. 1984; vgl. aber: «Die Union besteht auf sechs Jahre als Nachzugsalter für Kinder», Die Welt, 12. 2. 1985.
70 Gesetz zur Förderung der Rückkehrbereitschaft von Ausländern, DBT-Drs. 10/351; vgl. Frey, Direkte und indirekte Rückkehrförderung seitens der Aufnahmeländer, in: Körner/Mehrländer, Die «neue» Ausländerpolitik in Europa, S. 15–63; Körner, Das Gesetz zur Förderung der Rückkehrbereitschaft von Ausländern vom 28. November 1983. Eine kritische Bilanz, ebd., S. 65–72; Hönekopp, Rückkehrförderung; Meier-Braun, Integration und Rückkehr, S. 35 ff.; Motte, Gedrängte Freiwilligkeit. Arbeitsmigration, Betriebspolitik und Rückkehrförderung 1983/84, in: Motte/Ohliger/Oswald (Hg.), 50 Jahre Bundesrepublik, S. 165–183; Pöschl/Schmuck, Die Rückkehr.
71 Informationen der Bundestagsfraktion der SPD, 8. 7. 1983.
72 «IG Metall, Bundesregierung täuscht Ausländer arglistig», FR, 1. 12. 1983.
73 Abgedr. in FR, 2. 11. 1983.
74 Informationen, Meinungen, Anregungen, hg. v. der Beauftragten der Bundesregierung für Ausländerfragen, 21. 9. 1984, Bonn 1984.
75 *Hürriyet*, 5. 7. 1984.
76 Arbeitsminister Blüm nach: «Nimm Deine Prämie und hau ab»; Der Spiegel, 22. 8. 1983; vgl. «Die Rückkehrhilfen greifen anders als vom Gesetzgeber gewollt», Handelsblatt, 12. 3. 1984.
77 «300 000 Ausländer in die Heimat zurück», Die Welt, 2. 8. 1984; vgl. Frey, Direkte und indirekte Rückkehrförderung; Meier-Braun, Integration und Rückkehr?, S. 48 ff.; Bade, Ausländer – Aussiedler – Asyl, S. 58 ff.
78 Staatssekretär Spranger n. «Harte Politik», Der Spiegel, 10. 9. 1984.
79 «Keine Rückkehrprämie», Der Spiegel, 21. 10. 1985.
80 Motte, Gedrängte Freiwilligkeit, S. 181; über die konkreten Auswirkungen des Rückkehrgesetzes in einigen Orten berichten z.B. der Rheinische Merkur, 23. 3. 1984, «Wenn die Türken gehen, verfällt die Kolonie»; Handelsblatt, 12. 3. 1984, »Rückkehrhilfen greifen nur zum Teil»; Der Spiegel, 27. 2. 1984, «Dramatische Szenen».
81 Ankündigung der CDU/CSU vor den Koalitionsverhandlungen mit der FDP, FR, 17. 2. 1983.
82 «Wunsch nach Integration wächst», FAZ, 6. 3. 1984.
83 *Hürriyet*, 19. 1. 1987.
84 Regierungserklärung BK Kohl, 4. 5. 1983, DBT, 10/4, S. 67.

85 Konzeption des BMI für das neue Ausländergesetz, 16. 9. 1983, BA B149/83659.
86 Assoziierungsabkommen von 1964, BGBl. II, S. 509; Zusatzprotokoll von 1970, BGBl. II, 1972, S. 385.
87 Vgl. AA an BMI, 26. 2. 1982, B 106/140812f; vgl. Schreiben Zimmermanns an BK Kohl, 26. 10. 1983, BA B 106/140812.
88 «Weiterentwicklung der Assoziation EG/Türkei im Arbeitskräftebereich», Papier des BAMAS, o. D., [verm. Juli 1985], BA B 14983659.
89 Im Juni 1984 war Innenminister Zimmermann nach Ankara gereist, vgl.»Hartes Feilschen», Der Spiegel, 2. 8. 1984.
90 Theo Sommer, Vertragsbruch oder Dammbruch, in: Die Zeit, 19. 7. 1985; vgl. Münchener Merkur, 2. 12. 1985, «Kommen noch Tausende von Türken in die Bundesrepublik?».
91 «Immer um Penunze», Der Spiegel, 22. 7. 1985.
92 Vgl. «Pokerspiel um türkischen EG-Beitritt», Tagesspiegel, 20. 3. 1986; «Evren spricht in Bonn über Beitritt zur EG», FAZ, 18. 10. 1988; «Türkisches Beitrittsgesuch zurückgewiesen», FAZ, 19. 12. 1989; Unterlagen in BA B 106/40813.
93 Irenäus Eibl-Eibesfeldt, «Türken sind auch nur Menschen», Bunte, 30. 9. 1982.
94 Peter Scholl-Latour, «Unsere Türken oder Nagelprobe der Toleranz», Stern, 6. 10. 1983.
95 Vgl. Özcan, Ertekin: Türkische Immigrantenorganisationen in der Bundesrepublik Deutschland. Die Entwicklung politischer Organisationen und politischer Orientierung unter türkischen Arbeitsimmigranten in der Bundesrepublik Deutschland und Berlin West, Berlin 1989, S. 208 f.
96 Vgl. «Prediger mit drohenden Thesen», SZ, 5. 9. 1987; «Khomeini von Köln», Bonner Rundschau, 4. 8. 1987.
97 Gerhard Spörl, «Die Angst vor den Fremden», Die Zeit, 21. 9. 1984.
98 Nach Münch, Asylpolitik, S. 253.
99 Wolfram Engels, «Lagerprobleme», Wirtschaftswoche, 8. 8. 1986, S. 120.
100 Zur Geschichte der Asylpolitik in der Bundesrepublik grundlegend Münch, Asylpolitik; Bade, Ausländer – Aussiedler – Asyl, S. 91 – 146; Nuscheler, Internationale Migration; Pracht, Ausländer- und Asylpolitik; vgl. auch Sievering (Hg.), Politisches Asyl; Thränhardt (Hg.), Flucht und Asyl; Butterwegge (Hg.), Europa gegen den Rest der Welt?; Stöber, «Politisch Verfolgte genießen Asylrecht». Besonders zugespitzte Positionen bei Kauffmann, Kein Asyl bei den Deutschen; Lummer, Asyl; Quaritsch, Recht auf Asyl. Zum Asylrecht bis 1993 grundlegend Kimminich, Grundprobleme das Asylrechts; ders. (Hg.), Handbuch des Aslyrechts; vgl. auch Barwig, Asylrecht im Binnenmarkt; Familien ausländischer Herkunft, S. 7 ff.
101 Vgl. Marugg, Völkerrechtliche Definitionen des Ausdruckes «Flüchtling»; Hailbronner, Die Rechtsstellung der De-facto-Flüchtlinge.
102 DBT, Drs. 11/4120 v. 3. 3. 1989; vgl. Münch, Asylpolitik, S. 46f.
103 Als Grundlage für die in den folgenden Jahren immer wieder veränderten Wartezeitenregelungen diente das 6. Gesetz zur Änderung des Arbeitsförderungsgesetzes vom 3. 8. 1981, in: BGBl. I, S. 802.
104 Vgl. Debatte im Deutschen Bundestag, DBT 10/67, 12. 4. 1984, S. 4741 ff. Dabei mag eine Rolle gespielt haben, daß sich die Bundesregierung zu dieser Zeit wegen der drohenden Freizügigkeit türkischer Arbeitnehmer im Rahmen des As-

soziationsvertrages mit der EG gedrängt sah, die türkische Kooperationsbereitschaft nicht zu gefährden.
105 Vgl. FAZ, 31. 8. 1983, 1. 9. 1983.
106 Abg. Dr. Hirsch (FDP), DBT 10/67, 12. 4. 1984, S. 4749 f.
107 Memorandum der VN, Betr., UNHCR – Bericht zur Lage der Asylsuchenden i. d. Bundesrepublik Deutschland, 1. 7. 1983 [von Candida Toscani]; BA B 149/59684; Wortlaut d. Berichts in Frankfurter Rundschau, 17. 9. 1983; vgl. Die Zeit v. 23. 9. 1983; zu dem Bericht gab es eine Aktuelle Stunde im Bundestag, DBT, Prot. v. 15. 9. 1983, S. 1491 ff.
108 Vm. über Standpunkt des UNHCR im BMI v. 7. 11. 1983, BA B 149/59684; vgl. «Könnte sein», Der Spiegel, 12. 12. 1983.
109 Vgl. Debatte im DBT, 12. 4. 1984, DBT 10/67, S. 4741 ff.; über den Tod von 6 Abschiebehäftlingen: «Wahre König», Der Spiegel, 9. 1. 1984; Dossier «Abgeschoben», Die Zeit, 13. 1. 1984.
110 Rede des BMdI Zimmermann am 13. 12. 1986 in Zirndorf, in: Der Bundesminister des Innern (Hg.), Betrifft Ausländerpolitik.
111 Initiative Berlins v. 15. 2. 1985, Bundesrat, Drs. 91/85; Gesetzentwurf Bayerns und Baden-Württembergs v. 26. 2. 1985, Bundesrat, Drs. 99/75; vgl. Münch, Asylpolitik, S. 102.
112 «Offenes Bekenntnis», Der Spiegel, 22. 2. 1985.
113 «Da kann die ganze Rote Armee kommen», Der Spiegel, 9. 9. 1985; vgl. ebd. 25. 2. 1985.
114 Vgl. DBT 10/163, 4. 10. 1985, S. 12214 ff.
115 Vgl. «Grüne Algenpolster», Der Spiegel, 8. 4. 1985.
116 BK Kohl, 2. 9. 1986 im Bundeskabinett, zit. n. «An die Grenzen», Der Spiegel, 8. 9. 1986, S. 98.
117 Vgl. BT-Drs. 12/413 vom 24. 4. 1991, S. 5, zitiert nach Münch, Asylpolitik, S. 122. Münch weist ebd., S. 96, auf verschärfende Abweichungen von der allgemeinen Wartezeitenregelung in den Bundesländern Bayern und Baden-Württemberg hin. Vgl. dazu auch «Arbeitsverbot in Bayern für Asylanten verschärft», in: Augsburger Allgemeine, 13. 4. 1985.
118 Vgl. «Übler Schläger», Der Spiegel, 24. 12. 1984; «Interne Sache», Der Spiegel, 15. 7. 1985.
119 Gesetz zur Änderung asylverfahrensrechtlicher und ausländerrechtlicher Vorschriften, BGBl. I, S. 89; vgl. Debatte im Deutschen Bundestag, DBT 10/246, 13. 11. 1986, S. 18997.
120 Beauftragte, Migration und Integration in Zahlen, S. 274 ff.
121 Nach: «Der Druck muß sich erst noch erhöhen. Wie CDU und CSU mit dem Thema Asyl die Wahlen gewinnen wollen», Der Spiegel, 27. 8. 1986.
122 Auszug aus einer Debatte in der Bundestagsfraktion der CDU/CSU: «Ich empfehle, maßvoll zu sein», Der Spiegel, 22. 9. 1986; vgl. «Die Kurve der Asylbewerber steigt», FAZ, 28. 9. 1985; «Bonn tut sich ein bißchen schwer», FAZ, 3. 10. 1985.
123 Nach: «Revolutionäre Viren», Der Spiegel, 20. 7. 1987.
124 Zit. nach: «Der Druck muß sich erst noch erhöhen», Der Spiegel, 27. 8. 1986, S. 79. Vgl. Interview mit Daniel Cohn-Bendit, der solche Argumentation als »voluntaristische Kraftakte» und das «allgemeine Bleiberecht» als «Phrase» bezeichnete: «Die Grünen verklären die Asylbewerber», Der Spiegel, 22/1989;

vgl. Knight/Kowalsky, Deutschland nur den Deutschen?, S. 137–144. Das Buch gehörte in die Reihe der Publikationen, die den «negativen Nationalismus» der Linken im Kontext der Wiedervereinigung kritisierten.
125 Nach Münch, Asylpolitik, S. 253.
126 «Die Spreu vom Weizen trennen», Der Spiegel, 22. 9. 1986, S. 100.
127 Beschlußniederschrift über die Sitzung der Ständigen Konferenz der Innenminister der Länder am 26. 4. 1985, BA B 149/76244.
128 Prot. des Bund-Länder-Ausschusses «Ausländerpolitik» am 5./6. 5. 1987, BA B 149/83920, betr. Sitzung des Innenausschusses.
129 Der Beschluß zur Aufhebung des Abschiebeverbots wurde auf der Konferenz der Innenminister vom 14. 4. 1989 gefaßt.
130 Zum Thema allgemein s. Pfundtner, Spätaussiedler; Arnold/Harmsen (Hg.), Die Aussiedler; Malchow/Tayebi/Brand, Die fremden Deutschen; Otto (Hg.), Westwärts – heimwärts?; Bade (Hg.), Aussiedler; ders., Ausländer – Aussiedler – Asyl; ders., Fremde Deutsche, ‹Republikflüchtige›, – Übersiedler – Aussiedler, in: ders. (Hg.), Deutsche im Ausland – Fremde in Deutschland, S. 410–410; Baaden, Aussiedler-Migration; Ingenhorst, Die Rußlanddeutschen; Dietz/Roll, Jugendliche Aussiedler.
131 Nach Bade, Ausländer – Aussiedler – Asyl, S. 148 f.
132 Zit. n. Münz/Seifert/Ulrich, Zuwanderung nach Deutschland, S. 23.
133 MPr Lafontaine, 26. 10. 1988, DBT 11/102, S. 7003 ff.
134 Staatssekr. Dr. Spranger, ebd.
135 Vgl. etwa Der Spiegel, 20. 6. 1988, «Praktisch leergefegt».
136 Barwig, Zur Diskussion um die Novellierung des Ausländerrechtes, in: Bade, Aktuell Kontrovers 1990, S. 41–54.
137 Regierungserklärung BK Kohls, 18. 3. 1987, DBT, 11/4, S. 62.
138 Heribert Prantl, «Ein politischer Irrgarten wird angelegt», SZ, 2./3. 7. 1988; vgl. auch ders., «Von Partnerschaft ist nicht die Rede», SZ, 24. 6. 1988.
139 Vgl. «Heftige Auseinandersetzung über Ausländerpolitik in der CDU», FAZ, 2. 3. 1988.
140 Ebd.
141 DBT, 24. 6. 1988, 11/88, D. 6041–6055.
142 Kommentar der Mannheimer Forschungsgruppe Wahlen, zit. n. Der Spiegel, 13. 2. 1989, «Im Jahr 2000 ein türkischer Kanzler».
143 Heribert Prantl, «Die Saat geht auf: Ausländerhaß», SZ, 8. 2. 1989.
144 «Im Jahr 2000 ein türkischer Kanzler», Der Spiegel, 13. 2. 1989, S. 38.
145 Ebd.
146 Gesetz zur Änderung asylverfahrensrechtlicher und ausländerrechtlicher Vorschriften v. 20. 12. 1988, BGBl. I, S. 2362.
147 «Eckwerte für das Ausländergesetz», FR, 21. 4. 1989; vgl. «Der Referentenentwurf zum Ausländergesetz», FAZ, 30. 9. 1988.
148 FAZ, 15. 3. 1989; 22. 4. 1989; Barwig, Zur Diskussion um die Novellierung; Bade, Ausländer – Aussiedler – Asyl, S. 62 ff.
149 FAZ, 22. 4. 1989.
150 Vgl. Kritik der Abg. Sonntag-Wolgast im Innenausschuß des DBT, 17. 1. 1990, DBT, Parlamentsarchiv, XI 262, A 3, S. 13; Schr. der AG Kommunale Ausländervertretungen Niedersachsen an den Präs. d. Bundesrates, Momper, v. 30. 3. 1990, DBT, Parlamentsarchiv, XI 262, B 1.

151 Stellungnahme der Ausländerbeauftragten zum Entwurf für ein Gesetz zur Neuregelung des Ausländerrechts, 12. 2. 1990, DBT, Parlamentsarchiv XI 262, Bd. 1, AuslGes.
152 Heribert Prantl, «Im Mahlwerk neuer Normen», SZ, 25. 4. 1990.
153 Gesetz zur Neuregelung des Ausländerrechts, 9. 7. 1990, BGBl 1990, I, S. 1354–1387; vgl. Barwig, Klaus (Hg.), Das neue Ausländerrecht. Kommentierte Einführung mit Gesetzestexten und Durchführungsverordnungen, Baden-Baden 1991.
154 DBT 26. 4. 1990, 11/207, S. 16278–16280; vgl. «Neues Ausländergesetz verabschiedet», FAZ, 27. 4. 1990.
155 Statistisches Bundesamt/Bundesanstalt für Arbeit; ab 1991 gesamtdeutsches Ergebnis. Zit. n. Bericht der Beauftragten, 2000, S. 231. Zum folgenden s. Münz/Seifert/Ulrich, Zuwanderung nach Deutschland.
156 Beauftragte, Migration und Integration in Zahlen, S. 180.
157 Lederer/Nickel, Illegale Ausländerbeschäftigung; Hofherr, Die illegale Beschäftigung; Neue Formen der Arbeitskräftezuwanderung; Vogel, Illegale Zuwanderung; Vial/Walzel, Illegale Beschäftigung; vgl. «Lockruf des Geldes», Der Spiegel, 4. 12. 1995; «Go, Go», Der Spiegel, 13. 1. 1997.
158 Bericht der Beauftragten, 2000, S. 239; Kontingentflüchtlinge inkl. jüdische Emigranten aus der ehemaligen UdSSR; Familienangehörige von Asylberechtigten: fixierte Schätzung.
159 Beauftragte, Migrationsbericht 1999, S. 29.
160 Ebd., S. 32.
161 Bericht der Beauftragten, 2000, S. 175.
162 Ebd., S. 237.
163 §§ 85, 86 Abs. 1 Ausländergesetz.
164 Bericht der Beauftragten, 2000, S. 243.
165 Familien ausländischer Herkunft in Deutschland. Leistungen – Belastungen – Herausforderungen. Bericht der Sachverständigenkommission der Bundesregierung – Sechster Familienbericht, DBT 14.
166 Vgl. Antwort der Bundesregierung auf eine große Anfrage der Fraktion der SPD, Situation ausländischer Rentner und Senioren in der Bundesrepublik Deutschland, DBT, Drs. 12/5796; Bericht der Beauftragten, 2000, S. 195–200.
167 Bericht der Beauftragten, 2000, S. 204.
168 Bericht der Beauftragten, 1997, S. 53 ff.
169 Vgl. Deckmann/Engelhardt/Hartmann, Einkommensungleichheit in der Bundesrepublik Deutschland.
170 Jeweils September, Bundesgebiet West; Jugoslawien ab 1993 Serbien und Montenegro; nach: Beauftragte, Bericht 2000, S. 267.
171 Bericht der Beauftragten, 1997, S. 66 ff.; 2000, S. 158 ff.
172 Das folgende nach Bericht der Beauftragten, 2000, S. 113 ff.
173 Vgl. Beauftragte, Integration oder Ausgrenzung?, 1997.
174 Vgl. Müggenburg, Die ausländischen Vertragsarbeitnehmer; Bericht der Beauftragten, 1997, S. 139 ff; Krüger-Potratz, Anderssein gab es nicht; Elsner/Elsner, Zwischen Nationalismus und Internationalismus; Bade, Ausländer – Aussiedler – Asyl, S. 178 ff.
175 Vgl. «Nach der Wende zwischen allen Stühlen», General-Anzeiger, 2. 1. 1993; «Bonner Gespräch mit Hanoi geplatzt», FR, 21. 2. 1995. «Leben mit lauter Hindernissen. Vietnamesen in Deutschland:...», Wochenpost, 30. 5. 1996. «Initiati-

ve für Vietnamesen. Ausländerbeauftragte fordert Bleiberecht für DDR-Arbeiter», FR, 2. 11. 1996; «In den Westen kamen sie als Boatpeople, im Osten waren sie Vertragsarbeiter. Von Vietnam nach Deutschland und zurück», taz, 11. 10. 1997.
176 «Im Jahr 2000 ein türkischer Kanzler», Der Spiegel, 13. 2. 1989.
177 «Massen-Treck verhindern», AZ, 14. 12. 1990; vgl. «Sowjetdiplomaten warnen den Westen vor Millionen Zuwanderern», FR, 6. 12. 1990; «Stoiber: Massen-Treck verhindern», AZ, 14. 12. 1990; dagegen «‹Igor ante portas›. Die Bundesrepublik braucht eine rationale Einwanderungspolitik», Die Zeit, 14. 12. 1990.
178 Zur europäischen Asyl- und Einwanderungspolitik s. u.
179 «Lafontaine eröffnet neue Debatte über das Asylrecht», FAZ, 1. 8. 1990; «SPD-Fraktion contra Lafontaine», Die Welt, 3. 8. 1990; «Asylrecht: ‹Oskar quält sich›», Der Spiegel, 32/1990; «Letztes Paradies», Der Spiegel, 34/1990.
180 SZ, 10. 11. 1991, (H. Prantl), «Parteitaktisches Lavieren im Rauch der Brandsätze»; «Gegen Kuhhandel mit Aussiedler. Union lehnt Asyl-Kompromiß auf Kosten der Deutschstämmigen ab», Die Welt, 2. 8. 1991.
181 Ulrich Reitz, «Versagen beim Asylproblem», Die Welt, 6. 7. 1990; vgl. «Asylschwindel gefördert», Die Welt, 26. 7. 1990.
182 Vgl. «Die Wochenendasylanten», Bild am Sonntag, 21. 10. 1990.
183 Arnulf Baring, «Ein offenes Wort zum Thema Asylanten», Bild-Zeitung, 13. 10. 1990.
184 «Asylanten in Hamburg – wohin?», Bild-Zeitung Hamburg, 6. – 15. 11. 1990. Vgl. Angerer, Fremdenfeindlichkeit und Feindbilder in Printmedien, in: Gerikke (Hg.), Das Ende der Gemütlichkeit; Althoetmar, SchlagZeilen.
185 «CDU plante die Anti-Asyldebatte. Internes Papier gibt Einblick, wie alle CDU-Mandatsträger in die Kampagne gegen das Asylrecht eingespannt wurden», taz, 8. 10. 1991
186 Herbert Riehl-Heyse, «Wem nützt die Asylkampagne?», SZ, 12. 10. 1991.
187 1. 3. 1990, DBT, Drs. 175/90; 5. 10. 1990, DBT, Drs. 684/90; vgl. «Farbe bekennen», Der Spiegel, 42/1990; «Bundesrat hält am Asylrecht fest», FR, 13. 10. 1990.
188 «Wettrennen in Schäbigkeit. Burkhard Hirsch (FDP) und Edmund Stoiber (CSU) über das Asylrecht», Der Spiegel, 45/1990.
189 «Schon nahe am Pogrom», Der Spiegel, 14/1990.
190 Vgl. «In Rostock gibt es keine Quartiere», Hamburger Abendblatt, 12. 2. 1991; «Einfach verschwunden», Der Spiegel, 50/1990; «Experiment am Menschen. Asylbewerber in der DDR», taz, 29. 11. 1990.
191 Bild-Hamburg, 30. 1. 1991; «Asyl, Worauf warten die Politiker?» (H. H. Tiedje), Bild-Zeitung, 9. 8. 1991.
192 «Vielen Bürgern der Ex-DDR dienen Asylbewerber als Sündenböcke», FR, 6. 3. 1991; vgl. «Asylbewerber flüchten aus der Ex-DDR», taz, 29. 2. 1991.
193 «Angst unter Dresdens Ausländern», taz, 10. 4. 1991.
194 Zit. n. Heribert Prantl, «Asylpolitik zwischen Hysterie und Hilflosigkeit», SZ, 3. 8. 1991.
195 «Zu viele Asylanten» (P. Meyer-Ranke), Bild-Zeitung, 30. 7. 1991.
196 Theo Sommer, «Das Menetekel von Bari», Die Zeit, 16. 8. 1991.
197 «Die Asylanten-Katastrophe. Morgen auch bei uns?», Bild-Zeitung, 14. 8. 1991.
198 Roth, Was bewegt die Wähler?

199 Bild-Zeitung, 21. 9. 1991; repräsentative Umfragen ergaben ein anderes Bild, 55 % der Deutschen wollten das Asylrecht einschränken, 41 % waren dagegen; vgl. FR, 23. 8. 1991.
200 «Soldaten an die Grenzen», Der Spiegel, 9. 9. 1991.
201 «Lieber sterben als nach Sachsen», Der Spiegel, 29. 9. 1991.
202 Nach Stern, 2. 10. 1991; «Überfälle und Anschläge auf Ausländer in ganz Deutschland», SZ, 7. 10. 1991; «Welle der Gewalt gegen Ausländer», taz, 7. 10. 1991.
203 Vgl. «Häßliche Details einer Brandnacht», SZ, 25. 5. 1992.
204 Heribert Prantl, «Parteitaktisches Lavieren im Rauch der Brandsätze», SZ, 10. 11. 1991.
205 Golo Mann, «Die Grenzen dichtmachen», Interview, Die Welt, 19. 10. 1991.
206 Nach Silbermann/Hüsers, Der «normale» Haß gegen die Fremden, S. 23 ff. (Durchgeführt vom Emnid-Institut, Bielefeld, im Jahre 1993).
207 Ebd.
208 Marc Fisher, «Come on, Germany. Get real», taz, 9. 8. 1991.
209 «Ziemlich künstlich» (S. Baron), Wirtschaftswoche, 16. 8. 1991; vgl. «Einwanderer gesucht», Wirtschaftswoche, 10. 2. 1989; «Angst vor Dynamikern. Neue Bürger braucht das Land. Untersuchungen zeigen, daß die Deutschen von Zuwanderung mehr profitieren, als sie dafür zahlen», Wirtschaftswoche, 25. 10. 1991; ähnlich: «Konjunkturprogramm Asyl», Die Zeit, 15. 1. 1993.
210 Heribert Prantl, «Asylpolitik zwischen Hysterie und Hilflosigkeit», SZ, 3. 8. 1991.
211 Vgl. «Notsignal. Die Ausländerbeauftragte Liselotte Funcke fordert ein eigenes Ministerium», taz, 27. 3. 1991; «Funcke kündigt Rücktritt an», FR, 19. 6. 1991.
212 Vgl. «Wir werden uns noch wundern», Der Spiegel, 32/1991.
213 Vgl. Heiner Geißler, «Wenn die Fahne fliegt, ist der Verstand in der Trompete», SZ, 10. 7. 1993, der auf den Zusammenhang zwischen der bundesweiten Resonanz auf die Asyldebatte im Bremer Wahlkampf und dem Ansteigen der Fremdenfeindlichkeit hinwies.
214 Gesetzentwurf von SPD und Regierungsparteien, DBT-Drs. 12/2062 v. 12. 2. 1992; vgl. «Ab ins Lager», Der Spiegel, 14. 10. 1991.
215 Heribert Prantl, «Das Kanzlerpaket – Inhalt ungenießbar», SZ, 31. 12. 1991.
216 Vgl. Bundestagsdebatte über das Asylverfahrensgesetz v. 20. 2. 1992, DBT 12/79, S. 6465–6517.
217 Vgl. «Hier ist jedes Loch besetzt», Der Spiegel, 9. 3. 1992, Interview mit dem Münchner Oberbürgermeister Kronawitter. Bild-Zeitung, April 1992; Bild-Zeitung Hamburg, 18. 5. 1992; «Sie kommen, ob wir wollen oder nicht», Der Spiegel, 13. 4. 1992.
218 «Bündniswille und Prinzipienfestigkeit. Nach heftiger Debatte über die Einwanderungspolitik setzen sich die überkommenen Positionen durch», taz, 18. 5. 1992.
219 Daniel Cohn-Bendit, «Ich bin politisch heimatlos», taz, 20. 5. 1992.
220 Horst Meier, «Ein sich selbst fremdes Volk», taz, 14. 9. 1992.
221 Gerhard Schröder, «Wir brauchen Zuwanderer», Der Spiegel, 16. 3. 1992.
222 So der Chefökonom der Deutschen Bank, Walter, in: «Sesam öffne dich», Der Spiegel, 27. 4. 1992; vgl. «Klose: Im Interesse der Wirtschaft braucht Deutschland jährlich bis zu 300 000 Einwanderer», SZ, 25. 5. 1992.

1. Anmerkungen

223 Bild-Zeitung, 26. 6. 1992 (das Haus stand seit langer Zeit leer), 4. 7. 1992.
224 Vgl. «Deutschland nimmt bosnische Flüchtlinge auf», SZ, 22. 7. 1992; «Welle deutscher Hilfsbereitschaft erwartet die Kriegsflüchtlinge», Hamburger Abendblatt, 24. 7. 1992.
225 Bild-Hamburg, 28. 7. 1992.
226 «10 000 wollen ein Sarajevo-Kind», Bild-Zeitung, 24. 7. 1992.
227 Peter Boenisch, «Das falsche Asyl», Bild-Zeitung, 28. 7. 1992; vgl. «Gute Flüchtlinge ja, böse Asylanten nein», Neue Osnabrücker Zeitung, 23. 7. 1992.
228 FR, 7. 11. 1992.
229 Vgl. «Aggressivität gegen Flüchtlinge wächst», taz, 31. 7. 1992.
230 «Alle drei Wochen ein Toter», Der Spiegel, 7. 9. 1992.
231 Nach «Ernstes Zeichen an der Wand», Der Spiegel, 7. 9. 1992; «Alle wußten Bescheid – doch nichts passierte», taz, 5. 9. 1992.
232 «Ausländerfeindliche Gewalttaten gehen weiter», SZ, 21. 9. 1992; «Steine werfen, ankokeln, abfackeln», taz, 21. 9. 1992.
233 Vgl. «Sinti und Roma nach Bonn. Der Asylstreit um die größte Gruppe der ausländischen Zuwanderer», Der Spiegel, 14. 9. 1992.
234 Bild-Zeitung, 28. 10., 1., 3. und 8. 9. 1992.
235 Nach Bade, Ausländer – Aussiedler – Asyl, S. 119.
236 Nach Ulrich Beck, «Biedermann und Brandstifter», Der Spiegel, 9. 11. 1992.
237 «FDP vor Kurswechsel in der Asylpolitik», SZ, 13. 6. 1992; «Union erfreut über FDP-Schwenk», FR, 17. 6. 1992.
238 Vgl. SZ, 24. 8. 1992.
239 «Engholm setzt Wende bei Asyl durch», FR, 14. 9. 1992; vgl. SZ, 14. 9. 1992; «Das Thema Asyl bringt der Union die Zerreißprobe», 23. 9. 1992; «Eine zweite Katastrophe», Der Spiegel, 28. 9. 1992.
240 Kohl vor dem Parteitag der CDU in Düsseldorf, 30. 10. 1992, nach: «Das ist der Staatsstreich», Der Spiegel, 2. 11. 1992; vgl. FAZ, 2. 11. 1992 («Koalition spricht vom drohenden Staatsnotstand»); SZ, 5. 11. 1992 («Keine Debatte über ‹Staatsnotstand›». Kanzleramt: «Die Bundesregierung plant keinen Staatsstreich»)
241 Ebd.; Grundlage für diese Wendung war ein zuvor eingeholtes Rechtsgutachten, in dem es hieß: «Für den Fall, daß das Asylwesen zum Staatsnotstand führt, ist die Einschränkung des Wesensgehalts möglich, ... in der Form eines einfachen Gesetzes.» Zit. n. «Tips zum Verfassungsbruch», Der Spiegel, 9. 11. 1992.; vgl. Friedrich Karl Fromme, «Noch kein Notstand», FAZ, 3. 11. 1992.
242 «Die Schocktherapie, trotz aller Mängel heilsam», SZ, 19. 11. 1992; kritisch dazu Heribert Prantl, «Asylparteitag. Der letzte Akt des Mißbrauches?», SZ, 14. 11. 1992.
243 Vgl. Kahl, Das Verfahren vor dem Oberlandesgericht Schleswig; Nachbarn und Mörder, Rostock, Mölln, Solingen.
244 «Pöbel auf den Straßen», Ha'aretz, zit. n. SZ, 26. 11. 1992.
245 «Regierungskampagne», Independent on Sunday, London, zit. n. FAZ, 30. 11. 1992.
246 Brigitte Seebacher-Brandt, «Des Guten genug», FAZ, 28. 1. 1993; vgl. auch die Ausführungen des Berliner CDU-Politikers Lummer, der darauf hinwies, daß in Großbritannien mehr Ausländer erschlagen würden als in Deutschland; dort gebe es aber keine «Lichterketten, Schäm-Orgien und öffentlich-rechtliche Volkspädagogik nach dem Motto ‹Seid nett zu Ausländern›» («Verbreiteter bri-

tischer Alltagsrassismus», FAZ, 19. 2. 1993); vgl. auch «Jeder streichelt seinen Bimbo», Der Spiegel, 6. 1. 1992.
247 Bade, Aktuell Kontrovers 1994, S. 26.
248 Jürgen Busche, «Es ist ein Trauerspiel», SZ, 26. 5. 1993.
249 Ergebnis der Verhandlungen zur Neuordnung des Asylrechts, gedr. in: FAZ, 8. 12. 1992; Gemeinsamer Gesetzentwurf von Union, SPD und FDP v. 19. 1. 1993 (DBT, Drs. 12/4152); «Der neue Überfall auf Polen», SZ, 1. 3. 1993.
250 Vgl. die Debatte im DBT, 4. 3. 1993, 12/143, S. 12282–12322; Prot. der 55. Sitzung des Innenausschusses des DBT, 11. 3. 1993, PA AsylG XII, 207, A 2; 58. Sitzung, 21. 4. 1993, ebd., A 3; 61. Sitzung, 10. 5. 1993, ebd.; DBT-Debatte am 26. 5. 1993, DBT 12/160, S. 13502–13630. «Fachleute kritisieren Asylverfahren», FAZ 25. 3. 1993; «Sachverständige bewerten geplantes Asylrecht als ineffizient», FR 25. 3. 1993; «Verwaltungsrichter kritisieren die Asyl-Drittstaatenregelung», Bonner Generalanzeiger, 25. 3. 1993; die Kritik der «Ausländerlobby» zusammenfassend Herbert Leuninger (ProAsyl), Der Mensch als Flüchtling. Vom Rechtssubjekt zum Objekt des Staates (8. 8. 1993), in: Bade, Aktuell Kontrovers 1994, S. 110 f.
251 Gesetz zur Änderung asylverfahrens-, ausländer- und staatsangehörigkeitsrechtlicher Vorschriften, 30. 6. 1993, BGBl. I S. 1062; vgl. Barwig (Hg.), Asyl nach der Änderung des Grundgesetzes.
252 Gesetz zur Neuregelung der Leistung an Asylbewerber v. 1. 11. 1993, BGBl. I S. 1074.
253 Heribert Prantl, «Asyl, Ein deutsches Trugbild», SZ, 8. 12. 1992.
254 Deutsch-Polnisches Abkommen über die Zusammenarbeit hinsichtlich der Auswirkungen von Wanderungsbewegungen v. 7. 5. 1992; vgl. «Eine neue Mauer?», Der Spiegel, 8. 2. 1993; FAZ, 10. 2. 1993; «Gut für Deutschland, schlecht für Polen», FAZ, 10. 5. 1993.
255 Vgl. Gür/Turhan, Die Solingen-Akte; Solingen – Dokumentation; Ruth, Die Morde von Solingen; Nachbarn und Mörder: Rostock, Mölln, Solingen.
256 Der Spiegel, 21. 6. 1993, S. 192.
257 Vgl. Jürgen Busche, «Gesinnungs- und Schreibtischtäter», SZ, 1. 6. 1993; Günter Grass, Peter Rühmkorf, Offener Brief an den Bundespräsidenten, FR, 5. 6. 1993; «Weder Heimat noch Freunde», Der Spiegel, 7. 6. 1993; «Hier herrscht Apartheid» – Interview mit Hakki Keskin, ebd.; Erklärung der Bundesregierung v. 16. 6. 1993, DBT 12/162, S. 13854–13862.
258 Vgl. «Rückgang der Asylbewerberzahlen um 56 %. Drittstaatenregelung ist die entscheidende Säule», SZ, 10. 3. 1994; «Ein abschreckender Erfolg», Die Zeit, 1. 7. 1994.
259 «Nur wer schweigt, ist sicher», Interview mit Justizministerin Leutheusser-Schnarrenberger, Der Spiegel, 13. 3. 1995; «Koalition streitet über Abschiebestop für Kurden», FAZ, 16. 12. 1994; «Kanther verweigert Verlängerung des Abschiebestops für Flüchtlinge aus Rest-Jugoslawien und Kurdistan», SZ, 26. 11. 1994; vgl. «Abschiebungsmaschine durch neues Asylrecht», Die Zeit, 10. 6. 1994; vgl. allg. Barwig, Klaus (Hg.), Ausweisung im demokratischen Rechtsstaat, Baden-Baden 1996..
260 Vgl. «Kirchenasyl – Rechtsbruch oder Sonderrecht?», Das Parlament, 27. 5. 1994; Schultz-Süchting, Kirchenasyl; Bell/Skibitzki, «Kirchenasyl»; Nagel, Flüchtlinge und «Kirchenasyl»; Just (Hg.), Asyl von unten.

1. Anmerkungen 397

261 Das folgende nach Bade, Europa in Bewegung, S. 378–408; Santel, Migration in und nach Europa; Hailbronner, Von Schengen nach Amsterdam; Heckmann/Tomei (Hg.), Freizügigkeit in Europa.
262 Eckard Fuhr, «Am Tag danach», FAZ, 28. 5. 1993.
263 Vgl. etwa Pack/Parini (Ed.), American identities; Berman (Ed.), Debating P. C. The controversy over political correctness on college campuses. Die Debatte wurde stark von Diskussionen in der Erziehungswissenschaft und -praxis beeinflußt; vgl. Banks (Ed.), Multicultural education in Western societies; Modgil (Ed.), Multicultural education; Gollnick/Chinn, Multicultural education in a pluralistic society.
264 Vgl. bspw. Auernheimer (Hg.), Einwanderungsland Deutschland; Weber, Einwanderungsland Bundesrepublik Deutschland; Barwig (Hg.), Einwanderungsland Deutschland?
265 Der Begriff tauchte in der Bundesrepublik zum ersten Mal im Jahre 1980 im Vorbereitungsausschuß für den «Tag des ausländischen Mitbürgers» auf; vgl. FR, 26. 7. 1991. Zur Diskussion darum vgl. Frank, Staatsräson, Moral und Interesse; Leggewie/Baringhorst, Multi Kulti; Geißler/Rommel u. a., Plädoyers für eine multikulturelle Gesellschaft; Friedrich-Ebert-Stiftung (Hg.), Multikulturelle Gesellschaft; Jansen/Baringhorst (Hg.), Politik der Multikultur; Bade (Hg.), Die multikulturelle Herausforderung; Taylor (Hg.), Multikulturalismus und die Politik der Anerkennung; Schulte (Hg.), Multikulturelle Einwanderungsgesellschaften; Budzinski, Die multikulturelle Realität.
266 Vgl. etwa Cohn-Bendit/Schmid, Heimat Babylon.
267 Vortrag von Min.Dir. Eckart Schiffer, Hanns-Seidel-Stiftung, Juli 1991, teilw. gedr. in: FR, 15. 8. 1991 («Ein Modebegriff geht um in Europa, die multikulturelle Gesellschaft»).
268 Niethammer, Kollektive Identität, S. 482 ff.
269 Faul, Gegen die Multikulturisten.
270 Irenäus Eibl-Eibesfeldt, Der Brand in unserem Haus, in: SZ, 8. 5. 1993, zit. n. Bade (Hg.), Aktuell Kontrovers 1994, S. 41–54; kritisch dazu Heiner Geißler, «Wenn die Fahne fliegt, ist der Verstand in der Trompete», SZ, 10. 7. 1993; zit. ebd., S. 167 f.; vgl. «Sie sind ein Utopist», Gespräch zwischen Heiner Geißler und Irenäus Eibl-Eibesfeldt, Der Spiegel, 6. 4. 1998.
271 Oberndörfer, Politik für eine offene Republik, Die ideologischen, politischen und sozialen Herausforderungen einer multikulturellen Einwanderungsgesellschaft, in: Bade (Hg.), Das Manifest der 60, S. 133–147; vgl. ders., Die offene Republik; ders., Der Wahn des Nationalen.
272 Radtke, Multikulturalismus, zit. n. Bade (Hg.), Aktuell Kontrovers 1994, S. 176–178.
273 Ausländerbeauftragte, Entwurf eines Gesetzes zur Änderung und Ergänzung des Staatsangehörigkeitsrechts, in: Mitteilungen der Ausländerbeauftragten, Bonn 4. 2. 1993; Entwurf eines Gesetzes zur Erleichterung der Einbürgerung und Hinnahme der Doppelstaatsangehörigkeit, Gesetzentwurf der Fraktion der SPD im DBT, 10. 3. 1993. Drs. 12/4533; vgl. Claus Leggewie, «Plädoyer für ein ganzheitliches Konzept für Einwanderung und Integration», FR, 29. 1. 1993; «Ein einig Volk von Blutsbrüdern», Der Spiegel, 15. 3. 1993; vgl. Bade, Ausländer – Aussiedler – Asyl, S. 27 ff.

274 Wolfgang Schäuble, n. FAZ, 8.9.1993.
275 Johannes Gerster, Deutschland – ein Einwanderungsland?, Pressemitteilung, Bonn 4.8.1993, zit. n. Bade, Aktuell Kontrovers 1994, S. 205; vgl. Aufzeichnung d. BMI zur Ausländerpolitik und zum Ausländerrecht in der Bundesrepublik Deutschland, BA B106/139090.
276 Manfred Kanther, «Schluß mit den Zauberwörtern», Die Zeit, 24.9.1993, zit.n. ebd., S. 103 f.
277 Der als Brandstifter verdächtigte und angeklagte Safwan Eid wurde im Sommer 1998 freigesprochen; vgl. «Durch Schreie geweckt», Der Spiegel, 22.1.1996; «Der Richtige wird gefunden», Der Spiegel, 29.1.1996; «Löchrige Mitte», Der Spiegel, 15.7.1996; «Glücklich mit den Nachbarn», Der Spiegel, 30.9.1996; «Fern jeder Lebenserfahrung», Der Spiegel, 3.8.1996; allg. Vogel (Hg.), Der Lübecker Brandanschlag; Juhnke, Brandherd.
278 Koalitionsvereinbarung 1994, zit. n. Beauftragte, Bericht 1995, S. 55.
279 Doppelte Staatsangehörigkeit für Ausländer?, in: Ausländer in Deutschland, 8.1992, H. 4, S. 12 ff., zit. n. Bade, Aktuell Kontrovers 1994, S. 96; vgl. Hailbronner, Doppelte Staatsangehörigkeit, in: Barwig u. a. (Hg.), Neue Regierung – neue Ausländerpolitik?, S. 97–114.
280 Vgl. die Beiträge zum Staatsangehörigkeitsrecht in Barwig u.a. (Hg.), Neue Regierung – Neue Ausländerpolitik?, S. 69–228; sowie Baumann u.a., Blut oder Boden. Doppelpaß, Staatsbürgerrecht und Nationsverständnis; Klärner, Aufstand der Ressentiments; Goldberg, (Hg.), Deutsche Türken – türkische Deutsche?; dagegen Lummer, Deutschland soll deutsch bleiben; Eibl-Eibesfeldt/Koenig/Lummer u.a., Einwanderungsland Europa?
281 Justizministerin Leutheusser-Schnarrenberger, n. «Halb und halb», Der Spiegel, 20.3.1995.
282 Ebd.
283 Koalitionsvereinbarung, 20.10.1998, auszugsw. abgedr. in: Barwig u.a. (Hg.), Neue Regierung – neue Ausländerpolitik?, S. 586–593.
284 Vgl. Saathoff/Taneja, Von der «doppelten» zur «optionalen» Staatsbürgerschaft, in: Barwig u.a. (Hg.), Neue Regierung – neue Ausländerpolitik?, S. 123–132; Bericht der Beauftragten, 2000, S. 27–37; vgl. «Warten auf ein Wunder», Der Spiegel, 23.11.1998; «Front gegen Ausländer», ebd., 4.1.1999; «Der Kampf um die Pässe», ebd., 11.1.1999; «Größter anzunehmender Unfug», ebd., 15.2.1999; «Unsinn abräumen», ebd., 5.4.1999.
285 Gesetz zur Reform des Staatsangehörigkeitsrechts, Entwurf v. 16.3.1999, DBT, Drs. 14/533; im DBT verabschiedet am 7.5.1999, Prot. 14/40, S. 3461 ff.; Gesetz zur Reform des Staatsangehörigkeitsrechts; DBT Drs. 14/867.
286 Vgl. «Teutonische Prozeduren», Der Spiegel, 7.2.2000; «Weit offene Grenzen», ebd., 6.3.2000; «Green Card oder Red Card», ebd., 10.4.2000.
287 Vgl. Bundesministerium des Innern, Modellrechnung zur Bevölkerungsentwicklung der Bundesrepublik Deutschland, Bonn 1996; Münz/Seifert/Ulrich, Zuwanderung, S. 131–165; Kessler, Arbeitsmarktpolitische Implikationen eines Bevölkerungsrückgangs; «Die brauchen wir», Der Spiegel, 24.6.1996.

2.
Literatur

Literatur vor 1945

Aereboe, Friedrich: Die ländliche Arbeiterfrage nach dem Kriege, Berlin 1918.
Arnold, R. L.: Die Beschäftigung ausländischer Industriearbeiter im Deutschen Reich, in: Deutsche Industrie-Zeitung, Jg. 28, 1909, Nr. 49.
Asmis, Walter: Nutzbarmachung belgischer Arbeitskräfte für die deutsche Volkswirtschaft nach dem Kriege, Brüssel 1918.
Ausländische Arbeiter als Lohnsklaven, in: Correspondenzblatt der Generalkommission der Gewerkschaften Deutschlands, 18, 1908, S. 17–19.
Bauer, Otto: Proletarische Wanderungen, in: Die Neue Zeit, 1907, Bd. 2, S. 476–494.
Becker, Otto: Die Regelung des ausländischen Arbeiterwesens in Deutschland, Berlin 1918.
Bnin Bninski, Graf v.: Die Deutsche Feldarbeiterzentralstelle, in: Dritte Konferenz für Auswandererwesen in Dresden über die ausländischen Saisonarbeiter in Deutschland, abgedr. in: Caritas, 17, 1912, Nr. 7 u. 8, S. 220–356.
Bodenstein, Bernhard: Die Beschäftigung ausländischer Arbeiter in der Industrie. Vortrag gehalten in der Versammlung der Hauptstelle deutscher Arbeitgeber-Verbände am 27. Juni 1908 in Berlin, Essen 1908.
Bodenstein, Bernhard, u. Max von Stojentin: Der Arbeitsmarkt in Industrie und Landwirtschaft und seine Organisation. Vorträge gehalten auf der Tagung der mitteleuropäischen Wirtschaftsvereine in Berlin am 17. Juni 1909, Berlin 1909.
Britschgi-Schimmer, Ina: Die wirtschaftliche und soziale Lage der italienischen Arbeiter in Deutschland. Ein Beitrag zur ausländischen Arbeiterfrage, Karlsruhe 1916.
Burgdörfer, Friedrich: Volk ohne Jugend, Berlin 1934.
Cabrini, A.: Gewerkschaftliche Auswandererpolitik, in: Correspondenzblatt 18, 12. 3. 1908.
DeBotazzi: Italiani in Germania: als Italiener im Deutschland der Jahrhundertwende, hg. von Carmine Chiellino (Geschichte der Italiener in Deutschland, 1870–1995, Bd. 1), Essen 1993 (= Turin 1895).
Delbrück, Clemens von: Die wirtschaftliche Mobilmachung in Deutschland, München 1924.
Der Weltkrieg 1914–1918. Kriegsrüstung und Kriegswirtschaft, Bd. 1, Berlin 1930.
Die Lohndrücker des Auslandes und die Internationale, in: Die Neue Zeit, 1907/11, S. 511 ff.
Die Polen im rheinisch-westfälischen Steinkohlebezirk, hg. v. Gau «Ruhr-Lippe» des Alldeutschen Verbandes, München 1901.
Doegen, Wilhelm (Hg.): Kriegsgefangene Völker – Bd. 1: Der Kriegsgefangenen Haltung und Schicksal in Deutschland, Berlin 1921.
Doering-Manteuffel, Karl: Die rechtlichen Grundlagen für die Beschäftigung ausländischer Arbeitnehmer in Deutschland, Diss. Erlangen 1929.
Dritte Konferenz für Auswandererwesen in Dresden über die ausländischen Saisonarbeiter in Deutschland, abgedr. in: Caritas, 17, 1912, Nr. 7 u. 8, S. 220–356.

Ehrenberg, Richard, u. Gehrke: Der Kontraktbruch der Landarbeiter als Massenerscheinung, Rostock 1907.
Ellinger, August: Die Einwanderung ausländischer Arbeiter und die Gewerkschaften, in: Sozialistische Monatshefte, 23. 1917/I, S. 366–373.
Faaß, S.: Die ausländischen Wanderarbeiter in der deutschen Landwirtschaft. Berichte über Landwirtschaft 1927, Bd. 6.
Franke, E.: Die polnische Volksgruppe im Ruhrgebiet 1870–1914, in: Jahrbuch des Arbeitswissenschaftlichen Instituts der DAF, Berlin 1940/41, Bd. 2, S. 319–404.
Frankenstein, Kuno: Die Arbeiterfrage in der deutschen Landwirtschaft, Berlin 1893.
Fritz, Georg: Die Ostjudenfrage. Zionismus und Grenzschluß, München 1915.
Fulde, Herbert: Die polnische Arbeitergewerkschaftsbewegung, Weinfelden 1931.
Goltz, Theodor von der: Die ländliche Arbeiterfrage und ihre Lösung, Danzig ²1874.
Goltz, Theodor von der: Die Lage der ländlichen Arbeiter im Deutschen Reich, Berlin 1875.
Goltz, Theodor von der: Die ländliche Arbeiterklasse und der preußische Staat, Jena 1893.
Goltz, Theodor von der: Geschichte der deutschen Landwirtschaft, Bd. 2: Das 19. Jahrhundert, Stuttgart 1903.
Graf Jacini, Stefano: Die italienische Auswanderung nach Deutschland, in: Weltwirtschaftliches Archiv 21, 1925.
Grund, Paul: Die ausländischen Wanderarbeiter und ihre Bedeutung für Oberschlesien, Leipzig 1913.
Hamburger, G.: Die Ausländer im Deutschen Reich, RABl. 11, 17 (1937), Nr. 15, S. 167–170.
Heinemann, Bruno: Die wirtschaftliche und soziale Entwicklung der deutschen Ziegelindustrie unter dem Einfluß der Technik, Leipzig 1909.
Henatsch, Wilhelm A.: Das Problem der ausländischen Wanderarbeiter unter besonderer Berücksichtigung der Provinz Pommern, Greifswald 1920.
Kaerger, Karl: Die Sachsengängerei. Aufgrund persönlicher Ermittlungen und statistischer Erhebungen, in: Landw. Jb. 19, 1890, S. 239–522.
Kaskel, Walter, u. Friedrich Syrup: Arbeitsnachweisgesetz. Kommentar, Berlin 1922.
Kautsky, Karl: Die Agrarfrage. Eine Übersicht über die Tendenzen der modernen Landwirtschaft und die Agrarpolitik der Sozialdemokratie, Stuttgart 1899.
Kleeis, Friedrich: Die ausländischen Arbeiter in Deutschland, in: Sozialistische Monatshefte, 1916, Bd. I, S. 325–329.
Knoke, Anton: Ausländische Wanderarbeiter in Deutschland, Leipzig 1911.
Köhler, Ludwig von: Die Staatsverwaltung der besetzten Gebiete, Bd. 1: Belgien, Berlin/Leipzig/New Haven 1927.
Kriegsgefangene 1914–1918. Aufgrund der Kriegsakten bearbeitet vom Oberkommando der Wehrmacht, Berlin 1939.
Küppers, Hans, u. Rudolf Bannier: Das Arbeitsrecht der Polen im Deutschen Reich, Berlin 1942.
Laufkötter, Franz: Das Verhältnis zwischen den einheimischen und den fremden Arbeitern, in: Sozialistische Monatshefte 1904, S. 801–806.
Lezius, Martin A.: Heimatgebiete der Sachsengänger in Brandenburg, Posen und Schlesien, Neudamm 1913.
Ludendorff, Erich (Hg.): Urkunden der Obersten Heeresleitung über ihre Tätigkeit 1916/18, Berlin 1922.

Marcour, Johannes: Arbeiterbeschaffung und Arbeiterauslese bei der Firma Krupp, Diss. Münster 1925.

Meichels-Lindner, Giesela: Die italienischen Arbeiter in Deutschland, in: Der Arbeitsmarkt 15, 19 10/11, Sp. 101–135.

Mönckmeier, Wilhelm: Die deutsche überseeische Auswanderung. Ein Beitrag zur deutschen Wanderungsgeschichte, Jena 1912.

Odenthal, Matthias: Die Entwicklung des Arbeitseinsatzes in Rheinland und Westfalen unter besonderer Berücksichtigung der Ausländer und Kriegsgefangenen 1938–1943, Essen 1944.

Pertile: Gli italiani in Germania (=Ministero degli Affari Esteri, ed.: Bolletino dell' emigrazione 11+12), Rom 1914.

Rachner: Arbeitseinsatz und Arbeitseinsatzverwaltung in den besetzten Gebieten, in: Reichsarbeitsblatt, 19, 1939, S. II, 370–372.

Roeber, Gustav: Die deutsche Landarbeiterfrage nach dem Weltkriege unter besonderer Berücksichtigung des Problems der ausländischen Wanderarbeiter, Diss. Hamburg 1930 (gedr. Torgau 1931).

Rogmann, Heinz: Die Bevölkerungsentwicklung im preußischen Osten in den letzten hundert Jahren, Berlin 1937 (Breslau 1936).

Schäfer, Hans: Die Polenfrage im rheinisch-westfälischen Industrierevier während des Krieges und nach dem Kriege, Diss. Würzburg 1921.

Schenk, R.: Chinesische Arbeiter und Deutschlands Zukunft, in: Neue Gesellschaft, 1907, 30. 1., S. 207–209.

Schippel, Max: Die Konkurrenz der fremden Arbeitskräfte. Zur Tagesordnung des Stuttgarter Internationalen Kongresses, in: Sozialistische Monatshefte, 1906/II, S. 736–744.

Schippel, Max: Die fremden Arbeitskräfte und die Gesetzgebung der verschiedenen Länder. Materialien für den Stuttgarter Internationalen Kongreß, in: Neue Zeit, 1907/II (Beilage zu Nr. 41, 63 S.).

Schippel, Max: Ein- und Auswanderung und fremde Arbeiter, in: Sozialistische Monatshefte 1907, 8, S. 631–639.

Schmidt, Stefan: Die Wanderarbeiter in der Provinz Sachsen und ihre Beschäftigung im Jahre 1910, Halle 1911.

Schmidt-Stölting, Hans: Ein Wort zur chinesischen Kulifrage, in: Tropenpflanzer, 8, 1907, S. 529–538.

Skalweit, August: Agrarpolitik, Berlin ²1924.

Stephan, Werner: Das Arbeitsnachweisgesetz vom 22. Juli 1922, Detmold 1923.

Stieda, Wilhelm: Ausländische Arbeiter in Deutschland, in: Zeitschrift für Agrarpolitik, 9, 1911, S. 358–370.

Stojentin, Max von: Landwirtschaftliche Arbeitsämter, in: Landarbeit und Kleinbesitz, H. 2/3, 1907, S. 91–165.

Stutzke, Fritz: Innere Wanderungen. Die Ursachen des Arbeitermangels in der preußischen Landwirtschaft und des Zuzugs ausländischer Wanderarbeiter, Berlin 1903.

Syrup, Friedrich: Die ausländischen Industriearbeiter vor dem Krieg, in: Archiv für exakte Wirtschaftsforschung, Bd. IX (1918/22), S. 278–301.

Syrup, Friedrich: Arbeitseinsatz und Arbeitslosenhilfe, Berlin 1936.

Syrup, Friedrich: Der Arbeitseinsatz in Deutschland im Jahre 1938, in: Soziale Praxis, 47, 1938, S. 131–136.

Syrup, Friedrich: Hundert Jahre staatliche Sozialpolitik 1839–1939, bearb. v. O. Neuloh, Stuttgart 1957.
Timm, Max: Der Einsatz polnischer landwirtschaftlicher Arbeitskräfte in der deutschen Landwirtschaft, in: Monatshefte für NS-Sozialpolitik, 7, 1940, S. 54–58.
Treitschke, Heinrich von: Ein Wort über unser Judentum, Berlin 1880.
Trompke, Eberhard: Der Arbeitseinsatz als Element deutscher Wehr- und Kriegswirtschaft, Rostock 1941.
Trzcinski, Julius von: Russisch-polnische und galizische Wanderarbeiter im Großherzogtum Posen, Stuttgart/Berlin 1906.
Völkerrecht im Weltkrieg. Das Werk des Untersuchungsausschusses der Verfassungsgebenden Deutschen Nationalversammlung und des Reichstags 1918–1928. Verhandlungen, Gutachten, Urkunden, Dritte Reihe, Bde. III. 1 u. 2, Berlin 1927, S. 29–913.
Wachowiak, Stanislaus: Die Polen in Rheinland-Westfalen, Diss. München 1916.
Waltershausen, Sartorius von: Die italienischen Wanderarbeiter, Leipzig 1903.
Weber, Max: Die Verhältnisse der Landarbeiter im ostelbischen Deutschland. Dargestellt aufgrund der vom Verein für Socialpolitik veranstalteten Erhebungen (= Schriften des Vereins für Socialpolitik, Bd. 55), Leipzig 1892.
Weber, Max: Die ländliche Arbeitsverfassung, in: Schriften des Vereins für Socialpolitik, Bd. 58, Leipzig 1893.
Weber, Max: Entwicklungstendenz in der Lage der ostelbischen Landarbeiter, (1894), in: Gesammelte Aufsätze zur Sozial- und Wirtschaftsgeschichte, Tübingen 1924, S. 470–507.
Weigert, Oscar: Das Arbeitsnachweisgesetz vom 22. Juli 1922 mit den Verordnungen vom 30. September und 19. Oktober 1922 und Ausführungsvorschriften des Reichsamts für Arbeitsvermittlung und der Länder, Berlin 1922.
Willeke, Eduard: Das deutsche Arbeitsnachweiswesen. Eine synthetische Darstellung des Arbeitsnachweisgesetzes, Berlin 1926.
Willeke, Eduard: Der Arbeitseinsatz im Kriege, in: Jahrbücher für Nationalökonomie und Statistik, 154, 1941, S. 177–201, 311–348.
Wolff, Bernhard: Motive und Absichten bei der Neuordnung der Ausländerpolizei in Preußen, in: Reichs- und Preußisches Verwaltungsblatt 1932, S. 728 ff.
Zweig, Arnold: Das ostjüdische Antlitz, Berlin 1920 (Ndr. Wiesbaden 1920).

Literatur nach 1945

Abel, Wilhelm: Agrarkrisen und Agrarkonjunktur, Hamburg ²1966.
Abelshauser, Werner: Wirtschaftsgeschichte der Bundesrepublik Deutschland 1945–1980, Frankfurt am Main 1980.
Ackermann, Volker: Der «echte» Flüchtling. Deutsche Vertriebene und Flüchtlinge aus der DDR 1945–1961, Osnabrück 1995.
Adler-Rudel, Schalom: Ostjuden in Deutschland 1880–1940. Zugleich eine Geschichte der Organisationen, die sie betreuten, Tübingen 1959.
Albrecht, Peter-Alexis, u. Christian Pfeiffer: Die Kriminalisierung junger Ausländer. Befunde und Reaktionen sozialer Kontrollinstanzen, München 1979.
Allen, Thad: Engineers and Modern Managers in the SS: The Business Administration Main Office (Wirtschaftsverwaltungshauptamt), Diss. Phil. Pennsylvania 1995.
Althammer, Walter (Hg.): Das Gastarbeiterproblem. Rotation? Integration? Arbeitsplatzverlagerung?, München 1975.

Althoetmar, Katrin: SchlagZeilen. Rostock: Rassismus in den Medien. Diss. Duisburg ²1993.
Angenendt, Steffen: Ausländerforschung in Frankreich und der Bundesrepublik Deutschland. Gesellschaftliche Rahmenbedingungen und inhaltliche Entwicklung eines aktuellen Forschungsbereiches, Frankfurt am Main 1992.
Anschütz, Irmtraud Heike: Zwangsarbeit in Hannover, Hannover 1998.
Arendt, Walter: Soziale Ungleichgewichte durch Ausländerbeschäftigung, in: Wirtschaftsdienst, 53, 1973.
Arnold, Wilhelm, u. Hans Harmsen (Hg.): Die Aussiedler in der Bundesrepublik Deutschland, 2 Bde., Wien 1980 und 1983.
Aschheim, Steven E.: Brothers and Strangers. The East European Jew in German and German Jewish consciousness, 1800–1923, Madison 1982.
Aubin, Hermann, u. Wolfgang Zorn (Hg.): Handbuch der deutschen Wirtschafts- und Sozialgeschichte, Bd. 2, Stuttgart 1976.
Auernheimer, Georg: Einwanderungsland Deutschland, Göttingen 1993.
August, Jochen: Die Entwicklung des Arbeitsmarktes in Deutschland in den 30er Jahren und der Masseneinsatz ausländischer Arbeitskräfte während des Zweiten Weltkrieges. Das Fallbeispiel der polnischen zivilen Arbeitskräfte und Kriegsgefangenen, in: AfSG, 24, 1984, S. 305–354.
Baaden, Andreas: Aussiedler-Migration. Historische und aktuelle Entwicklungen, Berlin 1997.
Bade, Klaus J. (Hg.): Aktuell Kontrovers: Ausländer, Aussiedler, Asyl in der Bundesrepublik Deutschland, Hannover ³1994.
Bade, Klaus J.: Arbeitsmarkt, Bevölkerung und Wanderung in der Weimarer Republik, in: M. Stürmer (Hg.): Die Weimarer Republik. Belagerte Civitas, Königstein i. Ts. 1980, S. 160–187.
Bade, Klaus J.: Massenwanderung und Arbeitsmarkt im deutschen Nordosten von 1880 bis zum Ersten Weltkrieg: Überseeische Auswanderung, interne Abwanderung und kontinentale Zuwanderung, in: Archiv für Sozialgeschichte, 20.1980, S. 265–323.
Bade, Klaus J.: Arbeitsmarkt, Ausländerbeschäftigung und Interessenkonflikt: der Kampf um die Kontrolle über Auslandsrekrutierung und Inlandsvermittlung ausländischer Arbeitskräfte in Preußen vor dem Ersten Weltkrieg, in: Fremdarbeiterpolitik des Imperialismus, 11. 10, Rostock 1981, S. 27–47.
Bade, Klaus J.: «Kulturkampf» auf dem Arbeitsmarkt: Bismarcks «Polenpolitik» 1885–1890, in: O. Pflanze (Hg.): Innenpolitische Probleme des Bismarck-Reiches, München 1982, S. 121–142.
Bade, Klaus J.: Transnationale Migration und Arbeitsmarkt im Kaiserreich: vom Agrarstaat mit starker Industrie zum Industriestaat mit starker agrarischer Basis, in: T. Pierenkemper (Hg.): Historische Arbeitsmarktforschung, Göttingen 1982, S. 182–211.
Bade, Klaus J.: Vom Auswanderungsland zum Einwanderungsland?, Deutschland 1880–1980, Berlin 1983.
Bade, Klaus J.: «Preußengänger» und «Abwehrpolitik»: Ausländerbeschäftigung, Ausländerpolitik und Ausländerkontrolle auf dem Arbeitsmarkt in Preußen vor dem Ersten Weltkrieg, in: AfSG, 24 (1984), S. 91–162.
Bade, Klaus J.: Sozialhistorische Migrationsforschung, in: Ernst Hinrichs, Henk van Zon (Hg.), Bevölkerungsgeschichte im Vergleich: Studien zu den Niederlanden und Nordwestdeutschland, Aurich 1988, S. 63–74.

Bade, Klaus J.: Ausländer – Aussiedler – Asyl. Eine Bestandsaufnahme, München 1994.
Bade, Klaus J.: Homo Migrans – Wanderungen aus und nach Deutschland. Erfahrungen und Fragen, Essen 1994.
Bade, Klaus J.: Europa in Bewegung. Migration vom späten 18. Jahrhundert bis zur Gegenwart, München 2000.
Bade, Klaus J. (Hg.): Auswanderer – Wanderarbeiter – Gastarbeiter. Bevölkerung, Arbeitsmarkt und Wanderung in Deutschland seit der Mitte des 19. Jahrhunderts. 2 Bde., Ostfildern 1984.
Bade, Klaus J. (Hg.): Arbeiterstatistik zur Ausländerkontrolle: die «Nachweisungen» der preußischen Landräte über den «Zugang, Abgang und Bestand der ausländischen Arbeiter im preußischen Staate» 1906–1914, in: AfSG 24 (1984), S. 163–284.
Bade, Klaus J. (Hg.): Neue Heimat im Westen: Vertriebene, Flüchtlinge, Aussiedler, Münster 1990.
Bade, Klaus J. (Hg.): Deutsche im Ausland – Fremde in Deutschland. Migration in Geschichte und Gegenwart, München 1992.
Bade, Klaus J. (Hg.): Das Manifest der 60: Deutschland und die Einwanderung, München 1994.
Bade, Klaus J. (Hg.): Die multikulturelle Herausforderung: Menschen über Grenzen – Grenzen über Menschen, München 1996.
Bade, Klaus J. (Hg.): Zeitzeugen im Interview. Flüchtlinge und Vertriebene im Raum Osnabrück nach 1945, Osnabrück 1997.
Bade, Klaus J. (Hg.): Aussiedler. Deutsche Einwanderer aus Osteuropa, Osnabrück 1999.
Bade, Klaus J., u. M. Bommes: Migration – Ethnizität – Konflikt. Erkenntnisprobleme und Beschreibungsnotstände: eine Einführung, in: K. J. Bade (Hg.), Migration – Ethnizität – Konflikt: Systemfragen und Fallstudien, Osnabrück 1996. (Schriften des Instituts für Migrationsstudien und interkulturelle Studien; Bd. 1).
Bade, Klaus J., u. Rainer Münz (Hg.): Migrationsreport 2000. Fakten – Analysen – Perspektiven, Frankfurt am Main 2000.
Baier, Roland: Der deutsche Osten als soziale Frage. Eine Studie zur preußischen und deutschen Siedlungs- und Polenpolitik in den Ostprovinzen während des Kaiserreiches und der Weimarer Republik, Köln 1980.
Bajohr, Stefan: Die Hälfte der Fabrik. Geschichte der Frauenarbeit in Deutschland 1914–1945, Marburg 1979.
Banks, James A. (Ed.): Multicultural education, transformative knowledge, and action: historical and contemporary perspectives, New York, NY 1996.
Barwig, Klaus: Asylrecht im Binnenmarkt. Die europäische Dimension des Rechts auf Asyl, Baden-Baden 1989.
Barwig, Klaus: Zur Diskussion um die Novellierung des Ausländerrechtes, in: Klaus J. Bade: Aktuell Kontrovers 1990: Ausländer, Aussiedler, Asyl in der Bundesrepublik Deutschland, hg. v. d. Niedersächsischen Landeszentrale für politische Bildung, Hannover 1990, S. 41–54.
Barwig, Klaus (Hg.): Asyl nach der Änderung des Grundgesetzes: Entwicklungen in Deutschland und Europa, Baden-Baden 1994.
Barwig, Klaus (Hg.): Ausweisung im demokratischen Rechtsstaat, Baden-Baden 1996.

Barwig, Klaus (Hg.): Entschädigung für NS-Zwangsarbeit. Rechtliche, historische und politische Aspekte, Baden-Baden 1998.
Barwig, Klaus (Hg.): Neue Regierung – neue Ausländerpolitik? Hohenheimer Tage zum Ausländerrecht 1999 und 5. Migrationspolitisches Forum, Baden-Baden 1999.
Barwig, Klaus (Hg.): Einwanderungsland Deutschland? Demographische Perspektiven und politische Konsequenzen, Stuttgart 2000.
Barwig, Klaus, u. Klaus Lörcher u.a. (Hg.): Familiennachzug auf dem Hintergrund völkerrechtlicher Verträge, Baden-Baden 1985.
Bauer, Franz: Flüchtlinge und Flüchtlingspolitik in Bayern 1945–1950, Stuttgart 1982.
Baumann, Jochen, u. Andreas Dietl, Wolfgang Wippermann: Blut oder Boden. Doppelpaß, Staatsbürgerrecht und Nationsverständnis, Berlin 1999.
Beauftragte der Bundesregierung für Ausländerfragen: Bericht über die Lage der Ausländer in der Bundesrepublik Deutschland, Bonn 1997.
Beauftragte der Bundesregierung für Ausländerfragen: Bericht über die Lage der Ausländer in der Bundesrepublik Deutschland, Bonn 2000.
Beauftragte der Bundesregierung für Ausländerfragen (Hg.): Migration und Integration in Zahlen. Ein Handbuch, Bonn 1997.
Beauftragte der Bundesregierung für Ausländerfragen (Hg.): Migrationsbericht. Zu- und Abwanderung nach und aus Deutschland, Bamberg/Bonn/Berlin 1999.
Beauftragte der Bundesregierung für die Belange der Ausländer (Hg.): «Ausländerkriminalität» oder «kriminelle Ausländer». Anmerkungen zu einem sensiblen Thema, Bonn 1993.
Beauftragte der Bundesregierung für die Belange der Ausländer (Hg.): Bericht über die Lage der Ausländer in der Bundesrepublik Deutschland, Bonn 1995.
Beauftragte der Bundesregierung für die Integration der ausländischen Arbeitnehmer und ihrer Familienangehörigen: Bericht zur Ausländerbeschäftigung, Bonn 1986.
Beer, Matthias (Hg.): Zur Integration der Flüchtlinge und Vertriebenen im deutschen Südwesten nach 1945. Bestandsaufnahme und Perspektiven der Forschung, Sigmaringen 1994.
Bell, Roland, u. Frieder Skibitzki: «Kirchenasyl» – Affront gegen den Rechtsstaat?, Berlin 1998.
Benz, Wolfgang (Hg.): Die Vertreibung der Deutschen aus dem Osten. Ursachen, Ereignisse, Folgen, Frankfurt am Main 1985.
Benz, Wolfgang (Hg.): Integration ist machbar. Ausländer in Deutschland, München 1993.
Benz, Wolfgang (Hg.): Deutsche Kriegsgefangene im Zweiten Weltkrieg. Erinnerungen von Heinz Pust, Hans Jonitz, Kurt Glaser und August Ringel, Frankfurt am Main 1995.
Berman, Paul: Debating P. C.: The controversy over political correctness on college campuses, New York, NY 1992.
Bermani, Cesare, u. Sergio Bologna, Brunello Mantelli: Proletarier der «Achse»: Sozialgeschichte der italienischen Fremdarbeit in NS-Deutschland 1937 bis 1943, Berlin 1997.
Bethell, Nicholas: Das letzte Geheimnis. Die Auslieferung russischer Flüchtlinge an die Sowjets durch die Alliierten, Frankfurt/Berlin 1980.
Bethlehem, Siegfried: Heimatvertreibung, DDR-Flucht, Gastarbeiterzuwanderung. Wanderungsströme und Wanderungspolitik in der Bundesrepublik, Stuttgart 1982.

Bingemer, Karl, u. Edeltrud Meistermann-Seeger, E. Neubert: Leben als Gastarbeiter, Opladen 1970.
Bischoff, Detlef, u. Werner Teubner: Zwischen Einbürgerung und Rückkehr. Ausländerpolitik und Ausländerrecht in der Bundesrepublik Deutschland, Berlin 1990.
Blank, Theodor: Eine Million Gastarbeiter, in: Bulletin des Presse- und Informationsamtes der Bundesregierung, 30. 10. 1964, Nr. 160, S. 1480.
Blanke, Richard: Prussian Poland in the German Empire, 1871–1900, New York 1981.
Bleyer, Wolfgang: Staat und Monopole im totalen Krieg, Berlin (DDR) 1970.
Bock, Gisela: Frauen und ihre Arbeit im Nationalsozialismus, in: A. Kuhn, G. Schneider (Hg.): Frauen in der Geschichte, Düsseldorf, 1979, S. 113–152.
Bock, Gisela: Zwangssterilisation im Nationalsozialismus. Studien zu Rassenpolitik und Frauenpolitik, Opladen 1986.
Bodenbender, Wolfgang: Zwischenbilanz der Ausländerpolitik. Referat auf der Tagung der Südosteuropa-Gesellschaft in der Akademie Tutzing am 16. November 1976, Bonn-Lengsdorf 1976.
Boelcke, Willi A. (Hg.): Deutschlands Rüstung im Zweiten Weltkrieg, Frankfurt am Main 1969.
Bohmbach, Jürgen: «... zu niedriger Arbeit geboren ...». Zwangsarbeit im Landkreis Stade 1939–1945, Stade 1995.
Böhme, Gernot (Hg.): Migration und Ausländerfeindlichkeit, Darmstadt 1994.
Boll, Bernd: «Das wird man nie mehr los ...». Ausländische Zwangsarbeiter in Offenburg 1939 bis 1945, Pfaffenweiler 1994.
Bonwetsch, Bernd: Sowjetische Zwangsarbeiter vor und nach 1945. Ein doppelter Leidensweg, in: Jahrbücher für Geschichte Osteuropas 41/1993, H. 4, S. 532–546.
Bories-Sawala, Helga: Franzosen im «Reichseinsatz». Deportation, Zwangsarbeit, Alltag – Erfahrungen und Erinnerungen von Kriegsgefangenen und Zivilarbeitern, Frankfurt am Main u.a. 1995.
Bories-Sawala, Helga (Hg): Retrouvailles. Ehemalige Kriegsgefangene und zivile Zwangsarbeiter besuchen Bremen, Bremen 1995.
Borris, Maria: Ausländische Arbeiter in einer Großstadt, Frankfurt 1973.
Botazzi, Guiseppe: Italiani in Germania. Als Italiener im Deutschland der Jahrhundertwende, hg. v. Gino Chiellino, Essen 1993.
Braham, Randolph L.: The Politics of Genocide. The Holocaust in Hungary, New York 1981.
Brandes, Detlef: Die Tschechen unter deutschem Protektorat, Teil 1: Besatzungspolitik, Kollaboration und Widerstand im Protektorat Böhmen und Mähren bis Heydrichs Tod (1939–1942), München/Wien 1969.
Brepohl, Wilhelm: Der Aufbau des Ruhrvolkes im Zuge der Ost-West-Wanderung, Recklinghausen 1948.
Brodskij, Efim A.: Im Kampf gegen den Faschismus. Sowjetische Widerstandskämpfer im Hitlerdeutschland 1941–1945, Berlin (DDR) 1975.
Broszat, Martin: Zweihundert Jahre deutsche Polenpolitik, Frankfurt am Main 1972.
Broszat, Martin: Nationalsozialistische Konzentrationslager: 1933–1945, München ^{4}1984.
Brozek, Andrzej: Robotnicy spoza zaboru pruskiego w przemysle na Gornym slasku (1870–1914), (Arbeiter aus nichtpreußischen Gebieten in der oberschlesischen Industrie 1870–1914), Wroclaw 1966.

Brubaker, Rogers: Staats-Bürger. Deutschland und Frankreich im historischen Vergleich, Hamburg 1994.
Brüggemeier, Franz-Josef: «Volle Kost voll». Die Wohnungsverhältnisse der Bergleute an der Ruhr um die Jahrhundertwende, in: H. Mommsen, U. Borsdorf (Hg.): Glück auf, Kameraden! Die Bergarbeiter und ihre Organisationen in Deutschland, Köln 1979, S. 151-173.
Brüggemeier, Franz-Josef: Leben vor Ort. Ruhrbergleute und Ruhrbergbau 1889–1919, München 1983, S. 96–102.
Budraß, Lutz, u. Manfred Grieger: Die Moral der Effizienz. Die Beschäftigung von KZ-Häftlingen am Beispiel des Volkswagenwerks und der Henschel Flugzeug-Werke, in: Jahrbuch für Wirtschaftsgeschichte 1993/II, S 89–136.
Budraß, Lutz: Flugzeugindustrie und Luftrüstung in Deutschland 1918 – 1945, Düsseldorf 1998.
Budzinski, Manfred: Die multikulturelle Realität: Mehrheitsherrschaft und Minderheitenrechte, Göttingen 1999.
Bullinger, Siegfried, u. Peter Huber: Ausländerbeschäftigung aus Unternehmersicht. Quantitative und qualitative Ergebnisse einer Unternehmerbefragung zur Ausländerbeschäftigung in Baden-Württemberg, Forschungsbericht aus dem Institut für Angewandte Wirtschaftsforschung A 8, Tübingen 1974.
Bundesanstalt für Arbeit (Hg.), Anwerbung, Vermittlung, Beschäftigung ausländischer Arbeitnehmer, Nürnberg 1962–1971.
Butterwegge, Christoph (Hg.): Europa gegen den Rest der Welt? Flüchtlingsbewegungen, Einwanderung, Asylpolitik, Köln 1993.
Cesarani, David, u. Mary Fulbrook (Ed.): Citizenship, nationality and migration in Europe, London 1996.
Cohn-Bendit, Daniel, u. Thomas Schmidt: Heimat Babylon. Das Wagnis der multikulturellen Demokratie, Hamburg 1992.
Conze, Werner, u. Mario Rainer Lepsius (Hg.): Sozialgeschichte der Bundesrepublik Deutschland. Beiträge zum Kontinuitätsproblem, Stuttgart 1983.
Creydt, Detlef, u. August Meyer: Zwangsarbeit, 3 Bände: Bd. 1: Für die Wunderwaffen in Südniedersachsen; 1943–1945: Organisation Todt, Volkswagen, Lorenz, Siemens, Deutsche Edelstahl, Salzgitter, Philipp Holzmann, Braunschweig 1993; Bd. 2: Für die Rüstung im südniedersächsischen Bergland, 1939–1945, Braunschweig 1994; Bd. 3: Für Rüstung, Landwirtschaft und Forsten im Oberwesergebiet 1939–1945, Holzminden 1995.
Croon, Helmuth, u. Kurt Utermann: Zeche und Gemeinde. Untersuchung über den Strukturwandel einer Zechengemeinde im nördlichen Ruhrgebiet. Tübingen 1958.
Danckwortt, Barbara, u. Claudia Lepp (Hg.): Von Grenzen und Ausgrenzung. Interdisziplinäre Beiträge zu den Themen Migration, Minderheiten und Fremdenfeindlichkeit, Marburg 1997.
Daniel, Ute: Arbeiterfrauen in der Kriegsgesellschaft. Beruf, Familie und Politik im Ersten Weltkrieg, Göttingen 1989.
Das Diensttagebuch des Deutschen Generalgouverneurs in Polen 1939–1945, hg. v. Werner Präg und Wolfgang Jacobmeyer, Stuttgart 1975.
Daten und Fakten zur Ausländersituation, hg. von der Beauftragten der Bundesregierung für Ausländerfragen, Juni 1999, Bonn 1999.
De verplichte tewerkstelling in Duitsland, hg. vom Centre de Recherches et d'Études, Brüssel 1990.

Deckmann, Andreas, u. Henriette Engelhardt, Peter Hartmann: Einkommensungleichheit in der Bundesrepublik Deutschland. Diskriminierung von Frauen und Ausländern, in: Mitteilungen aus der Arbeitsmarkt- und Berufsforschung, Heft 3, 16 (1993), S. 386–398.
DelFabbro, René: Italienische Industriearbeiter im wilhelminischen Deutschland, in: VSWG 76, 1989, S. 202–228.
DelFabbro, René: Transalpini: Italienische Arbeitswanderung nach Süddeutschland im Kaiserreich 1870–1918, Osnabrück 1996.
Delbrück, Christopher, u. Bernd Raffelhüschen: Die Theorie der Migration, Kiel 1993.
Delgado, Jesus Manuel: Anpassungsprobleme der spanischen Gastarbeiter in Deutschland – eine sozialpsychologische Untersuchung, Diss. Köln 1966.
Delhaes-Günther, Dietrich von, u. Othmar Nikola Haberl, Alexander Schölch: Abwanderung von Arbeitskräften aus Italien, der Türkei und Jugoslawien, in: Aus Politik und Zeitgeschichte, B 12, 1976, S. 3–32.
Demps, Laurenz: Zahlen über den Einsatz ausländischer Zwangsarbeiter in Deutschland im Jahre 1943, in: ZfG, 21, 1971, S. 830–843.
Demps, Laurenz: Zwangsarbeiter und Zwangsarbeiterlager in der faschistischen Reichshauptstadt Berlin 1939–45, Berlin 1986.
Der Bundesminister des Innern (Hg): Betrifft Ausländerpolitik, Bonn ²1983.
«Deutschland im zweiten Weltkrieg», von einem Autorenkollektiv unter Leitung von Wolfgang Schumann und Gerhart Hass, 6 Bde., Köln 1974–1985.
Dietrich, Susanna, u. Julia Schulze-Wessel: Zwischen Selbstorganisation und Stigmatisierung: die Lebenswirklichkeit jüdischer Displaced Persons und die neue Gestalt des Antisemitismus in der deutschen Nachkriegsgesellschaft, Stuttgart 1998.
Dietz, Barbara, u. Heike Roll: Jugendliche Aussiedler – Porträt einer Zuwanderergeneration, Frankfurt/Main 1998.
«Documenta occupationis», Bde. IX u. X, Poznan 1975 und 1976.
Doebele, Elmar: Zwangsarbeit und Kriegsgefangenschaft in Rheinfelden, Baden und Umgebung 1940–1945, Rheinfelden 1992.
Dohse, Knuth: Ausländische Arbeiter und bürgerlicher Staat. Genese und Funktion von staatlicher Ausländerpolitik und Ausländerrecht. Vom Kaiserreich bis zur Bundesrepublik Deutschland, Königstein i. Ts. 1981.
Dunkel, Franziska: Zur Geschichte der Gastarbeiter in München. «Für 50 DM einen Italiener», hrsg. vom Kulturreferat der Landeshauptstadt München, München 2000.
Durand, Yves: La vie quotidienne des prisonniers de guerre dans les Stalags, les Oflags et les Kommandos 1939–1945, Paris 1987.
Durand, Yves: La France dans la Deuxième guerre mondiale, Paris 1989.
Ehrhardt, Frank (Hg.): Einwanderer – Auswanderer. Zur Sozialgeschichte der Migration, Garbsen 1992.
Eibl-Eibesfeldt, Irenäus, u. Otto Koenig, Heinrich Lummer: Einwanderungsland Europa? Graz 1993.
Eichholtz, Dietrich: Die Vorgeschichte des Generalbevollmächtigten für den Arbeitseinsatz (mit Dokumenten), in: Jahrbuch für Geschichte, Bd. IX, Berlin (DDR) 1973, S. 340–383.
Eichholtz, Dietrich: Geschichte der deutschen Kriegswirtschaft, Bd. 1: 1939–1941, Berlin (DDR) 1971, Bd. 2: 1941–1943, Berlin (DDR) 1985, Bd. 3: 1943–1945, Berlin 1996.

«Einhundertfünfzig Jahre Fried. Krupp». Sonderausgabe der Krupp-Mitteilungen, Essen 1961.
Eisfeld, Rainer: Die unmenschliche Fabrik. V2-Produktion und KZ «Mittelbau-Dora», Erfurt 1993.
Elsner, Lothar: Die ausländischen Arbeiter in der Landwirtschaft der östlichen und mittleren Gebiete des Deutschen Reiches während des ersten Weltkrieges. Ein Beitrag zur Geschichte der preußisch-deutschen Politik, Diss. Rostock 1961.
Elsner, Lothar: Zur Lage und zum Kampf der polnischen Arbeiter in der deutschen Landwirtschaft während des Ersten Weltkrieges, in: Politik im Krieg 1914–1918. Studien zur Politik der deutschen herrschenden Klassen im Ersten Weltkrieg, Berlin (DDR) 1964, S. 167–188.
Elsner, Lothar: Sicherung der Ausbeutung ausländischer Arbeitskräfte. Ein Kriegsziel des deutschen Imperialismus im Ersten Weltkrieg, in: ZfG 24, 1970, S. 531–546.
Elsner, Lothar: Belgische Zwangsarbeiter in Deutschland während des Ersten Weltkrieges, in: ZfG, 24, 1976, S. 1256–1267.
Elsner, Lothar: Zur Haltung der rechten SPD- und Gewerkschaftsführer in der Einwanderungsfrage während des Ersten Weltkrieges, in: Wissenschaftliche Zeitschrift der Universität Rostock, Gesellschafts- und Sprachwissenschaftliche Reihe, 25, 1976, S. 687–691.
Elsner, Lothar: Der Übergang zur Zwangsarbeit für ausländische Arbeiter in der deutschen Landwirtschaft zu Beginn des 1. Weltkrieges, in: Wissenschaftliche Zeitschrift der Wilhelm-Pieck-Universität Rostock, Gesellschafts- und Sprachwissenschaftliche Reihe, 26, 1977, S. 291–298.
Elsner, Lothar: Zur Politik der herrschenden Kreise Deutschlands gegenüber den eingewanderten polnischen Arbeitern in den Jahren 1900–1918, in: Fremdarbeiterpolitik des Imperialismus, H. 2, Rostock 1977, S. 5–45.
Elsner, Lothar: Liberale Arbeiterpolitik oder Modifizierung der Zwangsarbeiterpolitik? Zur Diskussion und zu den Erlassen über die Behandlung polnischer Landarbeiter in Deutschland 1916/17, in: Jahrbuch für Geschichte der sozialistischen Länder Europas, 22/II, Berlin (DDR) 1978, S. 85–105.
Elsner, Lothar, u. Eva-Maria Elsner: Zwischen Nationalismus und Internationalismus: über Ausländer und Ausländerpolitik in der DDR 1949–1990. Darstellung und Dokumente, Rostock 1994.
Elsner, Lothar, u. Joachim Lehmann: Ausländische Arbeiter unter dem deutschen Imperialismus 1900 bis 1985, Berlin 1988.
Erker, Paul: Vom Heimatvertriebenen zum Neubürger. Sozialgeschichte der Flüchtlinge in einer agrarischen Region Mittelfrankens 1945–1955, Stuttgart 1988.
Ernst: Problem Infrastruktur, in: Der Arbeitgeber, 25, 1973.
Eryilmaz, Aytac, u. Mathilde Jamin (Hg.): Fremde Heimat. Eine Geschichte der Einwanderung aus der Türkei, Essen 1998.
Evans, Richard J., u. W. R. Lee (Ed.): The German Peasantry. Conflict and Community in Rural Society from the Eighteenth to the Twentieth Centuries, London 1986.
Evrard, Jacques: La déportation des travailleurs français dans le IIIe Reich, Paris 1972.
Ewald, Thomas, u. Christoph Hollmann, Heidrun Schmidt: Ausländische Zwangsarbeiter in Kassel 1940–1945, Kassel 1988.

Familien ausländischer Herkunft in Deutschland. Leistungen, Belastungen, Herausforderungen. Sechster Familienbericht, hg. v. Bundesministerium für Familie, Senioren, Frauen und Jugend, Berlin 2000.
Fassmann, Heinz (Hg.): Migration in Europa. Historische Entwicklung, aktuelle Trends, Frankfurt am Main 1996.
Faul, Erwin: Gegen die Multikulturisten, in: Die politische Meinung, 3.7.1992, H. 258, S. 4–11.
Faust, Anselm: Arbeitsvermittlung in Deutschland: Die Entstehung der öffentlichen Arbeitsvermittlung 1890–1927, in: Toni Pierenkämper, Richard Tilly (Hg.): Historische Arbeitsmarktforschung. Entstehung, Entwicklung und Probleme der Vermarktung von Arbeitskraft, Göttingen 1982, S. 253–273.
Faust, Anselm: Arbeitsmarktpolitik im deutschen Kaiserreich. Arbeitsvermittlung, Arbeitsbeschaffung und Arbeitslosenunterstützung 1890–1918 (Vierteljahrschrift für Sozial- und Wirtschaftsgeschichte. Beihefte; Nr. 79), Stuttgart 1986.
Feldman, Gerald D.: Armee, Industrie und Arbeiterschaft in Deutschland 1914 bis 1918, Berlin/Bonn 1985.
Ferencz, Benjamin B.: Lohn des Grauens. Die verweigerte Entschädigung für jüdische Zwangsarbeiter – ein Kapitel deutscher Nachkriegsgeschichte, Frankfurt am Main 1981.
Fernhout, Jan: Niederländer und Flamen in Berlin, 1940–1945. KZ-Häftlinge, Inhaftierte, Kriegsgefangene und Zwangsarbeiter, hrsg. von Stichting Holländerei, Berlin 1996.
Fijalkowski, Jürgen: Gastarbeiter als industrielle Reservearmee? Zur Bedeutung der Arbeitsimmigration für die wirtschaftliche und gesellschaftliche Entwicklung der Bundesrepublik Deutschland, in: AfSG, 24, 1984, S. 399–456.
Finck von Finkenstein, Hans W.: Die Entwicklung der Landwirtschaft in Preußen und Deutschland 1800–1930, Würzburg 1960.
Flemming, Jens: Landarbeiter zwischen Gewerkschaften und «Werksgemeinschaft». Zum Verhältnis von Agrarunternehmern und Landarbeiterbewegung im Übergang vom Kaiserreich zur Weimarer Republik, in: AfSG 14 (1974), S. 351–418.
Flemming, Jens: Landwirtschaftliche Interessen und Demokratie. Ländliche Gesellschaft, Agrarverbände und Staat 1890–1925, Bonn 1978.
Flemming, Jens: Die vergessene Klasse. Literatur zur Geschichte der Landarbeiter in Deutschland, in: Tenfelde, Klaus (Hg.), Arbeiter und Arbeiterbewegung im Vergleich. Berichte zur Internationalen Historischen Forschung (HZ-Sonderheft, Nr. 15), München 1986, S. 389–418.
Föhl, Carl: Stabilisierung und Wachstum beim Einsatz von Gastarbeitern, in: Kyklos, 20, 1967, S. 119–146.
Forberg, Martin: Ausländerbeschäftigung, Arbeitslosigkeit und gewerkschaftliche Sozialpolitik. Das Beispiel der freien Gewerkschaften zwischen 1890 und 1918, in: AfS 27, 1987, S. 51–81.
Forstmeier, Friedrich, und Hans-Erich Volkmann (Hg.): Kriegswirtschaft und Rüstung 1939–1945, Düsseldorf 1975.
Frank, Susanne: Staatsräson, Moral und Interesse: die Diskussion um die «Multikulturelle Gesellschaft» 1980–1993, Freiburg im Breisgau 1995.
Frankenberger, Tamara: Wir waren wie Vieh. Lebensgeschichtliche Erinnerungen ehemaliger sowjetischer Zwangsarbeiterinnen, Münster 1997.

Frantzioch, Marion: Die Vertriebenen. Hemmnisse, Antriebskräfte und Wege ihrer Integration in der Bundesrepublik Deutschland, Berlin 1987.

Freeman, Gary P.: Immigrant Labor and Racial Conflict in Industrial Societies. The French and British Experience, 1945–1975, Princeton 1979.

Freitag, Gabriele: Zwangsarbeiter im Lipper Land. Der Einsatz von Arbeitskräften aus Osteuropa in der Landwirtschaft Lippes 1939–1945, Bochum 1996.

Fremdling, Rainer: Die Rolle ausländischer Facharbeiter bei der Einführung neuer Techniken im Deutschland des 19. Jahrhunderts, in: AfS, XXIV, 1984, S. 1–45.

Frese, Matthias: Zugeständnisse und Zwangsmaßnahmen. Neue Studien zur nationalsozialistischen Sozial- und Arbeitspolitik, in: NPL 32, 1987, S. 53–74.

Frese, Matthias: Betriebspolitik im «Dritten Reich». Deutsche Arbeitsfront, Unternehmer und Staatsbürokratie in der westdeutschen Großindustrie 1933–1939, Paderborn 1991.

Freund, Florian: «Arbeitslager Zement». Das Konzentrationslager Ebensee und die Raketenrüstung, Wien 1989.

Freund, Florian, u. Bertrand Perz: Das KZ in der Serbenhalle. Zur Kriegsindustrie in der Wiener Neustadt, Wien 1987.

Freund, Florian, u. Bertrand Petz, K. Stuhlpfarrer: Das Ghetto in Litzmannstadt (Lodz), in: «Unser einziger Weg ist die Arbeit». Das Ghetto Lodz 1940–1944, Red. H. Loewy und G. Schoenberner, Wien 1990, S. 17–31.

Frey, Martin: Ausländer in der Bundesrepublik. Ein statistischer Überblick, in: Aus Politik und Zeitgeschichte, B 25, 1982, S. 3–16.

Fried, John H. E.: The Exploitation of Foreign Labor by Germany, Montreal (International Labor Office) 1945.

Friedrich-Ebert-Stiftung (Hg.): Multikulturelle Gesellschaft: der Weg zwischen Ausgrenzung und Vereinnahmung?, Bonn 1992.

Fritz-Bauer-Institut (Hg.): Überlebt und unterwegs: jüdische Displaced Persons im Nachkriegsdeutschland, Frankfurt am Main 1997.

Fröbe, Rainer: Ihr Gefechtsstand ist die Höhle, Jahrbuch 1986 der Gesellschaft der Freunde der Fernuniversität, Hagen 1986, S. 209–238.

Fröbe, Rainer: «Wie bei den alten Ägyptern». Die Verlegung des Daimler-Benz-Flugmotorenwerks Genshagen nach Obrigheim am Neckar 1944/45, in: Angelika Ebbinghaus (Hg.): Das Daimler-Benz-Buch. Ein Rüstungskonzern im «Tausendjährigen Reich», Nördlingen 1987, S. 392–417.

Fröbe, Rainer u. a.: Konzentrationslager in Hannover. KZ-Arbeit und Rüstungsindustrie in der Spätphase des Zweiten Weltkriegs, Hildesheim 1985.

Führer, Karl-Christian: Arbeitslosigkeit und die Entstehung der Arbeitslosenversicherung in Deutschland 1902–1927, Berlin 1990.

Gall, Lothar, u. Manfred Pohl (Hg.): Unternehmen im Nationalsozialismus, München 1998.

Galos, Adam, u. Felix-Heinrich Gentzen, Witold Jakóbczyk: Die Hakatisten. Der Deutsche Ostmarkenverein 1894–1934, Berlin 1966.

Gaugler, Eduard u. a.: Ausländerintegration in deutschen Industriebetrieben. Empirische Untersuchungen über individuelle und soziale Integration, Königstein/Ts. 1981.

Gaugler, Eduard, u. W. Weber u. a.: Ausländer in deutschen Industriebetrieben, Königstein/Ts. 1978.

Gehmacher, Ernst, u. Daniel Kubat, Klaus Manfrass (Hg.): Ausländerpolitik im Konflikt. Arbeitskräfte oder Einwanderer? Konzepte der Aufnahme- und der Entsendeländer, Bonn 1978.

Geißler, Heiner, u. Manfred Rommel: Plädoyers für eine multikulturelle Gesellschaft, Rottenburg-Stuttgart 1992.

Gellately, Robert: Die Gestapo und die deutsche Gesellschaft. Die Durchsetzung der Rassenpolitik 1933–1945, Paderborn 1993.

Georg, Enno: Die wirtschaftlichen Unternehmungen der SS, Stuttgart 1963.

Gericke, Fritz E. (Hg.): Das Ende der Gemütlichkeit: theoretische und praktische Ansätze zum Umgang mit Fremdheit, Vorurteilen und Feindbildern, Bonn 1993.

Gerlach, Christian: Kalkulierte Morde. Die deutsche Wirtschafts- und Vernichtungspolitik in Weißrussland 1941 bis 1944, Hamburg 1999.

Geschichte der Sozialpolitik in Deutschland seit 1945, hrsg. vom Bundesministerium für Arbeit und Sozialordnung und vom Bundesarchiv, Baden-Baden 2001 ff.

Geschichtswerkstatt Mühldorf e.V.: Aktion Spurensuche. Eine Suche nach Zeugnissen der NS-Zeit im Landkreis Mühldorf, 2 Bde., Mühldorf 1990.

Giere, Dewell: Wir sind unterwegs, aber nicht in der Wüste. Erziehung und Kultur in den jüdischen Displaced Persons-Lagern der Amerikanischen Zone im Nachkriegsdeutschland 1945–1949, Diss. Frankfurt am Main 1992.

Goeken, Ulrike: Von der Kooperation zur Konfrontation. Die sowjetischen Repatriierungsoffiziere in den westlichen Besatzungszonen, in: Klaus-Dieter Müller, K. Nikischkin, G. Wagenlehner (Hg.): Die Tragödie der Gefangenschaft in Deutschland und der Sowjetunion 1941–1956, Köln/Wien 1998.

Goeken, Ulrike: Kontinuität des Terrors? Die Repatriierung sowjetischer Kriegsgefangener und Zwangsarbeiter nach dem Zweiten Weltkrieg, in: L. Maier (Hg.): Ein Staat gegen sein Volk? Diktatur und Terror in der Sowjetunion. Anmerkungen zum «Schwarzbuch des Kommunismus», Münster 1999.

Goldberg, Andreas (Hg.): Deutsche Türken – türkische Deutsche? Die Diskussion um die doppelte Staatsbürgerschaft, Münster/Hamburg 1999.

Gollnick, Donna M., u. Philip C. Chinn: Multicultural education in a pluralistic society, New York, NY 1991.

Goschler, Constantin: Wiedergutmachung: Westdeutschland und die Verfolgten des Nationalsozialismus (1945–1954), München 1992.

Gosewinkel, Dieter: Staatsangehörigkeit und Einbürgerung in Deutschland während des 19. und 20. Jahrhunderts, in: B. Danckwortt, C. Lepp (Hg.): Von Grenzen und Ausgrenzung. Interdisziplinäre Beiträge zu den Themen Migration, Minderheiten und Fremdenfeindlichkeit, Marburg 1997, S. 175–190.

Gosewinkel, Dieter: Die Staatsangehörigkeit als Institution des Nationalstaats. Zur Entstehung des Reichs- und Staatsangehörigkeitsgesetzes von 1913, in: Rolf Grawert, Bernhard Schlink u.a. (Hg.): Offene Staatlichkeit. Berlin 1995, S. 359–378.

Gosewinkel, Dieter: Staat, Nation, Volk. Staatsangehörigkeit und Einbürgerungspolitik vom Deutschen Bund bis zur Bundesrepublik Deutschland, Habil.-Schrift Berlin 2000.

Gregor, Neil: Stern und Hakenkreuz. Daimler-Benz im Dritten Reich, Berlin 1997.

Grieser, Helmut: Die ausgebliebene Radikalisierung. Zur Sozialgeschichte der Kieler Flüchtlingslager im Spannungsfeld von sozialdemokratischer Landespolitik und Stadtverwaltung 1945–1950, Wiesbaden 1980.

Grosser, Christiane, u. Thomas Grosser: Flüchtlingsfrage – das Zeitproblem. Amerikanische Besatzungspolitik, deutsche Verwaltung und die Flüchtlinge in Württemberg-Baden 1945–1949, Mannheim 1993.
Grossmann, Anton: Fremd- und Zwangsarbeiter in Bayern 1939–1945, in: VfZG 34, 1986, S. 481–521.
Gruner, Wolfgang: Der geschlossene Arbeitseinsatz deutscher Juden: zur Zwangsarbeit als Element der Verfolgung 1938–1943, Berlin 1997.
Gür, Metin, u. Alaverdi Turhan: Die Solingen-Akte, Düsseldorf 1996.
Gutman, Yisrael, u. Saf Avital (Hg.): The Nazi Concentration Camps. Structure and Aims, The Image of the Prisoner, The Jews in the Camp, Proceedings of the fourth Yad Vashem International Historical Conference, Jerusalem 1980.
Habbe, Christian (Hg.): Ausländer – Die verfemten Gäste, Hamburg 1983.
Hachtmann, Rüdiger: Arbeitsmarkt und Arbeitszeit in der deutschen Industrie 1929 bis 1939, in: AfS 27, 1987, S. 177–227.
Hachtmann, Rüdiger: Industriearbeit im «Dritten Reich». Untersuchungen zu den Lohn- und Arbeitsbedingungen in Deutschland 1933–1945, Göttingen 1989.
Hachtmann, Rüdiger: Industriearbeiterinnen in der deutschen Kriegswirtschaft 1936–1944/45, in: GG 19, 1993, S. 332–366.
Haerendel, Ulrike: Flüchtlinge und Vertriebene in der Bundesrepublik Deutschland. Forschungen zu ihrer Integration, in: Jahrbuch der historischen Forschung in der Bundesrepublik Deutschland, Berichtsjahr 1989, München 1990.
Hailbronner, Kay: Die Rechtsstellung der De-facto-Flüchtlinge in den EG-Staaten. Rechtsvergleichung und europäische Harmonisierung, Baden-Baden 1993.
Hailbronner, Kay: Von Schengen nach Amsterdam – auf dem Weg zu einem Europäischen Einwanderungs- und Asylrecht, Trier 1999.
Hailbronner, Kay (Hg.): Ausländer- und Asylrecht, Heidelberg 1998.
Hamburger Stiftung für Sozialgeschichte des 20. Jahrhunderts (Hg.): Das Daimler-Benz Buch. Ein Rüstungskonzern im «Tausendjährigen Reich», Nördlingen 1988.
Harbach, Heinz: Internationale Schichtung und Arbeitsmigration, Reinbek 1976.
Harmssen, Gustav W.: Reparation, Sozialprodukt, Lebensstandard. Versuch einer Wirtschaftsbilanz, Bremen 1947.
Hauschildt, Elke: Polnische Arbeitsmigranten in Wilhelmsburg bei Hamburg während des Kaiserreiches und der Weimarer Republik, Dortmund 1986.
Hayes, Peter: Industry and ideology. IG Farben in the Nazi Era, Cambridge/New York 1987.
Heckmann, Friedrich: Die Bundesrepublik – ein Einwanderungsland? Zur Soziologie der Gastarbeiterbevölkerung als Einwandererminorität, Stuttgart 1981.
Heckmann, Friedrich (Ed.): Migration policies. A comparative perspective, Stuttgart 1995.
Heckmann, Friedrich, u. Verónica Tomei (Hg.): Freizügigkeit in Europa: migrations- und europapolitische Aspekte des Schengen-Vertrages, Bonn 1996.
Heid, Ludger: Maloche – nicht Mildtätigkeit. Ostjüdische Arbeiter in Deutschland 1914–1923, Hildesheim 1995.
Heidemeyer, Helge: Flucht und Zuwanderung aus der SBZ/DDR 1945/1949–1961. Die Flüchtlingspolitik der Bundesrepublik Deutschland bis zum Bau der Berliner Mauer, Düsseldorf 1994.
Heinelt, Hubert (Hg.): Zuwanderungspolitik in Europa. Nationale Politiken. Gemeinsamkeiten und Unterschiede, Opladen 1994.

Heinrich, C.: Lebensweise und Kultur der in- und ausländischen landwirtschaftlichen Saisonarbeiter von der Mitte des 19. Jahrhunderts bis 1918, in: Hans-Jürgen Rach u. Bernhard Weissel (Hg.): Bauer und Landarbeiter im Kapitalismus in der Magdeburger Börde, Berlin (DDR) 1982, S. 117–162.

Hellert-Sattler, G.: Kommentierte Bibliographie. Zum Flüchtlings- und Vertriebenen-Problem in der Bundesrepublik Deutschland, in Österreich und der Schweiz, München 1989.

Hennies, W.: Bemerkungen zur Beschäftigung ausländischer Arbeiter im Deutschen Reich während der Weimarer Republik, in: Fremdarbeiterpolitik des Imperialismus, H. 11, Rostock 1981, S. 21–32.

Herbert, Ulrich: Apartheid nebenan. Erinnerungen an die Fremdarbeiter im Ruhrgebiet, in: Lutz Niethammer (Hg.): «Die Jahre weiß man nicht, wo man die heute hinsetzen soll». Faschismuserfahrungen im Ruhrgebiet. (Lebensgeschichte und Sozialkultur im Ruhrgebiet, 1930 bis 1960, Band 1), Berlin/Bonn 1983, S. 223–266.

Herbert, Ulrich: Zwangsarbeit als Lernprozeß. Zur Beschäftigung ausländischer Arbeiter in der westdeutschen Industrie im Ersten Weltkrieg, in: AfSG, 24, 1984, S. 285–304.

Herbert, Ulrich: Geschichte der Ausländerbeschäftigung in Deutschland, 1880–1980. Saisonarbeiter, Gastarbeiter, Zwangsarbeiter, Bonn 1985.

Herbert, Ulrich: Von Auschwitz nach Essen. Die Geschichte des KZ-Außenlagers Humboldtstraße, in: Sklavenarbeit im KZ. Dachauer Hefte 2, Dachau 1986, S. 13–34.

Herbert, Ulrich: Arbeiterschaft im «Dritten Reich». Zwischenbilanz und offene Fragen, in: GG 15, 1989, S. 320–360.

Herbert, Ulrich: Französische Kriegsgefangene und Zivilarbeiter im deutschen Arbeitseinsatz 1940–1942, in: La France et l'Allemagne en guerre. Sous la direction de Claude Carlier (et. al.), Paris 1990, S. 509–531.

Herbert, Ulrich: Zwangsarbeit in Deutschland: Sowjetische Zivilarbeiter und Kriegsgefangene 1941–1945, in: Peter Jahn, Reinhard Rürup (Hg.): Erobern und Vernichten. Der Krieg gegen die Sowjetunion 1941–1945, Berlin 1991, S. 106–130.

Herbert, Ulrich (Hg.): Europa und der «Reichseinsatz». Ausländische Zivilarbeiter, Kriegsgefangene und KZ-Häftlinge in Deutschland, 1938–1945, Essen 1991.

Herbert, Ulrich: Arbeit, Volkstum, Weltanschauung. Über Fremde und Deutsche im 20. Jahrhundert, Frankfurt am Main 1995.

Herbert, Ulrich, u. Axel Schildt (Hg.): Kriegsende in Europa. Vom Beginn des deutschen Machtzerfalls bis zur Stabilisierung der Nachkriegsordnung 1944–1948, Essen 1998.

Herbert, Ulrich: «Das Jahrhundert der Lager»: Ursachen, Erscheinungsformen, Auswirkungen, in: Peter Reif-Spirek, Bodo Ritscher (Hg.): Speziallager in der SBZ. Gedenkstätten mit «doppelter Vergangenheit», Berlin 1999, S. 11–20.

Herbert, Ulrich: Fremdarbeiter. Politik und Praxis des «Ausländer-Einsatzes» in der Kriegswirtschaft des Dritten Reiches, Bonn/Berlin ³1999.

Herbert, Ulrich (Hg.): Nationalsozialistische Vernichtungspolitik, 1939 bis 1945. Neue Forschungen und Kontroversen, Frankfurt am Main 1998.

Herbert, Ulrich, u. Karin Orth, Christoph Dieckmann (Hg.): Die nationalsozialistischen Konzentrationslager. Entwicklung und Struktur, 2 Bde., Göttingen 1998.

Herbert, Ulrich, u. Karin Hunn: Gastarbeiter und Gastarbeiterpolitik in der Bundesrepublik. Vom Beginn der offiziellen Anwerbung bis zum Anwerbestopp (1958 bis 1973), in: Axel Schildt u.a. (Hg.): Dynamische Zeiten. Die 60er Jahre in beiden deutschen Gesellschaften, Hamburg 2000, S. 273–310.

Herbert, Ulrich, u. Karin Hunn: Beschäftigung, soziale Sicherung und soziale Integration von Ausländern, in: Geschichte der Sozialpolitik in Deutschland seit 1945, hrsg. vom Bundesministerium für Arbeit und Sozialordnung und vom Bundesarchiv, Bde. 2–7, 11, Baden-Baden 2001 ff.

Herbst, Ludolf: Der Totale Krieg und die Ordnung der Wirtschaft. Die Kriegswirtschaft im Spannungsfeld von Politik, Ideologie und Propaganda 1939–1945, Stuttgart 1982.

Herbst, Ludolf, u. Constantin Goschler (Hg.): Wiedergutmachung in der Bundesrepublik Deutschland, München 1989.

Herbst, W.: Brauchen wir ausländische Arbeitskräfte?, in: Das Arbeitsamt, 6, 1955, H. 2, S. 32 f.

Herrmann, Helga: Ausländer in der deutschen Wirtschaft, Köln 1992.

Heusler, Andreas: Zwangsarbeit in der Münchner Kriegswirtschaft 1939–1945, München 1991.

Heuzeroth, Günter (Hg): Unter der Gewaltherrschaft des Nationalsozialismus. Ausländische Zwangsarbeiterinnen und Zwangsarbeiter, Kriegsgefangene und die Lager in den Landkreisen Ammerland, Wesermarsch und Friesland, o.O., 1996.

Hilberg, Raul: Die Vernichtung der europäischen Juden, Frankfurt am Main 1990.

Hilger, Andreas: Deutsche Kriegsgefangene in der Sowjetunion, 1941–1956, Essen 2000.

Hinz, Uta: Not kennt kein Gebot? Kriegsgefangenschaft in Deutschland während des Ersten Weltkriegs, Diss. Freiburg 2000.

Hiss, Dieter: Hereinnahme von ausländischen Arbeitskräften – eine vernünftige Maßnahme, in: Wirtschaftsdienst, 45, 1965, S. 635–638.

Hoffmann, F.: Die Kriegführung aus der Sicht der Sowjetunion, in: Horst Boog u.a.: Der Angriff auf die Sowjetunion (Das Deutsche Reich und der Zweite Weltkrieg, Bd. 4) Stuttgart 1983, S. 752–757.

Hoffmann, Lutz: Die unvollendete Republik. Zwischen Einwanderungsland und deutschem Nationalstaat, Köln ²1992.

Hoffmann, Lutz, u. Herbert Even: «Die Belastungsgrenze ist überschritten». Entwurf einer Theorie der Ausländerfeindlichkeit, Universität Bielefeld, Zentrum für wissenschaftliche und berufliche Praxis, Materialien, H. 15, Bielefeld 1983.

Hoffmann, Lutz, u. Herbert Even: Soziologie der Ausländerfeindlichkeit. Zwischen nationaler Identität und multikultureller Gesellschaft, Weinheim/Basel 1984.

Hoffmann-Nowotny, Hans-Joachim: Soziologie des Fremdarbeiterproblems, Stuttgart 1973.

Hoffmann-Nowotny, Hans-Joachim: Paradigmen und Paradigmenwechsel in der sozialwissenschaftlichen Wanderungsforschung. Versuch einer Skizze einer neuen Migrationstheorie, in: Gerhard Jaritz, Albert Müller (Hg.), Migration in der Feudalgesellschaft, Frankfurt am Main/New York 1988, S. 21–42.

Hofherr, Karin: Die illegale Beschäftigung ausländischer Arbeitnehmer und ihre arbeitsvertragsrechtlichen Folgen, Frankfurt am Main u.a. 1999.

Homze, Edward L.: Foreign Labor in Nazi Germany, Princeton 1967.

Hönekopp, Elmar: Rückkehrförderung und die Rückkehr ausländischer Arbeitnehmer und ihrer Familien. Ergebnisse des Rückkehrförderungsgesetzes, der Rückkehrhilfe: Statistik und der IAB Rückkehrbefragung, in: ders. (Hg.): Aspekte der

Ausländerbeschäftigung in der Bundesrepublik Deutschland. Beiträge zur Arbeitsmarkt- und Berufsforschung, Nürnberg 1987.

Hopmann, Barbara, u. Mark Spoerer, Birgit Weitz, Beate Brüninghaus: Zwangsarbeit bei Daimler-Benz, Stuttgart 1994.

Höß, Rudolf: Kommandant in Auschwitz. Autobiographische Aufzeichnungen, hg. v. Martin Broszat, München 1963.

Huber, Bertold: Die Beratung des Reichs- und Staatsangehörigkeitsgesetzes von 1913 im Deutschen Reichstag, in: Klaus Barwig, K. Löcher, C. Schumacher (Hg.): Aufenthalt – Niederlassung – Einbürgerung. Stufen rechtlicher Integration, Baden-Baden 1987, S. 181–220.

Huber, Bertold, u. Klaus Unger: Politische und rechtliche Determinanten der Ausländerbeschäftigung in der Bundesrepublik Deutschland, in: Hans-Joachim Hoffmann-Nowotny, Karl-Otto Hondrich u. Hans-Joachim Hoffmann-Nowotny (Hg.): Ausländer in der Bundesrepublik Deutschland und in der Schweiz, Frankfurt am Main 1981, S. 124–194.

Hüser, Karl: Das Stammlager 326 (VI K) Senne 1941–1945. Sowjetische Kriegsgefangene als Opfer des nationalsozialistischen Weltanschauungskrieges, Bielefeld 1992.

Hütter, Hans Walter (Red.): Kriegsgefangene. Sowjetische Kriegsgefangene in Deutschland – deutsche Kriegsgefangene in der Sowjetunion (hg. v. Haus der Geschichte der Bundesrepublik Deutschland), Düsseldorf 1995.

Ingenhorst, Heinz: Die Rußlanddeutschen. Aussiedler zwischen Tradition und Moderne, Frankfurt/Main 1997.

Institut für Demoskopie Allensbach (Hg.): Zwischen Toleranz und Besorgtheit. Einstellungen der deutschen Bevölkerung zu aktuellen Problemen der Ausländerpolitik, Allensbach 1985.

Issmer, Volker: Niederländer im verdammten Land. Zeugnisse der Zwangsarbeit von Niederländern im Raum Osnabrück während des Zweiten Weltkriegs, Osnabrück ²1998.

Jacobmeyer, Wolfgang: Vom Zwangsarbeiter zum heimatlosen Ausländer. Die Displaced Persons in Westdeutschland 1945 bis 1951, Göttingen 1985.

Jansen, Mechtild M., u. Sigrid Baringhorst (Hg.): Politik der Multikultur: vergleichende Perspektiven zu Einwanderung und Integration, Baden-Baden 1994.

Jong, Louis de: Het koninkrijk der Nederlanden in de tweede Wereldorloog. Vol. 8. Gevangenen en gedeporteerden, 's-Gravenhage 1978.

Juhnke, Andreas: Brandherd. Der zehnfache Mord von Lübeck. Ein Kriminalfall wird zum Politikum, Berlin 1998.

Just, Wolf-Dieter: Asyl von unten: Kirchenasyl und ziviler Ungehorsam. Ein Ratgeber, Reinbek 1993.

Just, Wolf-Dieter, u. P. C. Mülhens: Ausländerzunahme: Objektives Problem oder Einstellungsfrage? Aktuelle Einstellungen der Deutschen gegenüber ausländischen Mitbürgern, in: Aus Politik und Zeitgeschichte, B 25, 1982, S. 35–38.

Just, Wolf-Dieter, u. Annette Groth (Hg.): Wanderarbeiter in der EG. Ein Vergleich ihrer rechtlichen und sozialen Situation in den wichtigsten Aufnahmeländern, 2 Bde., Mainz/München 1985.

Kahl, Günter: Das Verfahren vor dem Oberlandesgericht Schleswig über die Anschläge in Mölln im November 1992: Dokumente und Eindrücke, Kiel 1994.

Kahle, Hans-Jürgen (Hg.): Gestohlene Jugendjahre: Berichte ehemaliger sowjetischer Zwangsarbeiter über ihre Zeit in Wesermünde (Bremerhaven) 1941–1945, Cuxhaven 1995.

Kaienburg, Hermann: «Vernichtung durch Arbeit». Der Fall Neuengamme. Die Wirtschaftsbestrebungen der SS und ihre Auswirkungen auf die Existenzbedingungen der KZ-Gefangenen, Bonn 1990.

Kaienburg, Hermann (Hg.): Konzentrationslager und deutsche Wirtschaft 1939–1945, Opladen 1996.

Kasper, Barbara, u. Lothar Schuster, Christof Watkinson (Hg.): Arbeiten für den Krieg. Deutsche und Ausländer in der Rüstungsproduktion bei Rheinmetall-Borsig 1943–1945, Hamburg 1987.

Kasten, Bernd: «Gute Franzosen». Die französische Polizei und die deutsche Besatzungsmacht im besetzten Frankreich 1940–1944, Sigmaringen 1993.

Kattenstroth, Ludwig: Grußwort der Bundesregierung, in: «Magnet Bundesrepublik» – Probleme der Ausländerbeschäftigung. Informationstagung der Bundesvereinigung der Deutschen Arbeitgeberverbände, Köln 1966, S. 11–19.

Kauffmann, Heiko: Kein Asyl bei den Deutschen. Anschlag auf ein Grundrecht, Reinbek 1986.

Kessler, Helmut: Arbeitsmarktpolitische Implikationen eines Bevölkerungsrückgangs in der Bundesrepublik Deutschland, Frankfurt am Main 1991.

Kiesebrink, Gerd: Die Gastarbeiter und ihr kriminelles Verhalten. Dargestellt am Beispiel der Kriminalität der Jugoslawen, Italiener, Griechen, Spanier und Türken im Landgerichtsbezirk Wuppertal in den Jahren 1968 bis 1970, Diss. Bochum 1980.

Kimminich, Otto: Grundprobleme das Asylrechts, Darmstadt 1983.

Kimminich, Otto (Hg.): Handbuch des Aslyrechts, 2 Bde., Baden-Baden 1980/81.

Klärner, Andreas: Aufstand der Ressentiments. Einwanderungsdiskurs, völkischer Nationalismus und die CDU/CSU-Kampagne gegen die doppelte Staatsbürgerschaft, Köln 2000.

Kleinert, Uwe: Flüchtlinge und Wirtschaft in Nordrhein-Westfalen 1945–1961. Arbeitsmarkt – Gewerbe – Staat, Düsseldorf 1988.

Kleinhans, Helga, u. Hermann Korte: Die wirtschaftliche und soziale Lage der ausländischen Wohnbevölkerung im Spiegel der jüngeren Ausländerforschung, in: Georg Hansen, K. Klemm (Hg.): Kinder ausländischer Arbeiter, Essen 1979, S. 155–171.

Kleßmann, Christoph: Klassensolidarität und nationales Bewußtsein. Das Verhältnis zwischen der Polnischen Berufsvereinigung (ZZP) und den deutschen Bergarbeitergewerkschaften im Ruhrgebiet 1902–1923, in: IWK 10, 1974, S. 149–178.

Kleßmann, Christoph: Polnische Bergarbeiter im Ruhrgebiet 1870–1945, Göttingen 1978.

Knight, Ute, u. Wolfgang Kowalsky: Deutschland nur den Deutschen? Die Ausländerfrage in Deutschland, Frankreich und den USA, Erlangen 1991.

Kocka, Jürgen: Klassengesellschaft im Krieg 1914–1918, Göttingen 1973.

Köhler-Vargas, Christel, u. Joachim Reichling, Henning von Vieregge: Chancen und Grenzen der Integration türkischer Jugendlicher, in: Aus Politik und Zeitgeschichte, B 25, 1982, S. 27–34.

Königseder, Angelika, u. Juliane Wetzel: Lebensmut im Wartesaal. Die jüdischen DPs (Displaced Persons) im Nachkriegsdeutschland, Frankfurt am Main 1994.

Körner, Hans-Michael: Der Zustrom von Arbeitskräften in der Bundesrepublik Deutschland 1950 bis 1972, Bern u. a. 1976.

Körner, Heiko, u. Ursula Mehrländer: Die «neue» Ausländerpolitik in Europa. Erfahrungen in den Aufnahme- und Entsendeländern, Bonn 1986.
Korte, Detlef: «Erziehung» ins Massengrab. Die Geschichte des «Arbeitserziehungslagers Nordmark», Kiel 1991.
Korte, Hermann, u. Alfred Schmidt: Migration und ihre sozialen Folgen, Göttingen 1983.
Kraatz, Susanne: Verschleppt und vergessen: Schicksale jugendlicher «OstarbeiterInnen» von der Krim im Zweiten Weltkrieg und danach, Heidelberg 1995.
Kraemer, Hans-Henning, u. Inge Plettenburg: Feind schafft mit. Ausländische Arbeitskräfte im Saarland während des Zweiten Weltkrieges, Ottweiler 1992.
Krausnick, Helmut, u. Hans-Heinrich Wilhelm: Die Truppe des Weltanschauungskrieges. Die Einsatzgruppen der Sicherheitspolizei und des SD, 1938–1942, Stuttgart 1981.
Kremer, Manfred, u. Helga Spangenberg: Assimilation ausländischer Arbeitnehmer in der Bundesrepublik, Königstein 1980.
Krengel, Rolf: Anlagevermögen, Produktion und Beschäftigung der Industrie im Gebiet der Bundesrepublik 1924–1956, Berlin 1958.
«Kriegsgefangene – Wojennoplennyje: sowjetische Kriegsgefangene in Deutschland, deutsche Kriegsgefangene in der Sowjetunion», hg. v. Haus der Geschichte der Bundesrepublik Deutschland, Düsseldorf 1995.
Kroener, Bernhard R. u. a.: Kriegsverwaltung, Wirtschaft und personelle Ressourcen. 1939–1941, Stuttgart 1988.
Kroener, Bernhard R., und Rolf-Dieter Mueller, Hans Umbreit: Organisation und Mobilisierung des deutschen Machtbereichs. Kriegsverwaltung, Wirtschaft und personelle Ressourcen 1942–1944/45. (Das Deutsche Reich und der Zweite Weltkrieg, 5/2.), Stuttgart 1999.
Krüger-Potratz, Marianne: Anderssein gab es nicht. Ausländer und Minderheiten in der DDR, Münster 1991.
Kucera, Wolfgang: Fremdarbeiter und KZ-Häftlinge in der Augsburger Rüstungsindustrie, Augsburg 1996.
Kulczycki, John: The Foreign Worker and the German Labour Movement. Xenophobia and Solidarity in the Coal Fields of the Ruhr, Oxford 1994.
Kundrus, Birthe: «Kriegerfrauen». Familienpolitik und Geschlechterverhältnisse im Ersten und Zweiten Weltkrieg, Hamburg 1995.
Lajios, Konstantin (Hg.): Die zweite und dritte Ausländergeneration: ihre Situation und Zukunft in der Bundesrepublik Deutschland, Opladen 1991.
Landwirtschaft und Kapitalismus, hg. v. Hans-Jürgen Rach u. B. Weissel, 1. Halbbd., Berlin (DDR) 1978.
Lang, Ralf: Italienische «Fremdarbeiter» im nationalsozialistischen Deutschland 1937–1945, Frankfurt am Main 1996.
Lederer, Harald W., u. Axel Nickel: Illegale Ausländerbeschäftigung in der Bundesrepublik Deutschland, hrsg. vom Forschungsinstitut der Friedrich-Ebert-Stiftung, Bonn 1997.
Leggewie, Claus: SOS France. Ein Einwanderungsland kommt in die Jahre, in: Frankreich-Jahrbuch 1990, Opladen 1990, S. 131–156.
Leggewie, Claus, u. Sigrid Baringhorst: Multi Kulti: Spielregeln für die Vielvölkerrepublik, Berlin 1991.
Lehmann, Albrecht: Gefangenschaft und Heimkehr. Deutsche Kriegsgefangene in der Sowjetunion, München 1986.

Lehmann, Albrecht: Im Fremden ungewollt zuhaus. Flüchtlinge und Vertriebene in Westdeutschland 1945–1990, München 1991.
Lembeck, Andreas: Befreit, aber nicht in Freiheit. Displaced Persons im Emsland 1945–1950, Bremen 1997.
Lequin, Yves (ed.): La Mosaique France. Histoire des Etrangers et de l'Immigration, Paris 1988.
Liedke, Karl: «... aber politisch unerwünscht». Arbeitskräfte aus Osteuropa im Land Braunschweig 1880 bis 1939, Braunschweig 1993.
Liedke, Karl: Gesichter der Zwangsarbeit. Polen in Braunschweig, Braunschweig 1997.
Lofti, Gabriele: KZ der Gestapo. Arbeitserziehungslager im Dritten Reich, Stuttgart 2000.
Longerich, Peter: Politik der Vernichtung. Eine Gesamtdarstellung der nationalsozialistischen Judenverfolgung, München/Zürich 1998.
Lucassen, Jan: Migrant Labour in Europe 1600–1900. The Drift to the North Sea, London/Sydney/Wolfeboro 1987.
Luczak, Czeslaw: Polscy robotnicy przymusowi w Trzeciej Rzeszy podczas ll wojny swiatowej, Poznan 1974.
Luczak, Czeslaw (Hg.): Polozenie polskich robotnikow przymusowych w Rzeszy, 1939–1945. «Documenta occupationis», Bde. IX u. X, Poznan 1975 und 1976.
Ludewig, Hans Ulrich: Zwangsarbeit im Zweiten Weltkrieg: Forschungsstand und Ergebnisse regionaler und lokaler Fallstudien, in: AfS 31, 1991, S. 558–577.
Lummer, Heinrich: Asyl. Ein mißbrauchtes Recht, Frankfurt am Main 1992.
Lummer, Heinrich: Deutschland soll deutsch bleiben. Kein Einwanderungsland, kein Doppelpaß, kein Bodenrecht, Tübingen 1999.
Lüttinger, Paul: Integration der Vertriebenen. Eine empirische Analyse, Frankfurt am Main 1989.
Magnet Bundesrepublik: Probleme der Ausländerbeschäftigung, hg. von der Bundesvereinigung der Deutschen Arbeitgeberverbände, Bonn 1966
Mai, Gunther: Kriegswirtschaft und Arbeiterbewegung in Württemberg 1914–1918, Stuttgart 1983.
Mai, Joachim: Die preußisch-deutsche Polenpolitik 1885/87. Eine Studie zur Herausbildung des Imperialismus in Deutschland, Berlin (DDR) 1962.
Majer, Dietmut: «Fremdvölkische» im Dritten Reich. Ein Beitrag zur nationalsozialistischen Rechtssetzung und Rechtspraxis in Verwaltung und Justiz unter besonderer Berücksichtigung der eingegliederten Ostgebiete und des Generalgouvernements, Boppard 1981.
Malchow, Barbara, u. Keyumars Tayebi, Ulrike Brand: Die fremden Deutschen. Aussiedler in der Bundesrepublik, Reinbek 1990.
Mallmann, Klaus-Michael., u. Gerhard Paul: Herrschaft und Alltag. Ein Industrierevier im Dritten Reich, Bonn 1991.
Mallmann, Klaus-Michael, u. Gerhard Paul: Milieus und Widerstand. Eine Verhaltensgeschichte der Gesellschaft im Nationalsozialismus, Bonn 1995.
Manfrass, Klaus: Die Politik der Ausländerbeschäftigung in Frankreich seit 1945, in: Dokumente, Zeitschrift für übernationale Zusammenarbeit, Bd. 36 (1980), S. 106–127.
Marrus, Michael R. (Hg.): Arbeiterklasse und Volksgemeinschaft, Opladen 1975.
Marrus, Michael R.: The Unwanted. European Refugees in the Twentieth Century, New York/Oxford 1985.

Marschalck, Peter: Bevölkerungsgeschichte Deutschlands im 19. und 20. Jahrhundert, Frankfurt am Main 1984.
Marßolek, Inge, u. René Ott: Bremen im Dritten Reich. Anpassung – Widerstand – Verfolgung, Bremen 1986.
Marugg, Michael: Völkerrechtliche Definitionen des Ausdruckes «Flüchtling». Ein Beitrag zur Geschichte unter besonderer Berücksichtigung sogenannter De-facto-Flüchtlinge, Basel/Frankfurt am Main 1990.
Mason, Timothy W.: Zur Lage der Frauen in Deutschland 1930 bis 1940. Wohlfahrt, Arbeit und Familie, in: Gesellschaft. Beiträge zur Marxschen Theorie 6, Frankfurt 1976, S. 118–193.
Mason, Timothy W. (Hg.): Arbeiterklasse und Volksgemeinschaft, Opladen 1975.
Mason, Timothy W.: Innere Krise und Angriffskrieg 1938/39, in: F. Forstmeier, Hans-Erich Volkmann (Hg.): Wirtschaft und Rüstung am Vorabend des Zweiten Weltkrieges, Düsseldorf 1975, S. 158–188.
Maurer, Trude: Medizinalpolizei und Antisemitismus. Die deutsche Politik der Grenzsperre gegen Ostjuden im Ersten Weltkrieg, in: Jahrbücher für die Geschichte Osteuropas 33 (1985), S. 205–230.
Maurer, Trude: Ostjuden in Deutschland, 1918–1933, Hamburg 1986.
McRae, Verena: Die Gastarbeiter. Daten, Fakten, Probleme, München 1980.
Mehrländer, Ursula, u. R. Hofmann, P. König, H. J. Krause: Situation der ausländischen Arbeitnehmer und ihrer Familienangehörigen in der Bundesrepublik Deutschland. Repräsentativuntersuchung '80, hg. v. Bundesminister für Arbeit und Sozialordnung, Bonn 1981.
Meier-Braun, Karl-Heinz: «Gastarbeiter» oder Einwanderer?, Berlin 1980.
Meier-Braun, Karl-Heinz: Integration und Rückkehr? Zur Ausländerpolitik des Bundes und der Länder, insbesondere Baden-Württemberg, Mainz/München 1988.
Meldungen aus dem Reich, hg. v. H. Boberach, Herrsching 1984.
Messerschmidt, Rolf: Mythos Schmelztiegel! Einige Neuerscheinungen zur «Flüchtlingsforschung» der letzten Jahre, in: Neue Politische Literatur, 37, 1992, S. 34–55.
Mestiri, Ezzedine: L'immigration, Paris 1990.
Miegel, Meinhard: Arbeitsmarktpolitik auf Irrwegen. Zur Ausländerbeschäftigung in der Bundesrepublik Deutschland, Stuttgart 1984.
Mitter, Armin: Die ukrainische Erwerbsemigration nach Preußen (1900–1914), in: JbG 34, 1987, S. 147–178.
Modgil, Sohan (Ed.): Multicultural education: the interminable debate, London 1986.
Mommsen, Hans, u. Manfred Grieger: Das Volkswagenwerk und seine Arbeiter im Dritten Reich, Düsseldorf 1995.
Motte, Jan, u. Rainer Ohliger, A. von Oswald (Hg.): 50 Jahre Bundesrepublik – 50 Jahre Einwanderung. Nachkriegsgeschichte als Migrationsgeschichte, Frankfurt am Main 1999.
Müggenburg, Andreas: Die ausländischen Vertragsarbeitnehmer in der ehemaligen DDR: Darstellung und Dokumentation, Berlin 1996.
Müller, Norbert (Hg.): Deutsche Besatzungspolitik in der UdSSR, Dokumente, Köln 1980.
Müller, Rolf-Dieter: Grundzüge der deutschen Kriegswirtschaft 1939 bis 1945, in: Karl Dietrich Bracher, Manfred Funke, Hans Adolf Jacobsen (Hg.): Deutschland

1933–1945. Neue Studien zur nationalsozialistischen Herrschaft, Bonn 1992, S. 357–376.
Müller, Rolf-Dieter, u. Gerd R. Ueberschär: Kriegsende 1945. Die Zerstörung des Deutschen Reiches, Frankfurt am Main 1994.
Müller, Ulrich: Fremde in der Nachkriegszeit. Displaced Persons – zwangsverschleppte Personen – in Stuttgart und Württemberg-Baden 1945–1951, Stuttgart 1990.
Münch, Ursula: Asylpolitik in der Bundesrepublik Deutschland. Entwicklung und Alternativen, Opladen 1993.
Münz, Rainer, u. Wolfgang Seifert, Ralf Ulrich: Zuwanderung nach Deutschland. Strukturen, Wirkungen, Perspektiven, Frankfurt am Main 1997 (erw. Auflage 1999).
Murphy, Richard C.: Gastarbeiter im Deutschen Reich, Polen in Bottrop 1891–1933, Wuppertal 1982.
Murzynowska, Krystyna: Die polnischen Erwerbsauswanderer im Ruhrgebiet während der Jahre 1880–1914, Dortmund 1979.
Naasner, Walter: Neue Machtzentren in der deutschen Kriegswirtschaft 1942–1945. Die Wirtschaftsorganisation der SS, das Amt des Generalbevollmächtigten für den Arbeitseinsatz und das Reichsministerium für Bewaffnung und Munition / Reichsministerium für Rüstung und Kriegsproduktion im nationalsozialistischen Herrschaftssystem, Boppard 1994.
Naasner, Walter: SS-Wirtschaft und SS-Verwaltung. «Das SS-Wirtschafts-Verwaltungshauptamt und die unter seiner Dienstaufsicht stehenden wirtschaftlichen Unternehmungen» und weitere Dokumente, Düsseldorf 1998.
Nachbarn und Mörder: Rostock, Mölln, Solingen (taz-Journal 1993,1), Frankfurt am Main 1993.
Nagel, Ernst-Josef: Flüchtlinge und «Kirchenasyl», Stuttgart 1995.
Neubach, Helmut: Die Ausweisungen von Polen und Juden aus Preußen 1885/86. Ein Beitrag zu Bismarcks Polenpolitik und zur Geschichte des deutsch-polnischen Verhältnisses, Wiesbaden 1967.
Neubert, Wolfram: «Europäische Integration» contra Nation und Völkerverständigung, Berlin (DDR) 1964.
Neue Formen der Arbeitskräftezuwanderung und illegale Beschäftigung, hrsg. vom Forschungsinstitut der Friedrich-Ebert-Stiftung, Bonn 1997.
Neumann, Gerald: Die Medien und die Flüchtlingsfrage in Bayern von 1945 bis 1953, München 1995.
Nichtweiss, Johannes: Die ausländischen Saisonarbeiter in der Landwirtschaft der östlichen und mittleren Gebiete des Deutschen Reiches von 1890–1914, Berlin (DDR) 1959.
Niethammer, Lutz: Kollektive Identität. Heimliche Quellen einer unheimlichen Konjunktur, Reinbek bei Hamburg 2000.
Niethammer, Lutz: Zum Wandel der Kontinuitätsdiskussion, in: Ludolf Herbst (Hg.): Westdeutschland 1945–1955, München 1986, S. 65–84.
Niewyk, Donald L.: The Jews in Weimar Germany, Baton Rouge, London 1980.
Nipperdey, Thomas: Deutsche Geschichte 1866–1918, Bd. 1: Arbeitswelt und Bürgergeist, München 1990.
Nuscheler, Franz: Nirgendwo zu Hause. Menschen auf der Flucht, München 1988.
Nuscheler, Franz: Internationale Migration. Flucht und Asyl, Opladen 1995.

Nusser, Horst: Flüchtlinge, Heimatvertriebene, Aussiedler, Gastarbeiter, Asylanten, EG-Wanderarbeiter. Zur Problematik europäischer Wanderungen, München 1991.

O'Brien, Patrick: Continuity and Change in Germany's Treatment of Non-Germans, in: International Migration Review 3, 1988, S. 109–134.

Oberndörfer, Dieter: Die offene Republik: zur Zukunft Deutschlands und Europas, Freiburg im Breisgau 1991.

Oberndörfer, Dieter: Der Wahn des Nationalen: die Alternative der offenen Republik, Freiburg im Breisgau ²1994.

Oltmer, Jochen: Bäuerliche Ökonomie und Arbeitskräftepolitik im Ersten Weltkrieg. Beschäftigungsstruktur, Arbeitsverhältnisse und Rekrutierung von Ersatzarbeitskräften in der Landwirtschaft des Emslandes 1914–1918, Emsland/Bentheim 1995.

Orth, Karin: Das System der nationalsozialistischen Konzentrationslager, Hamburg 1999.

Osterloh, Jörg: Sowjetische Kriegsgefangene 1941–1945 im Spiegel nationaler und internationaler Untersuchungen. Forschungsüberblick und Bibliographie, Dresden 1995.

Osterloh, Jörg: Ein ganz normales Lager: das Kriegsgefangenen-Mannschaftsstammlager 304 (IV H) Zeithain bei Riesa/Sa. 1941 bis 1945, Leipzig 1997.

Otto, Karl A. (Hg.): Westwärts – heimwärts? Aussiedlerpolitik zwischen «Deutschtümelei» und «Verfassungsauftrag», Bielefeld 1990.

Otto, Reinhard: Wehrmacht, Gestapo und sowjetische Kriegsgefangene im deutschen Reichsgebiet 1941/42, München 1998.

Overy, Richard J.: «Blitzkriegswirtschaft»? Finanzpolitik, Lebensstandard und Arbeitseinsatz in Deutschland 1939–1942, in: VfZG 31, 1988, S. 379–435.

Overy, Richard J.: War and Economy in the Third Reich, Oxford 1994.

Özcan, Ertekin: Türkische Immigrantenorganisationen in der Bundesrepublik Deutschland. Die Entwicklung politischer Organisationen und politischer Orientierung unter türkischen Arbeitsimmigranten in der Bundesrepublik Deutschland und Berlin West, Berlin 1989

Pack, Robert, u. Jay Parini (Ed.): American identities: contemporary multicultural voices, Hanover 1994.

Page Moch, Lesley: Moving Europeans. Migration in Western Europe since 1650, Bloomington 1992.

Pagenstecher, Cord: Ausländerpolitik und Immigrantenidentität. Zur Geschichte der «Gastarbeit» in der Bundesrepublik, Berlin 1994.

Pawlita, Cornelius: «Wiedergutmachung» als Rechtsfrage? Die politische und juristische Auseinandersetzung um Entschädigung für die Opfer nationalsozialistischer Verfolgung (1945 bis 1990), Frankfurt am Main 1993.

Pegel, Michael: Fremdarbeiter, displaced persons, heimatlose Ausländer. Konstanten eines Randgruppenschicksals in Deutschland nach 1945, Münster 1997.

Perz, Bertrand: Projekt Quarz: Steyr-Daimler-Puch und das Konzentrationslager Melk, Wien 1991.

Peter, Roland: Rüstungspolitik in Baden. Kriegswirtschaft und Arbeitseinsatz in einer Grenzregion im Zweiten Weltkrieg, München 1995.

Petrowsky, Anatoly: Unvergessener Verrat, München 1963.

Petzina, Dieter: Die deutsche Wirtschaft in der Zwischenkriegszeit, Wiesbaden 1977.

Peukert, Detlef J. K.: Die KPD im Widerstand. Verfolgung und Untergrundarbeit an Rhein und Ruhr 1933 bis 1945, Wuppertal 1980.

Pfundtner, Raimund: Spätaussiedler. Tragödie: Ursachen, Folgen, Perspektiven, Hannover 1979.
Pingel, Falk: Häftlinge unter SS-Herrschaft. Widerstand, Selbstbehauptung und Vernichtung im Konzentrationslager, Hamburg 1978.
Plato, Alexander von: Fremde Heimat. Zur Integration von Flüchtlingen und Einheimischen in die Neue Zeit, in: Lutz Niethammer u.a. (Hg.): Wir kriegen jetzt andere Zeiten, Berlin/Bonn 1985, S. 172—219.
Plaul, Hainer: Landarbeiterleben im 19. Jahrhundert, Berlin (DDR) 1979.
Pohl, Dieter: Von der «Judenpolitik» zum Judenmord. Der Distrikt Lublin des Generalgouvernements 1939—1944, Frankfurt am Main u.a. 1993.
Pohl, Dieter: Nationalsozialistische Judenverfolgung in Ostgalizien 1941—1944. Organisation und Durchführung eines staatlichen Massenverbrechens, München 1996.
Pohl, Hans, u. Stephanie Habeth, Beate Brüninghaus: Die Daimler-Benz-AG in den Jahren 1933 bis 1945, Stuttgart 1986.
Poljan, Pavel: Zertvy dvuch diktatur. Ostarbejtery i voennoplennye v tret'em reiche i ich repatriazii (Opfer zweier Diktaturen. Ostarbeiter und Kriegsgefangene im Dritten Reich und ihre Repatriierung), Moskau 1996.
Pöschl, Angelika, u. Peter Schmuck: Die Rückkehr – Ende einer Illusion. Türkische Gastarbeiterfamilien in der Bundesrepublik und die Probleme ihrer Rückkehr in die Türkei, München 1984.
Pracht, Hans-Gerd: Ausländer- und Asylpolitik in der Bundesrepublik Deutschland, hg. v. Bundesministerium des Innern, Referat Öffentlichkeitsarbeit, Bonn 1998.
Prantl, Heribert: Deutschland – Leicht entflammbar. Ermittlungen gegen die Bonner Politik, München 1994.
Pross, Christian: Wiedergutmachung: der Kleinkrieg gegen die Opfer, Frankfurt a. Main 1988.
Puhle, Hans-Jürgen, u. Hans-Ulrich Wehler (Hg.): Preußen im Rückblick (Geschichte und Gesellschaft, Sonderheft 6), Göttingen 1980.
Quaritsch, Helmut: Recht auf Asyl. Studien zu einem mißdeuteten Grundrecht, Berlin 1985.
Radtke, Frank-Olaf: Multikulturalismus. Ein postmoderner Nachfahre des Nationalismus? Vorgänge. Zeitschrift für Bürgerrechte und Gesellschaftspolitik, 117/1992, S. 23—30.
Raim, Edith: Die Dachauer KZ-Außenkommandos Kaufering und Mühldorf: Rüstungsbauten und Zwangsarbeit im letzten Kriegsjahr 1944/45, Landsberg a. Lech 1992.
Rebentisch, Dieter: Führerstaat und Verwaltung im Zweiten Weltkrieg: Verfassungsentwicklung und Verwaltungspolitik 1939—1945, Stuttgart 1989.
Reimann, Helga (Hg.): Gastarbeiter. Analyse und Perspektiven eines sozialen Problems, Opladen 1987.
Reiter, Raimond: Tötungsstätten für ausländische Kinder im Zweiten Weltkrieg. Zum Spannungsverhältnis von kriegswirtschaftlichem Arbeitseinsatz und nationalsozialistischer Rassenpolitik in Niedersachsen, Hannover 1993.
Reuter, Lutz R., u. Martin Dodenhoeft: Arbeitsmigration und gesellschaftliche Entwicklung. Eine Literaturanalyse zur Lebens- und Bildungssituation von Migranten und zu den gesellschaftlichen, politischen und rechtlichen Rahmenbedingungen der Ausländerpolitik in der Bundesrepublik Deutschland, Stuttgart/Wiesbaden, 1988.

Richter, Axel (Hg.): Breitenau. Zur Geschichte eines nationalsozialistischen Konzentrations- und Arbeitserziehungslagers, Kassel 1993.
Richter, H.: Vom Provisorium zur Planung. Die Ausländerbeschäftigung aus der Sicht der Gewerkschaften, in: Arbeit und Sozialpolitik, 27, 1973, S. 209–211.
Richter, H.: DGB und Ausländerbeschäftigung, in: Gewerkschaftliche Monatshefte, 25, 1974, S. 35–40.
Ritter, Gerhard A., u. Klaus Tenfelde: Arbeiter im Deutschen Kaiserreich, 1871–1915, Bonn 1992.
Ritter, Gerhard A.: Staatskunst und Kriegshandwerk, Bd. III, München 1966.
Rosenberg, Hans: Große Depression und Bismarckzeit. Wirtschaftsablauf, Gesellschaft und Politik in Mitteleuropa, Berlin 1967.
Rosenmöller, C.: Diskussionsbeitrag, in: Probleme der ausländischen Arbeitskräfte in der Bundesrepublik. Konjunkturpolitik, Beih. 13, Berlin 1966.
Roth, Dieter: Was bewegt die Wähler?, in: Aus Politik und Zeitgeschichte 11/1994 v. 18. 3. 1994.
Roth, Karl Heinz, u. Michael Schmid: Die Daimler-Benz AG 1916–1948. Schlüsseldokumente zur Konzerngeschichte, hrsg. von der Hamburger Stiftung für Sozialgeschichte des 20. Jahrhunderts, Nördlingen 1987.
Rouette, Susanne: Sozialpolitik als Geschlechterpolitik. Die Regulierung der Frauenarbeit nach dem Ersten Weltkrieg, Frankfurt am Main 1993.
Rund, Jürgen: Ernährungswirtschaft und Zwangsarbeit im Raum Hannover 1914 bis 1923, Hannover 1992.
Rusinek, Bernd. A.: Gesellschaft in der Katastrophe. Terror, Illegalität, Widerstand – Köln 1944/45, Essen 1989.
Ruth, Ina: Die Morde von Solingen: Zeitungsberichterstattung vor und nach Solingen. Eine Auswahldokumentation des Duisburger Instituts für Sprach- und Sozialforschung, Diss. Duisburg 1993.
Sallinger, Barbara: Die Integration der Heimatvertriebenen im Landkreis Günzburg nach 1945, München 1992.
Sandkühler, Thomas: «Endlösung» in Galizien. Der Judenmord in Ostpolen und die Rettungsinitiativen von Berthold Beitz 1941–1944, Bonn 1996.
Santel, Bernhard: Migration in und nach Europa: Erfahrungen, Strukturen, Politik, Opladen 1995.
Saul, Klaus: Der Kampf um das Landproletariat. Sozialistische Landagitation, Großgrundbesitz und preußische Staatsverwaltung 1890 bis 1903, in: AfSG 15 (1975), S. 163–208.
Saul, Klaus: Um die konservative Struktur Ostelbiens: Agrarische Interessen, Staatsverwaltung und ländliche «Arbeiternot», in: Dirk Stegmann/Bernd-Jürgen Wendt/Peter-Christian Witt (Hg.): Deutscher Konservatismus im 19. und 20. Jahrhundert, Bonn 1983, S. 129–198.
Schäfer, Hermann: Italienische «Gastarbeiter» im Deutschen Kaiserreich (1890–1914) in: Zeitschrift für Unternehmensgeschichte, 1982, S. 192–214.
Schausberger, Norbert: Der wirtschaftliche Anschluß Österreichs 1938, in: Österreich in Geschichte und Literatur, 15, 1971, S. 249–273.
Schausberger, Norbert: Österreich und die nationalsozialistische Anschluß-Politik, in: Manfred Funke (Hg.): Hitler, Deutschland und die Mächte. Materialien zur Außenpolitik des Dritten Reiches, Düsseldorf 1976, S. 728–756.
Schildmeier, Angelika: Integration und Wohnen, Hamburg 1975.

Schildt, Gerhard: Die Landarbeiter im 19. Jahrhundert – eine unvollendete Klasse, in: AfSG 36, 1996, S. 1–26.

Schirilla, László: Wiedergutmachung für Nationalgeschädigte. Ein Bericht über die Benachteiligung von Opfern der nationalsozialistischen Gewaltherrschaft, München 1982.

Schmiechen-Ackermann, Detlef: Solidarische Interessenvertretung und kulturelle Selbstbehauptung. Der polnische Berufsverband «Zjednoczenie Zawodowe Polskie» (ZZP) und die Etablierung einer gewerkschaftlichen Organisation in der hannoverschen Zementindustrie vor 1914, in: AfSG 32, 1992, S. 57–79.

Schminck-Gustavus, Christoph: Zwangsarbeit und Faschismus. Zur «Polenpolitik» im «Dritten Reich», in: Kritische Justiz, 13, 1980, S. 1–127 und 184–206.

Schofer, Lawrence: Die Formierung einer modernen Arbeiterschaft: Oberschlesien 1865–1914, Dortmund 1983.

Schöneberg, Ulrike: Gestern Gastarbeiter, morgen Minderheit. Zur sozialen Integration von Einwanderern in einem «unerklärten» Einwanderungsland, Frankfurt am Main 1993.

Schrader, Achim, u. Bruno W. Nikles, Hartmut Griese: Die Zweite Generation. Sozialisation und Akkulturation ausländischer Kinder in der Bundesrepublik, Kronberg 1979.

Schraut, Silvia, u. Thomas Grosser: Die Flüchtlingsfrage in der deutschen Nachkriegsgesellschaft, Mannheim 1996.

Schreiber, Gerhard: Die italienischen Militärinternierten in Deutschland 1943 bis 1945. Verraten, verachtet, vergessen, Baden-Baden 1989.

Schult, Gerhard (Hg.): Einwanderungsland Bundesrepublik Deutschland?, Baden-Baden 1982.

Schulte, Axel (Hg.): Multikulturelle Einwanderungsgesellschaften in Westeuropa: soziale Konflikte und Integrationspolitiken, Bonn 1998.

Schultze, Günther: Die Bundesrepublik Deutschland auf dem Weg zur Multikulturellen Gesellschaft. Zum Eingliederungsprozeß von griechischen Jugendlichen und Türken der Ersten und Zweiten Generation, in: AfS 32.1992, S. 247–270.

Schultz-Süchting, Nikolaus: Kirchenasyl: zeitgeschichtliche und rechtliche Aspekte, Frankfurt am Main u.a. 2000.

Schulz, Walter: Deutschland und der preußische Osten. Heterologie und Hegemonie, in: Hans-Ulrich Wehler (Hg.): Sozialgeschichte heute. Festschrift für Hans Rosenberg zum 70. Geburtstag, Göttingen 1974, S. 86–103.

Schulze, Rainer, u. Doris von der Brelie-Lewien (Hg.): Flüchtlinge und Vertriebene in der westdeutschen Nachkriegsgeschichte. Bilanzierung der Forschung und Perspektiven für die künftige Forschungsarbeit, Hildesheim 1987.

Schwarz, Walter, in Zusammenarbeit mit dem Bundesministerium der Finanzen (Hg.): Die Wiedergutmachung nationalsozialistischen Unrechts durch die Bundesrepublik, 7 Bände, München 1974–1998.

Schwarze, Gisela: Kinder, die nicht zählten. Ostarbeiterinnen und ihre Kinder im Zweiten Weltkrieg, Essen 1997.

Seeber, Eva: Zwangsarbeiter in der faschistischen Kriegswirtschaft. Die Deportation und Ausbeutung polnischer Bürger unter besonderer Berücksichtigung der Lage der Arbeiter aus dem sog. Generalgouvernement 1939–1945, Berlin (DDR) 1964.

Sen, Faruk: Ausländer in der Bundesrepublik Deutschland. Ein Handbuch. Herkunftsländer, Aufenthaltsstatus, Einbürgerung, Alltag, Opladen 1994.

Siegfried, Klaus-Jörg: Rüstungsproduktion und Zwangsarbeit im Volkswagenwerk. Eine Dokumentation, Frankfurt am Main 1986.

Siegfried, Klaus-Jörg: Das Leben der Zwangsarbeiter im Volkswagenwerk 1939–1945, Frankfurt am Main 1988.

Sievering, Ulrich O. (Hg.): Politisches Asyl und Einwanderung, Frankfurt am Main 1984.

Silbermann, Alphons, u. Francis Hüsers: Der «normale» Haß auf die Fremden: eine sozialwissenschaftliche Studie zu Ausmaß und Hintergründen von Fremdenfeindlichkeit in Deutschland, München 1995.

Sobczak, Jacek: Die polnischen Wanderarbeiter in Deutschland in den Jahren 1919–1939 und ihre Behandlung, in: Fremdarbeiterpolitik des Imperialismus, H. 2, Rostock 1967, S. 47–66.

Sofsky, Wolfgang: Die Ordnung des Terrors. Das Konzentrationslager, Frankfurt 1993.

Solingen–Dokumentation: Veröffentlichung der Stadt Solingen zum Jahrestag des Brandanschlages, Solingen 1993.

Speer, Albert: Der Sklavenstaat. Meine Auseinandersetzungen mit der SS, Stuttgart 1981.

Spoerer, Mark: Profitierten Unternehmen von KZ-Arbeit? Eine kritische Analyse der Literatur, in: HZ 268 (1999), S. 61–95.

Staas, Dieter: Migration und Fremdenfeindlichkeit als politisches Problem, Münster 1994.

Stapp, Wolfgang: Verschleppt für Deutschlands Endsieg. Ausländische Zwangsarbeiter im Breuberger Land, Höchst i. O. 1990.

Statistical Handbook of Germany, Office of Military Government of Germany (US), Ministerial Collecting Centre, Economics Division, Fürstenhagen 1946.

Statistisches Bundesamt (Hg.): Datenreport 1994. Zahlen und Fakten über die Bundesrepublik Deutschland, Bonn 1994.

Statistisches Bundesamt (Hg.): Statistisches Jahrbuch 1996 für die Bundesrepublik Deutschland, Wiesbaden 1996.

Statistisches Handbuch von Deutschland 1928–1944, hg. v. Länderrat des Amerikanischen Besatzungsgebiets, München 1949, S. 179 ff.

Steinbeck, Volker: Die Haltung der deutschen Arbeiterbewegung zur Ausländerbeschäftigung in den Jahren der Weimarer Republik (1919–1932), Diss. Rostock 1985.

Steinert, Johannes Dieter: Vertriebenenverbände in Nordrhein-Westfalen 1945–1954, Düsseldorf 1986.

Steinert, Johannes Dieter: Migration und Politik. Westdeutschland – Europa – Übersee, 1945–1961, Osnabrück 1995.

Stepien, Stanislaus: Der alteingesessene Fremde. Ehemalige Zwangsarbeiter in Westdeutschland, Frankfurt am Main/New York 1989.

Stirn, Hans (Hg.): Ausländische Arbeiter im Betrieb. Ergebnisse der Betriebserfahrung, Frechen/Köln 1964.

Stöber, Margit: «Politisch Verfolgte genießen Asylrecht». Positionen und Konzeptionen von CDU/CSU zu Artikel 16 Absatz 2 Satz 2 Grundgesetz – 1978 bis 1989, Berlin 1990.

Streit, Christian: Keine Kameraden. Die Wehrmacht und die sowjetischen Kriegsgefangenen 1941–1945, Stuttgart 1978.

Studien zur Geschichte der Konzentrationslager, Stuttgart 1970.

Sywottek, Arnold: Flüchtlingseingliederung in Westdeutschland. Stand und Probleme der Forschung, in: apz, 39.1989, S. 38–46.
Taylor, Charles (Hg.): Multikulturalismus und die Politik der Anerkennung, Frankfurt am Main 1993.
Tenfelde, Klaus: Der bergmännische Arbeitsplatz während der Hochindustrialisierung (1890-1914), in: W. Conze, U. Engelhardt (Hg.): Arbeiter im Industrialisierungsprozeß, Stuttgart 1979, S. 283–335.
Tessarz, Joachim: Die Rolle der ausländischen landwirtschaftlichen Arbeiter in der Agrar- und Ostexpansionspolitik des deutschen Imperialismus in der Periode der Weimarer Republik 1919–1932, Diss. Halle 1963.
Thränhardt, Dietrich (Hg.): Flucht und Asyl. Informationen, Analysen, Erfahrungen aus der Schweiz und der Bundesrepublik Deutschland, Freiburg i.Br. 1988.
Thränhardt, Dietrich (Hg.): Europe – a new immigration continent. Policies and politics in comparative perspective, Münster/Hamburg 1992.
Tichy, Roland: Ausländer rein! Warum es kein Ausländer-Problem gibt, München 1990.
Tillmann, Elisabeth: Zum «Reichseinsatz» nach Dortmund. Das Schicksal französischer Zwangsarbeiter im Lager Loh, 1943–1945, Dortmund 1995.
Tolstoy, Nikolai: Die Verratenen von Jalta, München/Köln 1977.
Treibel, Annette: Engagement und Distanzierung in der westdeutschen Ausländerforschung. Eine Untersuchung ihrer soziologischen Beiträge, Stuttgart 1988.
Treibel, Annette: Migration in modernen Gesellschaften. Soziale Folgen von Einwanderung und Gastarbeit, Weinheim/München 1990.
Tröger, A.: Die Planung des Rationalisierungsproletariats. Zur Entwicklung der geschlechtsspezifischen Arbeitsteilung und des weiblichen Arbeitsmarktes im Nationalsozialismus, in: A. Kuhn, J. Rüsen (Hg.): Frauen in der Geschichte II, Düsseldorf 1982, S. 245–314.
Tsiakalos, Georgios: Ausländerfeindlichkeit. Tatsachen und Erklärungsversuche, München 1983.
United States Strategic Bombing Survey (USSBS), The Effects of Strategic Bombing on the German War Economy, Washington 1945.
Velling, Johannes: Immigration und Arbeitsmarkt. Eine empirische Analyse für die Bundesrepublik Deutschland, Baden-Baden 1995.
Vial, Michael, u. Werner Walzel: Illegale Beschäftigung: unerlaubte Arbeitnehmerüberlassung, unerlaubte Ausländerbeschäftigung, Leistungsmißbrauch, Stuttgart 1989.
Vögel, Bernhild: «Entbindungsheim für Ostarbeiterinnen»: Braunschweig, Broitzemer Straße 200, Hamburg 1989.
Vögel, Bernhild: Entwurzelt. Displaced Persons im Salzgittergebiet, Salzgitter 1994.
Vogel, Dita: Illegale Zuwanderung und soziales Sicherungssystem: eine Analyse ökonomischer und sozialpolitischer Aspekte, Bremen 1996.
Vogel, Wolf-Diether (Hg.): Der Lübecker Brandanschlag. Fakten, Fragen, Parallelen zu einem Justizskandal, Berlin 1996.
Volder, Karel: Werken in Duitsland, Bedum 1990.
Volkmann, Hans-Erich: Die NS-Wirtschaft in Vorbereitung des Krieges, in: W. Deist, M. Messerschmidt u.a.: Ursachen und Voraussetzungen der deutschen Kriegspolitik. Das Deutsche Reich und der Zweite Weltkrieg, Bd. 1, Stuttgart 1979, S. 177–370.

Volkmann, Hans-Erich: Zur nationalsozialistischen Aufrüstung und Kriegswirtschaft. Bericht aus der Forschung, in: MGM 1,1990, S. 133 – 177.
Volkmann, Hans-Erich (Hg.): Ende des Dritten Reiches – Ende des Zweiten Weltkriegs: Eine perspektivische Rückschau, München 1995.
Vorländer, Herwart: Nationalsozialistische Konzentrationslager im Dienst der totalen Kriegführung, Stuttgart 1978.
Wagner, Jens-Christian: Zwangsarbeit im Konzentrationslager. Das Außenlagersystem des KZ Mittelbau-Dora, Göttingen 1995.
Wagner, Patrick: Displaced persons in Hamburg. Stationen einer halbherzigen Integration 1945 bis 1958, Hamburg 1997.
Wajda, Kazimierz: Die Saisonarbeiter aus Kongreßpolen und Galizien in der Landwirtschaft Ostpreußens 1891-1914, in: Fremdarbeiterpolitik des Imperialismus, H. 2, Rostock 1977, S. 67-84.
Walter, Dirk: Antisemitische Kriminalität und Gewalt. Judenfeindschaft in der Weimarer Republik, Bonn 1999.
Weber, Albrecht (Hg.): Einwanderungsland Bundesrepublik Deutschland in der Europäischen Union: Gestaltungsauftrag und Regelungsmöglichkeiten, Osnabrück 1997.
Weber, R.: Einstellung und Politik der Arbeitgeberverbände, in: Strukturfragen der Ausländerbeschäftigung, hg. v. Johannes C. Papalekas, Gerhard Ahl, Herford/Bonn 1969, S. 47 – 59.
Weber, R.: Rotationsprinzip bei der Beschäftigung von Ausländern, in: Auslandskurier, H. 5. Oktober 1970.
Weber, R.: Rotation, Integration und Folgelasten, in: Arbeit und Sozialpolitik, 27, 1973, S. 203 – 206.
Weger, Tobias: Nationalsozialistischer «Fremdarbeitereinsatz» in einer bayerischen Gemeinde 1939 – 1945. Das Beispiel Olching (Landkreis Fürstenfeldbruck), Frankfurt am Main u.a. 1998.
Wehler, Hans-Ulrich: Zur neueren Geschichte der Masuren, in: Zeitschrift für Ostforschung, 11, 1962, S. 147 – 172.
Wehler, Hans-Ulrich: Die Polenpolitik im Deutschen Kaiserreich, in: ders.: Krisenherde des Kaiserreiches 1871/1918, Göttingen 1970, S. 181 – 200.
Wehler, Hans-Ulrich: Das Deutsche Kaiserreich 1871 – 1918, Göttingen 1973.
Wehler, Hans-Ulrich: Deutsche Gesellschaftsgeschichte, Dritter Band, 1849 – 1914, München 1995.
Weicken, Helmuth: Anwerbung italienischer Arbeitskräfte, in: Arbeit, Beruf und Arbeitslosenhilfe, 7, 1956, H. 3, S. 53 – 55.
Weidacher, Alois, u. Andrés López-Blasco: Ausländische Arbeiterfamilien, Kinder und Jugendliche. Situationsanalysen und Maßnahmen, München 1981, Bd. 1.
Weinmann, Martin (Hg.): Das nationalsozialistische Lagersystem (Catalogue of Camps and Prisons), Frankfurt am Main ³1998.
Wenning, Norbert: Migration in Deutschland. Ein Überblick, Münster/New York 1996.
Wertheimer, Jack: Unwelcome Strangers. East European Jews in Imperial Germany, New York 1987.
Wiesemann, Falk: Flüchtlingspolitik und Flüchtlingsintegration in Westdeutschland, in: Aus Politik und Zeitgeschichte, 1985, B 23, S. 35 – 44.
Wiesemann, Falk, u. Uwe Kleinert: Flüchtlinge und wirtschaftlicher Wiederaufbau in der britischen Besatzungszone, in: Dieter Petzina u. W. Euchner (Hg.): Wirt-

schaftspolitik im britischen Besatzungsgebiet 1945–1949, Düsseldorf 1984, S. 297–326.

Wilpert, Czarina: Die Zukunft der Zweiten Generation. Erwartungen und Verhaltensmöglichkeiten ausländischer Kinder, Königstein 1980.

Winkler, Doerte: Frauenarbeit im «Dritten Reich», Hamburg 1977.

Woydt, Johann: Ausländische Arbeitskräfte in Deutschland vom Kaiserreich bis zur Bundesrepublik, Heilbronn 1987.

Wyman, Mark: DPs. Europe's displaced persons, 1945–1951, Ithaca, NY 1998.

Wysocki, Gerd: Arbeit für den Krieg. Herrschaftsmechanismen in der Rüstungsindustrie des «Dritten Reiches». Arbeitseinsatz, Sozialpolitik und staatspolizeiliche Repression bei den Reichswerken «Hermann-Göring» im Salgzitter-Gebiet 1937/38 bis 1945, Braunschweig 1992.

Zielinski, Bernd: Staatskollaboration. Arbeitseinsatzpolitik in Frankreich unter deutscher Besatzung 1940–1944, Münster 1996.

Zollitsch, Wolfgang: Arbeiter zwischen Weltwirtschaftskrise und Nationalsozialismus. Ein Beitrag zur Sozialgeschichte der Jahre 1928 bis 1936, Göttingen 1990.

Zumpe, Lotte: Ökonomischer und außerökonomischer Zwang. Zur Funktion und Wirkungsweise im Kapitalismus, insbesondere im staatsmonopolistischen Kapitalismus, in: dies. (Hg.): Wirtschaft und Staat im Imperialismus, Berlin (DDR) 1976, S. 21–52.

Zunkel, Friedrich: Die ausländischen Arbeiter in der Deutschen Kriegswirtschaftspolitik des Ersten Weltkrieges, in: Entstehung und Wandel der modernen Gesellschaft. Festschrift für Hans Rosenberg zum 65. Geburtstag, hg. von Gerhard A. Ritter, Berlin 1970, S. 280–311.

Zur Mühlen, Patrik von: Ausländerpolitik, in: Die Neue Gesellschaft, 29, 1982, H. 6, S. 535–541.

3.
Abkürzungen

AA	Auswärtiges Amt
Abg.	Abgeordneter
AEG	Allgemeine Elektrizitätsgesellschaft
AES	Allgemeine Erlaß-Sammlung des RSHA und RFSS
AfSG, AfS	Archiv für Sozialgeschichte
ANBA	Amtliche Nachrichten der Bundesanstalt für Arbeitsvermittlung und Arbeitslosenversicherung
Anm.	Anmerkung
APVO	Ausländerpolizeiverordnung
apz	Aus Politik und Zeitgeschichte
AsylVfG	Asylverfahrensgesetz
AuslG	Ausländergesetz
BA	Bundesarchiv (Koblenz)
BA/MA	Bundesarchiv / Militärarchiv (Freiburg im Breisgau)
Bespr.	Besprechung
BgbA	Bergbauarchiv Bochum
BGBl	Bundesgesetzblatt
BK	Bundeskanzler
Bl.	Blatt
BMA; BMAuS	Bundesminister(ium) für Arbeit und Sozialordnung
BMdI, BMI	Bundesminister(ium) des Innern
BVerfG	Bundesverfassungsgericht
CdS	Chef der Sicherheitspolizei
CDU	Christlich-Demokratische Union Deutschlands
CSU	Christlich-Soziale Union
DAF	Deutsche Arbeitsfront
DAW	Deutsche Ausrüstungswerke
DAZ	Deutsche Arbeiterzentrale
DBT	Deutscher Bundestag
DDR	Deutsche Demokratische Republik
DGB	Deutscher Gewerkschaftsbund
Diss.	Dissertation
Dok.	Dokument
DP	Displaced Person
Drs.	Drucksache
Düss.	Düsseldorf
DVU	Deutsche Volksunion
EG	Europäische Gemeinschaft
Erl.	Erlaß
EU	Europäische Union
EWG	Europäische Wirtschaftsgemeinschaft
FAH	Friedrich-Alfred-Hütte (Krupp Rheinhausen)

FAZ	Frankfurter Allgemeine Zeitung
FDP	Freie Demokratische Partei
FR	Frankfurter Rundschau
GBA	Generalbevollmächtigter für den Arbeitseinsatz
Gestapa	Geheimes Staatspolizeiamt
Gestapo	Geheime Staatspolizei
GG	Generalgouvernement; Grundgesetz; Geschichte und Gesellschaft
GMBl	Gemeinsames Ministerialblatt
GStA	Generalstaatsanwalt
GStAB	Generalstaatsanwaltschaft bei dem Kammergericht Berlin
H.	Heft
HA	Hauptamt
HSSPF	Höherer SS- und Polizeiführer
HStAD	Hauptstaatsarchiv Düsseldorf
HZ	Historische Zeitschrift
IfZ	Institut für Zeitgeschichte
IMT	International Military Tribunal
Jb.	Jahrbuch
JbBadGw	Jahrbuch der badischen Gewerberäte
JbBayGw	Jahrbuch der bayerischen Gewerberäte
JbG	Jahrbuch für Geschichte
JbPrGw	Jahrbuch der preußischen Gewerberäte
Jg.	Jahrgang
KGB	Komitet Gossudarstewennoi Besopasnosti (Komitee für Staatssicherheit in der UdSSR)
Kgf., Kr.Gf.	Kriegsgefangene/r
KL	Konzentrationslager
KPD	Kommunistische Partei Deutschlands
Kr.Min.	Kriegsministerium
KZ	Konzentrationslager
LP	Legislaturperiode
LR	Landrat
MdI	Minister des Innern
MGM	Militärgeschichtliche Mitteilungen
MPr	Ministerpräsident
Nbg. Dok.	Nürnberger Dokument
Ndr.	Neudruck
NPD	Nationaldemokratische Partei Deutschlands
NPL	Neue Politische Literatur
NSDAP	Nationalsozialistische Deutsche Arbeiterpartei
o.D.	ohne Datum
o.O.	ohne Ort
OHL	Oberste Heeresleitung
OKW	Oberkommando der Wehrmacht
OP	Oberpräsident / Oberpräsidium
OT	Organisation Todt
PDS	Partei des Demokratischen Sozialismus
pr.	preußisch

3. Abkürzungen 433

Präs.	Präsident
PrMdI	Preußischer Minister des Innern
Prot.	Protokoll
RABl	Reichsarbeitsblatt
RAM	Reichsarbeitsminister
Rd.Schr.	Rundschreiben
RdErl.	Runderlaß
Reg.	Regierung
RFSS	Reichsführer SS
RGBl	Reichsgesetzblatt
Rkzl.	Reichskanzler
RMI	Reichsminister(ium) des Innern
RMO	Reichsminister(ium) für die besetzten Ostgebiete
RP	Regierungspräsident / Regierungspräsidium
RSHA	Reichssicherheitshauptamt
RT-Prot.	Reichstagsprotokoll
SBZ	Sowjetisch besetzte Zone
SD	Sicherheitsdienst
SPD	Sozialdemokratische Partei Deutschlands
SS	Schutzstaffel
StAM	Staatsarchiv Münster
Stasi	Staatssicherheitsdienst der DDR
Stv.Gen.Kdo.	Stellvertretendes Generalkommando
SZ	Süddeutsche Zeitung
taz	die tageszeitung
UdSSR	Union der Sozialistischen Sowjetrepubliken
UNHCR	United Nations High Commissioner for Refugees (Hoher Flüchtlingskommissar der Vereinten Nationen)
USA	United States of America
USSBS	United States Strategic Bombing Survey
VdESI	Verein deutscher Eisen- und Stahlindustrieller
VfZG	Vierteljahrshefte für Zeitgeschichte
Vm.	Vermerk
VN	Vereinte Nationen
VO	Verordnung
VSWG	Vierteljahresschrift für Sozial- und Wirtschaftsgeschichte
VWD	Vereinigter Wirtschaftsdienst
WFSt	Wehrmachtsführungsstab
WiRüAmt	Wehrwirtschafts- und Rüstungsamt im OKW
WP	Wahlperiode
WVHA	Wirtschafts- und Verwaltungshauptamt
ZAVO	Zentralamt für die Völker des Ostens
ZfG	Zeitschrift für Geschichtswissenschaft
ZZP	Zjednoczenie Zawodowe Polskie (Polnischer Berufsverband)

4.
Verzeichnis der Tabellen

Tab. 1: Ausländer im Deutschen Reich, 1871 bis 1910
Tab. 2: Ausländische Beschäftigte in Landwirtschaft, Industrie und Handel (12. Juni 1907)
Tab. 3: Ausländische Arbeiter in Preußen 1906, 1910, 1913
Tab. 4: Ausländische Arbeiter nach Nationalität und Staatsangehörigkeit in Industrie und Landwirtschaft, 1907
Tab. 5: Ausländische Erwerbstätige nach Herkunftsland und Wirtschaftsbereichen, Deutsches Reich, 1907
Tab. 6: Ausländische Arbeitskräfte nach Herkunft, Wirtschaftszweigen und Stellung im Beruf, Deutsches Reich 1907
Tab. 7: Kriegsgefangene in deutschem Gewahrsam, 1914–1918
Tab. 8: Ausländische Arbeiter in Deutschland 1913/14 bis 1917/18 (nach dem Legitimationsaufkommen der Deutschen Arbeiterzentrale)
Tab. 9: Ausländische Arbeiter in Deutschland 1923 bis 1936 (in 1000)
Tab. 10: Erwerbstätige Ausländer nach Nationalitäten, Wirtschaftszweigen und Stellung im Beruf, 1933
Tab. 11: Sowjetische Zivilarbeiter und Kriegsgefangene in verschiedenen Wirtschaftszweigen, August 1944, in 1000
Tab. 12. Weibliche Erwerbstätigkeit während des Krieges in Deutschland in Mio.
Tab. 13: Ausländische Arbeitskräfte in der deutschen Kriegswirtschaft 1939 bis 1944
Tab. 14 Deutsche und ausländische Arbeitskräfte in ausgewählten Berufsgruppen, August 1944
Tab. 15 Ausländische Zivilarbeiter und Kriegsgefangene nach Staatsangehörigkeit und Wirtschaftszweigen, August 1944
Tab. 16: Fluchten von ausländischen Arbeitern 1943
Tab. 17: Bevölkerung, Vertriebene und DDR-Flüchtlinge in der Bundesrepublik, 1950 bis 1960, in 1000
Tab. 18: Wirtschaftswachstum, Arbeitslosigkeit und offene Stellen 1950 bis 1960
Tab. 19: Ausländer in der Bundesrepublik Deutschland (einschl. Berlin-West). Wohnbevölkerung und Beschäftigte insgesamt und nach ausgewählten Nationalitäten, 1950 bis 1960, in 1000
Tab. 20: Wirtschaft und Arbeitsmarkt in der Bundesrepublik Deutschland, 1959 bis 1968
Tab. 21: Aufenthaltsdauer in der Bundesrepublik nach Staatsangehörigkeit 1981
Tab. 22: Ausländer im Bundesgebiet, 1960 bis 1998 in Tausend
Tab. 23: Arbeitslosenquote bei Deutschen und Ausländern, 1965 bis 1985
Tab. 24: Zahl der Asylbewerber in der Bundesrepublik, 1975 bis 1995
Tab. 25: Herkunftsgebiete der Asylbewerber, 1981 bis 1995
Tab. 26: Anzahl und Anteil der aus Osteuropa stammenden Asylbewerber
Tab. 27: Neu ankommende Aussiedler in der Bundesrepublik, 1986 bis 1993
Tab. 28: Ausländer im Bundesgebiet, 1983 bis 1998
Tab. 29: Zu- und Fortzüge von Ausländern, 1973 bis 1995, in 1000

Tab. 30: Flüchtlinge in Deutschland, 1992 bis 1998
Tab. 31: Ausländer in der Bundesrepublik nach ausgewählten Staatsangehörigkeiten, 31. 12. 1998
Tab. 32: Beschäftigte ausländische Arbeitnehmer in ausgewählten Wirtschaftszweigen, Bundesgebiet West, 1992 bis 1996
Tab. 33: Arbeitslosenquote ausländischer Arbeitnehmer, 1980 bis 1998
Tab. 34: Deutsche und ausländische Absolventen an allgemeinbildenden Schulen 1994 und 1997
Tab. 35: Ausländerkritische und ausländerfeindliche Tendenzen in Deutschland, 1993
Tab. 36: Hierarchie der Ausländergruppen in der Wahrnehmung der Deutschen
Tab. 37: Fremdenfeindliche Straftaten 1991 bis 1998
Tab. 38: Wanderungen von Ausländern zwischen dem Reichsgebiet und dem Ausland, 1962 bis 1980

5.

Register

Personenregister

Abelein, Manfred 246
Altun, Kemal 266 f.
Arendt, Walter 225, 228

Bade, Klaus J. 12, 27, 256, 318
Baring, Arnulf 299
Berger, Julius 100 f.
Bethlehem, Siegfried 204
Bethmann Hollweg, Theobald
  von 70, 105
Bismarck, Otto von 17, 21
Bissing, Friedrich W. von 104 f.
Blank, Theodor 210
Blüm, Norbert 255, 313
Bonikowsky, Hugo 49 f.
Brandt, Willi 228
Braun, Heinrich 79
Britschgi-Schimmer, Ina 58, 62 f.

Caprivi, Georg Leo Graf von 21 f.
Cohn-Bendit, Daniel 312, 323
Conradi, Peter 246

Dohse, Knut 120, 204 f.
Dregger, Alfred 281
Duisberg, Carl 104 f.

Eibl-Eibesfeldt, Irenäus 240, 259, 326 f.
Eichmann, Adolf 168
Engholm, Björn 316
Erhard, Ludwig 202

Farthmann, Friedhelm 312
Faul, Erwin 325
Fellner, Hermann 282

Föhl, Carl 218 f.
Franke, Ernst 82
Frauendorfer 171
Frey, Gerhard 239
Fritz, Georg 101
Fuhr, Eckard 322
Funcke, Liselotte 251, 253, 282, 302

Geißler, Heiner 271 f., 313
Genscher, Hans-Dietrich 253, 258, 264
Gerster, Johannes 279, 282, 329
Glasenapp, von 95
Goebbels, Joseph 144, 174
Gorbatschow, Michail 274, 303
Göring, Hermann 127, 137, 140, 150
Gossler, Heinrich von 21

Hailbronner, Kay 268, 331
Hasse, Ernst 69
Heckelmann, Dieter 315
Heckmann, Friedrich 235 f.
Heydrich, Reinhard 139, 169, 172
Hilgenfeldt, Erich 162
Himmler, Heinrich 161 f., 169 f., 172 ff., 177
Hindenburg, Paul von 117
Hirsch, Burkhard 266, 282, 284
Hitler, Adolf 137, 140, 172, 174, 179, 184
Höß, Rudolf 170
Hussein, Saddam 298

Kaerger, Karl 32
Kammler, Hans 178 ff.

Kanein 268
Kanther, Manfred 330
Kattenstroth, Ludwig 210
Kautsky, Karl 40
Kinkel, Klaus 282
Kleßmann, Christoph 76, 83
Klose, Hans-Ulrich 316
Knoke, Anton 27, 33
Kohl, Helmut 249, 251 f., 254 f., 258 f., 268, 278, 283, 286, 311, 313, 316 f., 320, 332
Kühn, Heinz 245 ff.

Lafontaine, Oskar 276, 298
Landowsky, Klaus 302
Laufkötter, Franz 29
Leutheusser-Schnarrenberger, Sabine 320, 332
Liebknecht, Karl 72
Lipski, Jozef 39
Lohse, Hinrich 172
Ludendorff, Erich 104, 117
Lummer, Heinrich 252, 268

Mann, Golo 305
Mansfeld, Werner 138
Maurer, Gerhard 176
Mehrländer, Ursula 245
Meinhof, Ulrike 216
Mussolini, Benito 145

Neuffer, Martin 240
Neusel, Hans 282, 331 f.
Niethammer, Lutz 325

Oberländer, Theodor 239
Oberndörfer, Dieter 325, 327 f.
Oldenhage, Klaus 268
Özal, Turgut 258

Plattenberg, Baron von 77
Pohl, Oswald 169 ff., 173, 176, 179
Prantl, Heribert 279, 283, 310, 319

Quaritsch, Helmut 268

Radtke, Frank-Olaf 327
Rasch, Emil Otto 172
Rathenau, Walther 104
Ringsdorf, Harald 315
Rühe, Volker 300

Sauckel, Fritz 138, 174
Saur, Karl Otto 174, 179
Schäuble, Wolfgang 282 f., 309, 329
Schiffer, Eckart 323, 328
Schiller, Karl 219
Schilling (DRK) 240
Schleicher, Kurt von 121
Schmalz-Jacobsen, Cornelia 311, 329
Schmidt, Helmut 250, 252 f., 264
Schmidt-Kaler, Theodor 239
Scholl-Latour, Peter 260
Scholz, Rupert 332
Schröder, Gerhard 312, 333
Seiters, Rudolf 314
Seraphim, Peter Heinz 173
Silbermann, Alphons 305
Sobzcak, Janusz 125
Speer, Albert 170, 173 f., 177 f.
Spörl, Gerhard 261
Spranger, Carl-Dieter 248, 277
Stein, Edith 268
Stieda, Wilhelm 29, 48
Stoiber, Edmund 282, 301
Storch, Anton 203
Strauß, Franz-Josef 267, 271
Streit, Christian 136
Studt, Konrad von 78
Syrup, Friedrich 47 f., 50, 57, 65, 121, 125 f., 211
Szmula 31

Thomas, Georg 130
Trampczynski 109
Trczinski, Julius von 38
Treitschke, Heinrich von 99

Wajda, Kazimierz 41
Weber, Max 26 ff.
Wedemeier, Klaus 311
Wettzien, von 40
Willeke, Eduard 131
Wlassow, Andrej Andrejewitsch 182

Zimmermann, Friedrich 251 ff., 267, 282
Zunkel, Friedrich 86 f.
Zweig, Arnold 100

Ortsregister

Aachen 94
Ahlen (Westfalen) 304
Albanien 303
Amsterdam 319, 321
Ankara 240, 258
Auschwitz 168, 170, 173 ff., 180, 268
Australien 322, 329

Baden 55, 63
Baden-Württemberg 196, 202, 223, 235, 247, 252, 267, 301
Baltikum 70
Bari 303
Barmen 109
Bayern 195, 267, 301
Belgien 61, 103 ff., 113, 148, 154
Belzec 168
Berlin 48, 59, 74, 93, 98, 125, 159, 168, 173, 174 f., 200, 214, 252, 256, 267, 270, 272, 280 f., 287, 302, 314, 317
Bochum 78, 94, 181
Bodelshausen (bei Tübingen) 304
Böhmen 125, 154
Boizenburg 315
Bonn 30, 49, 316
Bosnien 314
Bottrop 89
Bremen 311
Breslau 40, 48 ff.
Brühl (bei Köln) 63
Brüssel 103 ff.
Buchenwald 170

Chelmno 168

Danzig 20
Datteln 78
Deuben/Tackau 304

Diedenhofen (Elsaß-Lothringen) 57
Dortmund 45, 77, 89, 152 f., 181
Dresden 39, 302
Dublin 319
Duisburg 181
Düsseldorf 111 f., 215

Eckersdorf, Kr. Namslau 41
Elberfeld 109
Elsaß-Lothringen 57 f., 68 f.
Emden 235
Essen 35, 79, 112, 150 f., 154, 157, 181, 304

Flossenbürg 178
Frankfurt 235, 325
Frankreich 82, 136, 142 f., 148, 186, 217, 289 f.
Freiburg 304, 325, 327

Galizien 20, 51, 102
Geilenkirchen 94
Geisenheim 315
Genf 264, 318
Gotha 304
Greifswald 304
Griechenland 208
Großbritannien 289 f., 317

Hamburg 281, 300, 304
Hannover 266, 304
Helmstedt 162
Hemer 156
Herford 304
Hessen 302, 333
Hochemmerich 110, 113
Hoyerswerda 304, 311
Hüls 89
Hünxe 304, 311

Irak 298
Israel 317
Italien 145, 148, 165, 204 f., 289

Jalta 182
Jugoslawien 208, 288, 325
Jüterborg 304

Kanada 284, 322, 329
Kassel 101
Kenzingen (bei Freiburg) 304
Kiel 66, 312
Kohnstein/Harz («Dora») 178
Köln 59, 181, 254, 305
Konstanz 331
Kosovo 288
Krefeld 110

Leipzig 59
Lodz 100
London 189
Lübeck 330
Lublin 172, 174

Mailand 136
March (bei Freiburg) 304
Mauthausen/Gusen 178
Mecklenburg/Schwerin 98
Meißen 93
Merseburg 66, 98
Moers 110 f., 113
Mölln 317
Moskau 137
Mülheim 157
München 259, 266, 283, 314, 318
Münster 94, 113, 304

Neuberun 34
Neuengamme 170
Niederlande 80, 108, 148, 154, 289 f.
Niedersachsen 195, 235
Niederschwedeldorf, Kr. Glatz 41
Nisko 38

Nordrhein-Westfalen 202, 312, 334
Nürnberg 203, 317, 338

Oberpfalz 61
Offenbach 325
Oppeln 20, 58, 66
Österreich 125

Polen 20, 93, 95, 97, 100 f., 103 f., 122, 131 ff., 136, 141, 148, 154, 171, 186, 273 ff., 336 f.
Pommern 32, 98
Portugal 208
Posen 18, 20, 50, 74, 96, 337
Potsdam 315

Quedlinburg 315

Recklinghausen 304
Regensburg 315
Remscheid 66
Rheinhausen 109, 113
Rheinland-Pfalz 196
Rhsew-Wjasma 142
Rom 203
Rostock 314 f.
Rudnik 38
Ruhrgebiet 22, 46, 57, 74−84, 103, 137, 140, 152 f., 158, 204, 236, 337
Rumänien 275 f., 288
Rußland 91

Saal (bei Rostock) 314
Saarlouis 304
Saarwellingen 304
Sachsen 18, 93, 302
Sarajevo 314
Schengen 319
Schkopau (Buna) 169
Schlesien 16, 46, 51 f., 58, 69
Schleswig-Holstein 195 f., 202, 204

Schweden 289 f.
Schwedt (Brandenburg) 304
Schweiz 108, 217 f., 222, 232, 268, 289 f.
Schwerin 315
Sobibor 168
Solingen 319, 329
Sowjetunion 103, 136 ff., 140, 148, 154, 171 f., 175, 182 f., 274 ff., 297 f.
Spanien 108, 208, 289
Spring (bei Hannover) 304
Stalingrad 143
Stotterheim (Thüringen) 314
Stuttgart 65 f., 204, 235, 314

Tambach, Kr. Gotha 304
Tarnobrzeg 38
Thiendorf (bei Dresden) 304
Treblinka 168
Trier 325
Tschechoslowakei 122, 154

Türkei 208, 250, 253 f., 258 ff., 265, 288, 298, 320, 340
Tutzing 279

Ukraine 173
USA 14, 48, 70, 99, 103, 108, 189, 236, 246, 284, 310, 322 f., 327 ff., 342

Vatikan 108
Vietnam 296 f.
Villingen 235
Voerde (bei Dinslaken) 161

Wallendorf (bei Merseburg) 304
Warschau 95, 97, 100 f.
Weingarten 304
Weißrußland 141
Wesendahl (Brandenburg) 304
Westfalen 52, 78
Wiesau, Kr. Glogau 41
Wismar 315

AUS UNSEREM
VERLAGSPROGRAMM

Fritz Stern
Das feine Schweigen
Historische Essays
Zweiter, unveränderter Nachdruck
der 1999 erschienenen 1. Auflage. 2000.
187 Seiten. Gebunden

Saul Friedländer
Das Dritte Reich und die Juden
Band 1: Die Jahre der Verfolgung 1933–1939
Aus dem Englischen von Martin Pfeiffer
2., durchgesehene Auflage. 1998. 458 Seiten. Leinen

Michael Brenner
Jüdische Kultur in der Weimarer Republik
Aus dem Englischen von Holger Fliessbach
2000. 316 Seiten mit 17 Abbildungen. Leinen

Jan Philipp Reemtsma
«Wie hätte ich mich verhalten?»
und andere nicht nur deutsche Fragen
2001. 250 Seiten. Gebunden

Otfried Höffe
Demokratie im Zeitalter der Globalisierung
1999. 476 Seiten. Leinen

Ralf Dahrendorf
Liberal und unabhängig. Gerd Bucerius und seine Zeit
2. Auflage. 2000. 304 Seiten mit 47 Abbildungen
und 16 Tafeln. Leinen

VERLAG C.H.BECK MÜNCHEN

Heinrich August Winkler
Der lange Weg nach Westen

Band 1:
Deutsche Geschichte vom Ende des Alten Reiches
bis zum Untergang der Weimarer Republik
3. Auflage. 2001. VIII, 652 Seiten. Leinen

Band 2:
Deutsche Geschichte vom «Dritten Reich»
bis zur Wiedervereinigung
3., durchgesehene Auflage. 2001. X, 742 Seiten. Leinen

Peter-André Alt
Schiller
Leben – Werk – Zeit. Eine Biographie

Band 1:
2000. 737 Seiten mit 29 Abbildungen. Leinen

Band 2:
2000. 686 Seiten mit 22 Abbildungen. Leinen

GESCHICHTE DER DEUTSCHEN KUNST

Heinrich Klotz
Band 1: Mittelalter 600–1400
1998. 472 Seiten mit 404 Abbildungen, davon 58 in Farbe. Leinen

Martin Warnke
Band 2: Spätmittelalter und Frühe Neuzeit 1400–1750
1999. 495 Seiten mit 403 Abbildungen, davon 74 in Farbe. Leinen

Heinrich Klotz
Band 3: Neuzeit und Moderne 1750–2000
2000. 486 Seiten mit 349 Abbildungen, davon 146 in Farbe. Leinen

VERLAG C.H.BECK MÜNCHEN